经以济世

辑德润身

贺教育部

社科司向项目

成果出版

李君如
二〇〇八

教育部哲学社会科学研究重大课题攻关项目
"十三五"国家重点出版物出版规划项目

新常态下中国经济运行机制的变革与中国宏观调控模式重构研究

RESEARCH ON THE REFORM OF CHINA'S ECONOMIC OPERATION MECHANISM AND THE RECONSTRUCTION OF CHINA'S MACRO-CONTROL MODE UNDER THE NEW NORMAL

袁晓玲 等著

中国财经出版传媒集团
经济科学出版社
Economic Science Press

图书在版编目（CIP）数据

新常态下中国经济运行机制的变革与中国宏观调控模式重构研究/袁晓玲等著. --北京：经济科学出版社，2020.12

教育部哲学社会科学研究重大课题攻关项目 "十三五"国家重点出版物出版规划项目

ISBN 978-7-5218-2261-8

Ⅰ.①新… Ⅱ.①袁… Ⅲ.①中国经济-经济运行机制-研究②中国经济-宏观经济调控-研究 Ⅳ.①F123.6②F123.16

中国版本图书馆 CIP 数据核字（2020）第 264484 号

责任编辑：孙丽丽　胡蔚婷
责任校对：王苗苗　郑淑艳
责任印制：范　艳

新常态下中国经济运行机制的变革与中国宏观调控模式重构研究
袁晓玲　等著
经济科学出版社出版、发行　新华书店经销
社址：北京市海淀区阜成路甲 28 号　邮编：100142
总编部电话：010-88191217　发行部电话：010-88191522
网址：www.esp.com.cn
电子邮箱：esp@esp.com.cn
天猫网店：经济科学出版社旗舰店
网址：http://jjkxcbs.tmall.com
北京季蜂印刷有限公司印装
787×1092　16 开　31.25 印张　590000 字
2021 年 6 月第 1 版　2021 年 6 月第 1 次印刷
ISBN 978-7-5218-2261-8　定价：126.00 元
(图书出现印装问题，本社负责调换。电话：010-88191510)
(版权所有　侵权必究　打击盗版　举报热线：010-88191661
QQ：2242791300　营销中心电话：010-88191537
电子邮箱：dbts@esp.com.cn)

课题组主要成员

首席专家 袁晓玲

主要成员 张倩肖　刘　儒　薛宏刚　杨万平　薄　宏
　　　　　　赵　锴　李政大　范玉仙　张跃胜　张江洋
　　　　　　班　斓　贺　斌　刘伯龙　李　浩　邸　勍
　　　　　　赵志华　李朝鹏　李　冬　王恒旭　黄　涛

总　序

哲学社会科学是人们认识世界、改造世界的重要工具,是推动历史发展和社会进步的重要力量,其发展水平反映了一个民族的思维能力、精神品格、文明素质,体现了一个国家的综合国力和国际竞争力。一个国家的发展水平,既取决于自然科学发展水平,也取决于哲学社会科学发展水平。

党和国家高度重视哲学社会科学。党的十八大提出要建设哲学社会科学创新体系,推进马克思主义中国化、时代化、大众化,坚持不懈用中国特色社会主义理论体系武装全党、教育人民。2016年5月17日,习近平总书记亲自主持召开哲学社会科学工作座谈会并发表重要讲话。讲话从坚持和发展中国特色社会主义事业全局的高度,深刻阐释了哲学社会科学的战略地位,全面分析了哲学社会科学面临的新形势,明确了加快构建中国特色哲学社会科学的新目标,对哲学社会科学工作者提出了新期待,体现了我们党对哲学社会科学发展规律的认识达到了一个新高度,是一篇新形势下繁荣发展我国哲学社会科学事业的纲领性文献,为哲学社会科学事业提供了强大精神动力,指明了前进方向。

高校是我国哲学社会科学事业的主力军。贯彻落实习近平总书记哲学社会科学座谈会重要讲话精神,加快构建中国特色哲学社会科学,高校应发挥重要作用:要坚持和巩固马克思主义的指导地位,用中国化的马克思主义指导哲学社会科学;要实施以育人育才为中心的哲学社会科学整体发展战略,构筑学生、学术、学科一体的综合发展体系;要以人为本,从人抓起,积极实施人才工程,构建种类齐全、梯队衔接的高校哲学社会科学人才体系；要深化科研管理体制改革，发挥高校人才、智力和学科优势，提升学术原创能力，激发创新创造活力，建设中国特色新型高校智库；要加强组织领导、做好统筹规划、营造良好学术生态，形成统筹推进高校哲学社会科学发展新格局。

哲学社会科学研究重大课题攻关项目计划是教育部贯彻落实党中央决策部署的一项重大举措，是实施"高校哲学社会科学繁荣计划"的重要内容。重大攻关项目采取招投标的组织方式，按照"公平竞争，择优立项，严格管理，铸造精品"的要求进行，每年评审立项约40个项目。项目研究实行首席专家负责制，鼓励跨学科、跨学校、跨地区的联合研究，协同创新。重大攻关项目以解决国家现代化建设过程中重大理论和实际问题为主攻方向，以提升为党和政府咨询决策服务能力和推动哲学社会科学发展为战略目标，集合优秀研究团队和顶尖人才联合攻关。自2003年以来，项目开展取得了丰硕成果，形成了特色品牌。一大批标志性成果纷纷涌现，一大批科研名家脱颖而出，高校哲学社会科学整体实力和社会影响力快速提升。国务院副总理刘延东同志做出重要批示，指出重大攻关项目有效调动各方面的积极性，产生了一批重要成果，影响广泛，成效显著；要总结经验，再接再厉，紧密服务国家需求，更好地优化资源，突出重点，多出精品，多出人才，为经济社会发展做出新的贡献。

作为教育部社科研究项目中的拳头产品，我们始终秉持以管理创新服务学术创新的理念，坚持科学管理、民主管理、依法管理，切实增强服务意识，不断创新管理模式，健全管理制度，加强对重大攻关项目的选题遴选、评审立项、组织开题、中期检查到最终成果鉴定的全过程管理，逐渐探索并形成一套成熟有效、符合学术研究规律的管理办法，努力将重大攻关项目打造成学术精品工程。我们将项目最终成果汇编成"教育部哲学社会科学研究重大课题攻关项目成果文库"统一组织出版。经济科学出版社倾全社之力，精心组织编辑力量，努力铸造出版精品。国学大师季羡林先生为本文库题词："经时济世 继往开来——贺教育部重大攻关项目成果出版"；欧阳中石先生题写了"教育部哲学社会科学研究重大课题攻关项目"的书名，充分体现了他们对繁荣发展高校哲学社会科学的深切勉励和由衷期望。

伟大的时代呼唤伟大的理论，伟大的理论推动伟大的实践。高校哲学社会科学将不忘初心，继续前进。深入贯彻落实习近平总书记系列重要讲话精神，坚持道路自信、理论自信、制度自信、文化自信，立足中国、借鉴国外，挖掘历史、把握当代，关怀人类、面向未来，立时代之潮头、发思想之先声，为加快构建中国特色哲学社会科学，实现中华民族伟大复兴的中国梦做出新的更大贡献！

教育部社会科学司

前　言

　　准确认识新常态下中国经济发展面临的问题，是开展研究的基础。中国改革开放40年来经济发展成就显著，但是资源约束问题逐渐凸显，低效率的要素粗放型发展方式已经难以维持社会经济继续健康稳定向前发展。党的十九大报告明确指出当前中国经济已由高速增长阶段进入高质量发展阶段，梳理和分析中国经济运行现状，明确新常态下中国未来面临的问题，为新常态下中国经济高质量发展具有明确指导意义。由此完成本书第一篇即中国经济运行现状的相关研究。

　　习近平总书记多次强调："在经济已由高速增长转向高质量发展的阶段，需要跨越一些常规性和非常规性关口，需要把经济社会发展同生态文明建设统筹起来，在发展中保护环境，用良好的环境保证更高质量的发展"。因此，处理好金山银山和绿水青山的关系，构建经济与环境相协调的新型发展模式是实现经济高质量发展的必然要求和重要途径。创新和技术进步是人类发展的源泉，通过研究与开发、教育、边干边学和培训实现人类社会的不断进步，这也正是效率改善的根本方法，所以，生产效率改善的本质也表现为创新和技术进步，而这正是新常态下动力机制转换的方向，也是计划机制调控的对象。本书将经济发展、效率改善、要素投入、资源束缚和环境约束同时纳入内生经济增长研究模型，构建不同的内生增长理论模型，证明从要素投入型增长向效率驱动型增长转变是经济可持续发展的唯一途径，从而揭示经济增长动力转换的必然性。以上内容构成第二篇新常态下的中国经济运行机制变革动力研究的主体。

　　进而从全要素生产率（TFP）的来源看，新常态下中国政府正在通过市场化改革和提高创新能力来实现经济增长动力向 TFP 驱动转变。前者是通过深化改革，特别是供给侧结构性改革，让市场在资源配置中起决定性作用从而降低供给主体之间的资源配置扭曲，提高资源配置效率，提高 TFP；而后者通过提高技术进步、制度创新等，进而提高 TFP。自 2012 年以来，中国政府实施的关于继续深化改革和提高创新能力的政策，正是为了实现经济增长动力向 TFP 转变。那么，通过深化供给侧改革降低资源错配能够在多大程度上提高 TFP 呢？在拓展谢长泰和克莱诺（Hsieh and Klenow）的资源错配理论模型，将要素投入、环境约束、资源错配、产出扭曲导致的资源错配纳入统一的研究框架，从产出扭曲、要素（能源和环境）扭曲、扭曲相互作用三个角度探讨了对市场运行机制的效率损失，在此基础上，检验资源错配的影响因素，为市场机制优化提供依据，完成第三篇新常态下运行机制变革与资源错配的研究，第四篇新常态下中国经济运行机制资源配置扭曲的效率损失测算。

在经济运行中，企业是中国经济高质量发展的基础，也是宏观调控的作用基础。本书以中国经济增长动力向 TFP 驱动转变为出发点，围绕"着力提高供给侧质量和效率"的大质量观发展理念，以资源错配理论为理论基础，系统的研究了资源错配对中国 TFP 的影响。从中微观企业、行业出发，延伸到宏观层次在大质量观理念下探讨建立质量长效发展机制，采取有针对性、系统性的"一揽子"政策框架，使得在生产过程中，企业完成生产要素和技术的组合输入，实现在既有技术水平下产出结构的优化，推进质量可持续发展，由此，结合构成第五篇：新常态下中国宏观调控模式重构研究，提出了降低中国资源错配，进而提高 TFP 的政策建议。

摘 要

自中国经济进入新常态发展阶段以来，中国宏观经济运行呈现出与以往完全不同的新特征，最显著的是潜在增速下降，资源和环境成为硬约束，而致使这些特征出现的根本原因则是中国的经济运行机制发生了根本的变化，市场化改革进入深水区，计划机制的对象和范围都发生了显著的变化。那么，在这样一个"十字路口"，如何继续进行市场化改革，如何依据宏观经济运行的变化主动调整宏观调整模式，适应新常态，引领新常态，则是一个十分重要的理论和实证问题。及时变革经济运行机制，顺势而为，那么势必将会有助于跨越中等收入陷阱，使经济运行机制更加高效、健康、绿色、可持续，进而使得中国经济顺利迈上更高的发展阶段。那么在当前的经济运行中，市场机制在哪些方面还不完善，其后果是什么以及如何变革？如何有效刻画新常态下宏观经济运行机理及其变化并依据其变化重构宏观调控模式？诸如此类的问题都亟待从理论和实证上进行系统研究，借此为经济运行机制变革，宏观调控模式重构，确保经济运行健康、高效、绿色、可持续提供理论和政策支持。

新常态下中国经济增长由要素驱动向效率驱动转变，是宏观调控模式的基础。本书将经济发展、效率改善、要素投入、资源束缚和环境约束同时纳入内生经济增长研究模型，证明从要素投入型增长向效率推动型增长转变是经济可持续发展的唯一途径，并揭示经济增长动力转换的必然性。其次紧贴新常态下中国经济转型升级下的时代背景，抓住供给侧结构性改革的主要任务"矫正要素扭曲，扩大有效供给，提高供给结构适应性和灵活性，提高TFP"，以中国经济增长动力向

TFP 驱动转变为出发点，围绕"着力提高供给侧质量和效率"的大质量观发展理念，以资源错配理论为理论基础，系统的研究了资源错配对中国 TFP 的影响，解答了中国通过供给侧改革纠正资源错配后的资源配置效率红利有多大这一重大现实问题，提出了降低中国资源错配，进而提高 TFP 的政策建议。

从整体衡量了中国经济发展质量和未来发展方向及潜力，本书得出以下三点重要结论：

（1）中国经济总量得到长足发展，GDP 居世界前列，但中国的经济发展质量并未得到同步提高，以包含污染排放的绿色全要素生产率（绿色 TFP）作为衡量经济发展质量指标，发现绿色 TFP 从 1991 年的 0.6 下降至 2014 年的 0.4，中国经济发展质量呈现波动式下降；

（2）宏观层面上，必须提升供给侧质量，减少资源错配，才能提升经济发展质量。通过 HK 模型及资源错配对 TFP 影响的测算方法，研究发现：行业内企业间资源错配对 TFP 的影响巨大，纠正行业内企业间资源错配，中国制造业和中国经济的总量 TFP，在现有的基础上可分别增长 149.5% ~ 173.9%、64.8% ~ 116.5%。其中最为严重的行业是信息传输、软件和信息技术服务业，其次是房地产业。纠正行业间资源错配后，中国制造业和中国经济的总量 TFP 在现有的基础上可分别增长 18.6% ~ 21.7%、11.91% ~ 38.76%。2008 ~ 2014 年间中国经济各行业间的资源错配却呈现出先改善后恶化的趋势，特别是 2014 年中国行业间资源错配的开始增加值得警示。纠正地区间资源错配，中国经济的 TFP 在现有基础上再增长的范围为 14.39% ~ 18.89%，其中资本错配对 TFP 的影响远大于劳动错配对 TFP 的影响。

（3）从中观、微观视角看，产品、服务、工程质量存在诸多问题，导致经济发展质量不高，作为经济运行的基础，企业投入资源，但产品难以满足人们需求，只是追求数量与规模的生产，造成更大资源损耗。课题组选取食品、药品、农产品及出口产品四个典型行业进行产品质量研究，选取物流、旅游、银行三个典型行业进行服务质量研究，选取建筑工程行业进行典型工程质量研究，并基于吴忠仪表厂、陕汽集团和比亚迪集团等企业的典型性调研，通过对企业质量损失和控制问题研究，最终发现，产品、服务、工程质量存在诸多问题，企业管理效率有待提高。

目前中国区域发展、产品质量、环境质量等多方面均存在诸多问题，要解决这些问题，涉及区域发展战略、行业规划、环保政策等内容，涉及国家质检总局、生态环境部、国家发展和改革委员会、交通部、工业和信息化部、商务部等部委的多头管理，必须从国家战略层面出发，而通过供给侧改革降低行业内企业间、行业间及区域间的资源错配特别是资本错配，涉及不同行业、不同地区的政策倾斜及战略规划，必须从国家全局出发，全面规划大质量观引领下中国质量提升计划，才能全面解决质量问题，否则只能是"头痛医头，脚痛医脚"。因而，建议由国务院牵头，国家质检总局、生态环境部、国家发展和改革委员会等部委主要参与，交通部、工业和信息化部、商务部等重点行业产业管理部门协调参与，成立国家质量管理委员会，贯彻落实《关于开展质量提升行动的指导意见》，全面推动中国经济发展质量提升，并规划国家质量管理委员会的新职责，实现管理机制创新，同时在微观上，全面树立质量提升意识，加强企业质量管理创新，在高校设立开展"质量管理工程专业"，培养专门的质量管理人才，发挥人才第一资源的作用。

Abstract

Since China's economy has entered the new normal development stage, some new characteristics emerge in the macroeconomic operation. Thereinto, the most significant features are the decline in potential economic growth rate and the constraints in aspect of resources and environment. The primary root causes of these characteristics are: China's economic operating mechanism has undergone fundamental changes; market-oriented reforms have been further deepened; and the objects and scope of planning mechanisms have been changed considerably. Therefore, in order to adapt and lead the new normal development in this specific context, how to continue the market-oriented reforms and actively maintain the macro-control mode in track with the changes of macroeconomic operation is of great theoretical and empirical importance. Undoubtedly, reform of the economic operation mechanism in right direction benefits to overcome the middle-income trap, and construct more efficient, green and sustainable economic operation mechanism. On this basis, then China's economy will step into a higher development stage. To provide theoretical and policy formulation suggestions for the transition in economic operating mechanism, restructure the macro-control mode, and establish an efficient and sustainable national economic operation, it is critical to reveal the existing issues of the current economic operation mechanism, then speculate the related consequences of those shortcomings and propose the solutions. Also, effectively describing the macroeconomic operating mechanism and its change pattern under the new normal, and reconstructing the macro-control mode based on the changes correspondingly is of significance.

Under the new normal, China's economic growth is transforming from the factor-driven mode to the efficiency-driven mode, which is the basis of the macro-control. This study incorporates economic development, efficiency improvement, factor input, resource constraints, and environmental constraints into the research model of endogenous economic growth in China. The results indicate that the transition from factor input growth to efficiency-driven growth is the only way to achieve sustainable economic development. It reveals that the transition in driving force of economic development is necessary. Second, in the context of new normal, according to the main goal of supply-side reform in China, correcting the production factor distortion, expanding effective supply, improving the adaptability and flexibility of the supply-side structure, and improving the total factor productivity (TFP), on the basis of high quality development vision, this study systematically researches the impacts of resource mismatch on China's TFP. It considers the TFP – centered economic development force and the related theory regarding resource mismatch. This study discovers how large the benefit is through correction of resource mismatch during supply side reform, and puts forward policy recommendations to reduce the resource mismatch and promote TFP in China.

By measuring the overall quality of China's economic development and its future development direction and potential, the conclusions of this study can be summarized as follows:

(1) The economic aggregate in China has been greatly improved, and it has the largest gross domestic product (GDP) in the world. However, its economic development quality lags behind the economic growth. Undertaking the green total factor productivity (green TFP) including pollution emissions to measure the economic development quality, it was uncovered that the green TFP decline to 0.4 in 2014 from 0.6 in 1991, and a fluctuating decline pattern emerges in the China's economic development quality.

(2) At the macro level, improving the supply side quality and reducing the resource mismatch are crucial to augment the economic development quality. Through the HK model and the related measurement method for the impacts of mismatched resources on TFP, it is found that the huge effects of mismatched resources among enterprises in the industries on the TFP. Correcting the resource mismatch among enterprises in the industries can increase the total TFP of manufacturing industry and the economic aggregate by 149.5% – 173.9% and 64.8% – 116.5%, respectively. The most severe resource mismatch exited in information transmission industry and software and information technology service industry. The real estate industry comes second. Moreover, after correcting the resource mismatch between industries, the total TFP of the manufacturing industry and economic aggregate will increase by 18.6% – 21.7% and 11.91% – 38.76%, respectively. In 2008 – 2014, the resource mismatch between industries in China turned from improvement to deterioration. Through correcting the resource mismatch between regions, the TFP of economic aggregate in China will grow within 14.39% – 18.89% on

the existing basis. Additionally, the impact of mismatched capital on TFP is far greater than that of mismatched labor.

(3) At the medium and micro level, there are some problems in the quality of products, services, and projects, which impedes to obtain high economic development quality. As the basis of economic operation, some products cannot meet the customer requirements. The huge resource investment of enterprises is only for expanding the scale and quantity of products rather than the quality improvement, which results in great resource losses. This study selects four typical industries, i.e. food, pharmaceuticals, agricultural products and export products, for product quality research, selects three typical industries, i.e. logistics, tourism, and banking, for service quality research, and selects construction engineering industry for typical project quality research. Based on the survey of the Wuzhong Meter Factory, Shaanxi Automobile Group, and BYD Group, through researching on the quality loss and control of the enterprise, it was found that there are many problems with product, service, and engineering quality, and the management efficiency of the enterprise needs to be improved.

At present, there are still some issues in the regional development, product quality, and environmental quality in China. The solution of these problems involves regional development strategies, industry planning, environmental protection policies, the multi-management of the AQSIQ, the Ministry of Environmental Protection, the National Development and Reform Commission, the Ministry of Transport, the Ministry of Industry and Information Technology, and the Ministry of Commerce in China. Therefore, it must start from the national strategic level. Additionally, reducing resource mismatch among enterprises, industries, and regions, especially capital mismatch through supply-side reform involves policy support and strategic planning in different industries and regions. Only by considering the overall national situation and implementing the China Quality Improvement Plan, the quality issues can be solved comprehensively. Otherwise, it can only take stopgap measures. Therefore, to comprehensively promote the improvement of the quality of China's economic development, it is recommended that the State Council take the lead, and the ministries and commissions (such as the General Administration of Quality Supervision, Inspection and Quarantine, the Ministry of Environmental Protection, and the National Development and Reform Commission are mainly involved, and Ministry of Communications, Ministry of Industry and Information Technology, Ministry of Commerce and other key industries' management department) cooperate with each other to establish the National Quality Management Committee and implement the "Guiding Opinions on Carrying out Quality Improvement". Besides, the related duties of the National Quality Management Committee should be formulated and achieve innovations in the management mechanisms. At the micro level, raising the awareness of quality improvement, strengthening the innovation in enterprise quality management, setting up the quality management engineering major in colleges and universities, cultivating specialized quality management talents, and treating talents as the first resource are essential.

目录

第一章 绪论　1

第一节　研究背景　1

第二节　研究目标　3

第三节　拟解决关键问题　4

第四节　创新点　6

第五节　研究框架　7

第一篇

中国经济运行现状　9

第二章 中国经济的现实成就　11

第一节　经济总量连上新台阶　11

第二节　供给能力大幅提高　14

第三节　基础设施和基础产业大发展　16

第四节　对外经济大飞跃　18

第五节　人民生活大改善　20

第六节　小结　23

第三章 区域发展的现实差异　25

第一节　沿海与内陆地区经济水平差异　25

第二节　东、中、西部经济发展的差距　26

第三节　省区之间经济发展的差距　28

第四节 城乡之间经济发展的差距　31

第五节 小结　32

第四章 ▶ 产业结构的布局演变　34

第一节 产业结构演变历程　34

第二节 三次产业内部结构变动　38

第三节 产业布局的演变规律　42

第四节 小结　48

第五章 ▶ 产品质量的发展演变　51

第一节 产品质量　51

第二节 服务质量　69

第三节 工程质量　80

第四节 小结　81

第二篇

新常态下中国经济运行机制变革的动力研究　83

第六章 ▶ 新常态下中国经济增长源泉　85

第一节 引言　85

第二节 文献综述　86

第三节 研究方法与数据来源　89

第四节 新常态下中国经济增长源泉　91

第五节 增长源泉对经济增长率波动的影响　99

第六节 结论与建议　101

第七章 ▶ 新常态下经济运行的环境约束　104

第一节 环境与经济发展　104

第二节 改革开放进程中经济建设与环境保护的发展过程　105

第三节 中国环境质量的综合评价　108

第四节 中国环境质量综合评价分析　112

第五节 小结　113

第八章 ▶ 新常态下经济运行的人口老龄化约束　114

第一节　老龄化概念界定　114

第二节　新常态下中国老龄化现状　114

第三节　人口老龄化与经济增长　116

第四节　小结　123

第九章 ▶ 外资引入、贸易扩张对中国经济可持续发展的影响　125

第一节　引言　125

第二节　文献综述　126

第三节　经济可持续发展的分解模型与数据来源　129

第四节　绿色全要素生产率的测算与经济可持续发展的分解　137

第五节　外资引入、贸易扩张对中国经济可持续发展的影响　142

第六节　结论与政策　160

第十章 ▶ 新常态下经济运行发展方向研究　164

第一节　经济发展模型演进　165

第二节　环境约束的内生增长模型　167

第三节　包含老龄化的环境约束内生增长模型　177

第四节　静态分析　189

第五节　小结　193

第十一章 ▶ 中国经济的发展质量：实证研究　195

第一节　指标选取——TFP 与绿色 TFP　195

第二节　评价方法　196

第三节　数据选取　198

第四节　中国经济发展质量评价　199

第五节　小结　204

第三篇

新常态下运行机制变革与资源错配的研究　205

第十二章 ▶ 新常态下经济运行中供给侧结构性改革研究　207

第一节　供给侧结构性改革的理论渊源　207

第二节 中国的供给侧结构性改革　223

第三节 小结　229

第十三章 ▶ 资源错配研究　230

第一节 资源错配定义　230

第二节 资源错配研究文献综述　231

第十四章 ▶ 新常态下中国供给侧结构性改革、资源错配内在联系　250

第一节 供给侧结构性改革的研究框架　250

第二节 资源错配的研究框架　253

第三节 资源错配和供给侧结构性改革资源配置效率红利的内在联系　254

第四节 小结　255

第十五章 ▶ 资源错配理论框架与模型构建　256

第一节 理论框架　257

第二节 行业内企业间资源错配对全要素生产率的影响：理论模型　261

第三节 行业间资源错配对全要素生产率的影响：理论模型　270

第四节 地区间资源错配对全要素生产率的影响：理论模型　274

第五节 小结　278

第四篇

新常态下中国经济运行机制资源配置扭曲的效率损失测算　281

第十六章 ▶ 行业内企业间资源错配对全要素生产率的影响：实证检验　283

第一节 行业内企业间资源错配对中国制造业全要素生产率的影响　283

第二节 行业内企业间资源错配对中国制造业要素生产率影响的区域差异　296

第三节 行业内企业间资源错配对中国经济全要素生产率的影响　323

第四节 小结　329

第十七章 ▶ 行业间资源错配对全要素生产率的影响：实证检验　331

第一节　行业间资源错配对中国制造业全要素生产率的影响　332
第二节　行业间资源错配对中国制造业全要素生产率影响的区域差异　338
第三节　行业间资源错配对中国经济全要素生产率的影响　341
第四节　小结　345

第十八章 ▶ 地区间资源错配对全要素生产率的影响：实证检验　347

第一节　数据、变量与参数　347
第二节　实证结果与分析　349
第三节　小结　356

第五篇
新常态下中国宏观调控模式重构研究　357

第十九章 ▶ 新常态下基于大质量观理念宏观调控　359

第一节　质量及质量管理　359
第二节　大质量观应用内涵　363
第三节　大质量观、宏观供给侧改革与中国经济高质量发展　367
第四节　小结　372

第二十章 ▶ 新常态经济运行资源配置合理化途径　374

第一节　资源错配影响因素分析　374
第二节　降低资源错配进而提高全要素生产率路径　392
第三节　小结　398

第二十一章 ▶ 新常态下企业运行效率提升途径　399

第一节　典型企业质量损失调研　399
第二节　典型案例分析　402
第三节　调研问题汇总　412
第四节　企业损失优化方案　413

第二十二章 ▶ 结论与政策建议　415

　　第一节　研究结论　415
　　第二节　政策启示　417

附录　421

参考文献　438

后记　459

Contents

Chapter 1 Introduction 1

    1.1 Research Background 1

    1.2 Research Objectives 3

    1.3 Key Issues to be Solved 4

    1.4 Innovation 6

    1.5 Research Framework 7

Part 1 China's Economic Operational Status 9

Chapter 2 Quantitative Achievements of the Chinese Economy 11

    2.1 The Increasement of Economic Aggregate 11

    2.2 The Improvement of Supply Capacity 14

    2.3 Major Development of Infrastructure and Basic Industries 16

    2.4 Great Leap in Foreign Economy 18

    2.5 Great Improvement in People's Living Standards 20

    2.6 Summary 23

Chapter 3 Regional Development Quality 25

    3.1 Differences in Economic Levels between Coastal and Mainland Regions 25

    3.2 Economic Development Gap among the East, Middle and West Regions 26

3.3　Economic Development Gap between Provinces　28

3.4　Economic Development Gap between Urban and Rural Areas　31

3.5　Summary　32

Chapter 4　Evolution of Industrial Structure and Layout　34

4.1　Evolution of Industrial Structure　34

4.2　Three Changes in the Internal Structure of the Industries　38

4.3　The Regular Pattern of Evolution of industrial layout　42

4.4　Summary　48

Chapter 5　Quality of Chinese Products　51

5.1　Product Quality　51

5.2　Quality of Service　69

5.3　Engineering Quality　80

5.4　Summary　81

Part 2　Research on the Sources of China's Economic Operational Mechanism under the New Normal　83

Chapter 6　Sources of China's Economic Growth under the New Normal　85

6.1　Introduction　85

6.2　Literature Review　86

6.3　Research Methods and Data Sources　89

6.4　Sources of China's Economic Growth under the New Normal　91

6.5　The Impact of Growth Sources on Fluctuations in Economic Growth Rates　99

6.6　Summary and Recommendations　101

Chapter 7　Environmental Constraints of Economic Operation under the New Normal　104

7.1　Environment and Economic Development　104

7.2　Development Process of Economic Construction and Environmental Protection during the Reform and Opening Up Period　105

7.3　Comprehensive Evaluation of China's Environmental Quality　108

7.4　Comprehensive Evaluation and Analysis of China's Environmental Quality　112

7.5　Summary　113

Chapter 8　Constraints of Population Aging in Economic Operation under the New Normal　114

8.1　Definition of Population Aging　114

8.2　Current Situation of China's Aging under the New Normal　114

8.3　Population Aging and Economic Growth　116

8.4　Summary　123

Chapter 9　The Impact of Foreign Investment and Trade Expansion on China's Sustainable Economic Development　125

9.1　Introduction　125

9.2　Literature Review　126

9.3　Decomposition Models and Data Sources for Sustainable Economic Development　129

9.4　Estimating Green Total Factor Productivity and Decomposing Economic Sustainable Development　137

9.5　The Impact of Foreign Investment and Trade Expansion on China's Sustainable Economic Development　142

9.6　Summary and Recommendations　160

Chapter 10　Research on the Development Direction of Economic Operation under the New Normal　164

10.1　Evolution of Economic Development Models　165

10.2　The Endogenous Growth Model under Environmental Constraints　167

10.3　The Endogenous Growth Model with Population Aging under Environment Constraints　177

10.4　Static Analysis　189

10.5　Summary　193

Chapter 11　Quality of China's Economic Development: An Empirical Study　195

11.1　Index Selection – TFP and Green TFP　195

11.2　Evaluation Method　196
11.3　Data Selection　198
11.4　Quality Evaluation of China's Economic Development　199
11.5　Summary　204

Part 3　Research on Operational Mechanism Reform and Resource Misallocation under the New Normal　205

Chapter 12　Research on Supply-side Reform in Economic Operation under the New Normal　207

12.1　Supply-side Structural Reforms　207
12.2　China's Supply-side Reform　223
12.3　Summary　229

Chapter 13　The Reasearch of Resource Misallocation　230

13.1　Definition of Resource Misallocation　230
13.2　Literature Review on Resource Misallocation　231

Chapter 14　The Intrinsically Links between China's Supply-side Reforms and Resource Misallocation under the New Normal　250

14.1　Research Framework of Supply-side Reform　250
14.2　Research Framework for Resource Misallocation　253
14.3　Inherent Links between Resource Misallocation and Supply-side Reform　254
14.4　Summary　255

Chapter 15　Theoretical Framework and Model Construction of Resource Misallocation　256

15.1　Theoretical Framework　257
15.2　The Impact of Resource Misallocation on Total Factor Productivity among Different Enterprises in the same Industry: Theoretical Model　261
15.3　The Impact of Resource Misallocation on Total Factor Productivity in Different Industries: Theoretical Model　270

15.4　The Impact of Resource Misallocation on Total Factor Productivity in Different Regions: Theoretical Model　274

15.5　Summary　278

Part 4　Measurement of Efficiency Loss of China's Resource Misallocation Under the New Normal　281

Chapter 16　Impact of Resource Misallocation among Different Enterprises in the same Industry on Total Factor Productivity: An Empirical Test　283

16.1　The Impact of Resource Misallocation among Different Enterprises in the same Industry on the Total Factor Productivity of Chinese Manufacturing　283

16.2　Regional Differences in the Impact of Resource Misallocation among Different Enterprises in the same Industry on Productivity of Chinese Manufacturing　296

16.3　The Impact of Resource Misallocation among Different Enterprises in the same Industry on the Total Factor Productivity of the Chinese Economy　323

16.4　Summary　329

Chapter 17　Impact of Resource Misallocation on Total Factor Productivity between Industries: An Empirical Test　331

17.1　Impact of Resource Misallocation between Industries on the Total Factor Productivity of Chinese Manufacturing　332

17.2　Regional Differences in the Impact of Resource Misallocation between Industries on the Total Factor Productivity of Chinese Manufacturing　338

17.3　The Impact of Resource Misallocation on Total Factor Productivity of the Chinese Economy　341

17.4　Summary　345

Chapter 18　The Impact of Regional Resource Misallocation on TFP: An Empirical Test　347

18.1　Data, Variables and Parameters　347

18.2　Empirical Results and Analysis　349

18.3　Summary　356

Part 5　Research on the Reconstruction of China's Macro-control Pattern under the New Normal　357

Chapter 19　Macro-control under the New Normal Based on the Concept of Mass Quality　359

19.1　Quality and Quality Management　359

19.2　Application of the Great Quality Concept　363

19.3　Great Quality Concept, Macro – Supply – Side Reform, and High – Quality Development of the Chinese Economy　367

19.4　Summary　372

Chapter 20　Ways to Rationalize the Resource Allocation for under New Normal Economic Operation　374

20.1　Analysis of Influential Factors of Resource Misallocation　374

20.2　The Paths of Improving Total Factor Productivity via Reducing Resource Misallocation　392

20.3　Summary　398

Chapter 21　Ways to Improve Enterprise Operational Efficiency under the New Normal　399

21.1　The Typical Enterprise Quality Loss Research　399

21.2　Typical Analysis of Three Enterprises　402

21.3　Summary Corporate Research Issues　412

21.4　Optimized Path for Enterprises to Reduce Losses　413

Chapter 22　Conclusions and Policies　415

22.1　Research Conclusion　415

22.2　Research Recommendations　417

Appendix　421

References　438

Postscript　459

第一章

绪　论

第一节　研究背景

近年来，人们越来越发现，经济发展早已不是一个简单的 GDP 增速就能够说明一切的。曾经为国家经济急速增长做出巨大贡献的能源（煤炭）消耗方式如今已经成为诸多严重威胁人民生命安全、生存质量等环境问题的源头。经济发展到底要不要以牺牲环境为代价？如何才能改变现有的经济发展方式？这些都需要人们转变僵化的、单一的、用数字衡量经济发展的思维，进而重新建立灵活的、综合的、用质量展示经济增长的新概念。

在 2008 年全球经济危机之后，全球各大经济体均受到了巨大打击，除了美国华尔街金融风暴的余波，欧洲债券市场也危机不断，再加上全球原油价格经历了剧烈震荡，维持稳定增长的经济环境已然不再。虽然从数字上看，中国经济在金融危机后依然保持了一定时间相对高速的增长，但其深远的影响还未消除，近几年来中国的经济增长率逐渐趋缓。2016 年中国的国内生产总值（GDP）增长率为 6.7%，虽然在绝对数值上仍是世界上经济增量最大的国家之一，但这也从另一个侧面反映出经过几十年的发展，中国政府和企业正在寻找新的发展道路，以期带来质量更高、更好的发展。而要达成这个目标，就要不断促进中国制造业转型和升级，形成以质量为核心的符合"中国制造"目标的国际竞争力。"十三五"规划纲要设置了"经济发展""创新驱动""民生福祉"和"资源环境"四大主要指标，和此前"十二五"规划相比，首次被写入规划纲要中的"创新驱动"作为一个指标大项，是非常重要的经济转型标志。

2017年《政府工作报告》除了继续推进经济增长，还用了更多的篇幅来表述经济结构的调整、社会民生的改善以及环境治理等工作的重要性，这无疑解答了经济增长与质量和效益之间的关系问题，既符合国家当前的任务，也符合人民群众的切身利益，更满足了子孙后代的发展需求。经济增长不等于经济发展。经济发展不仅要求有经济总量的提升，还涉及经济结构的优化，社会收入的公平等多方面的改善。改革开放以来，我国经济增长的速度是有目共睹的，但同时伴随着环境的污染，收入差距的拉大等不和谐因素。这都是与我们的发展目标不相符的，需要进一步改进。升级后的宏观调控目标体系更加符合中国人口众多、就业需求大、资源环境硬约束等国情特点，充分反映了中国政府持续改善民生和向污染宣战的决心。这一目标体系在引导经济稳定增长的同时，着力于转方式调结构，着力提高城乡居民人均收入增长率，着力于绿色发展、循环发展、低碳发展。

综上所述，经济发展进入新常态是社会主义市场经济向高级阶段的发展。相应的经济运行的市场机制，却并未发生根本改变，只是宏观调控方向和内容发生了变化。宏观调控内容和方向发生的变化主要表现在经济增长动力的变化、约束条件的变化、经济结构和产业结构的变化三个方面，这也正是经济运行机制迫切需要变革的方向和内容。同时，从中国经济运行机制的变化规律和经验来看，要确保经济运行机制的顺利变革，就要通过宏观调控充分发挥计划机制的优势，确保经济增长动力的及时转换，实现经济的绿色化发展，优化产业结构和需求结构。

新常态下经济运行机制变革的本质是坚持完善和深化市场机制，同时重构国家宏观调控模式，充分发挥计划机制的优势，这是保持经济运行机制健康、高效、绿色、可持续的根本路径，是主动适应新常态，应对新常态，坚持发展、主动作为的体现，是打造中国经济"升级版"的主要内容和着力点，是实现中国特色社会主义市场经济向高级化迈进的切实保障。那么在当前的经济运行中，市场机制在哪些方面还不完善，它的后果是什么以及如何变革？如何有效刻画新常态下宏观经济运行机理及其变化并依据其变化重构宏观调控模式？诸如此类的问题都亟待从理论和实证上进行系统研究，借此为经济运行机制变革，宏观调控模式重构，确保经济运行健康、高效、绿色、可持续提供理论和政策支持。这亦是本书的出发点和落脚点。

第二节 研究目标

本书在理论创新、实践应用和服务决策三方面的预期目标如下：

一、理论创新

（1）基于内生经济增长理论，构建包括经济发展、效率改善、要素投入、资源束缚和环境约束的新型内生增长研究框架，抓住了新常态下中国经济的本质问题，构建宏观调控模式的基础。从理论上证明新常态下中国经济增长动力转型的方向是提升全要素生产率，为国家创新驱动战略的实施和宏观调控的方向提供了理论依据。

（2）基于资源错配理论提出市场运行机制的定量评价方法。资源错配理论是研究国家地区间TFP差异的最新理论，而这一理论的假设是市场机制运行不畅，导致资源配置扭曲，进而对经济运行效率产生损失的理论。基于此，本书借鉴这一理论对新常态下中国经济运行的市场运行机制进行评价，从而实现对市场运行机制的定量研究。将能源引入资源错配理论模型，更好地评价市场机制的运行效率。本书在（Hsieh and Klenow，2009）理论模型的基础上，针对其生产函数忽视能源要素的不足，对其拓展补充，将能源扭曲纳入生产函数，使得该模型日益完善，能够同时测算能源扭曲、资本扭曲、产出扭曲对市场机制运行效率的损失，完善资源错配对市场运行机制效率损失的传导机制，为市场机制的顺畅运行提供理论依据。

（3）基于质量管理理论的质量损失角度出发，构建质量损失衡量的指标体系，从微观管理视角，明晰企业层面质量损失程度，从一定程度上衡量企业层面资源错配程度。并基于质量管理内涵，延伸出大质量管理理念，从宏观、中观和微观层次构建以中国经济高质量发展的宏观管理模式，为保障市场机制的顺畅运行提供理论依据。

二、实践应用

（1）基于不同新内生增长模型下实现可持续发展的作用机理、实现条件、影响方式，通过比较研究，证明新常态下从要素投入型增长向效率推动型增长转变是宏观经济运行动力机制转换的趋势。实证检验新常态下中国宏观经济运行的环境绩效。采用改进后的基于整体差异驱动的纵横向拉开档次法综合评价中国不同区域环境质量，建立包含环境吸收因子的多角度环境指数，刻画演进轨迹，多视角研究宏观经济环境绩效的动态变化。

（2）实证测算产品市场扭曲、要素市场扭曲、扭曲相互作用对经济总体及分行业市场运行机制的效率损失，从宏观、中观两个视角全面评估资源错配对市场运行机制的效率损失以及变动趋势。系统分析资源错配对市场机制的影响因素，并进行实证检验。本书拟按照资源错配的类型将资源错配分为资本、劳动、产出三种，然后逐一分析它们的影响因素，为提高市场运行机制的效率提供依据。

三、服务决策

从时间和空间两个维度，深入剖析经济运行机制变革的重点和难点，全面、科学评价新常态下经济运行的市场和计划机制，分析市场机制运行不畅的根源以及宏观经济运行结构的变化，进而依据市场扭曲因素的来源制定提高市场运行机制的对策，依据宏观经济运行的变化重构宏观调控模式，从而实现中国经济运行机制的健康、绿色、高效、可持续，使社会主义市场经济迈向更高的发展阶段。

第三节　拟解决关键问题

（1）从理论上构建刻画新常态下宏观经济机制运行的理论模型，重点探讨新常态宏观经济动力机制的转型问题，为宏观调控模式提供理论依据。新常态下宏观经济运行结果与以往有着显著的不同，主要体现在经济增长动力机制的转换上，同时经济的发展面临着资源和环境的硬约束，而这些宏观经济的显著特征正是重构宏观调控机制的逻辑起点。那么，如何刻画宏观经济运行的这些新特征，经济增长动力从要素驱动向效率驱动转换是否可行？这些问题的回答则直接对国家经济计划的制定有着直接的指导意义。本书从理论上研究效率改善对于可持续发展的作用，便于总结效率改善对应可持续发展的作用，通过数量推导归纳、总结效率改善对可持续发展的作用机理、影响机制和实现方式，形成逻辑体系和逻辑机理，解释可持续发展的普遍规律和内在逻辑，便于指导实际工作，为制定可持续发展政策、路线提供理论指导。

（2）全面、客观评价宏观经济运行中的环境绩效，为宏观调控模式的重构提供依据。中国经济取得举世瞩目成就的同时，也付出了巨大的环境代价。原环境保护部环境规划院2013年1月发布的《中国环境经济核算研究报告2010》指出，2010年中国环境退化成本达到11 032.8亿元，占GDP比重为3%。保护生态环境是可持续发展的本质特征，正如李克强总理说的："要让人民呼吸洁净的空气，饮用安全的水，食用放心的食品"。[①] 研究中国的可持续发展问题必须将生态环境污染作为经济发展的非合意产出（"坏"产出），与经济发展成果（"好"产出）纳入同一研究框架，同时引入生产过程，才能真正体现永续发展的本质要求，所以，需要全面、客观评价中国生态环境污染现状。

（3）从理论上探讨经济运行机制中市场机制运行不畅导致的效率损失问题，为市场机制变革提供理论依据。尽管经过改革开放40多年的发展，中国经济的市场化改革取得了举世瞩目的成就，但是中国当前依然是一个典型的转型经济体，经济运行中市场机制还存在不少的问题。那么，如果评价这些问题对市场机制造成的损失，成为本书将要回答的一个重要问题。对于这一问题的回答，现有的研究多从定性的角度回答市场化改革的不彻底降低了资源配置效率，并未提出一个定量的方法研究市场机制不畅造成的后果。正是沿着这一思路，本书借鉴资源错配理论，结合新常态下市场机制运行的特征，提出了能源错配对市场运行机制效率损失的测算方法以及扭曲相互作用对市场运行机制的效率损失方法，拓展了现有资源错配的理论模型，进一步完善了资源错配对市场运行机制效率损失的传导机制，试图回答市场化改革不彻底对市场运行绩效的效率损失这一问题，而这一问题的回答则对市场机制的改革有着非常重要的意义。如果能够定量测算，不仅能够回答继续深化市场改革的红利有多大，而且对今后市场改革对策将有着重要的意义。

（4）实证上全面评价市场机制的运行效率，并从资源错配的视角实证检验影响市场机制运行效率的影响因素，为全面深化市场机制的变革提供了实证依据。在得到测算市场机制运行不畅对其效率损失的理论模型基础上，需要探讨两个问题，一是损失有多大及其趋势是什么？二是什么因素导致了资源错配，并对市场机制的运行效率产生了损失？这两个问题的回答直接关系着对当前市场运行机制效率的客观评价以及绩效深化市场改革的方向。在得到上述问题的答案后，将直接为市场机制的变革提供实证依据。

---

① 2013年十二届全国人大一次会议答记者问网页链接：李克强总理等会见采访两会的中外记者并回答提问 http://www.gov.cn/ldhd/2013-03/17/content_2356400.htm。

第四节 创 新 点

（1）将能源和环境约束纳入内生经济增长理论模型，抓住了新常态下中国经济的本质问题，构建宏观调控模式的关键，将促进经济增长模型进一步拓展。从理论上证明新常态下中国经济增长动力转型的方向是全要素生产率，为国家创新驱动战略的实施和宏观调控的方向提供了理论依据。

（2）首次从资源错配的视角研究市场运行机制变革，不仅实现了市场运行机制的定量研究，而且能够全面地提出新常态下提高市场机制运行效率的对策。本书抓住市场机制的关键是资源配置这一核心，基于中国转型经济的特征，借鉴和拓展最新的资源错配理论，从市场机制运行不畅导致的各种价格扭曲进而造成效率损失实现对市场运行绩效的定量评价。同时在此基础上，系统分析资源错配的形成因素，通过实证检验，为降低资源错配，提高市场运行机制提供了实证依据。

（3）由于研究视角的不同，以往在评价环境质量的文献中，无论是单指标评价还是多指标评价，都将环境污染等同为环境质量。然而却忽视了环境作为一个系统，具有一定的自我调节功能，也就是说，在人类社会行为作用下，环境结构与状态所发生的变化不超过一定程度时，环境系统可以借助于自身的调节功能使这些变化逐渐消失，结构和状态得以恢复。本书综合考虑了污染排放、污染治理与环境自净能力三项指标，从综合排放净化视角对中国环境状况进行分析研究，初步界定了环境污染与吸收因子的关系，将环境吸收的研究推进了一步。

（4）基于质量管理的理论，分析了质量管理、质量损失与企业 TFP 内在关联，拓展向企业内资源错配的相关研究。并针对企业质量管理过程中存在的问题进行深入研究，从企业调研中实际面临的问题出发，提出相关纠正企业内资源错配的方案。同时，结合相关理念，提出了大质量观诉求下的供给侧结构性改革实施路径。在大质量观理念下探讨建立质量长效发展机制，从宏观、中观和微观层次构建中国经济高质量发展的宏观管理模式，采取有针对性、系统性的一揽子政策框架，使得在生产过程中，实现在既有技术水平下产出结构的优化，推进质量可持续发展。

第五节 研究框架

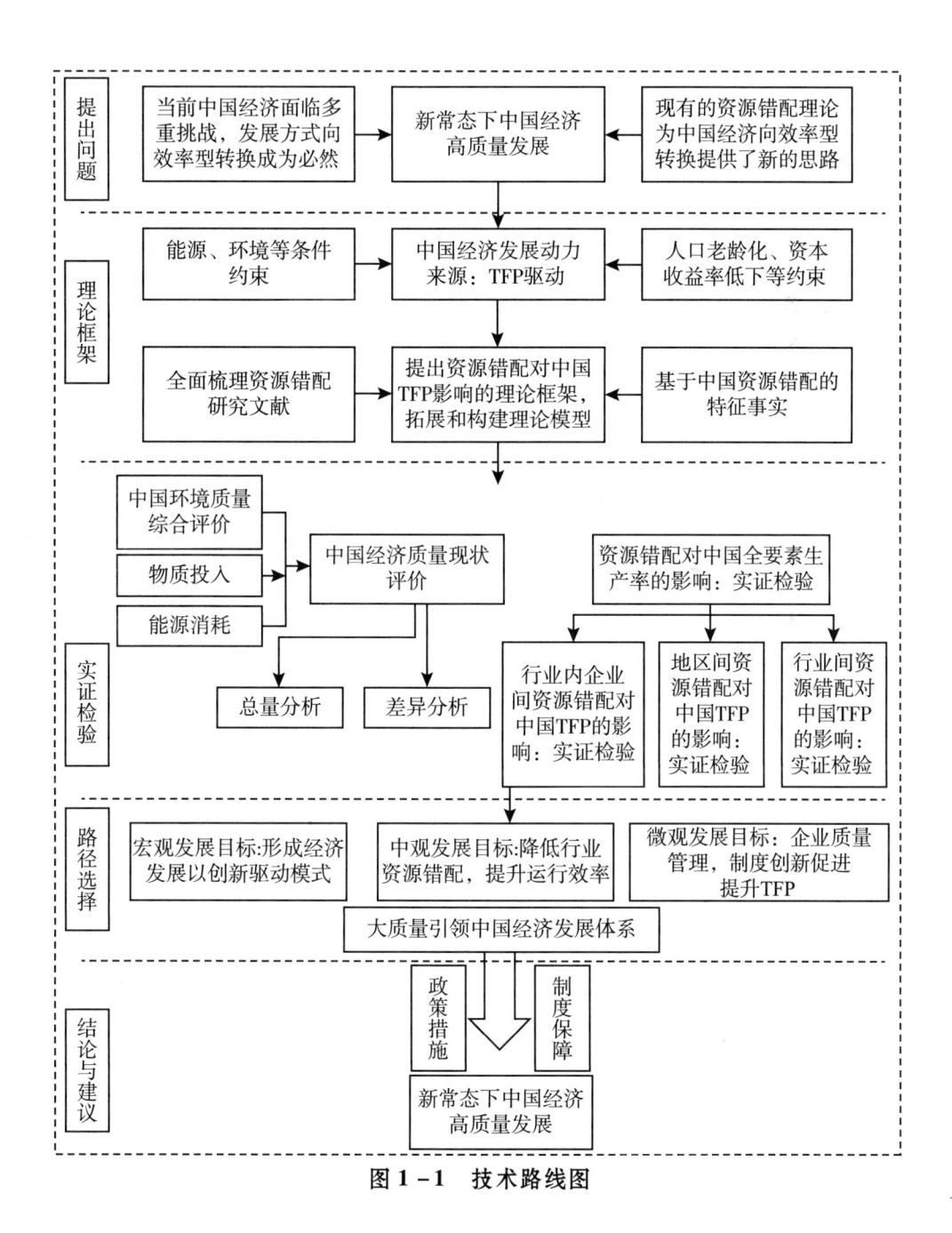

```
┌─────────────┬──────────────────────────────────────────────────────────────┐
│ 提出问题    │ [当前中国经济面临多重挑战，发展方式向效率型转换成为必然] → │
│             │ [新常态下中国经济高质量发展] ← [现有的资源错配理论为中国经│
│             │ 济向效率型转换提供了新的思路]                                │
├─────────────┼──────────────────────────────────────────────────────────────┤
│ 理论框架    │ [能源、环境等条件约束] → [中国经济发展动力来源：TFP驱动] ←  │
│             │ [人口老龄化、资本收益率低下等约束]                            │
│             │ [全面梳理资源错配研究文献] → [提出资源错配对中国TFP影响的理 │
│             │ 论框架，拓展和构建理论模型] ← [基于中国资源错配的特征事实]   │
├─────────────┼──────────────────────────────────────────────────────────────┤
│ 实证检验    │ [中国环境质量综合评价][物质投入][能源消耗] → [中国经济质量  │
│             │ 现状评价] → [总量分析][差异分析]                              │
│             │ [资源错配对中国全要素生产率的影响：实证检验] → [行业内企业  │
│             │ 间资源错配对中国TFP的影响：实证检验][地区间资源错配对中国   │
│             │ TFP的影响：实证检验][行业间资源错配对中国TFP的影响：实证检验]│
├─────────────┼──────────────────────────────────────────────────────────────┤
│ 路径选择    │ [宏观发展目标:形成经济发展以创新驱动模式][中观发展目标:降低│
│             │ 行业资源错配，提升运行效率][微观发展目标：企业质量管理，制  │
│             │ 度创新促进提升TFP]                                            │
│             │ [大质量引领中国经济发展体系]                                  │
├─────────────┼──────────────────────────────────────────────────────────────┤
│ 结论与建议  │ [政策措施][制度保障] → [新常态下中国经济高质量发展]          │
└─────────────┴──────────────────────────────────────────────────────────────┘
```

图 1-1 技术路线图

第一篇

中国经济运行现状

1978年，党的十一届三中全会作出了改革开放的伟大历史抉择，开启了我国经济社会发展的历史新时期。这一时期，我国经济发展取得了举世瞩目的伟大成就，经济处于高速增长阶段，经济发展的质量也在不断提升，其中数量的成就尤为抢眼。较之经济增长的数量问题，其质量提升更为重要。深入认识这一阶段的中国经济，必须对中国经济发展质量进行评价。特别是，中国当前已经进入经济发展的新常态，重塑经济增长新动力、提高经济增长质量是新常态下中国经济发展亟待解决的关键问题。

首先，从国家宏观层面，本篇对1979~2015年的经济总量（包括GDP、GDP增速、人均GDP、财政、外汇等）、供给能力、基础设施和基础产业、对外经济、人民生活等方面进行梳理，从整体来看，经济发展速度由过去的高速增长向中高速增长转变。改革开放以来，中国多数年份经济保持两位数左右的高速增长。进入新常态以后，经济增速"换挡"到中高速增长区间。需求结构由投资和出口拉动为主转向由消费拉动为主。

其次，从区域的视角对中国地区经济发展中的不平衡问题进行了统计性描述，发现自然地理条件、自然资源分布、国家政策、文化素质和思想观念都是引起区域发展差异的因素。

再次，从产业视角对全国和区域的产业发展情况进行总结，发现中国虽然被誉为世界工厂，但是产品附加值太低，产业结构处于低端水平，技术水平太低；产业结构低下，劳动密集型产业占绝大部分。但产业转型也卓有成效，第三产业对经济的贡献率已经由2005年的44.3%增加到2015年的59.1%。

最后，对产品质量、服务质量和工程质量进行分析，得出我国经济发展质量稳步提升，但质量监督管理体系有待完善，重点体现在企业内部监管制度不健全，落实不到位等方面。

第二章

中国经济的现实成就

第一节 经济总量连上新台阶

改革开放以来，我国国民经济蓬勃发展、经济总量连上新台阶，综合国力由弱变强，成功实现从低收入国家向中等收入国家的跨越。1979～2012年，我国国内生产总值年均增长9.8%，同期世界经济年均增速只有2.8%。2013～2015年，我国国内生产总值年均增长率为7.3%。

经济总量连上新台阶，综合国力大幅提升。国内生产总值由1978年的3 645亿元迅速跃升至2015年的676 708亿元。其中，1986年突破1万亿元，1991年突破2万亿元，此后10年平均每年上升近1万亿元，2001年超过10万亿元大关，2002～2006年平均每年上升2万亿元，2006年超过20万亿元，之后每两年上升10万亿元，2015年达67.7万亿元（见图2-1）。

经济总量居世界位次稳步提升，对世界经济增长的贡献不断提高。1978年，我国经济总量仅位居世界第十位；2008年超过德国，居世界第三位；2010年超过日本，居世界第二位，成为仅次于美国的世界第二大经济体。经济总量占世界的份额由1978年的1.8%提高到2015年的15.5%。2008年下半年国际金融危机爆发以来，我国成为带动世界经济复苏的重要引擎。2015年中国对世界经济增长的贡献率超过25%，成为世界经济增长的主要动力[①]。

[①] 根据《中国统计年鉴（2016）》数据整理。

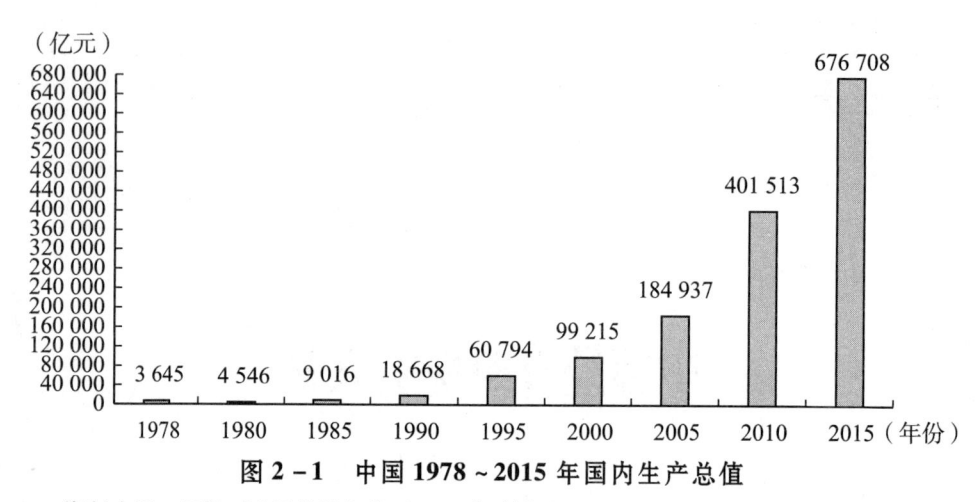

图 2-1 中国 1978~2015 年国内生产总值

资料来源：根据《中国统计年鉴（2016）》数据整理。

人均国内生产总值不断提高，成功实现从低收入国家向中等收入国家的跨越。1978 年人均国内生产总值仅为 381 元，1987 年达到 1 112 元，1992 年达到 2 311 元，2003 年突破万元大关至 10 542 元，2007 年超过 2 万元至 20 169 元，2010 年达到 30 015 元，2015 年人均国内生产总值达到 52 000 元，扣除价格因素，比 1978 年增长 16.2 倍，年均增长 8.7%（见图 2-2）。人均国民总收入也实现同步快速增长，根据世界银行数据，我国人均国民收入由 1978 年的 190 美元上升至 2015 年的 7 880 美元，按照世界银行的划分标准，已由低收入国家跃升至中等收入国家，对于我国这样一个经济发展起点低、人口基数庞大的国家，取得这样的进步难能可贵。

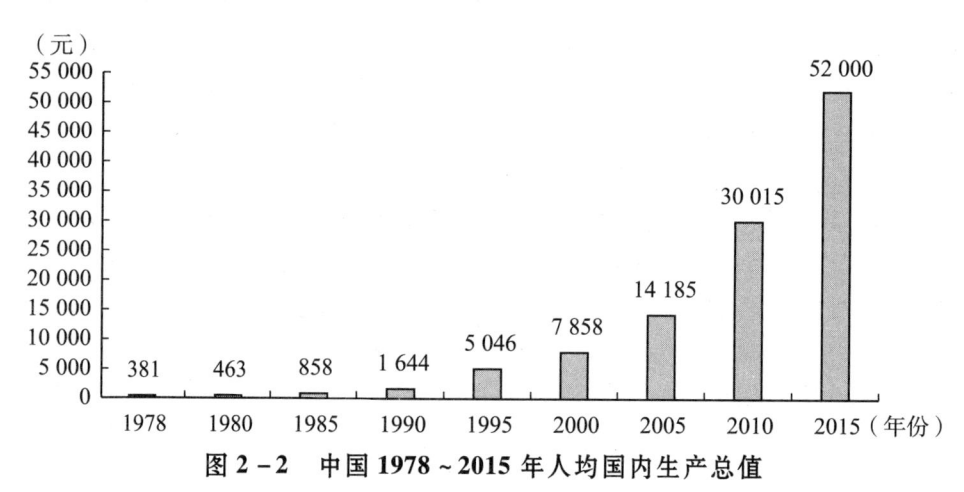

图 2-2 中国 1978~2015 年人均国内生产总值

资料来源：根据《中国统计年鉴（2016）》数据整理。

国家财政实力明显增强，政府对经济和社会发展的调控能力显著提升。1978年国家财政收入仅1 132亿元，1985年翻了近一番，达到2 005亿元，1993年再翻一番，达到4 349亿元，1999年跨上1万亿台阶，达到11 444亿元，2007年超过5万亿元，达到51 322亿元，2011年突破10万亿元，2015年，我国财政收入达到152 217亿元，比1978年增长103倍，年均增长14.6%（见图2-3）。2016年1~9月全国财政收入累计121 400亿元，增长5.9%。财政收入的增加对我国促进经济发展、加强社会保障、减小城乡差距提供了有力的资金保障。

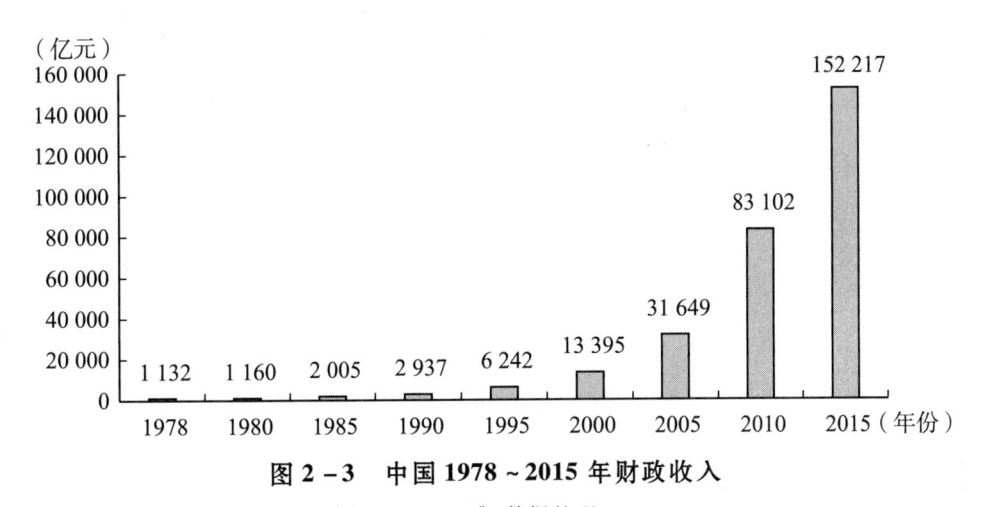

图2-3 中国1978~2015年财政收入

资料来源：根据《中国统计年鉴（2016）》数据整理。

外汇储备大幅增长，实现从外汇短缺国到世界第一外汇储备大国的巨大转变。1978年，我国外汇储备仅1.67亿美元，位居世界第38位，人均只有0.17美元，折合成人民币不足1块钱。随着我国对外经济的发展壮大，经常项目贸易盈余不断积累，外汇储备的短缺迅速成为历史，1990年外汇储备超过百亿美元，达到111亿美元，1996年超过千亿美元，达到1 050亿美元，2006年超过1万亿美元，达到10 663亿美元，2015年达到33 304亿美元，连续七年稳居世界第一位（见图2-4）。

城镇化步伐明显加快。城镇化水平由1978年的17.9%上升到2015年的54.77%，上升了36.87个百分点，年均上升近0.9个百分点。城镇总人口年均增加1 586万人，乡村总人口年均减少435万人。城镇化水平的提升促进了城乡经济的协调发展，有利于居民消费结构升级，并不断催生出新的经济增长点，是扩大内需的潜力所在。随着城镇化和工业化进程的加快，城镇吸纳就业的能力也不断增强，促进了乡村富余劳动力向城镇的转移。①（见图2-5）。

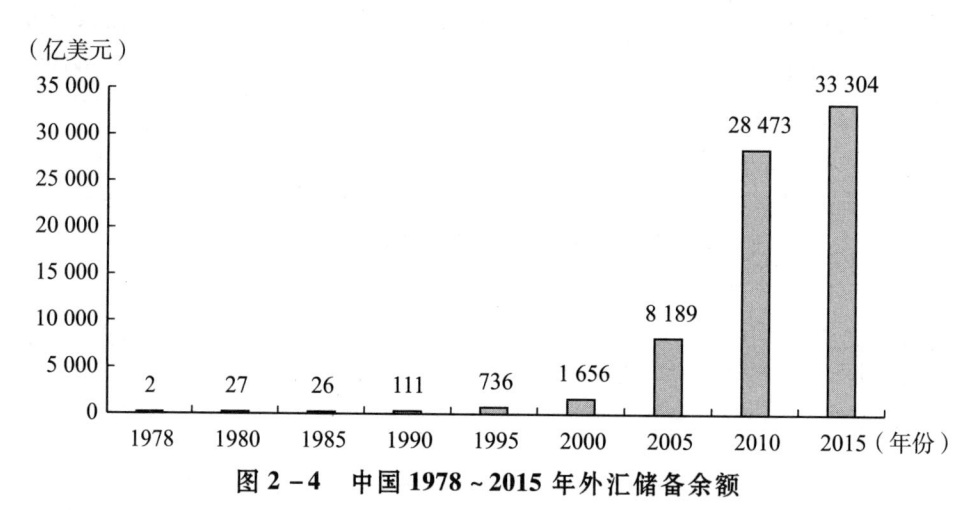

图2-4 中国1978~2015年外汇储备余额

资料来源：根据《中国统计年鉴（2016）》数据整理。

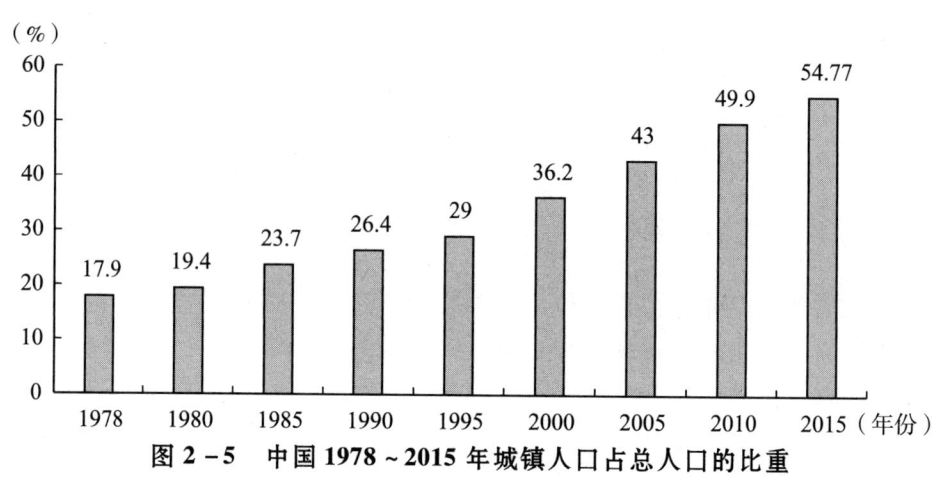

图2-5 中国1978~2015年城镇人口占总人口的比重

资料来源：根据《中国统计年鉴（2016）》数据整理。

第二节 供给能力大幅提高

改革开放以来，我国逐步建立起门类齐全、布局合理的产业体系，商品和服务供给能力大为增强，主要工农业产品产量跃升到世界前列。

---

① 根据《中国统计年鉴（2016）》数据整理。

农产品供给能力的大幅提升不仅解决了世界 1/5 人口的温饱问题，还为工业化快速推进提供了重要支撑。改革开放以来，党中央、国务院始终把农业生产放在十分重要的战略地位，千方百计促进农业生产，稳定粮食产量，不仅成功解决了中国人的温饱问题，实现了人民生活水平质的提高，而且为工业发展提供了坚实的基础。2015 年，粮食产量达到 62 144 万吨，比 1978 年增长 103.9%，2004 年以来实现连增，连续 6 年稳定在 5 亿吨以上的水平；棉花产量 684 万吨，比 1978 年增长 2.2 倍；油料产量 3 437 万吨，增长 5.6 倍；糖料产量 13 485 万吨，增长 4.7 倍；水果产量 24 057 万吨，增长 35.6 倍；水产品产量 5 908 万吨，增长 11.7 倍。肉类产量 8 387 万吨，比 1979 年增长 6.9 倍。2011 年，谷物、肉类、籽棉、花生、茶叶、水果产量稳居世界第一位，油菜籽、甘蔗、大豆分列第二、第三、第四位。从人均水平看，2015 年人均粮食产量达到 453.4 公斤，比 1978 年增长 38.7%；人均棉花、油料、糖料、水产品产量分别达到 5.1 公斤、25.4 公斤、99.8 公斤和 43.7 公斤，分别增长 1.2 倍、3.7 倍、3.0 倍和 8.0 倍[①]（见图 2-6）。

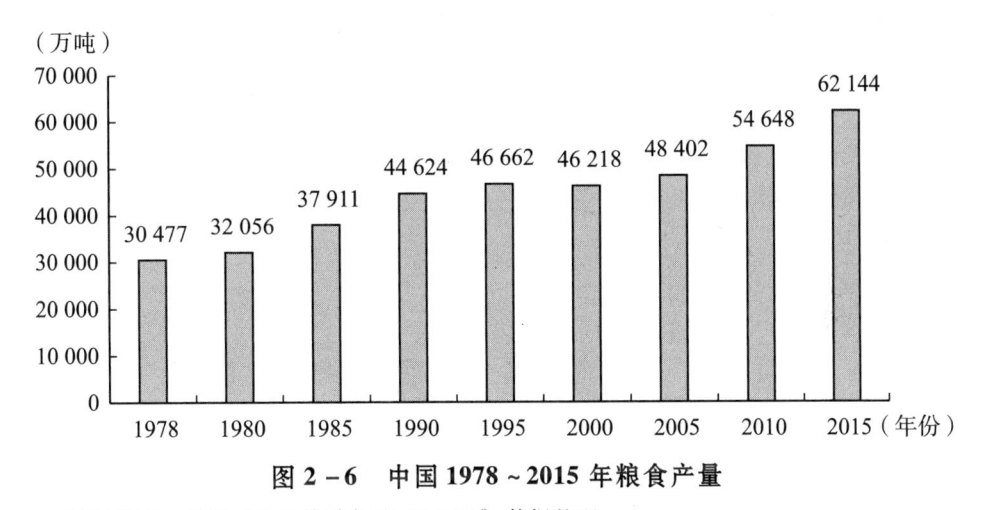

图 2-6　中国 1978~2015 年粮食产量

资料来源：根据《中国统计年鉴（2016）》数据整理。

第二产业生产能力迅速提高，由一个落后的农业国成长为世界制造业大国。改革开放以来，我国工业化进程迅速启动，工业化水平明显提高，主要工业产品产量迅猛增长。2015 年，原煤产量达到 37.5 亿吨，比 1978 年增长 4.9 倍；粗钢 7.2 亿吨，增长 21.8 倍；水泥 22.1 亿吨，增长 32.9 倍；汽车 1 928 万辆，增长 128.3 倍；家用电冰箱由 1978 年的 2.8 万台增加到 2015 年的 8 992.8 万台；彩色电视机由 0.4 万台增加到 1.7 亿台。移动电话和微型电子计算机从无到有，2015

---

① 根据《中国统计年鉴（2016）》数据整理。

年产量分别达到 18.22 亿台和 3.6 亿台。38 年来，我国工业化进程不断推进，由一个落后的农业国成长为世界制造业大国。根据世界银行数据，2016 年我国制造业增加值占世界的比重已达到 22%。按照国际标准工业分类，在 22 个大类中，我国在 7 个大类中名列第一，钢铁、水泥、汽车等 220 多种工业品产量居世界第一位。一批具有国际竞争力的大企业迅速成长起来。2016 年，大陆企业进入《财富》世界 500 强达 110 家（含香港），比 2002 年增加 99 家，总数位列美国之后居世界第二位。近年来，在国家政策扶持和带动下，新能源、新材料、新医药等战略性新兴产业蓬勃发展，成为经济增长新亮点。[①]

第三产业不断发展，日益成为经济增长的新引擎。1978 年前我国服务业比重和水平偏低，发展相对滞后，是经济社会发展的一块"短板"。随着国家对发展服务业重要性、紧迫性的认识逐渐深化，推出了一系列旨在加快服务业发展的政策措施，服务业不断发展壮大。2015 年，第三产业增加值达到 341 567 亿元，1979~2015 年年均实际增长 10.8%。其中，交通运输仓储和邮政业年均实际增长 9.5%，批发和零售业年均实际增长 10.5%。在传统行业持续增长的同时，金融、房地产、计算机服务和软件业等新兴服务业迅速发展壮大。金融业增加值由 1978 年的 68 亿元增加到 2015 年的 42 685 亿元，年均实际增长 16.49%；房地产业由 80 亿元增加到 29 006 亿元，年均实际增长 11.3%。近年来，信息、物流、电子商务等现代服务业保持良好发展势头，对经济社会发展的支撑和带动作用不断增强。[②]

第三节 基础设施和基础产业大发展

改革开放以来，我国基础设施和基础产业发展取得质的飞跃，能源、交通、通信等瓶颈制约不断缓解，逐步建立起较为完善的基础设施和基础产业体系并形成比较优势。

能源生产能力不断提高。随着工业化的推进，我国逐渐成为能源消费大国，与此同时，能源生产能力也不断提升，能源自给率保持较高水平，一定程度上保证了国家经济安全。2015 年，我国能源生产总量达到 36.2 亿吨标准煤，比 1978 年增长 4.3 倍，年均增长 5.0%。同期，我国能源消费总量年均增长 5.6%，与能源生产增速的差距不大，能源总自给率达到 90% 以上。能源生产结构不断优

[①][②] 根据《中国统计年鉴（2016）》数据整理。

化，水电、核电、风电等清洁能源和可再生能源生产量在能源生产总量中的比重由 1978 年的 3.1% 提高到 2015 年的 20% 以上（见图 2-7）。

图 2-7　中国 1978~2015 年能源生产总量

资料来源：根据《中国统计年鉴（2016）》数据整理。

交通运输设施日益完善。38 年来，我国交通网络不断完善，运输能力不断增强，运输效率不断提高，有力地支撑了各项产业的发展。2016 年底，我国铁路营业里程达到 12.4 万公里，比 1978 年增长 138.5%，居世界第二位；公路里程 424 万公里，增长 3.8 倍；民用航空航线里程 328 万公里，增长 21.0 倍；沿海主要港口货物吞吐量 66.5 亿吨，增长 32.5 倍，连续多年位居世界第一。一些现代化交通运输设施从无到有，增长迅猛。改革开放之初我国尚无高速公路，2016 年，我国高速公路里程突破 13 万公里，位居世界第二。高速铁路飞速发展，生产出时速 350 公里的动车组，标志着我国铁路运输达到国际先进水平。2016 年，高铁运营里程达 1.9 万公里，居世界第一位[1]（见图 2-8）。

邮电通信业突飞猛进。我国邮电通信业规模不断扩大，服务种类不断丰富，推动我国信息化水平不断提高。邮政营业网点由 1978 年的 5.0 万处扩张到 2016 年的 13.2 万处，增长 164%；2016 年，全国通邮的行政村比重达到 99.6%。固定长途电话交换机容量由 1978 年的 0.2 万路端提高到 2016 年的 1 580 万路端，增长 8 479 倍；固定电话用户由 192.5 万户提高到 2.8 亿户，增长 143.5 倍；电话普及率由 1978 年的每百人 0.38 部提高到 2015 年的每百人 95.5 部，几乎达到了所有成年人人手一部的水平。互联网设施迅猛发展，互联网普及率由 2002 年的 4.6% 迅速提高到 2016 年的 51.7%[2]（见图 2-9）。

---

[1][2]　根据《中国统计年鉴（2016）》数据整理。

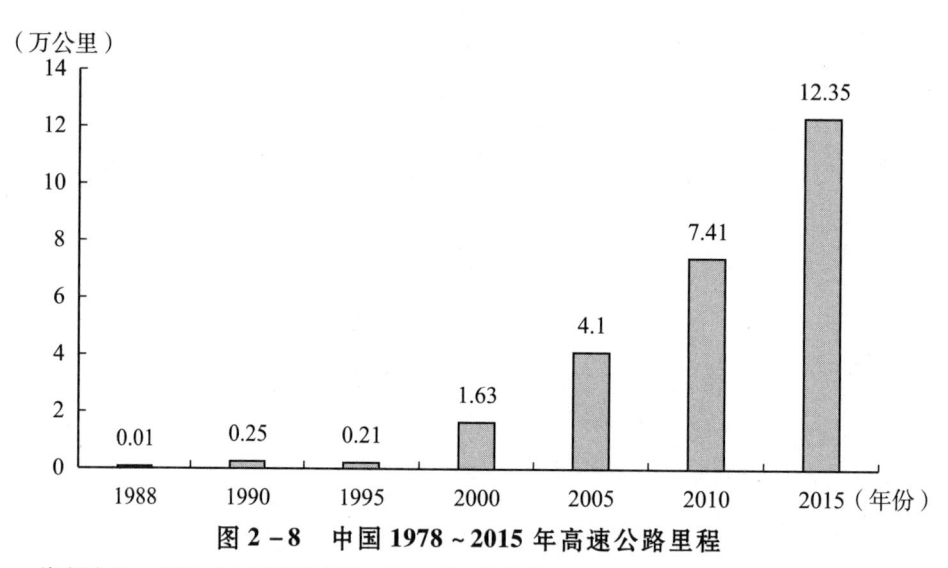

（万公里）

图 2-8　中国 1978~2015 年高速公路里程

资料来源：根据《中国统计年鉴（2016）》数据整理。

（部/百人）

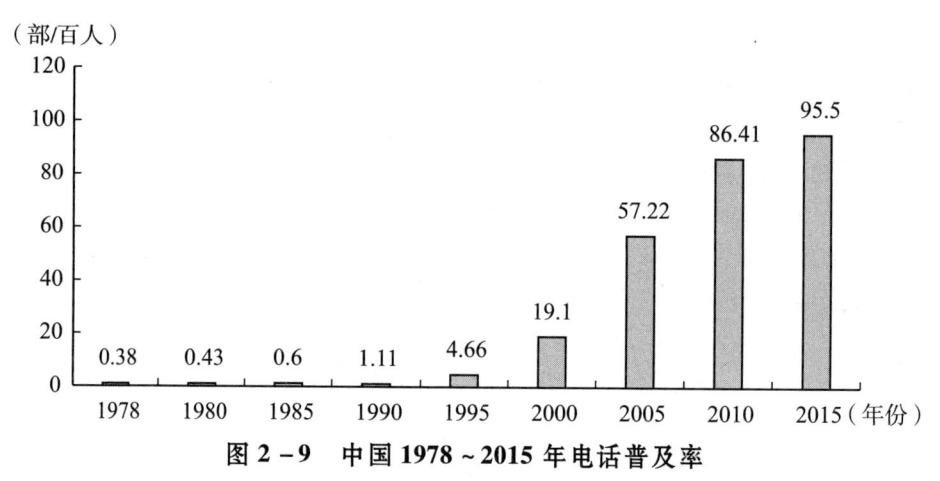

图 2-9　中国 1978~2015 年电话普及率

资料来源：根据《中国统计年鉴（2016）》数据整理。

第四节　对外经济大飞跃

改革开放以来，我国日益融入国际市场、对外开放的广度和深度不断拓展，我国从大规模"引进来"到大踏步"走出去"，抓住全球化机遇一跃成为世界贸易大国。

对外贸易总量不断攀升。改革开放初期，我国对外经济交流活动十分有限，再加上国内市场化水平不高，造成了与国际市场相对隔绝的状态。1978 年，我国货物进出口总额只有 206 亿美元，世界排名第 29 位，1988 年突破了 1 000 亿美元，1994 年超过了 2 000 亿美元，1997 年突破了 3 000 亿美元，2004 年跨越了 1 万亿美元大关，2015 年，货物进出口总额已达到 38 671 亿美元，比 1978 年增长 186 倍，年均增长 16.6%，仅次于美国，位居世界第二位；货物出口总额 20 487 亿美元，增长 209 倍，年均增长 17.0%，居世界第一位；货物进口总额 18 184 亿美元，增长 166 倍，年均增长 16.2%，居世界第二位。[①]

进出口商品结构不断优化。改革开放之初，我国出口商品以初级产品为主，随着改革开放的不断深入，出口商品附加值大幅度提高，国际竞争力大为提升。出口总额中初级产品所占比重由 1980 年的 50.3% 下降到 2015 年的 4.9%，工业制成品所占比重则由 49.7% 上升到 95.1%。同时，进口商品构成也随国力和开放程度的变化而演变。工业制成品进口额占进口商品总额的比重迅速由 1980 年的 65.2% 提高到 1985 年的 87.5%，之后直到 2003 年这一比重基本保持在 80% 以上，反映了我国消费能力的提高。此后，国内产业体系的升级逐渐拉低了制成品进口额比重，2003 年以来制成品进口额比重呈现明显的下降走势，至 2015 年已下降到 65.1%。[②]

综合来看，我国在改革开放初期对外贸易方式主要是以初级产品换制成品，1980 年初级产品净出口 21.6 亿美元，制成品净进口 40.5 亿美元；从 20 世纪 90 年代中期开始，以制成品换初级产品的格局逐渐定型，2012 年，初级产品净进口 5 344 亿美元，制成品净出口 7 647 亿美元。改革开放以来，我国充分发挥了资源、劳动力等要素与市场优势，成为国际直接投资的热土，利用外资规模不断扩大，外商直接投资成为推动我国经济发展和技术进步的重要力量。1979～2015 年，实际使用外商直接投资 12 761 亿美元，1984～2015 年以年均 18.0% 的高速度增长。我国已连续多年成为吸收外商直接投资最多的发展中国家，世界排名也上升至第二位。近些年来，随着我国企业实力的提升，"走出去"的步伐开始加大。截至 2016 年三季度，对外直接投资存量总额达到 10 978.6 亿美元[③]（见图 2-10）。

[①][②][③] 根据《中国统计年鉴（2016）》数据整理。

（亿美元）

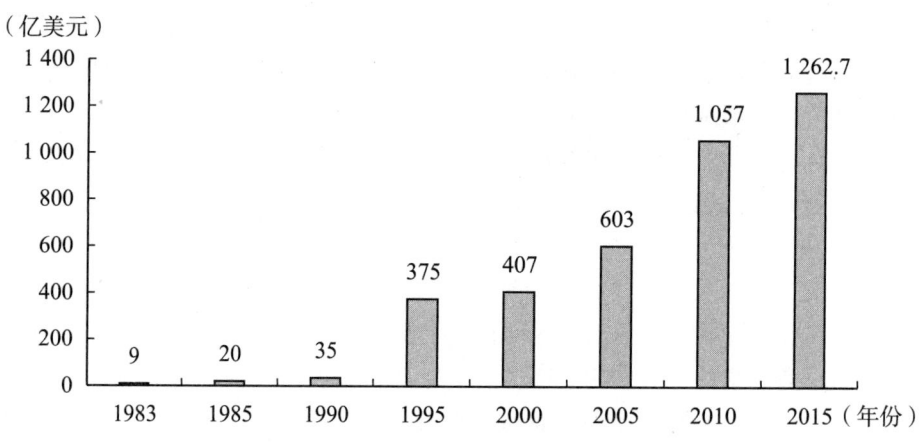

图 2-10　中国 1978～2015 年实际使用外商直接投资金额

资料来源：根据《中国统计年鉴（2016）》数据整理。

第五节　人民生活大改善

改革开放以来 40 年，是我国历史上人民群众得到实惠最多、生活水平提高最快的时期，是城乡居民生活实现由温饱不足到总体小康并向全面小康迈进的时期，是社会保障事业从低层次到制度建立再到全面推进的时期。

就业规模持续扩大。党中央、国务院始终把就业问题摆在十分重要的位置。进入转型发展的新阶段后，根据人口结构和就业形势发生的深刻变化，实施了就业优先的战略和更加积极的就业政策，缓解了就业矛盾。1978～2015 年，我国就业人员从 40 152 万人增加到 77 451 万人；城镇登记失业率长期保持基本稳定。与此同时，大量农村富余劳动力向非农产业有序转移。截至 2016 年上半年，我国农民工数量达到 2.79 亿人。[①]

城乡居民收入显著提高。党中央、国务院深化收入分配制度改革，努力实现居民收入增长和经济发展同步、劳动报酬增长和劳动生产率提高同步，效率和公平兼顾，确保了城乡居民收入和财富的快速增长。2015 年，城镇居民人均可支

---

① 根据《中国统计年鉴（2016）》数据整理。

配收入 31 195 元，比 1978 年增长 91 倍，年均增长 13.4%，扣除价格因素，年均增长 7.4%（见图 2-11）；农村居民人均纯收入 11 422 元，增长 85 倍，年均增长 12.8%，扣除价格因素，年均增长 7.5%。城乡居民拥有的财富显著增加（见图 2-12）。2015 年末，城乡居民人民币储蓄存款余额 65.26 万亿元，比 1978 年末增长 3 093 倍，年均增长 24.9%（见图 2-13）。

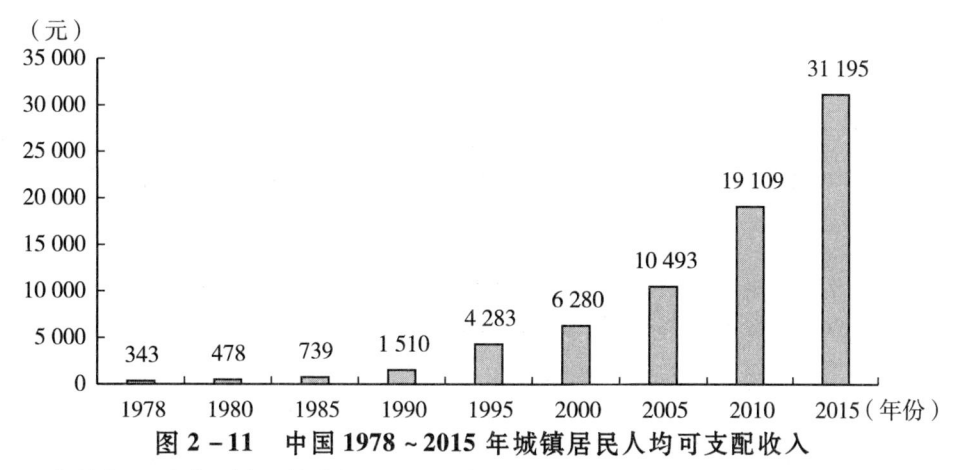

图 2-11　中国 1978~2015 年城镇居民人均可支配收入

资料来源：根据《中国统计年鉴（2016）》数据整理。

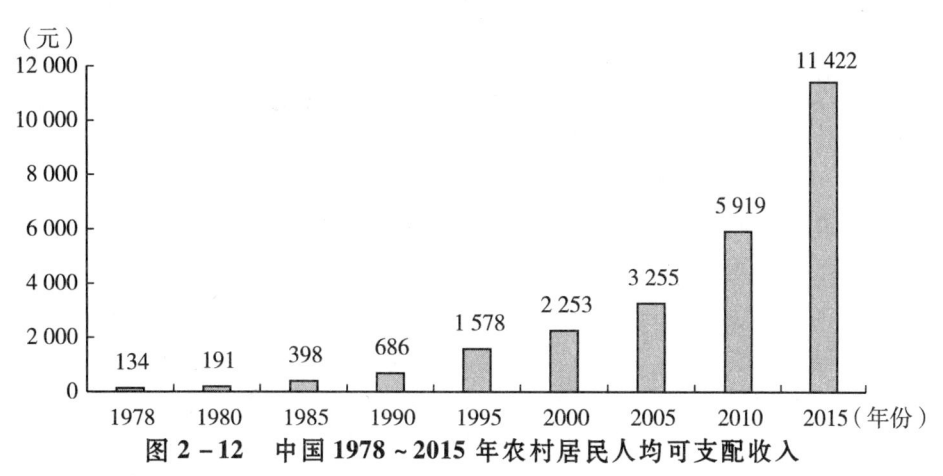

图 2-12　中国 1978~2015 年农村居民人均可支配收入

资料来源：根据《中国统计年鉴（2016）》数据整理。

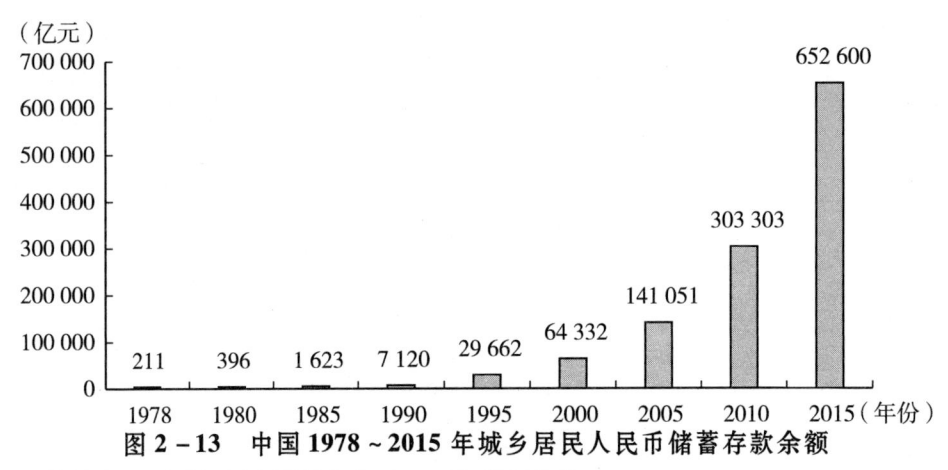

图 2-13　中国 1978~2015 年城乡居民人民币储蓄存款余额

资料来源：根据《中国统计年鉴（2016）》数据整理。

居民生活水平和质量极大改善。2015 年，城镇居民人均现金消费支出 21 392 元，比 1978 年增长 62.6 倍，年均名义增长 12.4%；农村居民人均消费支出 9 223 元，增长 58.9 倍，年均名义增长 12.3%。城乡居民消费结构明显优化。2015 年，城镇居民恩格尔系数为 34.8%，比 1978 年下降 22.7 个百分点；农村居民恩格尔系数为 37.1%，下降 29.4 个百分点。居住条件得到极大改善。2015 年，城镇居民人均住宅建筑面积 33.52 平方米，比 1978 年增加 26.2 平方米；农村居民人均住房面积 37.1 平方米，增加 29.0 平方米。消费领域不断拓展，物质生活极大丰富。彩电、电冰箱、空调、电话等耐用消费品逐步普及，汽车、电脑等高档耐用消费品拥有量大幅提高。2015 年末，城镇居民家庭平均每百户移动电话、计算机和家用汽车拥有量分别为 223.8 部、78.5 台和 30 辆，分别比 2000 年末增加 203.1 部、67.3 台和 23.0 辆。[①]

社会保障事业全面推进。我国社会保障事业经历了一个从低层次到制度建立完善再到全面推进的演变过程。近年来，党中央、国务院按照全覆盖、保基本、多层次、可持续方针，以增强公平性、适应流动性、保证可持续性为重点，积极推进社会保障事业建设，截至目前已基本建成覆盖城乡的社会保障体系。2015 年末，全国参加城镇职工基本养老保险人数 35 361 万人，比 1989 年末增加 24 716.5 万人；参加城镇职工基本医疗保险和失业保险人数分别为 19 861.3 万人和 15 224.7 万人，分别比 1994 年增加 19 486.7 万人和 7 256.9 万人；参加城乡居民社会养老保险人数 48 369.5 万人；2 566 个县（市、区）开展了新型农村合作医疗工作，新型农村合作医疗参合率 98.3%；2 143.5 万城市居民和 5 344.5

[①] 根据《中国统计年鉴（2016）》数据整理。

万农村居民得到政府最低生活保障。①

　　扶贫工作取得举世瞩目的成就。从 1978 年到 2016 年，我国先后采用过不同的农村贫困标准。根据 1978 年标准，1978 年全国农村绝对贫困人口约 2.5 亿人，约占全部人口的 1/4，2007 年下降为 1 479 万人，平均每年脱贫 811 万人。按照 2008 年标准，2007 年农村贫困人口为 4 320 万人，2010 年下降为 2 688 万人，平均每年脱贫 544 万人。按照 2010 年制定的新扶贫标准，2010 年农村贫困人口为 16 567 万人，2015 年为 5 575 万人，减少 1 442 万人，贫困发生率从上年的 7.2% 下降到 5.7%，年度减贫 1 000 万人以上的任务超额完成，"十二五"扶贫开发圆满收官。②

第六节　小　　结

　　整体来看，经济发展速度由过去的高速增长向中高速增长转变。1978～2010 年间，中国多数年份经济保持两位数左右的高速增长，平均增速高达 9.8%。《中国财政政策报告 2010/2011》指出，中国人口老龄化将呈现加速发展态势，到 2030 年，中国 65 岁以上人口占比将超过日本，成为全球人口老龄化程度最高的国家。与此同时，土地成本、环境治理成本快速上涨，与发达国家和发展中国家竞争加剧，劳动密集型产品市场容量受到挤压，出口竞争力和比较效益下降。在这种情况下，经济很难再支撑两位数的高增长，潜在增长率和实际经济增速趋于下降。

　　需求结构由投资和出口拉动为主向消费拉动为主转变。过去投资和出口是拉动中国经济增长的主要力量。但近几年来，投资和出口增速均明显放缓。从投资看，2003～2010 年，全社会固定资产投资年均增长 25%；2012～2014 年，全社会固定资产投资增速分别放缓至 20.3%、19.3% 和 15.3%；2015 年 1～5 月，固定资产投资（不含农户）同比仅增长 11.4%，增速比上年同期大幅回落 5.8 个百分点。从出口看，2011～2014 年，按人民币计价，中国出口额年均增长 7.7%，增速比 2002 年至 2008 年期间低 16.5 个百分点。2015 年 1～5 月，出口额同比仅增长 0.8%。在投资和出口增速放缓的同时，消费保持平稳较快增长。2011～2014 年，社会消费品零售总额年均增长 14.1%，与 2001 年至 2010 年期间 14.9% 的平均增速基本持平。投资和出口增速下滑，消费保持平稳较快增

---

　　①② 根据《中国统计年鉴（2016）》数据整理。

长，使得近年来最终消费支出占国民经济的比重（消费率）连续回升，对经济增长的贡献率也逐渐超过资本形成总额，成为拉动经济增长的主要力量。2014年，最终消费支出占国民经济的比重为51.2%，比上年提高0.2个百分点，自2011年以来连续4年提高；最终消费支出对经济增长的贡献率达到50.2%，比同期资本形成总额的贡献率高1.7个百分点。

第三章

区域发展的现实差异

第一节 沿海与内陆地区经济水平差异

改革开放以来,对外开放首先从东部沿海地区开始,实行东部优先发展,然后带动西部地区发展的政策方针,东部沿海地区利用其有利的地理和社会因素,积极参与国际分工,区域经济得到飞速发展,成为改革开放初期中国经济发展的主要引擎。因此,沿海与内陆地区经济发展差距就开始显现出来,并且不断扩大。人均国内生产总值是衡量地经济发展水平的重要综合性指标,能够比较客观地反映地区收入水平情况,所以在本书中,我们主要利用 GDP 来分析我国经济发展的情况。

图 3-1 为 1978~2015 年沿海与内陆省份 GDP 总量折现图,可以看出,内陆与沿海地区 GDP 都在稳步提升,但是从 1990 年开始,沿海地区与内陆地区 GDP 总量差距开始拉大,从 1978 年内陆地区比沿海地区多 44.61 亿元到 2015 年沿海地区比内陆地区多 54 581.62 亿元。沿海地区的经济与内陆地区差距明显。

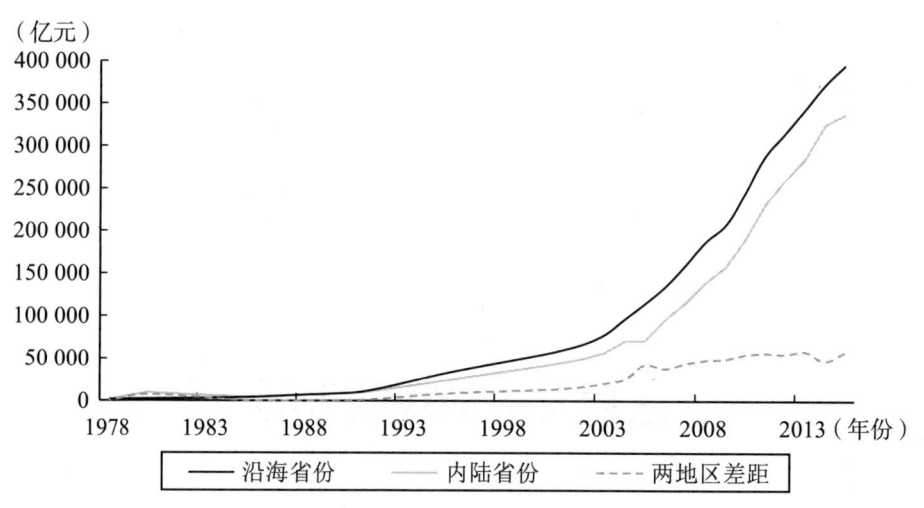

图 3-1　1978~2015 年沿海与内地省份 GDP 总量

资料来源：作者计算整理。

第二节　东、中、西部经济发展的差距

我国中西部地区工业基础相对薄弱，第三产业发展滞后。由于中西部地区的工业以采掘业、原材料工业为主，长期以来扮演着东部能源及原材料供应基地的角色，加工工业基础薄弱、产品附加值低、增值能力弱，致使资源优势难以转化为经济优势。第三产业发展相对滞后，致使中西部的主导产业、支柱产业和高科技产业发展缓慢，区域内的工业化程度偏低。较低的工业化程度难以形成中心城市向周边产业扩散的生产要素传递网络，与周边地区经济联系比较松散，辐射能力较差。而东部地区不仅产业结构相对合理，而且工业化程度高，产品的科技含量高、附加值大，这种差异使中西部丧失的大量附加值流向东部地区。区域经济结构的不同导致经济发展不平衡。

中国著名人口地理学家胡焕庸教授于 20 世纪 30 年代用一条简单的线条描述了中国自然地理、人口地理与经济地理分布的不平衡特点：从东北黑龙江省瑷珲县到西南云南省腾冲县之间，用一条直线连接起来，把中国分为东西两个部分，西部面积占全国总面积的 49.2%，人口却只有全国总人口的 3.7%；东部面积占全国的 50.8%，而人口却占全国总人口的 96.3%。相应地，西部贫穷，东部富裕。"胡焕庸线"大体上形象描述了幅员辽阔的中国东西部的地理分界。

现今对中国区域经济的划分主要是按照行政省区，辅之以经济发展水平，大体将中国划分为东、中、西部三大经济地带。人均国内生产总值是衡量地区经济发展水平的重要综合性指标，能够比较客观地反映地区收入水平情况。改革开放以来，中西部地区未能与东部地区同步发展，地区间发展差距仍得不到有效控制。这三大地带在经济发展水平上由东向西呈递减阶梯状态。东部与中部、西部地区间人均 GDP 的绝对差距都在迅速扩大（见图 3-2）。

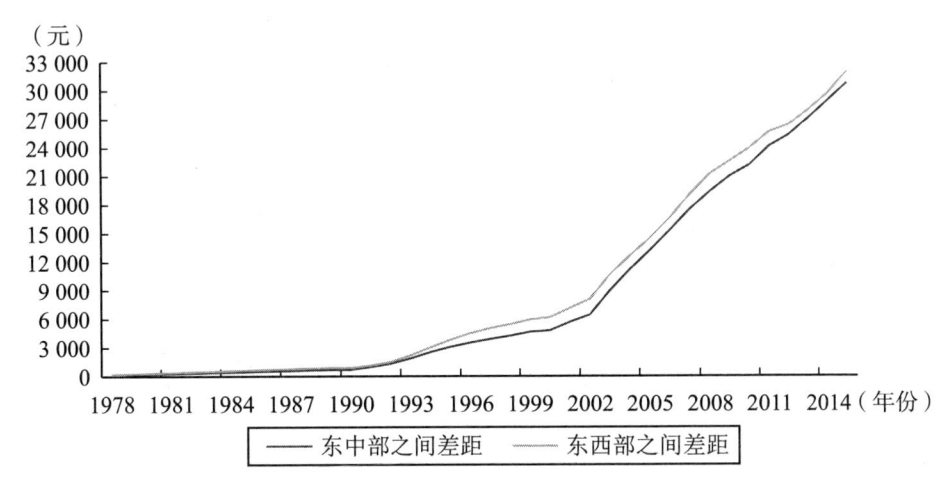

图 3-2　1978~2014 年东部与中西部地区人均 GDP 差距

资料来源：作者计算整理。

东、中、西部地区人均 GDP 的增长情况如图 3-3 所示。从图中可以看出，东、中、西部地区在人均 GDP 增长速度上的差距也在逐年扩大，特别是 1992 年

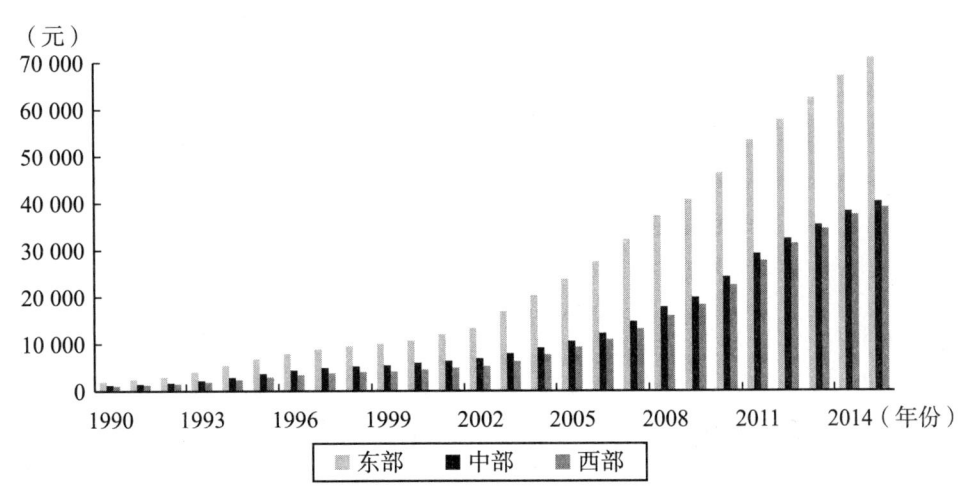

图 3-3　1990~2014 年东中西部人均 GDP

资料来源：作者计算整理。

以来，东部地区的增长速度大幅度地超前于中西部地区。图中各柱线图的高度差也反映了各地区间人均 GDP 绝对差距的变化，也就是自 20 世纪 90 年代以来，三大地区间人均 GDP 的绝对差距都在迅速扩大。预计在今后一段时期，这种趋势还将会继续下去。由以上分析我们可以清楚地看出，改革开放以来，我国各个地区的社会经济都得到了长足的发展，但同时却出现了不容忽视的问题，即东、西部地区的经济发展差距呈出不断扩大的趋势。为此，我们有必要在市场体制不断完善的今天对这一问题引起高度重视，以便采取有效政策与措施，实现全国经济的持续、稳定、健康发展和人民安居乐业。

第三节 省区之间经济发展的差距

如图 3-4 与图 3-5 可以看出全省各地 GDP 总值与人均 GDP 均值差距较大。

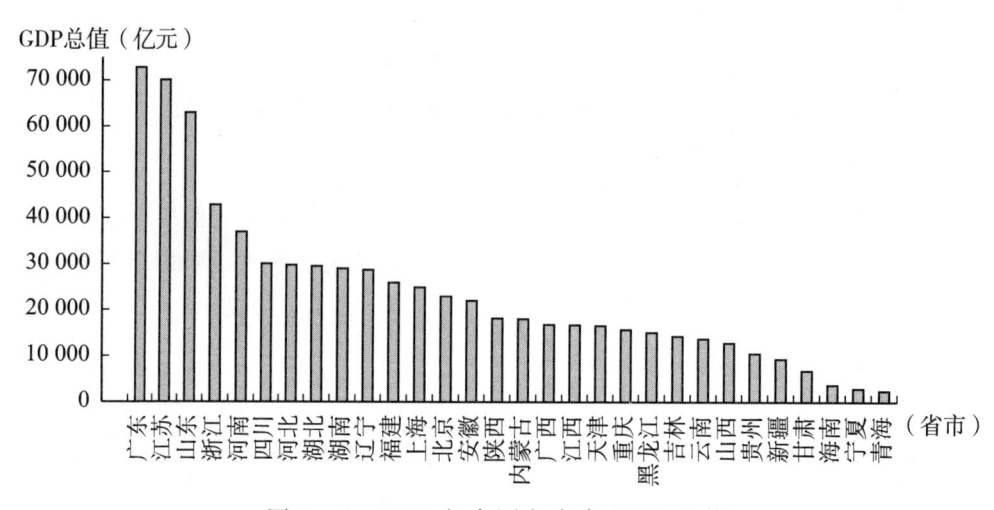

图 3-4 2015 年全国各省市 GDP 总值

资料来源：作者计算整理。

2015 年中国国内生产总值（GDP）676 708 亿元，按可比价格计算，比上年增长 6.9%。全国 31 省区中，总量在万亿元人民币以上的有 25 地，较 2014 年增加一地。总量在三万亿以上的省区有广东、江苏、山东、浙江、河南、四川 6 地，其中广东、江苏两省 GDP 总量首次迈入 7 万亿大关。未能迈入"万亿俱乐部"的还有 6 地，分别为新疆、甘肃、海南、宁夏、青海、西藏。多年来，名列"各省市 GDP 排行榜"前三名的是广东、江苏、山东。据此前广东省、山东省统计局数据显示，2015年，广东地区生产总值达7.28万亿元，自1989年以来连续27年稳居全国各省市第一；江苏2015年地区生产总值增长8.5%，仅次于广东省，稳居全国第二，江苏和广东的差距在逐步缩小。2015年，山东实现地区生产总值63 002.3亿元，跻身"6万亿俱乐部"，在江苏之后。31省区中GDP总量倒数三地分别为西藏、青海、宁夏，GDP总量均在3 000亿元以下，其中西藏2015年GDP总量仅1 026.39亿元。值得注意的是，尽管西藏总量最少，但同比增速达到11%，整体经济在加快速度发展①。

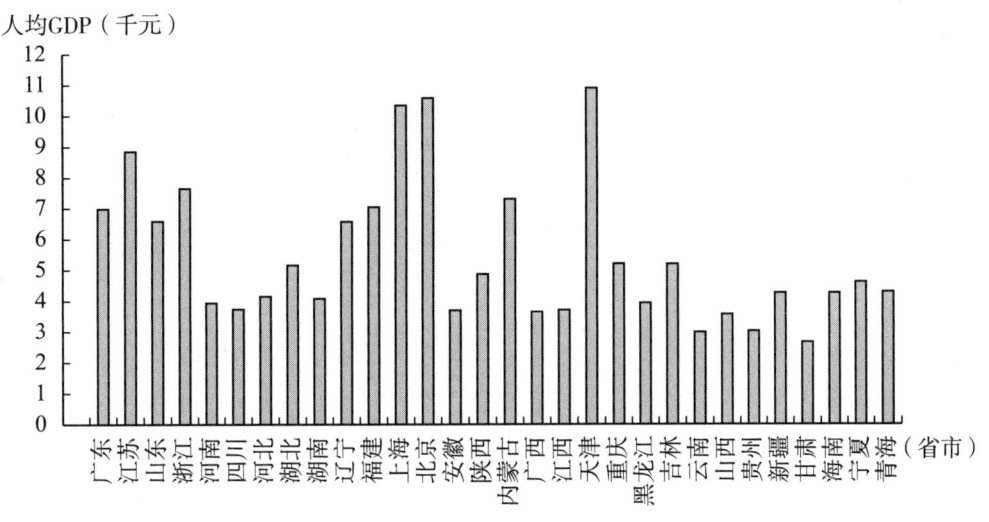

图3-5　2015年全国各省市人均GDP

资料来源：根据《中国统计年鉴（2016）》数据整理。

2015年全国各地区固定资产投资如表3-1所示：可以看到全国各地区固定投资资产差异巨大，最多的山东投资额是最少的西藏的将近36倍，由此看来地区发展严重不协调。

表3-1　　　　　2015年全国各省市固定资产投资对比

地区	总额（亿元）	总额排名	同比增长（%）	同比增长排名	固投/GDP（%）	排名
全国	551 590	—	10	—	81.50	—
山东	47 381	1	13.9	13	75.03	22

---

① 根据国家统计局网站数据整理。

续表

地区	总额（亿元）	总额排名	同比增长（%）	同比增长排名	固投/GDP（%）	排名
江苏	45 905	2	10.5	22	65.53	25
河南	34 951	3	16.5	8	94.44	13
广东	29 950	4	15.9	11	41.13	29
河北	28 906	5	10.6	21	96.99	11
浙江	2 664.7	6	13.2	14	62.18	27
湖北	26 086	7	16.2	9	88.28	17
四川	24 966	8	10.2	24	82.93	20
湖南	24 324	9	18.2	3	83.74	19
安徽	13 804	10	12	18	108.17	6
福建	20 974	11	17.4	6	80.73	21
陕西	18 231	12	8.3	26	100.33	10
辽宁	17 640	13	-27.8	31	61.37	28
江西	16 994	14	16	10	101.62	9
广西	15 655	15	17.8	5	93.17	14
重庆	14 208	16	17	7	90.38	16
山西	13 745	17	14.8	12	107.36	7
内蒙古	13 529	18	0.1	30	75.03	23
云南	13 069	19	18	4	95.27	12
吉林	12 509	20	12.6	16	87.63	18
天津	11 815	21	12.6	16	71.44	24
贵州	10 677	22	21.6	1	101.66	8
新疆	10 525	23	10.1	25	112.88	5
黑龙江	9 884.3	24	3.6	29	65.53	25
甘肃	8 626.6	25	11.2	19	127.04	2
北京	7 446	26	8.3	26	32.42	30
上海	6 349.4	27	5.6	28	25.43	31
宁夏	3 426.4	28	10.7	20	117.67	4
海南	3 355.4	29	10.4	23	90.62	15
青海	3 144.2	30	12.7	15	130.08	1
西藏	1 295.7	31	21.2	2	126.24	3

资料来源：国家统计局网站。

第四节 城乡之间经济发展的差距

城乡二元结构被视为造成中国城乡经济发展差距的主要因素，城乡差距的实质是城乡居民收入的差距。从世界范围来看，中国城乡居民收入比高于大多数国家（1.6∶1）的水平，按照国际劳工组织 1995 年发表的 36 个国家的相关资料显示，城乡差距超过 2∶1 的国家只有 3 个，中国便是其中之一。从绝对差距看，1978 年农民年人均收入与城镇居民收入相差 206 元，之后几乎每年都在扩大，1992 年差距突破千元大关，达 1 242.6 元，2008 年差距突破万元大关，达到 11 020.3 万元，2014 年达到 18 355.0 元，见图 3–6。可以看出，城镇居民、农村居民人均可支配收入都有所提高，但是差距也在同步提高。从图 3–7 可以看出，2010 年以前城镇居民收入大于农村居民收入增长速度，2010 年以后农村居民收入增长速度大于城镇居民收入增长速度，2012 年以后两地区的居民收入增长速度都开始减缓，但是农村居民收入减缓速度要远小于城镇居民收入。

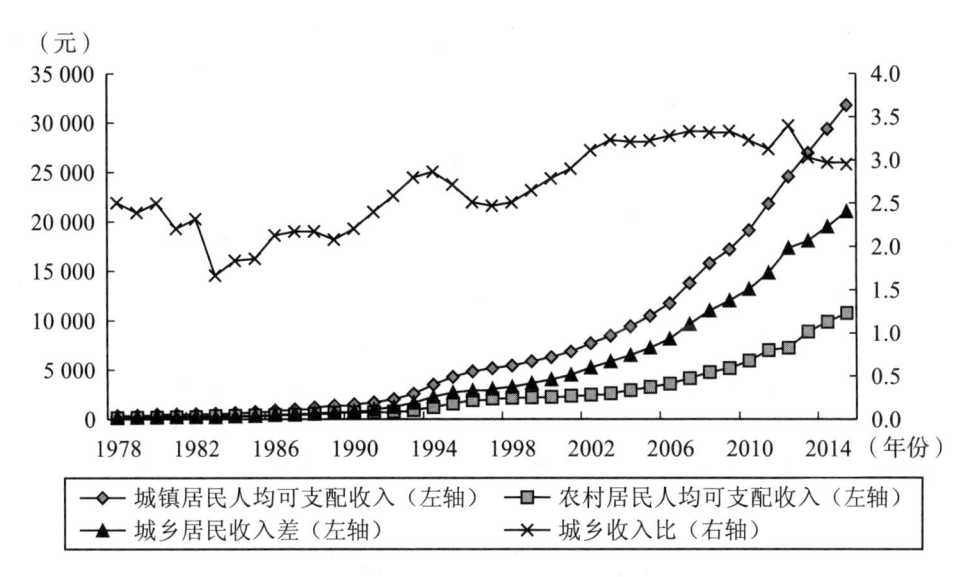

图 3–6　1978~2014 年全国城镇居民与农村居民人均
可支配收入与城乡居民收入差距图

资料来源：根据《中国统计年鉴（2015）》数据整理。

图 3-7 城乡居民收入增长速度

资料来源：根据《中国统计年鉴（2016）》数据整理。

第五节 小 结

自改革开放以来，中国经济连续几次实现了 GDP 翻番。在此期间，东部沿海地区为中国经济腾飞作出了巨大贡献。然而，当世人都在用羡慕的眼光关注中国经济的腾飞时，中国各区域间的经济发展差距却在不断扩大。从世界范围看，发展中国家在经济发展过程中出现一定的地区差异是一种普遍现象，但当这种地区差距长时间存在并持续扩大时，就会影响整体经济发展，不利于资源的有效配置，不利于我国区域经济协调稳定的发展。因此，缩小区域之间的经济差距对保持中国经济持续稳定具有重大意义。

中国地区经济之所以出现发展不平衡的问题，主要是由于我国国土面积巨大，地理环境差异较大，自然资源分布不均，以及地区人文素质与思念观念的不同。首先，自然地理条件对区域经济增长的影响。我国地势西高东低，东部以平原为主，气候宜人，降水充沛、土地肥沃、交通便利，水土资源匹配较好，城市化水平高，基础设施建设完备。然而中西部地区虽然地域辽阔，面积占全国国土面积的 60% 以上，但其中 60% 的地区为沙漠和海拔 3 000 米以上的高寒地区，不适合人类居住。由于东西部地区所处的地理位置和自然条件的差异，我国工业区域布局具有东轻西重的基本特征，西部地区由于历史条件的限制，发展落后，大型工业企业较少，规模较小，经济发展比较滞后，而沿海地区由于开放时间早，引入外资较多，科技投入较多，企业研发能力较强，所以整个东部地区经济发展较好。

其次，自然资源分布不均衡也导致经济发展不平衡。中国国土面积幅员辽阔，自然资源种类众多，数量丰富，但分布不平衡，其中以水、能源和矿产资源尤为突出。中国水资源的分布为南方较多，北方较少；能源方面，煤、石油、天然气主要分布在西部和北部，有色金属主要分布在南方（江南，华南，西南），铁矿主要分布在北方，例如煤炭探明储量的80%分布于中国北方，10%在西南地区，而江南8省只占很少一部分，这也影响到企业的整体布局。

再次，中国实行改革开放以来，政策目标由追求区域经济平衡协调发展，转向以效益增长为主的区域非均衡发展为主，通过非均衡发展的宏观区域经济政策，让东部地区优先发展富裕起来，再带动其他地区共同富裕，所以给予了东部各种倾斜性政策。这种倾斜性的政策确实促进了沿海地区快速发展起来。改革开放初期，东部地区开放市场，形成了市场为主导的开放性经济，大大激发了市场活力。然而中西部地区仍是按照计划经济体制运行。另外，国家资金投入重点的东移，也会影响对东西部区域建设的投入，进而影响当地经济。国家投资具有集聚效应，放大了政府资金投入对市场的影响，国家重点投入区域吸引民间资本向本区域流动，更加直接地推动了地区经济的发展。

最后，文化素质和思想观念对区域经济的影响。文化素质的高低和思想观念的新旧，是制约地区经济发展不可忽视的重要因素。改革开放以来，东部地区自上而下的思想解放程度是非中西部地区可以比拟的。东部沿海地区教育水平较高，与国外交流频繁，人们的思想观念保持开放、模仿及创新的现代意识，能够快速的适应市场经济体制。而中西部地区的传统文化深厚，教育落后，特别是文化科技素质低于东部地区和全国平均水平，人们的意识保守封闭，极大地制约了当地人民的积极性和主动性。因此，文化素质和思想观念的差异使中西部开发利用自然资源、资金、劳动力、技术等方面慢于东南沿海，导致经济发展的地区差异。

第四章

产业结构的布局演变

第一节 产业结构演变历程

我国对三次产业的划分为：第一产业是指农、林、牧、渔业（不含农、林、牧、渔服务业）。第二产业是指采矿业（不含开采辅助活动），制造业（不含金属制品、机械和设备修理业），电力、热力、燃气及水生产和供应业，建筑业。第三产业即服务业，是指除第一产业、第二产业以外的其他行业。第三产业包括：批发和零售业，交通运输、仓储和邮政业，住宿和餐饮业，信息传输、软件和信息技术服务业，金融业，房地产业，租赁和商务服务业，科学研究和技术服务业，水利、环境和公共设施管理业，居民服务、修理和其他服务业，教育，卫生和社会工作，文化、体育和娱乐业，公共管理、社会保障和社会组织，国际组织，以及农、林、牧、渔业中的农、林、牧、渔服务业，采矿业中的开采辅助活动，制造业中的金属制品、机械和设备修理业。自1949年以来，我国三次产业结构的演变大致经历了两个重要的历史阶段。

一、改革开放前我国产业结构的演变历程

第一阶段为新中国成立至改革开放前的自力更生阶段。我国产业结构的演变

以改革开放为界限。改革开放以前，我国产业结构直接由较低水平向重工业化发展，产业结构演变过程整体上呈畸形发展，虽然在有些发展阶段对产业结构进行了积极调整，但在重工业优先发展的政策下，产业结构的重工业特征非常明显。并且，在这一时期的发展重点是物资生产部门，所以在改革开放以前服务业基本得不到发展。改革开放以后，伴随我国经济的高速发展，我国产业结构演进过程加快，并调整了改革开放前产业结构的不合理性，产业结构总体朝着合理化的方向演变。

新中国成立后，在国民经济恢复的三年里，工农业发展迅速，农业、轻工业、重工业的产值比例从1949年的70∶22∶8转变为57∶28∶15。这是由于在"一五"时期的基本任务就是集中力量，在苏联的帮助下建立我国社会主义工业化的基础，建设项目以重工业为主。据统计，"一五"时期在限额以上的921个重点工程中，轻工业只有108个，仅占12%，其余基本上都是重工业项目。"一五"时期我国农、轻、重环比增长速度为1∶2.84∶5.64。重工业增长速度明显较快，到1957年农轻重比例已经达到43∶31.2∶25.5。通过将发展的重点放在重工业上，"一五"时期的建设使我国独立自主的工业体系初具形态，为以后的工业化发展奠定了基础。但是，因为过于追求高速度和增加工业投入，我国的供求平衡变化，出现了"短缺经济"。①

1958~1960年间，在"以钢为纲"的指导思想下，全民大炼钢铁，农业、轻工业停滞不前。据统计，1958~1960三年间农业总产值增长率分别为2.4%、−13.6%、−12.6%，轻重工业的产值之比则由1957年的53∶47转变为1960年的33∶67。②

"文化大革命"时期，产业结构仍向重工业化方向发展，产业结构再次被扭曲。具体体现在，农业增长十分缓慢，对经济发展的基础性支撑作用十分微弱；工业发展中，重工业的比重又有所升高，1965年的农轻重比例为37.3∶32.3∶30.4，到1978年这一比重为27.7∶31.2∶41.1；第三产业的发展也有所放缓，其就业人数所占比重由1965年的10%下降到1975年的9.3%。这一时期的产业结构呈畸形发展，且造成很多重复建设、经济效益不佳等问题。③

总的来说，在改革开放以前，农轻重产值比例由1949年的70∶22∶8转变为1978年的28∶31∶41，由农业占主导地位的产业结构升级为工业占据绝对优势，符合产业结构演变的配第—克拉克定理。但由于国家的政策原因，第三产业在此期间一直没得到很好的发展，产业结构总体上较为畸形。与我国产业结构升级相

---

①② 武力：《中华人民共和国经济史》（增订版），中国时代经济出版社2010年版。
③ 郭旭红、武力：《新中国产业结构演变述论（1949—2016）》，载于《中国经济史研究》2018年第1期。

关的是人均 GDP 的提高,可以看出,虽然在有些年份人均 GDP 出现了波动,这主要是由于"大跃进""文化大革命"造成的,但随着工业产值比重的加大,人均 GDP 也一直保持着较高的增长率。[1]

二、改革开放以来我国三次产业结构的演变

1978 年改革开放以来,国家为了解决农轻重比例严重失衡的问题,在 1979 年确立了"调整、改革、整顿、提高"的指导方针,着重发展消费品工业,让重工业为农业和消费品工业服务,同时加强能源性产业和基础设施产业的发展。农业方面推行家庭联产承包责任制,极大地释放了农业的生产力,使得农业得到了快速的发展,农业占国内生产总值的比例也由 1978 年的 28% 增加到 1983 年的 33%;工业方面,国家对轻工业从资金、技术、资源等方面对基础设施产业(交通、电信、电力等)和能源产业的薄弱环节进行扶持,促进第二产业发展;从服务业的发展来看,由于过分依赖重工业的现状得到改变,第三产业占 GDP 的比值得到了提升,由 1978 年的 28.2∶47.9∶23.9 调整为 1985 年的 28.4∶42.8∶28.7。[2]

1986 年开始的"七五"计划时期,国家首次提出"产业政策",并明确提出要合理调整产业结构。"七五"期间,农业和轻工业进一步得到发展,交通、邮电通信等基础产业大力发展。同时,技术密集型和知识密集型产业逐渐得到重视,一大批高技术企业快速成长。第三产业稳步发展,产值在 1985 年超过第一产业,在 1992 年达到 34.8%。总之,在此期间,产业结构进一步合理化,劳动密集型产业的地位得到提升,轻重工业比例更加合理化,到 1990 年,轻重工业的比重已经十分接近。从 1990 年到 1998 年,第三产业的投资增长率从 39.2% 上升到 63.15%,而第二产业从 57.37% 下降到 34.42%。[3]

21 世纪初至今,产业结构的变动处于合理之中。第一产业比例稳中小幅下降,工业产值保持基本稳定并有一定幅度的下降。随着人们收入水平的显著增加,旅游业、金融业等服务行业得到了快速的发展,第三产业产值贡献率不断增长(见表 4-1)。

---

[1] 郭旭红、武力:《新中国产业结构演变述论(1949—2016)》,载于《中国经济史研究》2018 年第 1 期。
[2] 根据国家统计局:《中国统计年鉴(1983)》相关数据计算整理。
[3] 根据国家统计局:《中国统计年鉴》(1983-2001)相关数据计算整理。

表 4 - 1　　　　1996~2015 年中国三次产业对 GDP 贡献率

年份	第一产业贡献率	第二产业贡献率	第三产业贡献率
1996	9.3	62.2	28.5
1997	6.5	59.1	34.5
1998	7.2	59.7	33.0
1999	5.6	56.9	37.4
2000	4.1	59.6	36.2
2001	4.6	46.4	49.0
2002	4.1	49.4	46.5
2003	3.1	57.9	39.0
2004	7.3	51.8	40.8
2005	5.2	50.5	44.3
2006	4.4	49.7	45.9
2007	2.7	50.1	47.3
2008	5.2	48.6	46.2
2009	4.0	52.3	43.7
2010	3.6	57.4	39.0
2011	4.2	52.0	43.8
2012	5.2	49.9	44.9
2013	4.3	48.5	47.2
2014	4.7	47.8	47.5
2015	4.6	41.6	53.7

资料来源：根据《中国统计年鉴（2016）》数据整理。

由图 4 - 1 可知，我国第三产业增加值指数一直大于国内生产总值增加值指数，说明我国 GDP 的高增长率主要是由第三产业带来的。

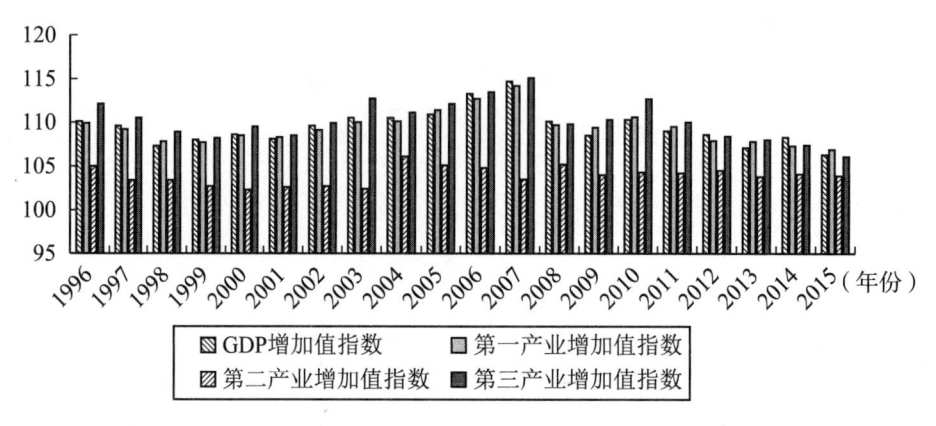

图 4-1　1996~2015 GDP 及三次产业增加值指数

资料来源：根据《中国统计年鉴（2016）》数据整理。

第二节　三次产业内部结构变动

一、第一产业结构演变过程

自 1978 年以来，随着产业结构的升级，第一产业内部的结构变化也发生了非常显著的变化。整体来说，我国农业产值结构的变化趋势是农业比重下降，林业所占比重变化不大，相对稳定，牧业和渔业的比重上升，图 4-2 则显示了这一变化趋势。

由图 4-2 可以看出，1978 年以前，种植业在第一产业中占据着重要的地位。1978 年，农业占第一产业的比重高达 80%，是其他三种产业产值总和的 4 倍，虽然农业从 1978 年到 2015 年整体上呈现下降的趋势，但是到 2015 年，农业占第一产业的比重仍然达到了 53.6%，多于其他三种产业的总和。在农业内部结构方面，种植结构取得了较大的进步，经济作物的种植面积不断扩大，品种结构也得到了不断的优化。1978 年以后，牧业和渔业发展速度非常快，以绝对值计算，2015 年牧业和渔业的产值分别是 1978 年的 138.35 倍和 467.61 倍。比重也分别从 15%、1.6% 增长到 28.3%、10.1%。其变化的原因有以下两点：一方面，随着我国经济的快速发展，人民生活水平的提高，人们对鱼类和肉类的需求增加，这就推动了牧业和渔业的发展。另一方面，改革开放以后，我国的肉类及鱼类进入了国际市场，鱼肉类的出口增加了对鱼类及肉类的需求，这也是牧业和渔业迅速发展的重要原因。

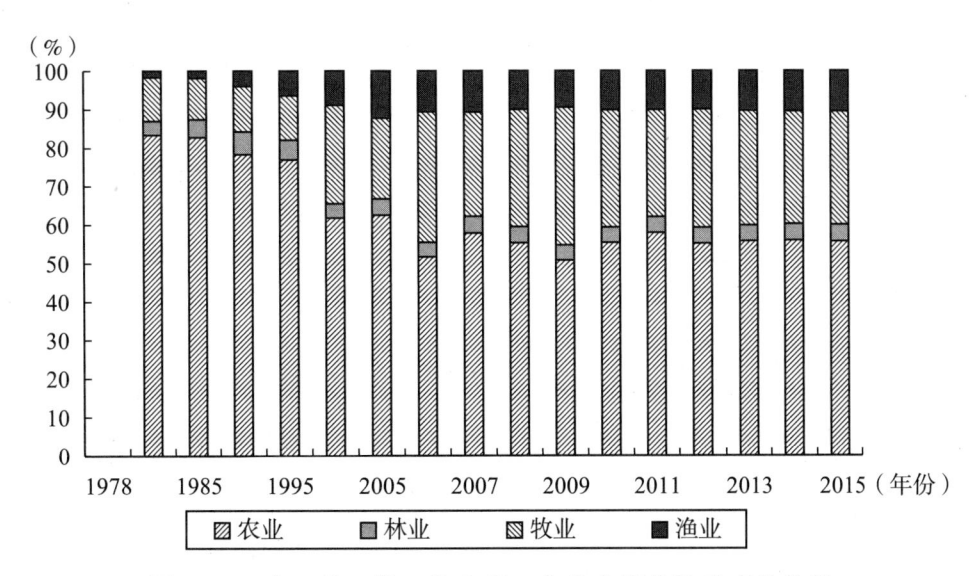

图4-2 农、林、牧、渔在第一产业内部的比重变化趋势

资料来源：根据《中国统计年鉴（2013）》数据整理。

二、制造业结构演变规律

改革开放以来，我国制造业增速明显大于GDP增速，1981~2011年间制造业年平均增长率为11.5%，比GDP增速高1.5个百分点，2014年中国制造业增速更是达到了9.4%，远超当年我国GDP增幅。

在工业对GDP的贡献中，近3/4来自制造业，而在制造业中，主要是由重工业推动的。因而需着重研究制造业结构变动规律，表4-2为2001~2014年制造业按要素分各行业产值比重。

表4-2　　　　2001~2014年制造业按要素分各行业产值比重　　　　单位：%

年份	劳动密集型行业比重	资本密集型行业比重	技术密集型行业比重
2001	35.26	43.76	21.00
2002	31.57	39.58	28.85
2003	32.38	45.17	22.45
2004	30.50	47.06	22.45
2005	30.44	47.32	22.24

续表

年份	劳动密集型行业比重	资本密集型行业比重	技术密集型行业比重
2006	29.78	48.21	22.02
2007	29.59	49.27	21.14
2008	29.62	50.39	19.99
2009	30.49	49.90	19.62
2010	29.73	50.91	19.36
2011	29.20	51.77	19.03
2012	29.13	52.08	18.79
2013	28.51	52.34	19.15
2014	28.46	52.17	19.37

资料来源：根据《中国统计年鉴（2015）》计算所得。

具体来说，在制造业中，以纺织业、食品工业等为代表的劳动和资源密集型产业占 GDP 的比重经历了先上升再下降，但回落较早。以冶金、建材、钢铁等为代表的重工业占 GDP 比重经过快速上升后，目前已经达到峰值水平。以电气制造、交通运输设备制造等为代表的资本和技术密集型产业比重长期呈上升态势。目前，由于我国的劳动力成本大幅增加，很多大型制造企业已经将工厂转移至东南亚各国以降低成本，近年来制造业的增长速度有所放缓。

从表 4-2 可以看出，劳动密集型行业的比重整体呈下降趋势，从 2001 年的 35.26% 下降到 2014 年的 28.46%；资本密集型行业稳中有升，基本上处于 45%~50% 之间；技术密集型行业呈现出先上升后下降的趋势，总体上呈现不断上升的态势，从 2001 年的 21% 上升到 2002 年的 28.85%，达到最高水平，但近几年来，技术密集型行业比重有所下降。从整体上来看，资本密集型行业占了制造业的半壁江山，而我国资本密集型行业没有完全改变粗放型的发展模式，过度依赖于资源和资金的大规模投入，经济效率提高不明显。

过度依赖资源性投入，必然会导致创新性产出不足。中国经济的创新性不足，主要是依赖于资源性投入，经济发展的可持续性差，一旦资源消耗光，经济的发展就会停滞，就会陷入发展、资源和环境的恶性循环。产品附加值低，缺乏产业特色，这种经济发展模式必定会造成污染经济效益低下，经济发展随着资源的开采呈现波动性的曲线。

三、服务业结构演变规律

改革开放以来，由于国家对服务业的发展日益重视，中国服务业进入了一个新的发展时期。表4-3为1978~2014年服务业各分支部门增加值占服务业比重。

表4-3　1978~2014年服务业各分支部门增加值占服务业比重　　单位：%

年份	交仓邮	商业	住宿餐饮	金融业	房地产业	科技商务服务业	教文卫体社	行政党政机关社团	居民服务与其他服务
1978	20.9	27.8	5.1	7.8	9.2				
1980	21.7	19.7	4.8	7.6	9.8				
1985	16.3	31.0	5.3	10.1	8.3				
1990	19.1	21.3	4.9	16.1	10.4	8.0	9.1	8.7	2.5
1995	16.0	21.1	5.8	13.8	11.7	11.8	8.9	7.9	3.1
2000	15.8	21.0	5.5	10.6	10.7	13.6	10.4	8.7	3.7
2005	14.7	18.4	5.7	8.5	11.3	14.4	13.3	9.3	4.3
2010	14.5	18.3	5.8	9.1	11.4	14.5	13.3	9.0	4.3
2011	13.3	19.2	4.3	15.3	14.0	8.6	12.6	3.7	3.7
2012	10.9	18.1	4.4	16.2	14.4	9.5	13.4	3.8	3.8
2013	10.7	16.7	4.2	17.0	14.8	10.0	14.0	3.6	3.6
2014	10.8	15.5	4.2	17.7	14.4	10.4	14.5	3.7	3.7

资料来源：根据《中国统计年鉴（2015）》计算所得。

由表4-3可知，改革开放以来中国服务业结构演变规律如下：

（1）交通仓储、商业占服务业增加值比重显著下降。这符合工业化中后期流通服务业比重下降的规律，其地位逐渐被其他服务业代替。

（2）金融业发展呈现较明显的阶段性特征，1978~1990年，金融业增加值比重显著上升；而1990~2010年，金融业的增加值比重呈现下降或大致不变的态势。

（3）房地产、住宿餐饮、科技商务服务、教文卫体社、居民服务与其他服务等服务行业增加值比重显著上升。

（4）政府机关与社会团体在1990~2010年间占服务业增加值比重略有上升。

（5）目前，服务业增加值构成为：传统服务业交通仓储与商业约占服务业增加值的 1/3，作为现代服务业代表的金融与房地产业约占 20%，消费者服务业（包括住宿餐饮、居民服务）约占 20%。

第三节 产业布局的演变规律

自新中国成立以来，在国家政策和国际形势的影响之下，我国产业布局重心由沿海到内地，由东部到西部，全国性产业布局经历了"均衡发展—非均衡发展—均衡发展"逐渐演变的过程。伴随着市场经济体制的改革，我国在顺应经济发展规律的基础上，开始引导东部部分产业向中西部有序转移，促进区域梯度、联动、协调发展，推动经济向中高端水平跃升，进一步实现我国产业布局的优化。

一、地区性产业布局的演变

地区性产业布局是随着社会生产力的发展和产业结构的变动而不断发生变化的，"均质布局—点状布局—点轴布局—网络布局"是产业布局演变的一般规律。

最原始的传统农业生产是以土地和动植物为劳动对象，产业布局表现为地区差异不十分明显的均质化。近代工业的出现有力地促进了生产力的发展，也打破了产业布局的均质化格局，工业企业总是选择一些区位条件比较优越的地点进行配置，通过产业集聚而形成工商业活动比较集中的城市，并成为带动周围地区经济发展的中心，即所谓的增长极发展模式。改革开放后我国主要在东部地区重点培养了一批增长极，如设立经济特区、确定开放城市、建设各类开发区等。

随着中心城市规模的不断扩大和产业部门的不断衍生，经济活动日益频繁，对外联系日益广泛，连接城市与周边地区的交通运输线路得到了建设，当城市经济实力扩大到一定程度，也就是产业集聚达到一定水平之后，就将出现向外扩散的趋势，这种扩散首先是沿着交通线路进行的，产业布局便出现以城市（点）和交通路线（轴）相联结的产业带，即增长极模式的延伸—点轴模式。我国当时延用的是其中的两种：一是以沿海与长江为轴线，以上海为首的包括轴线上的主要城市为点展开产业布局的"T"形模式；二是以沿海或京沪线为弓，京广线为弦，长江为箭，上海为箭头展开脉络产业布局的"弓箭形"模式。

当地区经济发展达到较高水平，产业布局经纬交织，则终于形成以城市为结点，产业密集带为脉络的产业布局形态，即点轴模式的延伸—网络型布局模式。我国东部的京津唐地区、长江三角洲地区、珠江三角洲地区均属于网络布局模式。

在以上布局模式的基础上，20世纪70年代末80年代初我国又引入了区域梯度开发布局理论，该理论主张由于经济技术发展的不平衡，客观存在一种技术梯度，有梯度就有空间推移，有条件的高梯度地区引进掌握先进技术再逐步向处于二、三梯度的地区推移，实现经济分布的相对均衡。运用到我国生产力总体布局中就体现为东、中、西三大地带为高梯度、中梯度、低梯度地区，形成了现在显著的地区性梯度产业布局。

二、全国性产业布局的演变

一个国家产业布局的总体目标是实现产业的合理布局和经济资源在空间上的有效配置。自1949年新中国成立以来，我国经济发展进入了社会主义的新阶段，至今已走过了半个世纪的历程，在国民经济取得快速发展的同时，我国全国性产业布局也发生了明显的变化，其历史轨迹表现为"均衡发展—非均衡发展—均衡发展"逐渐演变的过程，并且具有明显的阶段性特征。图4-3的威廉姆斯"倒U型曲线"正好较吻合我国产业布局的总体演变规律。

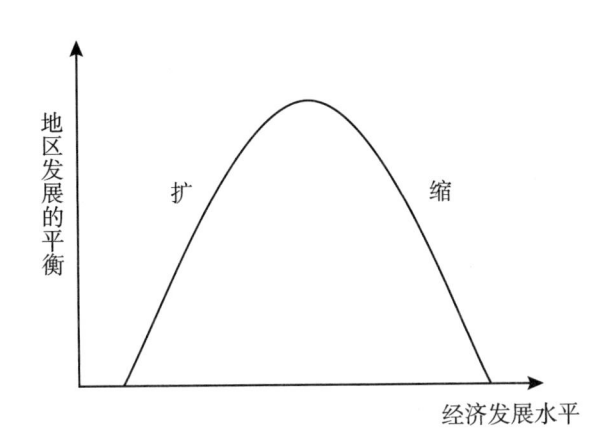

图4-3 威廉姆斯的倒U曲线

（1）均衡发展（1949~1978年）。新中国成立之初，占我国国土面积不到12%的东部沿海地带聚集了全国70%以上的工业，上海、天津、青岛、广州、北京、南京、无锡等市的工业产值占全国工业产值的94%，内陆地区近代工业几乎一片空白。所以，我国产业布局采取大规模向内地推行工业化的模式，以求均衡发展。其过程可以划分为以下阶段：

1950~1952年国民经济恢复时期。期间主要任务是恢复因战争而濒于破产的工农业生产，产业布局虽无重大变化，但却为后来第一个五年计划产业布局的展开创造了条件，特别是在内地交通不便的地区，新建了四川的成渝铁路，甘肃的天兰铁路，湘桂铁路来睦段，为产业布局的西移创造了一定条件。

1953～1957年第一个五年计划时期。"一五"计划提出"要逐步改变旧中国遗留下来的不合理的布局状态，在全国各地区适当地分布工业生产力，使工业接近原料、燃料产区和消费地区，并使工业的布局适合于巩固国防的条件，逐步提高落后地区的经济水平，这是发展我国国民经济的重要任务之一"，这一战略部署对我国产业布局的变革具有划时代的意义。

首先，在工业布局方面，我国合理利用东北、上海等城市已有的工业基础，特别是对于以鞍钢为中心的东北工业基地，还包括本溪的钢铁工业，沈阳的机器制造工业，吉林的电力工业等进行了必要的改造，迅速扩大了生产规模，支援了新工业基地的建设。除此之外，还积极建设了华北、西北、华中等新的工业基地，重点建设以包钢、武钢为中心的两个新工业基地。同时在西南也开始进行一部分工业建设，轻工业的分布也有了部分改变，尤以棉纺织工业，在接近原料产区和消费地区的内地，新建了一批棉纺织厂。其次，在农业布局方面，如棉花的分布，稳定了长江流域老棉区，着重扩大了黄河下游棉区。烤烟、甘蔗、甜菜的播种面积都有所增加。最后，在交通建设方面，除加强和改造现有铁路，增加修复线，开始新建武汉长江大桥外，还开始新建兰新、宝成、集二、包兰、鹰厦、黎湛、丰沙、兰烟等铁路。这些新建铁路分布在京广铁路以西的地区，对加强沿海地区与西南、西北地区的联系起到了重要作用。

这几年内我国产业布局的变化虽然是显著的，但由于原有工业基础差，资源状况不清，仅在建设条件比较完备的吉林、黑龙江、陕西、甘肃、河南、山西、湖北、四川等内地省区开始了部分建设。

1958～1962年第二个五年计划时期。在工业布局方面，进一步确定了充分利用沿海工业基地和大力发展内地工业的方针，据此继续进行华中和内蒙古两地以钢铁工业为中心的工业基地的建设，并加强东北工业基地建设，充分利用华东、华北、华南各地区近海城市的工业，发挥其支援内地建设的作用，提出了建立全国完整的工业体系和地方工业体系问题。在农业布局方面，"二五"期间公布的《全国农业发展纲要》中提出扩种高产、开荒扩大耕地等要求对我国农业的合理布局起到相当大的推动作用。在交通建设方面，我国新建和续建了通向内地的一些铁路干线，其中主要有兰新、川黔、包兰、成昆、黔滇、湘黔等干线，以及东北的大兴安岭和长白山林区内的铁路线，进一步加强了西部地区铁路干线网的形成。

由于"二五"计划执行期间急于求成，浮夸冒进，一定程度上阻碍了"二五"计划的实施,加之自然灾害等原因使得建设速度急起急落,也限制了产业布局的合理发展,出现三年困难时期,因此,在"二五"时期之后,不得不用三年(1963~1965年)时间进行调整。

1966~1975年"三五""四五"时期。经过三年的调整期之后,"三五""四五"时期的建设重点放在西南和西北地区以及部分中南地区,大批工厂进山、进洞,基本建设投资由东北及沿海压下来投向内地。"一五"时期,西南和西北地区基本建设投资总额占全国的16.9%;而"四五"时期则上升为24%。在"扭转北煤南运"的口号下,煤炭工业的投资集中于江南地区,全国煤田勘探力量48%("四五")集中于江南地区,铁路修建的布局也集中在西部地区。"三五""四五"期间,全国新建1 944个大型项目中,西南、西北和中南三区合计占60.2%;在2 969个中型项目中,三区合占52.2%,均超过东部沿海地区。在此期间产业布局战略转移,虽是用抑制和延缓东部地区生产规模增长速度的办法取得的,也付出了巨大的代价,但是对于平衡沿海与内地产业布局状态仍起到了较大的作用。[①]

(2)非均衡发展(1978~2000年)。1978年以后,在对传统计划体制进行改革和实行对外开放的过程中,我国区域经济发展和产业布局的主导思想发生了根本性的变化,从侧重公平转向侧重效率,一改过去的均衡发展,实施区域经济倾斜发展战略,把建设的重点转向东部沿海地区。"七五"计划将全国产业的地区布局明确分为东部沿海地带、中部地带和西部地带,并提出在发展上呈现出由东向西推进的客观趋势,无论是引进外资、国家投资、优惠政策方面,产业布局政策都倾向于东部,产业分布表现出显著的区域性特征,总体呈现"南轻北重、东轻西重"的基本特征,具体表现如下:

东部地区。改革开放以来,东部的发展吸引了中西部地区大量富余劳动力的流入,在国家政策的鼓励下,东部沿海地区积极引进外资,抓住发达国家和地区产业转移的机会发展了大量劳动密集型产业。1981~1985年"六五"计划实施下,沿海地区采取"对外开放""外引内联"的政策,设立深圳、珠海、汕头、厦门四个经济特区,将大连、秦皇岛、天津、烟台、青岛、连云港、南通、上海、宁波、温州、福州、广州、湛江、北海14个城市以及海南岛等列为开放地区,并在沿海地区建设上海宝钢等大型工程,资本密集型重化工业的发展进一步加快了沿海地区的建设步伐。

中西部地区。中部地区在煤炭、电力、钢铁、冶金等领域占据行业优势,又具有承东启西、联南通北的重要区位优势,洛阳、武汉等地区是全国重要的装备

[①] 李振泉、杨万钟、陆心贤:《中国经济地理》(4版),华东师范大学出版社1999年版。

制造业中心。中部地区同时还承担着国家粮食安全和能源安全的"双基地"建设任务。西部地区资源丰富，煤、油、气等属于该地区的优势资源，在全国已有探明储量的 156 种矿产中，西部地区就具有 138 种，其优势产业主要集中在煤炭、有色金属、黑色金属采选业等能源原材料采选业，以及有色金属、黑色金属矿冶炼及压延业、石油加工及炼焦业等。虽然原材料工业、能源工业、采掘工业、冶炼工业、石化工业等资源型产业所占比重较大，但成品加工业、轻纺工业、食品工业、电子工业及家用电器工业所占比重相对较低。

"八五""九五"期间，改革开放进一步加强扩大，东西部相比较而言，东部地带由于有较好的经济基础和有利的地理区位，加上国家的政策支持，发展速度比中西部更快一些，东部与中西部之间发展速度出现差距扩大的趋势，而西部地区由于经济、社会、文化等方面的特殊性，产业发展水平较低、升级较为缓慢，好像难以适应市场经济发展的要求，整体在国家经济格局中处于滞后状态。

(3) 均衡发展（2000 年至今）。自 2000 年以后，我国产业布局又逐渐进入均衡发展阶段，产业结构调整也进入了实质性阶段。图 4-4 为东部、中部、西部在 1996～2015 年的 GDP 增速比较图，从图 4-4 中可看出我国逐步平衡东、中、西部发展布局已卓有成效，尤其是在 2000 年西部大开发之后，西部地区 GDP 增速明显赶超东部及中部地区。

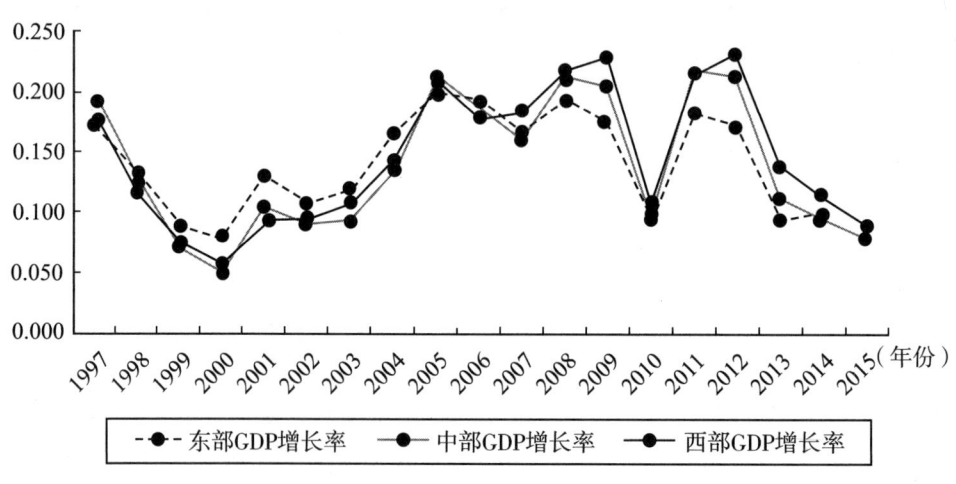

图 4-4 我国东、中、西部地区 GDP 增速比较

资料来源：根据《中国统计年鉴（2016）》计算所得。

根据我国"十二五"计划，东部沿海制造业，特别是传统制造业向中、西部和东北地区转移将是主要趋势，而后者将结合自身优势，在承接产业转移的同时形成新的增长点,在结构调整过程中不断优化发展路径。除此之外,《"十三五"规划纲要(草案)》将战略性新兴产业的范围由节能环保、新一代信息技术、生物、高端装备制造、新能源、新材料、新能源汽车七类调整为新一代信息技术产业创新、生物产业倍增、空间信息智能感知、储能与分布式能源、高端材料、新能源汽车六大领域实施战略性新兴产业发展行动。具体体现如下:

东北地区:振兴东北老工业基地。东北地区在基础设施、产业工人、人才储备和重化工基础等方面仍具有较大优势,作为重工业基地,东北地区具有发展装备制造业的基础和优势。通过技术创新提升产品的深加工程度并改造传统产业和产品,将是东北地区未来发展的方向,故应整合各方面资源,将东北地区打造成为以汽车、机床、航空、造船、发电设备等为主体的重大装备制造业基地,立足能源和原材料工业的现有基础,在石化、煤炭、钢铁、电力、化工等领域发展循环经济,搞好资源综合利用和深度加工。

东部沿海地区:发展创新型产业:长三角、珠三角和环渤海地区是东部三大核心地带,其目标定位和发展路径将是增强高技术产业核心竞争力,带动我国工业产业由要素驱动向创新驱动转变。长三角地区将成为我国高技术研发和先进制造业基地,建立自主创新的先进制造业体系。珠三角地区将巩固提升电子信息产品制造业,大力发展资金与技术密集型高技术产业。环渤海地区具有人才及科研优势,重点促进区域科技创新、资源优化配置。

中部地区:发展先进制造业:中部地区发展以省会城市为中心的增长极,进一步调整产业结构,在承接东部地区产业转移的同时提升自主创新能力,继续突出农业优势,在巩固粮食生产的基础上,大力发展现代农业体系。工业方面将在已有高新技术产业聚集区的基础上,依托科技和人才资源,加快高新技术产业发展,加大产业创新区的带动和辐射力度。同时合理开发优势突出的能源矿产资源,发展以农副产品为原料的特色轻加工工业。

西部地区:西部大开发,优化资源特色产业:高载能产业和资源加工业是西部优势产业,按照国家能源局牵头制定的"十二五"能源规划,从"十二五"开始,我国将逐步形成鄂尔多斯盆地、内蒙古东部和西南地区等综合能源基地,为西部能源产业发展提供政策支持。其次,西部地区还将重点发展第二产业,培育地方特色产业。适当发展有一定基础的高科技产业,走新型工业化道路,尽量缩小与中东部地区在产业分工上的差距。除能源基地建设外,西部还将依托西安、成都、重庆、兰州等中心城市,发展信息产业和生物、航天航空、新材料、新能源等高新技术产业,从先进技术方面减少东西部不均衡。

第四节 小 结

自改革开放以来，中国的经济增长速度一直保持高速增长，创下了世界经济增长的奇迹（从2012年开始放缓）。但是之前一段时期中国经济的高增长速度是用高投资、高能源消耗、高环境污染为代价的。中国被誉为世界工厂，但是附加在加工品中的附加值太低，产业结构处于低端水平，技术水平也较低。从表4-4我们可以看出，2005~2012年，中国的第二产业增加值一直高于第三产业，中国的经济增长基本靠第二产业带动。但是经济的高速增长带来的问题也日益严重，资源的日益匮乏，环境的日益恶化，出口产品中产品附加值低，没有核心技术产品，产业结构低下，劳动密集型加工占绝大部分。

表4-4   2005~2015年中国GDP构成   单位：万亿元

指标	2005年	2006年	2007年	2008年	2009年	2010年	2011年	2012年	2013年	2014年	2015年
国内生产总值	18.73	21.94	27.02	31.95	34.91	41.30	48.93	54.04	59.52	63.65	67.67
第一产业增加值	2.18	2.33	2.68	3.28	3.42	3.94	4.62	5.09	5.53	5.83	6.09
第二产业增加值	88.08	10.44	12.66	15.00	16.02	19.16	22.60	24.46	26.20	27.14	27.43
第三产业增加值	7.74	9.18	11.58	13.68	15.47	18.20	21.61	24.48	27.80	30.67	34.16

注：三次产业分类依据国家统计局2012年制定的《三次产业划分规定》。第一产业是指农、林、牧、渔业（不含农、林、牧、渔服务业）；第二产业是指采矿业（不含开采辅助活动），制造业（不含金属制品、机械和设备修理业），电力、热力、燃气及水生产和供应业，建筑业；第三产业即服务业，是指除第一产业、第二产业以外的其他行业。

资料来源：国家统计局网站。

如表4-5所示，第二产业产值最高达到了2006年的47.6%，占了GDP将近一半的比例，这也充分说明2012年之前中国的经济主要是依靠第二产业，即重工业为主，依靠投入大量的能源来带动经济的发展，产业结构水平低下。2012

年后，政府逐步认识到问题的严重性，逐步开始调整产业结构。要逐步摆脱过去粗放式的经济增长模式，向集约化经济模式发展，才能使得经济持续的增长。不再仅仅追求经济总量的增加，转而重视经济发展质量的增加。2014 年，习近平提出中国经济新常态理论，中国经济新常态就是经济结构的对称态，在经济结构对称态基础上的经济可持续发展，包括经济可持续稳增长。经济新常态是强调结构稳增长的经济，而不是总量经济；着眼于经济结构的对称态及在对称态基础上的可持续发展，而不仅仅是 GDP、人均 GDP 增长与经济规模最大化。经济新常态就是用增长促发展，用发展促增长。经济新常态不是不需要 GDP，而是不需要 GDP 增长方式；不是不需要增长，而是把 GDP 增长放在发展模式中定位，使 GDP 增长成为再生型增长方式、生产力发展模式的组成部分。

表 4 – 5　　　　　2005 ~ 2015 年各产业所占 GDP 的比例　　　　单位：%

占比	2005 年	2006 年	2007 年	2008 年	2009 年	2010 年	2011 年	2012 年	2013 年	2014 年	2015 年
第一产业	11.6	10.6	10.3	10.3	9.8	9.5	9.4	9.4	9.3	9.1	9.0
第二产业	47.0	47.6	46.9	46.9	45.9	46.4	46.4	45.3	44.0	43.1	40.5
第三产业	41.3	41.8	42.8	42.8	44.3	44.1	44.2	45.3	46.7	47.8	50.5

资料来源：国家统计局网站。

从表 4 – 6 我们可以得知，随着中国产业结构转换升级，第三产业对经济的贡献率已经由 2005 年的 44.3% 增加到 2015 年的 59.1%。说明中国的产业结构转换是有成效的，虽然经济增长的速度下降，但是经济增长质量和效益明显提升。2015 年前三个季度，中国最终消费对经济增长的贡献率为 48.5%，超过了投资。服务业增加值占比 46.7%，继续超过第二产业。高新技术产业和装备制造业增速分别为 12.3% 和 11.1%，明显高于工业平均增速。单位国内生产总值能耗下降 4.6%。这些数据显示，中国经济结构正在发生深刻变化，朝着经济质量更好、结构更优的方向迈进。中央经济工作会议指出，我国经济运行仍存在不少突出矛盾和问题，产能过剩和需求结构升级矛盾突出，经济增长内生动力不足，我国经济运行面临的突出矛盾和问题，虽然有周期性、总量性因素，但根源是重大结构性失衡，导致经济循环不畅，必须从供给侧、结构性改革上想办法，努力实现供求关系新的动态均衡。供给侧结构性改革，最终目的是满足需求，主攻方向是提高供给质量，根本途径是深化改革，尤其是结构性改革。坚持新发展理念，以推进供给侧结构性改革为主线，适度扩大总需求，坚定推进改革。只有坚持产业结构的升级优化，淘汰落后产能，才能提升中国经济发展质量。

表4-6　　　　2005~2015年三次产业对GDP的贡献率　　　　单位：%

贡献率	2005年	2006年	2007年	2008年	2009年	2010年	2011年	2012年	2013年	2014年	2015年
第一产业	5.2	4.4	2.6	5.2	4	3.6	4.2	5.2	4.3	4.7	5.3
第二产业	50.5	49.7	50.1	48.6	52.3	57.4	52	49.9	48.5	47.8	35.6
第三产业	44.3	45.9	47.3	46.2	43.7	39	43.8	44.9	47.2	47.5	59.1

资料来源：国家统计局网站。

第五章

产品质量的发展演变

第一节 产品质量

由于产品质量概念内涵较广，其所涉及的产品与行业门类繁多故选取农产品、出口产品及食品三个典型行业的产品进行质量研究，以点带面，以面成体，构造一个较完善的产品质量发展逻辑。

一、农产品质量

农产品质量是指农产品适合一定的用途，为了满足人们的需求所包含的特征的综合，也就是描述农产品的适用性，它包含农产品的内在特性，如产品的可靠性，也包含产品的外在特性，如产品的气味，还有产品的经济特性如成本、价格。

农产品质量安全不仅影响着人们的身体健康与生命安全，而且关系着国家的稳定发展。根据《中华人民共和国农产品质量安全法》的规定，农产品质量安全是指农产品符合保障人们身体健康、安全的要求。随着我国产业结构的调整，经济有了飞跃的发展，人们的生活水平越来越高，因此也给农产品的质量安全提出了更高的标准。2001年启动实施了"无公害食品行动计划"，重点加强对蔬菜、水果、猪肉等农产品的监督抽查。此处以蔬菜农药残留检测合格率为例，分析产业结构升级对农产品质量安全的影响。

从2001年到2010年，蔬菜监测合格率逐年上升。2010年、2011年蔬菜、畜产品、水产品等主要农产品监测合格率总体达到96%以上，比2001年提高了30多个百分点。食用农产品的质量安全总体状况得到根本改观，居民食用农产品的消费安全基本得到保障。

（一）我国农产品质量安全的现状

我国农产品质量安全总体情况较好，质量水平逐步提高。2012年全国蔬菜、畜禽、水产品例行监测合格率分别达到97.9%、99.7%和96.9%。2013年，蔬菜、畜禽产品、水产品的监测合格率均超过94%，其中禽畜产品最高达99.7%。2014年，蔬菜合格率为96.6%，畜产品合格率为99.7%，水产品合格率为94.4%，水产品产地合格率达到98%以上，比上年都有不同程度的提高，保持了比较平稳的局面，呈现向好的基本态势。2015年上半年，农业部已组织91家检测机构，开展了两个季度国家农产品质量安全例行监测（风险监测），共抽检了31个省（区、市）、152个大中城市、4大类食用农产品、96个品种、20 948个样品，检测指标94项，总体合格率为96.2%。其中，蔬菜、茶叶、畜禽产品和水产品监测合格率分别为95.2%、96.4%、99.4%和94.8%，畜产品"瘦肉精"监测合格率99.9%，而2015年全年农产品质量总体合格率为97.1%，蔬菜、水果、茶叶、畜禽产品和水产品例行监测合格率分别为96.1%、95.6%、97.6%、99.4%和95.5%。2016年全国蔬菜、水果、茶叶农药残留监测合格率均在96%以上。整体上农产品质量安全水平继续稳中趋好。但是现阶段我国的生产主体具有数量众多、小而分散的特征，质量安全的风险隐患依然存在，一些问题也时有发生，质量安全的形势不容乐观。[①]

（二）我国农产品质量存在的问题

1. 农产品种植地污染导致农产品质量低

农产品种植地污染主要来源于工业、城市污染源、农业污染源三个方面，工业、城市污染源是指工业企业排放的"三废"污染源和城市排入农业环境中的城市垃圾、生活废水污染源。而农业污染源是由于农药化肥的过量使用造成的环境污染。工业与城市污染导致土壤受到了破坏，导致土壤中重金属含量偏高，进而导致农产品含有有害物质，使得农产品质量降低。

---

① 根据《中国农村统计年鉴（2017）》数据整理。

2. 农户的生产方式和安全意识薄弱导致农产品质量低

在我国的农业生产中，生产主体数目多，并且具有规模小和分散的特点，这将导致我国的农产品生产很难形成大规模的生产，这也将限制农产品质量的提升。加上我国农民的科学文化水平比较低，很难掌握无公害农产品的生产技术。另外，生产者为了达到让农产品尽早上市、使农产品外观好，上架时间长等目的使用大量催生剂和激素、滥施化学剂，使农产品质量下降，造成水果、蔬菜和肉类口感和安全性较差，有的还含有对人体有害的成分。

3. 市场缺乏有效的监管机制

由于农产品市场缺乏有效的监管及检测机制，使得很多农产品没有有限期、生产地以及合格证的农产品流通到消费市场，甚至还出现造假的行为，这将危及消费者的合法权益以及消费者的身体健康。在此种情况下进行责任追究也无法将责任归咎于个人。因此，缺乏市场的有效监管及检测机制则不利于农产品质量提高。

二、出口品质量

随着我国产业结构的优化升级，资源配置向合理化发展，出口产品结构不断优化，出口产品质量持续升级。出口产品结构是指在报告期内出口的各类商品在出口商品总值中所占的比重，出口品质量的演变可以通过分析出口产品结构的变化来体现。

（一）初级产品与工业制成品的出口

我国出口商品结构从初级产品和工业制成品进行划分，其大致经历了三个发展阶段：第一阶段是1980年以前，我国主要出口初级产品，以农副产品、原材料等为主，占全部出口比重超过50%；第二阶段是改革开放初期，1980～1985年，这几年中我国出口产品中初级产品和工业制成品出口占比相对均衡，工业制成品的出口较之前上升比重较多；第三阶段是1985年以后，我国初级产品出口比重基本呈一路下跌，近几年更是下降到5%以下。这充分表现出工业制成品出口超过初级产品出口，在我国出口产品中占据了绝对主导地位。[①]

总的来说，由图5-1中可以看出，我国出口工业制成品在出口总额中的比例整体呈上升趋势，增长较快，从改革开放初期的49%到2014年的95%，从1989年起出口工业制成品占出口总额的比重一直平稳上升，到现在我国出口产

---

① 根据《中国海关统计年鉴（2015）》数据整理。

品以工业制成品占主导地位。一般而言，初级产品附加值较低，创汇能力弱。工业制成品附加值高，创汇能力强。而在我国，工业制成品出口占比如此之大，出口贸易额却并未伴随工业制成品出口量的大幅增长而增长。这在一定程度上就是工业制成品的质量水平不高所导致。在我国出口工业制成品中，低档工业制成品尤其是劳动密集型产品所占比重较大，这些产品相较于初级产品技术含量较高，但其整体质量水平难以保证，相对于机电产品和高新技术产品这类工业制成品来说质量水平参差不齐，附加值相对就很低。

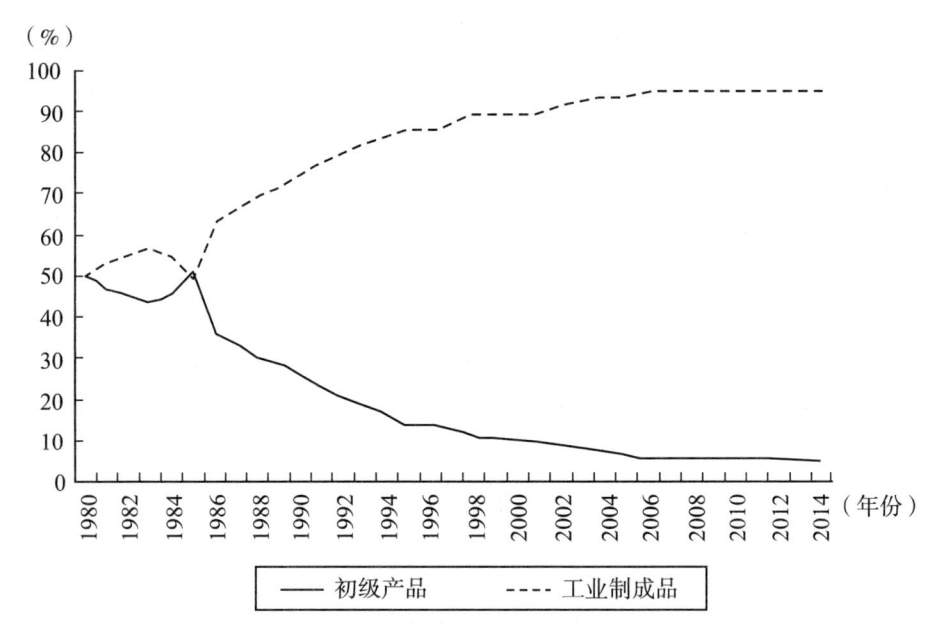

图 5-1　1980~2014 年我国初级产品与工业制成品出口比例

资料来源：根据《中国统计年鉴（2015）》计算所得。

（二）出口产品结构变化分析

1. 各类密集型产品出口比重变化

我国出口商品结构从资源密集型、劳动密集型和资本密集型产品进行划分，其大致经历了三个发展阶段（见图 5-2）。第一阶段是 1980~1985 年，我国以出口资源密集型产品为主，资本密集型产品占比较低。第二阶段是 1986~2002 年，我国以出口劳动密集型产品为主。劳动密集型产品出口一度保持在 50% 以上的优势。第三阶段是 2003 年以后，我国以出口资本密集型产品为主。2003 年资本密集型产品第一次超过劳动密集型产品出口比重，此后比重整体呈上升趋势，成为我国商品的主要出口类型，反映了我国的技术升级换代。但实际上在我国目前出口的工业制成品中还是有相当比重的劳动密集型产品,这限制了产品质量的提高。

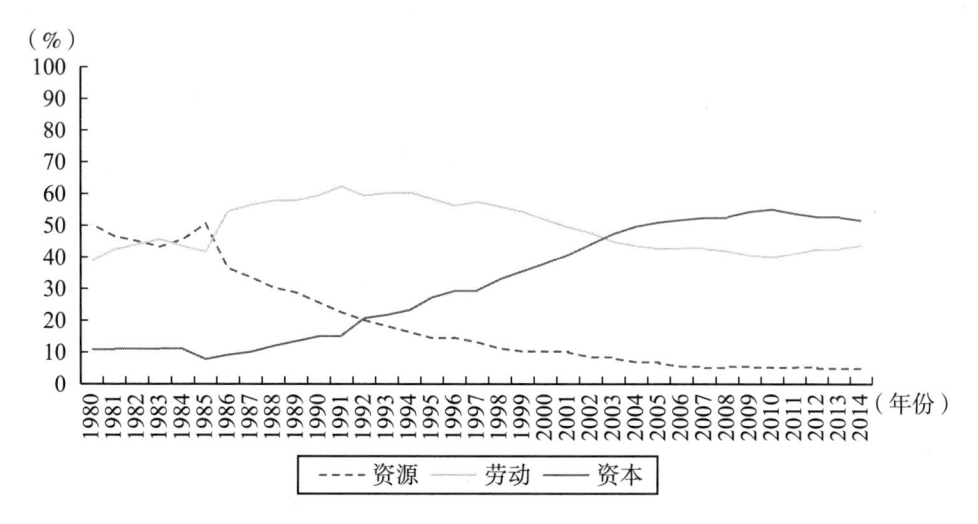

图 5-2　1980~2014 年我国各类密集型产品出口比例

资料来源:根据《中国统计年鉴(2015)》计算所得。

2. 高新科技产品出口变化

我国高新技术产品的出口额在出口产品总额中所占比重近年来较为稳定,增长幅度不大,基本保持在30%左右,如图5-3所示。

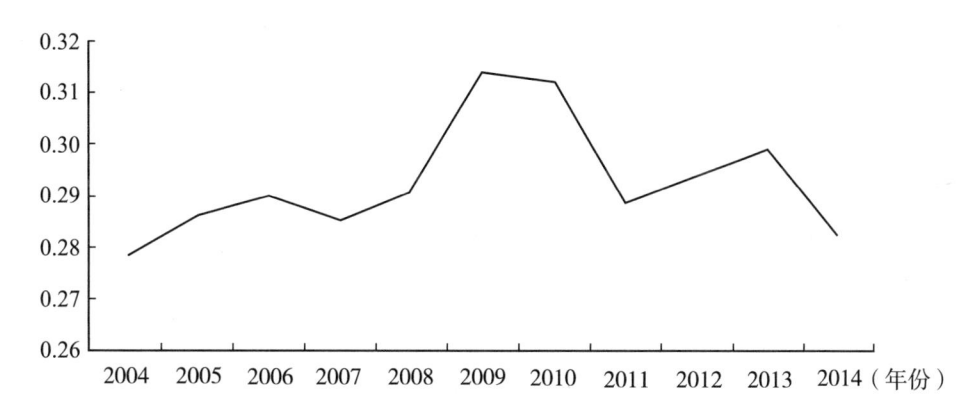

图 5-3　2004~2014 年我国高新科技产品出口占出口品总额比重

资料来源:根据《中国统计年鉴(2015)》计算所得。

将高新科技产品出口额的增长率与我国出口产品总额进行比较发现,如图5-4所示,2008年之前增速较高,基本维持在30%左右,且增速一度高于出口品总额的增长率。2008年和2009年,受金融危机影响,高新科技产品出口额和出口品总额均波动较大，高新科技品出口额 2008 年增速下降到 19.5%，2009 年比 2008 年出口额更是下降了 9%。同时出口品总额也呈现出负增长。在此之后，我国高新科技产品出口额增幅一度低于出口品总额增幅，从此可以反映出其近年来对我国出口品总额的增速贡献很小，甚至拉低了出口品总额的增幅。究其原因，主要是因为我国高新科技产品竞争力不强，科技含量还不是很高，因此在危机过后各国采取贸易保护的情况下，我国高新产品的出口屡屡受到限制。

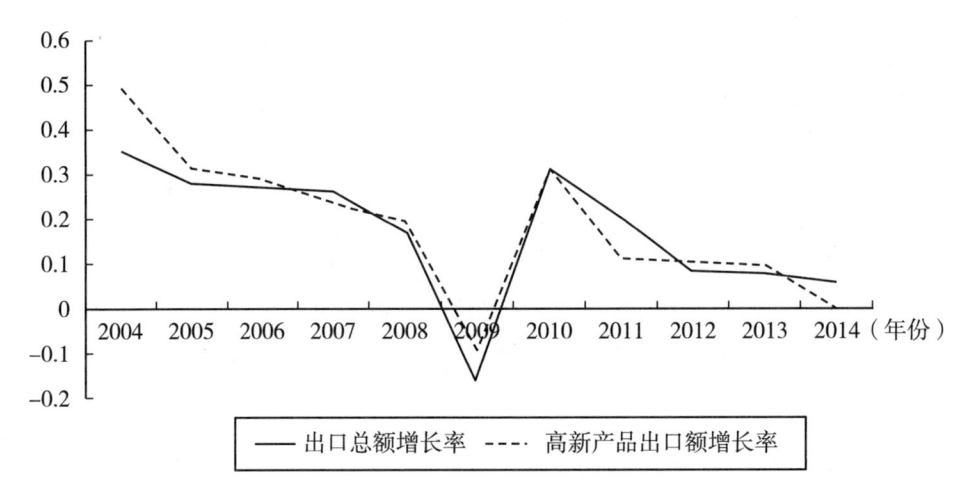

图 5-4　2004~2014 年我国高新产品出口额与出口品总额增长率变化
资料来源：根据《中国统计年鉴（2015）》计算所得。

3. 机电产品出口

机电产品历来被认为是高科技、高附加值的代表，是出口产品的重要组成部分。在以资本密集型产品出口为主的发达国家中，机电产品在出口产品中的占比相当高。虽然相较于发达国家我国机电产品出口比重较低，但就我国机电产品自身来说在发展较快，其占我国出口比重整体呈上升状态。如图 5-5 所示。2015 年，我国出口机电产品 8.15 万亿元，增长 1.2%，占出口总值的 57.7%，较上年提升 1.7 个百分点。

机电产品的出口额增速与我国出口品总额增速相比较，在 2008 年之前都高于出口品总额增长率。由图 5-6 可以看出，机电产品的出口带动了我国出口品总额的增长。2008 年后，机电产品的增速与高新科技产品出口额有很大程度上的相似性。我国机电产品整体来说以加工贸易为主要方式，产品附加值较低，劳动密集型产品比重较大。

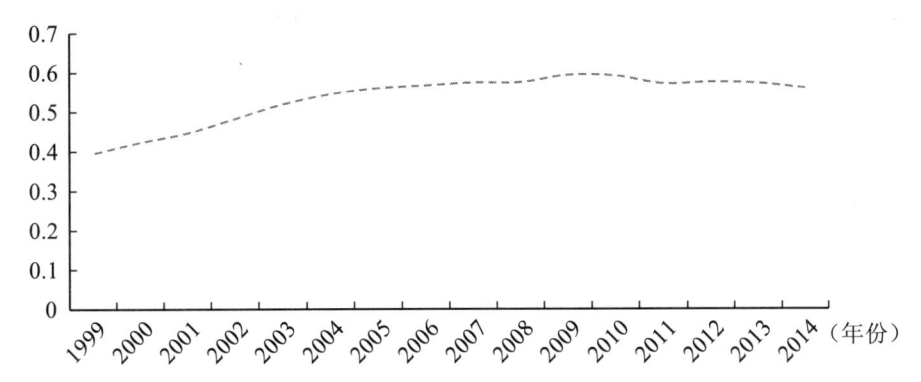

图 5-5 1999~2014 年我国机电产品出口额占出口品总额比重

资料来源：根据《中国统计年鉴（2015）》计算所得。

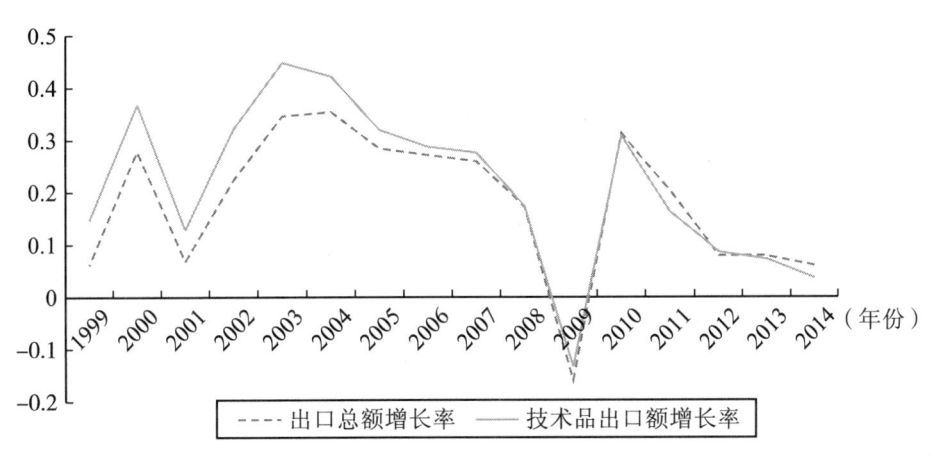

图 5-6 1999~2014 年我国技术品出口额与出口品总额增长率变化

资料来源：根据《中国统计年鉴（2015）》计算所得。

（三）我国出口产品质量测度

1. 测度方法

坎德尔瓦尔（Khandelwal，2013）等提出的质量估计方法的逻辑为同一产品价格相同时销量高的企业产品质量更高，进而通过测度残差得到产品质量指数。在 CES 效用函数中加入质量因素，得到：

$$x_{fhct} = q_{fhct}^{\delta-1} p_{fhct}^{-\delta} P_{ct}^{\delta-1} Y_{ct} \tag{5.1}$$

其中，x 为出口数量，q 为出口产品质量，p 为出口产品平均价格；f 表示企业，h 表示 HS6 氛围产品，c 表示出口目的国，t 表示时间；P_{ct} 和 Y_{ct} 分别表示出口目的国整体价格指数和收入水平。对式（5.1）两边同时取对数，可得到回归方程：

$$\log(x_{fhct}) + \delta\log(p_{fhct}) = \varphi_h + \varphi_{ct} + \varepsilon_{fhct} \tag{5.2}$$

对式（5.2）进行 OLS 回归，其残差项即为该产品的质量指数。式（5.2）中主要控制了产品的质量只能在同类产品之间进行比较，不同产品之间无法进行质量比较，另外出口目的国的收入水平及地理距离等因素都会影响到企业出口质量，需要对这一类因素进行控制。产品质量公式为：

$$\text{quality}_{fhct} = \log(q_{fhct}) = \varepsilon_{fhct}/(\sigma - 1) \tag{5.3}$$

其中，σ 表示产品间替代弹性，使用 HS2 位 σ 的中位数作为产品间替代弹性。对式（5.3）进行 OLS 回归，得到第 t 年企业 f 出口产品 h 到目的国 c 的产品质量指数。

为了分析中国企业出口产品质量整体变化，需对不同产品进行质量加总。由于不同产品质量指数之间并无可比性，因此不可进行直接加总。所以对产品质量进行标准化处理：

$$\widehat{\text{quality}}_{fet} = \frac{\text{quality}_{fet} - \min(\text{quality}_{fet})}{\max(\text{quality}_{fet}) - \min(\text{quality}_{fet})} \tag{5.4}$$

其中，$\widehat{\text{quality}}_{fet}$ 为标准化后的产品质量，可以在不同的维度下进行加总，并且可以进行跨期加总，使用出口价值作为权重进行质量加总，公式如下：

$$TQ = \frac{v_{fet}}{\sum_{fet \in \Omega} v_{fet}} \times \widehat{\text{quality}}_{fet} \tag{5.5}$$

2. 数据来源

测度所用数据来自中国海关贸易数据库（CCTS），时间跨度为 2000～2006 年，主要包含所有 HS8 位产品的进出口信息。主要变量包括进出口价值、数量、单位、目的国（来源国）、贸易方式、企业信息（企业名称、代码、地址、电话、传真及邮编）、企业性质（国有、私营、外资和合资等）。测度主要采用了出口价值、数量、单位、目的国、贸易方式和企业性质。

依据施炳展（2013）方法，对数据进行处理。主要步骤为：第一，剔除样本中企业名称、目的国名称和产品名称缺失的观测值；第二，剔除贸易额小于 50 美元以及贸易数量小于 1 的观测值；第三，保留同一 HS 产品下计数单位最多的样本；第四，中国海关数据 2002 年前后使用的 HS 编码不一致，将编码统一调整为 HS96 编码（2002 年以前使用），在 HS96 的基础上将编码对齐到 ISIC Rev2 三分位、SITCRev2 三分位和四分位编码，并且保留 ISIC 编码位于 300～400、SITC 编码位于 5 000～9 000 的样本；第五，将产品划分为资源品、农产品、低技术产品、中等技术产品和高技术产品，剔除资源品及农产品样本；第六，把产品分为异质性产品与同质性产品，剔除同质性产品；第七，剔除样本量小于 100 的产品。

3. 测度结果

根据以上方法，得出中国出口品质量变化趋势如表 5-1 所示。

表 5-1　　　　　　　中国企业出口产品质量变化趋势

项目	2000 年	2001 年	2002 年	2003 年	2004 年	2005 年	2006 年	均值	增长率（%）
总体趋势	0.714	0.715	0.706	0.701	0.686	0.679	0.681	0.697	-4.18
一般贸易	0.689	0.687	0.673	0.676	0.665	0.649	0.671	0.671	-3.67
加工贸易	0.756	0.778	0.775	0.762	0.736	0.739	0.755	0.755	-4.21

资料来源：由海关数据计算整理得到。

分析结果可见中国出口品质量呈下降趋势，一般贸易和加工贸易分贸易方式下，这个下降趋势仍然显著。出现这种趋势主要由于加入世界贸易组织带来的成本下降，进而使得一部分低效率低质量的企业可以在出口市场中存活，导致低质量产品涌入出口市场，降低了整体出口产品质量，起到了负面作用。

同时加工贸易方式产品质量明显高于一般贸易方式产品质量，这主要是因为加工贸易使用了大量高质量的中间产品。

（四）我国出口产品质量存在的问题

1. 出口规模扩张迅速，质量效益差

我国出口规模的增长实现了出口品总额的增长，但这种外延式的增长掩盖了我国出口品的质量问题。由于出口品数量的迅速扩张，出口企业很多都实行粗放式经营，产品总体质量不高，无法获得质量效益。

2. 监管不力，产品反倾销问题严重

在我国出口产品中，产品自身质量的监管力度不够。初级产品自身科技含量不高，生产成本较低，出口价格也普遍较低，如食品、饮料烟酒、纺织鞋帽以及橡胶皮革等产品，因此企业也较易生产。当前我国制造业就主要以劳动密集型为主，企业生产模式传统落后，产品质量水平并未达到标准化。由于有关部门监管力度不强，产品出口阻力较小，就导致低质量产品出现在国外市场上的结果，反倾销案例屡屡发生。因此在产业结构的升级中，为了实现我国对外贸易出口的长期发展，对于传统劳动密集型产业、资源密集型产业也要实行转型与升级。要加强监管力度，促使企业提高产品技术含量与生产效率，另外也要适当淘汰那些资源消耗量大而收入效益较低的产业。

3. 高新技术产品少，技术含量附加值低

由以上分析可知，我国当前出口商品的工业制成品中，主要还是以劳动密集

型为主的低档产品。虽然我国高新产品和机电产品近年来出口量增加，但整体来说高新技术产品占比仍然较低，机电产品中相当数量产品的技术含量也不高，产品质量难以保证优质品质。对于高新技术产品，出口企业中外资企业居多，技术溢出效果薄弱，且仍以加工贸易为主，拥有自主知识产权和附加值较高的产品较少，未能实现产品的有效研发和创新。

4. 产品贸易方式仍待合理化

在出口产品工业制成品中，包括高新科技产品和机电产品在内，多以加工贸易为主要出口贸易方式，劳动密集型产品也仍持有相当比重，产业发展集中于低附加价值、低盈利率的加工组装环节，对于引进技术消化吸收能力较差，缺乏技术创新，产品质量效益提升较慢。国内企业整体研发水平不高，缺乏有较强国家竞争力的核心技术产品和自主研发生产能力，在生产成本和技术装备等方面与发达国家存在较大差距，在出口品中主要以加工贸易为主要方式的低技术产品为主，一般贸易所占比重有待提高。

三、食品质量

我国食品工业规模庞大，其所创造产值在工业产值中比重较大，有十分重要的地位。2014 年我国食品、饮料、烟酒类零售市场成交额达 3 069.60 亿元，约占商品交易零售市场成交总额的 21.95%。2015 年食品制造业利润超过 1 800 亿元，占轻工业利润总额的 16%。同时，食品行业发展具有显著的产业链效应，带动相关产业的发展。食品业与其他行业的产业相关环节至少有 50 环，横跨第一、二、三产业。在原料粗加工过程中，食品行业与农、牧、渔等第一产业密不可分，尤其是我国公众食物消费结构特殊，我国公众膳食结构 90% 以上是鲜活农产品，90% 以上的加工食品原料是农产品，食物（农产品和食品）中 90% 以上的营养物质形成变化来源于种养环节和收贮运环节。因此发展食品业能够很大程度上带动农业发展，为农业原料解决出路；在精加工过程中，食品行业离不开机械、印刷、包装、精细化工等第二产业；在销售过程中，食品行业对仓储、广告、销售等第三产业的影响也是不言而喻的。[①]

尽管食品行业是我国传统工业，但其自身发展中存在着低加工化和供需不均衡等问题。"十三五"时期，我国食品行业要从高速增长转为中低速增长，主要是调结构、转方式。这个阶段是食品行业发展的关键期与阵痛期。食品企业首先要拓展发展的空间，开放发展、绿色发展、聚集特色发展，并且要高度重视食品

---

① 根据《中国统计年鉴（2016）》数据整理。

安全，加快食品行业供给侧结构性改革，适应我国日益扩大的中产阶级消费升级的需求，实现产品高端化。为顺利实现"十三五"时期食品行业发展目标，针对现有食品行业资源错配与结构性矛盾现象进行分析。

（一）食品质量的演变历程

对于食品业来说，产业结构的升级要求产品质量进一步提升，要求各企业重视产品附加价值的提升，同时技术进步提高了食品加工技术从而推动了食品质量的改善；另外，随着人民生活水平的提高，我国居民的饮食习惯和饮食结构也发生了巨大的变化，人们不再仅仅满足温饱需要，而开始重视食品的营养、卫生质量、加工工艺、外观包装等，越来越多的人开始追求品位、消费品牌。传统的食品加工工艺和生产技术往往不能满足开发食品新产品、新工艺、新技术的要求，食品加工向着追求营养、美味、健康、安全、快捷、方便、多样的趋势发展。因此，依靠现代科学技术，采用高新技术，将是发展食品工业的必然趋势。加工技术水平的提高使得食品产业的产品质量发生了明显的变化，为此我们将食品质量的演变历程划分为如下几个阶段。

1. 粗加工阶段（1978年之前）

在中国的传统饮食文化中，谷物一直是我们的主食，在我国居民膳食营养"宝塔"中，大米、面制品及玉米等谷物类食品位居金字塔的底层，是我国居民膳食营养结构的基础。因此，谷物消费在我国居民膳食营养结构中占有非常重要的地位。然而古老的谷物加工技术只是将稻、麦等用简单木制工具去皮食用，其后有了除杂风车、土砻、土碾、石磨、撞机等工具，加工成粒状的大米和粉状的面粉。我国现代化的食品工业是"进口型"的，开始于清末进口机械进行的面粉加工。改革开放之前食品产业的发展比较缓慢，技术装备水平普遍低下，产业的结构低度化，缺乏原创产业，核心技术被跨国公司掌握，食品加工技术十分传统，食品质量比较低下，但是随着经济的发展也在不断地增长，只是增长的幅度比较缓慢。

对于乳制品来说，早期人类利用其他哺乳动物的奶的方法，是纯自然模仿式的：边吮边食或边挤边喝。但是我们知道这种未经过加工的乳品含有很多细菌不能直接饮用，而且还很容易被环境中的细菌污染，引起"生鲜奶"微生物污染的主要是来源于环境中的大肠杆菌、金黄色葡萄球菌、假单胞菌、真菌等，以及源于动物体的布鲁氏杆菌、结核杆菌等人畜共患致病菌等。因此，如"生鲜奶"杀菌不充分，很容易造成人畜共患病的传播，这就对杀菌技术提出了要求。

2. 引进先进加工技术（1978~2003年）

1978年，我国实行了改革开放，经济呈现全面振兴之势。改革开放为食品工业的发展带来了机遇，为先进技术的引进提供了便利条件。先进技术的引进改善了食品的加工技术，进一步提升了食品的质量。

随着机械砻谷、碾米及机械制粉设备的发展，不同加工精度的谷物食品也随之出现，谷物经过精加工后，相比之前简单地去皮直接食用来说谷物的口感、风味等感官特性大大改善。在乳制品方面，巴氏杀菌技术被引入生乳的灭菌技术，这种杀菌技术既可以杀死对人体健康有害的病菌又能保持乳制品中营养物质不变。随着技术的普及，这种巴氏消毒奶在市面上很容易地就可以购买到，从而降低了生牛乳的不卫生给人们健康带来危害的风险。

3. 高新技术得到普遍应用阶段（2003年至今）

进入21世纪，我国在政策上逐渐重视食品工业的发展，特别是在"十一五"时期加大了对食品工业科技研发的政策支持和资金支持力度，使得我国食品工业的发展表现出平稳、快速的发展态势。2003年以来，我国的食品工业发展速度且明显高于上一个阶段，食品加工技术水平有了很大的提升，食品质量有了很大的进步。同时人们生活水平的提高改善了消费者的消费结构，原来以温饱型为主体的休闲食品消费格局，正在向风味型、营养型、享受型甚至功能型的方向转化。尤其随着市场的不断扩大，休闲类食品市场开始快速发展，而且呈现出一片前所未有的繁忙景象。不断扩大的市场份额已经表明，休闲食品已经形成了一个完整的产业，正在吸引着越来越多的食品生产企业。同时保健品将逐渐由奢侈消费品向普通消费品转变，随着保健观念的深入和生活水平的提高，保健品正由保健药品向保健食品或功能食品演变，保健消费将成为人们日常生活的经常消费。

（二）食品质量的发展现状

1. 产品结构调整取得较大进展

随着中国经济步入新常态，中国经济增长从高速转为中高速，从规模速度型粗放增长转向质量效率型集约增长，从要素投资驱动转向创新驱动。随之而来的是，中国食品产业也呈现出相应的变化与趋势，越来越多的食品企业更加重视提高食品的附加价值。在经济增长放缓时期，转变为依赖价值驱动。比如绿色食品和有机食品的兴起，引领食品消费进入一个新的发展阶段。由于人们对绿色食品的普遍认知，消费需求不断扩大，市场占有率日益提高。另据国际贸易中心（ITC）的一份研究报告透露，有机食品已成为一项大宗贸易，其增速非其他食品可比。如美国，有机食品市场自1989年以来一直以20%的速度增长，成为全球最大的有机食品市场。欧洲、日本有机食品销售也一路攀升,市场前景持续看好。可以预见,随着人们健康意识、环保意识的增强及有机食品贸易的迅速发展,人们对有机食品的需求会越来越大(见图 5-7)。

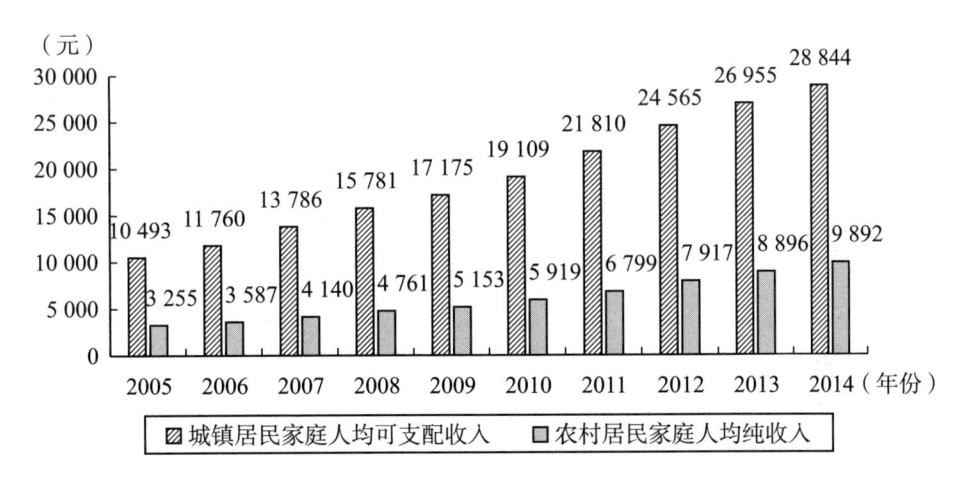

图 5-7 2005~2014 年中国城乡居民收入情况

资料来源:根据《中国统计年鉴(2015)》数据整理。

伴随着经济的发展和社会整体福利水平的提高,人们对食品品质的要求越来越高,消费选择也从数量型向质量型转变,同时也促进了企业对高质量高档次产品的投入。各类食品在质量、档次、品种、功能以及包装等方面已基本满足不同消费层次的需求。如油脂品种从单一的二级油为主,发展到可生产一级油、高级烹饪油、色拉油和食品工业各种专用油等,全精炼油产量已占油脂总产量的 30% 左右;粮食加工中,特二级以上精度的小麦粉已占面粉总产量的 70%,精米占大米总产量的 85% 左右;奶粉生产实现了系列化、配方化,产品品种增加,不同包装规格的消毒液体奶和各种乳酸奶供应大幅增加;方便主副食、速冻食品、各种保鲜食品,正在逐步进入居民的一日三餐;名优产品得到较快发展,产品质量稳定,产量不断增加,产品市场覆盖面扩大。

在肉类消费中,由于人们收入水平不断提高,猪肉消费市场正在从对数量的追求转向对质量的追求,且猪肉的人均消费量已经达到较高水平,其增长已基本饱和,未来的消费增长将主要来自牛肉和禽肉。然而牛肉的人均消费量还很低,牛肉消费目前以饭店、快餐为主,但随着电商和连锁零售业的发展,牛肉正逐步走入家庭消费(见图 5-8)。

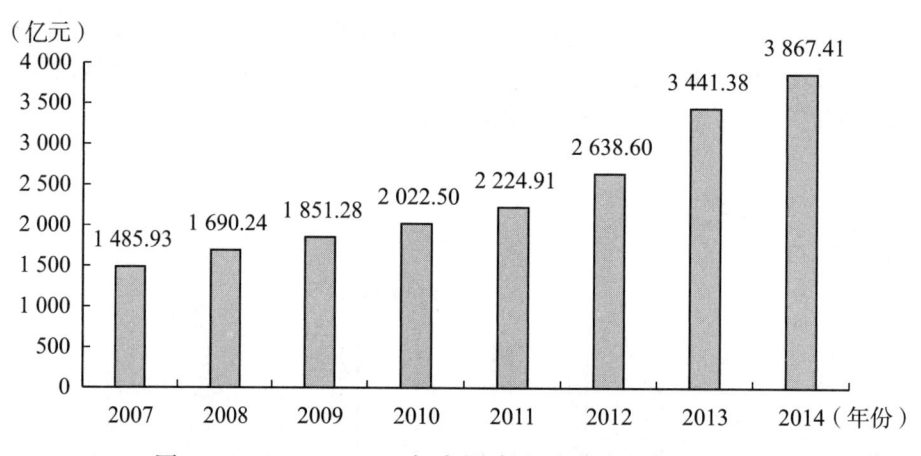

```
（亿元）
4 000                                                    3 867.41
                                                 3 441.38
3 500
                                        2 638.60
3 000
                              2 224.91
2 500                 2 022.50
             1 851.28
2 000  1 690.24
 1 485.93
1 500

1 000

 500

   0
      2007   2008   2009   2010   2011   2012   2013   2014（年份）
```

图 5-8　2007~2014 年中国牛肉消费市场规模情况

资料来源：根据《中国统计年鉴（2015）》数据整理。

2. 高新技术得到较好的利用

生物工程技术、杀菌新技术、冷冻速冻、超临界萃取、膜分离、分子蒸馏等一大批高新技术在食品行业得到了推广应用，有力地促进了食品工业生产技术水平的提高，使得产品的质量得到了提升和保证。生物技术是 21 世纪的高新技术，随着人们对食品安全、营养、健康和美味的日益重视，食品已经不只是满足人们生存的基本食物需求品，食品工业正在向着更营养更美味的方向发展，"酶"作为一种高效、安全的生物催化剂，正以它独特的优势代替传统的化学制剂，越来越广泛地应用到食品工业的各个领域。比如在啤酒加工过程中加入适量的葡萄糖氧化酶可以除去啤酒中的溶解氧和瓶颈氧，阻止其氧化变质，与此同时因为葡萄糖氧化酶又具有酶的专一性，不会对啤酒中的其他物质产生作用，因此葡萄糖氧化酶既可以防止啤酒老化，延长保质期也可以保持啤酒风味。此外，酶在淀粉糖生产、面条生产、谷物发酵食品、焙烤食品、面包制作等过程中都能得到很好的发挥。

食品杀菌技术不断得到研究与应用，传统的热杀菌方法将引起食品的色、香、味等方面的变化，不仅不能保持食品原有的品质与风味，还会破坏食品的营养成分和天然特性。为了更大限度保持食品的固有品质，一些新型杀菌技术应运而生，如超高压杀菌技术、低温等离子体杀菌技术、纳米颗粒杀菌技术、酸性电解水杀菌技术和噬菌体杀菌技术，这些高新技术不仅能保证食品在微生物方面的安全，而且能较好地保持食品原有的品质、质构、风味、色泽和新鲜度等。

随着经济的发展和社会整体福利水平的提高，人们对食品品质的要求越来越高，绿色食品、有机食品将成为食品消费的主旋律。然而绿色食品和有机食品从基地到生产，从加工到上市都有着严格的要求。比如生产基地在最近 3 年内未使用过农药、化肥等违禁物质；种子或种苗来自自然界，未经基因工程技术改造；生产单位需建立长期的土地培肥、植物保护、作物轮作和畜禽养殖计划；生产基地无水土流失及其他环境问题；作物在收获、清洁、干燥、贮存和运输过程中未受化学物质的污染；从常规种植向有机种植转换需要两年以上的转换期，新开垦荒地例外；有机生产的全过程必须有完整的记录档案；有机食品在其生产和加工过程中绝对禁止使用农药、化肥、激素、转基因等人工合成物质。此外，有机食品在整个生产加工和消费过程中更强调环境的安全性，这就对种植生产加工技术提出了要求，而现在的高新技术完全可以达到这么严格的标准，从而使得有机食品的普遍生产成为可能，满足了人们对健康绿色食品的需求。

3. 大中型企业技术装备水平提高

机器装备代替手工加工技术水平的提高，使得食品的加工过程更为精细，食品质量进一步提高。啤酒、葡萄酒、饮料、乳品、烟草加工等行业中较先进的技术装备，已接近发达国家 20 世纪 90 年代中期先进水平，我国食品机械设备制造水平正在逐步适应食品工业的发展和技术改造的要求。

（三）食品质量存在的问题

1. 安全形势严峻，治理监管缺乏长效机制

食品安全直接关系着人类的生存和农业发展，然而在逐步摆脱"不够吃"的大问题后，如何破解"不敢吃"的局面却成为中国食品行业发展的当务之急。在过去十几年中，由于食品供应链各环节的利益分配失衡，再加上监管不力，造成了一系列的食品安全事件，对行业发展和消费者的信心造成了负面影响。而日益严峻的环保问题，造成的农药残留、重金属残留等农产品安全事件，也愈发受到政府有关部门的重视。21 世纪以来，食品安全事件接二连三发生，对人们的健康造成了损害，给食品行业带来了巨大损失，也给消费者带来了一定恐慌。

此外，中国的出口食品也发生了一系列的安全事件，对中国食品国际贸易产生了一定的影响。改革开放以来，中国食品出口贸易发展迅速，对世界各国经济的影响逐渐加深。中国食品出口贸易额从 2005 年的 224.80 亿美元提高到了 2011 年的 504.92 亿美元，在 7 年间增长了 1.25 倍。然而，食品出口贸易额在商品出口贸易总额中所占的比重依然偏低，始终介于 2% ~ 3%，2011 年我国商品出口贸易总额为 18 984 亿美元，其中食品贸易出口额为 505 亿美元，仅占我国食品出口贸易总额的 2.6%，食品出口贸易竞争力低下。例如，2008 年以来，我国发生的"毒饺子"事件使得我国对日农产品出口也出现了份额下降、甚至出现出口量额减少的趋势。根据我国海关统计，2008 年，我国对日出口食品 65.3 亿美元，同比下降 11.5%。日本在我国食品出口中的份额也从 1996 年的 41% 下降到目前的 20%，为历年最低。输日企业也从原来的 4 772 家下降到 4 107 家，同比减少了 13.9%。很多品种食品出口数量锐减，诸如花生、包馅面食、烤鳗、紫菜、魔芋、鱿鱼、苹果汁、干香菇等商品出口降幅也在 20% 以上。而且有关调查研究表明，增强中国食品安全是提升中国食品贸易竞争力的关键。①

2. 品牌培育问题

食品工业在世界经济中一直占据举足轻重的地位，对国家经济发展与参与世界经济竞争有关键作用。从国际上看，我国食品工业是世界食品工业第一大产业；从国内看，在国民经济工业各门类中，食品工业列第一位。但中国缺少知名品牌和知名企业。

由表 5-2、表 5-3 可知，虽然我们是一个食品生产大国，但在品牌培育方面还很落后。不过值得庆幸的是，在 100 强的公司榜单中，我国的伊利公司以472 亿元人民币的年销售额排名第 53 位、蒙牛公司以 429 亿元人民币的年销售额居于第 61 名。因此在品牌培育方面对于我们国家的食品企业任重而道远，努力提升食品质量可以很好地提升企业的信誉，从而提升我国食品企业在国际上的地位和影响力。

表 5-2　　　　　2014 年世界主要经济体食品工业概况

项目	主营业务收入（折合万亿元人民币）	出口额（美元）	从业人员（万人）
中国	10.89	603	700
美国	6.1	595	161
欧盟	8.2	—	—
日本	2.0	40.9	114

资料来源：根据中华人民共和国海关总署网站数据计算整理得到。

表 5-3　　　　　2015 年全球 10 强食品公司榜单

排名	公司	国家	年销售额（亿元人民币）
1	雀巢	瑞士	4 845
2	百事	美国	4 136
3	可口可乐	美国	2 918
4	JBS	巴西	2 783
5	ADM	美国	2 690

---

① 《中国海关统计年鉴（2016）》。

续表

排名	公司	国家	年销售额（亿元人民币）
6	百威英博	比利时	2 690
7	亿滋	美国	2 198
8	南非米勒酿酒	英国	2 140
9	泰森食品	美国	2 140
10	嘉吉	英国	2 100

资料来源：根据中华人民共和国海关总署网站数据计算整理得到。

3. 整体发展水平不高，供给与需求错位

食品行业一般分为食品加工业、食品制造业、饮料制造业和烟草加工业。农副食品加工业指直接以农、林、牧、渔业产品为原料进行的谷物磨制、饲料加工、植物油和制糖加工、屠宰及肉类加工、水产品加工，以及蔬菜、水果和坚果等食品的加工活动，属于粗加工，精细化程度较低。食品制造业相对于农副食品加工业来说，对食品的加工增值程度加大，也是高新技术在食品行业主要运用领域。烟草加工业属于嗜好品行业，由国家控制。现以2016年10月食品行业主营业务收入对比，观察产业结构。

由图5-9可以得出，农副食品加工业占食品行业的半壁江山，说明我国食品大部分产出都集中在粗加工层面，容易造成粮食、蔬果、水产品资源的浪费，同时增值率低，难以实现行业经济效益；食品制造业主营业务收入约占食品行业的1/5，比率较低。我国食品加工业基本停留在粗加工水平上，缺少精加工产品，产品技术含量和附加值偏低，食品行业总体上仍属于传统工业。

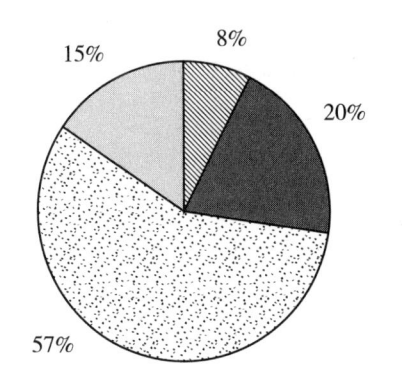

图5-9 2016年10月食品行业主营业务收入累计值饼状图

资料来源：根据《中国统计年鉴（2017）》计算所得。

从国际上看，一个先进发达的食品工业，其深加工产品、直接入口的必需品应占主导地位。农业为食品提供基本原料，农产品深加工增值的途径主要是发展食品工业。在发达国家，食品工业制品与农业总产值比例：英国为 3.7∶1，日本为 2.7∶1，法国为 2.6∶1，美国为 2.0∶1，2007 年我国仅为 0.4∶1。我国的粮食、蔬菜、果品、肉类产量均居世界首位，但加工程度浅，半成品多，制成品少。深加工用量不到总产量的 8%，而发达国家的这一比例在 70% 以上。欧美、日本等国家 90% 以上的蔬菜都经过商品化加工处理后进入流通领域，而中国仅为 30% 左右。美国、巴西的柑橘加工量占总产量的 70% 以上，而中国不到 10%；中国虽为肉类大国，产量占世界总产量的 1/4，但加工量只有 5% 左右。因此，我国市场上主要供给的是低质量粗加工的食品产品。

然而，在需求层面，人们对高质量食品的需求随收入的增加而增加。2013 年《经济学人》公布的数据显示，中国人均每周食品饮料消费 9 美元，占人均收入的 21%。根据联合国制定的恩格尔系数与国家生活水平对应标准：一个国家平均家庭恩格尔系数大于 60% 为贫穷；50%~60% 为温饱；40%~50% 为小康；30%~40% 属于相对富裕；20%~30% 为富足；20% 以下为极其富裕。因此我国已进入富足阶段，食品支出在可支配收入中所占的比重会越来越小，而对高质量食品的需求将成为社会的主流。从而在当前食品市场存在供给与需求的错位，表现在低质量食品产品的产能过剩而对于高质量食品产品的需求得不到满足。

4. 企业规模小，布局分散，竞争力弱

在食品行业发展水平较低的情况下，食品企业普遍采取小规模生产，一方面，较低的生产技术水平不需要较高的资本规模支撑，同时产出水平低也进一步约束了企业的规模与扩大再生产；另一方面，受运输、冷冻保鲜技术水平的发展与普及的限制，小规模生产能够尽可能分散，与原料供应地或产品销售地接近，降低交易成本。现以 2005~2011 年工业规模以上企业个数与食品行业规模以上企业个数进行比较。

由图 5 - 10 可以看出，尽管食品工业是我国第一产业，其规模以上企业个数却仅占工业总规模以上企业个数的 10% 左右，同时在 2005~2011 年 6 年时间内，企业个数变化不大。企业长期处于小规模水平，生产率难以提升，无法通过规模扩张实现规模经济，降低生产成本，使得资源不能得到充分有效利用。小规模企业由于自身规模限制，无力实施相关产品技术研发，使得食品行业技术水平也长期停滞不前。此外，当食品企业自身处于小规模水平时，食品企业所自有的吸收社会闲散劳动力、提供岗位以及与上下游企业形成紧密产业链、促进相关一、二、三产业共同发展的经济特性难以得到发挥。在食品质量与安全监管过程中，分散分布的小规模食品企业也增大了行政部门的监督难度，提高了监管成本，且容易形成行政监管不力，导致食品安全质量问题频发。

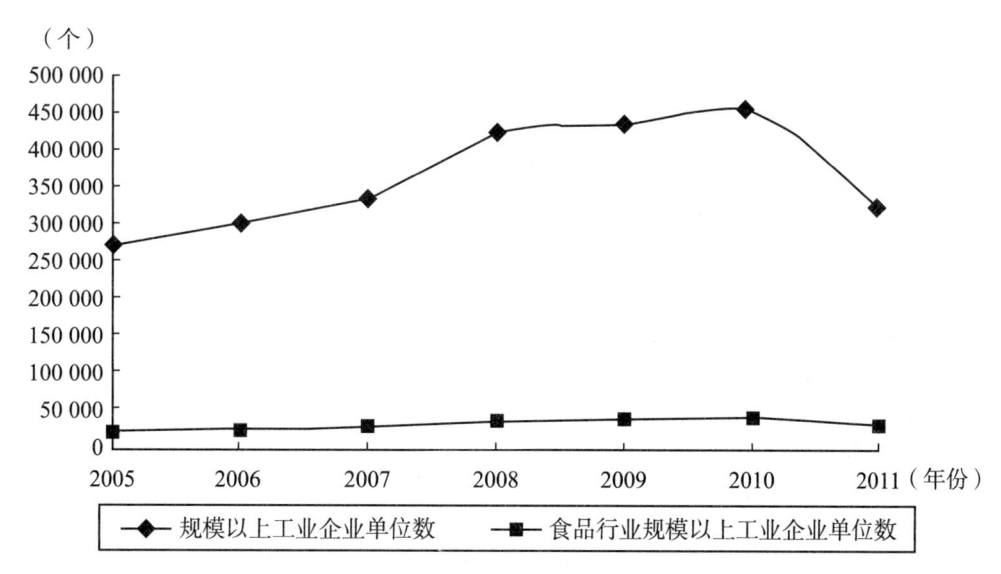

图 5-10　2005~2011年工业行业与食品行业规模以上企业单位个数

资料来源：根据《中国统计年鉴（2012）》计算所得。

5. 食品研发与技术创新不足

我国食品加工业正处于升级转型期，近年来取得了长足的进步，但小作坊式的作业模式仍占有一定比重。尽管世界范围内食品科技取得了很大进步，食品分离技术、微波处理技术、膨化技术、超高温瞬时杀菌技术、包装新技术、软胶囊和微胶囊化技术、高压加工技术、辐射技术、纳米技术、食品生物技术、电磁技术和真空技术广泛应用到食品加工领域，我国食品高新技术的应用仍处于较低水平。大型企业满足于现有经济效益，缺乏科研创新与应用的激励，小企业无力承担技术应用，是我国食品行业发展的关键问题，但同时也为改革提供了方向与潜力。

第二节　服务质量

目前，我国服务业发展水平还不高，主要表现在服务业在国民经济中的比重较低，结构性矛盾突出，服务业的行业效率低下和服务质量偏低，服务功能不强等。三次产业结构是国民经济中最重要的产业结构，经济发展的过程就是不断提升服务业比重的过程。近年来，随着经济的发展，服务业在国民经济中的比重不断提升服务业增加值同比增长 8.3%，但是与发达国家相比，我国服务业的比重仍然偏低，2001 年，我国服务业的比重首次超过工业，2012 年首次超过第二产业，2015 年首次超过 50%。

一、物流业服务质量

（一）伴随着产业结构升级的物流业服务质量的演变历程

1. 改革开放之前——萌芽阶段

新中国成立到改革开放之前，受计划经济的影响，国家大力发展工业，在产业结构中，第一产业比重较高、第二产业比重在逐步提升，第三产业在我国占比非常小，且大部分产业属于国有性资本。物流产业的管理体制十分混乱，机构多元化，原物资部、原商业部、对外经贸部、交通部、城乡建设部、原环境保护部等均有各自的物流系统，不同部门间存在利益冲突和重复建设，设施利用率低，造成了资源的浪费。物流的社会化程度很低，物流效率很低、物流格局十分分散，难以实现规模经营、规模效益，布局也不合理，使得余缺物资不能及时调配，而且物流的基础设施落后，公路总里程、铁路总里程十分有限，物资调配多限于短距离物流或者为大规模物品的远距离水路铁路运输。总之，改革开放前，我国物流产业组织的总体水平较低，设备陈旧，损失率大，效率低，运输能力严重不足，运输方式单一，运输设备落后，使得物流时间长，物流业服务质量相对较差，落后的物流生产力无法满足人们日益增长的物质文化需求，继而不利于经济的发展，这使得国民对提升物流服务质量提升诉求越加强烈。

2. 改革开放到 2000 年——探索阶段

这一阶段主要是我国物流业服务质量发展的探索阶段。改革开放将市场机制引入我国的经济体系，激发了市场活力，增加了市场内的企业数量和市场竞争力，使得三大产业间的比重也有了较大的调整，第二、第三产业在这个阶段都有了大幅度提升。工业结构的升级决定了物流需求结构的升级，物流需求从简单的运输、仓储需求逐步转变为更加复杂的综合物流需求，对物流服务质量的要求也就越来越严格。

物流企业的工作流程主要包括运输、储存、装卸搬运、包装、流通加工、配送、信息处理等环节。改革开放初期，我国仍处于以原材料为重心的工业发展阶段，工业发展需要运输的基本上是体积大、重量大、附加值低的货物，如煤炭、钢铁等。在这一时期，物流作业量很大，运输需求强度增长迅速。随着工业化程度的不断加深，到了以高加工工业为主的工业化中期，运输作业量的增速比上一个时期有所减少，但增量依旧可观。在这段时期，物流服务质量的量获得了较大的提升。

在改革开放的前 20 年中，物流概念逐渐被认识和接受，物流管理技术不断提升，如物流产品的包装技术、集装箱运输技术等，物流业作为产业的地位已经确立并取得了明显的发展和进步，技术进步使得物流的配送效率得到了大幅度提高。随着产业结构向高度化方向的发展，产品技术含量增加，单位产品的价值增加，对于物流服务质量的要求增加，主要表现在减少物流时间时提高准确性、降低物流成本、提高物流效率等方面。即与工业结构的阶段演变相协调，物流需求质的提高呈现出了阶段性的特征。在重化学工业化时期，由于运输的内容主要是原材料，对运输条件的要求十分低，基本不需要包装；在高加工化阶段，流通和包装加工需求开始增加；工业化后期，运输已不再是物流需求的主要内容，以保证物流服务质量和效率为目标的多样化的物流服务成为工业部门的主要要求，降低物流成本，寻找第三利润空间是工业领域物流需求的主要动力。因此物流服务质量还有很大的进步空间。

3. 2000 年至今——大力发展阶段

表 5-4 为各年末产业活动单位统计表。

表 5-4 各年末产业活动单位统计表

项目	2004 年末 单位数（万个）	2004 年末 比重（%）	2008 年末 单位数（万个）	2008 年末 比重（%）	2013 年末 单位数（万个）	2013 年末 比重（%）
一、法人单位	516.9	100.0	709.9	100.0	1 085.7	100.0
企业法人	325.0	62.8	495.9	69.9	820.8	75.6
机关、事业法人	90.0	17.4	95.9	13.4	103.7	9.6
社会团体和其他法人	101.9	19.7	118.1	16.6	161.1	14.8
二、产业活动单位	682.4	100.0	886.4	100.0	1 303.4	100.0
第二产业	167.5	24.6	230.0	25.9	287.5	22.1
第三产业	514.9	75.4	656.4	74.1	1 015.9	77.9
三、个体经营户	3 921.6	100.0	2 873.7	100.0	3 279.1	100.0
第二产业	588.7	15.0	253.8	8.8	188.3	5.7
第三产业	3 332.8	85.0	2 619.9	91.2	3 090.8	94.3

资料来源：根据《中国统计年鉴（2014）》计算所得。

如表 5-4 可见，2000 年后的第二、第三产业单位数量都在不断增加，且第三产业的比重不断增加，工业结构逐渐向高附加值高加工度转变，各类服务业随着国民收入水平的上升而不断发展壮大，异地异购购物需求增加，使得人们对物流配送的需求日益增长。随着产业结构向国际化的方向发展，多式联运、第三方物流、供应链技术等获得了迅猛的发展，并受到了客户的青睐。在电子商务迅速发展的1999年，不少机制灵活、经营规范广的第三方物流企业纷纷崛起，如阳光网、时空网等与原有的国家大中型仓储运输企业一起提供范围较广的物流服务。近年来，电子商务的发展，扩大了企业的销售范围，改变了企业传统的销售方式以及消费者的购物方式，使得送货上门等物流服务成为必然，促进了我国物流行业的兴起。

我国从1996年左右就开始进行配送中心的建立工作，但由于诸多原因，效果一直不是很明显。2000年后，随着连锁商业的发展，配送中心的建设受到重视，特别是连锁企业自建配送中心的积极性很高。许多较大型的连锁公司出于自身发展的需要已经建设自己的配送中心，如创维、康佳等电器行业。另外一些小型的连锁企业店铺数量少、规模不大，也在筹建配送中心，以期实现100%的商品由自己配送中心配送。但是一个功能完善、社会化的配送中心需要巨大的投资，如若配送量过小，必然造成负债过多、回收期长，反过来又影响连锁企业的发展。同时，社会上又有相当数量的仓库设施在闲置，形成了投资上的重复、浪费。这在不同程度上造成了资源浪费，所以第三方物流的应用显得更为合宜。

随着产业结构的不断升级，物流产业对设施装备的技术要求提高了，就仓储系统而言，电子数据交换、自动信息收集、射频、订单拣选系统等仓库信息系统都应用于物流配送之中，使得信息更新更加及时、可以良好地控制质量、错误、广泛应用后可以降低费用和改进操作，提高了仓储客户的服务质量，进而提高顾客对物流过程的服务质量评价。由于产品品种的多样化、货物运输需求向多样化方向发展，包装技术也得到相应发展，如集装箱技术和易碎易腐物品的包装技术，出于产品本身的需要和销售的需要，产品包装日趋复杂化，多样化的包装也使得服务质量有所提高。

在物流配送的产品和运输方式上呈现出了新的特点，增进了物流业的服务质量。随着工业化程度的不断提高，运输的产品也越来越多样化，不再局限于各类重工业产品或原材料，各类轻工业产品也出现在了物流配送中。21世纪后，我国公路尤其是高速公路历程发展迅猛，已达到世界领先水平，使得城际间的短距离运输需求增加，大大方便了国民的生活，提高了服务质量。另外，水果、鲜蔬、海鲜等易腐烂产品也可以通过包装技术和运输技术的进步来进行远距离运输，如冷冻包装的海鲜通过航空运输配送到异地，促进了商品的流通。这也导致了铁路和水路货物运输需求在总需求中的比重下降，公路运输的比重上升，尤其公路运输对于高价值及时间限制紧的产品有独有的优势，如汽车、电子产品、易损坏产品等的运输。公路运输占四种运输方式的比例由最低变为最高，航空运输的比例也逐渐增多，减轻了铁路运输和水路运输的物流配送压力。

（二）伴随着产业结构升级的物流业服务质量的现状

1. 基础设施与服务质量

我国的物流基础设施建设一直在逐步完善，运输里程也在不断增加。截至2015年末，我国目前现有公路里程457.73公里，其中高速公路约11.70万多公里，跃居世界第一；铁路运力跃居亚洲第一；水运方面，港口的吞吐能力大大提高，民用航空也有了长足的进步，新建、扩建了一批机场以及支线、国际航线的增开，都使得空运能力和质量有了很大的提高，这也使得物流配送所需要的时间缩短、所能配送到的物品增多，使得服务质量大幅上升。而且我国的公路客运和铁路客运分布存在着东西不均的状态，相应的东西部物流企业发展程度也不同，所提供的服务质量也有所差异。如在淘宝购物时，经常会出现江浙沪包邮以及边远地区不包邮现象，造成顾客对服务质量感知不同。

2. 物流园区与服务质量

物流园区作为联系产业链上下游的纽带，是各项物流活动开展的重要载体。通过产业的空间集聚、资源的有效整合、业务的流程优化，在促进区域经济发展，提升物流服务水平，提高土地集约化使用，减轻道路、环境和能源的压力，加强物流市场管理，增加就业机会等方面发挥着重要作用。正是由于企业在物流产业聚集区和节点的布局上发展迅速，近两年企业通过扩张、整合、兼并、提升等多种途径，开启了网络化、规模化发展的进程。

3. 第三方物流与服务质量

随着经济增长方式的转变，物流业开始向专业化方向发展，于是就产生了第三方物流，而且第三方物流顺应物流产业和国民经济增长的需要，我国第三方物流有了较快的发展，第三方物流专业化生产，节约了物流成本，提高了配送效率等。但与发达国家相比，很少能提供物流策划、组织及深入企业内部生产领域进行供应链的全过程管理，物流增值服务少，服务意识和服务质量还是不尽如人意，有待提高。第三方物流的继续发展必定要更加注意服务质量的提高。

4. 信息化与物流服务质量

物流信息化已经进入了相对成熟的阶段。现代物流业发展的基础是信息化，是依托互联网进行的服务创新。企业的信息化已经成为企业管理、服务提升与向前发展的内在动力，成为重要的手段和内容，就快递物流而言，通过信息化，顾客可以更加清楚所配送产品的物流信息，提高了信息的透明度，增加了顾客对物流过程的满意度,提升了服务质量。

对比海尔物流、京东物流和阿里物流的做法,我们可以发现:平台化是三者共同的关键词。海尔物流是通过自身组织结构变革,在企业内部实现包括物流功能在内的平台化服务,从而实现信息流对物流系统的引领和优化;京东集团则是在长期的电商物流实践中,逐步完善物流信息化进程,并开始朝着数据驱动、开放平台型信息化物流发展;而阿里物流则是在市场供需双方之外,借助自身平台经营的优势,利用长期平台经营沉淀下来的海量交易数据,单独建立了物流服务平台,整合社会化的第三方物流,力图实现整个社会物流系统的全局优化。

(三) 现行物流业服务质量中存在的问题

由于市场经济体制的不断深化、物流基础设施的日益完善和现代信息技术的迅猛发展,加之货物运输需求量急剧增长、客户服务和成本意识日趋强化。中国物流业随之呈现快速发展的局面,如行业规模迅速扩大、物流技术愈加先进等,使得物流业服务质量有所提高。但不容忽视的是,与世界发达国家相比,中国物流业的服务质量目前仍存在各种各样的问题。

1. 缺乏完善的信息管理系统

物流企业的整体管理水平很低,管理手段落后,有的企业还处于人工管理的阶段,有的企业虽然运用了计算机,但还没有使用相应的信息管理系统,造成了信息收集和处理低效性,企业没有办法利用管理信息有效地安排内部的物流运作,有时连物流畅通这样的业务基本点也难以实现。而且缺乏现存物流产业的自主创新性,至于说站在供应链管理的角度,讨论物流一体化建设这个战略问题,或者把握市场先机,快速开发出高性能、高可靠性、价格合理的个性化产品,并能准确及时地交付给顾客,满足顾客日益个性化和多样化需求的这些服务问题,就更是没有精力顾及。这在不同程度上影响着物流产业的发展,进而影响物流业的服务质量。

2. 经营方式落后,缺乏主动性

我国的物流企业缺乏主动性,对市场的关注度不够。对于需求变动或是顾客的满意程度变动亦不是很敏感,管理上存在一定的盲目性。物流企业应服务的人员应能主动和及时地提供顾客所需服务,提供特色化服务,发挥自身特色,而这些服务可表现为实实在在的服务设施与设备售前售后服务等。顾客对物流过程的评价不仅是对所配送产品的评价,而是对整个配送过程的评价,服务质量的提高应从整个物流过程去考虑。

3. 缺乏核心竞争力,竞争机制无序化

物流企业管理方式简单,物流企业多细小而杂,竞争力度不够,而且在竞争中，缺乏核心竞争力。一旦外资从业企业进入中国市场，本国本土物流企业必然会受到极大的冲击。

二、旅游业服务质量

改革开放以来，我国旅游经济大众化发展的特征日渐明显，人民群众旅游休闲需求逐渐多样化。研究显示，近二十年来，中国国内旅游服务质量总体呈现波动式的上升趋势。1993 年，国家旅游局开始统计旅客对国内住宿、餐饮、交通、娱乐、购物、景区点、旅行社及导游的服务质量进行评价。1993 年以来，国内旅游人数增长较快，如图 5-11 所示，从人数的大规模增长可以看出人们对外出旅游的需求快速增长，而因此伴随的旅游服务质量也得到显著提高。

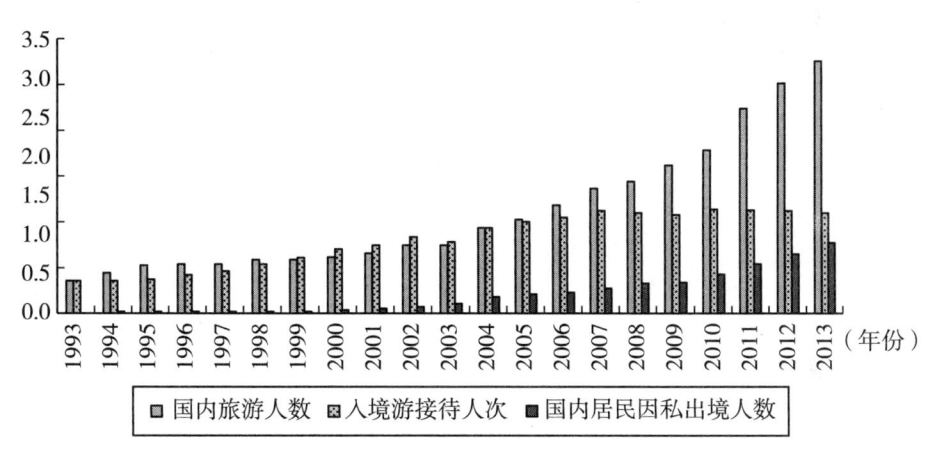

图 5-11　1993~2013 年我国旅游业接待人数

资料来源：根据《中国旅游年鉴（2014）》数据整理。

（一）旅游业服务质量演变

1993 年以前，人们对旅游服务质量还处于认识和探索阶段，就饭店业而言，当时我国的旅游设施陈旧、清洁卫生和服务态度差等服务质量问题。1994~2004 年，是旅游服务质量标准化的深入时期，随着旅游业的快速发展，旅游服务质量引起极大重视。1995 年成立全国旅游标准化技术委员会负责旅游标准化工作。2003 年推出 16 条国家标准和行业规范。2004 年开始了从各个方面对旅游服务质量进行评价。2009 年，《国务院关于加快发展旅游业的意见》指出把旅游业培育成国民经济的战略性产业和人民群众更加满意的现代服务业。随着《中华人民共和国旅游法》的逐渐完善，我国旅游业服务质量不断完善。景区的安全防护措施得到很大改善，旅客住宿星级化，服务人员素质整体上升，整体的服务质量得到全面化、信息化发展。

（二）旅游业服务质量存在的主要问题

根据中国消费者协会 2015 年 10 月发布的旅游指标得分，如表 5-5 所示，可以看出游客对旅游服务质量的满意度，在旅游业兴起的同时，各种各样的旅游质量问题此起彼伏，有媒体这样评价我国目前的服务质量"国内旅游 70 分，东北地区不合格"。表 5-5 为旅客满意度分项指标得分。

表 5-5 旅游指标得分（满分 100）

地区	导游服务	购物情况	餐饮情况	住宿情况	交通情况	总体得分
东北	47	64	56	60	57	59
华北	73	71	58	67	69	71
华东	76	71	58	71	76	76
华南	70	56	63	66	66	67
华中	71	60	60	62	81	71
西北	69	72	72	60	72	69
西南	69	61	57	68	77	70

资料来源：根据中国消费者协会公开数据整理。

当前，我国旅游服务质量问题主要存在以下几个方面：

1. 住宿质量参差不齐

住宿是旅游行业的关键一环，其质量对旅游行业整体发展质量有重要作用。住宿质量一方面体现在舒适度上，有的旅行社在旅游前告诉消费者的住宿条件与实际入住的酒店差异很大，卫生状况堪忧。另一方面则在于安全性，即使是大酒店也存在失窃现象，监管更为薄弱的小旅馆此现象更为严重。

2. 行程路线随意更改

有报道指出，某旅行社将一天行程变半天。导游将原定于上午和下午的两个景点压缩在一起领着游客连续游览，致使下午两点游客还未吃饭。这种现象的发生事实上很难监管。而消费者的维权意识又比较淡薄，往往只能自认倒霉。

3. 交通安全有待提升

旅行社给顾客乘坐的交通工具也未按照合同中的执行，为了节省交通成本，旅行社租赁的车辆条件低于合同中描述的情况，更有甚者，有的交通工具存在严重安全隐患。

4. 饮食状况差

旅游时现团餐存在质量偏低、食物不卫生等问题，自费餐饮价格普遍偏高的情况。通过采访，近一半游客认为景区的餐饮太贵，这对旅游整体质量的提升带来了压力。

5. 强制消费和诱导购物

这种现象一般发生在旅行社安排的低价旅游产品中，很多消费者最终在购物上的花费大大超出预期。有时旅游体验整个就变为购物体验，有抵制这种行为的游客甚至会遭到导游刁难。前几年此起彼伏的"零负团"及低价团就是强制消费的典型案例。

三、商业银行业服务质量

所谓商业银行服务是银行企业通过提供金融产品和业务来满足顾客对金融产品需求的一系列活动。商业银行服务质量是指银行企业在其全部服务过程中，能够满足顾客明确或潜在需求能力的综合，是银行各种要素质量的总和，是由顾客评判的银行服务的价值。商业银行服务质量有两层含义：第一层指银行服务活动本身的质量，比如服务人员的技能熟练度、业务水平、形象气质、服务姿态、服务设施的完善及服务环境的友好程度等；第二层范围更广，是指整个银行企业全部构成要素的质量，包括营销服务支持系统质量、业务流程创新再造的速度和质量，以及信息技术等科技支持系统的有效运作等。

（一）我国商业银行服务质量演变历程

1. 文明规范服务阶段（始于20世纪90年代中期）

文明规范服务是现代商业银行服务质量竞争的基本功，具体内容主要包括两大部分：一部分是以人员服务行为和礼仪为表现的软实力建设；另一部分是以服务环境和设施设备为载体的硬实力建设。通过服务环境和人员行为的大力改进，我国银行业彻底告别了"门难进""脸难看""事难办"的传统服务时代。而且，各银行都不断加大监督和培训力度，网点普遍推行微笑服务，气氛友好。银行业协会也加大了服务资源整合，通过创建百佳、千佳示范单位，把整个银行业的服务水平提升到了一个新的层次。

2. 产品技术创新阶段（20世纪90年代中后期）

1998年12月12日至1999年3月8日，招商银行在全国范围开展了"穿州过省一卡通行"的立体式市场营销活动，得到了非常好的市场反应。从服务质量研究来看，一卡通开启了我国银行业产品与技术融合的新竞争时代。从产品种类来看,截至目前,中国工商银行产品已超过3 000种,已经可以完全满足消费者的金融需求。我国银行业已经形成了跨资本市场、货币市场、保险市场的全领域产品体系,产品的契合度和技术实现方式将银行服务质量竞争提升到一个全新的阶段。

3. 第三阶段为银行服务定位阶段（21世纪初）

银行业产品趋同使得竞争愈发激烈。各银行开始研究自己的市场机会,给自己"定位",确定为之服务的"细分市场",即提供属于自己的有限服务产品给特定的顾客。银行市场定位试图从全方位来与竞争者相区分。主要有通过独特服务理念与竞争者相区别、通过提供有特色的服务产品以及通过独特的经营理念来突出自己的形象。在我国,中国工商银行逐渐定位于国际大型全功能金融集团,招商银行逐渐定位于服务和技术创新银行,中国农业银行提出做县域金融服务引领者,民生银行提出做小微企业金融创新引领者。定位的目的在于帮助顾客了解相互竞争的各个金融企业之间的差异,这样便于客户挑选对他们最适宜的、能为其提供最大满足的金融企业。服务定位使得服务质量的竞争由局部向整体延伸。

4. 整合金融服务阶段（21世纪第一个10年）

商业银行不断开发新技术,加大了渠道、产品和服务体系的整合程度,服务质量向着全方位、深层次满足消费者金融和非金融需求的方向演进。这一阶段是以外部市场分析、内部资源整合为主的现代银行服务定位阶段。银行在形象宣传、营造友好气氛、服务项目创新、定位与细分等方面都已有丰富的经验,但银行各部门仍不能协调共识,以达到市场占有率的目标。为此,银行逐渐认识到必须建立一个能有效协调内部各部门和反馈外部信息的分析、规划、控制、整合系统,包括进行市场营销研究、预测市场潜力、制订市场营销计划以及激励员工等。银行不断引进现代工商业市场的营销观念,服务质量的竞争向更高层次的全面竞争演进。

（二）我国银行业服务质量现状

1. 文明规范度大幅快速提升

依据赛诺经典咨询公司对我国商业银行进行的观察结果,我国五类银行文明规范程度均有提升,其中地方性商业银行提升幅度最大,招商银行、光大银行等文明规范程度已经与国际一流水平齐平。在银行业整体服务规范快速提升的同时,不同银行间、不同地域间、不同城市间的均衡性也得到显著改善,银行业较好地做到了标志标识清晰、设备运行正常、设施齐全便利、物品摆放有序、行为得体庄重、环境干净整洁、细节处理得当、全员服务一致。

2. 员工服务态度、排队等候时间仍难满足客户期望

面对激烈的市场竞争，各家银行都把以客户为中心的服务理念体现到各级领导的决策中、经营管理体制改革中和全体员工的日常行为举止中。根据银率网2014年"315调查报告"显示有13.15%的消费者曾经有过向银行投诉的经历。投诉内容涉及：银行工作人员服务态度、银行工作人员办事效率、银行办理业务流程、银行收取的手续费、银行设备使用情况，以及消费者在银行遭遇到误导消费等。调查显示，消费者投诉最多的是银行员工办事效率低，排队等候时间长，此项占比达到44.39%。第二是银行员工的服务态度差，占比达到39.29%。第三是消费者遭遇银行误导，占比达到20.41%。银率网多年的调查显示，用户对银行服务集体打分偏低，并且重点总结了银行服务中暴露出来的问题，其中银行办业务排队时间较长仍然是客户意见最多的一项。

（三）我国银行业服务质量存在的问题

1. 考评检测指标缺乏主动性

主要依靠被动性指标来考评或检测服务质量的高低和好坏，有一定的时滞性，缺乏主动性指标的考评和测算；大部分网点还停留在等、靠客户主动进门，然后再去实现客户的进一步服务和营销，"走出去"的战略没有实施到位；客户种类细分、客户类型定位以及客户的偏好还了解得不够精细和准确，因而无法及时、准确地把握营销和服务机会。

2. 网点综合效能有待优化

在实施过程中，一方面，有部分员工对综合效能提升工作在思想上的认识存在偏颇，仅当成一项短期的、阶段性的任务来完成，并没有形成长期深入开展和需要固化保持的理念；另一方面，单纯凭借基础柜面对网点立地条件、客户流量、客户结构、业务结构、处理效率等进行简单和机械的登记和处理，并不能全面掌握客户的基本信息、多方需求和满意度及下一步营销预测等情况，有效数据信息的掌握和运用受到了局限，使网点综合效能的提升工作停留在了表象的初级阶段。

3. 员工服务意识和业务能力均有待加强

少数一线人员对窗口动态和客户业务种类的变化不够关注，识别中、高端客户的能力有待提高；前台服务人员技能还有待提高，一些新业务、特殊性的业务办理时间较长；未能适当调整窗口配置及柜面人员弹性安排，造成客户排队现象。目前大部分大堂经理的服务范围较窄，规范服务和主动营销意识不到位，部分大堂经理被动提供服务，客户有咨询方给予解答，客户信息的搜集意识、搜集能力和客户需求的预判和满足能力有待全面加强。

第三节 工程质量

工程质量方面，最突出的应当是建筑工程质量问题，因此本节主要分析建筑工程质量。建筑工程质量是指在国家现行的有关法律、法规、技术标准、设计文件和合同中，对工程的安全、适用、经济、美观等特性的综合要求。

一、建筑工程质量现状

改革开放以来，我国建筑行业快速发展，建筑行业在我国国民经济中的影响力越来越大，建筑行业成为仅次于工业和农业的第三大产业。相应的质量标准提高，各大建筑企业在打造高质量精品建筑的同时，开展品牌化建设。近年来，在国家实施城镇化建设及廉租房建设政策的大力推动下，建筑行业每年完成的任务量在逐年提高，但纵观这几年建设工程质量情况，尤其是廉租房工程项目，优质精品工程少之又少，尤其是住宅工程质量状况并不乐观，在建筑工程质量上仍存在一定程度的问题。

二、工程质量存在的主要问题

根据国家建筑质量工程监督检验中心的报告，目前我国建筑工程对建筑结构、地基及装修环境三个方面的关注点较多。建筑主体结构是建筑产品的核心，其质量是整个项目质量管理的核心。地基承受整个建筑结构传来的最终荷载，是保证整个项目质量的基础。另外，由于经济发展和人民生活水平的提高，对房屋的装修和装潢越来越重视，近年来对装修质量的关注度在逐年加大。其他方面如门窗气密性、型材质量不合格等方面也存在一些问题，但是较前述三个方面，问题较少。为了便于对繁杂问题的深入研究，需要对其进行归类分析，按照问题的属性可以分为以下几类。

（一）缺乏健全的质量监督管理体系

建筑工程质量和人们生命财产安全具有直接联系。为了确保建筑工程质量得到监督管控，国家相关部门颁布了较多法律法规，旨在用规范约束和要求建筑施工单位，提高建筑工程质量。在建筑工程质量监督管理制度的落实过程中，部分单位仅仅处于应付检查的状态；部分单位依据较大施工企业的管理制度进行小幅度修改，部分生搬硬套的管理制度无法适合企业实际状况，建立的质量监督管理体系不合理，质量监督管理不具有操作性。

（二）部分人员的质量管理意识较为淡薄

目前，建筑工程质量管理人员对于建筑质量的重视程度越来越高。管理人员都能够意识到工程质量对于企业发展的重要意义，因此在日常管理过程中，都较为重视工程质量。但不可否认的是，现在很多企业仍有部分人员的质量管理意识较为薄弱。随着市场竞争程度的加剧，企业面临更大的生存压力，而对成本过度的缩减，导致用于工程质量监督和管理的费用减少，对工程质量的关注逐渐转变为对项目经济效益的关注。

（三）材料、设备管理力度有待提高

材料和设备因素对建筑工程质量影响较大，而材料和设备又属于建筑工程施工的关键组成部分。数量、质量符合设计要求的材料是建筑项目得以顺利开展的重要前提，满足施工需要的机械设备是建筑项目开展的硬件保障。部分施工单位单纯为了追求利益，忽视对材料和设备的管理，导致建筑材料无法达标、设备无法稳定运转，给建筑工程质量造成了不利影响。部分单位使用老旧、落后机械设备，同时缺乏相应的保养和维护，导致设备处于不正常的工作状态，施工后工程质量无法达到设计要求。

第四节 小 结

从微观层次的经济运行情况来看，经济运行效率不高。通过对产品质量、服务质量和工程质量的分析，得出我国经济发展逐渐转向以质量为主的模式，但质量监督管理体系仍不够完善，重点体现在企业内部监管制度不健全，落实不到位等方面。服务行业从业人员的服务意识不到位，生产建筑行业从业人员忽视质量细节等，缺乏核心竞争力。从经济发展质量的产品、服务和工程质量方面来看，相应的从业企业自身缺乏核心品牌以及核心竞争力，存在提供产品同质化严重的现象。作为经济运行的基础，企业投入资源，但产品难以满足人们需求，只是追求数量与规模的生产，在资源的合理利用与有效配给方面仍有较大提升空间。

第二篇

新常态下中国经济运行机制变革的动力研究

21世纪初,党中央高瞻远瞩地提出以全面协调可持续发展为中心的科学发展观。2012年党的十八大又将生态文明建设纳入"五位一体"战略布局。党的十九大报告在面对新时代的发展机遇和挑战时更加突出以人民为中心的发展理念,将"美丽中国"建设上升到建设社会主义强国的高度,提出要从数量型经济发展模式向高质量经济发展模式转变。实现经济高质量发展,意味着要用较少的投入换取较多的产出,要对环境的负面影响越来越小,否则发展就不是绿色发展,更不能称之为高质量发展。近年来,习近平总书记也多次强调:"在经济已由高速增长转向高质量发展的阶段,需要跨越一些常规性和非常规性关口,需要把经济社会发展同生态文明建设统筹起来,在发展中保护环境,用良好的环境保证更高质量的发展"。[①] 因此,处理好金山银山和绿水青山的关系,构建经济与环境相协调的新型发展模式是实现经济高质量发展的必然要求和重要途径。

第一,在建设生态文明的诉求下,摆脱了生态损耗难以衡量的矛盾,沿袭

---

① 2018年5月18日~19日,习近平在全国生态环境保护大会上的讲话。

可持续发展思想，基于绿色增长核算框架，利用一个包含生态损耗的柯布—道格拉斯生产函数，从索洛增长理论入手，利用中国的时间序列数据，对中国经济的增长源泉进行分析，测度了全要素生产率、物质资本、人力资本和生态损耗等因素对中国经济增长的贡献以及对增长波动的影响。

第二，基于污染和吸收的双重视角，运用纵横向拉开档次法，对中国各省的环境质量进行综合评价，以加快生态文明体系建设，推进思维观念、发展方式和治理能力等方面的变革，尽快构建经济与环境协调发展的中国方案，进而为经济高质量发展贡献力量。

第三，在对中国老龄化进程进行分析的基础上，研究老龄化对中国经济运行和发展质量的影响。

第四，基于非参数 DEA 模型将经济可持续发展分解为技术效率、技术进步、物质资本、人力资本、能源投入五个部分，计算了我国绿色全要素生产率（绿色 TFP）的具体数值，测度了经济可持续发展的五个分解量，考察了 FDI 和对外贸易对经济可持续发展的影响及传导机制，并利用中国 28 个省份的面板数据进行了实证检验。

第五，基于罗默内生技术变化增长理论，建立了包含老龄化的环境约束等六部门内生增长模型，论证表明技术创新是人口老龄化视角下、环境污染约束下实现经济可持续增长的关键。

第六，选取包含污染排放的绿色全要素生产率（绿色 TFP）作为衡量经济发展质量的指标，引入超效率 SBM 模型，对中国经济发展质量进行评价。

第六章

新常态下中国经济增长源泉

第一节 引 言

改革开放以来，中国经济取得了迅猛发展，国内生产总值（GDP）由1978年的3 645亿元跃至2012年的518 942亿元，年均增速高达9.8%，同时经济总量居世界位次明显提升，从1978年居世界第十位，到2008年超过德国居世界第三位，再到2010年超过日本，成为仅次于美国的世界第二大经济体；占世界经济的份额也由1978年的1.8%提高到2012年的11.5%；2008~2012年对世界经济增长的贡献率超过20%，成为带动世界经济复苏的重要引擎。按照世界银行的划分标准，中国人均国民总收入由1978年的190美元上升至2012年的5 680美元，已经由低收入国家跃升至中等收入国家。对于中国这样一个经济发展起点低、人口基数庞大的国家，能够取得这样的进步难能可贵，在世界经济发展史上绝无仅有，被国内外学者称为"中国奇迹"。[①]

但在经济持续快速增长的同时，其"高投入、高能耗、高排放、低效益"的发展方式粗放的特征引起了高度重视。2009年中国GDP占全球总量的8.6%，但消耗了世界能源总量的18%；2010年中国能源消费量为32.5亿吨标准煤，超

---

① 根据历年《中国统计年鉴》数据计算所得。

过美国成为全球第一大能源消费大国，而 GDP 仅为美国的 40.6%；2012 年中国能源消费总量达到 36.2 亿吨标准煤。同时，中国不清洁能源煤炭的占比居高不下，虽然已从 1978 年的 70.7%下降至 2012 年的 66.6%，但依然高出国际水平约 40 个百分点。[①] 据 2013 年《BP 世界能源统计年鉴》显示，2012 年中国在全球煤炭消费总量中的比例首次超过 50%，达到 50.2%。能源的大规模开采与使用占比长期居高不下，在给生态环境造成损害的同时，也给中国带来了严重的环境污染。2012 年，全国废水排放总量 684.8 亿吨，烟（粉）尘排放量 1 235.77 万吨，一般工业固体废物产生量 32.9 亿吨。国际能源署的数据显示，2012 年中国的碳排放占全球的 26.7%，是过去十年增长最慢的一次。中国在历次世界环境绩效指数 EPI（Environmental Performance Index）年度报告中的排名常年偏后，2006 年在 133 个国家中位列第 94 位，倒数第 40 位；2008 年在 149 个国家中位列第 105 位，倒数第 45 位；2010 年在 163 个国家中位列第 121 位，倒数第 43 位；2012 年在 132 个国家中位列第 116 位，倒数第 17 位。

党的十七大首次把生态文明建设写进报告，党的十八大报告则明确把生态文明建设提到了前所未有的高度。生态文明理念是中国政府基于传统文化、国外可持续发展理论和实践经验的基础上着重提出来的，更符合中国国情，是有利于解决中国经济发展中资源环境问题的新道路。因此，在生态文明建设的严格约束下，重新审视中国经济增长的源泉以及影响经济增长波动的主要因素显得至关重要。中国经济增长源泉是效率提高、要素投入还是生态损耗？影响中国经济增长波动的主要因素是什么？这对于正确认识目前所处的发展阶段、指导制定正确的宏观经济政策、实现经济持续发展，为中国制定经济可持续发展战略以及科学合理的生态保护政策，加快经济发展方式转变，具有一定的理论创新价值和现实指导意义。

基于此，本书将能源消耗和污染排放视为生态损耗，纳入绿色经济增长核算框架，探寻中国 1981～2012 年经济增长的动力源泉。

第二节　文　献　综　述

自索洛（Solow，1957）的开创性贡献以来，全要素生产率（TFP）被广泛应用于经济增长的核算框架之中，成为判断经济增长方式的重要指标。若一国经

[①] 根据历年《中国统计年鉴》数据计算所得。

济增长中全要素生产率对经济增长的贡献份额较大,则认为该国经济能够可持续发展,故多数学者在全要素生产率的基础上研究中国经济增长源泉问题。

郭庆旺、贾俊雪(2005)研究认为全要素生产率的增长对我国1979~2004年经济增长的平均贡献率仅为9.46%,而要素投入增长的平均贡献率高达90.54%,表明我国经济增长主要依赖于要素投入增长,是一种较典型的投入型增长方式。李平、钟学义、王宏伟等(2013)采用索洛余值法对中国1978~2010年经济增长的来源进行考察,发现资本投入对经济增长的年平均贡献率为56.72%,劳动投入对经济增长的年平均贡献率为8.82%,生产率对经济增长的年平均贡献率为34.46%,因此,资本投入是1978~2010年经济增长的最重要来源。2010年,中国资本投入对经济增长的年均贡献率达到110.43%,而劳动投入仅增长了1.38%,甚至生产率出现了-11.81%的负增长,经济增长的可持续性亟待增强,一旦资本投入收缩,经济增长面临着的下行压力加大,这在近两年的经济发展中已有所体现。这一点已经在近两年的经济发展中表现出来。武鹏(2013)研究认为1978~2010年资本投入是中国经济增长的最主要动力来源,平均贡献率高达92%,劳动投入对中国经济增长的贡献最小,TFP对中国经济增长的贡献值略高于劳动投入。董敏杰、梁泳梅(2013)研究结果显示,1978~2010年,TFP、劳动与资本对中国经济增长的贡献份额分别约为10.9%、3.7%与85.4%,资本投入仍是中国经济的主要贡献者。江飞涛、武鹏、李晓萍(2014)以资本和劳动为投入要素,以工业增加值为产出,对中国1980~2012年工业经济增长的动力源泉进行了核算,发现资本积累、劳动投入扩张和TFP进步对中国工业经济增长的贡献率分别为53.45%、16.51%和30.58%。

但以上研究者没有考虑到劳动力质量对经济增长的影响,一些研究者则在考虑劳动力质量与数量差别的基础上对中国经济增长的动力源泉进行了核算。

王小鲁(2000)利用生产函数法估算我国TFP增长率,得到的结论是1979~1999年TFP对经济增长的贡献率为15.21%,资本贡献率为53.13%,劳动贡献率为8.44%,人力资本贡献率为9.69%。胡永远(2003)研究发现1978~1998年资本对经济增长的贡献率为43.3%,劳动力贡献率为7.8%,以平均受教育年限表示的人力资本的贡献率为6.7%。徐瑛、陈秀山、刘凤良(2006)研究认为1987~2003年,我国经济增长的主要动力是固定资本的增加,贡献率为67.23%,劳动力贡献率为6.71%,人力资本的贡献率为3.82%,TFP为22.24%。王小鲁、樊纲和刘鹏(2009)研究认为1999~2007年间全要素生产率对GDP增长率的贡献为37.35%,资本贡献率为39.09%,人力资本贡献为18.72%。杜传忠、曹艳乔(2010)基于中国1990~2007年的数据,对经济增长贡献要素的实证考察显示,资本投入目前仍是拉动我国经济增长的主要因素,其资本产出弹性高达 80% 以上，劳动投入的产出弹性在 25% 左右，人力资本虽然对经济增长具有正向推动作用，但还比较小，仅在 5% 左右。这说明我国的经济增长仍在很大程度上依赖要素的投入，仍维持一种粗放型的经济增长方式，人力资本和技术创新对经济增长的贡献有待进一步提高。樊纲、王小鲁、马光荣（2011）利用生产函数法估算了我国 1997~2007 年 TFP 对 GDP 增长率的贡献为 32.06%，物质资本的贡献为 59.19%，劳动力数量贡献为 3.21%，以教育水平表示的人力资本的贡献为 5.55%。周彩云（2012）对我国 1978~2009 年的经济增长源泉进行分解，结果显示资本投入、劳动力与人力资本、TFP 对劳均 GDP 增长的贡献为 39.95%、10.92% 和 15.50%，说明物质资本积累是我国各省（区、市）经济增长的主要源泉，其次是 TFP 起着较大的作用，而人力资本的贡献最小。

然而，长期以来多数研究并没有考虑中国经济增长中的生态损耗问题，这可能会给经济增长的源泉的测量带来一定的偏差，进而阻碍结论和政策建议可能对经济可持续发展带来的影响。这也是本书所要着重推进的地方，将在经济增长模型中纳入能源与环境因素，基于生态文明视角，重新审视中国经济增长的源泉，是单纯的要素投入、生态的损害还是生产率的提高？是"汗水""破坏"还是"灵感"？影响中国经济增长波动的主要因素是什么？这些问题的研究对于中国经济增长方式的转变和动力来源的转换具有极其重要的意义。

国内目前仅有少数文献考虑了资源环境约束下中国经济增长的源泉。在经济增长源泉问题的研究中，人们普遍承认能源因素对经济增长的表现至关重要，故对于能源变量的处理比较一致，将其看作投入要素。由于缺乏污染的市场定价或与污染税相关的环境政策，把污染排放计入生产成本比较困难，因此，在经济增长源泉的问题研究中，对于环境变量的处理出现分歧，通常有两种方法：一种是将污染排放当作非期望产出引入生产函数；另一种是将污染排放与能源一样看作新的投入要素，作为未支付的投入引入生产函数。本章的目的在于探寻经济增长动力源泉，认为环境污染、能源消费等生态破坏是人类发展过程中付出的代价，而不是人类生产活动的非期望产出，故将环境变量与能源一样看新的投入要素。那么，在生产函数中就包含了要素投入（物质资本与人力资本）、全要素生产率以及生态损耗（包括能源与环境）三个方面，因此可以将这三个方面视为推动经济增长的三个动力，对经济增长进行分解，探寻我国经济增长的动力。

石风光（2013）选择资本存量、人力资本存量作为投入指标，选择二氧化硫和 COD 作为非期望产出指标、GDP 为期望产出指标，对中国 1985~2010 年的劳均产出进行绿色分解，发现绿色 TFP 在劳均产出增长率中贡献 63.04% 的份额，而资本深化和人力资本分别在劳均产出增长率中贡献34.92%和21.66%的份额。由此可见，绿色TFP对劳均产出的增长起到了重要的推动作用。刘瑞祥（2013）利用中国1989～2010年的数据，在考虑环境损耗的基础上，研究发现全要素生产率对经济增长的贡献份额约为20.55%，资本投入对经济增长的贡献68.86%的份额，劳动力对经济增长的贡献份额约为1.34%，环境损耗对经济增长的贡献份额约为9.25%，说明虽然环境损耗对经济增长有一定贡献份额，但资本和劳动力等才是关键因素。杨万平（2014）将能源和物质资本综合考虑为复合物质投入，同人力资本存量作为投入要素，以GDP为产出变量对中国西部地区1991～2011年的劳均产出进行分解发现，全要素生产率在劳均产出增长率中贡献了54.48%的份额，而资本深化和人力资本存量分别在劳均产出增长率中贡献了15.11%和30.21%的份额。

可以发现在以往的研究中，同时考虑能源与环境因素来核算中国经济增长动力的研究还比较少见，并且多数人都选取单一或多个单一指标代表环境要素，但不难发现，分析环境压力时用单一或多个单一指标是有偏差的。而本章选取工业废水和工业废气［包括二氧化硫、烟（粉）尘两类］排放量、工业固体废弃物生产量、二氧化碳排放量等指标，运用一种客观评价方法——纵横向拉开档次法进行核算，能够测算较为全面代表中国整体环境状况的污染排放指数，能够减小以往研究的误差，更准确的代表环境要素。

第三节 研究方法与数据来源

一、研究方法

在考虑劳动力数量与质量差别的基础上，本章将人力资本、能源消费与环境污染引入柯布—道格拉斯生产函数：

$$Y = AK^{\alpha}(HL)^{\beta}N^{\theta}P^{\varphi} \tag{6.1}$$

其中，Y代表产出量，A代表全要素生产率，K、HL、N、P分别代表物质资本投入、劳动投入、能源和环境损耗；α、β、θ、φ分别表示物质资本、劳动投入、能源和环境损耗的产出弹性。对式（6.1）取对数得：

$$\ln Y = \ln A + \alpha \ln K + \beta \ln(HL) + \theta \ln N + \varphi \ln P \tag{6.2}$$

对式（6.2）微分可得：

$$\frac{dY}{Y} = \frac{dA}{A} + \alpha \frac{dK}{K} + \beta \frac{d(HL)}{HL} + \theta \frac{dN}{N} + \varphi \frac{dP}{P} \qquad (6.3)$$

用差分代替微分得：

$$\frac{\Delta Y}{Y} = \frac{\Delta A}{A} + \alpha \frac{\Delta K}{K} + \beta \frac{\Delta(HL)}{HL} + \theta \frac{\Delta N}{N} + \varphi \frac{\Delta P}{P} \qquad (6.4)$$

即：$g_Y = g_A + \alpha g_K + \beta g_{HL} + \theta g_N + \varphi g_P$（g 表示各变量的增长速度），其经济含义是产出增长率表示为全要素生产率增长率和各投入要素增长率的线性和。则各投入要素对产出增长速度的贡献率分别为：$\alpha \frac{g_K}{g_Y}$、$\beta \frac{g_{HL}}{g_Y}$、$\theta \frac{g_N}{g_Y}$、$\varphi \frac{g_P}{g_Y}$，全要素生产率对产出增长速度的贡献率为：

$$\frac{g_A}{g_Y} = 1 - \alpha \frac{g_K}{g_Y} - \beta \frac{g_{HL}}{g_Y} - \theta \frac{g_N}{g_Y} - \varphi \frac{g_P}{g_Y} \qquad (6.5)$$

各国在经济发展的过程中，不可避免地会遇到经济波动情况，那么是生产要素投入、全要素生产率、能源投入还是环境损耗对经济增长率波动的贡献程度较大呢？在式（6.4）中，我们将经济增长率分解为与全要素生产率、要素投入和环境损耗相关的部分，进一步可将其方差分解为：

$$\begin{aligned}\mathrm{Var}(g_Y) &= \mathrm{cov}(g_Y, g_A) + \mathrm{cov}(g_Y, \alpha g_K) + \mathrm{cov}(g_Y, \beta g_{HL}) + \mathrm{cov}(g_Y, \theta g_N) \\ &\quad + \mathrm{cov}(g_Y, \varphi g_P)\end{aligned} \qquad (6.6)$$

在式（6.6）中，等号左边为经济增长速度的方差，用来表示经济增长率的波动水平，右边表示经济增长率与各增长源泉的协方差之和。如果经济增长率与某个增长源泉的协方差越大，则该增长源泉对于经济增长率的波动贡献程度越大，反之则该增长源泉对于经济增长率的波动贡献程度越小。在本章中，我们利用政府划定的五年计划时期将 1981~2012 年分为六个阶段，分别计算各个阶段各经济增长源泉对中国经济增长率波动的贡献程度，进一步发现对中国经济增长率波动贡献程度最大的增长源泉的变化情况。

二、数据来源及变量表示

本书选取的时间段为 1981~2012 年。各变量具体说明如下：

（1）物质资本 K（亿元）：中国目前还没有可用的官方资本存量统计数据，本书按照"永续盘存法"进行估算。选择固定资本形成总额作为当年投资流量，采取张军（2003）的方法用 1978 年的固定资本形成除以 10% 作为基年资本存量，折旧率数值为 9.6%，根据《中国国内生产总值核算历史资料（1952~2004）》提供的固定资本形成总额价格指数推出以 1978 年为基期的 1981~1991

年的投资隐含平减指数，与《中国统计年鉴》公布的1992~2012年的固定资产投资价格指数一起作为处理当年投资流量的投资价格指数。

（2）人力资本HL（万人·年）：为同时考虑劳动力投入的数量与质量，本书用就业人数与平均受教育年限的乘积表示劳动投入。就业人数采用年末从业人员数表示，平均受教育年限采用王小鲁等（2009）的方法。

（3）产出Y（亿元）：本书以1978年为基期，计算了1981~2012年的实际GDP。

（4）生态损耗：在本章中，我们将生态损耗分为能源消耗和环境损耗两部分。其中，能源消耗以每年的能源消耗量（万吨标准煤）表示；环境损耗采用杨万平（2010）的方法进行估算，即选取工业废水和工业废气［包括二氧化硫、烟（粉）尘两类］排放量、工业固体废弃物生产量、二氧化碳排放量等指标，运用纵横向拉开档次法，核算能够较为全面代表中国整体环境状况的污染排放指数。

第四节　新常态下中国经济增长源泉

一、单位根检验与协整检验

为避免出现伪回归现象，用单位根检验各变量时间序列的平稳性，可知在10%的显著性水平下，lnY、lnK、ln(HL)、lnN、lnP都是一阶单整。利用Johansen的特征根迹统计量对各时间序列进行协整检验，取最优滞后阶数为2，检验结果如表6-1所示。

表6-1　　　　　　　　　协整检验结果

零假设：协整向量的数目	特征值	迹统计量	5%临界值	P值
无*	0.987537	307.1853	88.80380	0.0000
至多一个*	0.923347	184.4060	63.87610	0.0000
至多两个*	0.837767	112.4891	42.91525	0.0000
至多三个*	0.750146	61.56487	25.87211	0.0000
至多四个*	0.555972	22.73230	12.51798	0.0007

注："*"表示在5%的显著性水平下拒绝原假设。

经 Johansen 协整检验可知五个变量存在协整关系，建立物质资本、人力资本、能源消耗、环境污染和经济增长的长期均衡模型（括号内为 t 值）：

$$\ln Y = -9.14 + 0.58\ln K + 0.64\ln(HL) + 0.42\ln N + (-0.31)\ln P$$
$$\quad\quad (-23.64) \quad (52.44) \quad\quad (18.9) \quad\quad\quad (22.62) \quad\quad (-38.14)$$

其中，$R^2 = 0.997$，$F = 2799$，$D.W = 0.65$。

二、VAR 模型及脉冲响应分析

VAR 模型常用于预测相互联系的时间序列系统及分析随机扰动项对变量系统的动态冲击，从而解释各种经济冲击对经济变量形成的影响。

由前述可知，序列 $\Delta\ln Y$、$\Delta\ln K$、$\Delta\ln(HL)$、$\Delta\ln N$、$\Delta\ln P$ 都是平稳序列，可以建立向量自回归模型，取滞后阶数为 2，所得结果如下：

$$\begin{pmatrix} \Delta\ln Y \\ \Delta\ln K \\ \Delta\ln HL \\ \Delta\ln N \\ \Delta\ln P \end{pmatrix}_t = \begin{pmatrix} 0.13 \\ 0.03 \\ 0.07 \\ 0.13 \\ -0.16 \end{pmatrix} + \begin{pmatrix} 0.19 & 1.45 & -0.13 & -0.27 & 0.002 \\ -0.09 & 1.66 & 0.02 & -0.15 & -0.007 \\ -0.01 & -2.05 & -0.30 & 0.24 & -0.03 \\ -0.64 & 1.67 & -0.09 & 0.69 & 0.04 \\ 1.60 & -1.62 & -0.14 & 0.74 & -0.23 \end{pmatrix} \begin{pmatrix} \Delta\ln Y \\ \Delta\ln K \\ \Delta\ln HL \\ \Delta\ln N \\ \Delta\ln P \end{pmatrix}_{t-1} + \begin{pmatrix} -0.48 & -1.61 & -0.06 & 0.44 & 0.08 \\ -0.11 & -0.81 & -0.05 & 0.15 & 0.04 \\ 0.28 & 1.64 & 0.06 & -0.14 & 0.02 \\ -0.28 & -1.83 & -0.40 & -0.02 & 0.05 \\ -0.76 & 2.93 & 0.30 & -0.49 & -0.09 \end{pmatrix} \begin{pmatrix} \Delta\ln Y \\ \Delta\ln K \\ \Delta\ln HL \\ \Delta\ln N \\ \Delta\ln P \end{pmatrix}_{t-2}$$

模型五个方程的 R^2 分别为：0.71、0.90、0.52、0.72 和 0.37，且该模型的所有根模都在单位圆内，因此模型稳定。在分析 VAR 模型时，往往不分析一个变量的变化对另一个变量的影响，而是分析当一个误差项变化时，也即模型受到冲击时对整个模型系统的影响，因此接下来进行脉冲响应分析。

图 6-1~图 6-5 描述了当系统内生变量受到一个标准差新息的冲击时，各个变量的响应情况。横轴表示冲击的滞后时间（本章选为 10 年），纵轴表示内生变量的响应程度。

观察图 6-1，给国内生产总值施加冲击时，其本身当期即产生较强的正响应,然后逐渐减弱,在第三期变为负响应,且波动幅度减弱,但是这种冲击对物质资本、人力资本、能源消耗和环境污染的期初影响不大,物质资本在第二期出现最大的正响应,随后第四期转为负响应,波动幅度减弱;人力资本和能源消耗以及环境污染在整个滞后期内波动幅度都较小,其中人力资本和能源消耗在第二期出现最大负响应,环境污染在第二期之前只显示了微调的效果,在第三期出现最大正响应。这说明我国 GDP 对来自自身的微小冲击在短期内产生剧烈的反应;资本则由于人均收入的提高,储蓄在短期内有一定的增长。

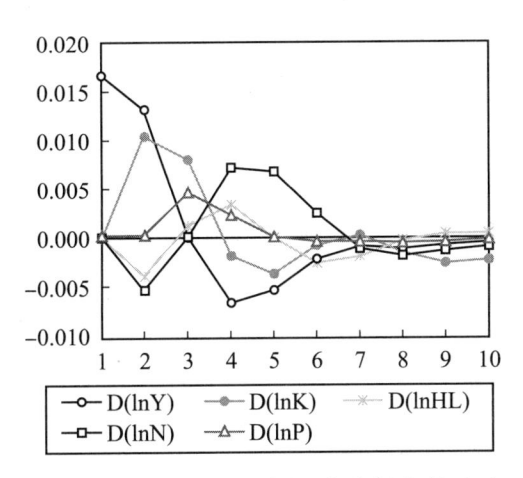

图 6-1   ΔlnY 对一个标准差新息的响应

在图 6-2 中,给物质资本施加冲击时,GDP 和物质资本当期即产生正响应,并在第二期达到最高水平,随后波动幅度逐渐减弱,但在整个滞后期仍为正响应,且整个滞后期中物质资本的波动幅度高于 GDP 的波动幅度;物质资本遭受冲击时,人力资本、能源消耗和环境水平当期出现微调效果,能源消耗在第二期和第三期出现较大的负响应,随后波动幅度减少,这可能是节能新设备资本投入使用从而减少了能源的消耗,人力资本和环境水平的波动幅度在整个滞后期都不大。从图 6-2 可发现,在短期内,物质资本的投入会带来明显的经济增长,但是长期内对经济增长的拉动作用较小,因此实现可持续发展不能够一味地依赖物质资本的投入。

在图 6-3 中,给人力资本施加冲击时,人力资本当期即出现较大的正响应,第二期变为负响应,且波动幅度减弱;GDP 当期出现微小的负响应,在第二期达到最大负响应,随后波动幅度减弱;物质资本当期出现微小的正响应,但在第二期转为负响应并达到最大,最后波动幅度减弱;能源消耗和环境水平当期在整个滞后期的响应程度都较小。从脉冲响应路径来看,增加人力资本在 1~2 年内会减弱经济增长,这可能是因为与增加人力资本相关的教育和培训会在一定程度上影响劳动者的工作时间，但在长期内对经济增长的作用不可忽视。

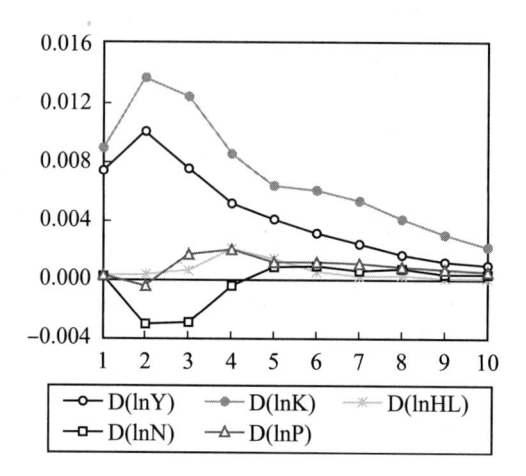

图 6-2 ΔlnK 对一个标准差新息的响应

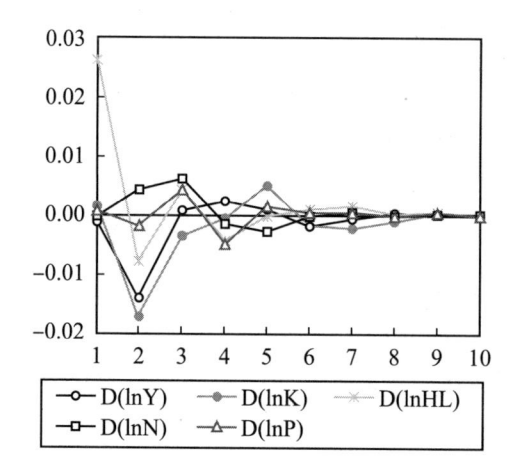

图 6-3 ΔlnHL 对一个标准差新息的响应

在图 6-4 中，给能源消耗施加冲击时，能源消耗当期即出现较大的正响应，随后波动幅度减弱；GDP 当期出现较小的正响应，在第三期转为负响应，在第四期之后波动幅度减弱；物质资本当期出现正响应，并在第二期达到最大正响应水平，之后波动幅度减小，人力资本当期出现较小的正响应，在第二期转为负响应，随后波动幅度减弱并趋于稳定；环境水平当期无响应，在第二期出现较小的正响应后，波动幅度减弱并趋向稳定。从脉冲响应路径看，能源和资本在短期内可能存在一种互补的关系，需要相应的资本投入增加来匹配能源投入的增加；能源消耗的增加在短期内对经济增长起着促进作用，长期内则会阻碍经济增长，这与可持续发展的要求相一致。

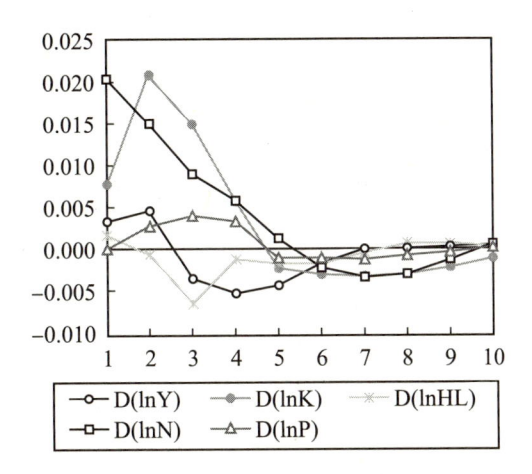

图 6-4 ΔlnN 对一个标准差新息的响应

在图 6-5 中，给环境水平施加冲击时，环境水平当期即出现较大的正响应，并在第二期转为负响应，但波动幅度减弱并趋于稳定；GDP、人力资本和能源消耗当期均表现出正响应，在整个滞后期内波动幅度较小；物质资本当期出现正响应，第二期转为负响应，第三期出现最大正响应，之后波动幅度减弱，趋于稳定。从脉冲响应路径看，短期内环境水平的下降会拉动经济增长，也即先污染后治理是有一定的道理，但是长期来看环境水平的下降对经济增长的拉动作用并不明显，考虑到环境水平的下降对社会以及人类各方面的危害，在经济发展的同时对环境进行保护是很有必要的。

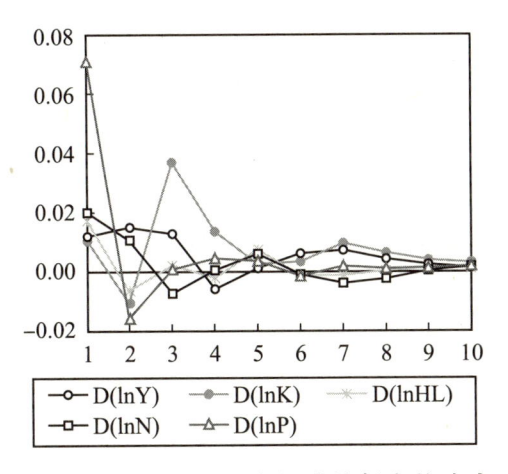

图 6-5 ΔlnP 对一个标准差新息的响应

三、对经济增长的综合分析

将我国经济增长源泉分解为传统要素投入（包括物质资本和人力资本）、能源消耗、环境损耗以及全要素生产率，并根据上文所建立的长期均衡模型中各增长源泉的弹性系数，可以求得中国经济增长率及其源泉分解，由此可得到表6-2。

表6-2　　　　　　中国经济增长率及其源泉分解

年份	产出增长率	全要素生产率	要素投入 物质资本	要素投入 人力资本	生态损耗 能源消耗	生态损耗 环境污染
1981~1982	0.0904	0.0002	0.0141	0.0430	0.0185	0.0146
1982~1983	0.1090	0.0239	0.0206	0.0280	0.0268	0.0097
1983~1984	0.1514	0.0724	0.0324	0.0332	0.0309	-0.0175
1984~1985	0.1353	0.0480	0.0412	0.0310	0.0342	-0.0191
1985~1986	0.0883	0.0224	0.0442	0.0309	0.0228	-0.0319
1986~1987	0.1155	-0.0113	0.0509	0.0313	0.0300	0.0146
1987~1988	0.1127	0.0154	0.0511	0.0312	0.0308	-0.0158
1988~1989	0.0407	-0.0356	0.0294	0.0223	0.0177	0.0068
1989~1990	0.0383	-0.1195	0.0262	0.1202	0.0076	0.0038
1990~1991	0.0919	-0.0119	0.0364	0.0176	0.0216	0.0283
1991~1992	0.1424	0.0714	0.0507	0.0165	0.0218	-0.0179
1992~1993	0.1394	0.0295	0.0675	0.0162	0.0262	0.0001
1993~1994	0.1309	0.0148	0.0758	0.0147	0.0244	0.0011
1994~1995	0.1093	0.0034	0.0768	0.0142	0.0288	-0.0139
1995~1996	0.1001	-0.0059	0.0737	0.0179	0.0128	0.0016
1996~1997	0.0928	0.0032	0.0662	0.0186	0.0022	0.0025
1997~1998	0.0783	0.0824	0.0650	0.0202	0.0008	-0.0901
1998~1999	0.0763	-0.0306	0.0604	0.0182	0.0135	0.0148
1999~2000	0.0842	-0.0140	0.0596	0.0339	0.0148	-0.0101
2000~2001	0.0830	0.0052	0.0605	0.0159	0.0140	-0.0126
2001~2002	0.0909	-0.0129	0.0656	0.0241	0.0252	-0.0110
2002~2003	0.1002	-0.0332	0.0749	0.0161	0.0640	-0.0216
2003~2004	0.1009	-0.0227	0.0775	0.0205	0.0677	-0.0421

续表

年份	产出增长率	全要素生产率	要素投入 物质资本	要素投入 人力资本	生态损耗 能源消耗	生态损耗 环境污染
2004~2005	0.1131	0.0092	0.0761	0.0178	0.0443	-0.0344
2005~2006	0.1267	0.0203	0.0802	0.0170	0.0403	-0.0311
2006~2007	0.1417	0.0407	0.0801	0.0178	0.0354	-0.0323
2007~2008	0.0963	-0.0409	0.0792	0.0572	0.0163	-0.0155
2008~2009	0.0922	-0.0153	0.0930	0.0089	0.0219	-0.0163
2009~2010	0.1044	0.0020	0.0892	0.0320	0.0250	-0.0439
2010~2011	0.0930	0.0196	0.0826	0.0531	0.0298	-0.0921
2011~2012	0.0765	-0.0227	0.0785	0.0090	0.0165	-0.0048
平均值	0.1012	0.0030	0.0603	0.0271	0.0251	-0.0143

从表6-2中可以看到，1981~2012年，经济增长的平均速度为10.12%，在全要素生产率、物质资本、人力资本、能源消耗和环境损耗这五大经济增长源泉中，物质资本所拉动的经济增长速度为6.03%，其贡献度达到59.59%，在中国经济发展进程中扮演着至关重要的角色；与人力资本相关的经济增长率为2.71%，其贡献度接近为26.76%。与能源投入相关的经济增长率为2.51%，这充分表明了当前中国经济发展模式部分依赖于能源的消耗。与环境水平相关的经济增长率为-1.43%，这说明在考察期内环境污染已经在一定程度上阻碍了中国经济增长，尤其是考虑到近些年环境水平的下降，要想更好更快地促进中国经济的发展，必须改善环境质量，提高环境质量对中国经济增长的贡献。从各动力源泉对经济增长的贡献度来看，我国经济增长主要依靠要素投入，经济发展模式依旧是粗放的和不可持续的。在本章中，与索洛余量即全要素生产率相关的经济增长率较低，仅为0.30%，表明我国在今后相当长的一段时期内要继续吸收外国先进技术，提高企业自主创新能力和先进技术的利用效率，通过这些途径提升中国的全要素生产率，使全要素生产率转变为我国经济增长的主要源泉。

接下来本章将对中国经济增长动态分析的时间限制在1991~2012年，并依据中国发生的一些重大经济事件将该时间段划分为1991~1997年、1997~2002年、2002~2012年三部分，在这三个时间段中再次对中国经济增长的动力做分解研究。

1991~1997年。在这个时间段中，1991年经济增长速度为9.19%，但在1992年经济增长率迅速增至14.24%，虽然接下来几年有所下降，但是仍然高于1991年水平。结合当时的国际国内环境可以发现，1992年我国对经济秩序的治理整顿基本完成,从而为改革的进一步推进创造了较为宽松的环境。在此背景下,邓小平发表了著名的南方谈话坚定了改革开放的路线,极大地促进了改革开放的进程,进而使得1992年的经济增长率攀至高峰。在此期间,与物质资本投入相关的经济增长率为6.84%,与人力资本和能源投入相关的经济增长率分别为1.64%和1.93%,与全要素生产率相关的经济增长率为1.93%,而与环境相关的经济增长率为-0.43%。这表明在1991~1997年,推动我国经济增长的最主要动力是物质资本,全要素生产率、能源投入和人力资本也发挥了一定的作用,而伴随着经济增长我国的环境状况开始恶化。①

1997~2002年。由于受亚洲金融危机的冲击,该时期我国经济处于相对波谷的位置,经济增长率从1996~1997年的9.3%跌落至1997~1998年的7.8%。在该时期内,我国经济平均增长率为8.25%,而资本投入仍然是拉动我国经济增长的主要动力,其贡献度达到61.48%,与人力资本相关的经济增长率也有所上升,其对经济增长的贡献度达到22.14%,能源投入对经济增长的贡献度为13.44%。这说明我国为走出金融危机的阴影,主要采取了加大物质资本的手段。与环境相关的经济增长率为-1.48%,表明我国经济增长的同时环境条件仍然没有得到改善。其中与全要素生产率相关的经济增长率为0.44%,与1991~1997年相比有较大幅度的下降。其中在1998年环境污染指数相比1997年大幅提高,本书认为可能是受到1998年特大洪水的影响,进而导致作为余值的全要素生产率在当年贡献率较大。②

2002~2012年。该时期内,我国GDP平均增长率为10.44%,2001年底中国加入世界贸易组织后,我国更加融入全球经济当中,加入世界贸易组织后的2002~2007年,我国经济增长率为11.64%,之后随着美国次贷危机的蔓延,我国的经济增长率回落至2008~2012年的9.25%。③

在"入世"后与次贷危机爆发前这段时间内,与资本相关的经济增长率为7.78%,其贡献度为76.86%,能源消耗和人力资本对经济增长的贡献度分别为49.56%和17.64%,在加入世界贸易组织后我国经济增长的主要动力是资本投入,其次是能源投入、人力资本。而与环境相关的经济增长率为-3.22%,与全要素生产率相关的经济增长率为0.29%,可以看出我国环境状况持续恶化且有不断加剧的趋势,仍需要采取相应措施提高全要素生产率。④

2008年次贷危机爆发后,我国经济下行,政府实施了积极的财政政策,进而导致物质资本投入对经济增长的贡献率达到83.51%,能源贡献率则下降至21.62%,与人力资本相关的经济增长率则比上一时期上涨1.39个百分点,达到

---

①②③④ 根据历年《中国统计年鉴》数据整理所得。

3.17%，全要素生产率所带来的经济增长率为 -1.25%。环境问题依旧严峻，与其相关的经济增长率为 -3.31%。①

在这一时期尽管我国政府已经认识到可持续发展的重要性，实施节能减排的政策并制定了环境水平的约束性指标，但是环境污染仍没有明显改善。另外，由于次贷危机的爆发，政府采取积极的财政政策刺激经济，因此我国经济增长呈现依靠大量资本、能源等投入要素的粗放式发展模式。

第五节　增长源泉对经济增长率波动的影响

为考虑各个经济增长源泉对中国经济增长波动的贡献程度，本章用经济增长速度的方差代表经济增长波动，依据中国五年计划的时间段，对每五年的数据进行处理，将经济增长速度的方差分解为物质资本、人力资本、能源、全要素生产率和环境与经济增长速度的协方差，用以反应各阶段这些增长源泉对经济增长率波动的贡献程度。图 6-6 将经济增长源泉对波动的影响表示出来。

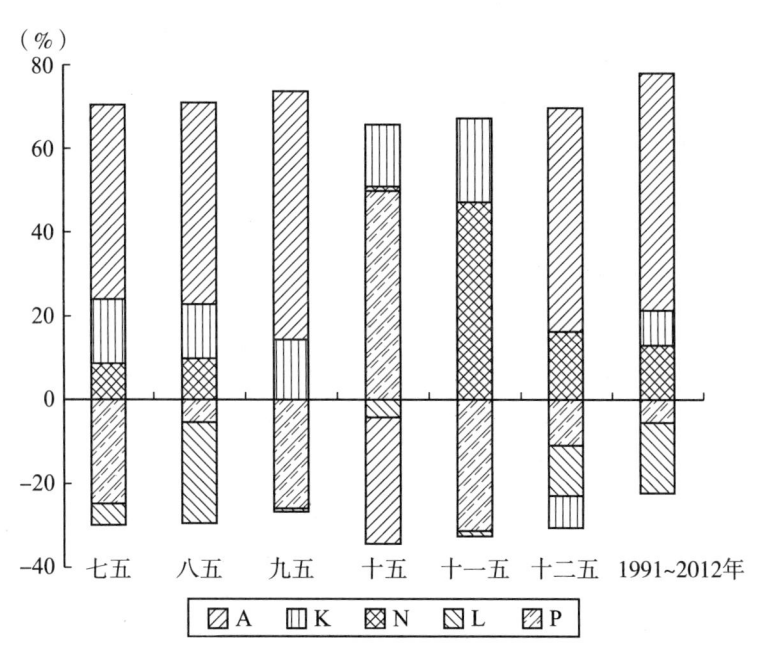

图 6-6　各增长源泉对经济增长波动的影响程度

---

① 根据历年《中国统计年鉴》数据整理所得。

就整个考察期而言,对经济增长波动贡献程度最大的是全要素生产率,接下来是人力资本、能源消耗、物质资本和环境。而上文中,各增长源泉对经济增长的贡献程度从高到低依次为物质资本、人力资本、能源消耗、全要素生产率和环境。二者形成了鲜明的对比,这说明虽然中国经济增长主要是由物质资本等要素投入拉动的,但是中国经济增长的波动却与全要素生产率的波动情况相吻合。

对于这样的结果,本书认为,一方面是与 TFP 的测算方法有关。本章全要素生产率的数据并不是直接得到的,而是通过索洛模型将投入产出数据进行处理之后得到的,经济增长中难以被投入要素解释的部分,是一个余量。而且在投入要素的测度方面也不能准确测度投入要素,只考虑物质资本存量和人力资本存量,并没有将物质资本的使用效率和人力资本中劳动力的工作时间和工作效率考虑进去。因此在经济繁荣时期,由于物质资本的使用效率和劳动力工作时间或强度的加大,进而导致低估要素投入项,高估全要素生产率;在经济萧条时期,物质资本的利用率和劳动力工作时间或强度降低,进而导致高估要素投入项,低估全要素生产率。另一方面,对于人口众多的中国而言,经济增长对发展中的中国至关重要,因此政府会积极推行保增长、稳增长的政策。由于 TFP 易受到外部冲击,因此增加要素的投入自然而然地成为政府在选择支撑中国经济高速增长的动力源泉时的首要选择。在 1998 年金融危机和 2008 年美国次贷危机时我国采取积极的财政政策,将数额巨大的资金投入基础设施建设以保证我国的经济增长速度,可见要素投入成为我国政府熨平经济周期的主要工具,这也是全要素生产率对经济增长波动贡献较大的原因。由于环境消耗是社会生产经营活动带来的副产品,随着经济增长的加快,环境污染指数也逐渐升高,但由于在生产函数中变量的系数为负,所以环境消耗与经济增长波动之间表现出负相关。图 6-6 中结果显示,人力资本对经济增长波动的贡献率为负,这说明两者之间存在负相关关系。对于这样的结果,本书认为,随着我国教育事业的发展以及人口红利的逐步弱化,人力资本每年仍旧能够保持增长的趋势,但是其增长速度呈现下降的态势,而以 GDP 增长率的方差表示的经济增长波动始终为正,因此人力资本与经济增长波动呈现负相关的关系。

在按照我国五年计划的时间段对每五年的数据同样进行经济增长波动分解后,得到了不完全等同于整个考察期的结果。在"七五""八五""九五""十二五"四个时期影响经济增长波动最主要的因素仍是全要素生产率,在"十五"和"十一五"时期最主要因素分别是环境污染和能源消耗。在"十五"期间,环境污染指数从 1997 年的 2.12 升至 1998 年的 2.73,这可能与 1998 年特大洪水对我国生态环境等方面产生的不利影响有关,环境污染指数的上升也使得 TFP 的增速突然增大，进而增大了环境指数增长速度与经济增长速度之间的协方差，导致环境因素对经济增长波动的贡献度变大并使作为余量的全要素生产率与经济增长波动呈现负相关。"十一五"期间，能源消费快速增加，其增长率从 2002 年的 6% 到 2003 年的 15%、2004 年的 16%、2005 年的 11%，这与当时我国的产业结构过度重型化有关，第二产业的比重从 2002 年的 50.4% 骤升至 2003 年的 52.2%，与之相对应的是工业终端能源消费总量从 2002 年的 96 864 万吨标准煤升至 2003 年的 123 122 万吨标准煤，再到 2004 年的 143 607 万吨标准煤。能源消费速度的提高增大了其与经济增长速度之间的协方差，致使能源因素成为"十一五"时期影响经济增长波动的主要因素。①

"十二五"期间，物质资本与经济增长波动呈现负相关，是由于在 2008 年次贷危机的影响下，中国经济增长率持续下滑，而中国政府为摆脱经济下滑趋势而采取积极的财政政策，物质资本投入增速在"十二五"时期不断增长，因此造成了物质资本的增长速度与经济增长波动负相关的局面。与 2008 年次贷危机不同的是，在 1998 年金融危机时，虽然经济增长率在下降、物质资本投入总量在增加，但是物质资本投入的增速却在降低，因此在"九五"期间，物质资本与经济增长波动仍呈现正相关。

第六节　结论与建议

本章基于索洛增长模型，利用 1981～2012 年的数据从物质资本、人力资本、全要素生产率、能源和环境五个方面对中国经济增长进行了分解，并按照五年计划的时间段探讨了中国经济增长波动的影响因素。研究发现，我国经济增长的主要动力源泉为物质资本投入，其次为人力资本和能源，全要素生产率的贡献较小，而与环境相关的经济增长率为 -1.14%，这说明环境污染已经成为我国经济增长的阻碍。就整个考察期来说，我国经济增长的主要动力源泉是物质资本投入，对中国经济增长波动的贡献并不显著，作为索洛余量的全要素生产率是经济增长波动的主要影响因素。

从本章的结果可以看出，与全要素生产率相关的经济增长率逐渐下降并变为负值，中国经济对物质资本等要素投入的依赖程度也逐渐增强，环境污染对中国经济的阻碍作用也日益增大，中国经济整体呈现"高投入、高能耗、高排放、低

---

① 根据历年《中国能源统计年鉴》数据整理所得。

效益"的粗放式发展特征。因此，要想实现我国经济的可持续发展，关键在于改变经济增长模式，将经济增长的主要动力源泉从物质资本、能源等要素投入转变为全要素生产率。

坚持改革开放，深化改革。本章研究结果表明，在 1991~1997 年的全要素生产率所带来的经济增长率为 1.93%，而在接下来的两个时期中，全要素生产率的贡献有明显的下降。在改革开放之后我国所进行的一系列体制改革是当时生产率提高的主要原因，但在随后的进程中，由于经济危机的爆发以及改革红利逐渐减少等原因，生产率带来的经济增长开始下降，资本等要素投入成为经济增长的主要动力。因此，要想保持良好稳定的经济增长，必须要深化改革，展开全面攻坚，在深层次问题上进行突破，从根本上为转变经济发展方式提供动力和保障。

技术引进与技术自主创新相结合，知识创新与技术创新相结合。现阶段我国整体技术水平与发达国家还有一定的差距，利用外资、贸易等方式引进国外先进技术有助于我国发挥后发优势，实现跨越式发展。长期来看，技术自主创新才是驱动发展的关键因素，因此应改善国内的创新环境，充分调动全社会的创新热情，向创新强国迈进。在知识创新的基础上，须将知识创新与技术创新相结合，大力支持知识创新，提高知识创新转化为技术创新的效率，有效地配置资源。通过大力支持知识创新为技术创新提供前提，技术创新触及技术进步的前沿之后继续推动知识创新，实现知识创新与技术创新的良好循环，为转变经济发展方式提供有力的保障。

保持一个稳定而较高的个位数的经济增长速度。改革开放以来我国的经济增长主要是通过物质资本的高投入和自然资源的大量消耗推动的，随着高速增长后我国经济总量基数不断增大，已无法仅仅依靠物质资本的高投入和自然资源的大量消耗来支撑我国经济的高速发展，我国经济增速将出现一定程度的下滑；雾霾天气的不断出现也引起了公众及政府对于经济增长和资源环境之间矛盾的重视，因此以往过高的经济增长速度并不能持续。与此同时，中国经济结构正寻求转型，遭遇了旧的增长方式动力减弱、新的增长方式动力尚待培养的"换档期"，为了防止经济"硬着陆"和实现平稳增长，在持续提高我国人均收入的情况下适当降低经济增速，为我国调整结构、转变增长方式提供了充分的缓冲时间，也为下一轮更高质量的、环境友好型、资源节约型的经济发展打下坚实的基础。

改变高耗能的能源利用现状。经济增长离不开能源消费，因此要保持我国经济较快增长需要能源投入，但是过高的能源投入在对可持续发展构成威胁的同时，也对环境产生了较大的污染。随着能源短缺危机的频繁出现以及各国对环境保护的愈加重视，开发可再生能源替代不可再生能源已经成为能源发展的主要发展方向。在现阶段不可再生能源占主导地位的时候，我国应加快能源生产和转变能源结构，提高能源利用效率，合理控制能源消费总量，加强国内资源勘探开发，积极发展风能、生物质能、太阳能等可再生资源。政府通过制定相应的发展规划对可再生能源的发展进行引导，扶持可再生能源产业，逐步形成以可再生能源为主的能源消费结构。

第七章

新常态下经济运行的环境约束

第一节 环境与经济发展

改革开放 40 多年来,中国取得了巨大的发展成就成为世界第二大经济体。然而,长期以规模和数量为目标的发展模式造成污染问题加剧,环境承载力吃紧,自然资源告急。低效率的要素粗放型发展方式已经对自然环境造成了严重破坏,给人民群众的健康和财产带来巨大损失。同时,环境破坏和资源短缺的现状也难以继续维持长久的可持续发展。

很多发达国家在发展初期都走了"先污染后治理,以资源环境换增长"的道路,这启示我们经济发展与环境质量是对立统一的,需要相互促进,如果不能妥善处理二者关系将会给社会经济发展带来巨大危害。经济发展过程中如果过度排污和浪费资源,人类就会失去优良的生存空间,随之而来的各种自然灾害还会给人类造成巨大的经济损失,发展也就失去了原本的意义和初心;反过来,环境质量的损失还将导致人类缺乏资源保障和发展空间。可见,好的环境质量是经济发展的必要条件和根本基础。然而,新中国成立初期由于经济基础薄弱,工业化体系不健全,首要任务是解决温饱问题和改善物质条件,故改革开放初期只能以经济建设为中心,将要素配置到见效快、不确定性小的粗放型项目中去,无暇兼顾环境质量。进入 21 世纪后,中国成为"世界工厂",低附加值、高耗能、高污染的产业呈现"井喷式"发展，直接导致自然资源不断减少，生态系统不断退化，污染程度不断加剧。虽然国家对环境治理的力度不断增大，但是治理速度赶不上破坏速度，环境问题已成为制约经济发展的一大掣肘。

第二节 改革开放进程中经济建设与环境保护的发展过程

改革开放 40 多年是一个振奋人心的奋斗历程，我们从世界最不发达国家之一跃升至如今的世界第二大经济体，随着人们对美好生活需求的增加，经济增长与环境保护之间的不协调问题已引起政府和学术界的高度重视。

一、经济建设起步，环境保护意识欠缺（1978~1988 年）

1978 年，党的十一届三中全会拉开了改革开放大幕，全党的工作中心转移到"四个现代化"的建设上。这一阶段的特点是经济建设逐渐复苏，发展水平整体较低，以经济建设为中心的思想驱使人们更加追求建设速度，而对环境问题缺乏重视。1978 年，国内生产总值（GDP）仅为 3 645 亿元，居世界第 10 位，经济总量占全球的 1.8%，经过 10 年的发展，GDP 达到 15 332 亿元，相比 1978 年增长了 3 倍。然而，在物资匮乏的年代，通过发展经济使人民摆脱贫困成为政府的主要目标和任务，在基本生活需求没有得到满足时，人们对于环境质量重要性的认识是欠缺的。1988 年，工业废气和废水的排放量与 1978 年相比分别增加了 109% 和 226%，经济快速发展的背后是污染的不断加剧。在改革开放起初的 10 年里，虽然《中华人民共和国环境保护法》《中华人民共和国水污染防治法》《中华人民共和国草原法》《中华人民共和国土地管理法》《中华人民共和国大气污染防治法》等一系列法律法规相继颁布，但是物质条件的匮乏和意识的薄弱，导致资源被随意索取，污染物随意排放，环境执法形同虚设，污染物数量的变化基本与经济发展变化趋势一致。[1]

---

[1] 根据历年《中国统计年鉴》《中国环境统计年鉴》整理所得。

二、经济增长波动明显，环境问题日益严重（1989~2002年）

党的十三届四中全会以来，社会主义现代化建设事业全面铺开，解决人们的温饱问题和改善物质生活条件变得更为重要，这一时期受到国内外形势影响，经济增长率出现剧烈波动。20世纪90年代后期，中国企业开始大范围参与全球经济分工，承接了众多发达地区产业转移，高污染、高耗能行业，导致环境污染和生态退化现象更加严重。到世纪之交，人口的膨胀导致人均资源占有量减少，超过7 000万的人口都存在不同程度的饮水困难，能源危机开始显现，污染排放不断增加，生态退化十分严重。据世界银行估计，这一时期中国自然湿地消失近30%，每年天然林面积减少约40万公顷，酸雨发生区域已占到整个国土面积的30%，生态退化引起的自然灾害造成的损失相当于国内生产总值的5%，因灾害死亡的人口数量已累计超过50万人。这些问题的出现开始引起中国政府的警觉，随之启动了退耕还林、退耕还草、保护天然林等一系列生态保护重大工程。

三、经济持续高速增长，环境问题开始制约经济发展（2003~2012年）

党的十六大以来，中国经济迎来了改革开放以来第二波高速增长时期，国内生产总值持续上升，但不能回避的问题是污染持续加重，自然资源告急，生态环境容量已经无法继续满足高强度的经济发展，日益恶化的环境问题也引起全社会的关注。在此期间，中国GDP分别在2008年和2010年反超德国和日本，人均GDP在2012年时已经达到4万元人民币，中国跃升至世界第二大经济体。这10年间，对外开放不断加深，社会保障不断加大，人民生活持续改善，但是环境质量恶化的趋势并没有缓解，经济建设和环境质量发展背道而驰。2006年中国GDP占世界总量的5.5%，但能源消耗占世界的15%。2006年中国二氧化碳排放量为56.49亿吨，仅次于美国。2007年中国二氧化碳排放量上升到60亿吨，占全球二氧化碳排放的21%，成为世界上二氧化碳排放第一大国。经济与环境之间矛盾升级引起了政府的高度重视，党的十六大明确提出要"树立全面、协调、可持续的发展观，促进经济社会和人的全面发展"，按照"统筹城乡发展、统筹区域发展、统筹经济社会发展、统筹人与自然和谐发展、统筹国内发展和对外开放"的要求推进各项事业的改革和发展。党的十七大把科学发展观写入党章，并列入党的指导思想。2012 年，我国环境污染治理投资总额为 8 253.6 亿元，占 GDP 的 1.59%，是 2003 年环境治理投资额的 4 倍，一系列环境专项整治工程逐步开展。可见，环境问题逐渐得到重视，政府加大了对环境治理的投入。①

四、经济发展进入新常态时期，经济与环境协调发展上升为国家战略（2013 年至今）

党的十八大以来，中国经济占世界经济总量的比重超过 15%，对世界经济增长的贡献率超过 25%，成为推动世界经济发展的重要引擎。2017 年，我国制造业增加值占世界的比重已达到 22%，按照国际标准工业分类，在 22 个大类中，我国在 7 个大类中名列第一；人均粮食产量相比 1978 年增长了 100 多倍，城镇化水平超过 55%，互联网普及率超过 50%；铁路营业里程达到 12.4 万公里，公路里程 424 万公里，民用航空航线里程 328 万公里，均为世界前列。然而，这一时期摆在面前的严峻问题是如何真正实现经济与环境之间的协调。2013 年京津冀地区的雾霾污染轰动全国，全国 100 多个城市均出现了不同程度的雾霾污染。2016 年全国 338 个地级及以上城市中，空气质量达标的只有 84 个。2015 年，工业废水排放量从改革开放初期的一年 200 多亿吨增长到 700 多亿吨，工业废气排放量从 4 万多亿立方米增加至 70 多万亿立方米。面对环境不断恶化的趋势，党的十八大提出了"五位一体"总体布局，正式把生态文明建设纳入全面建设中国特色社会主义的范畴，指明了经济和环境协调发展的方向。2017 年 11 月党的十九大胜利召开，党的十九大报告在总结此前理论和实践的基础上，结合当下面临的经济下行压力和环境质量恶化等问题，进一步把"美丽中国"上升到建设社会主义强国的高度，并将建设生态文明提升至中华民族永续发展千年大计的高度。2018 年第十三届全国人大一次会议又将"生态文明"写入了宪法，党的十九届二中全会、十九届三中全会也再次强调将生态文明建设与绿色发展理念作为中华民族伟大复兴的重要抓手，绿水青山就是金山银山的理念逐步深入人心。在这一"阵痛期"，粗放式发展将向内涵型发展转变，要素劳动力资本驱动将向创新驱动转变，数量型经济将向质量型经济发展。因此，以绿色的经济发展成果反哺环境质量，让高质量的自然环境支撑经济快速发展，二者互相促进的发展方式将必然成为经济高质量发展的重要引擎。在协调经济与环境发展上升为国家战略的背景下，调结构、去产能、去杠杆等一系列措施开始推行。2017 年全国 PM$_{2.5}$ 年浓度

---

① 根据《中国统计年鉴（2013）》数据整理。

平均为43微克/立方米，比2016年下降6.5%；超标天数比例为12.4%，比2016年下降1.7个百分点；Ⅰ～Ⅲ类水质断面（点位）比例较2016年上升0.1个百分点，不少污染物排放量开始出现负增长。这表明，环境持续恶化现象初步得到抑制，经济发展与环境质量开始趋于协调。[①]

第三节　中国环境质量的综合评价

由于良好的自然环境是影响高质量发展的重要因素和内生变量，是构建高质量经济体系的必然要求，同样也是新时代人民对美好生活的迫切需求。因此，全面治理环境，提升环境质量就成为根本之策，这就需要更加科学地认识环境质量，清楚环境质量的现状及演变规律，进而找到环境质量提升的有效办法。所以说环境质量评价就是掌握环境质量现状的根本前提，也是探索环境质量提升路径的基础工作。

一、环境质量评价现状

研究有关环境质量的问题，首先是要考虑选取什么指标以及用什么方法来衡量环境质量。

格林（Green，1966）最早将指数概念应用到了空气污染方面的研究，选取二氧化硫和烟雾两个指标构建了空气污染指数，为环境质量测评奠定了基础。之后，在格林等的研究基础上，学者们又以二氧化硫（黄滢，2016）、二氧化氮（Merlevede et al.，2006）、悬浮颗粒物（Akbostanci et al.，2009）、一氧化碳（Bartz et al.，2008）、二氧化碳（Huang et al.，2008；林伯强等，2009）、水污染物（Roca et al.，2007；）、固体废弃物产生量（Song et al.，2008）等单一污染物作为指标对环境质量进行了衡量。由于单一指标往往不能反映环境的整体质量，因此部分学者开始基于多指标体系对环境质量进行衡量。如黄菁等（2010）通过工业废水、工业二氧化硫、工业烟尘3个指标来反映环境污染程度，张红凤等（2011）以液体污染排放物、气体污染排放物以及固体污染排放物的数量来分别衡量不同的环境污染要素。但是由于各种污染物相互关联及多种污染物在时空上的叠加，导致污染物在生成、输送、转化过程中产生复合污染作用，对环境系

---

① 根据《中国统计年鉴（2018）》数据整理。

统造成协同性负面影响。

由于孤立的指标很难综合反映环境质量（袁晓玲等，2013），因此部分学者开始构建综合指标体系对环境质量进行测算，如通过模糊测算法（Li et al.，2008）、层次分析法（Wang et al.，2008；张圣兵等，2017）、熵值法（袁晓玲等，2009；陈工等，2016）、主成分法（刘臣辉等，2011；隋玉正等，2013）、因子分析法（朱承亮等，2011；高苇等，2018）、纵横向拉开档次法（杨万平，2010）来构建环境质量综合测算体系。在这些方法中，模糊测算法、层次分析法、熵值法虽然过程规范，但支撑计算的权重矩阵和决策偏好信息受人为主观因素影响较大，不能准确反映客观规律；因子分析法和主成分法可以解决这一问题，但是因子分析法本身计算复杂，容易出现错误。主成分法易受研究内容和人为因素制约，经常出现重要成分被遗漏或错选的情况。纵横向拉开档次法相比其他方法能够更好地消除主观因素影响，最大限度地反映客观事实。

二、环境质量综合评价内涵

环境是指影响人类生存和发展的各种天然和经过人工改造的自然因素的总体（《中华人民共和国环境保护法》）。迈科尔·科曼等（Michael Common et al.，2012）着眼于自然层面，认为岩石圈、水圈和大气圈三者状态决定环境质量。马红芳（2013）认为环境质量反映自然因素本身的优良程度，而自然因素主要由大气、土壤、水体三方面组成。因此可以界定环境质量人类生存和社会发展所需的大气、土壤、水体等要素的必要状态条件。

但是结合以往研究成果可以看出，当前环境质量评价研究均是将环境污染等同于环境质量。依据近些年的研究表明，仅通过污染程度单一视角难以全面解释环境质量，而且在国内许多地区，当前的治污投入和环境质量改观程度并未吻合，这也从侧面证明了环境质量不只是受环境污染影响。事实上，方淑荣（2011）认为自然界本身具有天然的物理、化学和生物反应，环境本身也是一个物质与能量交换的复杂系统，能够吸收污染物，对自身起到净化作用。以大气为例，通过自身的化学反应、降水淋洗、植被调控等方式，可以实现有效的大气净化；以水体为例，通过水体流动和微生物作用可以有效降低水体污染；以土壤为例，生物降解能够明显降低污染物浓度。有学者根据中国科学院关于中国陆地生态系统固碳能力的强度和空间分布的研究数据指出，2001~2010年，陆地生态系统年均固碳抵消了同期化石燃料碳排放的14.1%，效果明显。这也力证了环境本身具有的吸收能力，但这是有限的，一旦超过环境的极限承载力，环境污染将会加剧。所以，环境质量是污染物经过环境吸收后的结果，环境吸收能够有效降低污染浓度，直接影响环境质量的好坏。因此，环境质量不仅同人类活动所产生的污染排放相关，还和生态修复、环境保护、资源减排、产业升级等投入密切相关。因此为提高环境质量研究的科学性、有效性和准确性，研究视角需要综合环境污染和环境吸收两个方面。

三、环境质量综合评价指标选取

本章综合国内外相关研究，并参考杨万平关于环境污染指数测算体系的构建原理，将环境质量的表征指标分为污染和吸收两类，同时综合大气、水体、土壤3种要素进行选取。其中，污染指标是涵盖工业、农业、生活等领域的10种污染排放物，吸收指标选取具备减少粉尘、有毒气体、温室气体、水和土壤中污染物功能的6项指标，具体的指标含义见表7-1。

表7-1　　　　　　　　环境质量测算指标选取

指数	环境受体	序号	指标	指标单位	样本区间	指标性质
污染排放	大气	A1	氮氧化物排放总量	万吨	2006~2016年	—
		A2	二氧化硫排放总量	万吨	2001~2016年	—
		A3	烟（粉）尘排放总量	万吨	2001~2016年	—
		A4	二氧化碳排放量	亿吨	2001~2016年	—
	土壤	A5	固体废物产生量	万吨	2001~2016年	—
		A6	生活垃圾清运量	万吨	2001~2016年	—
		A7	化肥施用量	万吨	2001~2016年	—
		A8	农药使用量	吨	2001~2016年	—
	水体	A9	化学需氧量	万吨	2001~2016年	—
		A10	氨氮排放量	万吨	2004~2016年	—
环境吸收	大气土壤水体	B1	城市绿地面积	公顷	2001~2016年	+
		B2	平均相对湿度	百分率	2001~2016年	+
		B3	年降水量	毫米	2001~2016年	+
		B4	水资源总量	亿立方米	2001~2016年	+
		B5	湿地面积	千公顷	2002~2016年	+
		B6	森林面积	万公顷	2003~2016年	+

测算的指数包含两种：一是环境污染指数（以下简称"污染指数"），由

表 7-1 中的 10 项污染指标计算得到，指数值越高，说明环境污染程度越严重，反之污染程度越轻；二是环境吸收指数（以下简称"吸收指数"），由表 7-1 中的 6 项吸收指标计算，指数值越高说明环境吸收能力越强，反之吸收能力越弱。

本章以 2001～2016 年除一些省份外的 30 个省、自治区、直辖市（以下均称为省份）为样本；指标的数据来源为《中国统计年鉴》《中国能源统计年鉴》《中国环境年鉴》《中国农村统计年鉴》《中国水资源公报》、国家统计局网站。其中二氧化碳排放量依据各地区的各种能源消费数据，参考各自的标准量转换系数和碳排放系数计算得到。在解决不同指标数据样本区间跨度不一致的问题时，本书借鉴陈诗一的方法，依据指标的样本区间计算相应的子指数，然后对每一套子指数重复的样本区间进行平均处理，最后加总成最终指数。

四、测算方法和步骤

运用改进的纵横向拉开档次法对中国环境质量进行测算，步骤如下：

步骤 1：指标数据标准化处理。为最大限度排除由于指标的量纲和数量级的巨大悬殊产生的不可公度性问题，首先对原始指标数据按照线性比例法进行无量纲化处理使被测算对象差异最大。设 $\{x_{ij}^*(t_k)\}$ 表示样本 i 的第 j 个指标在 t_k 时刻的数值（i = 1, 2, ⋯, m；j = 1, 2, ⋯, m；k = 1, 2, ⋯, m）可得：

$$x_{ij}(t_k) = x_{ij}^*(t_k)/m_j^{min} \qquad (7.1)$$

步骤 2：计算实对称矩阵 H_k 和 H。

$$H_k = A_k^T A_k, \ k = 1, 2, \cdots, N; \ 其中,$$

$$A_k = \begin{pmatrix} x_{11}(t_k) & \cdots & x_{1m}(t_k) \\ \cdots & & \cdots \\ x_{n1}(t_k) & \cdots & x_{nm}(t_k) \end{pmatrix}, \ k = 1, 2, \cdots, N; \qquad (7.2)$$

$$H = \sum_{k=1}^{N} H_k, \ k = 1, 2, \cdots, N$$

步骤 3：求解实对称矩阵 H 的最大特征值及相应的标准特征向量 λ。

步骤 4：对标准特征向量进行归一化处理，得到权重 ω_j。

步骤 5：计算环境污染指数和环境吸收指数。测算函数如下：

$$index_i(t_k) = \sum_{j=1}^{m} \omega_j x_{ij}(t_k), \ k = 1, 2, \cdots, N, \ i = 1, 2, \cdots, n \qquad (7.3)$$

其中，$index_i(t_k)$ 为被测算省份在 t_k 时期的综合测算指数值；ω_j 是第 j 个子指标的权重值，$x_{ij}(t_k)$ 是在 t_k 时期 i 省的第 j 个标准化后的测算子指标。

第四节　中国环境质量综合评价分析

一、环境污染视角

从全局看，中国的污染程度较为严重，污染程度不断加剧，污染指数从2001年的3.98上升到2015年的85.23，扩大了2.5倍。据世界银行数据统计，2015年中国的工业废水排放量超过700亿吨，工业废气排放量为70多万亿立方米，二氧化碳、二氧化硫、X氧化氮、烟（粉）尘、固体废物、生活垃圾排放量均居世界第1位，尤其是二氧化碳排放量占全球排放比重超过20%，全国338个地级及以上城市中空气质量达标的只有84个，形势极为严峻。2012年，党的十八大把生态文明建设纳入全面建设中国特色社会主义的范畴，污染恶化的幅度开始变小，这与国家铁腕治霾等措施密不可分，但是生活垃圾、氨氮化物、固体废物等排放的增加造成的土壤和水体污染问题不容忽视。从地区层面来看，华北地区污染集聚程度严重，在30个省份中，海南省的环境污染指数平均值为4.80，污染程度最轻，河北省污染程度最高，是海南省的35倍。所有省份中只有北京市的环境污染整体呈现下降趋势，除新疆、贵州、江西几个省份外，2016年绝大多数省份的污染指数出现回落。①

二、环境吸收视角

从全局看，环境吸收能力整体不强，吸收指数波动明显，在2001年最低为163.95，在2016年达到最高为232.56，总体表现出向好发展的态势。近10年中国的自然湿地消失约30%，每年天然林面积减少约40万公顷，致使环境吸收能力较低且不稳定。从地区层面看，环境吸收能力受到自然条件的约束，呈现"南强北弱"态势。南方气候湿润，降水充沛，森林覆盖率高，河网密集且湿地众多，而北方省份普遍气候干旱，植被覆盖率低，水土流失严重。所有省份中，四川省的吸收能力最强，吸收指数平均值达到558.02，是排名最低的天津市的100

---

① 根据《2017中国环境状况公报》数据整理。

多倍，是全国平均水平的 3 倍。① 四川、云南、广西、湖南、江西等省份吸收能力相对较强，北京、天津、上海、河北等地相对较弱。在所有省份中，只有北京市的吸收能力持续增强，黑龙江、陕西、内蒙古、河北等地也有增强趋势，而海南、湖南、四川、广西、云南几个传统环境吸收能力强的省份反而呈下滑态势。

三、基于污染和吸收的双重视角

通过附录一中的附表 C 的绝对总量指数值与排名可以看出：20 年间全国的环境质量总体呈现恶化趋势，在 30 个省级行政区中，从 1996 年到 2016 年，海南省环境质量指数最小，环境质量最好。平均水平排名在前 5 位的省级行政区分别是海南、北京、天津、宁夏、上海。在这五个省级行政区中，有三个是直辖市，自然条件并不是最好的，但是环境质量名列前茅，充分说明城市发展的方式非常得当，环境治理工作非常扎实。海南因其气候条件，并且没有较大规模的工业产业，因此环境质量最好。宁夏也是因为工业产业发展较为落后故环境质量表现良好。河北省环境质量指数最大，环境质量位居全国末端。排名靠后的省级行政区主要是河北、山西、辽宁、内蒙古、河南和山东，这些省份环境治理政策落实常年不到位，钢铁、煤炭、造纸等行业是它们的主要支柱产业，发展模式思路亟待转变，产业结构急需转型升级。

第五节　小　　结

40 多年的改革发展经验表明经济增长与环境发展不协调已成为制约中国经济转向高质量发展的重要因素。当前在借鉴国外成功经验的同时，更要牢牢把握好历史机遇，加快生态文明体系建设，推进思维观念、发展方式和治理能力等方面的变革，尽快构建经济与环境协调发展的中国方案，进而驱动经济高质量发展。

---

① 根据《中国环境质量综合评价报告（2017）》数据整理。

第八章

新常态下经济运行的人口老龄化约束

第一节 老龄化概念界定

人口老龄化通常是指由青壮年人口数量减少、老年人口数量增加而导致的老年人口比例增加的动态过程,国际上常用两个标准判断一个国家或地区是否进入老龄社会:一是60岁以上的人口占总人口比例是否超过10%;二是65岁以上人口占总人口的比重是否高于7%。2013年,65岁以上人口占总人口的比重超过7%的国家有102个。

第二节 新常态下中国老龄化现状

一、中国人口老龄化的程度较高且不断加重

中国是人口老龄化程度比较高的国家之一,老年人口数量最多,老龄化速度最快,应对人口老龄化的任务最重。2015年底,60岁以上老年人口超过2.22亿人,占总人口比重达到16.1%,而65岁以上老年人口占比为10%。

但这仅仅是老龄化的开始,更有甚者,根据联合国的人口预测,该比重将在2050年达到35%~40%。联合国的预测是危言耸听还是发人深省?要回答这一问题,首先必须要明白人口老龄化出现的原因。多数学者认为人口老龄化是预期寿命延长、死亡率降低以及生育率降低三个因素共同作用的结果。预期寿命的提高与死亡率的降低是由于现代医疗条件和生活水平的改善,而生育率的降低则受教育水平提高、妇女参与生产劳动、人口政策等众多因素影响。

新中国成立以来,中国的人均寿命大幅提升。根据麦迪森的研究,1950年,中国人均预期寿命仅为41岁,而到1970年中国人均寿命已经超过60岁。20世纪70年代以后,中国人均寿命提高幅度远低于新中国成立初的20年,但是仍有所突破,与发达国家差距日渐缩小。根据经济合作与发展组织(OECD)的研究,中国人的平均寿命则由1970年的稍高于60岁,增至2013年的75.4岁,而发达国家国民的平均寿命则比20世纪70年代增加了10岁,34个OECD成员国的平均寿命则由70岁增至80.5岁。①

相反,生育率在不断下降。1970年,中国总和生育率高达5.47,2010年以来,中国总和生育率在1.54~1.64波动,远低于2.2左右的世代更替水平。原国家卫计委首度对全面两孩政策实施效果做出评价,预计"十三五"期间总和生育率将在1.8上下波动。但《中国统计年鉴(2016)》显示,2015年中国育龄妇女的总和生育率仅为1.047,令许多人口学者感慨"低得超乎预期"。可以预见,"全面两孩"政策并没有在现实中显著地促进人口增长,在未来较长一段时间内,中国的生育率依旧很低。②

人均寿命的不断提高,生育率的持续走低,再加上即将到来的出生于20世纪六七十年代人口高峰的劳动人口的退休潮,会使得中国老龄化的程度不断加重。巴尼斯特等(Banister et al.,2010)预测,到2050年,中国将会有35%的人口年龄超过60岁,中国将在2050年前后迎来老龄化的高峰。③

二、人口老龄化是中国经济的阻力

日本是人口老龄化最严重的国家之一。20世纪90年代以来,随着日本老龄化程度加重,其经济增长受到了严重影响,经济增速从5%下滑到1%,甚至一度出现零增长。许多学者称日本经济出现"逝去的20年"的重要原因就是人口老龄化,直广雄川曾预言,人口老龄化将对日本的劳动生产率和技术进步产生不利影响,引起经济增速下滑。

---

①②③ 根据历年《中国统计年鉴》数据整理所得。

人口的收缩和老龄化已经成为经济增长的潜在威胁。首先，人口老龄化使得劳动力供应严重短缺，且随着老年人口的增加，财政负担会变得更重，从而通过影响劳动力供给、储蓄率、产业结构等方面来阻碍经济增长。更为重要的是，人口老龄化影响劳动者的人力资本积累、减弱劳动者的工作动机与身体机能，进而增加企业的用工成本、加重国家的养老支出，从而威胁企业的创新活动、阻碍技术进步，最终给科技的发展、创新的驱动带来挑战。世界金融危机爆发后，各个国家都在积极寻找新的经济增长点，谁能率先抢占科技创新的制高点，发现新的产业革命契机，谁就能在后危机时代的国际竞争中立于不败之地。

第三节 人口老龄化与经济增长

一、基础理论

（一）人口转变理论

人口老龄化问题与人口转变息息相关，人口老龄化是人口转变的最终结果，人口转变是现代化进程的必要组成部分。20世纪初，工业革命兴起，得益于生产力的发展，英、法、德等西欧诸国工业化和城市化发展迅速，卫生、医疗条件随之改善，扭转了工业革命前人口长期处于高出生率、高死亡率及低增长率的态势，进入人口持续增长阶段，且随着死亡率的持续下降，出生率也持续下降，自然增长率也随之迅速下降，其后稳定在较低的水平，最终人口进入了低出生率、低死亡率及低增长率的阶段，这一转变过程被诸多学者概括为人口转变（Demographic Transition）理论。人口转变理论是通过人口统计资料和经济发展分析得出的经验结论，反映了西方国家人口自然演变的几个阶段，且对后来世界人口转变的态势也有一定的代表性和指导作用。人口转变理论拉开了李嘉图（Ricardo）、马尔萨斯（Malthus）时代的序幕，自此，诸多学者都致力于经济与人口关系的探索与研究，进而形成诸多经济增长理论。

兰德里（Landry，1909）最早提出了人口转变理论的雏形，在《人口的三种主要理论》一文中将经济发展过程中的人口趋势总结为原始、中期及现代三个阶段。汤普森（Thompson，1929）发展了人口转变理论，根据出生率、死亡率、经济发展和生活水平等变化，将世界人口分为出生率与死亡率都极高的亚非地区、出生率与死亡率都在下降但死亡率下降速度快于出生率的地区、出生率与死亡率都下降但出生率下降速度快于死亡率的西欧地区，区分了人口转变的三个阶段。随后，兰德里（Landry，1934）首次使用人口转变这一术语，并基于法国的人口数据，系统地阐述了其三阶段理论：（1）工业革命之前、生育无节制的原始阶段，特点是生产力、科技水平低与生活资料短缺，人口处于高出生率、高死亡率与低增长率阶段，人口数量与维持生存的必要生活资料相关；（2）工业革命之后、生育率降低的中期阶段，特点是生产力有极大提高且改变了生产与消费方式，对于较高生活水平的追求使得人们更趋向于晚婚晚育，因而生育率降低，人口增长放缓；（3）低生育率、低死亡率的现代阶段，特点是经济、生活发展的水平大幅提高以及妇女生育意愿下降，死亡率与生育率不断下降至较低水平。尽管兰德里的理论模型有一定局限性，缺乏普遍性，但其为人口转变理论的发展奠定了基础。

诺特斯坦（Notestein，1945）在前人研究的基础上，建立三阶段人口转变学说的理论框架，从而形成人口结构转变系统性理论。诺特斯坦的人口转变三阶段模型如图8-1所示，人口转变的三个阶段为：（1）高出生率与死亡率阶段，特征是死亡率高而多变，因而人口增长的主要因素是高死亡率而非高出生率；（2）转变阶段，出生率与死亡率随生产力的发展开始下降，但死亡率下降速度更快，故而出现大幅的人口增长；（3）低出生率与死亡率阶段，出生率下降至更替水平（Replacement Level）甚至更低，与之前相比，死亡率则相对稳定至极低水平。在诺特斯坦模型的第二阶段，人口增长率较高，将出现"婴儿潮"，随后，人口结构随生育率的下降而改变，特别是进入第三阶段，"婴儿潮"出生的孩子进入老年，老年人比重不断攀升，人口老龄化日益严重，最终进入老龄化社会，因而人口转变的最终结果是人口老龄化。诺特斯坦模型是最具有影响性的人口转变理论，随后诸多学者对其进行了补充与完善，如金德伯格和赫里克（Kindelberger and Herrick，1958）的人口转变四阶段理论、布莱克（Blacker，1947）的五阶段理论。

但随后的研究将人口转变定义为与人口转变密切相关的一系列综合转变，而非单纯的人口结构转变问题，如生育行为转变、家庭组织结构变动以及流行病学转变。因而人口结构转变带来的是包括经济、政策、制度等多层次、多维度的影响，其对宏观经济影响的研究最早可以追溯到莫迪利安尼和布伦贝格（Modigliani and Brumberg，1954）的生命周期假说结论。因此，研究老龄化与经济增长的影响，首先要关注生命周期理论。

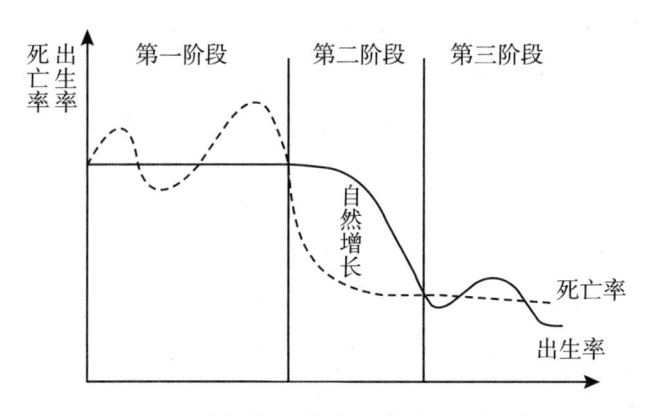

图 8-1 诺特斯坦的人口转变三阶段模型

（二）生命周期理论

莫迪利安尼和布伦贝格（Modigliani and Brumberg, 1954）的生命周期模型（Life-cycle Model, LCM）核心思想是假定个人的消费取决于其一生的预期总收入，而非仅仅取决于当期收入，在消费的边际收益递减原则的基础上，个人可以通过储蓄进行跨期配置，将高收入时期的收入转移至低收入时期，使各个阶段的边际消费效用现值相等，以取得其一生消费的收益最大化。储蓄的目的是为退休后的消费提供保障，因而个人的就业收入、社会养老保险制度及退休时间都将影响其储蓄的动机与数量，在生命周期内，工作时期储蓄，退休后则开始消耗储蓄，财富逐渐减少，则整个生命周期财富积累呈现金字塔型，这就是生命周期假说对消费者行为的经典解释（见图 8-2）。

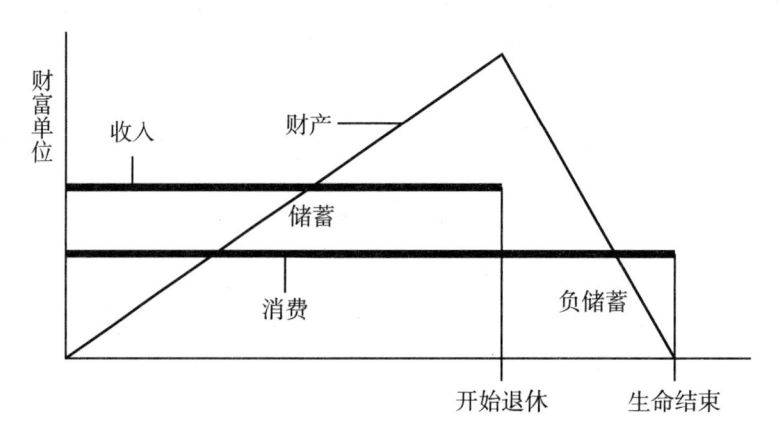

图 8-2 生命周期假说中的收入、消费和储蓄

根据生命周期的解释，有且仅有劳动年龄时期可以创造储蓄，假若一个国家老龄化严重，劳动人口比重较低，则国民经济的总储蓄将受到影响，从而影响整个宏观经济的运行。然而，LCM 模型假设较为苛刻，存在一些缺陷，例如其假设人一出生就是劳动力，未曾考虑孩子时期的收入、消费与储蓄问题，也没有考虑遗产问题即代际间的财产转移，在生命周期结束时，个人的储蓄现值则为零。但 LCM 模型为研究老龄化对经济增长的影响奠定了基础，此后一些学者进一步放松假设，加入少儿阶段，并考虑代际收入转移，逐渐形成了较为成熟的理论与模型。

二、实证研究

20 世纪以前，人口出生率高、预期寿命短，典型的人口年龄结构较年轻化，65 岁以上人口很少，很容易忽视老年人口比重，大部分经济理论都假定劳动人口即是总人口，并未重视老龄化对经济增长的影响。研究人口老龄化对经济增长的影响开始于 20 世纪。索维（Sauvy，1948）最早涉及人口老龄化对经济增长的研究，分析了西欧国家人口老龄化的经济影响。

（一）国外研究

人口老龄问题最早显现于日本和欧洲等发达国家和地区，因而其研究起步较早，索维（Sauvy，1969）探讨了生育率下降引起的人口老龄化及其对经济增长的影响，克拉克（Clark）和斯潘格勒（Spengler，1980）最早建立了人口老龄化经济学。早期学者主要进行人口老龄化对经济增长的实证研究，且大部分学者认为老龄化与经济增长之间为负的线性关系：莱夫（Leff，1969）最早基于 74 个国家的数据进行了实证研究，发现人口老龄化会减少储蓄、削减投资，进而促使经济增速放缓；林德和马尔伯格（Lindh and Malmberg，1999）改进了曼昆（Mankiw，1992）的增长模型，建立了包含人口年龄结构的索洛增长模型，从而运用 OECD 国家 1950~1990 年的数据进行实证研究，其研究表明，65 岁以上老年人口比重上升对经济增长的影响显著为负，劳动年龄人口比重上升则会显著促进经济增长。随后，诸多学者研究发现，老龄化与经济增长的关系不是简单的线性关系：富热尔和马瑞特（Fougere and Merette，1999）利用美国、日本、法国等七个 OECD 国家的数据，研究表明，尽管老龄化对经济增长有显著的负影响，但引入人力资本和物质资本内生增长模型后，老龄化通过提高人力资本积累水平，使老龄化对经济增长的负效应在一定程度上有所缓解，老龄化与经济增长不再呈单纯的负线性关系；洪德易安尼斯和帕帕佩特鲁（Hondroyiannis and Papapetrou，

2001）基于希腊 1960～1995 年的数据进行了实证研究，发现了"双重老龄化（Double Aging Proeess）"，老龄化在降低储蓄率、减少资本存量与产出的同时，会对社会保障体系产生巨大压力，从而使财政收入减少，对经济增长造成双重负影响；安和全度妍（An and Jeon，2006）则基于 25 个 OECD 国家 1960～2000 年的数据进行实证研究发现老龄化与经济增长的倒"U"型关系（Inverted - U Shape Relationship），即在老龄化初期，老年抚养比上升使得经济增长加速，但等到其上升到一定程度后，使得社会养老负担加重，老龄化成为经济增长的阻碍。布鲁姆等（Bloom et al.，2011）基于 2005～2050 年的人口预测数据进行实证研究发现，尽管老龄化对经济增长有显著负影响，但由于人口老龄化会产生一定的个人行为，使得其对经济增长的负效应得到缓解，特别是对于非 OECD 国家，老龄化不会明显阻碍其经济增长。

同时，大量学者从储蓄、投资、消费、劳动力等角度，进行了人口老龄化对经济增长的影响研究，并指出人口老龄化会阻碍经济增长，如特纳等（Turner et al.，1998）、福柯和穆海森（Faruqee and Muhleisen，2002）与托松（Tosun，2003）。储蓄角度的人口老龄化研究，大都基于生命周期假说与抚养负担假说。生命周期假说基于莫迪利安尼和布伦贝塔（Modigliani and Brumberg，1954）的生命周期模型提出老龄化加剧将会使社会总储蓄水平降低，因为老年人口与少儿人口进行负储蓄，只有劳动年龄人口创造正储蓄。考弗和胡佛等（Coafe and Hoover，1965）提出抚养负担假说（Dependency Hypothesis），认为少儿和老年负担加重对储蓄有负影响，老龄化加剧会使储蓄水平降低。基于劳动力角度的研究，更多的也是从上述两种假说出发，德拉克罗瓦等（DeLaCroix et al.，2009）指出老龄化加剧使储蓄率下降，进而劳均资本会减少，并造成劳动生产率的下降，最终使经济增长减缓。而从消费角度的研究则认为老龄化加剧会降低人均资本，进而降低消费，从而对经济产生不利影响，如李等（Lee et al.，2007）持此种观点。

部分学者从储蓄、劳动力等角度出发，认为人口老龄化不一定是经济增长的不利因素，其作用较为复杂：荷冈（Horioka，1997）认为人口老龄化加剧的同时，往往还会出现少儿抚养比下降，并将抵消老龄化对储蓄、经济增长的负面影响；二神轩和中岛（Futagami and Nakajima，2001）将生命周期储蓄决策理论引入罗默（Rome，1986）的内生增长模型，认为由于储蓄率与经济增长之间的相互作用，老龄化与经济增长的关系复杂：老年人口比重增加，能降低老年人口的消费比，从而增加储蓄，最终促进经济增长，经济增长又会反过来影响老年人口的消费比；贝利（Bailey，2006）研究发现在老龄化社会中，往往伴随着低生育率与低少儿抚养比，这使得女性劳动参与率提高，整个社会的劳动参与率有所提高，因而老龄化未必会对经济增长产生不利影响。

少数学者从储蓄、健康需求、人力资本等角度出发，发现了人口老龄化对经济增长的积极作用。梅森和罗纳德（Mason and Ronald，2006）研究发现，理性的人在意识到人口老龄化时，会"未雨绸缪"，减少消费，以增加其在工作阶段的储蓄，这种储蓄动机成为"第二人口红利"的源泉，最终对经济增长起到积极作用。梅雷特和乔治斯（Merette and Georges，2010）则提出人口老龄化加剧会使人们重视健康需求，这会创造新的消费需求，进而促进经济增长。从人力资本角度来看，人口老龄化加剧，意味着预期寿命的提高，人们更偏好于提高自身或者家庭成员的技能水平而非抚养后代，以获得更高的劳动报酬，尽管这使得劳动数量有所减少，但教育及技术培训等领域的投入有所增加，人力资本随之提高，进而促进经济增长，如福格尔和梅雷特（Fougere and Merette，1999）在引入物质资本、人力资本积累机制的迭代模型基础上，研究表明人口老龄化是人们积累人力资本的重要动机，这使得老龄化对经济增长不再只有负面影响；路德维希等（Ludwig et al.，2012）则是强调缓解老龄化对经济增长的冲击的重要方式就是提高人力资本投资；有些学者也强调人力资本内生框架中，人口老龄化对经济增长有积极作用（Prettner，2013）。

此外，少数学者还探讨了老龄化的机制，霍克和韦伊（Hock and Weil，2012）认为老龄化在降低劳动年龄人口可支配收入的同时，会使生育率降低，从而使老龄化加剧，最终出现老龄化的螺旋式加深现象。

（二）国内研究

国内学者对于老龄化的关注比较晚，王克（1987）最早探讨了中国人口老龄化对经济的影响，指出劳动老龄化会降低劳动力的流动性与创新力，进而引起消费结构变化，对经济增长产生不利影响。自此，国内学者开始了对老龄化的研究与探讨，尽管人口老龄化对经济影响是多方面的，但其影响程度与方向却是不一致的。早期研究未有定论，主要原因是缺乏有说服力的理论与实证研究，大部分学者从消费、储蓄、劳动生产率等方面出发进行了分析研究，如张本波（2002）认为人口老龄化加剧影响了劳动力的有效供给，已经和即将发生的劳动力短缺现象将制约经济增长。随后，学术界开始尝试以世代交替（Overlapping Generation，OLG）模型为基础，构建系统化的老龄分析框架，以微观分析为基础，实现人口老龄化的内生化，研究老龄化对经济增长的影响，贺菊煌（2003，2006）改进了（Diamond，1965）的OLG模型，将索洛增长模型与人口模型、生命周期模型有机结合，加入了收入预期、寿命预期等因素，研究发现死亡率下降导致储蓄率上升，印证了"人口老龄化导致储蓄率下降"的主流观点，其研究还表明生育率下降会对经济增长起负影响。此后，李军（2003，2006）将人口老龄化的变量引入索洛增长模型，探讨了人口老龄化因素对经济平衡增长路径的影响，研究表明人口老龄化对经济增长的影响是多方面且不确定的，其影响效应可能为正、为负也可能为零；彭秀健（2006）运用一般均衡模型（CGE）研究表明，人口老龄化使劳动力负增长、物质资本增长放缓，最终导致中国经济增长放缓。这些都为人口老龄化对经济增长的影响研究提供了可用的方法，但是由于研究方法、模型建构和变量选取的差异，研究老龄化和经济增长关系的文献卷帙浩繁，结论也不尽相同，目前学术界认为老龄化对经济增长的影响可能是负效应、倒"U"型、不确定型以及正影响等多种。

大部分学者认为人口老龄化会制约经济的增长：王金营和付秀彬（2006）将居民的预期纳入分析框架，老龄化将会降低未来的消费水平和消费比率，从而降低经济增长；彭希哲和胡湛（2011）从社会保障、公共安全等视角出发，讨论了人口老龄化对经济增长的不利影响；付志刚和章贵军（2011）基于OLG模型，分析了人口老龄化对经济增长的负效应；胡鞍钢等（2012）基于索洛模型与中国在1990~2008年的省级面板数据，从理论与实证两个方面研究发现人口老龄化会放缓中国经济增长；郭熙保等（2013）基于人口预测数据，从劳动力供给、资本积累、支柱产业和技术进步等方面，分析了人口老龄化对经济增长的负面影响；郑伟林等（2014）则将1960~2005年的人口结构替换为2005~2050年的数据，经济增速将降低1.23个百分点，这表明中国人口老龄化的负向效应很大；吴俊培和赵斌（2015）基于省级面板数据进行实证研究表明老龄化不利于中国经济增长；谭海鸣等（2016）则运用CGE模型，以日本战后数据进行数值模拟发现，人口老龄化可能会使中国经济增速在2021~2025年出现台阶式下行；杨玲和张新平（2016）则进行了实证研究表明人口老龄化对东北经济增长产生了不利影响；游士兵和蔡远飞（2017）建立了面板向量自回归（PVAR）模型，研究发现人口老龄化可以抑制居民消费，且人口老龄化对经济增长的直接效应和间接效应都是负的。

还有一部分学者认为人口老龄化与经济增长呈倒"U"型关系：于学军（1995）认为人口老龄化从投资、储蓄、劳动力等多个角度对经济产生影响，在2020~2025年之前是利大于弊的，在这之后，人口老龄化进程加速，逐步转变为弊大于利，长期来看，人口老龄化对经济增长的负影响更为显著；王德文等（2004）则认为是人口老龄化加速给中国经济增长带来负面影响的转折点是2015年前后，此前中国一直有人口红利；许非和陈琰（2008）基于迭代模型，同样得出了人口老龄化与经济增长的倒"U"型关系，储蓄率、人力资本投资率、经济增长率均随预期寿命提高呈倒"U"型变化；徐升艳（2011）则认为当前中国老龄化与经济增长的关系正处于二者倒"U"型关系的左侧；刘小勇（2013）采用面板分位数和面板非参数模型进行实证研究，验证了老年人口比重与经济增长之间倒"U"型关系的存在。

少部分学者认为人口老龄化有利于经济增长：蔡昉（2009）则试图寻找在人口老龄化条件下，中国实现"第二人口红利"，促进经济持续增长的制度条件；蒯鹏州和张丽丽（2015）基于OLG模型与法国的数据，进行了理论与实证研究，表明预期寿命的变化将引起储蓄率、劳动时间投入和人力资本积累水平的持续提升，老龄化会对经济增长有持续的正向影响；王亚章（2016）将隔代抚养机制引入OLG模型，研究表明老龄化会使老人承担更多抚养小孩的责任，增加劳动年龄人口的劳动时间，进而提高生育率，从而避免了老龄化的螺旋式加深，更避免了对经济增长的负效应。

此外，少数学者认为人口老龄化对经济增长的影响是多方面的，其效应并不确定：姜向群和杜鹏（2000）研究表明人口老龄化对经济可持续发展的影响是多方面的，老龄化对社会供养负担、劳动、消费有较明显的负向影响，老年产业则对经济增长有积极作用；刘永平（2007）则基于世代交叠模型，研究发现人口老龄化加剧使教育投入增加并促使人力资本积累的同时，促使储蓄积累下降，因而老龄化对经济增长的影响是模糊的；刘永平和陆铭（2008）将家庭养儿防老机制引入迭代模型，进一步研究表明，根据老龄化程度、教育部门资本投入产出弹性等参数设定的不同，老龄化对经济增长的影响程度也不同，目前老龄化将导致中国经济增长放缓；巩勋洲和尹振涛（2008）基于生命周期假说，认为老龄化不一定会放缓经济增长；刘穷志和何奇（2012）则基于OLG模型研究表明，通过不同的财政政策可使老龄化对经济增长产生消极或积极的影响。

综上所述，研究老龄化、经济增长关系的文献卷帙浩繁，结论也不尽相同，目前学术界认为老龄化对经济增长的影响可能是负效应、倒"U"型、不确定以及正效应等多种。

第四节　小　　结

人口老龄化对经济增长的影响研究发现，目前学术界认为老龄化对经济增长的影响可能是负效应、倒"U"型、不确定型以及正效应等多种：早期学者主要进行人口老龄化对经济增长的实证研究，且大部分学者认为二者之间为负的线性关系；大部分学者从储蓄、投资、消费、劳动力等角度，进行了人口老龄化对经济增长的影响研究，并指出人口老龄化会阻碍经济增长；部分学者则认为人口老龄化与经济增长呈倒"U"型关系；少数学者从储蓄、健康需求、人力资本等角度出发，发现了人口老龄化对经济增长的积极作用。

第九章

外资引入、贸易扩张对中国经济可持续发展的影响

第一节 引　　言

四十多年的改革开放，使中国经济迅猛发展。从1978年至今，中国经济一直保持着年均近10%的增长，2011年经济总量达到了7.3011亿美元，超过日本跃升为全球第二大经济体。与此同时，我国对外开放的步伐也随之加快。一方面是对外贸易显著增长，2011年我国货物进出口总额超过全球的10%，2007~2010年中国对世界经济增长的平均贡献接近60%。另一方面是外商直接投资发展迅猛，从1978年的利用空白增加到2012年的1 117亿美元，1994年后一跃成为世界第二大FDI吸纳国并持续至今。长期高速增长的经济带来了诸多红利，居民收入日益增加，人民生活水平逐渐提高，社会财富大量积累，经济社会发展日趋完善。[①]

然而，中国经济在高速增长的同时，也产生了一些不容忽视的社会问题。长期要素密集投入的经济发展模式，消耗了我国大量的资源和能源，并使我国逐渐成为全球的污染避难池。相关统计数据显示，2012年，全国废水排放总量为

[①] 根据历年《中国统计年鉴》数据整理所得。

6 847 612 万吨，废气中主要污染物排放总量为 5 691 万吨，工业固体废弃物产生量为 329 044 万吨，经济增长遭遇环境"瓶颈"。生态环境的日趋恶化，自然资源与物质资源的大量耗竭，使我国经济发展的可持续性压力倍增。多次全球气候会议上，发达国家都对发展中国家过多的碳排放提出了非议，我国也面临着巨大的国际舆论压力。转变经济增长方式、把握好经济发展与环境保护的平衡已然成为我国经济发展的基本方略。创建两型社会、实现国民经济"又好又快"发展，已成为我国国家决策层和经济界的共识。[①]

众所周知，改革开放带来了我国对外经贸活动的快速发展，而以国际直接投资和国际贸易为主要形式的经济往来正逐渐成为拉动世界经济增长的重要动力。然而，在分享外部经济红利的同时，部分高开放度发展中国家却危机频发，越来越多的研究转而关注 FDI 和国际贸易对经济增长质量的作用（随洪光，2013）。我国经济发展、贸易扩张与外资引入的现状如何？牵引中国经济可持续发展的动力源泉有哪些？FDI 和对外贸易扩张究竟对中国经济的可持续发展是否有影响？如果有，这种影响的传导机制是什么？诸如此类的问题亟待从理论上进行探寻和论证，借此为中国经济可持续发展提供建议和帮助。

第二节　文献综述

为了更为科学地考察中国经济的可持续发展，需要找到一个能够合理有效衡量绿色经济增长的指标。绿色全要素生产率（绿色 TFP）是国家经济增长质量、经济实力、技术效率、可持续发展潜力等综合体现，已经成为研究现代经济增长的核心，也被越来越广泛地运用于对经济增长质量的衡量之中。因此，本章以绿色 TFP 作为衡量经济可持续发展的指标，首先梳理 FDI 和对外贸易对绿色 TFP 影响的相关文献，为后文的理论分析和实证研究提供借鉴。

目前，国外与之相关的研究几乎很少涉及 FDI 和对外贸易对绿色 TFP 的影响，更多的是考察了两者对全要素生产率（TFP）的影响。FDI 方面：艾特肯和哈里斯（Aitken and Harrison，1999）对委内瑞拉的 4 000 个企业的 FDI 与全要素生产率进行了系统地研究，结果表明其全要素生产率与外国直接投资流量呈现负相关关系；哈斯克尔等（Haskel et al.，2002）对 FDI 溢出的空间属性进行了研

---

① 《全国环境统计公报（2012）》网站链接：生态环境统计年报_中华人民共和国生态环境部 https://www.mee.gov.cn/hjzl/sthjzk/sthjtjnb/。

究,指出这种空间效应不仅会影响所在区域的全要素生产率,而且波及周边甚至更远的地区;高格和格林韦(Gorg and Greenway,2004)通过研究 FDI 的外溢渠道,指出 FDI 影响全要素生产率的方式主要有两种:一是通过员工在跨国企业接受高端技术培训,技术进步的提高带来全要素生产率的提高;二是跨国公司的进入加剧了企业在行业中的竞争水平,技术效率的提高带动了全要素生产率的提高;兰拉·阿尔法罗等(Lanra Alfaro et al.,2006)则考虑了金融市场这一要素在 FDI 中的作用,他们认为金融市场越发达,该国的 FDI 对经济和全要素生产率的促进作用越明显;布兰施泰特(Branstetter,2006)从企业层面分析了日本与美国公司之间通过资本跨国流动带来的技术溢出效应;瓦特和美奈(Vahter and Masso,2007)利用1995~2002年爱沙尼亚公司的面板数据进行研究,发现 FDI 与母国的劳动生产率正相关;德里菲尔德(Driffield,2009)等通过将英国产业进行分类研究,指出无论投资成本和研发密集度的高低,FDI 都将提升全要素生产率。对外贸易方面:巴罗和萨莱·马丁(Barro and Salai Martin,1997)认为较高程度的对外开放可以促进进口国更有效地吸收产品技术,并通过技术的扩散使全要素生产率增长;米勒和乌帕德耶(Miller and Upadhyay,2000)考察了83个国家贸易开放度对全要素生产率的影响,发现贸易开放度对全要素生产率有显著积极的影响;伊顿和科特姆(Eaton and Kortum,2001)研究发现发展中国家可以通过进口发达国家的资金和技术来提高本国的生产率,从而促进本国的经济发展;帕夫尼克(Pavcnik,2002)对智利的企业进行了考察,发现对外贸易对进口竞争部门的全要素生产率有极大的促进作用,也在一定程度上促进了出口部门的全要素生产率;奈德伯思等(Teal and Soderbom,2003)利用1970~2000年93个国家的数据对人力资本和对外贸易与全要素生产率的关系进行了研究,结果发现对外贸易与全要素生产率之间存在显著相关关系;梅里兹(Melitz,2003)认为企业从出口中获得的市场份额和利润的多少取决于其自身效率的高低,经过这样的良性循环可以使整个行业的生产率得到提高;拉贝托·阿尔瓦雷斯和里卡乌·洛佩兹等(Raberto Alvarez and Ricardo Lopez et al.,2005)的研究表明出口企业学习到的技术会通过示范、竞争等效应溢出到非出口企业,使得这些非出口企业的全要素生产率得到提高,从而提高整体的全要素生产率水平。

国内的研究也可以从 FDI 和对外贸易两方面来分别进行梳理。FDI 方面:王志鹏、李子奈(2003)采用2000年中国500个工业行业的企业数据,研究发现外资参股可以提高企业的生产效率,且国外投资的这种促进作用强于港澳台投资;张宇(2007)通过建立协整与误差修正模型,研究发现 FDI 会在一定程度上提高全要素生产率,但这个影响在短期内没有得到体现,而是表现出一种长期趋势;邹明(2008)借鉴 C-D 函数进行实证研究,发现 FDI 在短期内可以提升我国全要素生产率，并在长期内通过促进技术进步间接提升全要素生产率；白洁（2009）采用国际 R&D 溢出回归方法进行了实证研究，结果发现 FDI 作为国际技术溢出的途径对我国全要素生产率的增长有微弱的促进作用；王滨（2010）研究发现 FDI 通过外资企业购买生产所需中间产品和服务提高了我国制造业的全要素生产率，即 FDI 有较强的前向溢出效应；战炤磊、王凯（2010）对江苏县域全要素生产率进行了经验研究，发现 FDI 和进出口均使得全要素生产率得以提升，但两者的影响途径则不尽相同；覃毅等（2011）研究了 FDI 对中国工业企业全要素生产率的影响路径，结果表明该行业中 FDI 对同行业和上游产业中的内资企业产生了正的行业内水平溢出和后向溢出，而对下游企业产生了负的前向溢出；霍杰（2011）利用面板数据变系数固定效应模型对 25 个省区的全要素生产率进行了研究，结果表明 FDI 对其中 17 个省区的全要素生产率产生了促进作用，而对 8 个省区产生了抑制作用；刘舜佳等（2012）则引入样本截面区位信息，构建空间杜宾模型，实证检验出 FDI 对区域内全要素生产率有促进作用，但在区域间产生了负向溢出效应，因此 FDI 空间溢出的总效应弱化了全要素生产率；杨向阳等（2013）利用 1985~2008 年的省际面板数据进行实证分析，结果发现 FDI 和经济开放都对全要素生产率的增长起到了促进作用，且 FDI 主要是通过提高技术水平来提高全要素生产率；周文博等（2013）着眼于中国服务业，对服务业 FDI 和服务业全要素生产率进行了研究，结果显示前者对后者的提升有显著正向影响，且这种影响是通过提高服务业的技术水平而实现的。对外贸易方面：许和连等（2006）基于新增长理论，构建了全要素生产率的估计模型，发现贸易开放会通过促进竞争和促进人力资本积累而使全要素生产率得到提升；尹希果、陈刚（2008）采用基于非参数的 Malmquist 生产率指数对全要素生产率进行了度量，并通过改进的 C-D 函数进行了实证研究，结果显示国际贸易和 FDI 都通过促进技术进步而使得全要素生产率得到增长；刘舜佳（2008）采用固定效应法实证分析出对外贸易占 GDP 比重上升 1%，在长期将使全要素生产率下降 0.21%，同时建立修正误差模型实证出对外贸易占 GDP 比重上升 1%，在短期内全要素生产率下降 0.0036%；高凌云等（2010）对我国工业行业进行了研究，结果表明进口贸易量的增加不会促进全要素生产率的提高，但进口竞争会通过提高技术效率而间接促进全要素生产率的提高；关兵（2010）利用省际面板数据将出口贸易和全要素生产率进行动态实证研究，发现从长期看单纯"量"的增长不能促进全要素生产率的提高；张庆昌（2011）运用两步系统广义矩估计方法将工资和出口贸易同时纳入考虑，结果显示工资和出口都显著促进了我国全要素生产率的提升；殷书炉等（2011）则将研究对象放在了新兴经济体上，发现进口和出口均促进了全要素生产率的增长，并且资本流动和对外贸易还推动了新兴经济体金融市场的发展;叶明确、方莹(2013)利用空间杜宾模型和面板数据分位数回归方法进行研究,结果表明出口额对其他地区全要素生产率的促进作用超过对本地区的促进作用,而且这种促进作用只会在全要素生产率的大小与出口贸易方式相匹配时才会发生。

上述国内外相关研究对本书的写作提供了诸多有益的参考和启发。从以往的文献大致可以看出:第一,学者对贸易扩张对 TFP 的影响没有形成一致结果,这与 TFP 测算方法的选取不同、计量模型的构造不同以及数据的选取年份和处理方法不同均有关系;第二,学者对 FDI 对 TFP 的影响也未得到较为统一的意见,但大多数研究都倾向于 FDI 通过提高技术进步的水平而间接促进了 TFP 的提高;第三,研究的角度呈现出日益多元化的趋势。而与此同时,这些文献也存在以下不足:第一,现有文献只针对外资引入和贸易扩张对 TFP 的影响进行了研究,却还未曾涉及两者对绿色 TFP 影响的研究;第二,现有文献中几乎都是笼统地研究了外资引入和贸易扩张对 TFP 的影响,并未对"经济可持续发展"这一指标进行分解,因而 FDI 和对外贸易对 TFP 的影响传导机制并不明确。

针对上述问题,本章在借鉴前人研究成果的基础上,首先通过构造 Malmquist—Luenberger 生产率指数对绿色 TFP 进行合理测度;其次将经济增长进行技术进步、技术效率、物质资本、人力资本和能源投入五部分的分解;然后利用 Tobit 回归模型,检验 FDI 和对外贸易对绿色 TFP 是否有影响;若有影响,则再依次检验 FDI 和对外贸易对技术进步、技术效率、物质资本、人力资本以及能源投入的影响,从而得出本书的实证结果,并提出相应的政策建议。

第三节 经济可持续发展的分解模型与数据来源

一、经济发展的分解模型

在国际环境剧烈动荡的背景下,党和国家于 1995 年召开了党的十四届五中全会,会上明确提出要转变经济增长方式,实现经济由外延式粗放型向内涵式集约型的转变。由此,探寻我国经济增长的真正源泉尤为重要。目前我国的经济增长方式是否已经由要素密集型转变为技术密集型?在实现科学发展的紧迫形势下,我国能否实现可持续发展的愿景?为了解决这些问题我们采用基于 DEA 的分解方法,并借鉴刘瑞翔(2013)的研究成果,对我国的经济增长进行分解,以期对经济增长的动力和源泉进行探求。

经济发展的分解过程如下:把每一个省份看作一个决策单元,其使用的投入要素包括人力资本 $l \in R^+$,物质资本 $k \in R^+$,能源 $n \in R^+$,期望产出 GDP,非期望产出 W(污染排放)。结合本书的研究需要,定义一个新的产出——纯净产出 y,其中 GDP = 实际 GDP/污染排放,表示经济增长扣除由污染排放带来增长后的绿色增长。从而,在每一个时期 $t(t=1, \cdots, T)$,第 $i(i=1, \cdots, I)$ 个省份的投入产出值为 (x_i^t, y_i^t),其中 $x_i^t = (l_i^t, k_i^t, n_i^t)$。假定生产过程中存在规模报酬不变的生产技术 T,能够将投入 $x_i^t = (l_i^t, k_i^t, n_i^t)$ 转化为产出 y^t,可以将其表示为:

$$S = \{(x^t, y^t) : x^t \text{ 能生产出 } y^t\} \tag{9.1}$$

定义某个决策单元的产出距离函数:

$$D_o^t(x^t, y^t) = \min\{\theta \mid (x^t, y^t/\theta) \in S\} \tag{9.2}$$

公式 (9.2) 表示在给定投入向量 x^t 下,产出距离函数描述了生产决策单元产出 y^t 最大能够扩张的程度(用其倒数表示)。当 $(x^t, y^t) \in S$ 时,则有 $0 \le D_o^t(x^t, y^t) \le 1$。若 $D_o^t(x^t, y^t) < 1$,则说明相应的生产决策单元是非效率的,因为在给定的技术条件下产出还有增长空间。反之,则说明生产单元位于技术边界上且为有效率。此时,(x^t, y^t) 可以达到的最大产出可以用以下公式表示:

$$Y^t(x^t, y^t) = y^t/D_o^t(x^t, y^t) \tag{9.3}$$

如果参考的是 $t+1$ 期的技术水平,则相应的产出距离函数可以表示为:

$$D_o^{t+1}(x^t, y^t) = \min\{\theta \mid (x^t, y^t/\theta) \in S^{t+1}\} \tag{9.4}$$

需要指出的是,当使用 t 期的生产点 (x^t, y^t) 与 $t+1$ 期技术前沿进行比较时,$D_o^{t+1}(x^t, y^t) \le 1$ 并不再一定成立。如果 $D_o^{t+1}(x^t, y^t) > 1$,说明 (x^t, y^t) 位于 $t+1$ 期技术边界的外部,此时生产点相对应于 $t+1$ 期技术边界而言是超效率的。此时,与 (x^t, y^t) 相对应的最大产出可表示为:

$$Y^{t+1}(x^t, y^t) = y^t/D_o^{t+1}(x^t, y^t) \tag{9.5}$$

按照 ML 指数表示的生产率求解过程,$t+1$ 期生产点 (x^{t+1}, y^{t+1}) 相对应与 t 期和 $t+1$ 期技术边界的距离函数可以表示为:

$$D_o^t(x^{t+1}, y^{t+1}) = \min\{\theta \mid (x^{t+1}, y^{t+1}/\theta) \in S^t\} \tag{9.6}$$

$$D_o^{t+1}(x^{t+1}, y^{t+1}) = \min\{\theta \mid (x^{t+1}, y^{t+1}/\theta) \in S^{t+1}\} \tag{9.7}$$

同样的,与生产点 (x^{t+1}, y^{t+1}) 相对应的 t 期和 $t+1$ 期技术边界位置可以表示为 $Y^t(x^{t+1}, y^{t+1}) = y^{t+1}/D_o^t(x^{t+1}, y^{t+1})$ 和 $Y^{t+1}(x^{t+1}, y^{t+1}) = y^{t+1}/D_o^{t+1}(x^{t+1}, y^{t+1})$。

将同一生产单元 t 期产出 y^t 和 $t+1$ 期产出 y^{t+1} 进行比较并得到以下公式:

$$\frac{y^{t+1}}{y^t} = \frac{D_o^{t+1}(x^{t+1}, y^{t+1})}{D_o^t(x^t, y^t)} \times \frac{Y^{t+1}(x^{t+1}, y^{t+1})}{Y^t(x^t, y^t)} \quad (9.8)$$

在公式（9.8）中，右边第一项是全要素生产率 ML 指数中技术效率变化部分。为了引入技术进步因素，继续将公式（9.8）的分子、分母分别同时乘以 $Y^t(x^{t+1}, y^{t+1})$ 和 $Y^{t+1}(x^t, y^t)$，并调整得到以下一组公式：

$$\frac{y^{t+1}}{y^t} = \frac{D_o^{t+1}(x^{t+1}, y^{t+1})}{D_o^t(x^t, y^t)} \times \frac{Y^{t+1}(x^t, y^t)}{Y^t(x^t, y^t)} \times \frac{Y^{t+1}(x^{t+1}, y^{t+1})}{Y^{t+1}(x^t, y^t)} \quad (9.9)$$

$$\frac{y^{t+1}}{y^t} = \frac{D_o^{t+1}(x^{t+1}, y^{t+1})}{D_o^t(x^t, y^t)} \times \frac{Y^{t+1}(x^{t+1}, y^{t+1})}{Y^t(x^{t+1}, y^{t+1})} \times \frac{Y^t(x^{t+1}, y^{t+1})}{Y^t(x^t, y^t)} \quad (9.10)$$

公式（9.9）和公式（9.10）中第一项为效率改善部分，是规模报酬不变且要素投入强处置条件下的相对效率变化系数，它指的是从低于生产边界的生产点向生产边界的移动过程，衡量了经济体在时点 t 与 t+1 之间到生产边界距离的变化情况，能够表示技术效率对生产力的效应，因而它反映了生产效率的改善与提高；当该值大于 1 时，则表明生产者在逐渐靠近生产前沿。第二项则表示技术进步带来的经济增长效应，衡量了技术进步对生产力的贡献，表示当有效劳动资本存量不变时，由于生产边界从 t 时点到 t+1 时点的向外移动所带来的经济增长；当该值大于 1 时表示技术进步，等于 1 时技术无进步，小于 1 时技术退步。此时，第三项表示同一生产单元在不同时期所对应技术前沿位置的变化，度量了要素投入变化带来的经济增长效应。

由于 $Y^{t+1}(x^t, y^t) = y^t/D_o^{t+1}(x^t, y^t)$ 和 $Y^t(x^{t+1}, y^{t+1}) = y^{t+1}/D_o^t(x^{t+1}, y^{t+1})$，则将公式（9.9）和公式（9.10）取几何平均后得到：

$$\frac{y^{t+1}}{y^t} = \frac{D_o^{t+1}(x^{t+1}, y^{t+1})}{D_o^t(x^t, y^t)} \times \left[\frac{D_o^t(x^{t+1}, y^{t+1})}{D_o^{t+1}(x^{t+1}, y^{t+1})} \frac{D_o^t(x^t, y^t)}{D_o^{t+1}(x^t, y^t)}\right]^{\frac{1}{2}}$$

$$\times \left[\frac{Y^t(x^{t+1}, y^{t+1})}{Y^t(x^t, y^t)} \frac{Y^{t+1}(x^{t+1}, y^{t+1})}{Y^{t+1}(x^t, y^t)}\right]^{\frac{1}{2}} \quad (9.11)$$

在公式（9.11）中，右边第一项和第二项分别为 ML 指数中的技术效率和技术进步，第三项则表示同一生产单元在不同时期所对应技术前沿位置变化的几何平均。为分析其经济学意义，对 t 期技术边界进行分析，t+1 期结果可以类比得出。此外，为分析不同投入要素（人力资本、物质资本、能源）的变化对于所对应技术边界带来的影响，将公式中的第三项分解为：

$$\frac{y^t(l^{t+1}, k^{t+1}, n^{t+1}, y^{t+1})}{Y^t(l^t, k^t, n^t, y^t)} = \left[\frac{Y^t(l^{t+1}, k^{t+1}, n^t, y^{t+1})}{Y^t(l^t, k^{t+1}, n^t, y^{t+1})} \frac{Y^t(l^{t+1}, k^t, n^t, y^t)}{Y^t(l^t, k^t, n^t, y^t)}\right]^{\frac{1}{2}}$$

$$\times \left[\frac{Y^t(l^t, k^{t+1}, n^{t+1}, y^{t+1})}{Y^t(l^t, k^t, n^{t+1}, y^{t+1})} \frac{Y^{t+1}(l^{t+1}, k^{t+1}, n^t, y^t)}{Y^{t+1}(l^{t+1}, k^t, n^t, y^t)}\right]^{\frac{1}{2}}$$

$$\times \left[\frac{Y^t(l^t, k^tn^{t+1}, y^{t+1})}{Y^t(l^t, k^t, n^t, y^t)} \frac{Y^t(l^{t+1}, k^{t+1}, n^{t+!}, y^t)}{Y^t(l^{t+1}, k^{t+1}, n^t, y^t)} \right]^{\frac{1}{2}}$$

$$\times \left[\frac{Y^t(l^t, k^t, n^t, y^{t+1})}{Y^t(l^t, k^t, n^t, y^t)} \frac{Y^t(l^{t+1}, k^{t+1}, n^{t+!}, y^{t+!})}{Y^t(l^{t+!}, k^{t+!}, n^{t+!}, y^t)} \right]^{\frac{1}{2}}$$

(9.12)

观察公式（9.12）可以发现，公式中的第一项表示了人力资本投入变化对于技术边界带来的影响，第二项表示了物质资本投入变化对于技术边界带来的影响，第三项表示了能源投入变化对于技术边界带来的影响。值得注意的是，在第四项中分子分母的投入要素保持不变，而产出发生了变化，则根据公式（9.4）和公式（9.5）得出，其对应的技术边界位置是保持不变的，因此恒等于1。

整理以上公式，可以得到一个在非参数的框架下，绿色经济增长的分解式为：

$$GGR = y^{t=1}/y^t = TE \times TP \times HC \times KC \times NC \qquad (9.13)$$

其中，GGR 表示纯净 GDP 增长，TE、TP、HC、KC、NC 分别表示技术效率、技术进步、人力资本、物质资本、能源对经济增长的贡献。生产过程中涉及三个投入量：人力资本、物质资本、能源，涉及一个产出量：纯净 GDP（GGR）。需要注意的是，纯净 GDP 由 GDP 扣除污染排放带来的经济增长后得出，此过程涉及两个产出量：GDP 和污染排放。

二、变量设定与数据处理

本章数据范围覆盖我国除西藏自治区、香港特别行政区、澳门特别行政区和台湾地区以外的所有地区。1988 年海南省成立，1997 年重庆设立直辖市，为保持数据统计口径的一致性，把海南省归入广东省、把重庆市归入四川省，共 28 个省级行政区。本书采用年度面板数据，样本的时间区间为 1990~2012 年。设定生产过程中需要三种投入要素：物质资本、人力资本、能源，期望产出为 GDP，非期望产出为污染排放。

（一）物质资本

物质资本是生产过程中最重要的投入要素之一，当期资本既可在当期对应一定产出，也可于滞后期对应相应的产出。因此，对物质资本投入的估算应采用永续盘存法（PIM）。估算公式如下：

$$K_{it} = K_{it-1}(I - \delta_{it}) \qquad (9.14)$$

其中，i 表示第 i 个省区市；t 表示第 t 年；K 表示物质资本存量；I 表示当年投资；δ_{it} 表示经济折旧率。

张军（2004）以 1952 年作为计算基年，用各省区市 1952 年的固定资本形成除以 10% 作为该省区市的初始物质资本存量，用固定资本形成总额表示当年投资，并通过计算得到各省固定资本形成总额的经济折旧率 δ 是 9.6%，运用 PIM 对中国分省资本存量进行了估算。单豪杰（2008）在此基础上对基期资本存量和折旧率的确定进行了修正：发现张军在计算基期资本存量时用到的折旧率与计算后续年份时用到的折旧率不一致，计算结果不真实，于是他采用 1953 年的资本形成总额比上折旧率与 1953~1957 年固定资产投资形成平均增长率之和来估算全国和分省的 1952 年资本存量；对于 δ 的取值，他认为折旧反映的是资本品未来效率递减的贴现值，而重置反映的是过去购买的资本品相对效率在当期的递减，因此在 PIM 意义下估算资本存量时应该用重置率而非折旧率，最后通过推算决定将分省的 δ 统一取 10.96%，并以此为依据重新估算了分省物质资本存量。因此，本章 1990~2006 年省际资本存量的数据直接采用单豪杰的成果，2007~2012 年的数据则依据单豪杰的方法补充计算得出。

（二）人力资本

假设我国人力资本存量与物质资本形成最有效的匹配，即人力资本投入成为真正意义上的经济要素，那么对人力资本投入的估算就转化对人力资本存量的估算。人力资本存量是一个相对静态的概念，是蕴藏于劳动者身上的知识和技能，影响人力资本存量的因素既有人口数量也有人口质量。目前的学术研究中，有三种方法在度量人力资本存量时被普遍应用：教育存量法、累计成本法、未来收益法。教育存量法估算人力资本存量是用从业人员数乘以平均受教育年限，其思维直观、易于操作，因此本书采用这种方法。平均受教育程度的计算公式可表述如下：

$$E = \frac{\sum_{i=1}^{5} E_i h_i}{\sum_{i=1}^{5} h_i} \quad (9.15)$$

其中，E 表式平均受教育程度；h_i 表示第 i 类受教育水平人口数；E_i 表示第 i 类受教育水平的教育年限。中国的受教育程度可以分为五类，即未上过学、小学教育、初中教育、高中教育（包括普通高中和中等职业教育）、大专及以上。本书将未上过学、小学、初中、高中、大专及以上受教育程度的代表年限分别设定为 2 年、6 年、9 年、12 年、16 年。所用数据来源于《中国人口与就业统计年鉴》各年。

(三) 能源投入

将能源作为一种投入要素纳入考虑范围，能够充分考虑经济建设中对能源的使用和消耗，因而可以较为准确地衡量绿色 TFP 的数值。本章的分省能源投入量采用分省能源消耗总量来表示。表 9-1 给出代表性年份 28 个省份的能源投入数据。

表 9-1　　代表性年份 28 个省份的能源投入量　　单位：万吨标准煤

省份	1990 年	1992 年	1997 年	2001 年	2005 年	2008 年	2012 年
北京	2 710	2 988	3 833	4 313	5 522	6 327	7 178
天津	2 038	2 141	2 459	2 918	4 085	5 364	8 253
河北	6 124	6 866	9 033	10 391	19 836	24 322	30 250
山西	4 711	5 034	6 983	7 968	12 750	15 675	19 336
内蒙古	2 424	2 555	3 709	4 453	10 778	16 408	22 103
辽宁	7 171	7 192	9 474	10 656	13 611	17 801	22 314
吉林	3 523	3 615	4 333	3 863	5 315	7 221	9 028
黑龙江	5 540	5 531	6 435	6 037	8 050	9 979	12 758
上海	3 191	3 657	4 759	5 818	8 225	10 207	11 362
江苏	5 509	6 297	7 991	8 881	17 167	22 232	28 850
浙江	2 733	3 484	5 069	6 530	12 032	15 107	18 076
安徽	2 769	3 138	4 405	5 118	6 506	8 325	11 358
福建	1 458	1 624	2 536	3 163	6 142	8 254	11 185
江西	1 732	1 871	2 132	2 329	4 286	5 383	7 233
山东	6 808	7 173	9 154	9 955	24 162	30 570	37 650
河南	5 206	5 583	6 711	8 244	14 625	18 976	23 647
湖北	4 002	4 472	6 109	6 052	10 082	12 845	17 675
湖南	3 506	4 097	4 808	4 622	9 709	12 355	16 744
广东	4 224	5 425	8 343	10 699	18 743	24 611	30 832
广西	1 308	1 549	2 605	2 669	4 869	6 497	9 155
四川	6 353	4 897	9 284	9 826	16 759	21 617	28 860
贵州	2 129	2 519	3 960	4 438	5 641	6 486	9 156
云南	1 954	2 017	3 429	3 490	6 024	7 511	10 434
陕西	2 239	2 441	3 111	3 257	5 571	7 417	10 626

续表

省份	1990 年	1992 年	1997 年	2001 年	2005 年	2008 年	2012 年
甘肃	2 175	2 349	2 581	2 905	4 368	5 346	7 007
青海	504	499	707	930	1 670	2 279	3 524
宁夏	707	705	805	916	2 536	3 229	4 961
新疆	1 924	2 261	3 230	3 496	5 506	7 069	10 422

资料来源：《中国能源统计年鉴（2013）》《新中国六十年统计资料汇编》及各省统计年鉴。

（四）GDP（期望产出）

本章的期望产出指的是国内生产总值 GDP。用各省 1990 ~ 2012 年的名义 GDP 扣除价格因素后（以 1952 年的不变价格计算出）的实际 GDP 表示。表 9 - 2 给出代表性年份 28 个省份的期望产出数据。

表 9 - 2　　　　　代表性年份 28 个省份的期望产出　　　　单位：亿元

省份	1990 年	1992 年	1997 年	2001 年	2005 年	2008 年	2012 年
北京	352.72	431.44	740.45	1 122.88	1 779.63	2 511.90	3 556.64
天津	193.33	228.90	431.79	644.23	1 109.02	1 711.63	3 102.34
河北	464.79	596.40	1 173.03	1 686.26	2 641.82	3 720.60	5 603.03
山西	200.46	237.71	397.61	548.64	930.57	1 319.99	1 972.24
内蒙古	168.43	200.98	330.10	478.36	952.42	1 592.80	2 729.15
辽宁	703.05	836.19	1 353.25	1 882.29	2 940.20	4 378.78	6 951.64
吉林	196.96	234.03	410.97	577.97	877.20	1 358.59	2 237.96
黑龙江	282.75	322.82	503.00	692.55	1 048.41	1 471.62	2 282.94
上海	770.76	947.66	1 821.17	2 720.08	4 325.21	6 160.14	8 548.06
江苏	630.20	857.23	1 734.99	2 584.30	4 310.45	6 413.37	9 931.28
浙江	390.35	547.19	1 171.56	1 743.48	2 908.26	4 183.19	5 999.78
安徽	163.11	188.80	406.08	561.52	846.34	1 225.11	2 017.48
福建	212.19	291.51	636.39	920.68	1 411.48	2 109.34	3 376.83
江西	159.22	199.05	383.36	525.42	837.73	1 205.52	1 940.09
山东	638.95	855.98	1 703.27	2 521.04	4 234.22	6 211.84	9 527.28
河南	347.63	422.53	803.79	1 126.26	1 772.67	2 605.21	4 006.29
湖北	288.39	350.77	677.07	956.52	1 428.35	2 101.25	3 466.23

续表

省份	1990 年	1992 年	1997 年	2001 年	2005 年	2008 年	2012 年
湖南	264.58	320.88	555.39	779.66	1 171.49	1 730.89	2 830.50
广东	465.89	669.54	1 370.79	2 037.99	3 445.50	5 017.45	7 367.19
广西	154.47	205.94	368.24	505.61	779.22	1 149.27	1 867.80
四川	128.11	143.20	235.70	227.65	247.41	298.02	330.73
贵州	90.46	106.79	162.48	225.18	339.58	489.43	803.24
云南	175.28	207.22	343.50	456.60	656.31	908.91	1 469.58
陕西	212.60	249.78	399.58	572.83	913.35	1 402.24	2 346.65
甘肃	157.14	184.03	301.38	429.31	651.08	897.58	1 401.86
青海	28.64	32.20	48.88	70.04	110.61	161.39	261.06
宁夏	46.62	53.06	82.81	119.19	182.55	261.08	414.46
新疆	125.47	162.33	252.58	344.25	511.71	707.39	1 060.53

资料来源：根据相应数据计算得出。

(五) 污染指数 (非期望产出)

非期望产出衡量的是污染的排放量。目前在学术界并没有一个单独的指标可以全面、准确地衡量污染排放量的大小，本章采用杨万平 (2008) 的熵值法，通过对废水排放总量、工业废气 (包括二氧化硫、烟尘和粉尘) 排放量和工业固体废物产生量进行相应处理，得出一个环境污染指数来衡量本书污染的排放量。表9-3 给出28个省份在代表性年份的污染指数。

表 9-3　　　　代表性年份 28 个省份的污染指数

省份	1990 年	1992 年	1997 年	2001 年	2005 年	2008 年	2012 年
北京	1.4493	1.4187	1.4240	1.4009	1.3956	1.3917	1.4090
天津	1.4106	1.3874	1.4012	1.3933	1.4036	1.3976	1.4104
河北	1.6544	1.6063	1.6226	1.7126	1.7789	1.7446	1.9287
山西	1.6080	1.5096	1.5375	1.6700	1.7564	1.6871	1.7835
内蒙古	1.5219	1.6651	1.5145	1.4697	1.6737	1.6344	1.7356
辽宁	1.7743	1.6943	1.6591	1.6149	1.6874	1.6824	1.7401
吉林	1.5246	1.4399	1.4479	1.4385	1.4748	1.4653	1.4779
黑龙江	1.6331	1.5130	1.4928	1.4775	1.5122	1.5065	1.5655
上海	1.4930	1.4819	1.4901	1.4564	1.4662	1.4656	1.4588

续表

省份	1990 年	1992 年	1997 年	2001 年	2005 年	2008 年	2012 年
江苏	1.7019	1.6719	1.6306	1.7131	1.7924	1.7346	1.7550
浙江	1.5255	1.5052	1.4830	1.5551	1.6081	1.5998	1.6051
安徽	1.5107	1.4909	1.4884	1.4976	1.5575	1.5542	1.5894
福建	1.4233	1.4024	1.4178	1.4550	1.5158	1.5183	1.5300
江西	1.5001	1.4777	1.4557	1.4645	1.5451	1.5343	1.5611
山东	1.8433	1.6657	1.7205	1.7576	1.7832	1.7603	1.8690
河南	1.5940	1.5360	1.6076	1.6910	1.8223	1.7362	1.7620
湖北	1.5970	1.5438	1.5334	1.5610	1.5830	1.5633	1.5844
湖南	1.5810	1.5411	1.5343	1.6130	1.6798	1.6282	1.5922
广东	1.5678	1.5828	1.6032	1.7126	1.8118	1.7972	1.8029
广西	1.5256	1.5188	1.5132	1.6050	1.6967	1.6616	1.5494
四川	1.7974	1.6967	1.6694	1.8500	1.8805	1.7682	1.7741
贵州	1.4789	1.4760	1.4750	1.5009	1.5043	1.5033	1.5620
云南	1.4468	1.4226	1.4342	1.4431	1.4733	1.4812	1.5805
陕西	1.5185	1.4878	1.4993	1.5076	1.5590	1.5410	1.5687
甘肃	1.4447	1.4256	1.4380	1.4248	1.4600	1.4376	1.4797
青海	1.3586	1.3525	1.3558	1.3568	1.3791	1.3808	1.4292
宁夏	1.3872	1.3802	1.3846	1.3918	1.4131	1.4107	1.4362
新疆	1.3994	1.4017	1.4042	1.4041	1.4464	1.4835	1.5823

资料来源：根据相应数据计算得出。

第四节　绿色全要素生产率的测算与经济可持续发展的分解

一、绿色全要素生产率的测算

鉴于 ML 生产率指数不需要设定具体的生产函数的形式，并且充分考虑了非期望产出的影响，符合绿色 TFP 的测算要求，因此，本节利用 MaxDEA Pro5.2 软件,测算在 1990~2012 年间 28 个省份的 ML 生产率指数以及相应的效率变化和技术变化。表 9-4~表 9-6 给出代表性年份的具体数值。

表 9-4 代表性年份 28 个省份的 ML 生产率指数

省份	1990~1991 年	1992~1993 年	1997~1998 年	2001~2002 年	2005~2006 年	2008~2009 年	2011~2012 年
北京	1.0565	1.0138	1.0199	1.0277	1.0468	1.0192	1.1182
天津	1.0314	1.0683	1.1321	1.0609	1.0591	1.0322	1.1580
河北	1.0782	1.0459	0.9402	1.0079	1.0158	1.0203	1.1348
山西	1.0603	1.0788	0.9513	1.0663	1.0486	0.9921	1.1084
内蒙古	1.0206	1.1494	1.0939	0.9814	1.0566	1.0197	1.1739
辽宁	1.0631	1.1074	1.0878	1.0552	1.0129	1.0037	1.1575
吉林	1.0737	1.0442	1.1533	0.9893	0.9759	0.9889	1.2128
黑龙江	1.1120	1.0955	1.0740	1.0836	1.0178	1.0172	1.1037
上海	1.0762	1.1873	1.2533	1.0154	1.0488	1.0601	1.0521
江苏	1.0553	1.0943	0.9800	1.0967	1.0180	1.0122	1.1690
浙江	1.0814	1.0751	0.9527	0.9945	1.0139	1.0150	1.1464
安徽	0.9572	1.1273	0.9789	1.0395	1.0198	1.0335	1.0937
福建	1.0910	1.0631	0.9952	1.0010	1.0095	0.9969	1.1411
江西	1.0548	1.0415	1.0547	0.9681	0.9784	0.9958	1.1647
山东	1.1968	1.0992	0.9783	1.0023	1.0118	1.0158	1.1638
河南	1.0565	1.0894	0.9288	1.0301	1.0037	0.9878	1.1635
湖北	1.0840	1.0603	0.9961	1.0223	1.0114	1.0313	1.1204
湖南	1.0336	1.0420	0.9390	0.9861	1.0264	1.0211	1.1348
广东	1.1201	1.0406	0.9550	1.0184	1.0152	1.0094	1.1299
广西	1.0956	0.9985	0.9825	0.9958	1.0132	0.9787	1.1311
四川	1.3566	1.0124	0.7880	0.8972	0.9483	0.9061	0.9544
贵州	1.0536	1.0789	0.9132	1.0367	0.9927	1.0320	1.1029
云南	0.9543	0.9269	0.8947	0.9988	0.9528	0.9527	1.2718
陕西	1.0360	1.0786	1.0561	0.9796	1.0001	1.0092	1.1640
甘肃	1.0588	1.0463	1.0387	1.0059	1.0087	1.0192	1.1611
青海	1.0830	1.0388	1.0385	1.0049	1.0407	1.0068	1.1760
宁夏	1.0171	1.0289	1.0469	0.9840	1.0473	0.9843	1.1582
新疆	1.0530	1.0109	1.0269	1.0082	0.9800	0.9998	1.1156

资料来源:根据相应数据计算得出。

表 9-5　　　　代表性年份 28 个省份的技术效率指数

省份	1990~1991年	1992~1993年	1997~1998年	2001~2002年	2005~2006年	2008~2009年	2011~2012年
北京	1.0435	0.9679	0.9921	1.0015	1.0318	1.0124	0.9982
天津	0.9913	0.9917	1.0368	1.0133	1.0105	1.0142	1.0144
河北	1.0035	0.9797	0.8907	0.9614	0.9944	1.0028	0.9865
山西	1.0004	1.0229	0.8295	0.9825	0.9816	0.9520	1.0199
内蒙古	0.9644	1.0925	1.0181	0.9218	0.9960	0.9852	1.0253
辽宁	1.0474	0.9802	1.1142	1.0053	0.9923	1.0116	0.9592
吉林	1.0013	0.9925	1.0729	0.9341	0.9551	0.9822	1.0483
黑龙江	1.0559	1.0526	0.9906	1.0219	0.9964	0.9956	0.9607
上海	1.0135	1.0799	1.0767	0.9147	0.9851	0.9789	0.9991
江苏	0.9982	1.0129	0.9555	1.0779	0.9976	1.0055	1.0074
浙江	1.0114	0.9866	0.9290	0.9665	0.9912	1.0070	0.9915
安徽	0.8849	1.0687	0.9562	0.9757	0.9987	1.0004	0.9558
福建	1.0617	1.0299	0.9987	0.9351	0.9880	0.9839	0.9910
江西	1.0284	0.9975	1.0202	0.9445	0.9629	0.9920	1.0238
山东	1.1359	1.0150	0.9506	0.9909	0.9889	1.0089	1.0067
河南	0.9806	0.9950	0.9113	1.0268	0.9822	0.9815	1.0053
湖北	1.0035	0.9963	0.9827	0.9811	0.9900	1.0130	0.9746
湖南	0.9538	0.9710	0.9548	0.9770	1.0048	0.9985	0.9882
广东	1.0701	0.9893	0.9322	0.9907	0.9932	1.0016	0.9759
广西	1.0065	0.9419	1.0080	0.9869	0.9917	0.9676	0.9795
四川	1.2491	0.9530	0.7833	0.8681	0.9285	0.8785	0.8333
贵州	0.9707	1.0152	0.8797	0.9765	0.9721	1.0024	0.9631
云南	0.9265	0.9016	0.9123	0.9799	1.0016	0.9898	1.0303
陕西	0.9883	1.0243	1.0215	0.9708	0.9780	1.0016	1.0046
甘肃	1.0108	0.9949	0.9889	0.9727	0.9859	1.0112	1.0033
青海	1.0276	0.9974	0.9459	0.9378	0.9948	0.9701	1.0749
宁夏	0.9673	0.9895	0.9669	0.9249	0.9821	0.9467	1.0598
新疆	1.0096	0.9529	0.9214	0.9536	0.9590	0.9823	1.0132

资料来源：根据相应数据计算得出。

表9-6　　　　代表性年份28个省份的技术进步指数

省份	1990~1991年	1992~1993年	1997~1998年	2001~2002年	2005~2006年	2008~2009年	2011~2012年
北京	1.0125	1.0474	1.0280	1.0262	1.0146	1.0066	1.1202
天津	1.0405	1.0772	1.0919	1.0470	1.0481	1.0177	1.1415
河北	1.0744	1.0676	1.0556	1.0484	1.0215	1.0174	1.1504
山西	1.0599	1.0546	1.1468	1.0853	1.0683	1.0421	1.0867
内蒙古	1.0583	1.0520	1.0745	1.0646	1.0608	1.0350	1.1450
辽宁	1.0150	1.1298	0.9763	1.0496	1.0207	0.9922	1.2067
吉林	1.0722	1.0521	1.0750	1.0591	1.0218	1.0068	1.1569
黑龙江	1.0531	1.0407	1.0842	1.0604	1.0214	1.0216	1.1488
上海	1.0618	1.0994	1.1641	1.1101	1.0646	1.0829	1.0531
江苏	1.0572	1.0803	1.0256	1.0174	1.0205	1.0067	1.1604
浙江	1.0693	1.0897	1.0255	1.0290	1.0230	1.0080	1.1562
安徽	1.0817	1.0548	1.0237	1.0654	1.0211	1.0331	1.1443
福建	1.0276	1.0322	0.9965	1.0704	1.0217	1.0132	1.1514
江西	1.0256	1.0441	1.0338	1.0249	1.0161	1.0038	1.1376
山东	1.0536	1.0829	1.0291	1.0115	1.0232	1.0068	1.1561
河南	1.0773	1.0949	1.0192	1.0032	1.0219	1.0064	1.1573
湖北	1.0802	1.0643	1.0136	1.0420	1.0216	1.0181	1.1496
湖南	1.0837	1.0731	0.9834	1.0094	1.0214	1.0226	1.1483
广东	1.0468	1.0518	1.0244	1.0279	1.0222	1.0078	1.1579
广西	1.0885	1.0601	0.9746	1.0090	1.0217	1.0115	1.1548
四川	1.0861	1.0623	1.0060	1.0335	1.0213	1.0315	1.1453
贵州	1.0854	1.0627	1.0381	1.0615	1.0212	1.0295	1.1451
云南	1.0300	1.0280	0.9806	1.0192	0.9512	0.9625	1.2344
陕西	1.0482	1.0530	1.0338	1.0090	1.0226	1.0075	1.1587
甘肃	1.0475	1.0517	1.0504	1.0342	1.0232	1.0079	1.1573
青海	1.0539	1.0416	1.0979	1.0715	1.0462	1.0378	1.0940
宁夏	1.0514	1.0398	1.0827	1.0638	1.0664	1.0397	1.0928
新疆	1.0430	1.0608	1.1145	1.0572	1.0219	1.0179	1.1010

资料来源：根据相应数据计算得出。

二、经济可持续发展的分解

上文将经济可持续发展分解成了五个指标：技术效率、技术进步、人力资本、物质资本和能源投入。其中，技术效率衡量了不同时点上生产边界的移动，技术进步衡量了技术进步对生产力的贡献，人力资本衡量了人力资本存量对生产力提高的效应，能源投入衡量了能源投入量对经济增长的贡献度。由于人力资本存量和能源投入量所代表的投入要素清晰直观，因此本章认为它们和技术效率、技术进步都是已知量。同时，由于物质资本投入的形式和种类繁多，且统计口径不一致，因而无法被准确地完整确定。并且，物质资本引致经济增长的方式复杂，单纯由上文估算的物质资本存量无法完整地衡量出其对经济增长的贡献。因此，本书认为物质资本存量对经济增长的贡献度为未知量，且将经济增长扣除技术效率、技术进步、人力资本存量和能源投入后无法解释的部分全部归入物质资本的贡献效应，相应数值须由其他指标根据公式（9.13）计算而得。表9-7给出了代表性年份我国总体以及东部、中部、西部地区的年平均经济增长指数及其绿色分解值。

表9-7 代表性年份我国经济增长指数及其绿色分解

项目		1990~1991年	1992~1993年	1997~1998年	2001~2002年	2005~2006年	2008~2009年	2011~2012年	均值
全国	GGR	1.1173	1.1454	1.0462	1.1066	1.1323	1.1171	1.1061	1.1131
	TE	1.0145	0.9997	0.9657	0.9712	0.9869	0.9885	0.9962	0.9918
	TP	1.0566	1.0625	1.0446	1.0432	1.0268	1.0177	1.1433	1.0342
	HC	1.0125	1.0071	0.9782	1.0319	1.0217	1.0421	1.0251	1.0308
	KC	1.0097	0.9991	1.0653	0.9780	0.9922	1.0084	0.9050	0.9861
	NC	1.0278	1.0753	1.0017	1.0870	1.1032	1.0581	1.0503	1.0762
	ML	1.0718	1.0623	1.0089	1.0128	1.0134	1.0057	1.1386	1.0253
东部	GGR	1.1512	1.1778	1.0540	1.1269	1.1417	1.1153	1.0986	1.1255
	TE	1.0366	1.0059	0.9736	0.9836	0.9978	1.0017	0.9967	0.9967
	TP	1.0493	1.0625	1.0490	1.0431	1.0288	1.0186	1.1386	1.0387
	HC	1.0220	0.9983	0.9679	1.0602	1.0213	1.0564	1.0329	1.0361
	KC	0.9928	0.9958	1.0540	0.9583	0.9915	0.9830	0.9090	0.9797
	NC	1.0477	1.1030	1.0170	1.0880	1.0989	1.0537	1.0327	1.0783
	ML	1.0874	1.0764	1.0230	1.0250	1.0266	1.0201	1.1348	1.0352

续表

项目		1990~1991年	1992~1993年	1997~1998年	2001~2002年	2005~2006年	2008~2009年	2011~2012年	均值
中部	GGR	1.0990	1.1391	1.0400	1.1018	1.1341	1.1244	1.1116	1.1136
	TE	0.9951	1.0085	0.9814	0.9832	0.9849	0.9919	0.9929	1.0000
	TP	1.0610	1.0625	1.0396	1.0444	1.0260	1.0163	1.1485	1.0336
	HC	1.0112	1.0144	0.9645	1.0035	1.0217	1.0358	1.0324	1.0275
	KC	0.9998	0.9846	1.0921	0.9972	1.0020	1.0193	0.9124	0.9926
	NC	1.0342	1.0637	0.9757	1.0763	1.0969	1.0575	1.0365	1.0639
	ML	1.0550	1.0763	1.0182	1.0267	1.0105	1.0079	1.1399	1.0328
西部	GGR	1.1032	1.1220	1.0446	1.0927	1.1221	1.1120	1.1079	1.1016
	TE	1.0121	0.9863	0.9446	0.9493	0.9790	0.9735	0.9987	0.9800
	TP	1.0592	1.0625	1.0453	1.0424	1.0256	1.0181	1.1428	1.0307
	HC	1.0051	1.0086	0.9998	1.0320	1.0219	1.0348	1.0117	1.0290
	KC	1.0338	1.0151	1.0512	0.9785	0.9840	1.0213	0.8948	0.9861
	NC	1.0042	1.0607	1.0115	1.0957	1.1126	1.0624	1.0784	1.0853
	ML	1.0729	1.0370	0.9879	0.9892	1.0040	0.9908	1.1409	1.0097

资料来源：根据相应数据计算得出。

第五节　外资引入、贸易扩张对中国经济可持续发展的影响

一、模型介绍

　　Tobit 模型由经济学家詹姆斯·托宾（James Tobin）于 1958 年提出，又称为样本选择模型、受限因变量模型，主要适用于被解释变量是受限值或片段值的回归分析。对于因变量受限出现被截取时，使用 Tobit 模型能够弥补普通最小二乘法直接回归出现的参数估计有偏和不一致的不足。随着经济学研究的不断深入，适用 Tobit 模型的分析情形日益增加，Tobit 模型在经济学领域的应用也得以日益加强。

本章内容研究对外贸易、FDI 对中国经济可持续发展的影响机制，被解释变量为经济增长的五个绿色分解指标，由上文计量结果可以看出其值是大于 0 的（为受限因变量），因而采用 Tobit 模型进行影响机制检验。

为检验对外贸易、FDI 对中国经济可持续发展的影响机制，构建模型如下：

$$\Delta W = \alpha_{i1} Q' + \alpha_{i2} FDI' + \alpha_{i3} Q' \times FDI' + \mu_i, \quad (i = 1, \cdots, 6) \quad (9.16)$$

其中，ΔW 为被解释变量，分别为绿色 TFP′（绿色全要素生产率指数）、TE′（技术效率指数）、TP′（技术进步指数）、HC′（人力资本指数）、KC′（物质资本指数）、NC′（能源效应指数）。Q′为对外贸易增长指数，分别为 MX′（进出口总额的增长指数）、EX′（出口总额的增长指数）、IM′（进口总额的增长指数）。FDI′为外商直接投资的增长指数。Q′×FDI′表示对外贸易和外商直接投资的交互影响项，分别为 MX′×FDI′（进出口与外资的交互影响）、EX′×FDI′（出口与外资的交互影响）、IM′×FDI′（进口与外资的交互影响）。μ_i 为残差项，包含除了对外贸易和外商直接投资以外对经济可持续发展产生影响的所有其他因素。

二、影响的实证检验

本节采用 Eviews7.2 软件检验进出口和外商直接投资对绿色全要素生产率指数 TFP 的影响。Tobit 模型回归结果如表 9-8～表 9-12。

表 9-8　进出口、FDI 的增长指数对绿色 TFP 的 Tobit 回归结果

项目	全国	东部	中部	西部
MX′	0.7655 ***	0.6081 ***	0.8159 ***	0.7917 ***
Z 统计量	63.711	21.779	46.370	44.406
FDI′	0.0358 ***	0.1742 ***	0.0186 *	0.0104
Z 统计量	4.7666	7.4481	1.8156	1.0636
Log likelihood	-7.9329	-21.753	38.720	13.826

注：***、**、* 分别表示在 1%、5%、10% 的水平上显著。

表 9-9　进出口、FDI 的增长指数对绿色 TFP 的 Tobit 回归结果（包含交互影响项）

项目	全国	东部	中部	西部
MX′	0.7752 ***	0.7977 ***	0.7951 ***	0.7834 ***
Z 统计量	123.37	85.951	69.782	80.543

续表

项目	全国	东部	中部	西部
FDI'	0.6784***	0.9339***	0.4817***	0.6296***
Z 统计量	41.499	51.452	16.930	22.754
MX'×FDI'	-0.5083***	-0.7264***	-0.3574***	-0.4762***
Z 统计量	-40.494	-45.295	-16.731	-22.807
Log likelihood	391.84	218.84	125.96	147.28

注：***、**、* 分别表示在 1%、5%、10% 的水平上显著。

表 9-10　进口、出口、FDI 的增长指数对绿色 TFP 的 Tobit 回归结果

项目	全国	东部	中部	西部
IM'	0.1605***	-0.0430	0.3362***	0.1651***
Z 统计量	7.1763	-0.8346	9.1564	5.3741
EX'	0.6087***	0.7027***	0.4582***	0.6270***
Z 统计量	26.239	12.194	11.865	20.227
FDI'	0.0295***	0.1450***	0.0163	0.0039
Z 统计量	3.7859	6.8978	1.4707	0.3430
Log likelihood	2.6887	4.6890	25.323	8.0633

注：***、**、* 分别表示在 1%、5%、10% 的水平上显著。

表 9-11　进口、出口、FDI 的增长指数对绿色 TFP 的 Tobit 回归结果（包含交互影响项）

项目	全国	东部	中部	西部
IM'	0.0595***	0.0840	0.3534***	0.0755***
Z 统计量	3.6994	1.3706	9.8699	3.3145
EX'	0.7375***	0.7442***	0.4064***	0.7581***
Z 统计量	40.493	10.342	10.492	28.228
FDI'	0.6125***	0.9475***	0.5717***	0.5875***
Z 统计量	34.870	47.363	20.419	19.645
IM'×FDI'	-0.0169***	-0.0917**	-0.1850***	-0.0068**
Z 统计量	-5.9932	-2.1757	-9.3107	-2.0771

续表

项目	全国	东部	中部	西部
EX′×FDI′	-0.4602***	-0.6690***	-0.2217***	-0.4838***
Z 统计量	-30.909	-13.390	-9.2759	-18.095
Log likelihood	337.66	237.89	137.32	126.46

注：***、**、*分别表示在1%、5%、10%的水平上显著。

表 9–12　　进口、出口、FDI 的增长指数对绿色 TFP 的 Tobit 回归结果（包含全部交互影响项）

项目	全国	东部	中部	西部
IM′	0.0868***	0.1493**	0.3007***	0.086750
Z 统计量	5.2653	2.4364	9.1043	5.2653
EX′	0.7160***	0.6780***	0.4696***	0.0750***
Z 统计量	39.310	9.5050	13.063	3.7064
FDI′	0.4948***	0.8223***	1.0298***	0.7575***
Z 统计量	18.009	22.094	14.524	31.746
IM′×FDI′	0.0381***	-0.0785*	-0.5081***	0.9896***
Z 统计量	3.6599	-1.9280	-10.153	3.6599
EX′×FDI′	-0.3643***	-0.5445***	-0.6396***	-0.8199***
Z 统计量	-16.010	-9.4513	-9.9666	-16.816
IM′×EX×FDI′	-0.0468***	-0.0271***	0.2919***	0.2289***
Z 统计量	-5.4792	-3.9299	6.9096	7.6583
Log likelihood	352.32	245.32	158.71	152.45

注：***、**、*分别表示在1%、5%、10%的水平上显著。

由以上计量结果可以看出，无论是全国整体还是东、中、西部，其进出口和外资都对绿色全要素生产率有显著影响。从全国范围看：进出口和外资对绿色 TFP 有正向影响，且进出口整体的影响更大；当把进口和出口分开考察时，发现出口对 TFP 的影响程度比进口大了三倍多，这也间接佐证了我国出口导向型经济的事实；当纳入交互影响项后，发现进出口和外资的交互影响项对绿色 TFP 有轻微负向影响，说明非自发的对外贸易或者外商投资都无法促进我国经济的可持续发展。从东部来看，进出口和外资在总体上也对东部的绿色 TFP 产生了正向影响，但在加入交互影响项后，这种影响在程度和方向上都产生了较大的变化，这说明东部的对外贸易和外资的关联关系非常强。从中部来看，无论是否将进口与出口分开、也无论是否加入交互影响项，中部的对外贸易和外资都对绿色 TFP 有较为显著的正向影响，并且对外贸易对绿色 TFP 的影响程度强于外资，这也说明制定更多优惠政策鼓励中部地区对外贸易的扩张将对中部地区经济可持续发展提供更大的帮助。从西部来看，一方面对外贸易和外资也始终对绿色 TFP 有正向影响，且这种正向影响在引入交互影响项后更为明显；另一方面，在把进口和出口分开之后可以发现，出口贸易对绿色 TFP 的影响程度明显高于进口，这也说明应该鼓励西部地区通过更为完善的出口贸易来发展经济。

三、影响的机制分析

由上一节的 Tobit 检验结果可以看出，外资和对外贸易对中国经济可持续发展有显著影响。而经济可持续发展被分解成了技术效率、技术进步、人力资本、物质资本和能源效应。那么，外资和对外贸易对经济可持续发展的这种影响是通过什么途径产生的呢？本节将把技术效率、技术进步、人力资本、物质资本和能源效应分别作为被解释变量，用外资和对外贸易对其分别进行 Tobit 回归，以弄清外资和对外贸易对经济可持续发展的影响机制。以下研究从全国和东部、中部、西部的视角来分别进行。

全国范围的影响机制检验结果如表 9-13 ~ 表 9-17 所示。

表 9-13　全国进口、出口、FDI 的增长指数对经济可持续发展的影响机制的 Tobit 回归结果

项目	TE	TP	HC	KC	NC
MX′	0.7492***	0.7718***	0.7812***	0.7415***	0.8185***
Z 统计量	65.740	65.080	67.102	62.946	68.034
FDI′	0.0279***	0.0367***	0.0276***	0.0297***	0.0284***
Z 统计量	3.9181	4.9481	3.7886	4.0327	3.7706
Log likelihood	24.659	0.1916	11.571	4.2753	-8.6478

注：***、**、* 分别表示在 1%、5%、10% 的水平上显著。

表 9–14　全国进口、出口、FDI 的增长指数对经济可持续发展的影响机制的 Tobit 回归结果

项目	TE	TP	HC	KC	NC
IM′	0.1534 ***	0.1629 ***	0.1548 ***	0.1588 ***	0.1599 ***
Z 统计量	7.2344	7.4042	7.1823	7.2228	7.2068
EX′	0.5992 ***	0.6128 ***	0.6300 ***	0.5862 **	0.6625 ***
Z 统计量	27.245	26.848	28.175	25.700	28.781
FDI′	0.0221 ***	0.0301 ***	0.0219 ***	0.0234 ***	0.0225 ***
Z 统计量	2.9983	3.9261	2.9166	3.0499	2.9114
Log likelihood	35.588	12.697	25.386	13.180	7.4575

注：***、**、* 分别表示在 1%、5%、10% 的水平上显著。

表 9–15　全国进出口、FDI 的增长指数对经济可持续发展的 Tobit 回归结果（包含交互影响项）

项目	TE	TP	HC	KC	NC
MX′	0.7585 ***	0.7814 ***	0.7905 ***	0.7508 ***	0.8278 ***
Z 统计量	130.11	127.98	128.67	115.86	120.70
FDI′	0.6424 ***	0.6745 ***	0.6480 ***	0.6470 ***	0.6485 ***
Z 统计量	42.355	42.468	40.543	38.377	36.351
MX′×FDI′	−0.4860 ***	−0.5045 ***	−0.4907 ***	−0.4882 ***	−0.4905 ***
Z 统计量	−41.736	−41.369	−39.988	−37.719	−35.810
Log likelihood	438.07	409.60	405.74	372.89	337.99

注：***、**、* 分别表示在 1%、5%、10% 的水平上显著。

表 9–16　全国进口、出口、FDI 的增长指数对经济可持续发展的 Tobit 回归结果（包含交互影响项）

项目	TE	TP	HC	KC	NC
IM′	0.0557 ***	0.0603 ***	0.0540 ***	0.0592 ***	0.0602 ***
Z 统计量	3.6952	3.8761	3.4334	3.6121	3.5599
EX′	0.7237 ***	0.7437 ***	0.7587 ***	0.7131 ***	0.7898 ***
Z 统计量	42.398	42.238	42.644	38.407	41.262
FDI′	0.5784 ***	0.6094 ***	0.5811 ***	0.5860 ***	0.5836 ***
Z 统计量	35.132	35.885	33.869	32.728	31.616

续表

项目	TE	TP	HC	KC	NC
IM′×FDI′	-0.0157***	-0.0160***	-0.0149***	-0.0156***	-0.0154***
Z 统计量	-5.9352	-5.8794	-5.4014	-5.4311	-5.2011
EX′×FDI′	-0.4398***	-0.4586***	-0.4437***	-0.4454***	-0.4443***
Z 统计量	-31.516	-31.855	-30.502	-29.339	-28.396
Log likelihood	377.57	358.46	352.09	325.77	307.05

注：***、**、* 分别表示在 1%、5%、10% 的水平上显著。

表 9-17　全国进口、出口、FDI 的增长指数对经济可持续发展的 Tobit 回归结果（全部交互影响项）

项目	TE	TP	HC	KC	NC
IM′	0.0839***	0.0890***	0.0868***	0.0834***	0.1004***
Z 统计量	5.4619	5.6126	5.4671	4.9388	5.9400
EX′	0.7015***	0.7211***	0.7327***	0.6940***	0.7580***
Z 统计量	41.313	41.138	41.723	37.159	40.574
FDI′	0.4567***	0.4854***	0.4391***	0.4815***	0.4100***
Z 统计量	17.827	18.357	16.572	17.090	14.547
IM′×FDI′	0.0412***	0.0419***	0.0515***	0.0332***	0.0657***
Z 统计量	4.2468	4.1861	5.1353	3.1150	6.1586
EX′×FDI′	-0.3406***	-0.3575***	-0.3278***	-0.3601***	-3.0280***
Z 统计量	-16.055	-16.325	-14.941	-15.434	-12.973
IM′×EX′×FDI′	-0.0484***	-0.0493***	0.0565***	-0.0415***	-0.0690***
Z 统计量	-6.0804	-6.0004	-6.8627	-4.7474	-7.8835
Log likelihood	395.52	375.95	374.78	336.83	336.66

注：***、**、* 分别表示在 1%、5%、10% 的水平上显著。

从全国范围来看，(1) 技术效率方面：FDI 和对外贸易都对技术效率 TE 有显著正向影响，且对外贸易比 FDI 对技术效率的正效应更大；在对外贸易按进口和出口分开考虑后三者也都表现出明显的正影响，且出口的正效应大于进口，这说明对外贸易和外商直接投资都促进了我国技术效率的提高，且出口对于我国技术效率的提高更为明显；在加入交互影响项后，对外贸易与外资的交互影响项对技术效率都表现出了明显的负效应，说明这种非自发的对外贸易或者外商直接投资都无法促进技术效率的提高。(2) 技术进步方面：FDI 和对外贸易都对技术进步 TP 有显著正效应，说明对外贸易和外商直接投资也促进了我国技术进步。同时，从计量结果也可以看出，FDI 的正向影响弱于对外贸易，这是因为 FDI 产生知识溢出效应的作用效果归根结底取决于国内企业与外资企业之间的关联度，即国内企业参与跨国公司全球价值链分工中去的能力。而目前在吸引 FDI 较多的产业中，相当多的企业都是"三来一补"，利用了我国的优惠政策和廉价劳动力，而技术溢出比较少，因此，FDI 的技术溢出效果不明显。在加入交互影响项后，所有的交互影响项都对技术进步表现出了负向影响，意味着在对外经贸往来中，技术进步也只存在于自发的对外贸易或外商投资中。(3) 人力资本方面：对外贸易和外商直接投资对人力资本 HC 表现出非常显著的正向影响，而且出口的正效应大于进口，这可能是因为为了满足国际上对我国出口商品日益提高的技术品质的要求，国内提高了人力资本门槛，提高了员工在素质和能力上的要求，从而间接促进了我国人力资本水平的提高。(4) 物质资本方面：FDI 和对外贸易对我国物质资本 KC 也产生了正向影响，说明对外贸易和外商直接投资促进了我国物质资本存量的增加；在加入交互影响项之后，所有的交互影响项对应的系数都为负数，说明无论是被贸易引致而来的投资还是被投资引致出的贸易都无法使物质资本存量得到增加。(5) 能源效应方面：FDI 和对外贸易都对能源效应 NC 有显著正向影响关系，说明我国对外经贸活动所涉及的行业对能源的利用程度都较高，尤其是以出口为主的行业对能源的正向效应很大；在加入了交互影响项之后，所有的交互影响项都会对能源效应表现出负相关关系，且 FDI 的系数比未考虑交互影响时有显著增大，这说明自发吸引 FDI 较多的行业本身对能源的需求也较大，而因为与对外贸易有交互影响关系从而被动吸引 FDI 的行业则对能源的需求很小甚至为负。客观来说，由于对外贸易和外商直接投资增加了对能源的利用，因而对我国的资源和环境产生了不利影响。

总体来说，在全国层面上，外资和对外贸易都促进了我国技术效率、技术进步、人力资本、物质资本和能源效应的增加，并且通过五者的共同作用，统一为我国绿色全要素生产率的提高贡献了力量。

东部地区的影响机制检验结果如表 9-18~表 9-22。

表 9-18 东部进出口、FDI 的增长指数对经济可持续发展的影响机制的 Tobit 回归结果

项目	TE	TP	HC	KC	NC
MX′	0.6006***	0.6124***	0.6314***	0.5913***	0.6529***
Z 统计量	22.503	21.953	22.062	22.036	22.763

续表

项目	TE	TP	HC	KC	NC
FDI′	0.1537***	0.1724***	0.1523***	0.1499***	0.1649***
Z统计量	6.8788	7.3783	6.3551	6.6688	6.8647
Log likelihood	-12.800	-21.571	-26.648	-13.886	-27.065

注：***、**、*分别表示在1%、5%、10%的水平上显著。

表9-19　东部进口、出口、FDI的增长指数对经济可持续发展的影响机制的 Tobit 回归结果

项目	TE	TP	HC	KC	NC
IM′	-0.0380	-0.0566	-0.0715	-0.0350	-0.0646
Z统计量	-0.7782	-1.1134	-1.3814	-0.7073	-1.2644
EX′	0.6892***	0.7226***	0.7590***	0.6758***	0.7763***
Z统计量	12.614	12.697	13.094	12.195	13.577
FDI′	0.1249***	0.1427***	0.1220***	0.1216***	0.1323***
Z统计量	6.2688	6.8748	5.7679	6.0157	6.3434
Log likelihood	15.255	7.1687	3.5344	12.429	6.2422

注：***、**、*分别表示在1%、5%、10%的水平上显著。

表9-20　东部进出口、FDI的增长指数对经济可持续发展的 Tobit 回归结果（包含交互影响项）

项目	TE	TP	HC	KC	NC
MX′	0.7832***	0.8045***	0.8251***	0.7728***	0.8453***
Z统计量	96.471	103.13	83.637	83.221	79.349
FDI′	0.8856***	0.9421***	0.9283***	0.8771***	0.9359***
Z统计量	55.777	61.749	48.114	48.294	44.923
MX′×FDI′	-0.6997***	-0.7359***	-0.7419***	-0.6953***	-0.7371***
Z统计量	-49.881	-54.595	-43.523	-43.331	-40.048
Log likelihood	245.35	253.25	206.76	218.74	191.59

注：***、**、*分别表示在1%、5%、10%的水平上显著。

表9-21　东部进口、出口、FDI的增长指数对经济可持续发展的Tobit回归结果（包含交互影响项）

项目	TE	TP	HC	KC	NC
IM′	0.0996*	0.0461	0.0392	0.1611**	-0.0469
Z统计量	1.9254	0.9185	0.5976	2.5695	-0.6710
EX′	0.7100***	0.7933***	0.8193***	0.6269***	0.9417***
Z统计量	11.682	13.460	10.625	8.5113	11.477
FDI′	0.8950***	0.9463***	0.9223***	0.8929***	0.9068***
Z统计量	52.966	57.753	43.020	43.602	39.754
IM′×FDI′	-0.0993***	-0.0745**	-0.0802*	-0.1410***	-0.0139
Z统计量	-2.7880	-2.1565	-1.7754	-3.2667	-0.2889
EX′×FDI′	-0.6282***	-0.6912***	-0.6810***	-0.5782***	0.7371***
Z统计量	-14.885	-16.891	-12.719	-11.306	-12.940
Log likelihood	271.31	277.41	224.19	232.26	211.90

注：***、**、*分别表示在1%、5%、10%的水平上显著。

表9-22　东部进口、出口、FDI的增长指数对经济可持续发展的Tobit回归结果（全部交互影响项）

项目	TE	TP	HC	KC	NC
IM′	0.1847***	0.1085**	0.1372**	0.2174***	0.0979
Z统计量	3.7752	2.1927	2.1711	4.4264	1.5822
EX′	0.5238***	0.7301***	0.7201***	0.5699***	0.7951***
Z统计量	10.958	12.675	9.7920	7.7178	11.041
FDI′	0.7322***	0.8268***	0.7348***	0.7851***	0.6297***
Z统计量	24.645	27.508	19.148	20.375	16.759
IM′×FDI′	-0.0821**	-0.0619*	-0.0605	-0.1296***	0.0153
Z统计量	-2.5259	-1.8810	-1.4397	-3.0734	0.3714
EX′×FDI′	-0.4662***	-0.5723***	-0.4944***	-0.4710***	-0.4615***
Z统计量	-10.138	-12.302	-8.3248	-7.8974	-7.9349
IM′×EX′×FDI′	-0.0353***	-0.0259***	-0.0406***	-0.0233***	-0.0600***
Z统计量	-6.4065	-4.6479	-5.7114	-3.2695	-8.6182
Log likelihood	289.96	287.66	239.29	238.47	243.43

注：***、**、*分别表示在1%、5%、10%的水平上显著。

从东部地区来看，(1) 技术效率方面：出口贸易和 FDI 都对东部地区的技术效率 TE 产生了显著正向影响，进口贸易对技术效率产生了极不显著的负向影响；在加入交互影响项后，FDI 与对外贸易的交互影响对技术效率表现出显著的负相关关系，且 FDI 的系数也有显著增加甚至超过了对外贸易的系数，这说明东部地区单纯的外商直接投资比单纯的对外贸易更能促进其技术效率的提高，这也得益于东部地区实行了较早的对外开放以及对外资的高吸引度。(2) 技术进步方面：进口对技术进步 TP 的作用并不明显，而出口贸易和 FDI 却明显促进了我国东部地区的技术进步，尤其是 FDI 的系数接近于 1，说明作为一种重要的外源技术进步渠道，FDI 是东道国技术进步的重要推动器。具体来讲，这种推动作用可以通过技术转移、技术创新、技术外溢等方式实现：在技术转移上，跨国公司转移给海外子公司的技术水平要高于东道国，且这种技术往往与当地能力可能更为契合，从而有利于发挥东道国现存的比较优势；在技术创新上，一般认为，发展中东道国大都吸收了一些应用型 R&D 投资，这样不仅可以在本国形成代表研发主流的科技力量，还有助于东道国加入动态的全球技术进步进程中来，从而有助于实现本国技术跨越式发展；在技术外溢上：跨国公司的生产和服务活动，使知识、技术等无形资产非自愿地向东道国扩散，从而促进了东道国企业技术水平、研发能力、管理水平和人才素质等的提升，并进而提高了东道国的自主创新能力和经济增长。(3) 人力资本方面：FDI 和对外贸易对东部地区人力资本 HC 具有显著的正向影响，且在加入交互影响项之后，这种影响的程度更深，说明自发的对外贸易和外商直接投资都对东部地区人力资本的增加有促进作用。事实上，东道国人力资本要素是对外贸易和 FDI 能否促进其技术进步和经济增长的决定性因素，对外贸易和 FDI 只有和人力资本相结合的情况下才能有效地产生技术外溢。(4) 物质资本方面：FDI 和对外贸易都对物质资本 KC 产生了正向影响；加入交互影响项后，FDI 和对外贸易的系数都发生了变化，且 FDI 的系数变化更大，说明对外贸易和外资的交互影响对 FDI 的影响更大，东部地区自主吸引外商直接投资的能力小于自主开展对外贸易的能力；当把进出口分开考虑后发现，出口贸易一直对物质资本表现出显著的正相关关系，而进口贸易的这种相关关系方向不定且并未持续显著，这说明出口贸易比进口贸易对物质资本存量增加的促进作用更强。(5) 能源效应方面：FDI 和对外贸易对能源投入效应 NC 有显著正向影响，说明总体上这两者都不利于东部地区资源节约型社会的建设；FDI 的系数在考虑了交互影响之后显著增大，说明自发地吸引外商直接投资对资源和环境的损害更强，由贸易引致的 FDI 则在一定程度上对这种损害产生了部分削减作用；出口对能源的影响一直显著为正，进口对能源的影响则不显著甚至为负，这是因为东部地区多数出口企业所从事的都是资源密集型产品的加工制作，生产过程中对资源和能源的消耗量大，产生环境污染多，对环境造成了恶劣影响。

总体来说，外资和对外贸易对东部地区的技术效率、技术进步、人力资本、物质资本和能源投入都产生了正向影响，其中进口对物质资本存量的促进作用最大，出口对能源投入的影响最大，FDI 对技术进步的正效应最大。因此，对于东部地区，应该增加进口和 FDI，同时减少对资源和能源需求量大的企业的出口，以促进东部地区经济的可持续发展。

中部地区的影响机制检验结果如表 9 – 23 ~ 表 9 – 27 所示。

表 9 – 23　　中部进出口、FDI 的增长指数对经济可持续发展的影响机制的 Tobit 回归结果

项目	TE	TP	HC	KC	NC
MX′	0.8008 ***	0.8179 ***	0.8251 ***	0.7960 ***	0.8617 ***
Z 统计量	48.164	47.922	52.745	44.287	55.123
FDI′	0.0101	0.0181 *	0.0103	0.0076	0.0072
Z 统计量	1.0464	1.8255	1.1334	0.7263	0.7960
Log likelihood	49.938	44.757	62.015	34.517	62.152

注：*** 、** 、* 分别表示在 1%、5%、10% 的水平上显著。

表 9 – 24　　中部进口、出口、FDI 的增长指数对经济可持续发展的影响机制的 Tobit 回归结果

项目	TE	TP	HC	KC	NC
IM′	0.3150 ***	0.3488 ***	0.3352 ***	0.3275 ***	0.3472 ***
Z 统计量	8.9371	9.8144	9.9744	8.8334	10.204
EX′	0.4646 ***	0.4480 ***	0.4678 ***	0.4484 ***	0.4912 ***
Z 统计量	12.543	11.995	13.245	11.509	13.736
FDI′	0.0088	0.0152	0.0085	0.0051	0.0056
Z 统计量	0.82450	1.4123	0.8359	0.4577	0.5440
Log likelihood	33.617	31.984	43.041	23.605	40.588

注：*** 、** 、* 分别表示在 1%、5%、10% 的水平上显著。

表 9-25　中部进出口、FDI 的增长指数对经济可持续发展的 Tobit 回归结果（包含交互影响项）

项目	TE	TP	HC	KC	NC
MX′	0.7813***	0.7977***	0.8067***	0.7759***	0.8442***
Z 统计量	71.424	72.115	78.791	62.136	77.648
FDI′	0.4427***	0.4671***	0.4189***	0.4547***	0.3957***
Z 统计量	16.204	16.908	16.382	14.580	14.572
MX′×FDI′	-0.3338***	-0.3465***	-0.3153***	-0.3450***	-0.2998***
Z 统计量	-16.276	-16.706	-16.425	-14.737	-14.706
Log likelihood	134.02	131.82	147.13	107.82	135.24

注：***、**、*分别表示在 1%、5%、10% 的水平上显著。

表 9-26　中部进口、出口、FDI 的增长指数对经济可持续发展的 Tobit 回归结果（包含交互影响项）

项目	TE	TP	HC	KC	NC
IM′	0.3530***	0.3638***	0.3836***	0.3584***	0.3941***
Z 统计量	10.307	10.488	11.877	9.2394	11.071
EX′	0.3913***	0.3995***	0.3844***	0.3824***	0.4103***
Z 统计量	10.560	10.646	11.002	9.1139	10.655
FDI′	0.5395***	0.5510***	0.5161***	0.5427***	0.4977***
Z 统计量	20.139	20.312	20.433	17.889	17.877
IM′×FDI′	-0.1898***	-0.1774***	-0.1892***	-0.1877***	-0.1836***
Z 统计量	-9.9844	-9.2122	-10.556	-8.7161	-9.2947
EX′×FDI′	-0.1970***	-0.2152***	-0.1797***	-0.2048***	-0.1740***
Z 统计量	-8.6174	-9.2946	-8.3360	-7.9106	-7.3219
Log likelihood	146.09	143.58	157.71	121.45	138.47

注：***、**、*分别表示在 1%、5%、10% 的水平上显著。

表 9-27　中部进口、出口、FDI 的增长指数对经济可持续发展的 Tobit 回归结果（全部交互影响项）

项目	TE	TP	HC	KC	NC
IM′	0.3007***	0.3228***	0.3323***	0.3064***	0.3567***
Z 统计量	9.6073	10.254	11.382	8.3924	10.272

续表

项目	TE	TP	HC	KC	NC
EX′	0.4541***	0.4501***	0.4460***	0.4449***	0.4552***
Z 统计量	13.331	13.137	14.036	11.195	12.042
FDI′	0.9946***	0.9847***	0.9624***	0.9949***	0.8227***
Z 统计量	14.803	14.584	15.356	12.694	11.035
IM′×FDI′	−0.5108***	−0.4852***	−0.5040***	−0.5066***	−0.4129***
Z 统计量	−10.771	−10.175	−11.393	−9.1579	−7.8459
EX′×FDI′	−0.6122***	−0.6099***	−0.5868***	−0.6174***	−0.4705***
Z 统计量	−10.067	−9.9727	−10.346	−8.7036	−6.9725
IM′×EX′×FDI′	0.2900***	0.2771***	0.2844***	0.2882***	0.2071***
Z 统计量	7.2442	6.8829	7.6151	6.1711	4.6622
Log likelihood	169.36	168.26	183.14	138.87	148.78

注：***、**、*分别表示在1%、5%、10%的水平上显著。

从中部地区来看，（1）技术效率方面：无论是总体进出口还是单独的进口和出口都对中部地区的技术效率 TE 产生了显著的正向影响，但是 FDI 对技术效率的影响并不显著，这可能是由于中部地区在对外经贸活动中贸易往来强于外商直接投资所致；在加入了交互影响项之后，FDI 对技术效率的影响变为显著正相关关系，这说明中部地区自发吸收的外商投资或者外商自发对中部地区的投资都对中部地区技术效率的提高有促进作用，而一切非自发的贸易或投资都不利于中部地区技术效率的提高。（2）技术进步方面：FDI 和对外贸易对技术进步 TP 的影响与技术效率的影响相似，相比之下，对技术进步的影响程度更深，尤其是在加入交互影响项之后，FDI 对技术进步的系数显著增加，说明自发地吸引外商投资对中部地区技术进步有很大的促进作用，这可能与 FDI 的技术外溢有关。具体来讲，由于在技术和管理制度等方面的差距，国内企业通过对外资企业新技术、新产品、生产流程、管理经验和管理制度的模仿和学习（即"干中学"）从而提高自身的技术与管理水平。其中尤为突出的是，跨国公司在企业管理方面有一整套的成熟制度和先进理念，可以为东道国企业管理提供有益的借鉴。同时，拥有先进技术的跨国公司的加入，加剧了国内市场的竞争程度，促使国内企业加大研发投入，加速技术与设备的更新升级，提高竞争能力；而跨国公司为了保持竞争优势，也需要使用更多、更先进的技术，从而可能产生更多的外溢效应。（3）人力资本方面：总体上对外贸易显著促进了中部地区人力资本 HC 的增加，但是 FDI 对人力资本的影响效应并不显著；在加入了交互影响项之后，FDI 的系数变得很显著,这说明外资与对外贸易的交互影响对贸易本身的影响不大,但对外资的影响很大,而自发吸引的外商直接投资可以显著促进人力资本的提高;外资与对外贸易的交互影响项系数为负,说明由对外贸易引致的外商直接投资或者因外商直接投资引致的对外贸易都无法促进中部地区人力资本水平的提高。(4) 物质资本方面:加入交互影响项之前,无论是进出口总体还是单独的进口或者出口都对物质资本存量 KC 产生了显著正向影响,而 FDI 则对物质资本的影响不显著;加入交互影响项之后,交互影响项的系数显著为负,而 FDI 的系数则显著为正,这说明自发的外商直接投资对中部地区物质资本存量的积累有正效应,这可能是因为中部地区本身存在着大量的低质存量资产,通过引入 FDI,特别是以并购方式引入的 FDI,有可能将部分低质资产变成优质资产,并通过良性循环使资本存量越来越大。(5) 能源效应方面:是否加入交互影响项对于对外贸易对能源效应 NC 的影响几乎没有改变,但对于外资对能源效应的影响则变化很大,这种变化不仅体现在系数值的大小上,还体现在系数的显著性上,这说明外资和对外贸易的交互影响与中部地区吸引 FDI 的政策和方式具有很大的相关性;自发的对外贸易和 FDI 都加剧了中部地区对能源的利用,这不利于中部地区社会生态环境的建设,也不利于中部地区经济的可持续发展。

总体来说,FDI 和对外贸易对中部地区的技术效率、技术进步、人力资本、物质资本和能源投入都产生了正向影响,其中进口和出口都对能源效应的正向影响最大,FDI 对物质资本的促进作用最大。因此,中部地区应该合理规划好对外贸易和引资政策,减少对资源和能源消耗量大行业的对外经贸活动,鼓励更多外资投入到本身具有低质资产的国内市场,从而取其精华、去其糟粕,以达到促进中部地区经济可持续发展的目标。

西部地区的影响机制检验结果如表 9-28 ~ 表 9-32 所示。

表 9-28　　西部进出口、FDI 的增长指数对经济可持续发展的影响机制的 Tobit 回归结果

项目	TE	TP	HC	KC	NC
MX′	0.7749***	0.8065***	0.8157***	0.7723***	0.8630***
Z 统计量	45.884	45.91900	47.456	43.521	46.500
FDI′	0.0054	0.0121	0.0046	0.0104	0.0044
Z 统计量	0.5829	1.2512	0.4817	1.0642	0.4308
Log likelihood	25.747	17.121	21.874	14.864	4.9932

注:***、**、* 分别表示在 1%、5%、10% 的水平上显著。

表 9-29　西部进口、出口、FDI 的增长指数对经济可持续发展的影响机制的 Tobit 回归结果

项目	TE	TP	HC	KC	NC
IM′	0.1583***	0.1660***	0.1607***	0.1582***	0.1623***
Z 统计量	5.4133	5.4890	5.4431	5.1117	5.1100
EX′	0.6164***	0.6408***	0.6549***	0.6129***	0.7001***
Z 统计量	20.891	20.992	21.977	19.627	21.840
FDI′	-0.0004	0.0056	-0.0010	0.0049***	-0.0004
Z 统计量	-0.0396	0.5105	-0.0915	0.4309	-0.0307
Log likelihood	18.927	11.444	16.746	6.4372	0.6999

注：***、**、* 分别表示在1%、5%、10% 的水平上显著。

表 9-30　西部进出口、FDI 的增长指数对经济可持续发展的 Tobit 回归结果（包含交互影响项）

项目	TE	TP	HC	KC	NC
MX′	0.7668***	0.7983***	0.8075***	0.7641***	0.8547***
Z 统计量	89.834	85.200	91.849	76.674	78.635
FDI′	0.6093***	0.6277***	0.6166***	0.6189***	0.6279***
Z 统计量	25.089	23.550	24.653	21.826	20.306
MX′×FDI′	-0.4644***	-0.4735***	-0.4707***	-0.4679***	-0.4795***
Z 统计量	-25.345	-23.541	-24.942	-21.873	-20.552
Log likelihood	176.01	155.52	169.53	141.94	122.86

注：***、**、* 分别表示在1%、5%、10% 的水平上显著。

表 9-31　西部进口、出口、FDI 的增长指数对经济可持续发展的 Tobit 回归结果（包含交互影响项）

项目	TE	TP	HC	KC	NC
IM′	0.0693***	0.0762***	0.0680***	0.0737***	0.0677***
Z 统计量	3.3546	3.4529	3.2128	3.0904	2.7414
EX′	0.7465***	0.7722***	0.7903***	0.7368***	0.8382***
Z 统计量	30.633	29.678	31.679	26.196	28.767
FDI′	0.5689***	0.5856***	0.5722***	0.5783***	0.5894***
Z 统计量	20.967	20.210	-1.7694	18.465	18.167

续表

项目	TE	TP	HC	KC	NC
IM′×FDI′	-0.0062**	-0.0065**	-0.0054***	-0.0076**	-0.0058
Z统计量	-2.0909	-2.0598	-1.7694*	-2.2312	-1.6255
EX′×FDI′	-0.4728***	-0.4812***	-0.4778***	-0.4733***	-0.4912***
Z统计量	-19.491	-18.575	-19.239	-16.904	-16.933
Log likelihood	147.85	133.41	142.66	116.29	108.52

注：*** 、** 、* 分别表示在1%、5%、10%的水平上显著。

表9-32　西部进口、出口、FDI 的增长指数对经济可持续发展的 Tobit 回归结果（全部交互影响项）

项目	TE	TP	HC	KC	NC
IM′	0.0689***	0.0757***	0.0675***	0.0732***	0.0673***
Z统计量	3.7535	3.9763	3.6930	3.4183	2.9435
EX′	0.7460***	0.7716***	0.7898***	0.7362***	0.8377***
Z统计量	34.471	34.384	36.654	29.145	31.069
FDI′	0.9345***	1.0153***	0.9826***	0.9819***	0.9499***
Z统计量	17.511	18.347	18.493	15.764	14.286
IM′×FDI′	-0.2549***	-0.2988***	-0.2845***	-0.2822***	-0.2509***
Z统计量	-7.8437	-8.8688	-8.7948	-7.4403	-6.1981
EX′×FDI′	-0.7785***	-0.8405***	-0.8210***	-0.8108***	-0.7925***
Z统计量	-17.198	-17.905	-18.216	-15.346	-14.052
IM′×EX′×FDI′	0.2081***	0.2446***	0.2336***	0.2297***	-0.2051***
Z统计量	7.6779	8.7037	8.6571	7.2626	6.0755
Log likelihood	173.96	165.96	174.91	139.94	125.58

注：*** 、** 、* 分别表示在1%、5%、10%的水平上显著。

从西部地区来看，(1) 技术效率方面：无论是总体进出口还是单独的进口或者出口都对西部地区的技术效率 TE 有显著正向影响，而外资对技术效率的影响却不显著，这可能是因为西部地区与中亚等地区的贸易往来密切，而接受外商直接投资较少；在加入了交互影响项之后，对外贸易对应的系数没有太大的变化，而 FDI 对应的系数则显著为正，这说明西部地区对外贸易与外资的交互影响对吸引外资的影响更大；交互影响项的系数为负，说明无论是由于对外贸易而引致的外商直接投资还是由于外商直接投资而引致的对外贸易，这种非自发的对外经贸活动都无法提高西部地区的技术效率。(2) 技术进步方面：在加入交互影响项之前，对外贸易对西部地区技术进步 TP 的影响显著为正，且出口的正效应比进口大，而外资对技术进步的影响不显著；加入交互影响项之后，外资对技术进步也表现出显著的正向影响，说明西部地区自发吸引的外商直接投资可以促进西部地区的技术进步，这是因为拥有先进技术的跨国公司的进入，加剧了国内市场的竞争程度，促使国内企业加大研发投入，加速技术与设备的更新升级，提高竞争能力；而跨国公司为了保持竞争优势，也需要使用更多、更先进的技术，从而可能产生更多的外溢效应。也就是说，竞争可以迫使跨国公司以技术换市场。(3) 人力资本方面：落后的西部地区本身人力资本存量就很低，加入交互影响项之后，自发的对外贸易和 FDI 对西部地区人力资本 HC 的正向影响都很大，尤其是 FDI 的系数几乎接近于1，说明人力资本是 FDI 技术外溢的重要渠道。这是因为劳动力市场是新技术向东道国扩散的主要途径。(4) 物质资本方面：将进出口分成进口和出口后发现，进口、出口和 FDI 都对西部地区物质资本存量 KC 表现出显著的正向影响，其中出口对应的系数最大，说明出口对于物质资本存量的增加更有利，这得益于为了出口更多的合格产品，当地企业不得不增加物质资本的投入以用更为先进的设备、更为完善的管理系统等满足国外需求，而通过出口得到的利润回报又能继续用于物质资本的投入，从而使得物质资本存量在良性循环中如"滚雪球"般越滚越大。(5) 能源效应方面：加入交互影响项之前，对外贸易对西部地区能源投入效应 NC 表现出显著的正相关关系，外资的系数则不显著；考虑了外资和对外贸易的交互影响之后，对外贸易对能源投入效应的影响变化不大，而外资对能源投入效应的影响则变为显著的正向影响，同时所有的交互影响项对应的系数都为负数且在1%的水平上显著，说明自发吸引的外商直接投资对西部地区能源的消耗量大，而由于对外贸易引致的 FDI 或由于 FDI 引致的对外贸易则不但不会消耗能源，反而对能源投入有负相关关系；西部地区自发的国际间贸易往来损害了西部地区资源和环境的可持续性。

总体来说，进口贸易和出口贸易对西部地区的技术效率、技术进步、人力资本、物质资本和能源效应都有显著正向影响，而 FDI 对这五者的影响在考虑交互影响项之后才会显著，说明对外贸易和自发吸引的外商直接投资通过以上五方面对西部地区经济的可持续发展产生了影响。其中，进口对这五方面的影响程度接近且都较小，出口对能源投入效应的影响程度最大，FDI 对技术进步的影响程度最大（横向上大于 FDI 对东部和中部地区的影响程度，且高于全国平均水平），说明西部地区应该适当减少对资源和能源密集型产品的出口，同时完善引资政策以吸引更多的外商直接投资。

第六节 结论与政策

一、结论

基于非参数 DEA 模型将中国绿色经济增长进行了五部分的分解，运用全国 28 个省份 21 年的空间面板数据，借助 MaxDEA Pro5.2 软件计算出我国分省 ML 指数，并以此为基础对我国分省绿色全要素生产率及其分量进行了测算，最后分别在全国及东部、中部、西部视角上对 FDI、对外贸易关于绿色 TFP 及其分解值进行了 Tobit 回归，分析出外资与对外贸易对我国经济可持续发展的影响及其传导机制，为我国经济可持续发展的研究提供了一定的补充。研究结论如下：

（1）本书借助 MaxDEA Pro5.2 软件对我国分省 ML 指数及其分量进行了测算，总体上我国绿色全要素生产率在不断提高。对于 ML 指数来说：在 1990～2012 年的 23 年间，平均 ML 指数最大的省份是上海 1.0822，最小的省份是四川 0.9670，全国平均 ML 指数为 1.0253。对于技术效率指数 TE 来说：历年平均 TE 指数最大的省份是安徽 1.0101，最小的省份是四川 0.9423，全国历年平均 TE 指数为 0.9918。对于技术进步指数 TP 来说：TP 指数出现大于 1 次数最多的省份是上海（21 次），次数最少的省份是云南（11 次），各省份总体平均出现大于 1 的次数为 17.89 次，TP 的空间面板数据中最大值为 1.2344，最小值为 0.9007，全国历年平均 TP 指数为 1.0342。总体来说，TP 指数比 TE 指数大，说明我国技术进步的提高比技术效率的提高更为明显，技术进步对我国绿色全要素生产率的增加贡献更大。

（2）本书基于非参数的 DEA 模型对经济可持续发展进行了五部分的分解，分别是技术效率、技术进步、人力资本、物质资本和能源投入（其中技术效率和技术进步为 ML 指数的两个分量）。全国平均人力资本增长率除 1998 年外均大于 1，最大值为 1994 年的 1.0558，历年平均值为 1.0308，2012 年的人力资本是 1990 年的 1.9398 倍，说明在 23 年间我国人力资本基本实现了翻番。全国平均物质资本增长率则在 1 上下波动，最大值为 1998 年的 1.0653，最小值为 2012 年的 0.9050，历年均值为 0.9861，说明我国物质资本存量在逐年微弱递减。全国的能源投入增长率均大于 1，最大值为 2004 年的 1.2072，最小值为 1998 年的 1.0017，历年平均值为 1.0762，说明我国能源的利用率逐渐升高，经济发展消耗的能源在日益增加,对资源和环境造成的负担逐步加重。

(3) 本书采用 Eviews7.2 软件对 FDI、对外贸易关于绿色 TFP 的影响进行了 Tobit 模型回归检验,探清了 FDI 和对外贸易对我国经济可持续发展的影响及其传导机制。①在影响效应上,在全国范围内出口对我国绿色 TFP 的正向影响最大,FDI 次之,进口的正向影响最小;分区来看,进口对中部地区绿色 TFP 的正效应最显著,出口对东部地区绿色 TFP 的正效应最大,FDI 对中部地区绿色 TFP 的正向相关关系最大。②在传导机制上,全国范围内的出口对人力资本的正效应最大,但同时也在很大程度上引发了能源的大量消耗,FDI 对技术进步的正效应最大。分区来看,东部地区的对外贸易极大地影响了当地人力资本的增加,而 FDI 则极大地促进了东部地区的技术进步;中部地区的进口贸易对当地人力资本的促进作用最明显,出口贸易对当地物质资本存量的增加贡献最大,然而两者同样也对中部地区的能源投入效应产生了很大的正向影响,FDI 则对中部地区的技术进步有最大贡献;西部地区的进口贸易和 FDI 都促进了当地的技术进步,而出口贸易却在促进西部地区人力资本水平提高的同时加剧了对西部地区能源的消耗。③总体来说,对外贸易对经济可持续发展的影响更多的是通过提高我国人力资本水平来实现的,而 FDI 对经济可持续发展的影响则更多的是通过促使我国技术进步来实现的。因此,人力资本和技术进步是促使我国经济可持续发展的最大着力点。

二、政策建议

针对以上实证研究,相应的政策建议如下。

(一) 努力实现对外贸易的可持续发展

前文中指出对外贸易对能源投入效应的正向影响很显著,说明对外贸易对能源的消耗量大,可持续性不强。对外贸易的可持续发展的实质是在保护生态环境和资源的前提之下实现对外贸易经济利益的增加。因此,要大力提倡节能,提高能源利用率,走高效低能的可持续发展道路;健全与对外贸易相关的环境法律体系,通过立法建立保障我国可持续发展的法律支撑体系;扶持环保型高科技产业,培育我国出口贸易新的增长点。

(二) 制定引导外商直接投资均衡增长的政策

由于外商逐利需求,在本地经济发展较快的情况下,更多的外商直接投资集中涌入东部沿海省份，而中西部省份的外商直接投资的需求并不高。这种现象表明，政府应该全面考虑各地区的实际情况，因地制宜。要积极改善中西部地区的软硬件和各项投资环境，引导外资企业在中西部设立出口导向型企业，成为了加速中西部对外贸易发展的必然选择。在促进中西部省份科技水平全面提升的同时，也要根据各个省份的不同发展阶段制定相应的引导政策。对引进外商直接投资的效果，不能以数量为标准，而应该以其对各地区经济发展的实际贡献为标准，通过各种措施来优化中西部地区利用外资的规模，并与产业结构调整和经济增长方式转变相结合，在引导外商直接投资在中国均衡分布的同时，能够促进中西部省份经济又好又快地发展。

（三）努力提升技术效率水平

前文对技术效率指数的测算结果表明，我国技术效率还不够理想，很多省份在考察期内的 TE 都没有达到 1，技术效率呈现负增长。因此，政府应该制定鼓励提高技术效率的政策，不论是行政单位、事业单位还是企业、科研机构，都应该建立科学完善的与技术效率有关的奖励机制。要借鉴发达国家凭借内生的科技创新能力占据技术领先地位的历史经验，深化体制改革。通过政策的渗透和促进作用，在全社会营造勇于创新、争先创新的良好氛围，通过创新加速技术进步和技术的更新升级，提高全要素生产率，推动生产向前沿方向移动。

（四）增加教育投资，提高人力资本存量

实证研究结果表明，人力资本和技术进步是促使我国经济可持续发展的不竭动力。同时，技术进步本身也需要具备相应的社会吸收能力的人力资本，才能从国际经贸活动中获得技术扩散，而人力资本的形成必须依靠教育。教育作为技术进步和经济增长的"动力源"，教育投资的增加成为影响经济可持续发展的内在要素，对于技术进步和经济增长起着决定性作用。增加教育投资有利于形成一个"教育投资提高—人力资本存量增加—技术进步—经济增长—教育投资提高"的良性循环。因此，国家应该一方面加大总体教育支出，另一方面还应使资源配置向中西部地区倾斜，加大对中西部地区的财政支持和教育援助，提高中西部地区教育水平，保证经济落后地区教育产品的有效供给，满足人民多层次的教育需求。

（五）引资过程应该加强环境污染监控

实证研究证实了 FDI 对能源效应的正向影响也很大，外商直接投资导致的能

源消耗问题也相当严重。这给我们敲响了警钟，不顾环境污染而片面发展经济只会让我们的后辈受到影响。因此，要对进入我国的外资企业设立环境门槛，"双高"企业不被提倡也不能被引进；对于已经引进我国的外资项目，也要对其设定排污标准上限，同时给予超过标准者相应的处罚；在企业之间开展排污权交易，鼓励企业间通过环保技术指导、环保公益实践等活动营造企业绿色发展的新理念。

第十章

新常态下经济运行发展方向研究

自改革开放至 2010 年，中国经济在多数年份保持两位数左右的高速增长，平均增速高达 9.8%。2010 年以后，经济增速"换挡"到 7%~8% 的中高速增长区间。增速之所以"换挡"，主要是因为支撑经济高速增长的内外条件发生了深刻变化，经济潜在增长率趋于下降。首先，人口年龄结构发生深刻变化，劳动年龄人口数量和比重均出现下降，劳动力成本快速上升。中国 16 岁~59 岁劳动年龄人口占全部人口的比重自 2010 年以来连续 5 年下降，劳动年龄人口数量自 2012 年以来连续 3 年下降，2010~2014 年农民工月均工资年均增长 15.1%。《中国财政政策报告 2010/2011》指出，中国人口老龄化将呈现加速发展态势，到 2030 年，中国 65 岁以上人口占比将超过日本，成为全球人口老龄化程度最高的国家。与此同时，土地成本、环境治理成本快速上涨，与发达国家和发展中国家竞争加剧，劳动密集型产品市场容量受到挤压，出口竞争力和比较效益下降。在这种情况下，经济很难再支撑两位数的高增长，潜在增长率和实际经济增速趋于下降。关于中国经济新常态下经济运行的动力来源于何处的问题，本章依据内生经济理论，将人口老龄化引入环境约束纳入内生增长框架，建立包含老龄化的环境约束内生增长模型，其研究内容和步骤为：首先建立一个改进的环境约束的内生增长模型，进行环境约束下经济可持续增长条件的求解；其次，在分析人口老龄化对经济增长各方面影响的基础上，纳入人口老龄化因素，建立包含老龄化的环境约束内生增长模型，并进行人口老龄化视角下、环境约束下经济可持续增长条件的求解；最后对比两个理论模型，经济增长可持续增长条件，并结合理论模型模拟检验，从理论上研究基于新常态的中国实现经济增长与污染减排双赢的可能性，为新常态下中国经济运行变革打下扎实的理论影响。

第一节 经济发展模型演进

经济发展模型主要可分为古典经济模型、新古典经济模型和内生增长模型。亚当·斯密为代表的古典经济学家及其增长理论关注的是生产所使用的物质资本积累和要素投入，认为分工、人口增长等能够带来经济的繁荣，并认为个人的正当动机是维持经济增长过程最重要的因素。索罗-斯旺模型、哈罗德-多马模型和拉姆齐-卡斯-库普曼模型是新古典经济增长理论的重要内容，也是新古典经济增长理论的三大基石。哈罗德-多马模型是基于凯恩斯理论框架建立的，同样认为资本积累是经济增长的源泉，该模型认为经济增长的过程只是资本积累的过程，而不存在技术进步。索罗-斯旺模型是在哈罗德-多马模型基础上，提出技术进步是既定的、但外生的。拉姆齐-卡斯-库普曼模型将消费最优化引入新古典经济分析框架中，解决了储蓄率的外生给定问题，假定储蓄率是内生的，储蓄率由最优消费决策机制决定。新古典经济增长理论引入外生的技术进步因素从而建立了新的生产函数，但由于新古典增长模型将技术进步视为外生性变量，使经济增长仍然局限于"经济增长率取决于外生的人口增长率和技术进步率"，依然没有得到合理的、科学的解释。

阿罗（Arrow，1962）提出的"干中学"模型则是开创了内生增长理论研究之先河，他将技术进步视为内生变量，认为技术进步是由经济系统自身决定的，他把技术进步理解为"干中学"，认为随着生产物质资本的不断投入、生产规模越来越大，工人的工作技能也存在"扩大再生产"的过程，会随着生产的扩大而不断提高，生产效率也不断提高，促进收益递增和经济增长。阿罗模型虽然建立了经济增长的内生框架，但他认为经济增长取决于外生的人口增长。罗默（Romer，1986）在前人研究的基础上，提出了"知识溢出"模型，他继承了阿罗的内生技术进步理论，认为知识是生产企业在追求利润最大化时而自愿投资的产物，因此知识是经济系统决定的内生变量；知识具有溢出效应，这种溢出效应将足以抵消知识资本的边际收益递减效应，即使在人口零增长的情况下，知识投资的边际收益率将保持不变或者递增，而生产投入的物质资本则存在边际生产率递减。他认为由于知识技术边际生产率的增长能够抵消物质资本边际生产率的下降，所以在长期的经济增长过程中，技术进步是经济增长主要来源。卢卡斯（Lucas，1988）借鉴罗默模型的处理技术，引入舒尔茨和贝克尔提出的人力资本概念，用人力资本的溢出效应来解释技术进步，以说明技术进步是人力资本不断积累的结果，一方面人力资本积累能够提高劳动者自身的劳动效率，另一方面人力资本的增加有助于其他人提高劳动效率，这两种效应都促进经济增长，卢卡斯人力资本模型中不需要依赖人口增长等外生力量就能够实现持续增长的源泉是人力资本积累。

罗默（Romer，1990）提出了技术进步内生模型，包括研发部门、中间产品部门和最终产品部门，研发部门研发出新技术出售给中间产品部门，而最终产品生产部门利用中间产品、人力资本进行生产。他认为研发部门与物质产品部门具有不同的生产技术，研发部门产出的技术是关于人力资本和知识总量的二阶齐次函数。他认为技术可分为存量技术和新技术，新技术被特定的中间厂商垄断使用，具有排他性，而技术知识存量能够提高研发部门的生产率，又是非排他的，所以中间产品数量的增加是技术进步以及经济增长的源泉。罗默模型假定研发部门与生产部门具有不同的生产技术，因此是一个两部门模型。里维拉和罗默（Rivera and Romer，1991）修正了罗默模型，假定研发部门与物质产品部门具有相同的生产技术，因此提出一个单部门模型。内生经济增长理论认为技术进步、人力资本、知识技术等特殊的生产要素具有边际收益递增的特点，这些要素并不是外部作用产生的，而是由经济系统内部产生的，这些要素是推动经济可持续发展的源泉。

随着对经济增长极限的质疑和可持续发展观念的深入人心，如果忽视环境约束和资源的有限性，那么内生经济增长理论对现实经济的解释能力将会削弱，因此，众多学者基于可持续发展理念，将资源和环境约束纳入内生经济研究框架。沐恩和苏恩（Moon and Sonn，1996）将资本和资源作为内生变量引入经济增长模型，研究了能源投入、能源价格对最优经济增长率的影响。斯托基（Stokey，1998）在经济增长模型中纳入环境污染的考察，研究了技术进步与经济增长的关系，研究结果表明人均收入与环境质量之间存在着倒"U"型关系。巴比尔（Barbier，1999）在分析了20世纪的经验数据基础上，认为资源短缺可能对创新产生影响，他建立了一个包含资源有限、人口增长的"Romer - Stiglitz"内生模型，认为内生增长能够克服资源的短缺。格里莫（Grimaud，2003）把不可再生资源引入内生增长模型，研究了资源的不断消耗对经济增长的影响。刘（Liu，2014）建立一个含资源约束的内生经济增长模型，对中国的资源阻碍与经济发展进行研究。国内的学者中，黄菁（2010）分别运用新古典经济理论和内生增长理论建立不同的经济增长模型，研究了技术进步和经济增长的内在关系。许士春、何正霞、魏晓平（2010）将耗竭性资源和环境污染问题纳入内生经济增长模型，研究了节能条件下的经济最优问题。何正霞、许士春（2011）将环境污染、污染控制纳入内生增长模型，运用最优控制理论研究了经济最优性问题。杨万平、袁晓玲（2011）将能源与环境同时引入生产函数及效用函数，构建考虑能源可持续利用和污染治理的内生经济增长模型，研究了经济可持续增长的条件。公维凤、王传会、周德群（2012）分别将碳减排比例和气候变化的警惕意识引入生产函数、效用函数，构建考虑碳减排成本的内生经济增长模型，分析经济增长的路径。范定祥、廖进中、欧绍华（2012）构建了包括自然资源耗用和治污投入的内生增长模型，利用最优控制理论研究了经济增长的内在机制。公维凤、王传会、周德群等（2013）将能耗强度和碳减排比例引入生产函数，将气候变化的警惕意识引入效用函数，在垂直创新模型框架下构建内生低碳经济增长模型，研究了经济长期均衡增长的最优路径。陈真玲、王光辉、牛文元（2013）以经济增长与能源环境的关系为切入点，构建了考虑不可再生能源和环境污染的内生经济增长模型，研究了能源、环境约束下经济可持续发展的最优路径。

可以看出，从古典经济增长理论到新古典经济增长理论，再到内生经济增长理论，经济发展理论逐渐把要素内生化，以从经济系统内部探究经济增长的源泉，新古典增长模型下经济发展主要依靠资本—劳动的扩张，人力资本内生化模型下的经济发展主要源于资本积累和人力资本积累的共同作用，技术内生化模型下的经济发展主要依靠资本积累、人力资本开发、技术进步。将资源约束、环境约束纳入经济可持续框架，为解释经济可持续发展事实和提供政策建议提供了依据，显得意义非凡（杨依山，2013）。

第二节　环境约束的内生增长模型

环境约束的内生增长模型，把资源环境限制、经济可持续增长纳入一个完整的技术进步内生化分析框架中，其模型解释力相较于新古典增长模型而言有所提高，为环境污染与经济增长研究提供了更为符合现实、更为科学的理论基础。环境污染将导致生态破坏，因而环境污染等同于为经济发展付出的自然环境代价，因而本书将环境当作一种特殊的生产要素，并在增长模型中引入环境部门。

一、模型构建

本书在乌萨瓦（Uzawa, 1965）、卢卡斯（Lucas, 1988）以及罗默（Romer,

1990)模型的基础上,将研究与开发(R&D)理论与内生经济增长结合,加入环境部门,构建了一个包含环境约束的五部门内生增长模型。假设一个封闭经济系统,有物质资本 K、人力资本 H、劳动 L、知识 A,以及环境 E 等五种投入要素,且只生产一种最终产品,其产出为 Y;假定只有最终产品部门消耗环境要素,且这种消耗表现为生产产品排出的废气、废水等破坏环境的污染;人力资本 H 在最终产品部门与研发部门之间的分配比是内生决定的。考虑到人力资本与环境内生化,经济系统可以分为五个部门:研发(R&D)部门,进行技术创新、开发新的中间产品品种或设计方案,且投入其中的人力资本为 H_A;中间产品部门,生产中间产品;人力资本开发部门,进行人力资本的开发;最终产品部门,生产最终产品,且投入其中的人力资本为 H_Y;环境部门,管理所有的环境要素,"出售"给最终产品部门。整个五部门经济系统的运作机制如图 10-1 所示。

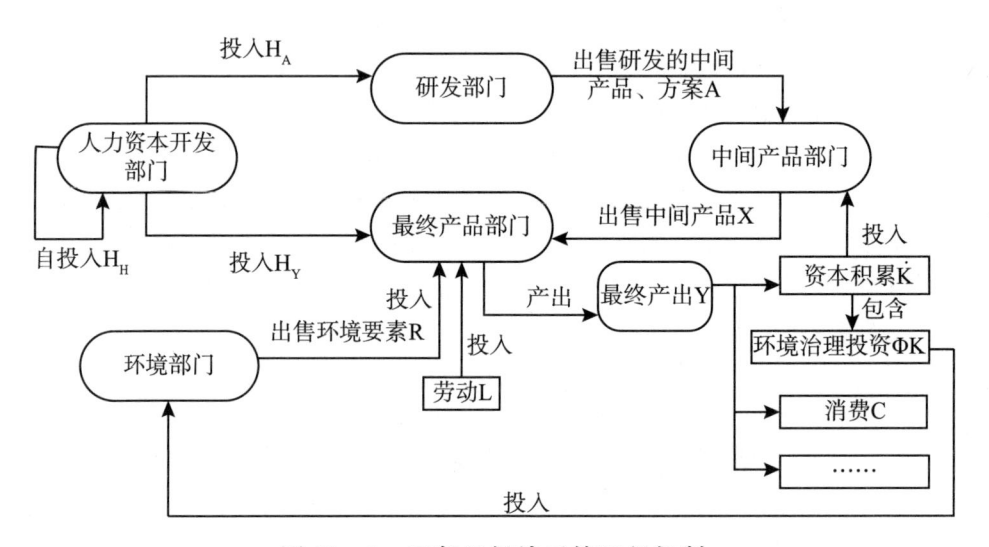

图 10-1 五部门经济系统运行机制

假定总人口为 N,劳动人口 L = N,为与模型 2 保持一致,假设人口增长率 n = Ṅ/N,则有 g_L = n。同时,本书采用连续时间分布,所有变量都是时间 t 的函数,时间 t 不直接进入各函数方程,而是通过变量的变化进行分析,为了书写方便,一律省去下标 t。

(一) 人力资本开发部门

人力资本开发部门,自投入 H_H 进行人力资本的开发,在其生产效率为 δ_H 的情况下,可以得到的人力资本增量为 Ḣ:

$$\dot{H} = \delta_H H_H \tag{10.1}$$

假设人均人力资本存量为 H，其中投入人力资本 H_A 进行技术创新、开发新的中间产品品种或设计方案，投入人力资本 H_Y 生产最终产品，且二者之间的分配比是内生决定的，因而人力资本存量 H 的方程式为：

$$H = H_H + H_A + H_Y \tag{10.2}$$

（二）研发部门

研发部门仅使用人力资本与现有知识，而不必使用物质资本与劳动力，就能进行技术创新、开发新的中间产品品种或设计方案。希尔（Shell，1966）提出知识在不断更新的同时，也会发生老化。考虑到知识老化的可能性，本书将知识老化参数引入模型中，则研发部门产出的技术知识累积方程为：

$$\dot{A} = \delta_A H_A A - \sigma A \tag{10.3}$$

其中，$\dot{A}$ 为技术知识的增量，δ_A 为研发部门的生产效率，即投入单位人力资本与单位技术能生产的技术知识增量，H_A 为研发部门投入的人力资本，A 为现有的技术存量，σ 为知识的老化率，$\sigma > 0$。由公式可以得到，$\dot{A}/A = \delta_A H_A - \sigma$，要使 $\dot{A}/A > 0$，必须使 $\delta_A H_A > 0$，也就是说想要实现技术知识的无限积累，必须使知识的生产速度超过知识的老化速度。因而想无限积累技术知识，不仅要重视科学技术研究，更要重视人力资本的建设与积累，还要加强技术创新，避免技术老化。

（三）中间产品部门

中间产品部门先向研发部门购买其研发的中间产品、方案 A，在此基础上，使用人均物质资本 K 生产中间产品 X，并将其投入到最终产品部门。假设每个生产商只生产一种中间产品，且中间产品互不相同，而无数个生产商分布在区间 [0，A] 上。即当研发部门提供一种新的产品、方案时，某一中间产品商将购买该产品、设计并进行独家生产。在罗默模型中设定的是生产一单位中间产品需要消耗物质资本 η，但巴罗等（Barro et al.，1995）则采用更为简单的设定，假设生产一单位中间产品 x(i) 正好消耗一单位的物质资本 K。从而得到一个线性生产函数，则中间产品与物质资本存量的关系可以表示为：

$$K = \int_0^1 x(i) di = AX \tag{10.4}$$

（四）环境生产部门

张跃胜（2016）将环境污染引入 Solow 生产函数，且模型无法衡量技术变化和环境治理对污染的影响程度，因而其模型是环境外生的经济增长模型。黄茂兴和林寿富（2013）以及汪泽波（2016）则将环境治理引入模型，提出政府或直接管理或征收环境税来间接参与环境管理，解决了环境污染的内生化问题。但上述文献忽略了环保投资，未曾考虑环保投资带来的环境质量的改善。政府改善环境质量的管理活动多通过资本投入的形式，因而本书引入环保投资作为衡量政府管理环境的变量，更为合理和符合现实。同时，本书也将加入一个环保投资的效率系数，作为衡量政府环境制度严格程度的指标，更好、更为全面地衡量政府对环境污染的资本、制度与技术管理。

在环境部门，人类通常通过两方面的活动对环境产生影响：首先，环境部门将环境要素 R 出售给最终生产部门，最终生产部门利用其进行生产，对环境造成污染与损耗，并且环境要素消耗的污染产出弹性为 ϖ，此时环境污染存量的累积方程为 $\dot{P} = R^{\varpi}$。

其次，环境部门会对环境要素进行保护管理，以有效地降低环境污染，避免环境的过度消耗。假设环境系统的污染容量阈值为 P^{max}，一旦环境污染过度，环境污染存量高于这个阈值，将引起巨大的灾难，因而环境部门必然不会放任环境资源的无节制消耗和污染，且通常通过两种方式对环境污染存量进行管理，以保障环境能够支撑整个社会生产的进行：一是投入一些资本即环保投资 ϕK 对环境要素进行管理，可以有效地降低污染排放和损害；二是通过加强环境污染的制度管理，以更严格的环保制度与政策提高环保投资的使用效率 $b(b>0)$。因而在环境部门的资本与制度管理下，环境污染存量的累积方程变为 $\dot{P} = \phi^{-b} K^{-b} R^{\varpi}$。

此外，环境系统对污染物有自净能力，即环境有一定的再生能力，通常假定这种关系是线性的，以使计算更为方便，因为环境自净是一个复杂的系统工程。进一步地，假设环境再生能力系数为 $\mu(0<\mu<1)$，则环境污染存量的累积方程最终为：

$$\dot{P} = \phi^{-b} K^{-b} R^{\varpi} - \mu P \tag{10.5}$$

环境污染存量的累积方程表明：环境污染、环保制度与环保投资及其效率被作为一个整体内生化；环境污染有可能因环保投资稳定增长而减少；有效的环保制度对环境污染的贡献不仅仅局限于减少最终产品部门对环境要素 R 的消耗，更多的是提高环保投资的利用效率，使环境污染排放得到有效的降低。

（五）最终产品部门

最终产品部门在从中间部门购买中间产品 AX 的基础上，雇用一定的人力资本 H_Y 与劳动力 L，并从环境部门购买环境要素 R，进行产品生产，得到最终产出 Y。生产函数采用柯布-道格拉斯形式，则生产函数为：

$$Y = H_Y^\alpha L^\beta R^\chi \int_0^A x(i)^\gamma di = H_Y^\alpha L^\beta R^\chi A X^\gamma = A^{\alpha+\beta} H_Y^\alpha L^\beta K^\gamma R^\chi \qquad (10.6)$$

其中，$0 < \alpha, \beta, \gamma, \chi < 1, \alpha + \beta + \gamma = 1$。

此外，需要说明的是物质资本 K、环保投资 ϕK 以及消费 C 均来源于最终产出 Y，且资本存量与环保投资 V 之间存在以下关系：$V = \phi K$，$0 < \phi < 1$ 为环保投资占资本存量的比例。进一步地，物质资本折旧率为 ν，则用 $\dot{K}$ 表示人均物质资本的增量，得到物质资本 K 的积累方程：

$$\dot{K} = Y - C - \phi K - \nu K \qquad (10.7)$$

（六）效用函数与目标函数

在一般经济增长模式中，在考虑社会生产之后，要考虑整个社会的消费福利。拉姆齐（Ramsey, 1928）设定的效用函数是较为经典的，但其关注的唯一福利目标就是追求尽可能高的消费效用水平。然而，在现实社会中，好的环境、休闲等精神方面的需求与物质消费的需求一同构成社会福利，因而效用函数应是一个包含消费、环境的多元函数。基于格里莫和鲁热（Grimaud and Rouge, 2005）的研究，对拉姆齐（Ramsey, 1928）的效用函数进行修正，以建立一个同时依赖于消费和环境质量的、可加的弹性效用函数 U(C, E)：

$$U(C, P) = \frac{C^{1-\varepsilon} - 1}{1 - \varepsilon} - \frac{P^{1+\omega} - 1}{1 + \omega} \qquad (10.8)$$

其中，ε 为消费跨期替代弹性的倒数，表示对风险的相对厌恶程度；ω 则为环境保护意识系数，表示消费者对环境的偏好程度。$\varepsilon, \omega > 0$，ε, ω 的值越大，边际效用随其增加而递减的速度越快，代表性消费者越不情愿增加当期的消费，经济主体越不重视环境质量的提高。因而，假定存在一个理性的社会计划者，在环境约束下进行动态最优规划，选择适当的路径使当前一代人与未来所有人的社会效用现值最大化。进一步地，假定跨期效用的贴现率为 ρ，则无限时域下的社会总效用为 $\int_0^\infty U(C, P) e^{-\rho t} dt$，其中 $\rho(\rho > 0)$ 表示消费者对当前消费的偏好程度，是一种主观贴现率，$e^{-\rho t}$ 为折现因子，是一种复利贴现方法，并起到收敛因子的作用。在总效用函数的基础上建立目标函数，从而得到完整的环境约束的内生增长模型——模型 1：

$$\max_{C, R, H_A, H_Y} \int_0^\infty \left(\frac{C^{1-\varepsilon} - 1}{1 - \varepsilon} - \frac{P^{1+\omega} - 1}{1 + \omega} \right) e^{-\rho t} dt$$

s. t.

$$Y = A^{\alpha+\beta} H_Y^\alpha L^\beta K^\gamma R^\chi$$
$$\dot{K} = Y - C - \phi K - \nu K$$

$$\dot{P} = \phi^{-b} K^{-b} R^\varpi - \mu P$$
$$\dot{A} = \delta_A H_A A - \sigma A$$
$$\dot{H} = \delta_H H_H$$
$$H = H_H + H_A + H_Y \qquad (10.9)$$

其中，C，R，H_A，H_Y 为控制变量，K，A，H，P 为状态变量。

二、模型的求解

（一）建立 Hamilton 函数

在假设增长具有稳态时，面对复杂的非线性微分方程，很难得出明确的结论。现代经济增长理论的研究表明，多数国家的长期增长过程具有稳定的特征，且变量的增长率都是常数。这一研究结果非常重要，使得经济增长稳态求解的数学处理很方便。因而，本书假定长期增长是稳态的，且所有变量的增长率都是常数，则式（10.9）环境约束五部门内生增长模型——模型1的动态优化问题就变得可处理与计算了，通常借助庞特里亚金极大值原理求解经济最优增长的一阶条件。

为求解环境约束的五部门内生增长模型——模型1的最大化问题，建立现值汉密尔顿（Hamilton）函数，为了避免函数与人力资本的符号 H 冲突，本书用 J 来代替，则 Hamilton 函数为：

$$J_1 = \frac{C^{1-\varepsilon}-1}{1-\varepsilon} - \frac{P^{1+\omega}-1}{1+\omega} + \lambda_1(A^{\alpha+\beta}H_Y^\alpha L^\beta K^\gamma R^\chi - C - \phi K - \nu K) + \lambda_2(\delta_A H_A A - \sigma A)$$
$$+ \lambda_3 \delta_H (H - H_A - H_Y) + \lambda_4(\phi^{-b} K^{-b} R^\varpi - \mu P) \qquad (10.10)$$

其中，C，R，H_A，H_Y 为各个状态变量的中间控制变量；K，A，H，P 为状态变量；λ_1，λ_2，λ_3，λ_4 为状态变量的影子价格。根据动态优化理论，就可以求解 Hamilton 函数的一阶条件、欧拉方程与横截性条件，从而描述了经济系统的动态过程。

（二）一阶条件

对 Hamilton 函数分别求 C，R，H_A，H_Y 的一阶导数，令其值为零，则最大化 J 的一阶条件为：

$$\begin{cases} \dfrac{\partial J}{\partial C} = C^{-\varepsilon} - \lambda_1 = 0 \Rightarrow \lambda_1 = C^{-\varepsilon} \\ \dfrac{\partial J}{\partial R} = \lambda_1 \beta A^{\alpha+\beta} H_Y^{\alpha} L^{\beta} K^{\gamma} R^{\chi-1} + \lambda_4 \varpi \phi^{-b} K^{-b} R^{\varpi-1} = 0 \Rightarrow \lambda_1 \beta Y = -\lambda_4 \varpi \phi^{-b} K^{-b} R^{\varpi} \\ \dfrac{\partial J}{\partial H_A} = \lambda_2 \delta_A A - \lambda_3 \delta_H = 0 \Rightarrow \lambda_2 \delta_A A = \lambda_3 \delta_H \\ \dfrac{\partial J}{\partial H_Y} = \lambda_1 \alpha A^{\alpha+\beta} H_Y^{\alpha-1} L^{\beta} K^{\gamma} R^{\chi} - \lambda_3 \delta_H = 0 \Rightarrow \dfrac{\lambda_1 \alpha Y}{H_Y} = \lambda_3 \delta_H \end{cases}$$

(10.11)

欧拉方程式为：

$$\begin{cases} \dot\lambda_1 = \rho\lambda_1 - \dfrac{\partial J}{\partial K} = \rho\lambda_1 - \dfrac{\lambda_1 \gamma Y}{K} + \lambda_1 \phi + \lambda_1 \nu - \lambda_4 b \phi^{-b} K^{b-1} \\ \dot\lambda_2 = \rho\lambda_2 - \dfrac{\partial J}{\partial A} = \rho\lambda_2 - \dfrac{\lambda_1 (\alpha+\beta) Y}{A} - \lambda_2 (\delta_A H_A - \sigma) \\ \dot\lambda_3 = \rho\lambda_3 - \dfrac{\partial J}{\partial H} = \rho\lambda_3 - \lambda_3 \delta_H \\ \dot\lambda_4 = \rho\lambda_4 - \dfrac{\partial J}{\partial P} = \rho\lambda_4 + P^{\omega} + \lambda_4 \mu \end{cases}$$

(10.12)

横截性条件为：

$$\lim_{t\to\infty}\lambda_1 K e^{-\rho t} = 0,\ \lim_{t\to\infty}\lambda_2 A e^{-\rho t} = 0,\ \lim_{t\to\infty}\lambda_3 H e^{-\rho t} = 0,\ \lim_{t\to\infty}\lambda_4 P e^{-\rho t} = 0 \quad (10.13)$$

（三）稳态变量的求解

上述一阶条件、欧拉方程和横截性条件，很好地描述了经济系统的动态过程。根据动态优化理论，在经济社会最优增长路径下，各变量均衡增长，其增长率为常数。最优增长路径分析，就是依据一阶条件、欧拉方程和横截性条件，求解变量在稳态经济增长中的增长率，并据此分析各参数对变量增长率的影响及实现环境污染、人口老龄化约束下经济可持续增长的条件。因而，首先要求解稳态经济增长中各变量的增长率。以 $g_X = \dfrac{\dot X}{X}$ 表示变量 X 的增长率，即 $g_C = \dfrac{\dot C}{C}$、$g_K = \dfrac{\dot K}{K}$、$g_{H_A} = \dfrac{\dot H_A}{H_A}$、……（依次类推）。

三、各变量增长率的关系

由资本累积方程式（10.7）可得，$g_K = \frac{\dot{K}}{K} = \frac{Y}{K} - \frac{C}{K} - \phi - \nu$。根据动态优化理论，在经济社会最优增长路径下，各变量增长率为常数（Constant），则公式右端为常数。为与消费区分，用 D 表示常数，可得 $\frac{Y}{K} = D_1$，$\frac{C}{K} = D_2$，$\frac{G}{K} = D_3$，$\phi = D_4$，$\nu = D_5$，两端取对数对时间求导可得：

$$g_K = g_Y = g_C，\ g_\phi = 0，\ g_\nu = 0 \qquad (10.14)$$

由技术知识的累积方程式（10.3）可得：

$$g_A = \frac{\dot{A}}{A} = \delta_A H_A - \sigma \qquad (10.15)$$

由环境的累积方程式（10.5）可得：$g_P = \frac{\dot{P}}{P} = \frac{\phi^{-b} K^{-b} R^\varpi}{P} - \mu$。类似地，$g_P$，$\mu$ 为常数，则 $\frac{\phi^{-b} K^{-b} R^\varpi}{P} = D_6$，两端取对数对时间求导可得：

$$g_P = \varpi g_R - b g_K \qquad (10.16)$$

根据一阶条件式（10.11）中第二行公式代入欧拉方程式（10.12）第一行公式，从而得到影子价格 λ_1 的增长率 $g_{\lambda 1} = \frac{\dot{\lambda}_1}{\lambda_1} = \rho - \frac{\gamma Y}{K} + \phi + \nu + \frac{b\beta Y}{\varpi R^\varpi K}$，而 $g_{\lambda 1}$ 为常数，可知 ρ，ϕ，ν 为常数，则有 $\frac{b\beta Y}{\varpi R^\varpi K} = D_7$，两端取对数对时间求导，并将公式（10.14）、公式（10.16）代入整理可得：

$$g_R = 0，\ g_P = \varpi g_R - b g_K = -b g_Y \qquad (10.17)$$

同样的，由人力资本累积方程式（10.1）与人力资本总量的方程式（10.2）可知，$g_H = \frac{\dot{H}}{H} = \frac{\delta_H H_H}{H} = \frac{\delta_H (H - H_A - H_Y)}{H} = \delta_H - \frac{\delta_H H_A}{H} - \frac{\delta_H H_Y}{H}$，而 g_H 为常数，可知 δ_H 为常数，则有 $\frac{H_A}{H} = D_8$，$\frac{H_Y}{H} = D_9$，$\frac{H_H}{H} = D_{10}$，两端取对数对时间求导可得：

$$g_{H_A} = g_{H_Y} = g_{H_H} = g_H，\ g_{\delta_H} = 0 \qquad (10.18)$$

依据欧拉方程式（10.12）第三行公式得到影子价格 λ_3 的增长率 $g_{\lambda 3}$：

$$g_{\lambda 3} = \frac{\dot{\lambda}_3}{\lambda_3} = \rho - \delta_H \qquad (10.19)$$

对一阶条件式（10.11）中第一行公式 $\lambda_1 = C^{-\varepsilon}$、第四行公式 $\dfrac{\lambda_1 \alpha Y}{H_Y} = \lambda_3 \delta_H$ 两端取对数求导，并将公式（10.14）代入可得 $g_{\lambda_1} = -\varepsilon g_C = -\varepsilon g_Y$，$g_{\lambda_1} = g_{\lambda_3} + g_{H_Y} - g_Y$，从而将式（10.19）代入整理可得：

$$g_{H_Y} = (1-\varepsilon) g_Y + \delta_H - \rho \qquad (10.20)$$

（1）参数 ε，ω 的关系。

依据欧拉方程式（10.12）第四行公式得到影子价格 λ_4 的增长率 $g_{\lambda_4} = \dfrac{\dot{\lambda}_4}{\lambda_4} = \rho + \dfrac{P^\omega}{\lambda_4} + \mu$，而 g_{λ_4} 为常数，可知 ρ，μ 为常数，则有 $\dfrac{P^\omega}{\lambda_4} = D_{11}$，两端取对数对时间求导，并将公式（10.16）代入整理可得：

$$g_{\lambda_4} = \omega g_P = -\omega b g_Y \qquad (10.21)$$

对一阶条件式（10.11）中第一公式 $\lambda_1 = C^{-\varepsilon}$ 取对数求导，并将式（10.14）代入可得：

$$g_{\lambda_1} = -\varepsilon g_C = -\varepsilon g_Y \qquad (10.22)$$

依据欧拉方程式（10.12）第一行公式得到影子价格 λ_1 的增长率 $g_{\lambda_1} = \dfrac{\dot{\lambda}_1}{\lambda_1} = \rho - \dfrac{\gamma Y}{K} + \phi + \nu - \dfrac{\lambda_4 b \phi^{-b} K^{b-1}}{\lambda_1}$，而 g_{λ_4} 为常数，可知 ρ，ϕ，ν 为常数，则有 $\dfrac{\lambda_4 b \phi^{-b} K^{b-1}}{\lambda_1} = D_{12}$，两端取对数对时间求导，并将公式（10.16）代入整理可得：

$$g_{\lambda_1} = g_{\lambda_4} + (b-1) g_Y \qquad (10.23)$$

将式（10.21）、式（10.22）代入式（10.23），整理可得：

$$\varepsilon = \omega b + 1 - b \qquad (10.24)$$

（2）稳态变量的求解。

对 Cobb-Douglas 生产函数 $Y = A^{\alpha+\beta} H_Y^\alpha L^\beta K^\gamma R^\chi$ 两边取对数求导，可得：$g_Y = (\alpha+\beta) g_A + \alpha g_{H_Y} + \beta g_L + \gamma g_K + \chi g_R$，并将式（10.14）、式（10.15）、式（10.17）、式（10.18）、式（10.20）、$g_L = n$ 及 $\alpha + \beta + \gamma = 1$ 代入整理求解可得：

$$g_Y = g_K = g_C = \dfrac{(\alpha+\beta)(\delta_A H_A - \sigma) + \alpha(\delta_H - \rho)}{\beta + \alpha \varepsilon} + \beta n$$

$$g_P = -b g_Y = -\dfrac{(\alpha+\beta)(\delta_A H_A - \sigma) b + \alpha(\delta_H - \rho) b}{\beta + \alpha \varepsilon} - \beta n b$$

$$g_{H_A} = g_{H_Y} = g_{H_H} = g_H = (1-\varepsilon)g_Y + \delta_H - \rho$$
$$= \frac{(1-\varepsilon)[(\alpha+\beta)(\delta_A H_A - \sigma) + \alpha(\delta_H - \rho)]}{\beta + \alpha\varepsilon} + (1-\varepsilon)\beta n + \delta_H - \rho$$
$$\varepsilon = \omega b + 1 - b \tag{10.25}$$

四、最优增长路径

在环境约束下,要保证可持续的最优增长路径存在,至少要满足以下两个必要条件。

(一) 经济增长速度为正值

环境约束下,要保证可持续的最优增长路径存在,首先必须保证经济增长速度为正值,即 $g_Y = \frac{(\alpha+\beta)(\sigma_A H_A - \sigma) + \alpha(\sigma_H - \rho)}{\beta + \alpha\varepsilon} > 0$,而参数 α、β、ε 均大于零,则 $\beta + \alpha\varepsilon > 0$,从而可持续最优增长路径存在的临界条件为:

$$(\delta_A H_A - \sigma) + \frac{\beta(\delta_A H_A - \sigma)}{\alpha} + \delta_H + \frac{\beta n(\beta + \alpha\varepsilon)}{\alpha} > \rho \tag{10.26}$$

其中,$\delta_A H_A - \sigma$ 为技术累积速度,$\frac{\beta(\delta_A H_A - \sigma)}{\alpha}$ 为技术作用与劳动对经济增长的促进效应,即技术的扩散效应,δ_H 为人力资本开发部门的生产效率,$\frac{\beta n(\beta + \alpha\varepsilon)}{\alpha}$ 为劳动增长率对经济增长的贡献,ρ 为贴现率,即消费者的时间偏好率。由式(10.26)可知,当研发部门的技术积累及其扩散效应与人力资本开发部门的生产效率之和大于消费者的时间偏好率时,经济将沿着最优增长路径可持续增长。从另外的角度看,知识的生产效率 δ_A、人力资本开发部门的生产效率 δ_H、投入研发部门的人力资本 H_A、人口增长率 n 均对经济增长速度 g_Y 起正向作用,而知识老化速度 σ、消费跨期替代弹性的倒数 ε 与贴现率 ρ 起负向作用。

(二) 环境污染增长率为负值

环境可持续增长要求对环境进行合理的使用和适当的管理,以保证在环境不被进一步破坏的情况下获得经济的发展,即环境污染增长率为负值。初步来看,当 $g_Y > 0$ 时,$g_P = -bg_Y < 0$ 也成立,这时已经可以保证环境污染存量不增加,但是此时环境污染存量的减少速度有可能大于再生能力系数 μ,即消耗环境要素排

放的污染小于零。然而，由人均环境污染累积方程也可得，$\frac{\phi^{-b}K^{-b}R^{\varpi}}{P} \geq 0$。环境保护投资再多、环保投资效率再高、环保技术再高超，也不可能使污染排放小于零；当消耗的环境要素为零时，消耗环境要素排放的污染等于零。因而一般情况下，$\frac{\phi^{-b}K^{-b}R^{\varpi}}{P} > 0$，则有环境严格可持续增长的必要条件为：

$$g_P = \frac{\phi^{-b}K^{-b}R^{\varpi}}{P} - \mu > -\mu$$

$$\Rightarrow g_P = -bg_Y = -\frac{(\alpha+\beta)(\delta_A H_A - \sigma)b + \alpha(\delta_H - \rho)b}{\beta + \alpha\varepsilon} - \beta n b > -\mu$$

$$\Rightarrow g_Y = \frac{(\alpha+\beta)(\delta_A H_A - \sigma) + \alpha(\delta_H - \rho)}{\beta + \alpha\varepsilon} + \beta n < \frac{\mu}{b}$$

（10.27）

由式（10.27）可知，知识的生产效率 δ_A、人力资本开发部门的生产效率 δ_H、投入研发部门的人力资本 H_A 对环境污染存量的增速 g_P 起负向作用，而知识老化速度 σ 与贴现率 ρ、消费跨期替代弹性的倒数 ε、人口增长率 n 均起正向作用。环保投资的使用效率 b 对环境污染存量的减少至关重要，其对环境污染的减排效应被研发与人力资本部门放大，是减少污染的关键因素。

由式（10.26）与式（10.27）可知，使环境严格可持续增长的条件要为 $g_Y < \frac{\mu}{b}$，要保证经济可持续的最优增长路径的条件为 $g_Y > 0$。综上所述，经济、环境可持续发展的必要条件为 $0 < g_Y < \frac{\mu}{b}$，环保投资效率 b 虽然不决定最优经济增长率，但是如果环保投资效率提高，最优经济增长率的最大值将减小，因而环境保护在一定程度上阻碍经济增速的发展。

第三节 包含老龄化的环境约束内生增长模型

多数学者运用索洛增长模型、人口模型、生命周期等模型，仅从消费、投资、劳动、人力资本等一个或数个角度进行人口老龄化对经济增长的影响研究。相较于其他模型而言，内生经济增长模型可以将这些方面通通纳入一个分析框架，在分析老龄化对消费、人力资本、资本、劳动力等影响的基础上，全面分析老龄化对经济增长的复杂影响，将老龄化纳入环境约束的内生增长模型，建立包含老龄化的环境约束内生增长模型，并进行人口老龄化视角下、环境约束下经济可持续增长条件的求解,从理论上研究人口老龄化视角下实现经济增长与污染减排"双赢"的可能性。

一、模型构建

本书在环境约束内生增长五部门模型基础上将人力资本内生化,考虑老龄化在消费、医疗卫生资源等方面对经济增长的影响上,并将引入人口老龄化的消费效应与储蓄效应以及医疗卫生部门,得到六部门的经济系统:研发(R&D)部门,进行技术创新、开发新的中间产品品种或设计方案,且投入其中的人力资本为H_A;中间产品部门,生产中间产品;人力资本开发部门,进行人力资本的开发;最终产品部门,生产最终产品,且投入其中的人力资本为H_Y;环境部门,管理所有的环境要素,"出售"给最终产品部门;医疗生产部门,进行医疗卫生资源的投入,以保证医疗卫生资源维持在一定水平,满足人们的基本健康和医疗需求。整个六部门经济系统运作机制如图10-2所示。

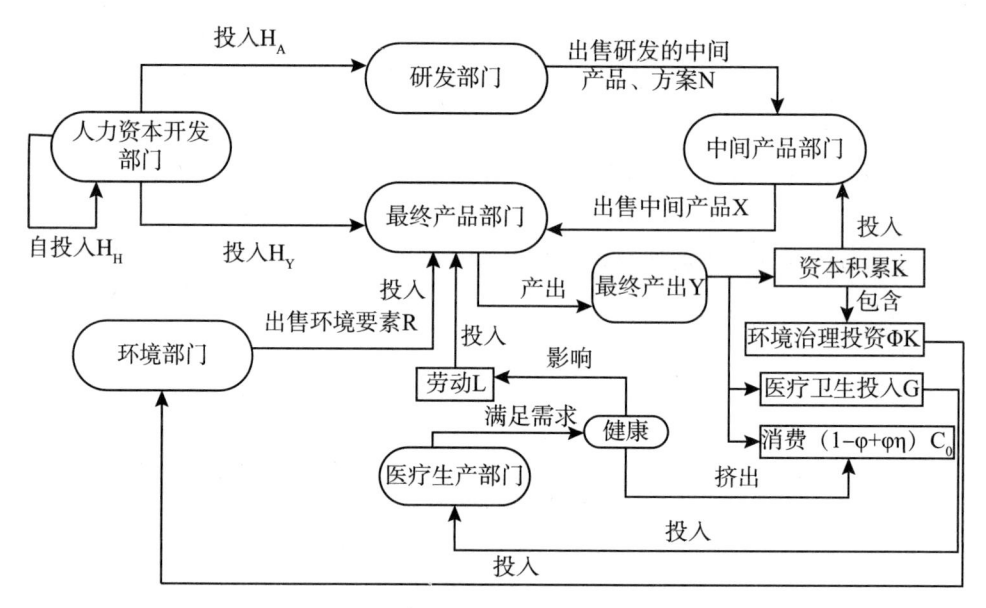

图10-2 六部门经济系统运行机制

本章采用连续时间分布,所有变量都是时间 t 的函数,时间 t 不直接进入各函数方程,而是通过变量的变化进行分析,为了书写方便,一律省去下标 t。已有研究表明,老龄化会从投资、储蓄、劳动力、人力资本等多角度对经济增长产生复杂影响。

(一) 老龄化的消费效应与储蓄效应

已有老龄化对消费、储蓄影响的研究并未达成一致的结论：大部分学者基于生命周期假说和抚养负担假说研究表明，老龄化加剧会降低社会总储蓄水平；而少部分学者则坚信有"第二人口红利"，认为理性人在意识到人口老龄化时，会"未雨绸缪"，减少消费，以增加其在工作阶段的储蓄，使得社会总储蓄水平上升。本章基于王金营和付秀彬（2006）的研究，在标准消费人假设前提下，改进其老龄化对消费影响的模型，试图将生命周期假说、抚养负担假说及"第二人口红利"假说均纳入一个分析框架下，认识到人口老龄化对消费影响的本质。

在环境约束的内生增长模型里，即模型1里，假设总人口均为劳动。为将老龄化引入环境约束的内生增长模型里，首先需放宽这一假定。假定总人口为 N，其中劳动人口为 L，老年人口为 (N−L)[①]。假设劳动人口平均消费水平为 c，标准消费人消费水平为 c_0，是一个已经排除了人口年龄结构影响的指标，即 $c_0 = C_0/N$，C_0 为无人口年龄结构的总消费。因而模型1里总消费水平 C 就是无人口年龄结构的总消费 C_0，即 $C = cL = C_0 = c_0N$，（N = L）。假设考虑人口老龄化的社会总消费水平为 C，老年人口的平均消费水平相当于劳动人口平均消费水平的 $\varphi(\varphi>0)$ 倍，则老年人口的平均消费水平为 φc，则总消费水平为：

$$C = c_0 L + \varphi c_0 (N - L) \qquad (10.28)$$

进一步地，采用老年人口比重衡量老龄化水平 $\eta(0<\eta<1)$，$\eta = (N-L)/N$，将老龄化水平 η 引入式（10.28）中，改写可得考虑人口老龄化的社会总消费水平 C 与老龄化水平 η、无人口年龄结构的总消费 C_0 等三者之间的关系：

$$\begin{aligned}C &= \varphi c_0 N + (1-\varphi)c_0 L = \varphi C_0 + (1-\varphi)c_0 N(L/N)\\ &= \varphi C_0 + (1-\varphi)(1-\eta)C_0 = (1-\varphi+\varphi\eta)C_0\end{aligned} \qquad (10.29)$$

基于式（10.29）分两种情形讨论老龄化对社会总消费水平的影响。第一，假使不考虑"第二人口红利"，即无人口年龄结构的总消费 C_0 是一个常数，不受老龄化影响，则 $\frac{\partial C}{\partial \eta} = \varphi C_0 > 0$，老龄化对消费的影响符合生命周期假说与抚养负担假说，老龄化加剧会提高消费水平，降低社会总储蓄水平。

第二，倘若考虑"第二人口红利"，老龄化加剧促使储蓄上升，消费下降，为分析简便，假设无人口年龄结构的总消费 C_0 与老龄化水平呈负线性关系，即 $\frac{\partial C_0}{\partial \eta} = -a(a>0)$，则 $\frac{\partial C}{\partial \eta} = \varphi C_0 - a(1-\varphi+\varphi\eta)$，其大小取决于 φC_0（老龄化的消

[①] 人口一般分为少儿人口、劳动人口与老年人口，为简化模型，本书忽略影响较小的少儿人口。

费效应）与 a（1 - φ + φη）（老龄化的储蓄效应）之间的大小关系。也就是说"第二人口红利"能否扭转老龄化对储蓄的不利影响，取决于老龄化的储蓄效应与消费效应之间的大小：若储蓄效应较大，则老龄化会降低消费，并对储蓄产生积极影响，若消费效应大，则老龄化会促进消费，对储蓄产生不利影响。

综上所述，本书建立老龄化对总消费水平的影响模型，将生命周期假说、抚养负担假说及"第二人口红利"假说均纳入一个分析框架下，从而认识到老龄化对消费影响的本质。此外，根据式（10.29），物质资本 K 的积累方程、效用函数 U（C, E）变为：

$$\dot{K} = Y - (1 - \varphi + \varphi\eta)C_0 - \phi K - \nu K \tag{10.30}$$

$$U(C, P) = \frac{[(1 - \varphi + \varphi\eta)C_0]^{1-\varepsilon} - 1}{1 - \varepsilon} - \frac{P^{1+\omega} - 1}{1 + \omega} \tag{10.31}$$

（二）老龄化对劳动增长率的影响

在环境约束的内生增长模型里，即模型 1 里，假设总人口均为劳动。为将老龄化引入环境约束的内生增长模型里，首先需放宽这一假定。在假定总人口即为劳动的前提下，劳动增长率为零。放宽这一假定后，劳动增长率不为零，假定人口增长率为 $n = \dot{N}/N$，劳动增长率为 $g_L = l = \dot{L}/L$，根据老龄化定义假定人口老龄化的增长率为 $\sigma = \dot{\eta}/\eta$，根据本书人口老龄化定义可得，劳动增长率与人口增长率与老龄化水平及其增长率的关系：

$$\dot{\eta} = \frac{nN - lL}{N + nN} - \eta = \frac{n - l(1 - \eta)}{1 + n} - \eta = \frac{n - l + \eta l - \eta - n\eta}{1 + n} = \eta\theta$$

$$\Rightarrow l = \frac{n - \eta - n\eta - \eta\theta(1 + n)}{1 - \eta} \tag{10.32}$$

由式（10.32）分别求偏导，可知人口增长率与老龄化水平及其增长率变动对劳动增长率的影响：

$$\frac{\partial l}{\partial n} = 1 - \eta - \eta\theta = 1 - \eta(1 + \sigma) > 0 \left(\eta < \frac{1}{1 + \sigma}\right)$$

$$\frac{\partial l}{\partial \sigma} = -\eta(1 + n) < 0$$

$$\frac{\partial l}{\partial \eta} = \frac{n - \eta - n\eta - \eta\sigma(1 + n)}{1 - \eta} = -\frac{1 + \sigma(1 + n)}{(1 - \eta)^2} < 0 \tag{10.33}$$

一般情况下，人口老龄化的增长率 θ 很小，人口老龄化目前已知和预测最高为 35% ~ 40%，极端假设 $\sigma = 1$，$\eta < \frac{1}{1 + \sigma} = \frac{1}{1 + 1} = 50\%$ 成立，故一般情况下，可以认为 $\frac{\partial l}{\partial n} > 0$。综上所述，认为 $\frac{\partial l}{\partial n} > 0$，$\frac{\partial l}{\partial \theta} < 0$，$\frac{\partial l}{\partial \eta} < 0$，即人口增长率对劳动人

口增长率产生正向影响、老龄化水平及其增长率对劳动人口增长率产生负向影响。为简化模型，假设老年人口为 E = (N - L)，重新定义老龄化增长率，将其定义简化为 $\sigma = \dot{E}/E - \dot{L}/L$，则有：

$$\sigma = \frac{\dot{E}}{E} - \frac{\dot{L}}{L} = \frac{\dot{N}}{N-L} - \frac{\dot{L}}{N-L} - l = \frac{n}{\eta} - \frac{l(1-\eta)}{\eta} - l = \frac{n-l}{\eta}$$

$$\Rightarrow g_L = l = n - \sigma\eta \tag{10.34}$$

对比式（10.34）与式（10.33）、式（10.32）可知，在式（10.34）中，可以直观地看到人口增长率对劳动人口增长率产生正向影响、老龄化水平及其增长率对劳动人口增长率产生负向影响，且形式更为简便，劳动增长率为人口增长率同老龄化水平与其增长率之积的差。综上，简化模型式（10.34）更为直观和简便，且并未省略关键信息，可以代表定义模型式（10.33）。

(三) 人力资本的内生化

已有研究人口老龄化对经济增长影响的文献基本一致认为，人口老龄化是积累人力资本的重要动机。从人力资本角度来看，人口老龄化加剧，意味着预期寿命的提高，人们更偏好于提高自身或者家庭成员的技能水平而非抚养后代，以获得更高的劳动报酬，尽管这使得劳动数量有所减少，但在教育及技术培训等领域的投入有所增加，人力资本随之提高，进而促进经济增长。崔等（Choi et al., 2015）基于一个人力资本内生的 OLG 模型研究表明，人力资本的社会传递模式对于经济的长期增长是相当重要的。

然而，已有研究人口老龄化对经济增长影响的文献，在基于 OLG 模型设定的人力资本形式存在较大的差异，从而导致研究的结论也各不相同。从表 10-1 可以看出，尽管 OLG 模型在研究人口老龄化经济影响的过程中，也能将人力资本内生化，但其人力资本的积累函数存在不够直观、形式不确定等缺陷，使得人口老龄化对经济增长的影响或正或负，很难有统一的结论。而本书改进的环境约束的内生增长模型，其人力资本累积函数为 $\dot{H} = \delta_H H_H$，其形式确定，含义明确。人力资本被内生化，人口老龄化不直接对其产生影响。

表 10-1　　　　相关文献中人力资本的累积函数形式

研究者	人力资本的形成
Fougere and Merette, 1999	$h_{t+1,j+1} = h_{t,j}\left[\dfrac{1}{1+m} + nz_{t,j}^q\right]$, $h_{t,1} = \pi \sum\limits_{j=1}^{T} h_{t-1,j}$

续表

研究者	人力资本的形成
Shimasawa, 2007	$h_{t+1,j+1} = h_{t,j}\left[\dfrac{1}{1+m} + nz_{t,j}^q\right]$, $h_{t,1} = \pi \sum_{k=1}^{t-1}\sum_{j=1}^{t-1} h_k$
Fougere et al., 2009	$h_{t+1,j+1} = h_{t,j}\left[\dfrac{1}{1+m} + nz_{t,j}^q + \exp_{t,j}\right]$, $h_{t,1} = \pi \sum_{j=1}^{T} h_{t-1,j}$
Kim, 2011	$h_{t+1,j+1} = (1-\delta)h_{t,j} + B(mk_t)^\psi(h_{t,j}z_{t,j})$, $h_{t,1} = \pi \sum_{j=1}^{T} h_{t-1,j}$

（四）老龄化对健康的影响——医疗生产部门

老龄化对于个体人群的影响大多体现在健康和医疗问题上。老龄化使得个体人群的健康状况（health status）及生命长度（life longevity）得到改变，这种改变对于医疗卫生资源的压力是巨大的。公共医疗卫生是现代社会的基础，也是构建和谐社会的重要环节。已有大量研究证实了健康是影响经济增长的重要因素，如有学者认为健康是影响经济增长的一个关键因素（Bloom and Canning, 2005; Weil, 2007）。为应对老龄化带来的健康和医疗问题，政府不得不加大对医疗卫生部门的投入，从而减少其他方面的投入，拖累经济增长。因而，医疗卫生资源将成为类似环境的稀缺资源，对经济增长产生影响。故本书将进行医疗卫生资源的生产的医疗卫生部门引入模型，以分析老龄化通过加重医疗卫生资源负担对经济增长产生的影响。

为了满足人们的基本健康和医疗需求，政府必须进行医疗卫生资源的投入，以保证医疗卫生资源维持在一定水平。假设政府医疗卫生投入为 G，其来源于总产出 Y，将其纳入环境约束下的内生增长模型，则资本累积函数变为：

$$\dot{K} = Y - (1-\varphi+\varphi\eta)C_0 - \phi K - \nu K - G \qquad (10.35)$$

假设医疗卫生资源的存量为 M，其折旧①（如医疗卫生设备、床位与建筑的老化折旧以及医疗卫生人员的退休）速度为 $\kappa(\kappa>0)$，$\dot{M}$ 为医疗卫生资源增量，θ 表示医疗卫生部门对医疗卫生资源的利用效率，即医疗卫生投入的转化效率，则医疗卫生资源的积累方程为：

$$\dot{M} = \theta G - \kappa M \qquad (10.36)$$

王弟海等（2015）在综述了健康影响经济增长机制的基础上指出，健康影响效用水平。在老龄化社会中，健康需求与物质需求及好的环境、休闲等精神

---

① 医疗资源包括很多，其中的医疗卫生机构数、床位数和卫生机构人员数是三种主要且有代表性的医疗资源，因而考虑折旧也主要从这三个方面考虑。

方面的需求一同构成社会福利，医疗卫生水平与健康需求密切相关，因而将其引入效用函数，建立一个包含消费、环境、医疗需求的多元函数是符合理论与现实的。医疗卫生资源的存量 M 也代表医疗卫生水平，将其引入效用函数式（10.31），就得到一个同时依赖于消费、环境质量及医疗卫生水平的、可加的等弹性效用函数 U(C，E，M)：

$$U(C, P, M) = \frac{[(1-\varphi+\varphi\eta)C_0]^{1-\varepsilon}-1}{1-\varepsilon} - \frac{P^{1+\omega}-1}{1+\omega} + \frac{M^{1-\upsilon}-1}{1-\upsilon} \qquad (10.37)$$

其中：$\upsilon(\upsilon>0)$ 为健康需求系数，表示消费者对医疗水平的偏好程度。

（五）模型形式

由于人力资本是内生的，人口老龄化并不直接对人力资本积累产生影响，即式（10.1）、式（10.2）不变。本书将知识老化参数引入模型 1 中，在模型 2，本书认为知识老化速度与人口老龄化加重速度一致，即式（10.3）不变。此外，老龄化并不直接影响中间产品与环境污染、最终产品，即式（10.4）、式（10.5）、式（10.6）不变。同样地，假定存在一个理性的社会计划者进行动态最优规划，选择适当的路径使当前一代人与未来多代人的社会效用现值最大化。将人口增长率、老龄化水平及其增长率看作外生变量，在一个同时依赖于消费、环境质量及医疗卫生水平的、可加的等弹性效用函数 U(C，P，M) 的基础上，$\rho(\rho>0)$ 表示消费者对当前消费的偏好程度，$e^{-\rho t}$ 为折现因子，并起到收敛因子的作用，则无限时域下的社会总效用为 $\int_0^\infty U(C, P, M)e^{-\rho t}dt$，从而得到包含老龄化的环境约束六部门内生增长模型——模型 2 的形式为：

$$\max_{C_0, R, H_A, H_Y, G} \int_0^\infty \left\{ \frac{[(1-\varphi+\varphi\eta)C_0]^{1-\varepsilon}-1}{1-\varepsilon} + \frac{E^{1-\omega}-1}{1-\omega} + \frac{M^{1-\upsilon}-1}{1-\upsilon} \right\} e^{-\rho t} dt$$

$$\text{s.t.} \quad Y = A^{\alpha+\beta} H_Y^\alpha L^\beta K^\gamma R^\chi$$

$$\dot{K} = Y - (1-\varphi+\varphi\eta)C_0 - \phi K - \nu K - G$$

$$\dot{P} = \varphi^{-b} K^{-b} R^\varpi - \mu P$$

$$\dot{A} = \delta_A H_A A - \sigma A$$

$$\dot{H} = \delta_H H_H$$

$$\dot{M} = \theta G - \kappa M$$

$$H = H_H + H_A + H_Y \qquad (10.38)$$

其中 C_0，R，H_A，H_Y，G 为控制变量，K，A，H，E，M 为状态变量。

二、模型求解

(一) 建立 Hamilton 函数

同样地，为求解模型 2 的最大化问题，建立现值 Hamilton 函数为：

$$J_2 = \frac{[(1-\varphi+\varphi\eta)C_0]^{1-\varepsilon}-1}{1-\varepsilon} + \frac{E^{1-\omega}-1}{1-\omega} + \frac{M^{1-\upsilon}-1}{1-\upsilon}$$
$$+ \lambda_5[A^{\alpha+\beta}H_Y^{\alpha}L^{\beta}K^{\gamma}R^{\chi} - (1-\varphi+\varphi\eta)C_0 - \phi K - \nu K - G]$$
$$+ \lambda_6(\delta_A H_A A - \sigma A) + \lambda_7 \delta_H(H - H_A - H_Y) + \lambda_8(\phi^{-b}K^{-b}R^{\varpi} - \mu P)$$
$$+ \lambda_9(\theta G - \kappa M) \qquad (10.39)$$

其中，C_0，R，H_A，H_Y，G 为各个状态变量的中间控制变量；K，A，H，E，M 为状态变量；λ_5，λ_6，λ_7，λ_8，λ_9 为状态变量的影子价格。根据动态优化理论，就可以求解 Hamilton 函数的一阶条件、欧拉方程与横截性条件，从而描述了经济系统的动态过程。

(二) 一阶条件

分别求 Hamilton 函数状态变量的一阶导数并令其为零，则最大化 J 的一阶条件为：

$$\begin{cases} \dfrac{\partial J}{\partial C_0} = (1-\varphi+\varphi\eta)^{1-\varepsilon}C_0^{-\varepsilon} - (1-\varphi+\varphi\eta)\lambda_5 = 0 \Rightarrow \lambda_5 = [(1-\varphi+\varphi\eta)C_0]^{-\varepsilon} \\[6pt] \dfrac{\partial J}{\partial R} = \lambda_5 \beta A^{\alpha+\beta}H_Y^{\alpha}L^{\beta}K^{\gamma}R^{\chi-1} + \lambda_8 \varpi\phi^{-b}K^{-b}R^{\varpi-1} = 0 \Rightarrow \lambda_5 \beta Y = -\lambda_8 \varpi\phi^{-b}K^{-b}R^{\varpi} \\[6pt] \dfrac{\partial J}{\partial H_A} = \lambda_6 \delta_A A - \lambda_7 \delta_H = 0 \Rightarrow \lambda_6 \delta_A A = \lambda_7 \delta_H \\[6pt] \dfrac{\partial J}{\partial H_Y} = \lambda_5 \alpha A^{\alpha+\beta}H_Y^{\alpha-1}L^{\beta}K^{\gamma}R^{\chi} - \lambda_7 \delta_H = 0 \Rightarrow \dfrac{\lambda_5 \alpha Y}{H_Y} = \lambda_7 \delta_H \\[6pt] \dfrac{\partial J}{\partial G} = -\lambda_5 + \theta\lambda_9 = 0 \Rightarrow \lambda_5 = \theta\lambda_9 \end{cases}$$

$$(10.40)$$

欧拉方程式为：

$$\begin{cases} \dot{\lambda}_5 = \rho\lambda_5 - \dfrac{\partial J}{\partial K} = \rho\lambda_5 - \dfrac{\lambda_5 \gamma Y}{K} + \lambda_5 \phi + \lambda_5 \nu - \lambda_8 b \phi^b K^{b-1} \\[2mm] \dot{\lambda}_6 = \rho\lambda_6 - \dfrac{\partial J}{\partial A} = \rho\lambda_6 - \dfrac{\lambda_5 (\alpha + \beta) Y}{A} - \lambda_6 (\delta_A H_A - \sigma) \\[2mm] \dot{\lambda}_7 = \rho\lambda_7 - \dfrac{\partial J}{\partial H} = \rho\lambda_7 - \lambda_7 \delta_H \\[2mm] \dot{\lambda}_8 = \rho\lambda_8 - \dfrac{\partial J}{\partial P} = \rho\lambda_8 + P^\omega + \lambda_8 \mu \\[2mm] \dot{\lambda}_9 = \rho\lambda_9 - \dfrac{\partial J}{\partial M} = \rho\lambda_9 - M^{-\upsilon} + \lambda_9 \kappa \end{cases} \tag{10.41}$$

横截性条件为:

$$\lim_{t \to \infty} \lambda_5 K e^{-\rho t} = 0, \quad \lim_{t \to \infty} \lambda_6 A e^{-\rho t} = 0, \quad \lim_{t \to \infty} \lambda_7 H e^{-\rho t} = 0,$$
$$\lim_{t \to \infty} \lambda_8 P e^{-\rho t} = 0, \quad \lim_{t \to \infty} \lambda_9 M e^{-\rho t} = 0 \tag{10.42}$$

(三) 稳态变量的求解

同样地,在人口老龄化视角和环境约束下经济增长可持续增长条件的求解,首先要求解稳态经济增长中各变量的增长率。以 $g_X = \dfrac{\dot{X}}{X}$ 表示变量 X 的增长率,即 $g_{C_0} = \dfrac{\dot{C}_0}{C_0}$、$g_K = \dfrac{\dot{K}}{K}$、$g_{H_A} = \dfrac{\dot{H}_A}{H_A}$、……(依次类推)。

1. 各变量增长率的关系

由资本累积方程式(8.30)可得,$g_K = \dfrac{\dot{K}}{K} = \dfrac{Y}{K} - \dfrac{(1 - \varphi + \varphi\eta) C_0}{K} - \phi - \nu - \dfrac{G}{K}$。根据动态优化理论,经济社会最优增长路径下,各变量增长率为常数,则式右端为常数。为与消费区分,用 D 表示常数,可得 $\dfrac{Y}{K} = D_{13}$,$\dfrac{(1 - \varphi + \varphi\eta) C_0}{K} = D_{14}$,$\dfrac{G}{K} = D_{15}$,$\phi = D_{16}$,$\nu = D_{17}$,两端取对数对时间求导可得:

$$g_K = g_Y = g_{C_0} = g_G, \quad g_\phi = g_\nu = 0 \tag{10.43}$$

g_A、g_R 及 g_H 是内生决定的,并未受老龄化的影响,因而其形式不变,仍为式(10.3)、式(10.4)与式(10.1)及式(10.2),则由技术知识的累积方程(10.3)得到式(10.15)、由环境的累积方程式(10.5)得到式(10.16),由人力资本累积方程式(10.1)与人力资本总量的方程式(10.2)得到式(10.18):

根据一阶条件式（10.40）中第二行公式代入欧拉方程式（10.41）第一行公式，从而得到影子价格 λ_1 的增长率 $g_{\lambda 5} = \frac{\dot{\lambda}_5}{\lambda_5} = \rho - \frac{\gamma Y}{K} + \phi + \nu + \frac{b\beta Y}{\varpi R^\varpi K}$，而 $g_{\lambda 5}$ 为常数，可知 ρ, ϕ, ν 为常数，则有 $\frac{b\beta Y}{\varpi R^\varpi K} = D_{18}$，两端取对数对时间求导，并将公式（10.43）、式（10.16）代入整理可得：

$$g_R = 0, \quad g_P = \varpi g_P - bg_K = -bg_Y \tag{10.44}$$

依据欧拉方程式（10.41）第三行公式得到影子价格 λ_7 的增长率 $g_{\lambda 7}$：

$$g_{\lambda 7} = \frac{\dot{\lambda}_7}{\lambda_7} = \rho - \delta_H \tag{10.45}$$

对一阶条件式（10.40）中第一行公式 $\lambda_5 = [(1-\varphi+\varphi\eta)C_0]^{-\varepsilon}$、第四行公式 $\frac{\lambda_5 \alpha Y}{H_Y} = \lambda_7 \delta_H$ 两端取对数求导，并将公式（10.43）代入可得 $g_{\lambda 5} = -\varepsilon g_{C_0} = -\varepsilon g_Y$，$g_{\lambda 5} = g_{\lambda 7} + g_{H_Y} - g_Y$，从而将式（10.45）代入整理可得：

$$g_{H_Y} = (1-\varepsilon)g_Y + \delta_H - \rho \tag{10.46}$$

由医疗卫生资源的积累方程式（10.36）可得，$g_M = \frac{\dot{M}}{M} = \frac{\theta G}{M} - \kappa$，而 g_M, θ 为常数，可知 κ 为常数，则有 $\frac{G}{M} = D_{19}$，两端取对数对时间求导可得 $g_M = g_G$，$g_\kappa = 0$，从而代入式（10.43）可得：

$$g_M = g_G = g_K = g_Y = g_{C_0} \tag{10.47}$$

2. 参数 ε, ω, ν 的关系

依据欧拉方程式（10.41）第四行公式得到影子价格 λ_8 的增长率 $g_{\lambda 8} = \frac{\dot{\lambda}_8}{\lambda_8} = \rho + \frac{P^\omega}{\lambda_8} + \mu$，而 $g_{\lambda 8}$ 为常数，可知 ρ, μ 为常数，则有 $\frac{P^\omega}{\lambda_8} = D_{20}$，两端取对数对时间求导，并将公式（10.44）代入整理可得：

$$g_{\lambda 8} = \omega g_P = -\omega b g_Y \tag{10.48}$$

对一阶条件式（10.40）中第一行公式 $\lambda_5 = [(1-\varphi+\varphi\eta)C_0]^{-\varepsilon}$ 取对数求导，并将式（10.43）代入可得：

$$g_{\lambda 5} = -\varepsilon g_{C_0} = -\varepsilon g_Y \tag{10.49}$$

依据欧拉方程式（8.41）第一行公式，$g_{\lambda 8}$ 为常数，可知 ρ, ϕ, ν 为常数，得到影子价格 λ_5 的增长率 $g_{\lambda 5} = \frac{\dot{\lambda}_5}{\lambda_5} = \rho - \frac{\gamma Y}{K} + \phi + \nu - \frac{\lambda_8 b \phi^{-b} K^{b-1}}{\lambda_5}$，而则有 $\frac{\lambda_8 b \phi^{-b} K^{b-1}}{\lambda_5} = D_{21}$，两端取对数对时间求导，并将公式（10.16）代入整理可得：

$$g_{\lambda 5} = g_{\lambda 8} + (b-1)g_Y \qquad (10.50)$$

将式（10.48）、式（10.49）代入式（10.50），整理可得：

$$\varepsilon = \omega b + 1 - b \qquad (10.51)$$

依据欧拉方程式（10.41）第五行公式得到影子价格 λ_9 的增长率 $g_{\lambda 9}$ 为常数，$g_{\lambda 9} = \dfrac{\dot{\lambda}_9}{\lambda_9} = \rho - \dfrac{M^{-\upsilon}}{\lambda_9} + \kappa$，可知 ρ、κ、μ 为常数，则有 $\dfrac{M^{-\upsilon}}{\lambda_5} = D_{22}$，两端取对数对时间求导，并将公式（10.16）、公式（10.47）代入整理可得：

$$g_{\lambda 9} = -\upsilon g_M = -\upsilon g_Y \qquad (10.52)$$

对一阶条件式（10.40）中第五行公式 $\lambda_1 = \theta \lambda_5$ 两端取对数求导，可得 $g_{\lambda 5} = g_{\lambda 9}$，将式（10.49）、式（10.51）、式（10.52）代入整理可得：

$$\upsilon = \varepsilon = \omega b + 1 - b \qquad (10.53)$$

3. 稳态变量的求解

对 Cobb–Douglas 生产函数 $Y = A^{\alpha+\beta} H_Y^{\alpha} L^{\beta} K^{\gamma} R^{\chi}$ 两边取对数求导，可得：$g_Y = (\alpha + \beta)g_A + \alpha g_{H_Y} + \beta g_L + \gamma g_K + \chi g_R$，并将式（10.44）、式（10.46）、式（10.47）、式（10.15）、式（10.16）、式（10.18）、式（10.34）及 $\alpha + \beta + \gamma = 1$ 代入整理求解可得：

$$g_M = g_G = g_K = g_Y = g_{C_0} = \frac{(\alpha+\beta)(\delta_A H_A - \sigma) + \alpha(\delta_H - \rho)}{\beta + \alpha\varepsilon} + \beta(n - \sigma\eta)$$

$$g_P = -bg_Y = -\frac{(\alpha+\beta)(\delta_A H_A - \sigma)b + \alpha(\delta_H - \rho)b}{\beta + \alpha\varepsilon} - \beta(n - \sigma\eta)b$$

$$g_{H_A} = g_{H_Y} = g_{H_H} = g_H = (1-\varepsilon)g_Y + \delta_H - \rho$$

$$= \frac{(1-\varepsilon)[(\alpha+\beta)(\delta_A H_A - \sigma) + \alpha(\delta_H - \rho)]}{\beta + \alpha\varepsilon} + \beta(1-\varepsilon)(n - \sigma\eta) + \delta_H - \rho$$

$$\upsilon = \varepsilon = \omega b + 1 - b \qquad (10.54)$$

三、最优增长路径分析

相较于已有文献的环境约束增长模型及其他研究人口老龄化的 OLG 模型、索洛模型等，模型 2 更为先进和合理，引入环保投资及其效率系数，更好、更全面地衡量政府对环境污染的资本与制度管理，能够从消费、劳动、人力资本等各方面全面分析人口老龄化对经济增长的复杂影响。在人口老龄化视角下、环境约束下，要保证可持续的最优增长路径存在，前两个条件与环境约束的内生增长模型一致，但其比环境约束的内生增长模型多一个条件，即医疗卫生资源累积速度为正值。

（一）经济增长速度为正值

在人口老龄化视角下、环境约束下，要保证可持续的最优增长路径存在，首先必须保证经济增长速度为正值，即 $g_Y = \dfrac{(\alpha+\beta)(\delta_A H_A - \sigma) + \alpha(\delta_H - \rho)}{\beta + \alpha\varepsilon} + \beta(n - \sigma\eta) > 0$，而参数 α、β、ε 均大于零，则 $\beta + \alpha\varepsilon > 0$，从而可持续最优增长路径存在的临界条件为：

$$(\delta_A H_A - \sigma) + \frac{\beta(\delta_A H_A - \sigma)}{\alpha} + \delta_H + \frac{\beta(n - \sigma\eta)(\beta + \alpha\varepsilon)}{\alpha} > \rho \quad (10.55)$$

其中，$\delta_A H_A - \sigma$ 为技术累积速度，$\dfrac{\beta(\delta_A H_A - \sigma)}{\alpha}$ 为技术作用与劳动对经济增长的促进效应，即技术的扩散效应，δ_H 为人力资本开发部门的生产效率，ρ 为贴现率，即消费者的时间偏好率。$\dfrac{\beta(n - \sigma\eta)(\beta + \alpha\varepsilon)}{\alpha}$ 为人口增长率、老龄化及其增长率决定的劳动增长率对经济增长的贡献，也就是说如果老龄化及其增长率对劳动增长率的负效应没能被人口增长的正效应抵消，劳动增长率为负，人口老龄化背景下，经济可持续增长的条件变得更严苛，因而老龄化背景下，人口增长率也成为可持续增长的重要决定变量。从另外的角度看，知识的生产效率 δ_A、人力资本开发部门的生产效率 δ_H、投入研发部门的人力资本 H_A、人口增长率 n 对经济增长速度 g_Y 起正向作用，而知识老化速度 σ、消费跨期替代弹性的倒数 ε、人口老龄化水平 η 及其增长率 σ 与贴现率 ρ 起负向作用。

（二）环境污染增长率为负值

环境可持续增长要求对环境进行合理的使用和适当的管理，以保证在环境不被进一步破坏的情况下获得经济的发展，即环境污染增长率为负值。同样地，与环境内生增长模型类似，环境严格可持续增长的必要条件为：

$$g_P = \frac{\phi^{-b} K^{-b} R^\varpi}{P} - \mu > -\mu$$

$$\Rightarrow g_P = -bg_Y = -\frac{(\alpha+\beta)(\delta_A H_A - \sigma)b + \alpha(\delta_H - \rho)b}{\beta + \alpha\varepsilon} - \beta(n - \sigma\eta)b > -\mu$$

$$\Rightarrow g_Y = \frac{(\alpha+\beta)(\delta_A H_A - \sigma) + \alpha(\delta_H - \rho)}{\beta + \alpha\varepsilon} + \beta(n - \sigma\eta) < \frac{\mu}{b} \quad (10.56)$$

由式 (10.56) 可知，知识的生产效率 δ_A、人力资本开发部门的生产效率 δ_H、投研发部门的人力资本 H_A、人口增长率 n 均对环境污染存量的增速 g_P 起负向作用，而知识老化速度 σ、贴现率 ρ、消费跨期替代弹性的倒数 ε、人口老龄

化水平 η 及其增长率 σ 都起正向作用。而环保投资的使用效率 b 对环境污染存量的减少至关重要，其对环境污染的减排效应被研发与人力资本部门放大，是减少污染的关键因素。

由式（10.55）与式（10.56）可知，使环境严格可持续增长的条件为 $g_Y < \frac{\mu}{b}$，要保证经济可持续的最优增长路径的条件 $g_Y > 0$。综上，经济、环境可持续发展的必要条件为 $0 < g_Y < \frac{\mu}{b}$，环保投资效率 b 虽然不决定最优经济增长率，但是如果环保投资效率提高，最优经济增长率的最大值将减小，因而环境保护在一定程度上阻碍经济发展。如果老龄化及其增长率对劳动增长率的负效应没能被人口增长的正效应抵消，劳动增长率为负，在人口老龄化背景下，经济、环境可持续增长的条件变得更严苛，因而老龄化背景下，人口增长率也成为可持续增长的重要决定变量。

（三）医疗卫生资源累积速度为正值

为了满足人们的基本健康和医疗需求，政府必须进行医疗卫生资源的投入，以保证医疗卫生资源维持在一定水平。因而，医疗卫生资源累积速度必须为正值，即 $g_M = g_Y = \frac{(\alpha+\beta)(\delta_A H_A - \sigma) + \alpha(\delta_H - \rho)}{\beta + \alpha\varepsilon} + \beta(n - \sigma\eta) > 0$，这与式（10.55）相同。

由于最优增长路径上，消费者的相对风险厌恶系数 ε 与健康需求系数 υ 相同，消费者既追求消费也追求健康，会通过储蓄促进经济增长，进而敦促政府部门投入医疗卫生资源，保证自身的健康需求得到满足，使经济与医疗资源可持续增长，消费者既不会过度消费使医疗投入不足，也不会过度敦促政府投入医疗资源使消费不足。因而，当经济增长速度为正值时，医疗卫生资源累积速度自然也为正。

第四节 静 态 分 析

一、环境保护阻碍经济增速、减少环境污染

最优经济增长路径下 $g_Y > 0$，由式（10.54）求偏导，可得到环保投资效率 b

对于最优路径下的经济增长与环境存量累积速度的影响：

$$\frac{\partial g_Y}{\partial b}=0, \quad \frac{\partial g_P}{\partial b}=-\frac{(\alpha+\beta)(\delta_A H_A-\sigma)+\alpha(\delta_H-\rho)}{\beta+\alpha\varepsilon}-\beta(n-\sigma\eta)<0 \quad (10.57)$$

由式（10.57）可知，$\frac{\partial g_Y}{\partial b}=0$，表明环保投资效率 b 对于最优经济增长没有影响。然而，由于在经济持续增长过程中必然要消耗环境要素产生环境污染，影响社会总的福利效用，因此必须加大污染治理，改善环境。而经济、环境可持续发展的必要条件为 $0<g_Y<\frac{\mu}{b}$，环保投资效率 b 虽然不决定最优经济增长率，但是如果环保投资效率提高，最优经济增长率的最大值将减小，因而，环境保护在一定程度上阻碍经济发展。此外，$\frac{\partial g_P}{\partial b}<0$，表明环保投资效率的提高能够有效减少环境污染排放。综上所述，提高环保投资效率虽然一定程度上阻碍经济增长，但可以有效地减少环境污染排放。

近年来，中国政府在经济发展过程中，逐步认识到环境保护的重要性，加大了污染治理、环境质量改善和生态保护等方面的投资。"十二五计划"期间中国环保投资 3.4 万亿元，比"十一五"计划期间增长了 62%，占到 GDP 的 3.5%，而"九五"期间，中国环保投入仅为 0.36 万亿元。而党的十八大及十八届三中全会提出要加快推进生态文明建设，随后出台的《国务院关于印发〈大气污染防治行动计划〉的通知》（"气十条"）、《国务院关于印发水污染防治行动计划的通知》（"水十条"）及国务院印发了《土壤污染防治行动计划》（"土十条"）① 规划的环保投资多达 10 万亿元，基于此，国家环境保护部预测"十三五计划"期间，中国的环保投资将高达 17 万亿元。然而，庞大的环保投资不仅不能阻止环境污染进一步加剧，而且带来了"环境保护损坏经济发展"的担忧，这主要归结于环保投资效率的不高。环境污染累积方程式 $\dot{P}=\phi^{-b}K^{-b}R^\varpi-\mu P$，也表明了环保投资加大能否阻止环境污染进一步恶化，取决于环保投资效率及经济增长带来环境损耗的高低，式（10.54）更表明最优环境污染排放增长率与环保投资高低无关。综上所述，如果不解决环保投资效率过低这一现状，未来的环保投资再高，恐怕也很难达到减少环境污染排放的预期。因而，解决环境问题的关键在于提高环保投资效率，即使不加大环保投资投入，单纯提高环保投资效率，也能够

---

① 2013 年 6 月 14 日，国务院召开常务会议，研究了大气污染防治的具体措施，同年 9 月 10 日，国务院下发了《国务院关于印发〈大气污染防治行动计划〉的通知》，文件制定了大气污染防治十条措施；2015 年 2 月，中央政治局常务委员会会议审议通过了"水十条"，4 月 16 日发布《国务院关于印发水污染防治行动计划的通知》，最早叫"水计划"，因为与已经出台的"大气十条"相对应，改为"水十条"；2016 年 5 月 28 日，国务院印发了《土壤污染防治行动计划》，对土壤污染防治工作做出了全面战略部署。

阻止环境污染进一步恶化。

制定和实施严格的环境保护制度与政策，有利于环保投资效率的提高，进而改善环境质量，促进优化经济增长。为应对严峻的环境挑战，中国政府已经在污染治理、环境质量改善和生态保护等方面的投资取得了较好的成效，然而也存在着诸多问题，突出问题就是巨额的环保投资得不到有效利用。由于环境治理存在外部性，企业按照利润最大化确定的产量，并不是社会福利最大化确定的产量，必须通过制定有效的环境保护制度与政策，杜绝在环境保护上"免费搭政府公车的现象"，加大对"偷排偷放"的处罚力度，才能使外部不经济效果的产生者受到约束，企业根据"污染者付费原则"承担环境污染的风险，从而克服外部性，使实施环境保护的企业获得一定的制度与成本收益，继续实施环保行为。只有企业自觉地实施环保行为，环保设施、环保技术才能真正得到使用、维护与更新，才能充分利用社会分工，发挥专业化治污企业的资金技术优势和规模经济效应，最终提高环保投资的使用效率。

但式（10.56）表明，环境保护在一定程度上阻碍了经济发展。在制定和实施严格的环境保护制度与政策，促进环保投资充分利用的过程中，环保理念与循环经济生产方式得以推广，经济增长方式得以转变，从而使得环境再生能力系数得以提高，在一定程度上能缓解环境保护对经济发展的阻碍。

二、老龄化延缓经济增长、加重环境污染

基于老龄化视角，人口老龄化水平 η 及其增长率 σ 均为正值，最优经济增长路径下 $g_Y>0$，由式（10.54）求偏导，可得到人口老龄化水平 η 及其增长率 σ 均为正值，对于最优增长路径下的经济增长与环境污染累积速度的影响：

$$\frac{\partial g_Y}{\partial \eta} = -\beta\sigma <0, \quad \frac{\partial g_P}{\partial \eta} = \beta\sigma b >0$$

$$\frac{\partial g_Y}{\partial \sigma} = -\frac{\alpha+\beta}{\beta+\alpha\varepsilon} - \beta\eta <0, \quad \frac{\partial g_P}{\partial \sigma} = \frac{(\alpha+\beta)b}{\beta+\alpha\varepsilon} + \beta\eta b >0 \qquad (10.58)$$

由式（10.58）可知，$\frac{\partial g_Y}{\partial \eta}<0$，$\frac{\partial g_P}{\partial \eta}>0$，表明老龄化水平加重会使得劳动增长率为负，从而对经济产生负向影响，同时其对经济的负向影响又会使得环境污染随之加重；$\frac{\partial g_Y}{\partial \sigma}<0$，$\frac{\partial g_P}{\partial \sigma}>0$，表明老龄化增长率越大，其对经济增长率的负向影响越大，同时对环境污染的加重越明显。因而人口老龄化对经济增长的不利影响，会间接影响减少环境污染排放的经济能力，或使中国陷入经济增长停滞与环

境污染加剧的"双重陷阱"中，老龄化增长率越高，这种可能性越大。

中国目前正处于劳动密集型产业向资本、技术密集型产业转变的关键时期，更需要大量懂技术、有文化、掌握多重技能的复合型创新人才的支撑。而人口老龄化必然会使得劳动人口增长率再降低。为避免这一情况，中国正逐步开始实施弹性退休制度，适时延迟退休年龄，届时老龄人口的再就业将成为不得不面对的问题。劳动人口趋于老龄化，很可能会出现劳动人群创新能力、适应能力、知识更新能力的减弱，制约新兴产业的发展和产业结构的调整。

因而，建立健全基本医疗卫生制度，提高医疗卫生投入的转化效率 θ，在不加重政府财政负担的前提下，实现人人享有基本医疗卫生服务，满足人们的基本健康和医疗需求，使老龄人口的再就业成为可能，解决劳动人口的短缺问题，使人口老龄化通过劳动增长率对最优经济增长的不利影响降到最低。医疗水平的提高，也有利于再就业老龄人口健康水平的提高，使其创新能力、适应能力、知识更新能力不至于减弱太多，从而不再制约新兴产业的发展和产业结构的调整。

其次，政府可以通过推广全民健身，提高人民健康水平，以满足人们的健康需求，通过发展体育事业、加强群众健身活动场地和设施建设、推行公共体育设施免费或低收费开放等手段，推广全民健身，以提高人民健康水平，既运用简单、直接的方法满足了人们对健康的需求，又缓解了人们对老龄化社会医疗、养老问题的担忧心理，使人们不再盲目地追求高水平的医疗卫生设备条件，减轻了政府财政负担，同时又能提高人民健康水平，使老龄人口的再就业成为可能，从而消除人口老龄化对经济增长的不利影响。

三、技术创新是经济、环境可持续增长的关键

根据式（10.54）及最优经济增长路径下 $g_Y>0$，进一步地对 g_Y 分别求偏导，分析参数 δ_A，H_A，δ_H，ε，ρ 对最优经济增长率的影响：

$$\frac{\partial g_Y}{\partial \delta_A} = \frac{(\alpha+\beta)H_A}{\beta+\alpha\varepsilon} > 0, \quad \frac{\partial g_P}{\partial \delta_A} = -\frac{(\alpha+\beta)H_A b}{\beta+\alpha\varepsilon} < 0$$

$$\frac{\partial g_Y}{\partial H_A} = \frac{(\alpha+\beta)\delta_A}{\beta+\alpha\varepsilon} > 0, \quad \frac{\partial g_P}{\partial H_A} = -\frac{(\alpha+\beta)\delta_A b}{\beta+\alpha\varepsilon} < 0,$$

$$\frac{\partial g_Y}{\partial \delta_H} = \frac{\alpha}{\beta+\alpha\varepsilon} > 0, \quad \frac{\partial g_P}{\partial \delta_H} = -\frac{\alpha b}{\beta+\alpha\varepsilon} < 0$$

$$\frac{\partial g_Y}{\partial \varepsilon} = -\frac{\alpha(\alpha+\beta)(\delta_A H_A - \sigma) + \alpha^2(\delta_H - \rho)}{(\beta+\alpha\varepsilon)^2} < 0,$$

$$\frac{\partial g_P}{\partial \varepsilon} = \frac{\alpha(\alpha+\beta)(\delta_A H_A - \sigma)b + \alpha^2(\delta_H - \rho)b}{(\beta+\alpha\varepsilon)^2} > 0$$

$$\frac{\partial g_Y}{\partial \rho} = -\frac{\alpha}{\beta + \alpha\varepsilon} < 0, \quad \frac{\partial g_P}{\partial \rho} = \frac{\alpha b}{\beta + \alpha\varepsilon} > 0 \qquad (10.59)$$

由式（10.59）可知，提高研发部门的生产效率 δ_A 与人力资本投入 H_A，将增加研发部门的产出，而人力资本部门生产效率 δ_H 的提高，则会产出更多的人力资本，这些都将提高最优增长率；而消费跨期替代弹性的倒数 ε 越大，则意味着人们更倾向于当期消费，储蓄减少，从而拖累最优经济增长；贴现率 ρ 越大，则意味着消费者对未来贴现越大，增加当前消费，从而放缓经济增长。

现实经济社会中，ε，ρ 是既定的参数，一般不变，可见提高经济增长速度的方式有三个：一是提高研发部门的生产效率；二是提高研发部门的人力资本投入；三是提高人力资本部门的生产效率 δ_H。其中最为关键的要素是技术和知识，研发部门的人力资本投入增加，生产效率提高，都是为了更多的知识和技术产品产出，进一步地通过技术和知识外溢抵消了其他生产要素规模效益的递减，使经济持续增长；而人力资本部门的生产效率 δ_H 提高，也是为了生产更多的人力资本，从而向研究部门提供人力资本。因此，技术和知识无疑是经济增长的根本动力，只有从根本上实现技术和知识的不断革新，才能真正实现经济持续增长，这才是内生模型的真谛。

第五节 小 结

本书基于罗默内生技术变化增长理论，建立了包含老龄化的环境约束六部门内生增长模型，论证表明技术创新是人口老龄化视角下、环境污染约束下实现经济可持续增长的关键。

首先，技术创新是缓解老龄化对经济增长冲击的重要方式。人口老龄化对经济增长最直接的影响是减少了动力。而技术创新可以带来更多的知识和技术，这些知识与技术可以减少劳动力的使用或从某种程度上替代劳动力，如自动售货机的出现代替了部分售货员的工作，从而弥补人口老龄化带来的劳动力短缺，进而突破人口老龄化对经济增长的劳动约束。再有，技术创新使得医疗卫生资源的利用效率有所提高，从而使得医疗卫生资源积累速度加快，使老龄人口的再就业成为可能，解决劳动人口的短缺问题，最终使得老龄化对经济增长的冲击有所缓解。

其次，技术创新突破了环境污染对经济增长的约束。先进的技术设备和环保设备，能够将一些污染物"变废为宝"，提高资源利用效率，减少环境存量的消耗，最终使得环保投资的利用效率提高，从而带动了经济增长。因而，循环经济下的清洁生产技术，使环境污染不再拖累经济增长。要想实现环境与经济的可持续发展，应该大力增加环保投资，发展清洁技术、设备，从而提高环保投资的利用效率，进而改善环境，实现经济持续增长。

综上所述，当经济由资本、资源驱动向创新驱动转型，实现经济、环境的可持续发展时，人口老龄化带来的负面影响也有所缓解，中国陷入经济增长停滞与环境污染加剧的"双重陷阱"的可能性也将降低。创新驱动的效率提升是新常态背景下中国经济发展的动力来源。

第十一章

中国经济的发展质量：实证研究

经济增长不仅是一个数量问题，经济增长的质量更为重要。特别是中国当前的经济发展正处于增长速度的换挡期，已经进入到经济发展的新常态，因此重塑经济增长新动力、提高经济增长质量是新常态下中国经济发展亟待解决的关键问题。在梳理了改革开放以来中国经济发展的40多年，发现中国经济成绩与问题并存，在新常态下中国进一步发展潜力在于全要素效率的提升。同时，要深入认识这一阶段的中国经济，必须对中国经济发展效率及质量进行科学评价。

第一节 指标选取——TFP 与绿色 TFP

国外学者较早关注了经济增长的质量问题，并从广义角度对经济增长质量的内涵进行了界定，如托马斯等（Thomas et al., 2001）从人类发展、收入增长、环境可持续性来界定经济增长质量的内涵，巴罗（Barro, 2002）从经济发展、健康、人口出生率、收入分配、政治制度、犯罪和宗教等维度来界定经济增长质量的内涵。但是，国外学者在肯定经济增长质量重要性的同时，较少从实证角度系统、深入地研究经济增长质量。

国内学者从狭义和广义两个层面来界定经济增长质量的内涵及外延。早期的研究文献主要从狭义层面来界定经济增长质量的内涵，即从经济效率角度来界定其内涵，如刘亚建（2002）将经济增长质量等同于效率，因此，用全要素生产率表征经济增长质量是较为普遍的做法。近年来，学者们从广义角度对经济增长质量内涵予以界定，即用综合指标表征经济增长质量，如毛其淋（2012）的框架包括经济增长的协调性、有效性、持续性、稳定性和分享性，任保平（2013）的框架包括经济增长的效率提高、结构优化、稳定性提高、福利分配改善和创新能力提高。

实证研究方面，大量文献从定量角度对经济增长质量进行测度，其中对经济增长质量进行测度有单一指标衡量法和综合指标衡量法两种。近年来学者们的经验研究多采取综合评价方法来衡量经济增长质量。如钞小静和惠康（2009）、钞小静和任保平（2011）的指标体系包括经济增长结构、经济增长的稳定性、经济增长的福利变化与成果分配以及经济增长的资源利用和生态环境代价；向书坚和郑瑞坤（2012）根据资源在经济、社会以及环境系统的配置构建经济增长质量评价指标体系。也有学者综合单要素和综合要素方法，将经济增长质量定义为在一定生产要素禀赋以及资源环境、经济结构、收入结构约束下的经济增长效率。

尽管用全要素生产率（TFP）来表征经济增长质量也存在一些局限性，如TFP不能全面反映资源配置的状况、TFP研究容易引发对资本积累重要性低估的问题以及TFP难以全面反映生产要素的经济效果等，但由于TFP是反映一国经济发展质量和效益的重要指标，其测度方法也较为成熟，大量文献采用TFP来表征经济增长质量，故本书也采用TFP来表征经济增长质量。

在实际生产活动中，伴随着"好"产出，会产生如废气、废水、固体废弃物等污染物，这些副产品不受欢迎，被称为"坏"产出，也就是非期望产出。在面临严重资源环境问题的现实背景下，忽略资源、环境要素的传统效率测算很有可能高估实际的生产效率，更与可持续发展背道而驰，因而测度经济效率必须考虑污染排放。运用在研究报告中所测算的包含污染排放的经济效率即绿色全要素生产率（绿色TFP），故本书将绿色TFP作为衡量经济发展质量的指标。

第二节 评价方法

准确测度经济效率水平是研究的基础，但由于方法不同，现有文献经济效率水平测度的结果相差较大，从而引致争议，需要进一步探讨。测度效率的方法分为参数方法和非参数方法两类：参数方法需要设定生产函数的具体形式，使得测算结果因设定形式的不同而不同，因而多在早期研究中使用；非参数方法以数据包络分析（data envelopment analysis，DEA）为代表，由于具有不需要对参数进行估计、允许无效率行为存在等优点,因而在近期研究中较多使用非参数方法。上述文献使用的 DEA 模型大都是径向、角度的,无法充分考虑投入或产出的非零松弛性,且会忽视投入或产出的某一方面,其测算结果往往是有偏差的,托恩(Tone)提出了非径向、非角度的基于松弛的(Slack – Based Measure,SBM)效率评价模型,弥补了这一缺陷,因而逐渐有学者使用 SBM 模型测度效率。但现有使用 SBM 模型测度效率的文献未曾考虑效率为 1 的决策单元排序问题,无法充分比较效率高低,故本书引入超效率 SBM 模型,以解决这一问题,使效率测度更为准确。

一、非合意产出的超效率 SBM 模型

构建包含非合意产出在内的产出与要素资源投入之间的技术结构关系被称为环境技术,借鉴法尔(Fare)提出的环境技术概念,本书改进了托恩(Tone)的超效率 SBM 模型(Super – SBM),建立了非合意产出的超效率 SBM 模型,弥补以往径向、角度 DEA 模型的缺陷,同时解决效率为 1 的决策单元进行排序的问题,使绿色经济效率的测度更为准确。

假设有 k(k = 1,⋯,K) 个决策单元(DMU),每个 DMU 有投入、合意产出、非合意产出三种,使用 n(n = 1,⋯,N) 种投入 x_n^k 得到 m(m = 1,⋯,M) 种合意产出 y_m^k 和 i(i = 1,⋯,I) 种非合意产出 b_i^k,生产可能性集(P)为:

$$P = \left\{ (x, y) \middle| \sum_{k=1}^{K} z_k y_m^k \geq y_m^k, m = 1, \cdots, M; \sum_{k=1}^{K} z_k b_i^k \leq b_i^k, i = 1, \cdots, I; \sum_{k=1}^{K} z_k x_n^k \leq x_n^k, n = 1, \cdots, N; z_k \geq 0, k = 1, \cdots, K \right\}$$

(11.1)

其中,z_k 表示 DMU 的权数,$\sum_{k=1}^{K} z_k y_m^k \geq y_m^k$ 表示实际合意产出低于前沿好产出,类似地,$\sum_{k=1}^{K} z_k b_i^k \leq b_i^k$ 表示实际非合意产出大于前沿坏产出,$\sum_{k=1}^{K} z_k x_n^k \leq x_n^k$ 表示实际投入大于前沿投入。

在生产可能性集(P)的基础上,构建效率指标(ρ、ρ'),即非合意产出的超效率 SBM 模型:

$$\rho_j^* = \min\rho = \left(\frac{1}{N} \sum_{n=1}^{N} \frac{x_n^j - s_n^x}{x_n^j} \right) \cdot \left[\frac{1}{M + I} \left(\sum_{m=1}^{M} \frac{y_m^j + s_m^y}{y_m^j} + \sum_{i=1}^{I} \frac{b_i^j + s_i^b}{b_i^j} \right) \right]^{-1}$$

s.t. $\sum_{k=1}^{K} z_k y_m^k - s_m^y = y_m^j, m = 1, \cdots, M; \sum_{k=1}^{K} z_k b_i^k + s_i^b = b_i^j, i = 1, \cdots, I;$

$$\sum_{k=1}^{K} z_k x_n^k + s_n^x = x_n^j, \ n = 1, \cdots, N; \ z_k \geq 0, \ s_m^y \geq 0, \ s_i^b \geq 0, \ s_n^x \geq 0, \ k = 1, \cdots, K \tag{11.2}$$

当 $\rho_j^* = 1$，即 $s_m^y = s_i^b = s_n^x = 0$，表明 DMU $j(x^j, y^j, b^j)$ 完全有效率，不存在投入过剩和产出不足；若 $0 < \rho_j^* < 1$，则 DMU j 是非有效的，可以通过 $x^j - s^x \to x^j$，$y^j - s^y \to y^j$，$b^j - s^b \to b^j$ 消除投入产出松弛，改进为有效。在式（11.2）基础上，若 $\rho_l^* = 1$，表明 DMU $l(x^l, y^l, b^l)$ 完全有效，则进一步构造一个排除 DMU j 的效率指标（ρ'），即非合意产出超效率 SBM 模型：

$$\rho_l^* = \min \rho' = \left(\frac{1}{N} \sum_{n=1}^{N} \frac{x_n^l - s_n^x}{x_n^j} \right) \cdot \left[\frac{1}{M+I} \left(\sum_{m=1}^{M} \frac{y_m^l + s_m^y}{y_m^j} + \sum_{i=1}^{I} \frac{b_i^l + s_i^b}{b_i^j} \right) \right]^{-1}$$

s.t. $\sum_{k=1}^{K} z_k y_m^k - s_m^y = y_m^l, \ m = 1, \cdots, M; \ \sum_{k=1}^{K} z_k b_i^k + s_i^b = b_i^l, \ i = 1, \cdots, I;$

$$\sum_{k=1}^{K} z_k x_n^k + s_n^x = x_n^l, \ n = 1, \cdots, N; \ z_k \geq 0, \ s_m^y \geq 0, \ s_i^b \geq 0, \ s_n^x \geq 0, \ k = 1, \cdots, K(k \neq l) \tag{11.3}$$

二、曼奎斯特指数

曼奎斯特指数（GML）是研究经济效率动态变动的常用指标，其可分解为技术进步（TECH）和技术追赶（EFFCH）两个部分，公式如下：

$$GML(x^t, y^t, x^{t+1}, y^{t+1}) = \frac{\delta^{t+1}(x^{t+1}, y^{t+1})}{\delta^t(x^t, y^t)} \times \left(\frac{\delta^t(x^t, y^t) \delta^t(x^{t+1}, y^{t+1})}{\delta^{t+1}(x^t, y^t) \delta^{t+1}(x^{t+1}, y^{t+1})} \right)^{\frac{1}{2}}$$

$$= EFFCH \times TECH \tag{11.4}$$

其中，在资源环境约束下，GML 大于 1 的部分就是从 t 期到 $t+1$ 期的绿色经济效率增长率；TECH 测度了生产前沿从 t 期到 $t+1$ 期的移动情况，通过衡量相邻两期的生产技术变化程度以代表生产过程中的技术进步或创新；EFFCH 则测度了从 t 期到 $t+1$ 期对生产前沿面的追赶程度。

第三节 数据选取

本书选取 1991~2015 年为样本区间，样本截面为中国 30 个省市区，选取合意产出 GDP，物质资本、人力资本和能源三种投入要素，非合意产出污染排放 5

个指标。数据来源于《中国统计年鉴》、各省市统计年鉴、《中国能源统计年鉴》《新中国 60 年统计资料汇编》《中国环境年鉴》。核算绿色经济效率时的产出包括以下几个方面：

产出——GDP（亿元）。以 2000 年为基期对各个省份的 GDP 进行了平减处理，剔除价格因素的影响，得到 1991~2015 年各省份实际 GDP。

资本存量（亿元）。永续盘存法是估算资本存量最常用的方法，而采用该方法最重要的是初始资本的设定与折旧率的选择。在折旧率的选择上，本书采用单豪杰 10.96% 的研究结果。一是 10.96% 的折旧率更符合快速发展阶段的中国现实；二是张健华等的研究表明折旧率并未改变资本贡献份额的变化趋势，初始资本设定的误差将会随着估算年限的延长而不断被稀释。单豪杰估算的起始期为 1952 年，而本书从 1991 年开始截取资本存量数据，相差近 40 年，故初始资本书的误差对本书的影响很微小。

人力资本存量（年×万人）。人力资本存量通常包含劳动力数量与质量，一般用平均受教育年限与社会从业人员之积表征。本书采用李秀敏的方法估算 1991~2015 年各省平均受教育年限。考虑到数据一致性和连贯性，采用从业人员数表征劳动投入。

能源（万吨标准煤）。采用各省 1991~2015 年的能源消费总量表征能源投入。

污染排放。采用第七章第四节所测算的中国污染排放指数情况所示。

第四节 中国经济发展质量评价

为了与不考虑环境资源约束的传统模型进行对比，本书还用传统 SBM 模型测算了不考虑非期望产出污染排放与能源消费的经济增长质量，测算结果见图 11-1，对中国 30 个省市区 1991~2015 年的经济发展质量进行了测算，其结果见图 11-2。

总体来看，经济发展质量在波动下降，且经济发展质量均低于经济增长质量，可见考虑污染排放后，我国整体的发展质量有所下降，但这种下降趋势并不一致，经济增长质量指标对东部地区的高估程度小于 0.1，但对东北、西部等相对低效率地区高估程度约为 0.2，也就是说，考虑污染排放、能源消费后的经济发展质量使各区域经济质量两极分化加剧。

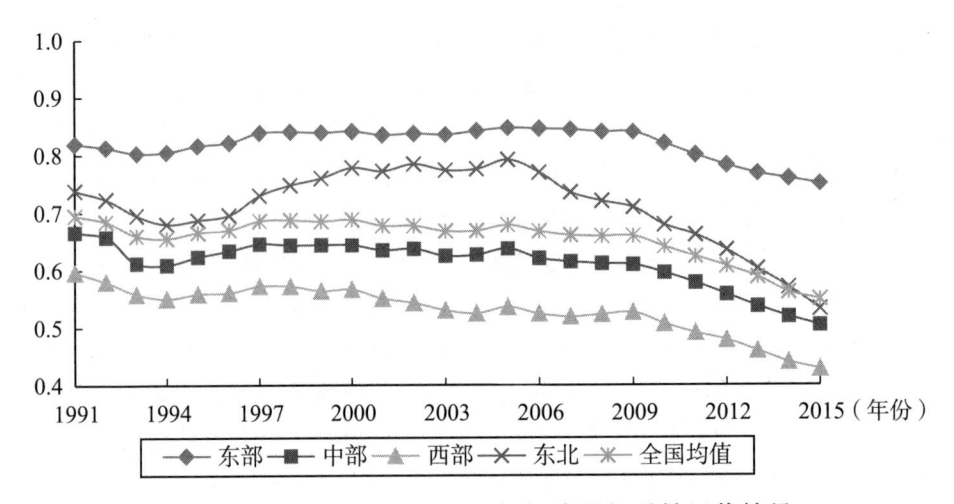

图 11-1　中国 1991~2015 年经济增长质量评价结果

资料来源：作者计算整理。

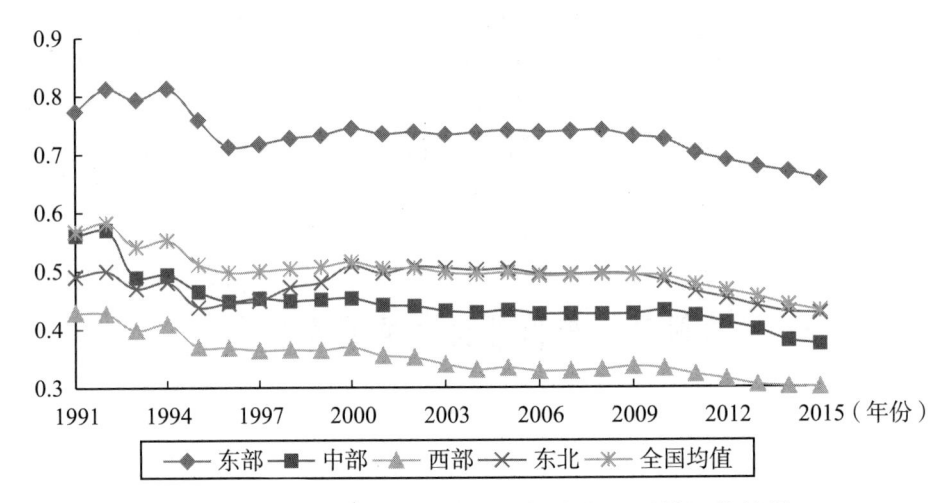

图 11-2　中国 1991~2015 年经济发展质量评价结果

资料来源：作者计算整理。

分区域考察，东部地区经济增长与发展质量最高，经济发展水平均值高于 0.8，经济增长质量水平均值接近 0.9，东部沿海地区作为改革开放最早的地区，依靠生产率提高的集约型增长模式带来了高质量的经济增长，其经济发展质量一度很高。

东北是经济发展质量与经济增长质量差距最大的区域，其经济增长质量水平高达 0.73，但经济发展质量水平仅为 0.48，东北作为老工业基地，主要以高耗能、高污染的重工业为主，再加上东北经济发展缓慢，很难向东部地区一样引进部分绿色先进技术和人才，因而在经济增长质量相近的情况下，经济发展质量远低于东部地区。

中部地区的经济发展质量水平均值为0.45，经济增长质量均值为0.6，接近东北地区，质量水平处于中等区域，这是由于中部多为农业大省，经济效率较低，在"中部崛起"战略推动下，经济开始发展，但是由于引进的一些重工业与制造业多为承接东部转移的落后产业，尽管其经济增长水平接近东部，但选择以资源与环境换增长的发展模式，大力发展资源型产业，使得经济发展质量水平逐渐与东部拉开差距，更为严重的是，引进高耗能、高污染的制造业带来了严重的资源与环境问题。

西部地区的经济发展质量水平极低，由于是经济发展落后地区，工业化程度很低，因而其经济发展质量水平也是最低的，均值仅为0.35，并且缺乏有效的发展模式，仅靠西部大开发等国家政策倾斜和支持或者依赖资源发展经济，其经济增长与发展质量水平将会不断下降。

运用曼奎斯特指数分别核算中国30个省区市1992~2015年经济发展质量（情形Ⅰ）与经济增长质量（情形Ⅱ）的变动情况，进而计算了1992~2015年中国在两种情形下经济效率的平均增长率，如表11-1所示。在考虑资源环境约束的情形Ⅰ下，经济发展质量的全国平均增长率为1.4%，而未考虑资源环境约束的情形Ⅱ下，经济增长质量的全国平均增长率为4.3%，显而易见，除个别年份，情形Ⅱ的增长率均高于情形Ⅰ，这说明资源环境管制会阻碍经济增长质量的改善。

表11-1　1992~2015年中国两种情形下经济效率的平均增长率

情形	1992年	1995年	2000年	2003年	2005年	2010年	2012年	2013年	2014年	2015年	均值
Ⅰ	1.119	0.994	0.998	1.003	1.007	1.010	1.023	1.025	1.015	1.012	1.014
Ⅱ	1.058	1.024	1.019	1.036	1.065	1.043	1.051	1.041	1.043	1.042	1.043

资料来源：作者计算整理。

表11-2为1991~2015年八大区域经济发展质量和经济增长质量的平均增长率及来源分解结果。总体来看，经济发展质量增长率远低于经济增长质量增长率，且二者都是由技术进步推动的，但是各区域经济增长质量增长率差距不大，经济发展质量增长率两极分化严重。分区域考察，技术进步也是提高各地区经济发展质量的源泉；东部的经济质量增长率最高，经济发展质量增长率接近2.5%，经济增长质量增长率接近4.8%；东北的经济质量增长率较高，经济发展质量增长率高于2%，经济增长质量增长率接近4.6%；中部地区两种经济质量

增长率的差距最大，经济增长质量增长率都高于 5.3%，但经济发展质量增长率仅为 1.2%；西部地区两种经济质量的差距也很大，经济增长质量增长率都为 4.3%，但经济发展质量增长率仅为 0.4%，23 年来经济发展质量几乎无任何改善。

表 11-2　　　1991~2015 年经济发展质量与经济增长质量的平均增长率及来源分解　　　单位：%

地区	经济发展质量 GM*	GMTC	GMEC	经济增长质量 M	MTC	MEC
东部	2.50	3.41	-0.54	4.76	5.15	-0.33
中部	1.28	2.51	-1.09	5.31	4.75	-0.83
西部	0.43	2.07	-1.50	4.35	5.59	-1.13
东北	2.03	2.58	-0.44	4.60	5.67	-0.91
全国	1.46	2.62	-0.98	4.37	5.25	-0.79

注：* GM、GMTC、GMEC 分别为资源排放约束下的绿色曼奎斯特指数、技术进步与技术追赶；M、MTC、MEC 分别为不包含污染排放的曼奎斯特指数、技术进步与技术追赶。

资料来源：作者计算整理。

对比图 11-1、图 11-2 与表 11-2 可以发现，各区域经济发展质量之间存在显著差异，且经济发展质量高的地区如东部，其增长率也高，发展质量低的地区如中部、西部，其增长率也低，可以说，经济发展质量区域间差距是进一步加大的。故本书在下一节重点分析区域质量的不平衡。

从变化趋势来看，除了东北地区的经济增长质量与经济发展质量在 1997~2003 年有所上升，其他各区域的经济增长质量与经济发展质量均呈下降趋势，再加上本报告对 1978~1990 年这一阶段的分析，可以看出 1978~2015 年的中国经济增长明显分为三个阶段：

一、高增长、高质量阶段（1978~1996 年）

由于数据的不可得性与连贯性，本书并未估算 1978~1991 年的经济增长质量与经济发展质量。近期针对改革开放以后时期的研究结果差异较大：博斯沃斯和柯林斯（Bosworth and Collins，2008）测算的结果表明，TFP 对中国经济增长的贡献率接近 50%；郑等（Zheng et al.，2009）则发现 1979~2005 年间该份额不超过 40%；王小鲁、樊纲、刘鹏（2009）研究表明 TFP 对经济增长的作用正在变得越来越重要，其贡献份额从改革开放初期的不足 30% 上升到 1989~2007 年间的接近40%；武鹏（2013）的研究则表明TFP对中国经济增长的贡献逐渐降低，甚至在2002年以后持续呈现负值；李平等（2013）测算表明1978～2010年间TFP对中国经济增长的贡献为33.6%，曾在2008～2010年出现负值。尽管研究结果差异较大，从上述研究可以看出，针对1978～1991年这一阶段异议不大，得益于改革开放时期，其高速经济增长基本由TFP带动，故1978～1990年属于高增长、高质量阶段。

1991～1996年进入改革开放的"第二个阶段"，亚洲金融危机之前，中国经济处于"又快又好"的黄金发展时期，在1992年邓小平同志南方谈话之后，明确提出社会主义市场经济改革目标，改革开放进入了新的时期，中国经济进入了强劲的增长阶段。在这一阶段，一方面中国经济总量在短短五年时间内接近翻一翻，经济增长高速发展；另一方面，经济改革进一步深化，经济增长与发展质量较高。然而，由于不重视资源和环境因素，经济增长严重依赖于投资和低端产品出口，中部、西部与东部地区经济发展质量有所下降，且低于经济增长质量，而东部地区为改革开放的前沿阵地，经济发展更多地依靠生产率提高和人力资本，故其经济发展质量有所提高。

二、中高增长、高质量阶段（1997~2008年）

在1997年亚洲金融危机爆发之后，至2008年世界金融危机之前的时期内，中国经济受到了巨大的冲击，GDP增速在1997～2001年的4年间迅速回落到10%以下，由于社会投资乏力和经济停滞的连带风险增大，中国走向了凯恩斯主义的宏观调控道路，即政府利用不断增长的财政能力直接参与扩大投资的投资拉动增长模式，故在这一阶段中国经济增长的主要动力转换为资本，要素投入成为中国经济在低谷中维持稳定增长的主要手段，经济增长与发展质量略有下降，维持在较高水平上。特别是，在2001～2010年间政府越来越重视资源环境问题，在"十五"和"十一五"规划中强调节能减排、产业结构调整，并且设置了相应的约束性指标，因而在资源和环境约束下的经济发展质量并没有与经济增长质量拉开差距。然而中西部地区与东部地区、东北地区的经济发展质量差距逐渐拉开，这说明，通过积极的财政政策很难持久地促进经济增长，中西部依靠资本的经济增长模式是很难持续的，所以政府不得不加大对资源的消耗力度，经济发展质量下降很快，而东部与东北地区依靠绿色TFP的发展模式能够持续，经济发展质量维持在较高水平。

三、中高增长、中低质量阶段（2010~2015年）

2009~2015年中国经济处于后金融危机时代，在2008年国际金融危机之后，中国经济并没有像想象的增速迅速回落，在2009~2015年间中国经济增长累计增速接近50%，依然维持了10%的增速，这是因为金融危机的滞后反应，因而在2011年之后，中国经济呈现"疲软"状态，依靠资本、资源的经济增长速度放缓，经济增长与发展质量均出现显著下降。2006年10月8~11日召开的党的十六届六中全会提出"坚持教育优先发展"的要求，促进了教育的发展与人力资本的迅速积累。由于资本的逐利性导致企业过分追求利润而忽略环境保护与污染治理，过分依赖资本的经济增长必然会伴随着污染，而受教育水平的提高会带来环保意识的增强，同时依靠人力资本的增长模式则更多地体现了对人才的重视，更能够促进经济向创新驱动型转变，减少对资源环境的依赖。这也侧面说明了经济增长不应过分依赖资本、能源等要素，而应依靠人力资本、绿色TFP，才能减少环境污染，实现长期和高质量的可持续发展。

第五节 小　　结

经济发展质量包含经济增长质量与环境质量两个方面内容，本书选取包含污染排放的经济效率即绿色全要素生产率（绿色TFP）作为衡量经济发展质量的指标，引入超效率SBM模型，对中国经济发展质量进行评价，得出以下结论：经济发展质量在不断下降，且经济发展质量均低于经济增长质量，可见考虑污染排放（即环境质量）后，中国整体的发展质量有所下降。本书从沿海与内地经济水平差异、东中西部经济发展的差距、省域经济发展的差距、城乡之间经济发展的差距四个方面出发，发现区域间的经济发展差距在不断扩大，区域发展不协调。

第三篇

新常态下运行机制变革与资源错配的研究

本篇从供给侧结构性改革、资源错配等对新常态下中国经济运行机制的变革进行全面的分析。

首先，在对供给侧结构性改革理论进行梳理的基础上，认为供给侧结构性改革是中共中央面对国内外错综复杂的经济形势、在综合分析世界经济长周期和中国发展阶段性特征及其相互作用的基础上，从理论到实践不断探索的结晶；是主动适应经济新常态、引领新常态的一项重要战略举措。

其次，在对资源和资源错配概念进行界定的基础上，对资源错配研究进行综述，总结资源错配对经济发展质量影响的机制。

再次，以中国供给侧结构性改革的资源配置效率红利为研究对象，将资源错配理论引入中国供给侧结构性改革中，分析资源错配理论和供给侧结构性改革的资源配置效率红利的内在联系，突破现有供给侧结构性改革定性研究的困境，是对资源错配研究领域的重要补充。

最后，基于中国地区间资源错配的特征事实，构建地区间资源错配理论模型，反映中国微观供给主体地区（县域）间资源错配对TFP的影响；将能源错配引入行业内企业间、行业间资源错配理论模型，体现了能源作为要素投入在生产函数中的重要性。

第十二章

新常态下经济运行中供给侧结构性改革研究

第一节 供给侧结构性改革的理论渊源

中国的供给侧结构性改革在 2015 年中央财经领导小组第十一次会议中被首次提出，此后便成为政界高层讲话中的高频词，而且受到学界的高度重视，使得大量研究供给侧结构性改革的文献不断涌现。不同于西方的供给学派，中国的供给侧结构性改革立足于中国国情，以国内供给侧结构性问题为导向提出的中国方案，但均侧重于从供给侧解决问题，可看作供给学派理论的延伸。因此，对供给侧结构性改革的理论渊源进行梳理时，按照时间和内在逻辑划分为如下三类：西方供给学派、中国的供给侧管理、中国的新供给学派。

一、西方的供给学派

西方供给学派经历了古典和新古典两个发展阶段，古典供给经济学的代表学者是萨伊（Say），而新古典供给经济学派的代表性人物为拉弗（Laffer）和费尔德斯坦（Feldstein），下面分别给予详细的介绍。

（一）古典供给学派

古典供给学派的思想。古典供给经济学的代表性学者为萨伊，"萨伊定律"是其思想的集中表现，即产品一经产出，从那一刻起就为价值与其相等的其他产品开辟了销路。该定律一经提出来，就受到了学者们的广泛重视，尤其是受到了大多数古典自由主义学者的肯定和追捧，由此，它就成为该学派的重要分支，并处于该学派的主流地位（贾康，苏京春，2016）。

古典供给学派的政策主张。以萨伊为代表的古典供给学派，其本质是古典自由主义，其政策主张是鼓励自由竞争，反对政府干预。

古典供给学派的贡献。从历史的角度看"萨伊定律"的提出至少具有以下三个重要的贡献：一是它的提出有利于提高早期的经济学家对工业革命中的劳动分工、国际贸易、资本积累及商业周期的认识，并为其奠定了坚实的理论基础。二是它的提出标志着供给学派的诞生，这不仅是因为供给学派的理论基础与其分析问题的出发点一致，而且因为对其的研究和关注始终未曾停止过，如著名经济学家张五常在提到供给学派时，就明确指出萨伊是供给学派的开山鼻祖（张五常，2013）。三是它标志着欧洲古典自由主义的诞生，是亚当·斯密（Adam Smith）古典自由主义思想传播的第一个人。

古典供给学派的历史局限。其历史局限性主要体现在两个方面：一是只看到了自由主义的竞争带来的高效率，而忽视了其导致的财富分配不公平问题。西斯蒙第（Sismondi）就曾对"萨伊定律"和亚当·斯密古典自由主义提出直接批评，他指出萨伊提出的"干涉本身就是坏事，纵使有其利益"（萨伊，1963）以及"萨伊定律"均是极力反对政府对经济的干预。但自由主义引发的个人主义会极力追求个人利益最大化，而在这一过程导致的结果很可能不能实现集体利益最大化（西斯蒙第，1963），自由放任的竞争将不可避免的导致财富分配的不公平。二是忽视了对需求侧的管理。马尔萨斯（Malthus）的需求管理思想是对以萨伊为代表的古典供给学派的直接挑战和批评，他认为供给和需求的相对理论决定了产品的价格，相对供给需求更加重要，有效需求就是当供给和需求相等时的需求量，只有当供需相等，存在有效需求时，生产的费用将决定市场中产品的价格；但是当有效需求大于需求或者小于需求时，供求关系将决定市场中产品的价格（马尔萨斯，1962）。

（二）新古典供给学派

新古典供给学派诞生的时代背景。随着美国1929年大萧条的爆发，导致了全球的经济危机，产生了大量的社会问题。面对这次危机，以萨伊为代表的古典自由主义则难以作出合理的解释，更不能提出有效的应对策略，这就从实践上对古典自由主义的供给学提出了挑战。为了应对这一危机，美国推出"罗斯福新政"，通过复兴、救济和改革这三大政策组合，对经济的下行趋势进行了广泛地干预，并对"大萧条"起到了有效的遏制，从而使美国经济较快的走出低谷。英国经济学家约翰·梅纳德·凯恩斯（John Maynard Keynes）从实践和理论上进行了深入地研究和思考后，提出经济自由主义倡导的供需自动平衡的机制难以使得生产和就业达到均衡，其代表作《就业、利息与货币通论》的出版标志着凯恩斯主义的诞生，其核心思想是从经济的需求侧解决经济问题，这就对以萨伊为代表的古典自由主义供给学从理论上提出了挑战（贾康，苏京春，2014）。至此，凯恩斯主义一度成为经济学中的主流，然而，美国经济在20世纪70年代出现的"滞胀"直接预示着凯恩斯主义辉煌时代的结束。这一"滞胀"不仅导致经济下行加速，引发了大量的失业，而且出现通货膨胀的现象。凯恩斯主义却难以解释，更不能给出有效政策建议。在此背景下，新古典供给经济学应运而生。

新古典供给学派的思想。该学派的代表性人物是拉弗和费尔德斯坦，他们从理论上否定了以需求侧管理为主的凯恩斯主义，重新思考和发展了以萨伊为代表的供给学派，形成了新古典供给学。该学派认为经济问题的主要矛盾应该是供给侧而非需求侧，应该从供给侧采取政策来有效应对经济出现的滞胀，措施是激发供给活力。增加供给不仅能够遏制通胀，而且有利于形成持续的增长，这就为治理"滞胀"提供了理论支撑。而凯恩斯主义主张扩大财政赤字的政策不仅会抑制投资，不利于增加就业和产量，而且会使得政府赤字增加，导致被动投放过多的货币至市场中，进而推动物价上涨，最终可能导致恶性通胀。新古典供给学派指出，供给是实现经济增长的唯一源泉，增加投资和劳动是实现供给增长的重要途径，投资的增长取决于一国储蓄的高低和企业家精神。刺激供给的有效手段是减税，降低税率是实现减税的有效路径。减税不仅能让劳动者和投资者获得尽可能最大的收益，而且可使得储蓄者受益。相反，高税率则降低工人劳动的积极性、企业家生产的积极性，进而降低企业和个人的储蓄能力，一国储蓄的降低将形成较高的利率，而高利率则会导致企业降低投资规模，生产萎缩，从而导致经济增长下滑，有效商品供给不足。实现供给刺激的必要条件是最大可能降低政府对市场经济的干预。

新古典学派的政策主张。从该学派的思想看，该学派的政策主张主要是从降低政府对市场的干预出发，实现刺激供给的目的。例如，在实践中，采用新古典经济学派思想有效治理"滞胀"，实现经济企稳的代表性人物为美国总统里根和英国的撒切尔夫人。里根总统提出要与以往的凯恩斯主义决裂，通过"经济复兴计划"的实施，有效遏制经济的"滞胀"。其主要政策包括：削减财政开支、大规模减少企业税收、降低国家对企业的广泛干预、有效控制新增货币的增长。而在英国，撒切尔夫人极力反对依靠投资和消费提振经济，而是实施了以大规模私有化国企为主的供给管理政策，这些政策包括：严控货币发行量、抑制通货膨胀、降低国家对市场的干预、充分发挥市场机制、降低企业的税率、削减福利开支等（刘霞辉，2013）。

新古典供给学派的历史贡献。该学派的历史贡献有两个：一是它一定程度上是对凯恩斯主义需求管理至上理念的矫正；二是该学派在实践中，很大程度上有效地化解了美国的经济"滞胀"问题。例如，美国实施新古典供给政策之前，经济增长迟缓，通货膨胀率高达 13.5%，1980 年 GDP 仅占世界的 23%；但在实施供给政策之后，从 1982 年 12 月至 1988 年 5 月美国经济实现了持续增长，通货膨胀率也降至 5% 以下。1986 年美国 GDP 占世界的 25%（贾康等，2013）。

新古典供给学派的历史局限。尽管该学派适应了当时的历史环境，一定程度上解决了问题，同时也存在一定的隐患，主要表现在三个方面：一是减税政策的持久实施不仅产生了大量的财政赤字，而且大幅降低了政府通过财政政策干预经济的能力。里根总统执政期间形成的赤字巨大（13 382 亿元），远高于历届美国总统形成的财政赤字，1929 年类似的经济危机一旦到来，美国政府如果想通过需求管理政策提振经济则会有心无力。二是该学派的本质是新自由主义，在全面减少政府对经济干预的同时，对金融行业的监管也大幅度降低，而这直接为 2008 年的"次贷危机"埋下了伏笔。三是正是因为该学派为 2008 年的经济危机埋下了伏笔，因而也就不可能从理论上解释 2008 年的经济危机，更不可能提出可行的应对策略。为了应对 2008 年的金融危机，以美国政府为代表的西方发达国家均试图采取积极的货币政策提振经济，然而，至今仍未达到预期的效果。尤其是美国也在反思和不断地调整宏观调控政策，逐渐通过供给管理调控经济。

二、中国的供给侧管理

中国的供给侧管理源远流长，在中国古代和近代的宏观调控中均起到了重要的作用，改革开放以来，中国的供给侧管理一开始就是对西方供给学派的批判性吸收，注重供给管理中结构性改革的重要作用，重视发挥有效政府的作用，形成了中国供给侧管理的独有逻辑。

在中国，供给管理很早就受到了重视和应用。苏剑（2010）在其宏观经济学教材《宏观经济学（中国版）》中，提出需求管理和供给管理都是宏观调控的手段，二者的历史源远流长，但不同历史时期，宏观调控对二者的倚重不同。他提出尽管供给侧管理短期内不能改变一个经济的可用资源总量和技术水平，但却可通过政府政策（货币政策、财政政策、工资政策、原材料和能源价格政策）进行调控，改变一个经济可用资源的利用效率，而这正是通过改变经济活动的参与者所面临的激励而改变的。因此，其政策主张为供给管理可被用于短期调控（苏剑，2010）。

改革开放以来，中国开始由计划经济向社会主义市场经济转型，是典型的转型经济体。中国学者在借鉴西方供给学派的供给管理思想时，更加强调将其与中国国情相结合，提出在需求管理的同时，绝不能忽视供给管理，而在供给管理中则要避免西方供给学派的自由主义倾向，要更好地发挥政府的作用，实现产业结构优化。杨沐、黄一义（1986）就指出供给管理在宏观调控中的重要性，不能始终将需求管理作为宏观调控的重心，他们的研究表明：一是供给管理和需求管理都不能完全相互替代，前者注重通过供给管理政策实现供给和需求的长期平衡，而后者则注重通过需求管理政策实现供给和需求的短期平衡；二是中国是典型的发展中国家，如果要实现赶超战略，则依靠市场机制以形成有效的供给体系是不现实的，必须在切合中国国情的同时，从供给侧入手，集中优势资源，充分发挥社会主义集中力量办大事的制度优势，促使生产率水平的大幅跃升。

卢建（1987）进一步强调要加强供给管理，供给管理是实现国民经济迈向再均衡的重要途径。改革开放初期，城乡二元结构显著，理论上存在无限的劳动供给，为了化解过高的城镇失业率，政府从供给侧在鼓励投资的同时，对企业实行减免税政策，鼓励国有企业尽可能大的吸纳劳动力，这些政策实施有效的将城镇失业率降至2%。但遗留了不少问题，短缺问题依然未得到根本解决，在消费需求快速扩张下，产品供给依然不能满足广大人民不断增长的物质和文化需求，通货膨胀压力巨大，因此，增加有效供给依然是解决经济问题的主要着力点。一是要鼓励企业创新，提高劳动生产率；二是深化价格体制改革，让价格有效配置资源；三是深化财政税收和投资体制改革，不能过于注重化解当前供给不足的问题，要注重投资结构的持续优化，为经济的长期可持续发展奠定基础。

邓英淘、罗小朋（1987）指出了中国当前过于注重需求管理的根本原因在于过度借鉴西方的凯恩斯主义，在西方国家，经济结构的调整依赖于市场机制，主要通过资本市场来实现，总供给和总需求的调节主要依赖政府。但在中国，由于市场机制有待进一步完善，单纯依靠市场机制则难以实现结构调整和优化，因此，中国政府的职责不仅在于经济总供需结构的调整，还有从供给侧通过产业政策对投资、产业结构进行调整。朱绍文、陈实（1987）对此看法基本认可，但其认为调整结构不应过分依赖产业政策和投资，而应通过中央、地方的财税体制改革、市场化改革加以实现。

贾康、江旭东（1999）指出随着短缺经济的基本结束，经济中依然存在着较为严重的结构性问题，例如，地区间产业结构趋同、国有经济比重过大、地区间发展差异不断加大、技术结构中高新技术占比过低。加之，中国当前的市场经济体制不完善，解决这些结构性问题，依然要依靠政府从供给侧加以解决，特别是要充分发挥财政政策，如贴息在结构调整中的作用。与此同时，他们提出了应用供给管理和需求管理政策的一般性原则，当宏观经济下行时，应着力制定反周期措施，通过需求管理政策，以总量经济调控为主，通过供给管理政策，以结构调整为辅。

张晋生（1999）认为1998年金融危机后，要实现中国经济的企稳，必须在充分考虑现有的经济发展状况、中国特色社会主义经济制度、供给对需求的制约的基础上，注重将宏观调控的重点转向需求管理。具体做法包括以下四点：一是通过激发国内居民消费和民间投资拉动经济增长；二是通过优化投资结构调整经济结构；三是加快推进城镇化进程；四是从多方面深化体制机制改革，不断完善社会主义市场机制。李义平（1999）则指出，应用需求管理必须厘清其使用的历史条件及其局限性，当前要做好供给管理的两个重要途径是产品供给和制度供给，通过前者，形成新的经济增长点，优化产品结构，进而优化产业结构；通过后者，实现对国有企业的改革，激发民间投资。

刘茂松（2001）在研究省级经济调控模式时指出，中国当前经济面临的主要问题是结构性问题，例如，高级消费品产出比例较低，经济、产业、生产结构均不能满足日益增长的消费需求。要改变这一现状，应依据中国国情，中央政府和省级政府在宏观调控上应有所分工，前者应既重视供给管理，又重视需求管理；后者则应以供给管理为主，着力实现省级产业结构的转型升级，进而不断优化省际的经济结构。

苑广睿（2002）结合中国经济运行规律，通过对需求管理型财政政策和供给管理型财政政策的对比，提出中国应构建供给管理型财政政策。这不仅是因为供给管理型财政政策能增强企业活力，增加经济供给能力和国际竞争力，而且在兼顾总量平衡的同时，更加注重产业结构优化。

胡培兆（2004）总结了1999年以来，中国采取需求管理政策应对亚洲金融危机的得失，通过研究发现，尽管积极的财政政策通过大规模投资有效地抑制了经济的下行，但其后遗症非常明显，没有丝毫解决供给结构、收入结构、所有制结构不合理等问题。基于此，政府当前应将政策着力点放在供给侧，集中力量解决供给侧的问题，提高供给的质量和竞争力。

龚敏、李文溥（2007）为了检验中国经济波动情况下的总供给和总需求相对理论的变化，他们在理论模型和实证模型的基础上，发现1996~2005年间，中国经济之所以能够实现"高增长、低通胀"，是因为供给能力的持续增强，这也表明中国经济持续高速增长的主要原因正在从需求侧向供给侧转换。基于此，当前政府应将宏观调控的重心转向供给侧，从而提高国民经济的竞争力，促使经济的可持续健康发展。

刘伟和苏剑（2007）通过对当前中国宏观经济的总结发现，经济失衡主要表现在投资过快增长与需求乏力并存、物价水平较低与通胀预期高并存、经济增速增加与失业率增加并存、经济增长趋好与产能过剩并存、对外开放水平不断提高与国内需求乏力并存五个方面，需求管理政策则难以有效应对这些问题。而供给管理政策不仅可以实现对长期经济均衡的调节，且可有效应对经济的短期波动。因此，政府要重视供给管理政策在宏观调控中的作用，应当将其与需求管理政策有机结合，科学搭配，只有这样才能使得宏观调控更加有效。

贾康（2008）指出金融危机后的中国宏观调控面临的形式较为复杂，且具有十分鲜明的不确定性，其难点在于既要在处理好经济过热问题的同时处理好通货膨胀问题，又要阻止经济不断下滑，这个平衡点很难把握。通过对中国面临的国内外形势、宏观调控特点的分析，他提出注重从供给侧实施供给管理是十分必要的。

苏剑（2008）针对短期宏观调控中供给管理长期被忽视的现象，在重新考量了供给管理在短期宏观调控中的作用的基础上，分析了供给管理在调控短期宏观经济时的作用机理，探讨了供给管理政策体系，以及短期宏观调控中需求管理政策与供给管理政策的搭配原则。

戚自科（2009）将美国 20 世纪 80 年代的经济环境与中国当前的经济环境进行了对比，发现在工业化进程、经济结构和能源价格、外需乏力三个方面存在相似性，当时美国就依据供给学派的政策主张实现了经济的企稳，并较为有效地解决了上述问题。因此，当前中国十分有必要借鉴美国在宏观调控中以供给管理政策为主的做法，从而实现经济企稳。

张平、刘霞辉等（2010）为了更好地研究中国的宏观调控，他们分别从静态和动态两个视角进行了总结，静态则包括国际和省际两个层面。通过国际和省际宏观调控的分析发现，中国的宏观调控特色体现在结构调控上面。未来中国的宏观调控将呈现三个特点：一是更加注重供给管理，加速实现结构转型升级；二是通过全面深入推进市场化改革，降低政府驱动经济的作用，从而推动宏观调控的基础更加完善；三是宏观调控的重心将从工业化转向城镇化；四是需要与国际上其他国家加强宏观调控政策的协调性。

刘伟、蔡志洲（2010）通过对 2009 年以来中国宏观经济政策的全面回顾，对 2010 年中国的经济走势及政策做出了预测。他们的研究表明，"十一五"期间中国经济在取得跨越式发展的同时，也产生了一系列结构性失衡问题，这就要求中国将过去注重需求管理的政策调整为供给和需求政策并重，只有这样，才能实现中国经济的可持续发展。中国的供给管理虽然与西方的供给管理有一定的相似之处，但也有不同之处。西方的供给学派政策手段较为单一，主要通过税收政策进行供给管理，而中国的供给管理政策手段则更加丰富，包括行政、税收、价格、财政、准入、货币、法律等多方面。

贾康（2010）指出，中国存在着严重的结构性问题，例如，城乡二元结构问题、区域差异问题、公共产品和服务供给不足、高水平创新不够等。要有效解决上述结构性问题，仅仅依靠需求侧管理是难以为继的，只有通过供给管理才能有效地化解上述问题，而且有利于增强中国的综合管理，有利于长期的经济均衡。他强调，宏观调控政策要兼顾需求管理和供给管理，以经济手段调控为主，同时，继续深化改革。

马凌霄（2011）总结了2008年以来世界各国应对金融危机的政策手段和取得的成效，他们的研究表明，尽管全球主要国家采取以需求管理为主的政策手段，试图使得经济走出低谷，但至今仍未取得理想的效果，全球经济运行的下行压力依然巨大。其原因是经济的结构性问题尚未得到解决时，经济会因为缺乏新的经济增长点，进而导致投资疲软，货币政策也会失效，投放再多的货币也只会在金融市场内部流动，而不会流向实体经济。因此，中国应着力转变管理方向，注重追求GDP质量，而非一味追求GDP数量，应将经济增长动力从投资、消费、出口转变到创新驱动、人力资本积累上来。一是通过加大开放力度和优化调整国际贸易促使总生产能力和水平的不断进步；二是通过各种制度创新，着力提升供给体系的效率；三是通过引智、教育、再教育不断促使人力资本向高水平攀升。

钟禾（2011）对近期中国的经济形势进行了分析，认为中国经济中价格运动规律正在发生着显著变化，价格上涨的因素已经从原来的需求驱动型向成本和需求双轮驱动转变，且成本驱动力量更大，通货膨胀类型已经从原来的周期型转变为现在的结构性型。从长远来看，要解决结构型通胀，仅依靠需求管理是不够的，需同时加强供给管理，双管齐下，才能实现有效管理通胀的目标。

宋佳、曾宪萍（2012）通过总结历史上英国和美国采取供给管理治理经济滞胀的经验和教训，在当前中国面临的宏观经济形势下，也建议中国采取供给管理来应对当前的经济问题。采取的具体措施包括：第一，通过财政政策减税降费，激发企业和劳动者的积极性，实现增加经济中供给的目的；第二，通过体制机制改革，优化制度供给，在发挥政府对市场失灵监管的同时，让市场在资源配置中起到决定性作用，进而提高TFP；第三，实施创新驱动发展战略，通过对企业技术改造、战略性新兴产业的扶植，不断优化产业结构，提高创新对经济的拉动作用。第四，提高人力资本质量，降低结构性因素引发的失业，提高劳动力资源的利用效率。

苏剑、叶溪尹、房誉（2012）指出2012年中国的宏观经济形势严峻，主要表现在下述三个方面，第一，全球经济疲软导致外需乏力，出口下行压力较大；第二，中国劳动力成本的持续上涨对制造业和服务业的持续增长造成不利影响；第三，对中国经济拉动较大的房地产业受到了严厉的调控。对此，正确的宏观调控策略是需求管理政策应有确定的方向性，而非全面刺激经济；而供给管理政策应以降低经济的成本为主，这两方面的政策将有助于应对当前不利的宏观经济形势。

师博（2012）研究发现，改革开放以来中国经济持续高速增长的原因，是以需求管理为主导的宏观经济政策持续释放了投资、人口、体制机制以及资源红利。然而，时至今日，这些红利已经接近尾声。由此，当前宏观调控的重点应转向以供给管理为主，从而实现宏观经济的四大目标和经济发展方式的转变。具体措施包括合理划分政府与市场的边界、优化制度供给、合理处理中央和地方的关系、持续优化产品、技术和要素供给。

李杨（2013）从后危机时代服务实体经济的角度来讨论金融改革问题，在其提出的中国金融改革的四个要点中，第一个要点就提出，当前宏观调控的重点应从当前的需求管理转向供给管理和需求管理并重，供给管理应注重结构调整；第二个要点是要建立宏观审慎的政策体系；第三个要点是通过协调财政、货币政策不断完善宏观调控；第四个要点是不断深化金融市场改革，形成多层次资本市场和市场价格的基准，同时，还要完善长期资本的投资和融资机制。

李杨等（2013）在研究当前和未来五年中国宏观经济形势及对策分析时，提出面对中国潜在经济增长率的不断下降，迫切需要将以往宏观经济追求速度和数量的目标转变为质量目标，这包括不断提高资源配置效率、提高经济的竞争力、增强技术创新水平，通过这些措施，实现经济的稳速增效。因此，宏观经济调控政策的重点也应从需求管理政策转到供给管理政策。

贺铿（2013）纵观中国的宏观经济管理政策演变历史不难发现，为应对亚洲金融危机带来的不利影响，中国借鉴国外宏观调控的经验，实施了以凯恩斯主义为主导的需求管理政策，通过投资、出口、消费刺激经济的不断增长，尤其是过度倚重大规模投资刺激经济增长。这一政策一直持续至2013年，实施时间长达15年。虽然较为有效地抑制了经济的持续下行，实现了经济的软着陆，但是其遗留下来的问题不可谓不严重，必须引起政策制定者的重视。这些问题包括资本报酬的比例远高于劳动者报酬导致的内需不足、生产要素价格持续上涨带来的成本推动型通胀。这些问题引发的经济下行压力在预料之中，为此，当前应通过全面深化改革、加强供给管理，以不断改善民生进而提高居民收入、降低政府对微观经济的不合理干预进而提高经济运行效率。

任保平、张文亮（2013）指出，需求管理和供给管理的根本不同在于，前者是在生产可能性边界内实施的，而后者则是在扩大生产可能性边界下实施的。要实现中国经济增长方式的转变离不开有效的供给和需求管理。因此，既要合理刺激需求，又要妥善升级供给；既要着眼于短期经济增长问题，也要着力确保经济的长期可持续增长和增长质量问题。

刘霞辉（2013）发现当前中国的宏观经济面临如下突出问题，一是三大产业各自面临着突出的问题；二是经济体制改革已经进入深水区，但仍需继续改革；三是自主创新能力薄弱，且技术进步对经济增长的拉动逐年降低；四是社会保障体系有待进一步完善；五是国内外宏观经济环境面临较大的风险。由于近年来需求管理政策的边际效应不断下降，因此，要着力通过供给管理加强宏观调控，重组生产要素，提高供给效率，促使供需平衡向高端水平迈进。

刘志成（2014）认为当前中国可以借鉴韩国、日本以及中国台湾治理刘易斯拐点后的通货膨胀经验。总体上，应不断协调需求管理及供给管理政策，提高两者的协同作用。具体的政策措施包括：对企业减税降费、鼓励研发和创新、放松行业进入规制、降低政府对市场的不合理干预。

任保平、韩璐（2014）在研究中国经济增长新红利空间时发现，过去中国经济得以持续高速增长得益于需求管理，需求管理中尤其依赖投资，而忽视消费对经济增长的拉动，由此导致的产能过剩及投资重复等经济结构失衡问题非常突出。从需求管理政策特点来看，它只具备紧缩经济或扩张经济的功能，而这一特征无助于解决经济结构失衡问题，而供给管理则可通过释放新的红利，有助于化解这些结构性问题，主要途径有三：一是通过技术创新，着力解决工业的生产结构向高端水平迈进，进而带动整个经济结构的优化；二是通过市场化改革优化要素供给的结构，尤其是要加大物质资本、人力资本的积累，不断提高要素利用效率；三是通过全面深化改革，不断优化制度供给的结构。

张晓晶（2014）提出化解产能过剩更要注重供给管理，他的研究结果表明：需求管理一定程度上导致了产能过剩，而不会通过扩张需求来解决这一问题，产能过剩的原因与供给管理的因素更为密切，例如，地方政府为了争取更多的产业优惠和补助，不顾总需求是否过剩，而争相上马相同的产业，传统产业如钢铁、电解铝等行业、新兴产业如光伏发电等，均存在产能过剩现象。因此，要从供给管理的视角解决产能过剩问题才是可行的和可持续的。一是减少政府对市场经济的不合理干预，规范地方政府投资，取消地方政府对企业的各种直接优惠和补助；二是加速中高端供给，尤其是高端服务业和高新技术产业。

刘伟、苏剑（2014）研究了中国新常态下的宏观调控，该文在分析了新常态的成因后,总结了新常态下宏观经济的运行特征,这些特征包括增长速度下降、经济"滞胀"可能出现、就业持续好转、消费持续增长、产业结构转向资金和知识密集型。这些特征中有向好的一面,也有不利的一面。要有效应对这些不利因素,需在适度调低经济增长目标的情况下,打出供给管理和需求管理的宏观调控政策"组合拳",不断深化改革,不断优化产业结构,不断实现自主创新。需要注意的是,需求管理应着力应用财政政策、供给管理应着力全面深化改革。

郝君富、李心愉(2014)指出 2008 年金融危机以来,中国以需求管理政策为主的宏观调控的局限性日益明显,当前迫切需要引入供给管理政策以弥补其局限,这是当前的共识。但如何有效发挥供给管理的作用,其运行机制是什么?为了解决这一问题,他们以供给学派税收供给效应为研究对象,构建了一个理论模型,旨在揭示供给管理政策对宏观经济的传导机制。他们发现税收政策确实通过改变"相对价格"激励了企业家和劳动者的生产积极性,增加了供给,这就为政府实施降税减费政策奠定了理论基础。

朱惠莉(2014)通过总结 20 世纪 90 年代中期以来中国的宏观调控政策,发现需求管理政策在 2007 年是较为有效和成功的,熨平了经济的短期波动,但是在 2007 年应对以美国为首的金融危机后,其效用却持续在降低,并带来了不少问题,例如,投资过度膨胀、产能过剩严重、经济结构失衡等问题。为此,以提高消费结构为契机,通过加强供给管理,持续推动经济结构优化,经济实现可持续增长。

张杰、翟福昕(2014)指出当前中国经济增长的主要风险有四个:一是经济增长速度持续下滑;二是制造业存在泡沫;三是房地产价格波动加大;四是影子银行大量存在且难以有效监管,其中后两个的风险最大。在此背景下,要实现"稳增长、调结构、促改革、防风险"的宏观调控目标,单纯依靠一种政策难以实现,主要是因为这些目标之间本身就存在着矛盾。破解这一困局的最优选择是基于供给侧,深化金融体系改革、改革垄断行业、为企业减负。

周志太、程恩富(2016)应用马克思主义的方法论,对新供给学的发展历史和需求管理尤其是凯恩斯主义进行了深入的总结、梳理、分析。通过分析发现,需求和供给是辩证的统一体。中国应结合自身的实际情况,构建以供给管理为主、需求管理为辅的宏观调控政策组合。只有这样才能有效应对新常态、引领新常态。

刘伟、蔡志洲(2016)基于供需两端,对中国宏观调控政策的发展历史进行了研究与分析。他们发现,改革开放初期,中国主要通过供给管理实现经济增长,其表现是通过市场化改革增加供给、提高效率;之后,随着中国市场经济体系的不断成熟,中国通过需求管理政策(货币和财政政策)的实施,达到了经济平稳、高速增长的目标；经济新常态下，中国经济的结构性问题导致了经济总量的失衡，此刻应主要基于供给侧通过结构性改革以实现经济质量和效率的提升。

三、中国的新供给学派

2013年中国学者正式提出了新供给学派，该学派的政策主张与中共中央当前的政策取向较为吻合，一经提出就在学界和政界产生了重要影响，相关文献不断涌现。

（一）中国新供给学派的诞生

中国新供给学派的诞生与70后经济人改革论坛和新供给学研究小组的长期研究工作密切相关。这两个组织在中国新供给学派的诞生中均发挥了重要作用。

70后经济人改革论坛对中国新供给学派的贡献。该组织第一次会议讨论的议题就是新供给主义，其代表人物滕泰于2012年11月发表了题为《新供给主义宣言》的文章，提出了"淡化总需求管理，从供给侧推动改革"的宏观政策主张。该文的研究表明，凯恩斯主义和货币派交替误导中国，改革开放以来，中国所取得的巨大经济成就与供给管理密切相关，例如，中国实施的一系列制度变革、大量农村劳动人口向城市转移提供的充足的劳动力、高储蓄和高外汇储备为资本积累创造的有利条件、持续的技术进步和技术创新、较为丰富的土地和资源，均从供给侧为中国经济的持续高速增长奠定了坚实的基础。新供给主义的主要观点和政策主张如下：一是从财富增长是否有限，可将财富划分为两类，一类是增长前景有限的财富（也称硬财富），例如农业、工业财富；另一类则是增长空间无限（也称软财富），例如，知识、信息、金融等产品。二是硬财富只要生产缺乏协调，就势必造成生产过剩或短缺，如果是过剩，那必将浪费资源、污染环境；相反，软财富，不仅会增加有效供给，而且会不断提高供给效率，创造新需求，使得经济良性循环发展。三是紧缩货币并非是最优的控制物价手段，而最优选择是增加硬财富中的新供给，着力增加软财富供给，这不仅有利于控制物价，而且有利于形成新的经济增长点，有利于优化产业结构，实现经济增长，化解宏观调控政策的两难问题。四是政府应采取减税降费政策，并提高财政支出效率，不应过高估计减税带来的收益，降税减费和财政支出均应优先支持以硬财富中的新产品供给、软财富中的新供给。五是放松垄断行业的规制，启动新一轮的国有企业改革，通过民营化释放市场经济的活力。六是财富的重要因素之一是人口，政府应通过放松人口流动管制、加大户籍改革力度等政策，提高人力资本和劳动效率。紧接着,滕泰和冯磊于 2013 年 5 月在经济观察报撰文,题目为《从供给端着手重启经济改革》,该文指出,新供给主义经济学正是从中国 20 世纪 80 年代以来的改革实践出发,结合传统供给学派和邓小平"解放生产力"的改革理论,针对中国经济运行机制、长期增长潜力、国民收入分配以及房价物价等问题而提出的一整套经济管理理论和改革思想。该文认为,经济周期波动主要来自供给和需求的相互租用,从这一视角,可将经济周期划分为新供给形成、扩张、成熟、衰退四个阶段。当宏观经济运行从供给到需求受阻时,不应采取非市场化手段彻底破坏市场机制,或采用需求管理扩张低端产业的总需求,而应该采取措施为市场形成新供给提供有利条件,引导新的供给创造出新的需求,从而不断优化调整供给结构,使得经济实现新的供需自动平衡。最后,该文指出,通过放松供给约束和解除供给抑制、抛弃传统产业政策、优化供给结构、提高供给的效率,才能提高经济的潜在增长率、恢复供需的自动平衡机制、破解房价与物价等经济问题、提高收入分配的公平和效率。该文的政策建议是,短期改革的重点是放松供给约束,长期改革的重点应是解除供给抑制,同时要加大收入分配改革的力度。短期改革的措施有以下六点:第一,结构性降低税收至大规模降低税收;第二,放松政府对经济的规制,减少政府的行政审批;第三,有效规制垄断以促进自由竞争;第四,通过资本市场促使国有企业股权多元化;第五,持续深化资源价格、基础服务价格的改革;第六,严格控制公共品成本,如基础设施、基础服务成本等。长期改革的具体措施包括解除人口和劳动力、制度及管理、土地与资源、资本与金融、技术与创新的供给抑制。收入分配改革的具体措施包括六点:第一,抑制公权力参与财富的分配;第二,通过反垄断、放松垄断行业进入规制、产权民营化等措施,降低垄断对财富的掠夺;第三,制定合理的公共资源价格,以免过多获取居民的财富;第四,对小微企业实行免税政策;第五,充分发挥税收调节二次分配的作用,重点是矫正房产、遗产等边际收入过高的要素;第六,提高公共投资及转移支付的效率,如果效率较低,宁可减少共投资及转移支付力度。滕泰(2013)进一步指出新自由主义同古典供给主义一样,均要求政府退出市场经济,但不同之处在于前者的前提是要求政府清除计划经济及凯恩斯主义对供给的约束及抑制,如果不能清除,即使在经济周期的新供给形成阶段、扩张阶段、成熟阶段也不会自动实现供需平衡。新供给主义并非否定政府在经济管理中的重要角色,但其发挥作用的着力点是供给侧而非需求侧,且其干预的目的是实现市场化。相比美国供给学派的零散政策建议,新供给主义不仅对其进行了批判性吸收,而且形成了完整的理论体系。

  新供给学研究小组对中国供给学派的贡献。几乎与滕泰于 2012 年 11 月发表《新供给主义宣言》的时间相同,2012 年 12 月,贾康等在财经网上发表了题为

《中国式新供给经济学》的文章,该文认为,改革开放 30 年以来中国正是在以经济建设为中心的指导下,依靠有效的总供给实现了计划经济向市场经济的转换,同时实施了较为有效的总需求管理,这使得中国的经济保持了持续高速的增长。但是 2008 年国际金融危机后,国内外形势发生了深刻的变化,从内部的因素看,中国通过多年的引进外资,学习其先进的管理经验和技术水平,截至目前,部分技术水平已经达到国际领先水平,大多数技术与国外的差距越来越小,这标志着中国后发优势的红利逐渐释放完毕,高速增长的空间越来越小,向成熟经济体的经济增长水平迈进已成为大概率事件。从外部因素看,美、欧、日等发达国家采取量化宽松的货币政策应对经济危机并未达到预期的效果,外需对中国经济增长的贡献在短期内将不可能恢复。对此,党的十八大报告中指出,深化改革是加快转变经济发展方式的关键,经济体制改革的核心问题是处理好政府和市场的关系,必须更加尊重市场规律,更好发挥政府作用。虽然已经明确了应对经济下行的大政方针,但对于怎么干的问题仍需进一步探索。而新供给经济学是以促进供给和需求平衡、结构优化、转变增长方式为目的的理论体系,这将为下一步的宏观经济调控以及怎么干提供理论依据。新供给经济学主张,政府要在全面深化改革中充分发挥顶层设计作用,着力调整经济结构,通过有效市场和有为政府,实现经济的转型升级和可持续发展。同时,宏观调控政策总需求管理政策的重点是抑制通胀,同时要基于供给侧深化制度改革,从而提高 TFP。其政策主张是"双创、双化、双减"六个方面,具体如下:"双创"是创新、创业的简称,从当前的国内外环境来看,中国必须依靠自主创新驱动经济发展;创业不仅能解决就业,而且能够培育经济增长新动能,其重点是要发展壮大民营经济,着力扶植中小企业,着力支持现代服务业发展,同时要深化国有企业改革,着力降低其垄断性,着力提高其公司治理结构水平。"双化"是城镇化、产业优化的简称。在城镇化中,要以实现城乡一体化为最终目标,通过各种改革、调控、政策的组合,清除阻碍城镇化的一切制度藩篱,改革的领域包括户籍制度、农村土地制度、社会保障体系等。在产业结构中,支持传统产业向国内欠发达地区的梯度转移,支持传统产业通过技改转型升级,鼓励发展战略新兴型产业,在这个过程中,政府要通过深化改革,提供各种支持,营造公平的市场环境,充分发挥市场机制的决定作用,推动产业结构持续优化和转型升级。"双减"是减税、减少行政审批的简称,减税就是要以结构性减税应对结构性问题,它有利于激发"双创"活动。减少行政审批就是要降低政府对市场的不合理干预,降低企业隐性成本,激发企业的"双创"活力,同时推进城镇化和产业优化。贾康等(2013)进一步完善了其提出的新供给经济学理论和政策主张。新供给经济学的形成是以改革开放以来中国特色的供给管理为基础的,事实上改革开放初期就有学者开始讨论供给管理，并强调其重点是增加有效的供给、优化结构、制度创新。新供给学是按照邓小平"发展是硬道理"的核心思想，在"科学发展"中以改革统筹全局，构建促进"解放和发展生产力"、促进总供需平衡和结构优化、促进增长方式转变。政策主张强调以体制机制的创新带动持续的结构优化，其政策主张由2012年提出的6点扩展到12点，增加了"双扩、双进、双到位"。"双扩"是扩大对亚非拉地区的开放、适度扩大有效投资的简称；"双进"是国有经济和民营经济协调发展、共同进步的简称；"双到位"是政府和市场应在各自的领域发挥作用、体现到位的简称。贾康、苏京春（2014）指出新供给经济学是在制度经济学、传统供给经济学、发展经济学、转轨经济学、信息及行为经济学的基础上形成的，有机联通了供给侧中的"人"与"物"，这进一步完善了其理论基础。贾康、苏京春（2014）从经济学发展史的角度，提出了新供给学是原有供给理论的螺旋式上升。主要体现在两次否定之否定，第一次是供给学派对凯恩斯主义的否定，第二次是供给管理对凯恩斯主义的否定。而新供给学是基于中国的实践，从理性的视角对原有理论的批判性吸收。贾康等（2014）进一步完善了其政策主张，在"八双"的基础上，增加了"五并重"，提出前者是中长期（5~10年）的政策建议，后者是远期（新中国成立100年）的政策建议，旨在推动中国建成富强民主文明和谐的社会主义现代化国家。"五并重"具体是指五年和四十年规划并重、法治和文化经济并重、海上和陆上丝绸之路并重、柔性参与TPP和构建双边贸易并重、推动国际货币体系改革和人民币国际化并重。

（二）中国新供给经济学派的壮大

尽管新供给主义和新供给研究小组在理论构架上有所差异，前者更加注重对里根供给主义经济学的继承与发扬，后者更加注重对中国本土经济理论的继承与发扬，但相同点均是对邓小平对于中国改革实践的总结，他们均认为邓小平的改革实践正是基于供给侧，实现了解放和发展生产力的目的，均认为当前重点是继续从供给侧发力，着力解决约束供给的高社会成本、高税收、高垄断、高管制，从而使得中国经济在避免通货膨胀的同时，企稳回升，基于上述看法，他们的政策主张也大同小异。

至此，1970年后经济人改革论坛和新供给学研究小组无论是从组织上，还是从理论基础、政策主张上开始融合。总之，中国的新供给学派与西方的供给学派不同，更加注重与中国国情的结合，更加注重从供给侧解决中国新常态下的结构性问题。

新供给学的发展壮大。随着新供给经济学的不断发展，其影响力也越来越大，并与新一届政府的政策主张较为吻合。在此背景下，研究和关注新供给学派的学者越来越多，已有近50人以新供给主义学者自居，由此新供给学派不断发展壮大。该学派的主要著作包括：《新供给：经济学理论的中国创新》《新供给经济学：理论创新及建言》《新供给经济学》《民富论—新供给主义百年强国路》《新财富论：新供给主义富国强民论》。针对当前的经济问题，华夏新供给经济学研究院给出的"药方"是提高投资的效率和效益，优化投资结构，从而增加有效供给，科学处理政府与市场的关系，实现有效市场与有为政府的有机统一，核心理念是改革创新，目的是提高经济增长质量和实现经济的可持续发展。具体的政策包括五大方面：第一，加大有效投资以提高增长质量和效益；第二，深化体制机制改革，为有效投资创造条件；第三，创新国内外投资和融资模式，实现多方面共赢；第四，综合考虑发展战略、产业政策、投资方向，实现中高端的"新供给"对低端"旧供给"的替代；第五，财政政策和金融政策要为"稳增长、促改革、调结构、惠民生、护生态"营造有利条件（华夏新供给经济学研究院中国新供给经济学人论坛，2015）。

　　随着中国新供给学的不断发展壮大，相关文献大量涌现。

　　金海年（2014）提出了新供给经济增长理论，供给侧的制度供给是长期经济增长的决定性因素，推动经济增长的关键是基于供给侧研究供给与需求的平衡问题。他的研究表明，中国改革开放的成功之处在于解除供给约束、增加新供给的制度变革。未来的中国，如果能基于供给侧，通过制度供给释放制度红利、升级人口红利为智力红利，那么必将实现化解当前的经济问题，实现经济的可持续增长。李燕凌（2015）基于新供给学考察了农村公共品的供给问题，针对农村公共品具备多重化的供给效率目标、灵活化的供给决策机制、丰富化的供给结构、多样化的供给模式五大特征，应全面深化农村公共品的供给侧结构性改革，以提高供给效率。郭月梅等（2015）从供给侧的视角，分析了有效消费需求不足的成因，重点分析了财税政策对其的影响。其研究结果表明，在民生支出和收入分配领域财税政策制度供给不足的现象表现较为明显的情况下，消费环境相对较差、居民消费能力不高的原因是财税政策的制度供给不足，因此，通过改善财税政策的制度供给不足，着力改善税收制度、民生性财政支出政策、创新创业制度和环境，就可有效解决有效需求不足的问题。李博（2016）应用新供给经济学探讨了体育产业的供给侧结构性改革，体育产业存在着显著的供给问题，例如，有效供给不足、供给与需求错配。因此，增加有效供给将是提高中国体育产业的前提和根本，实现跨越式发展的重要保障。

第二节 中国的供给侧结构性改革

中国的供给侧结构性改革是中共中央主动适应新常态、引领新常态的重要政策框架，它一经提出就成为学界和政界的热点，相关研究也较为丰富。

一、中国供给侧结构性改革的背景

2013年，中共中央提出中国经济进入"三期叠加"阶段，明确了对当前经济形势应该"怎么看"。2014年，中共中央提出中国经济逐渐迈入经济发展"新常态"，对此做了系统性理论论述，为"怎么干"提供了遵循。紧接着，2015年，中央财经领导小组第十一次会议明确指出要推进"供给侧结构性改革"，这进一步明确了经济工作的主攻方向、总体思路以及工作重点。2015年12月召开的中央经济工作会议，从理论和实践两个视角全面阐述了供给侧结构性改革，并对供给侧结构性改革的顶层设计、政策措施、重点任务做出了全面的部署。

二、中国供给侧结构性改革的理论基础——新供给经济学

事实上，自改革开放以来，中国就有学者在西方供给学派的基础上，结合中国实际，探索适合中国的供给侧管理，注重政府在供给侧管理中的作用和重视经济结构的优化，并有不少学者强调供给侧管理的重要性，宏观调控政策应向供给侧转换。

随着供给侧管理研究的不断深入，中国的新供给学派应运而生，从其所提到的政策主张来看，与中共中央提出的供给侧结构性改革的政策主张不谋而合，因此，从某种意义上说，新供给经济学是中国供给侧结构性改革的理论基础。贾康（2016）就曾指出，2008年世界金融危机之后，人们就开始反思传统的经济学理论框架，重新思考需求管理在宏观调控中的作用，这些反思与思考直接引发了人们对"新供给经济学"、供给管理、供给结构性改革的重视。袁志刚（2016）在评论肖林新著《新供给经济学：供给侧结构性改革与持续增长》时，就指出中国供给侧结构性改革与西方的供给学派不同，它是以中国特色社会主义政治经济学为理论基础，在改革开放以来中国经济实践的基础上做出的理论创新，是中国特色社会主义政治经济学的组成部分。它的优越性体现在符合中国经济的实际情

况，完全可以指导中国下一步的全面深化改革。

三、中国供给侧结构性改革的总体方案

依据《人民日报》发表的权威人士《七问供给侧结构性改革——权威人士谈当前经济怎么看怎么干》，总结了中国供给侧结构性改革的总体方案，包括中国供给侧结构性改革的含义、对重点工作的要求、经济政策取向、重点任务、保障措施。

（一）政策含义

推进供给侧结构性改革，是以习近平同志为核心的党中央，在综合分析国内外经济形势的基础上，充分发挥全党和全国人民智慧的结晶。它是以提高供给质量为目标，用改革的方法推动结构调整，矫正要素的配置扭曲，扩大有效供给，提高供给结构对需求变化的适应性和灵活性，提高TFP，更好满足人民群众的需要，实现经济、社会的持续健康发展。推进供给侧结构性改革要全面贯彻落实创新、协调、绿色、开放、共享的新发展理念，采取宏观政策要稳、产业政策要准、微观政策要活、改革政策要实、社会政策要托底的总体思路，重点做好去产能、去库存、去杠杆、降成本、补短板。

（二）对重点工作的要求

推进供给侧结构性改革，要求对十个重点工作做出如下转换：更加注重以提高经济的质量和效益实现经济发展、更加注重以供给侧结构性改革稳增长、更加注重宏观调控对市场行为及社会心理预期的引导及调整、要更加注重以加减乘除优化产业结构、更加注重以人为核心推动城镇化、更加注重以人口经济及资源环境空间均衡实现区域发展、更加注重以绿色生产和消费方式保护生态环境、更加注重精准帮扶改善民生、更加注重市场机制资源配置、要更加注重以高水平双向开放扩大对外开放。

（三）经济政策取向

供给侧结构性改革五大经济政策的具体内容如下：

一是宏观政策要稳，这将有利于营造稳定的宏观经济环境，从而为供给侧结构性改革提供了宏观保障。一方面，财政政策要积极，通过适度提高财政赤字率，加大对企业减税的支持力度；另一方面，货币政策要稳健，体现一定的灵活

性和适度性，旨在为供给侧结构性改革营造良好的金融环境。货币政策要实现降低融资成本、防止通货紧缩和通货膨胀、以微调预调的方式以保持合理充裕的流动性和适度增长的社会融资总量。

二是产业政策要准，这将为供给侧结构性改革提供有利的中观环境。产业政策是调控中观经济的有效手段，在应用产业政策时，要贯彻落实供给侧结构性改革的要求，以功能性的产业政策引导产业发展，而非政府直接干预投资产业或确定投资企业。

三是微观政策要活，这将为供给侧结构性改革提供有利的微观环境。微观政策是调控微观经济的有效手段，要合理划分政府与市场边界，在市场边界内，企业是经济发展的主体，要让企业主动创造有效的供给，要企业主动开拓新的消费市场。

四是改革政策要实，这将为供给侧结构性改革提供有利的改革环境。政策制定出来是一回事，关键是要逐项加大改革政策的督察督办，使得供给侧结构性改革的相关政策不走样、不变形。

五是社会政策要托底，这将为供给侧结构性改革提供有利的社会环境。在推动供给侧结构性改革的过程中，要守住民生的底线，从物资、思想等多方面做好准备，从而为改革营造良好的社会环境。

（四）重点任务

推进供给侧结构性改革的五大任务是去产能、去库存、去杠杆、降成本、补短板。去产能要以处置"僵尸企业"和降低产能过剩行业的产能为主，去库存关键是抓降低住房库存这个"牛鼻子"，去杠杆就是要抓紧降低政府、企业和金融系统的杠杆，降成本主要是降低企业的显性成本和隐形成本尤其是制度性交易成本，补短板就是要以补基础设施、创新、民生短板为主。

在明确供给侧结构性五大重点任务的同时，要正确认识和处理好五大任务的关系，尤其是要正确处理好相互矛盾任务之间的关系。例如，去产能、去库存、去杠杆都是做减量，直接关系到地方政府的生产总值、财税收入、劳动就业等主要经济指标。做好这三项工作，必须拿出动真碰硬、壮士断腕的劲头，下决心主动减量，以"短痛"化解"长痛"，坚定不移去产能、多措并举去库存、坚守底线去杠杆、为提高经济增长质量效益打牢结构基础。

完成供给侧结构性改革五大重点任务的关键就是要全面深化改革，从五大重点任务的具体内容来看，无疑都涉及了体制机制，因此，首先是要加强改革的创新，提出更好的改革措施，更好的改革方案，从而更有效率的解决体制机制问题，为完成五大重点任务奠定基础。

(五) 保障措施

推动供给侧结构性改革的保障措施主要是要做好思想保障和组织保障。

思想上，要充分认识到，推进供给侧结构性改革是习近平总书记着眼我国经济发展全局提出的重大战略部署，是经济社会发展的根本性战略。当前，在抓好"三去一降一补"五大重点任务的同时，要深刻认识到，随着我国宏观经济运行特征和内外环境的深刻变化，投资、出口、消费对经济增长的拉动作用在日益降低，结构性问题日益突出。因此，要进一步深化认识，切实转变思想观念，坚决把供给侧结构性改革作为统领经济工作的主线，把经济工作重心转移到供给侧，着力培育新的经济结构，强化新的发展动力，努力在引领经济发展新常态上走在前列。

组织上，要加强和改善党对经济工作的领导，要坚持解放和发展社会生产力、坚持社会主义市场经济改革方向、坚持调动各方面积极性。一要强化责任落实。推动供给侧结构性改革任务十分艰巨繁重，各级各部门要加强组织领导，明确责任分工。省、市、县各级党委和政府要成立相应工作领导小组，各司其职、各负其责，按照"情况要摸清、目的要明确、任务要具体、责任要落实、措施要有力"的要求，推动供给侧结构性改革各项工作落到实处、取得实效。二要凝聚工作合力。供给侧结构性改革牵扯面广，各级党委和政府要齐心协力，通力配合，尤其是一些存在交叉的环节要主动沟通、加强衔接。要加强舆论引导，把握好节奏、力度和工作方法，做好政策宣传，正面引导群众预期，及时回应社会关切，调动方方面面参与改革的积极性，凝聚推进供给侧结构性改革的强大合力。三要加强督查考核。推动供给侧结构性关键要求实效、明确目标、细化责任，确保各项工作落到实处，取得实效。

四、中国供给侧结构性改革的研究进展

自中共中央 2015 年 12 月提出供给侧结构性改革以来，研究供给侧结构性改革的文献大量涌现，并取得了一系列研究成果。

上海市人民政府发展研究中心课题组的肖林、钱智（2016）提出了上海供给侧结构性改革思路。上海要切实将经济工作重心转向供给侧结构性改革，要以要素、制度、结构、政策供给为抓手，持续提高科技创新水平，激发供给主体的活力，提高供给体系的竞争力，最终使得制度体系有利于供给质量和效率的提高。

张宗勇（2016）基于"新供给经济学"理论的主要观点，提出了煤炭行业供给侧结构性改革的思路，要从供给侧着力提高煤炭的清洁利用率，要在需求侧

着力淘汰落后产能。

贾康（2016）为了进一步明确供给侧结构性改革的概念和任务，指出供给侧结构性改革要以改革为抓手，以结构优化为重点，通过提高 TFP 应对经济下行，实现中国经济的转型升级，它绝非新的计划经济，而是要充分发挥市场在资源配置中的决定性作用。它既体现了新常态下中国经济工作的总思路，又是宏观调控的新思维；它既要确保市场机制有效，又要确保政府有限、有为。

高长武（2016）通过回答供给侧结构性改革与经济新常态是何关系？推进供给侧结构性改革是实行需求紧缩或需求扩张吗？是新的计划经济吗？是模仿西方供给学派吗？等四个问题，进一步明确了供给侧结构性改革的意义。中国的供给侧结构性改革就是在中国经济新常态的背景下，要坚持中国特色社会主义政治经济学和社会主义市场经济改革方向，要同时发挥好市场和政府的作用，要兼顾供给侧和需求侧，要批判性借鉴西方经济学的精华。

龚刚（2016）提出在经济新常态下，供给成为决定经济的关键因素，积极培育和发展知识经济是供给侧结构性改革的目标，供给侧结构性改革最为关键的是通过教育、科研、企业的改革，不断为自主研发和自主创新提供足够的激励。

袁红英、张念明（2016）专门就供给侧结构性改革下的财税政策进行了研究，他们指出供给侧结构性改革下财税政策的调控范式将更加注重结构化，调控重心将更加注重供给端，调控机制将更加注重市场决定机制，通过财政政策调控的加法进行供血，同时要通过剪发进行降负，着力点在于优化产业结构、强化资源节约利用、鼓励创新、促进创业、优化收入分配结构、保障基本民生、支持中小微企业发展。

王佳宁等（2016）通过对重庆经济模式的深入分析发现，支撑重庆经济新常态下得以高速发展的原因，除了政治方向正确选择、五大功能区域战略加快实施、县区创造活力有效激发、产业不断转型升级、城乡资源优化配置、消费业态科学布局、财政资金合理分配、内陆开放模式实现创新外，最为重要的原因是较早的实施了供给侧结构性改革。主要体现在持续推动产业结构升级、通过补短板实现有效供给的增加、千方百计化解产能过剩、真金白银降低实际经济的负担。

孔祥智（2016）探讨了农业供给侧结构性改革的基本内涵与政策建议，提出了农业供给侧结构性改革的三点内容：第一，深化土地制度改革，主要包括农村土地承包经营权、农村宅基地制度、农村集体经营性建设用地制度、征地制度四方面的改革。第二，以调结构促进去产能、降成本、补短板，主要包括农业经营结构、农业生产结构、种植结构的调整。第三，深化粮食价格体制的改革、补贴制度的改革。

林卫斌、苏剑（2016）提出供给侧结构性改革的实施表明，以往行政化的供给管理形势将彻底得到纠正，宏观调控重心将调整至供给侧。需求管理难以破解当前的供给和需求失衡的问题，诸如有供给无需求问题、有需求无供给问题、有效需求被供给体系低效抑制的问题。因此，推进供给侧结构性改革势在必行。要做好供给侧结构性改革，就要有效破除体制机制，阻碍市场有效发挥作用的障碍，调整优化要素的重新组合；就要求政府要更好地发挥在监管约束、政策引导、公共服务等方面的作用。

张慧君（2016）指出，推进供给侧结构性改革的实质就是基于供给侧从决定长期经济增长的因素着手，着力推动结构性改革和创新驱动发展，不断改善资源配置效率，最终持续提高 TFP。尤其要以实施创新驱动战略为重点，充分发挥其对其他领域改革的引领带动作用，从而加速调结构、转方式的步伐。

王展祥等（2016）研究了中国供给侧结构性的动力机制，提出了避免经济下行过快、经济增长软着陆、跨越中等收入陷阱的对策。建议要以供给侧结构性改革持续推动诸如产业、需求、劳动力及区域等结构红利的释放，确保产业结构更加优化、需求结构更加高级、劳动力结构更加合理、区域结构更加协调，从而最终重塑经济增长的结构动力机制，为中国经济迈向中高速发展奠定结构基础。

石华军、楚尔鸣（2016）通过研究发现，中国未来经济的可持续增长要依靠供给侧管理而非需求侧管理，供给侧结构性改革既兼顾了短期经济发展，又兼顾了经济的长期增长，还能释放改革的制度红利，激发创新与创业，实现中国经济增长迈向正常增长路径。

刘向耘（2016）根据供给侧结构性改革的关键是破除体制机制障碍、提高经济持续增长能力，提出供给侧结构性改革要解决的三个问题，依次为产业结构不够优化的问题、激励约束机制不够有效的问题、政府和市场的关系不够顺畅的问题，只有解决了这些问题才能够实现供给侧结构性改革的目的。

高惺惟（2016）回答了去杠杆是供给侧结构性改革首要任务的四个原因。第一，高杠杆预示着金融危机可能发生的风险加大；第二，地方政府的高杠杆预示着潜在的流动性风险；第三，中国非金融行业的杠杆率过高，风险较大；第四，居民的高杠杆主要表现在房地产市场。

张旭等（2016）提出了高等教育要做好供给侧结构性改革，就要以推动创新创业为出发点，通过深化制度和信息管理、学风建设机构的改革为其提供文化保障；通过创新创业教育的专业化、模块化及平台化建设为综合型人才培养提供环境保障；通过搭建产学研对接平台为加速科技成果转化提供桥梁。

邵平（2016）探讨了商业银行的供给侧结构性改革，发现现有的商业银行供给体系不能满足顾客不断上涨的金融与非金融需求，因此，推动商业银行的供给侧结构性改革，改善商业银行的经营管理效率，将有力提升商业银行的供给效率和水平，使其更好地服务实体经济。

第三节 小　　结

　　供给侧结构性改革是中共中央面对国内外错综复杂的经济形势，在综合分析世界经济长周期和中国发展阶段性特征及其相互作用的基础上，从理论到实践不断探索的结晶；是主动适应经济新常态、引领新常态的一项重要战略举措。尽管中国的供给侧结构性改革也是从供给侧着手应对经济问题，但它却不同于西方的供给学派。中国的供给侧结构性改革就是从提高供给质量出发，用改革的办法推进结构调整，矫正要素配置扭曲，扩大有效供给，提高供给结构对需求变化的适应性和灵活性，提高TFP，更好满足广大人民群众的需要，促进经济社会持续健康发展。

第十三章

资源错配研究

第一节 资源错配定义

一、资源

借鉴 HK（Hsieh and Klenow）理论，资源在本书中指资本、劳动、能源。已有的文献中，资源也被称为要素或生产要素，本书将它们作为同一概念。

二、资源错配

（一）资源错配的概念

为了厘清资源错配（有的文献中也称为资源误置或资源配置扭曲）的概念，首先要区分要素配置扭曲理论和资源错配理论。前者将要素市场扭曲分为绝对和相对扭曲，要素市场绝对扭曲是由要素边际产出与产品的价格不相等导致的（Atkinson，Halvorsen，1984），而要素市场相对扭曲是指不同部门的要素边际收益的比率不同而造成的（Magee et al.，1973）。资源错配理论则主要形成于 HK。要素配置扭曲理论和资源错配理论的主要区别有两点：一是前者并未形成从微观到宏观层面完整的理论框架，而后者构建了一个从微观企业到中观产业再到宏观经济的系统性理论框架。二是前者在扭曲的程度、大小的研究上发展缓慢，其缺点是无法有效测算完全竞争下的要素边际收入；而后者则可实现对扭曲的测算，并计算出对 TFP 造成的影响。

综上所述，本书将资源错配定义为：由制度安排、政府管制、市场势力、对外贸易、信息不对称等政府失灵和市场失灵因素造成的供给主体之间（行业内企业间、行业间、地区间）在配置资源时不能按照等边际收益产品的原则配置，由此造成对帕累托最优状态的偏离，进而形成资源错配。

（二）资源错配的类型

本书研究的是内涵型资源错配，是指供给主体间的资源边际产品收益不相等时，则存在资源错配，如果重新配置资源，则仍可实现产量的增加，即提高 TFP。现有资源错配的文献多集中于此。而外延型资源错配是指即使行业内企业间或行业间的资源边际产品收益相等，如果重新配置资源，则仍可实现产量的增加，即提高 TFP。这种现象产生的原因可能是，边际报酬递增或进入壁垒等因素（Banerjee，Moll，2012）。

第二节　资源错配研究文献综述

在一个经济体里，资源有效配置会使产出最大化，并且具备如下两个条件：一是经济能选择出最佳企业生产；二是将资本和劳动等资源在企业间、部门间或地区间按照等边际原则配置。如果不满足这两个条件，则会形成资源配置扭曲，降低资源配置效率，并表现在较低的总量 TFP 上。这两个条件不能满足时形成的两类资源错配是不能选择出最佳企业进行生产的选择错配效应和直接引致的资源错配效应。因此，资源错配研究的基本问题是：一是研究如何度量资源错配，资源错配对总量 TFP 的影响有多大？资源错配在解释国家间或地区间的 TFP 差异时是否重要？二是研究哪些因素会形成资源错配？其对 TFP 传导的内在机制是什么？

为了解答上述问题，迭戈·雷斯图恰、理查德·罗杰森（Diego Restuccia，Richard Rogerson，2013）在其文献综述中总结到：学者们采取了间接研究方法解答第一个问题,采用直接研究方法解答第二个问题。资源错配间接研究法的主要目标是度量经济体中的资源错配,测算经济体中的所有错配因素导致的资源错配对总量 TFP 的影响。该方法并不侧重研究某一个错配因素对总量 TFP 的影响,它通过引入代表经济体中所有错配因素的错配因子试图测算所有错配因素形成的资源错配对总量 TFP 的影响以及传导机制。虽然该方法能够识别所有可能导致要素错配的因素对 TFP 产生的净影响,但却不能考察具体的资源错配影响因素。该领域当前主要研究了资源错配、资本错配、劳动错配以及其他错配对总量 TFP 的影响。资源错配直接研究法的主要目标是直接测算某一个因素导致资源错配对 TFP 的影响及其相应的传导机制,虽然该方法能测算某一个特定政策或者制度导致的资源错配对总量 TFP 的影响,但是现实中却有很多因素导致了资源错配,比如降低贷款利率、特定的税收优惠、补贴、减少竞争的措施等,要一一识别是很困难的,而且存在要素间扭曲相互抵消的可能(比如相反的扭曲方向)。因此,该方法难以全面衡量经济体中所有错配对总量 TFP 的影响。该研究领域当前主要考察了贸易壁垒、信用市场不完善、劳动市场制度及其他错配因素形成的资源错配对总量 TFP 的影响。本书在迭戈·雷斯图恰、理查德·罗杰森(Diego Restuccia, Richard Rogerson, 2013)文献研究思路基础上,首先,结合本书研究需要,从资源错配的间接研究方法和资源错配的直接研究方法两个方面总结和梳理现有文献,文献研究框架如图 13-1 所示;其次,对现有文献进行了文献述评,厘清了资源错配对 TFP 影响的研究现状,为本书的研究指明了方向。

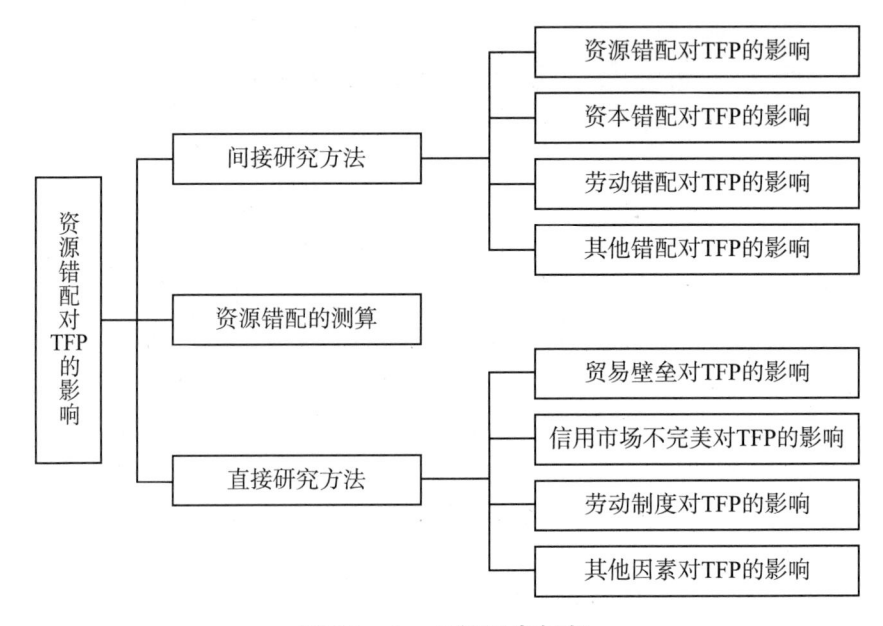

图 13-1 文献研究框架

一、资源错配对全要素生产率的影响：间接研究法

（一）资源错配对生产率的影响

1. 国外研究现状

谢长泰和克莱诺（Hsieh and Klenow）在该领域做出了开创性的研究，他们建立了一个包含资本和劳动投入的垄断竞争模型，假设经济体中存在产出和资本扭曲，以工资作为劳动投入控制人力资本的差异，通过对中国、美国、印度制造业的实证研究发现：资源错配对 TFP 的影响巨大，并能有效解释国家间 TFP 的差异。为了控制测量及设定误差导致测算的 TFP 影响过大，以美国制造业的资源配置效率为参照，发现如果中国和印度的资源配置效率和美国 1997 年制造业相同，则资源有效配置后 1998 年中国制造业总量 TFP 可在现有基础上增长 50.5%，1987 年印度制造业的总量 TFP 可在现有基础上增长 40.2%，资源错配导致的制造业总量 TFP 影响可解释大约 49% 的中国（1998）和美国（1997）的 TFP 差异，可解释大约 35% 的印度（1987）和美国（1994）的 TFP 差异。在此基础上，他们还探讨了资源错配的影响因素，以行业 TFPR 的方差为被解释变量，以企业所有制、企业规模、年龄、地区为解释变量（均为虚拟变量），发现所有制对 TFPR 的方差贡献最大（印度为 0.58%，中国为 5.25%），而企业年龄（两国均不足 1%）、企业规模（印度为 2.52%，中国为 2.21%）、地区（印度为 0.86%，中国为 1.58%）对 TFPR 的方差解释十分有限，这四个因素一起对 TFPR 方差的解释非常低，印度为 4.71%，中国为 10.01%。巴特尔斯曼等（Bartelsman et al.，2009）认为资源的有效配置总是使得企业规模和它的 TFP 正相关，以两者的协方差度量资源错配是合理的（即 OP 协方差），从而为测量资源错配提供了一种新的方法。通过对美国和其他七个欧洲国家（包括中东欧的转型国家）的实证研究发现：资源错配对 TFP 产生了巨大的影响，如果资源得到有效配置，产出可以在现有的基础上增加 15%。在 HK 的研究基础上，劳伦等（Loren et al.，2013）以中国非农业部门为研究对象，运用 1985~2007 年的数据，对部门间资源错配、时间维度的资源错配、空间维度的资源错配的效应进行了测度，扩大了仅仅测度制造业资源错配的限制。他们认为中国资源错配的根源是存在国有部门和非国有部门间的资源错配，在其建立的模型中，包含了国有和非国有部门。他们测度了省份间的资源错配和省内部门间的资源错配对总量 TFP 的影响。如果资源有效错配，那么中国非农业 TFP 将提高 20%，省份间的扭曲在研究样本期间基本保持不变；尽管省份间有着较大的劳动力流动，但省份间劳动力错配导致的

TFP损失依然很高，其原因在于省份间TFP差异较大；在1985~1997年省内资源错配程度大幅下降，平均每年对TFP的增长贡献为0.52%，但是随后10年间，资源错配程度又呈现了一个增加的趋势，平均每年造成0.5%的TFP损失；省内资源错配的原因是国有和非国有部门间资本错配导致的，近年来呈现显著的增加趋势。阿尔伯特·博拉德等（Albert Bollard et al.，2013）运用印度1990~2004年正规部门的制造业数据（选择企业员工数在200人以上的样本），该样本期间的生产率，与1980~1992年相比，得到了较大的提升。他们的实证结果表明：与许多经济学家认为这段时间的改革有助于降低资源错配相反，资源错配的降低仅仅能够解释小部分TFP的增加，其增加来自企业自身效率的改进或者使用了更好的技术，或二者兼而有之。尼古拉斯·齐巴特（Nicolas Ziebarth，2013）使用HK的测算方法，以19世纪美国制造业普查数据为实证对象，结果发现：美国这一时期的资源错配效应与当前印度和中国的资源错配效应相当，然而，当时美国的经济并未表现出像中国和印度这样的政策和制度扭曲，这一发现说明资源错配与TFP之间有更为复杂的传导机制。约万诺维奇（Jovanovic，2014）通过建立一个包含异质企业和工人的从微观到宏观的世代交替增长模型，将资源错配对TFP的影响，进一步拓展到对经济增长的影响，发现更有效的资源配置将导致更快的长期增长。罗伯特·英克拉尔等（Robert Inklaar et al.，2014）对52个发展中国家的实证研究发现，如果纠正劳动和资本错配，TFP可以增加60%以上。

青木（Aoki，2012）首次研究行业间的资源错配对TFP的影响。他构建了一个N行业的一般均衡模型，用以测算行业间资源错配对TFP的影响，而且能分解出行业间资本错配和行业间劳动错配对总量TFP的影响。假设N个行业内企业的生产函数相同且完全竞争，行业间存在资本和劳动扭曲，以一次性税率的形式体现，该模型的优越性体现不用对总生产函数的具体形式做出假设的情况下，也可测算行业间资源错配对TFP的影响。应用这一模型，以日本和美国的行业数据为实证对象进行了实证检验，结果发现：资源错配可以解释它们之间总量TFP 9%的差异，这表明行业间资源错配并非国家间TFP差异的主因。资本错配较为严重的行业是运输业和金融业，而劳动错配较为严重的行业是农业和金融业。

杜兰顿等（Duranton et al.，2015）借鉴巴特尔斯曼等（Bartelsman et al.，2009）测算资源错配的方法，以产出和企业实际生产率的协方差表示资源错配程度，以印度制造业微观数据为实证对象，检验了土地、建筑物和其他生产要素的错配效应。他们的研究贡献体现在下述三个方面：一是运用大量的横截面和面板数据，实证上提供了要素企业间错配和人均产出的直接证据，并发现要素错配比产出错配更为严峻。二是给出了政策和要素错配的直接证据，要素错配并非外生决定而是被政策影响的。扭曲是资源配置效率的决定因素,政策是扭曲的一个来源。好的政策将降低扭曲改善错配程度。土地和建筑物错配指数与当地在房地产市场的政策和税收改革密切相关。三是强调了土地和建筑物在错配中的特殊作用,如果企业没有土地的话,后续的雇佣劳动和租赁机器是毫无意义的;同时,土地也是企业外部融资的重要抵押物,良好的土地政策不仅使得土地能够得到更好地利用,而且能降低土地交易中的扭曲。有效的产权保护及其他政策有助于土地市场的良好运行。该文的实证结果表明:降低一个标准差的土地和建筑物错配程度将使得人均产出增加25%,这相当于增加了6倍的供给;同时发现土地和建筑物错配比其他错配类型更加重要。雪诺(Shenoy,2015)建立了一个模型,将总产出分解为总生产函数、企业平均生产率、要素配置效率,该模型能分别测算要素市场(雇佣劳动和租用土地、资本)和金融市场(融资和保险)失灵导致的扭曲对产出的影响。该文选择中国台湾的大米市场为实证对象,选择大米市场的原因是每个农民的边际产品收益可准确测算、垄断和税收扭曲较小、要素转换成本低、使得模型参数校准引起的虚假错配达到最小。实证发现:资源有效配置后大多数村庄的产出增加不足15%。通过对总增长的分解发现,与要素积累和农业技术对增长的贡献相比,错配对增长的贡献相对较小。

2. 国内研究现状

HK 的文献是研究行业内企业间资源错配的一篇奠基性文献,在国内研究中得到了广泛的借鉴和一定的拓展。王文(2013)拓展了 HK 理论模型,采用中国工业企业 1998~2007 年的微观数据进行了实证检验,实证结果表明:一是在 1998~2007 年间,港澳台和外资企业的资源误配程度最低,如果达到港澳台和外资企业的资源配置,国有和集体企业、法人和私人企业的 TFP 将在现有基础上分别增加 40%~60%、10%~25%;环渤海和东南地区的资源误配程度最低,如果达到环渤海和东南地区的资源配置,东北、中部、西南和西北地区的 TFP 将在现有基础上分别增加 20%~50%、2%~30%、30%~45%。二是中国工业的资源误配程度在 1998~2003 年间呈现出较小幅度的下降趋势,在 2003~2007 年间则有轻微加重的趋势。不同类型所有制之间的资源误配造成的 TFP 影响大于不同地区之间和不同行业之间的资源误配。三是扭曲性政府政策、信贷约束、劳动流动摩擦和企业(家)的风险规避倾向是中国工业资源误配的主要来源。龚关、胡关亮(2013)针对 HK 模型的不足,在理论上突破了企业生产函数规模报酬不变的限制,以要素边际产出价值的离散程度衡量资源错配,如果资源有效配置,1998 年中国制造业总量 TFP 将提高 57.1%,2007 年将提高 30.1%。邵宜航等(2013)应用 HK 的模型,采用中国工业企业 1998~2007 年二位代码的微观数据对 HK 模型进行了再测算,发现资源错配对中国 1998 年工业企业 TFP 造成了

215.5%的影响，样本期内资源错配呈现先改善后恶化的态势，大企业的资源配置效率逐渐改善。资源错配对TFP的影响显著大于产出扭曲导致错配对TFP的影响。李静等（2012）采用HK的方法，运用2007年中国工业企业微观数据，实证分析了资源错配及其对企业TFP的影响。结果表明：国有、集体企业的资源错配较为严重，港澳台企业、外商企业则较低；中西部地区资源错配程度高于东部，中部高于西部；重工业企业资源错配高于轻工业。如果资源有效配置，工业企业的总量TFP可提高51%以上，其中国有和集体企业的总量TFP有望分别提高45%和18%以上。韩剑、郑秋玲（2014）基于HK模型，将资源错配测算扩展到行业间层面，比较了中国各地区资源错配程度的差异，并对影响资源错配的政府干预因素做了回归检验。发现中国总体和行业内资源错配程度先降后升，行业间资源错配程度则缓慢上升，行业内和行业间错配分别造成了实际产出和潜在产出之间30.25%和4.72%的缺口；中西部地区的资源错配程度明显高于东部地区；财政补贴、金融抑制、行政性市场进入壁垒对行业内资源错配具有显著影响，而劳动力流动管制、金融抑制则对行业间资源错配作用明显。盖庆恩等（2015）在HK模型的基础上考虑了进入退出因素，从广义视角研究了要素市场扭曲对TFP的影响，该文采用1998~2007年中国工业企业数据库做了实证检验，发现若资本有效配置，制造业TFP平均可提高57.79%，其中直接效应、间接效应提高的百分比分别为31.46%、26.32%；若劳动有效配置，TFP可提高33.12%，其中直接效应、间接效应提高的百分比分别为11.42%、21.69%。靳来群等（2015）拓展了HK的理论模型，构建了所有制差异所致资源错配的理论模型，采用中国工业企业数据检验了要素价格因所有制差异而导致的资源错配程度。研究结果表明：尽管中国所有制差异所致资源错配程度总体上呈下降趋势，但资源错配情况依然严重。1998~2007年所有制差异带来的制造业TFP损失每年都在200%以上，其中劳动错配、资本错配分别带来的TFP损失约为100%、50%。张庆君（2015）从实际产出与最优配置条件下产出比较的角度出发构建错配指数，并进一步将资源错配分解成产业内、产业间错配，利用中国工业企业数据库40个行业的微观数据进行实证检验。研究发现：中国工业企业资源错配较为严重，如果资源错配得到纠正，则其总产出增加的范围为23.4%~28.8%，资源错配能解释TFP变动的范围为28%~55%。

行业内企业间资源错配对农业、能源行业、生产性服务业TFP影响的实证检验。在农业方面，朱喜（2011）运用2003~2007年全国农村固定跟踪观察农户数据，实证发现东部和西部地区的资源配置扭曲较为严重，中部、东北地区的配置效率较高。如果资源错配得到纠正，农业TFP可在现有基础上增长20%以上，其中东部和西部地区的改进空间超过30%。陈训波（2012）考察了2004~2010

年资源错配对中国不同地区农业 TFP 的影响。发现跨部门的资本和劳动有效配置，农业 TFP 可在现有基础上增长 6%~36%。各地区资源错配对 TFP 的影响存在显著的差异，土地错配造成的 TFP 损失显著大于资本和劳动错配造成的 TFP 损失。在能源行业方面，王芃、武英涛（2014）发现能源行业和企业两个层面、产品和要素市场两个维度均存在显著的扭曲，要素扭曲是扭曲的主要原因。如果纠正资源错配，则能源产业 TFP 可在现有基础上增长 43%~51%。陈艳莹、王二龙（2013）考察了要素市场错配对中国生产性服务业 TFP 的影响，采用中国 2004~2010 年省份面板数据进行实证。结果表明：转轨时期中国正规要素市场的扭曲导致企业主要依靠政府关系网来获取生产要素，从而直接抑制了生产性服务业的 TFP，通过制约制造业的演化进程间接抑制了生产性服务业的 TFP。曹东坡、王树华（2015）测算了服务业资源错配对 TFP 的影响，发现 2004~2010 年间要素错配对服务业产出造成了 9%~11% 损失，并逐年递增；东、中、西部要素错配的区域差异显著，其中，中西部地区要素错配对服务业产出损失小于东部地区。

行业间资源错配对 TFP 影响的实证检验。陈永伟、胡伟民（2011）借鉴青木（2012）的理论模型，把关于资源错配和效率影响的讨论纳入传统的增长核算框架中，其实证结果表明：制造业内部各子行业间的资源错配大约造成了实际产出和潜在产出之间 15% 的缺口。姚毓春等（2014）应用青木（2012）的理论模型，测算了行业间资源错配对 TFP 的影响，以中国 2004~2010 年 19 个行业的面板数据为实证对象，发现各行业的劳动力和资本错配差异显著，要素拥挤与稀缺现象并存，且资本错配程度更为严重。但近年来劳动、资本错配均有所改善，使产出效率分别平均提高了 1.37%、0.91%。张佩（2013）借鉴青木（2012）的理论模型，采用 1998~2007 年中国工业企业数据进行实证检验。结果发现：如果行业间资源有效配置，则中国工业的总量 TFP 可在现有基础上提高 19%，行业间资本错配造成的效率影响大约是劳动力错配造成损失的 10 倍。采矿业、制造业内部的资源错配程度大幅缩小，而电力、燃气及水的生产和供应业的资源配置效率改善不明显。韩国珍、李国璋（2015）应用青木（2012）的理论模型，采用中国工业 1994~2011 年两位数行业的数据对中国行业间资源错配对 TFP 的影响进行了实证检验。发现 2009~2011 年行业间要素错配造成了大约 29% 的产出缺口。行业间要素错配较为严重的行业是资源垄断型行业，而技术密集型行业劳动配置不足，劳动密集型行业则配置了过多的劳动。

（二）资本错配对全要素生产率的影响

1. 国外研究现状

乌拉（Uras，2014）通过对 HK 模型的拓展，将公司融资结构引入资本错配，以美国制造业的微观数据进行了实证检验，结果发现：那些拥有较差的内部和外部融资能力的企业总是选择劳动密集型的生产方式；公司融资结构的特征（内部和外部融资能力）和资本错配程度一起决定了资本错配的程度及对产业层面 TFP 的影响，如果资本有效配置，美国化学和石油工业的 TFP 将增加 113%，纺织工业的 TFP 将增加 75%。为了避免现有研究参数设定和统计误差，建立了一个新模型用来测算资本错配对 TFP 的影响，通过对中国工业企业微观数据的实证检验，发现资本错配造成了总产出 20% 的损失（Song，Wu，2015）。

2. 国内研究现状

鲁晓东（2008）研究发现：中国目前的金融体系存在严重的金融资源错配现象，不能优化资金配置从而引致资源错配，阻碍了经济增长。邵挺（2010）认为：私营企业的资本回报率远高于国有企业。如果金融资源有效配置，中国 GDP 可在现有的基础上提高 2% ~ 8%。王林辉、袁礼（2014）以中国行业间资本错配为研究对象，运用 1978 ~ 2010 年八大产业面板数据定量测算资本错配对 TFP 的影响，发现资本错配对 TFP 造成了 2.6% 的损失，造成的产出缺口为 11% ~ 30%。

（三）劳动错配对全要素生产率的影响

1. 国外研究现状

迪特里希·沃尔拉特（Dietrich Vollrath，2014）运用 14 个发展中国家的微观数据，发现人力资本错配对各国 TFP 差异的解释比较有限。发现消除人力资本错配对 TFP 贡献较小，少数国家的 TFP 能够超过 10%，多数国家则少于 5%。如果假设存在不可观测的人力资本，纠正人力资本错配带来的 TFP 收益在 10% 以下。

2. 国内研究现状

袁志刚、解栋栋（2011）认为改革以来，中国是一个典型二元经济结构的转型国家，劳动力错配对 TFP 有着明显的负效应，以不同的指标计算，影响的范围在 2% ~ 18% 之间，并呈逐年逐渐扩大趋势，原因主要是由于部门间的工资差异所致。柏培文（2012）研究发现：全国总体劳动错配、城乡劳动错配大致呈现波浪式下降，城市内劳动错配呈现阶段性增加的态势，城乡劳动错配是导致劳动力错配的主因。第一、第三产业内劳动错配长期存在但并不高，第二产业扭曲程度较高，但近年有下降趋势，而部门间劳动错配逐渐恶化。各省份总体和城乡劳动错配呈下降趋势，而城市则呈现增加态势。杨振和陈甬军（2013）以福利影响度量劳动错配，通过对1998~2007年中国制造业的实证检验发现：劳动要素在制造业产业内、产业间均存在着不同程度错配。如果制造业整体层面劳动要素向"正确"的方向流动一单位，将给每个企业平均带来12 041元至13 426元的福利改善。考察期间劳动错配进一步恶化。董直庆、刘迪钥、宋伟（2014）应用青木（2012）的理论模型，利用1978~2010年中国1位代码行业数据，测算了行业间劳动错配对TFP的影响，发现行业间劳动错配呈现出行业差异，并对TFP造成了20%左右的损失。

（四）其他要素错配对全要素生产率的影响

1. 土地错配对TFP的影响

雷斯蒂西亚、桑塔乌利（Restuccia, Santaeulalia-Llopis, 2014）对这一问题进行了研究，发现非洲国家马拉维土地大多是通过继承实现配置，只有很小的一部分通过土地租赁市场实现分配，超过70%的农民经营的土地不足2英亩。通过估计农场生产率的分布与理论上内生的农场生产率分布的差异，发现农民拥有的土地大小与生产率无关，但如果土地在农民间实现有效配置，农业TFP将提高4倍。

2. 管理才能对TFP的影响

德里提曼·巴塔查里亚等（Dhritiman Bhattacharya et al., 2013）在卢卡斯（Lucas, 1978）模型的基础上，将管理技能内生化，资源在企业间的错配将进一步导致管理才能的错配。在没有扭曲的经济环境中，更有能力的经理人将投资更多的资源在其人力资本上，从而能够经营更大的企业。然而，当经济中存在扭曲时，经理人投资其管理才能的动力就会大大减少，导致整个社会的经理人的管理才能投资不足，从而影响更大规模的企业形成，最终导致TFP和产生影响。运用微观数据实证发现：以美国为参照，日本TFP是美国的83%，管理才能错配能够较好地解释日本和美国企业规模的分布差异。卡塞利、根奈黑利（Caselli, Gennaioli's, 2013）研究了家族管理中的管理才能错配，发现发展中国家的家族企业数量远远多于发达国家，即使融资约束被缓解，如果企业没有被交给一个合适的继承人，那么对总量TFP的影响则是十分严重的，第一代企业家才能对其继承人的管理才能的影响呈现微弱的正向影响。研究结果表明：有效的资本市场（兼并和收购）将有助于对这一现象进行校正。优秀的企业家将从金融发展的改善中获取更多的资本和实现更多的赢利，加之金融发展促使公司控制市场的繁荣，这是因为公司将从较低才能的企业家手中流向高才能企业家，随着平均管理才能的增加，企业数量将会减少，企业规模将逐步扩大，进而促使总量 TFP 的提升。他们以无融资约束的经济体（参数用美国数据校准）为基准与没有借贷的经济体相比较，发现 GDP 将损失 70%，总量 TFP 将损失 21%。控制权市场对资本的有效配置非常重要，发现与基准经济体相比较，如果没有控制权市场，尽管存在一个完美的资本市场的情况下，TFP 依然会比基准的 TFP 低 15%。

3. 产出扭曲对 TFP 的影响

卢卡斯（Lucas，1978）通过对印度制造业和日本零售业的研究发现：依据企业规模制定的政策通过降低企业的平均规模，导致了资源错配。如果这个扭曲得到纠正，那么产出可以增加超过 8%。雷斯蒂西亚、罗杰斯（Restuccia，Rogerson，2008）做出了开创性的研究，研究了产出扭曲，将所有的产出扭曲定义为向企业产出征收的一次性税收，税率大于零表示是税收，税率小于零代表补贴。将扭曲定义为相关和无关扭曲两种，前者指税收和补贴随机产生，后者只向生产率高的企业征税，对其余的企业补贴。数据模拟发现在无关扭曲情景下，如果对 90% 的企业征税率 0.2%，与无扭曲的情况相比，则总量 TFP 损失 16%，税率为 4%，总量 TFP 损失 26%；相关扭曲的情境下税率越高导致的总量 TFP 损失越大，但与无关扭曲的情景相比，总量 TFP 损失比例更大，原因是资源大量从 TFP 高的企业被迫流向 TFP 低的企业。古纳等（Guner et al.，2008）研究了依据企业规模制定政策（相关扭曲）对总量 TFP 的影响。在这种税收情况下，企业行为存在三种情况：一是为了避税主动降低规模；二是高于行业生存临界生产率的企业降低了规模，反之则相反；三是存在额外进入的企业。实证发现企业平均规模降低 20% 的政策，分别意味着 34.4% 的资本税、13.8% 的劳动税，产出分别降低 8% 和 5%。

二、资源错配对全要素生产率的影响：直接研究法

（一）贸易壁垒、资源错配与全要素生产率

阿尔卡拉、西科内（Alcalá，Ciccone，2004）通过对跨国贸易数据的实证研究，帕夫尼克（Pavcnik，2002）对智利贸易改革的实证研究，利列娃、特雷弗勒（Lileeva，Trefler，2010）对美国关税降低对加拿大企业生产率的实证研究，均发现贸易壁垒对 TFP 产生了显著的负面影响。

在该研究领域一篇非常经典的文献是伊顿、科图姆（Eaton，Kortum，2004）在 *Econometrica* 上发表的名为 "Technology, Geography, and Trade" 的文章，提出了该领域的基本研究框架，随后梅利兹（Melitz，2003），伯纳德等（Bernard et al.，2003），梅利兹、奥塔维亚诺（Melitz, Ottaviano, 2008），布斯托斯（Bustos, 2011）、弗雷拉、特雷霍斯（Ferreira, Trejos, 2011）拓展了该文的模型，这些实证研究均表明贸易壁垒政策对总量 TFP 造成了显著的负面影响。沃（Waugh, 2010）指出贸易壁垒是跨国制造业生产率波动的一个重要因素，通贝（Tombe, 2012）实证发现贸易壁垒是贫穷国家农业生产率低下和缺乏食品贸易的共同原因。埃皮法尼、甘西亚（Epifani, Gancia, 2011）指出贸易壁垒对竞争状况产生影响，进而影响了企业利润，利润的异质性是资源错配的一个源泉。玛塞拉·埃斯拉娃等（Marcela Eslava et al.，2013）考查了哥伦比亚税收改革背景下，贸易关税发生变化对资源配置效率的影响，发现关税税率的降低通过企业的优胜劣汰降低了资源配置的扭曲程度，提高了资源配置效率。

（二）信用市场不完善、资源错配与全要素生产率

1. 国外研究现状

信用市场不完善是导致资本错配进而影响 TFP 的一个十分重要的因素。班纳吉、迪弗洛（Banerjee, Duflo, 2005）通过对以往文献的研究，发现相同的要素有不同的回报率，并指出信用约束和制度失效是造成资本错配的重要原因。班纳吉等（Banerjee et al.，2003），班纳吉、文氏（Banerjee, Munshi, 2004）发现信用市场不完善会造成选择错配效应和资本错配效应，选择错配效应体现在信用约束阻止了一些有效率的企业或者企业家进入市场和经营企业，资本错配效应体现在信用约束限制了有效率的在位企业获得足够的资本，从而导致资本在企业间错配，进而引发 TFP 的损失。爱罗莎（Erosa, 2001），阿马拉尔、昆汀（Amaral, Quintin, 2010），布埃拉等（Buera et al.，2011）研究了各种信用市场不完善对 TFP 的影响，但也存在一些分歧。如果企业有足够的能力能够通过内部融资渠道克服信用市场约束，那么信用市场不完善就不能解释各国间生产率差异的持久性。乌德里（Udry, 2012）回顾了信用市场约束在解释穷国和富国生产率差异的重要性，并给出了微观证据。通过实证发现：在发展中国家，信用约束对制造业 TFP 差异有着显著的负面影响，但对农业却没有显著的影响，这说明农业资源错配对 TFP 的影响并未通过信用约束这个传导机制起到作用。阿达莫普洛斯、雷斯蒂西亚（Adamopoulos, Restuccia, 2011）的研究表明：农场间资源错配的传导机制是继承传统、激进的税后补贴、土地改革和租金限制以及其他的因素，这些因素限制了农场规模，该文的实证研究发现菲律宾土地改革对生产率产生了非常重要的负面影响。西蒙·吉尔克里斯特等（Simon Gilchrist et al.，2013）选择美国有名的大型制造业公司进行了实证研究，发现这些大公司在不完美的信贷市场中利息差的差异非常大，然而通过构建模型测算以利息差代表的扭曲对 TFP 的影

响时，发现仅造成了大约1%～2%的TFP潜在损失。安德里亚·卡吉斯、维森特·库纳特（Andrea Caggese，Vicente Cunat，2013）发现出口市场的企业存在这样一个特点，即在出口公司中存在一个进入的固定成本，如果信用约束能够对这一进入成本产生不利的影响，那么则会阻止有效率的企业进入出口市场，从而导致资源错配，进而影响TFP。通过构建能够刻画这一特征的模型，运用意大利公司制造业的数据，实证发现对TFP的潜在影响是巨大的，造成的生产率损失为25%。杰里米·格林伍德等（Jeremy Greenwood et al.，2013）在模型中引入金融市场不完美，用来评估金融发展对跨国生产率差异的影响，利用美国数据对模型进行校准，利用可观测的信用利差考察其他国家的金融发展水平，发现样本国家中如果采取最先进的金融中介技术，TFP将平均增加12%；样本中金融发展最差的国家乌干达的TFP将增加25%。布拉·弗朗西斯科、申龙石（Buera Francisco，Shin Yongseok，2013）通过构建一个包含异质企业的新古典增长模型，剔除了经济体中的非金融摩擦产生的扭曲，发现金融扭曲决定了稳定状态的调整速度。普拉塔普·桑吉塔、乌鲁蒂亚·卡洛斯（Pratap Sangeeta，Urrutia Carlos，2011），桑德里斯·圭多、赖特·马克（Sandleris Guido，Wright Mark，2011）指出在金融危机期间，金融摩擦能较好地解释跨国间要素错配和TFP差异，该文的实证结果表明：在面临融资约束但不存在资本错配的情况下，获得融资能够很好地缓解要素错配和降低对TFP的负面影响。

大卫等（David et al.，2014）探讨了信用市场不完善和资源错配的关系，假设企业可以通过私人资本和不完美的股票市场学习两个渠道以克服信用市场不完善，以中国、美国和印度的数据进行了实证检验。研究发现：信用市场不完善引发的资本错配会对中国造成7%～10%的TFP损失，会对印度造成10%～14%TFP损失，对美国造成的TFP损失则较小。在克服信用市场不完善时，与通过金融市场学习相比较，通过私人学习将能够更好地克服信息不对称，进而克服不确定，提高总量TFP。

摩尔（Moll，2014）探讨了金融摩擦对TFP的影响，金融发展是指企业有更加广泛的形式为资本融资，较高水平的金融发展将通过三个渠道有助于经济发展：一是加速资本深化（资本深化以资本产出比测算）；二是降低资本错配；三是筛选出更好的企业获取资本。资本深化的增加有助于提高人均产出，后两个渠道直接作用于TFP，有助于总量TFP的提高，也能够解释发达国家拥有较大的企业平均规模所遭受到的融资约束较少的现象。如果资本是内生的，则企业有足够的动机储蓄（受融资约束的企业储蓄回报较高），从长期看融资约束可能会消失。而当生产率冲击完全持久时，则从长期看融资约束也会消失，经济会收敛到一个有效率的稳态，但收敛速度却很漫长。

吴（Wu，2015）对中国资本错配是来源于金融摩擦（市场不完美）还是来源于政策扭曲（政府干预）进行了探讨，研究发现中国政府的政策扭曲导致了70%的资本错配，金融摩擦在集约边际上仅造成了 8.7% 的总量 TFP 损失。此外，该文还进一步探讨了政策扭曲的原因。政策扭曲存在的直接证据是资本的边际收益产品（MRPK）在国有和非国有之间存在显著的不同，因为如果没有政策扭曲，所有制对于 MRPK 并不重要。然而，不同所有制之间的企业在诸如年龄和规模等的特征方面存在差异，在不存在政策扭曲的情况下，如果这些特征通过金融摩擦导致了 MRPK 不同，那么这些企业在不完美的资本市场下也会呈现出不同的 MRPK 差异。同时，政策扭曲对资本错配的影响会因为金融摩擦的存在而被增加或抵消，如果这些特征通过金融摩擦影响 MRPK 以及它们自身被政策扭曲影响，这将意味着所有制之间可观测的 MRPK 的差异是政策扭曲和金融摩擦的共同结果。

艾恒杰等（Ai H et al.，2015）构建了一个一般均衡模型，模型内生了时间序列上的反周期波动以及横截面上资本边际产品和资产回报的反周期波动，在这个模型中，金融部门中的机构摩擦对企业间资本配置效率产生影响并致使整体经济的波动。该文的研究结果表明：对机构摩擦的负面冲击会恶化资本错配，并对总量 TFP 产生负面影响。模型参数校准后，分别做了生产率冲击和金融冲击两种模拟。生产率冲击的数据模拟结果表明金融摩擦放大了 TFP 的冲击，但是产生的影响较小且是短暂的，放大机制解释了大约 10% 的总量 TFP 波动，冲击不大的原因是这类冲击并未产生充足的资产价格变动，进而不能显著的改变银行的资产价格净值并限制其借贷能力。金融冲击的数据模拟结果表明：一个较小的外生银行家贴现率的改变对资本配置效率和总产出的影响是巨大而持久的。持久性的原因是在一个正的贴现率冲击会降低银行家短期获利的动机，提高银行的净值。银行净值的增加将在未来改善资本配置效率但不会立即影响生产率。在这种情况下，家庭将消费更多而投资更少，结果是银行的净值增加与金融需求的短暂降低密切相关。这些效应的相互加强将在下一期改善资本的配置效率。更加有效的资本配置导致了新一轮的银行净值的增加，并对经济产生持久的影响。即便是假设银行家的年贴现率是 2.3%，通过资本配置这一渠道导致经济总产出 3.6% 的波动。金融中介机构摩擦通过跨期投资、资本再配置两个渠道对真实经济产生影响，在真实商业周期理论中，前者对产出影响的解释为 3%~5%，而资本错配却可解释 30%~50%。

2. 国内研究现状

陈雨露、马勇（2010）通过构建地方政府介入后的农信社信贷资源决策模型发现，当地方政府介入后，农信社的信贷资金供给会出现明显的错配现象，而错配的程度随着地方保护主义的强化而加重。通过引入外部金融监管机制，可以在一定程度上遏制地方政府的保护主义行为，减轻信贷资源错配程度。

张佩（2012）考察了借贷约束是否以及怎样导致资源错配，利用中国的企业数据进行实证检验，发现微观层面上的信贷错配是对中国的 TFP 造成影响的原因而并非是因为缺乏充足的廉价信贷，而是中国的金融市场利率化改革尚未实现，相比非正式渠道融资，银行贷款的成本较低，因此更容易从银行获得贷款的企业总是获益并过度投资，从而造成资本错配并对 TFP 造成负面影响。

（三）劳动制度、资源错配与 TFP

劳动市场制度通过扭曲劳动配置对 TFP 造成了负面影响。霍本海恩、罗杰森（Hopenhayn，Rogerson，1993）首次探讨了企业间资源配置的"楔子"对总量 TFP 的影响，研究发现解雇成本的存在导致企业不能充分地依据技术冲击调整劳动力数量，致使劳动的边际产品收益出现了巨大的差异，有的企业拥有的劳动力数量超出了最优的劳动力数量；相反，有的企业则面临劳动短缺。解雇成本导致了经济体中大量的"楔子"，其中有些与 TFP 相关，有些则不相关。解雇成本扭曲了劳动要素在企业间的配置，并导致了大约 5% 的 TFP 的损失。拉各斯（Lagos，2006）建立了一个劳动匹配模型，发现失业保险和就业保护等劳动政策通过资源错配的选择效应，使得劳动不能在企业间有效配置，对 TFP 造成了损失。麦肯锡研究院（1998）在巴西的零售业中，发现劳动市场规制增加了正规超市劳动成本，但却没有影响非正规部门的劳动成本。尽管非正规部门有着较低的劳动生产率，但其较低的劳动成本却扩大了它的经营规模。刘易斯（Lewis，2004）发现了许多类似的情况。

霍本海恩（Hopenhayn，2014）研究发现，在不考虑进入退出的情况下，如果解雇成本是 2 年的工资，则对总量 TFP 造成了 2.8% 的损失；如果是 5 年的工资，则造成了 7.5% 的损失；如果是 25 年的工资，则造成了 24.3% 的损失。同时该研究还表明：一方面生产率较低的公司倾向于雇佣更多的劳动力，另一方面当固定实际生产率时，名义生产率呈现出不同的方差，即不同的劳动错配程度。从不同的解雇成本导致的名义生产率方差看，解雇成本越高，名义生产率方差越大，即扭曲越大。如果考虑进入退出的影响，可能会产生更大的扭曲和总量 TFP 损失。

古里奥、罗伊斯（Gourio，Roys，2014）的研究发现：针对小企业降低劳动税的政策可能会产生两种扭曲，一是使得更多的规模较小、效率更低的企业能够生存，二是降低正规企业的规模。研究发现这种扭曲对总量 TFP 造成的损失非常有限，仅为 0.3%。

（四） 其他因素、资源错配与全要素生产率

1. 创新补贴政策、资源错配与 TFP

萨德扎德（Sadeghzadeh，2014）研究发现创新补贴政策虽然激励了技术升级，但其通过资源错配对 TFP 也有重要的影响。以 2005 年印度大型钢铁企业的直接创新补助为实证对象，发现只有采用了更有效率技术的企业的 TFP 才会增加。而在政策退出后，采用低效率技术的企业间会发生较大的资源再配置现象。如果创新补贴政策鼓励企业层面的技术升级，则依靠企业大小制定的创新补贴政策能够提高总量 TFP。印度钢铁企业的创新补贴政策能解释 20% 可观测的总量 TFP 增长率，其中，资源错配效应贡献了 -2%，技术升级效应贡献了 49%，选择新技术的选择效应贡献了 53%。

2. 环境政策、资源错配与 TFP

通贝、温特（Tombe T.，Winter J.，2015）是当前研究能源错配领域最早的一篇文献，他们利用美国制造业数据，构建了一个一般均衡模型，最后通过参数校准对不同的政策效果进行了模拟。研究表明：如果要实现降低能源消费 10% 的目标，在存在企业进入退出的情况下，统一的能源税（每个企业的能源税率相同）不会造成总量 TFP 的损失，而能源强度政策（要求行业内的所有企业在先前产业平均能源强度的标准上降低一定百分比）会造成 0.292% 的总量 TFP 损失。

3. 累进税、资源错配与 TFP

郭等（Guo et al.，2015）研究了累进税下的资源错配与总量 TFP 的关系，该文构建了一个标准的新古典增长模型（异质性企业面临累进税，内生的企业进入退出决策），并对资源错配的长期宏观经济效应进行了检验。累进税制对宏观经济的影响存在以下内涵和外延式两个渠道：前者是指在这种税制下，资本和劳动要素会从生产率高的企业向生产率低的企业流动；后者是指由于企业一旦支付了进入成本则可自由进入市场，补贴平均生产率以下企业的累进税制将增加在位企业的期望价值，这将鼓励更多的潜在进入者进入市场，最终导致总产出的增加。前者将降低经济体的总产出、消费、资本积累、劳动时间以及实际工资；后者将增加企业进入数量，进而增加总产出。研究发现：累进税制的内涵式错配效应起了主导作用；同时发现，当累进税率增加时，可测量的总量 TFP 并未发生本质的变化。当不存在企业进入和退出决策时，低生产率企业大量占用了生产率较高企业的生产资源，总产出将随着累进税率的增加而增加。然而，当存在进入退出决策以及劳动供给假设不变时，更多的累进税可能增加总产出和总量 TFP。这表明累进税导致的资源错配对劳动时间和进入规制是敏感的。为了进行定量分

析，首先以美国数据校准了企业的生产率，然后，建立了一个包含进入退出的基准模型，检验了不同累进税率的资源错配效应，发现相对没有税率扭曲的经济体，当累进税率提高时，企业进入数量和在位企业总数大幅度增加（范围为29%~90%），但同时劳动（降低幅度为14%~17%）和资本（降低幅度为26%~51%）投入却显著下降。结果表明：内涵式资源错配起主导作用，然而最终结果发现索洛剩余并未发生显著的变化，这表明累进税制的资源错配效应最终取决于内涵式错配和外延式错配的力量对比，外延式错配对经济体的正向作用一定程度上抵消了内涵式错配的负向效应。

4. 出口退税、资源错配与 TFP

王雅琦等（2015）研究发现，出口退税率的降低会促进出口企业提升总量 TFP 及改善行业的资源配置效率；同时，使得行业的总量 TFP 提升。出口商的名义生产率与出口退税率负相关，降低出口退税率可以使得企业和行业生产率提升，而在市场竞争越充分的行业这一提升效应越明显。

5. 产业政策、市场竞争与资源错配

王文等（2014）以 1998~2007 年中国制造业规模以上企业层面数据为样本所做的经验研究结果表明：一是当产业政策促进了行业竞争时，行业内的企业资源错配程度则显著降低；二是产业政策的覆盖面越广，则越有利于降低行业内企业的资源错配程度。其政策建议是：一个有效的产业政策必须满足"确保目标产业的适度竞争性"与"产业政策的惠及对象足够广泛"两个基本条件。

6. 进入成本、非正式部门、资源错配与全要素生产率

莱尔（Leal, 2010）研究发现，大量基于企业规模的政策会导致资源错配，如果将这些政策看作向企业征收的一次性税收，则会导致企业存在以下三类扭曲行为：一是为了避税企业主动降低规模；二是高于行业生存临界生产率的企业降低了规模，而低于行业生产临界生产率的企业不仅能够生存而且扩大了规模；三是行业内存在额外进入的企业，正是这些原因使得非正式部门得以大量存在，规制和税收不仅能够解释非正式部门的繁荣，而且发现非正规部门的经营经常是无效率的，从而导致对生产率的影响。德拉斯莫、莫斯科索·博埃多（D'Erasmo, Moscoso Boedo, 2012），莫斯科索·博埃多、向山（Moscoso Boedo, Mukoyama, 2012），巴塞吉扬、迪切西奥（Barseghyan, DiCecio, 2011），阿吉翁等（Aghion et al., 2008）研究了存在金融摩擦情况下不同国家非正规部门生产率问题，得出了类似的结论。埃拉斯莫等（Erasmo et al., 2014）研究非正规部门制度对总量 TFP 的影响表明：那些拥有较低债务程度和较高正式化成本的国家通常与相对较低的技工存量、较大的正式部门、较低的配置效率和较低的 TFP 相关。正式部门的进入成本和金融摩擦各自不能单独解释生产率、非正规化或者人力资本，但是联合起来却能解释美国与中等收入国家 TFP 差异的 24%、非正式部门劳动力差异的 64% 以及技术工人差异的 68%。

进入成本对总量 TFP 的影响。发展中国家因为进入成本过高,形成了大量的小规模企业,这类企业效率较低却占据了大量的资源,从而对总量 TFP 造成损失。大量的文献(Pratap, Quintin, 2008; D'Erasmo, Boedo, 2012)表明非正规企业或部门的存在常常与较高的进入成本和经济发展的落后相关。巴塞吉扬(Barseghyan, 2008)用世界银行的数据实证发现:进入成本增加 80% 会降低总量 TFP 的 22%,人均产出会降低 29%。博矣多、向山(Boedo, Mukoyama, 2012)发现最低收入国家(国民收入为美国的 2%)的进入成本与中等收入国家的进入成本间的差异能够解释 21% 的总量 TFP 差距。

7. 政治周期、资源错配与 TFP

周黎安等(2013)考察了资源错配程度与地方党代会周期之间的关系。首先,该文基于 HK 模型测算出制造业的资源错配;其次,与地方层面的官员数据做相关性检验。结果表明:资源错配的党代会周期效应显著存在,资源错配程度随着党代会召开的时间增长而递减,省级党代会召开的当年和后两年,地级行政区资源错配程度较高,而在接下来的两年有所降低;这种错配效应在国有企业密集度、产业关联效应度高或资本密集度高的行业更为突出;进一步分析还发现地方官员的晋升激励虽有助于促进地区 GDP 增长,但也可能造成了资源错配,降低 TFP。

8. 交通基础设施、资源错配与 TFP

何塞·阿斯图里斯等(Jose Asturias et al., 2014)研究发现交通运输基础设施也是引发资源错配的一个因素,并对国内贸易产生一定的影响。通过对印度制造业的实证研究发现:较差的交通运输基础设施产生了高额的运输成本,通过增加企业间市场势力的波动导致了资源错配;如果建设高速公路的话,那么高速公路之间的商品交易价格将下降 20%,总量 TFP 也将得到显著的提升。

龙小宁、高翔(2014)使用 2001~2006 年县级高速公路和中国工业企业数据库探讨了高速公路能否提高制造业企业生产效率这一问题。实证结果表明:高速公路虽然在总体上对制造业企业生产率的平均影响很小,但是显著提高了小城市企业和距离大城市较远的企业的 TFP。

9. 寻租、人才错配与 TFP

李世刚、尹恒(2014)探讨了寻租与人才错配的关系,在建立异质性个体 OLG 模型中,将求职者的职业选择内生化。研究发现:寻租引发的人才错配造成的社会成本大约相当于潜在产出的 10%~20%。如果社会精英也参与寻租,那么造成的影响将更加严重,总产出仅占潜在产出的不足 33%。

10. 住房价格、资源错配与 TFP

陈斌开等（2015）考察了住房价格与资源错配的关系，发现不断上涨的住房价格是阻碍中国经济持续稳定增长的重要因素。其原因是高房价将导致资源错配，降低资源再配置效率，进而降低 TFP。2003 年以来，随着中国住房价格的快速上涨，TFP 增速和资源再配置效率则不断下降，高房价导致的企业利润率与 TFP 倒挂机制是产生资源错配的重要原因。房价上涨 1%，资源再配置效率下降 0.062%，TFP 下降 0.045%。

11. 补贴差异化、资源错配与 TFP

蒋为、张龙鹏（2015）基于 HK 资源误置模型，利用 1998～2007 年中国制造业企业数据，通过构建面板模型检验了补贴差异化与资源误置的关系。研究发现：补贴差异化是资源误置的重要原因。

12. 相对报酬结构差异、人力资本错配与 TFP

赖德胜、纪雯雯（2015）在研究人力资本配置与创新的关系时，指出相对报酬结构差异会导致人力资本错配进而造成创新规模及效率差异，正是相对报酬结构差异导致市场部门人力资本对创新有促进作用，政府部门和垄断部门的人力资本对创新有抑制作用。

13. 企业规模、经济周期、资本错配与 TFP

邢天才、庞士高（2015）从企业规模和经济周期的视角出发，利用 1992～2013 年中国制造业上市公司的面板数据，实证检验了企业规模和经济周期对企业资本错配程度的影响。结果表明：相比于大型企业，小企业面临着更高的资金使用成本，但却拥有更高的资本边际生产率；企业整体上在经济下行时比经济上行时面临更严重的资本错配，大企业的资本边际生产率对其资本错配程度的变化在经济下行时更敏感。

14. 所有制结构、研发资源错配与研发回报率

吴佐等（2014）以 2005～2007 年中国工业微观数据为样本，运用计量回归方法和数值模拟技术，发现非国有企业的研发资本回报率比国有企业高；当消除不同所有制企业之间的研发资本错配，把更多的研发资本从研发效率较低的国有企业重新配置到研发效率较高的非国有企业，可使中国工业的研发产出提高 2.9%～6.4%。

15. 调整成本与资源错配

阿斯克尔等（Asker et al., 2014）首次研究了动态投入与资源错配的关系，并以资本动态投入为例探讨了资源错配的原因。他们强调了资源调整成本的重要作用，构建了标准的调整成本投资模型。通过对 40 个国家数据的实证检验发现：时间序列上的生产率波动远大于横截面上的资本边际收益产品的波动，产业间

（国家间）生产率的波动能够解释80%~90%产业间（国家间）资本边际收益产品的波动。

杨光等（2015）在阿斯克尔等（Asker et al.，2014）的基础上，以中国的数据为研究对象，研究了经济波动、成本约束与资源配置的关系，研究发现随着生产率波动的增加，企业间资本边际报酬的差异也逐渐加大，其原因主要是调整成本所致，这意味着经济波动的增加会严重影响行业内的资源配置。经济波动加剧的时候，资源错配现象就越严重，这种关系会因为调整成本的存在而增加。

16. 资源错配存在原因的综合探讨

班纳吉、摩尔（Banerjee，Moll，2012）以资本错配为例，探讨了资源错配为什么会持久存在。该文构建了一个融资约束下的资本积累模型，将资本错配分为内涵型和外延型两种：前者是指企业资本规模报酬递减，资本投资大于零，当企业间资本边际产品不相等时的资本错配，这种错配类型如HK在2009年所提到的错配类型；后者是指企业资本报酬递增，企业资本投资为零或企业间资本边际产品相等，如果可能将资本从一个企业重新配置到另一个企业，能使得总产出增加，这种错配类型如管理才能错配，拥有管理才能的人因为种种原因的限制，往往不能够建立或经营企业。该文通过数据模拟发现：内涵型资本错配一般情况下会随着时间的推移而消失，不同的参数表明这类资本错配会在第七年逐渐消失。外延型资本错配可能是持久存在的。资源错配持久性存在的原因还有很多，例如在正式和非正式部门存在的情况下，大企业因各种税费难以避免导致其实际规模小于最优规模；生产率高的企业可能面临较高的扭曲从而导致投资不足；对大企业存在明显的税收歧视。此外，资本冲击（影响资本数量）和生产率冲击（影响资本边际产品）均会导致错配的持久性，冲击频率越高，企业应对冲击和调整的速度越慢，由此导致错配的持久性。在转型国家，如中国正经历着快速的城市化，土地异常昂贵，故而调整成本异常高；此外，中国的间接融资市场和直接融资市场转型依然缓慢，因此中国的资本配置效率短期内难以改善。

第十四章

新常态下中国供给侧结构性改革、资源错配内在联系

现有供给侧结构性改革的文献仍处于定性研究阶段,对供给侧结构性改革的核心和重点(即提高 TFP)缺乏深入而系统的研究,资源错配的研究仍有待进一步拓展,尚未将资源错配理论引入到供给侧结构性改革中,以其作为 TFP 的理论基础。为补充以上研究,本章以中国供给侧结构性改革的资源配置效率红利为研究对象,将资源错配理论引入中国供给侧结构性改革中,不仅分析了资源错配理论和供给侧结构性改革的资源配置效率红利的内在联系,而且突破了现有供给侧结构性改革定性研究的困境,使得供给侧结构性改革的重点(即提高 TFP)得以展开深入而系统的研究,是对资源错配研究领域的重要补充。因此,本章深入分析了资源错配和供给侧结构性改革的资源配置效率红利的内在联系,这为本文的理论框架进一步建立奠定了基础。

第一节 供给侧结构性改革的研究框架

从总供给函数 $Y = F(K, L, \cdots)$ 看,供给侧结构性改革的研究可从形成新供给、提高 TFP 及要素供给如下三个方面着手(见图 14 - 1)。

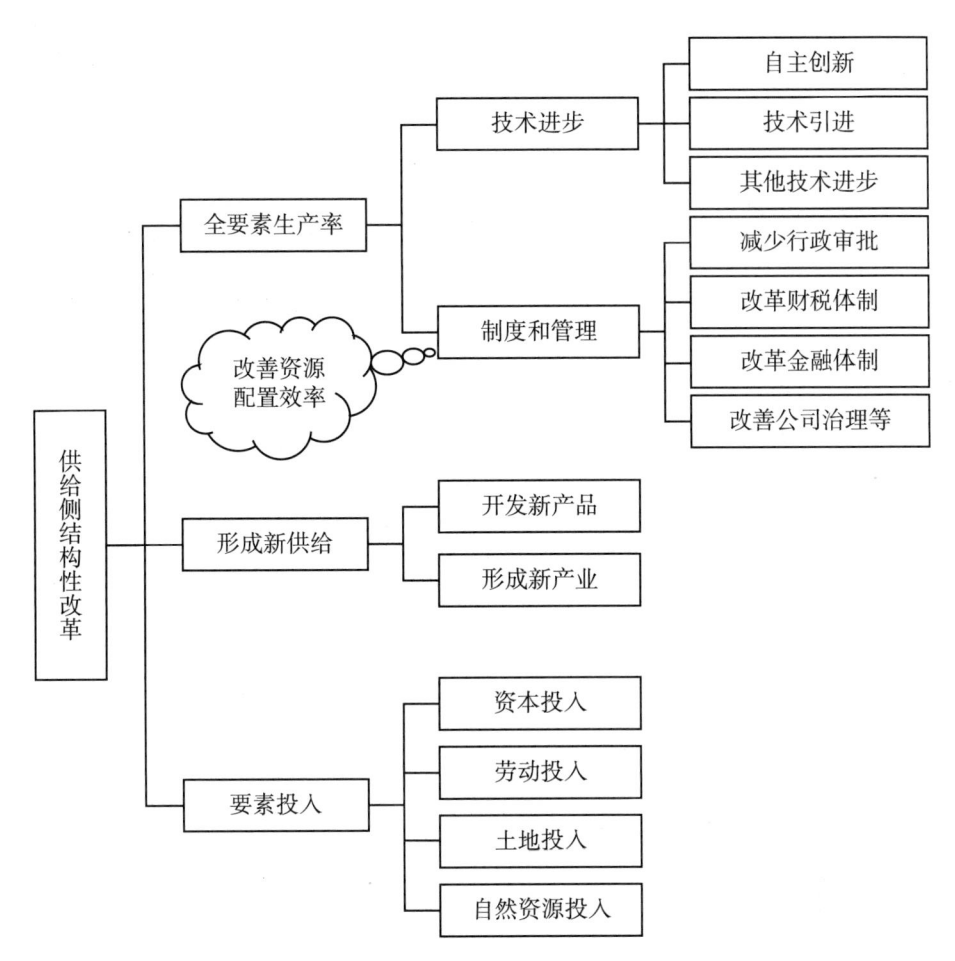

图 14-1 供给侧结构性改革研究思路及其框架

一、形成新供给即新的Y

如当前中国政府提出的创造新需求，释放新供给等增加供给多样性的政策，正是通过形成新的供给培育新的经济增长点。这主要包括两个方面，一是开发新产品，以手机行业为例，尽管竞争非常激烈，低端产品供过于求，但高品质产品供不应求的。这表明，中国现有的供给体系所提供的产品难以满足不断上升的消费需求。二是形成新产业，抢占未来的制高点，包括高端制造业、3D打印等中国提出的战略新兴产业。这些新产业和新业态不仅会满足和引领国内的消费需求，而且会引领和满足国外消费者的需求。

二、提高 TFP

TFP 来源于科技、制度和管理改革，前者如当前提出的"万众创新"等政策正是通过直接促进技术进步提高 TFP，改革开放初期主要是通过技术引进直接促进技术进步；后者则可从两方面来看，制度供给着眼于经济的中观和宏观层面，主要通过减少行政审批、改革财税体制、改革金融体制等方面，使得市场改革正是通过使市场在资源配置中起决定性作用和更好地发挥政府的作用，继而促进结构优化、矫正要素配置扭曲、提高要素供给效率，最终达到提高总量 TFP 的目的；而管理改革则着眼于微观企业，与总量 TFP 的来源相同，企业的 TFP 主要来源于科技和制度供给（管理改革），尽管企业内部配置资源是依靠行政命令或者是计划机制，但也存在资源配置扭曲的问题。例如将资源过多地配置给那些能力不足的企业员工或部门，那么必然会形成组织内部资源配置的扭曲，降低企业内部的资源配置效率，从而对企业的 TFP 造成损失。因此，企业自身通过管理变革，降低企业内部的资源配置扭曲，改善其资源配置效率，从而提高企业的 TFP。尤其是中国的国有企业通过管理变革改善企业内部的资源配置效率进而提高企业 TFP 的。

三、增加要素供给

主要通过要素投入实现增长，要素投入包括资本投入、劳动投入、土地及自然资源投入，但它们却难以支撑中国经济的持续增长，尤其是当中国经济迈入新常态后。尽管自改革开放以来，这些要素供给的增加保障了中国经济的持续增长，但正如贾康（2016）所指出的："从供给侧的相关因素看，主要涉及劳动力、土地和自然资源、资本、科技和制度及管理这五大项。各国的经验都表明，这五大要素中的前三项，在一个经济体实现中等收入水平的过程中，比较容易表现出它们对于发展的支撑力和贡献度，但其后却要转向衰竭。2011 年我国人均 GDP 达到 3 000 美元，标志着我们进入了中等收入阶段。然而，进入中等收入阶段的这几年，新的问题暴露出来：民工荒、用工贵、招工难，征地拆迁补偿的综合成本急剧抬高，环境资源约束日益明显，且频频引发矛盾冲突，常规投资普遍出现边际收益递减，五大要素的前三项都出现了它的支撑力明显滑坡的迹象。因此，为了跨越中等收入陷阱，引领中国进入'新常态'，我们必须更多地依靠五大要素后两项的潜力释放——以科技提供第一生产力和以制度改革带来最大红利。这也就是中央已经明确表述的提高全要素生产力的核心所在，通过提高全要素生产力来对冲下行因素，打造中国经济的升级版。针对突出的矛盾和问题，我们急需在改革中间解除供给抑制、削减供给约束、提高供给质量和效率，做到宏观政策要稳、产业政策要准、微观政策要活、改革政策要实、社会政策要托底，为推进供给侧结构性改革营造更好的环境和条件。"

第二节 资源错配的研究框架

限于国家间技术进步差异对国家间 TFP 差异解释的乏力，资源错配理论试图从资源配置扭曲的视角解释国家之间的 TFP 差异，其研究的基本问题是：如何测算资源错配，资源错配解释之间的 TFP 是否重要？如果重要，资源错配的影响因素或者说成因是什么？这些因素对 TFP 的内在影响机制是什么？

资源错配的研究框架如图 14-2 所示，该图清晰表明了资源错配的研究框架是源于对 TFP 来源的解释，从该图发现 TFP 提高的来源之一是技术进步，而中国的技术进步则来源于技术引进、自主创新、消耗吸收再创新。TFP 提高的另一个来源则是资源配置效率的提高，这则是来自矫正市场失灵和政府失灵两个方面。造成市场失灵进而导致资源错配的因素包括：信用市场不完善、市场势力阻碍行业合理的进入退出等；造成政府失灵进而导致资源错配的因素包括：不合理的所有制结构、政府的差异化补贴、政府不恰当的产业政策、贸易壁垒等。

该领域的文献通常采用资源错配的间接研究方法解答资源错配对 TFP 的影响有多大以及在解释国家间 TFP 的差异是否重要，测算全部因素导致资源错配对 TFP 的净影响，该领域的文献研究结果表明，资源错配能够有效解释国家之间 TFP 的差异；采用资源错配的直接研究方法解答资源错配的具体成因及其对 TFP 的影响机制，它研究某一个因素导致资源错配对 TFP 的影响及其影响机制，该领域的文献表明不恰当的制度、规制等市场失灵和政府失灵会导致资源错配，例如，贸易壁垒、信用市场不完美、劳动市场制度扭曲、以企业规模大小制定税收制度等均会导致资源错配，降低资源配置效率，进而降低 TFP（Diego Restuccia，Richard Rogerson，2013）。例如，谢、克莱诺（Hsieh，Klenow，2009）的文献属于资源错配的间接研究方法，该文不仅提出了测算资源错配的方法，而且发现资源错配能有效解释国家之间 TFP 的差异，尤其是转型经济下的中国，通过矫正资源错配，可显著的提高 TFP；乌德里（Udry，2012）的文献就属于资源错配的直接研究法，该文献回顾了信用市场约束在解释发达国家和发展中国家生产率差异中的重要性，并给出了微观证据。

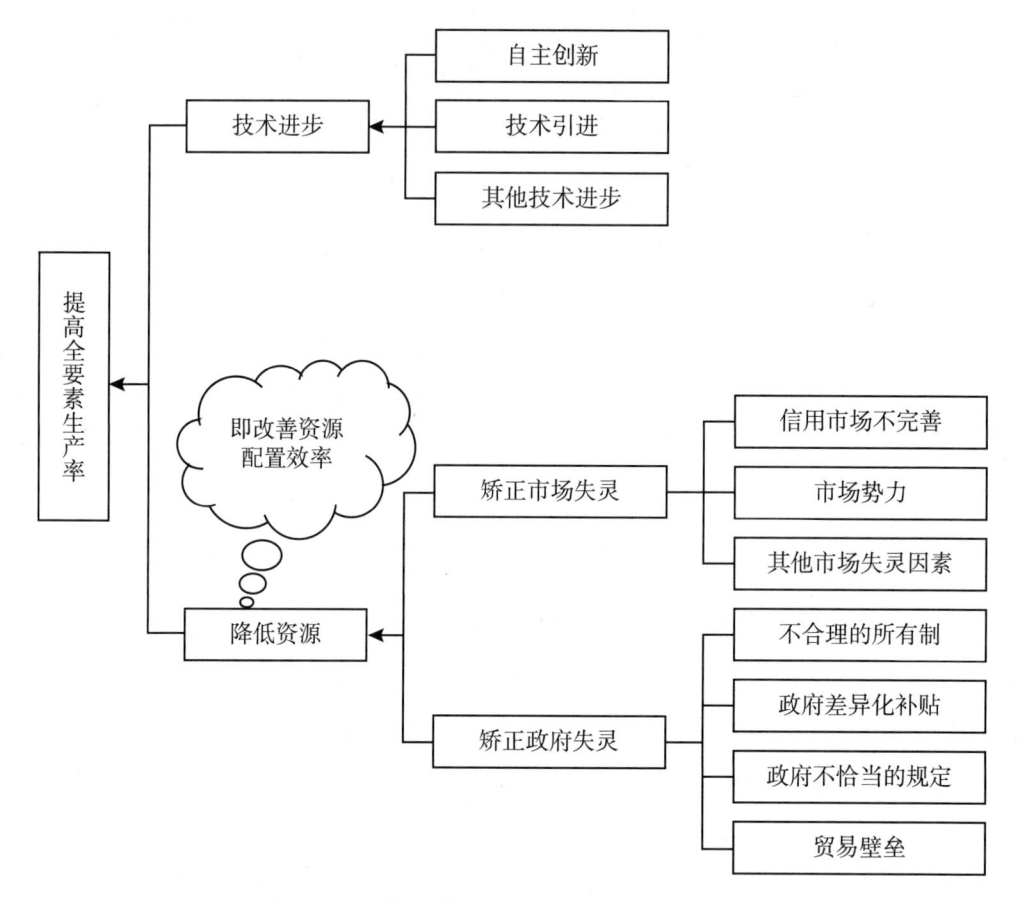

图 14-2 资源错配理论研究思路及其框架

第三节 资源错配和供给侧结构性改革资源配置效率红利的内在联系

通过图 14-1 和图 14-2 发现，资源错配的研究框架与供给侧结构性改革的框架存在着内在联系（见图 14-3），资源错配的研究框架中，降低资源错配的根本目的就是改善资源配置效率，进而提高 TFP；而供给侧结构性改革的研究框架中，制度和管理改革的根本目的就在于矫正要素配置扭曲，改善资源配置效率，提高 TFP。

由此，发现将资源错配理论引入供给侧结构性改革，研究供给侧结构性改革的资源配置效率红利是合适的，它有效地解答了供给侧结构性改革中的制度变革带来的资源配置效率红利这一重大问题。

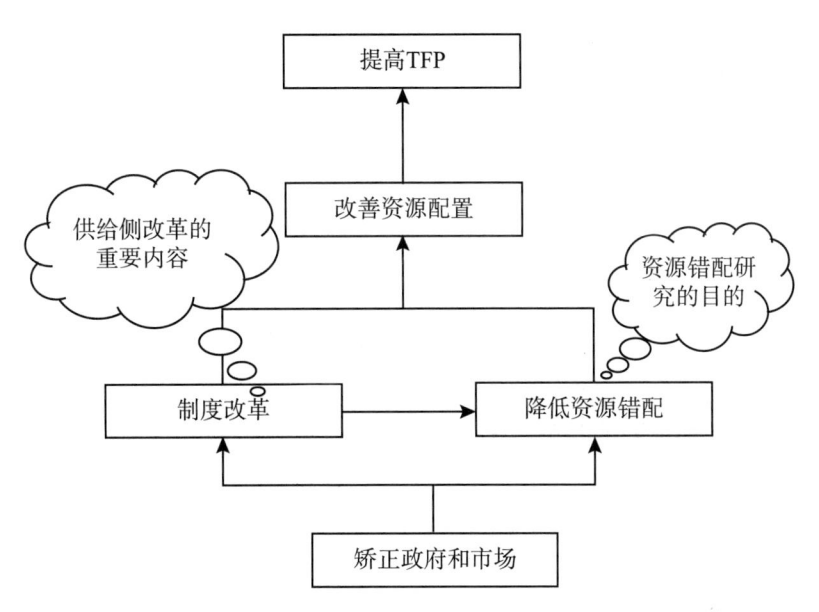

图 14-3　资源错配与供给侧结构性改革的存在着内在联系

第四节　小　　结

供给侧结构性改革的定义。依据人民日报权威人士对供给侧结构性改革的解读《七问供给侧结构性改革——权威人士谈当前经济怎么看怎么干》和中央财经领导第十一次会议公报，供给侧结构性改革是指从提高供给质量出发，用改革的办法推进结构调整，矫正要素配置扭曲，扩大有效供给，提高供给结构对需求变化的适应性和灵活性，提高TFP，更好满足广大人民群众的需要，促进经济社会持续健康发展。因此，矫正要素配置扭曲，使市场在资源配置中起决定性作用，进而提高TFP，是供给侧结构性改革的一项重要任务。那么，在中国经济运行中，通过供给侧结构性改革，矫正要素配置扭曲，改善资源配置效率进而提高TFP的潜力有多大？即中国供给侧结构性改革的资源配置效率红利有多大？为了有效解答这一问题，本书引入了研究发展起来的资源错配理论，将其作为本书的理论基础，为本书后续的研究奠定了理论基础。

第十五章

资源错配理论框架与模型构建

在资源错配的间接研究方法中，现有研究多集中于行业内企业间、行业间资源错配对 TFP 的影响，反映了微观供给主体企业之间、中观供给主体行业之间资源错配对 TFP 的影响，然而，却忽视了中国一个非常重要的微观供给主体县域之间的资源错配对 TFP 的影响；同时尚未探讨能源错配对 TFP 的影响机制。为此，本章做出以下两点重要补充：一是基于中国地区间资源错配的特征事实，构建地区间资源错配理论模型，反映中国微观供给主体地区（县域）间资源错配对 TFP 的影响；二是将能源错配引入行业内企业间、行业间资源错配理论模型，不仅反映出中国作为一个能源消费大国的现实情况，而且体现了能源作为要素投入在生产函数中的重要性。因此本章拟从这两个方面出发：一是从企业、行业、地区三个层面提出一个更加系统研究资源错配对中国 TFP 影响的理论框架；二是补充能源错配对 TFP 的影响机制。

本书的建模思路受启发于谢长泰和克莱诺（Hsien and Klenow）关于行业内企业间资源错配对 TFP 影响的理论模型，以及青木（Aoki，2012）关于行业间资源错配对 TFP 影响的理论模型，在此基础上，将能源引入生产函数，提出能源错配对 TFP 影响的测算方法，拓展了行业内企业间、行业间资源错配对 TFP 影响的理论模型；其次，基于中国地区间市场分割的资源错配特征事实，构建了地区间资源错配对 TFP 影响的理论模型，完善了资源错配对中国 TFP 的影响机制。本章节内容安排如下：第一节基于中国资源错配的特征事实，提出了本章的理论框架；第二节将能源错配引入 HK 理论模型；第三节是将能源错配引入青木（Aoki，2012）的理论模型；第四节构建了地区间资源错配对 TFP 影响的理论模型。

第一节 理论框架

一、中国资源错配的特征事实

（一）中国行业内企业间、行业间资源错配的特征事实

中国行业内企业间、行业间资源错配在理论和实证中均普遍存在，纠正资源错配后TFP均有较大的提升空间。因此，关于中国行业内企业间、行业间的资源错配的特征事实不再赘述。根据本章的研究对象，需要补充的是能源错配的特征事实，其主要表现在下述两个方面：

1. 环境规制政策对行业内企业间能源错配的影响

为应对环境变化，中国政府制定了基于微观企业产出或能源消费的环境政策。例如中国政府提出"十一五"末的能源强度比2006年降低20%，"十二五"末要比2010年降低16%。然而，环境政策，特别是能源强度政策却通过资源错配对TFP造成了影响。通贝、温特（Tombe, Winter, 2015）的研究表明，在一个经济体中，受企业成本和生产率异质性的影响，一般来讲环境政策会增加企业使用能源投入的成本，特别是在特定能源强度政策下，与较高生产率企业的能源使用成本相比，该政策会使生产率较低企业的能源使用成本增加得更多。由此，在一般均衡状态下将导致企业间能源边际收益产品的不同，从而形成能源错配。

2. 所有制、能源税执行质量对行业内企业间能源错配的影响

首先，所有制也是造成能源错配的因素之一。相比国有企业，非国有企业经营机制较为灵活，能有效规避能源强度或环境政策的约束。其次，能源税或环境税的执行质量也会造成能源错配，原因有二：一方面政府税收体系下税负大部分由大型的正式企业承担，中国的国有企业多为大型正式企业；另一方面税收执法、监督体系的不完善使得非正式部门中的企业比正式部门中的企业能获得更多的成本优势。

（二）中国地区间市场分割是地区间资源错配的集中体现

1. 中国地区间市场分割发展历史

地方市场分割是指一国范围内各地方政府为了本地的利益，通过行政手段，

限制外地资源进入本地市场及限制本地资源流向外地的行为（银温泉，才婉茹，2001）。中国地区间的市场分割与中国不同经济发展阶段的经济体制改革密切相关。新中国成立后，先后经历了新民主主义经济、社会主义计划经济、社会主义市场经济初步确立、社会主义市场经济的完善和发展四个阶段。地区间市场分割现象出现在第三个阶段，即出现在由计划经济向市场经济转型的过程中，至今仍然存在。为克服计划经济带来的资源配置效率低下问题，党的十一届三中全会确立了以经济建设为中心、发展市场经济的目标。这一时期的改革主要包括：（1）财政和税收分权改革，实施各级政府财政包干制；（2）将投融资权力下放，扩大企业和地方政府的投融资权力；（3）下放企业管理权限，各级政府逐渐拥有了自己的国有企业。然而，这一改革虽然有利于增强经济活力，但却使得中央财政收入大幅降低，削弱了中央政府的宏观调控能力。同时，形成了地方保护主义，地区间市场分割现象开始出现。针对这一问题，在1994年实施了分税制改革，这一改革的实施在一定程度上遏制了地方保护主义，但中央和地方的事权和财权不协调，大量的国有企业依然为地方所有。而地方政府的财政收入难以满足地方经济发展以及社会保障等地方建设的需要，由此，地方政府依然通过各种方式增加财政收入，设法保护本地企业，由此市场分割现象至今依然存在。

2. 中国地区间市场分割的现状

随着市场经济的发展和区域经济一体化水平的提高，市场分割的现象呈现出不同的特征：市场分割逐渐由有形壁垒向无形壁垒转变；产品市场的市场分割现象逐渐得到纠正，而要素市场分割现象较为严重。产品市场得到纠正的主要原因有以下两点：（1）部分产品市场供过于求，且出现产能过剩的现象，因此产品地区间自由流通缺乏限制的必要性；（2）随着互联网及电子商务的发展，全国统一的产品市场基本形成。要素市场的市场分割现象较为严重的原因和表现体现在以下三点：（1）在劳动力市场，随着中国的户籍制度改革的逐步推进，人口流动限制日益减少，但为了使本地居民的公共服务和就业机会得到更好的保障，地方政府往往实施有条件的户籍准入政策，而这些条件多数人很难达到（陈钊和陆铭，2008；陆铭和冯皓，2014）。（2）在能源市场，地方政府不仅会对煤炭、石油等能源的价格形成机制进行干预，而且会限制它们在区域间自由流动。例如，为了实现招商引资目标，地方政府往往出台能源价格优惠政策；再如，能源主产地的企业往往会以较低的价格获取能源，而这并未反映资源的环境成本（成升魁等，2008），这样的价格信号无疑会对煤炭资源区域流动产生负面作用（chen，2007）。（3）在资本市场，财政分权改革后的中国地方政府，为了满足地方建设的需要，不仅对招商引资对象提供有利的融资条件，同时，还通过对本地国有企业的无形担保，使其在融资市场获得了优势条件，更易于以较低的成本获得贷款

（Garnaut et al.，2001），而其他企业则很难或需付出更高的融资成本（Guariglia，Poncet，2008）。此外，政府干预也是资本跨区域流动的障碍（胡凯，吴清，2012），其控制要素市场交易活动引致的市场扭曲可能会加剧经济结构失衡问题（张杰，2011）。

尽管对当前中国市场区域整合还是区域分割仍有分歧，但是得到的共同结论是市场分割现象依然严重。例如，在新的研究成果中，张昊（2014）基于生产法和价格法的研究结果均表明：国内市场分割程度在2006年以后有加剧的趋势，主要体现在华中、华北、西南三大地区。

3. 中国地区间市场分割对资源配置效率造成的影响

中国地区间市场分割会对资源配置效率造成损失已成为学者们的共识（陆铭等，2004）。在研究思路上，首先测算出市场分割指数，选择的方法包括生产法、贸易法、价格法、经济周期法以及问卷法（余东华，刘运，2009）；其次通过构建计量模型检验市场分割与资源配置效率之间的关系。例如，方军雄（2009）的研究表明：地区间市场分割通过地方政府限制异地并购阻碍了存量资源的有效配置，对资源配置效率造成了损失。金培振等（2015）测算了中国29个省份的要素市场分割水平及要素配置效率，并发现要素市场分割会导致要素配置效率下降且存在显著的空间溢出效应，适度财政分权能有效抑制资源配置效率的下降。申广军，王雅琦（2015）实证发现：市场分割通过抑制规模经济效应、降低研发投入、过度保护国有企业、增加寻租行为等渠道对企业生产率造成了损失。

4. 中国市场分割与资源错配的关系

王磊、汪恒（2015）首次检验了市场分割与资源错配的关系。该文基于中国各省份以分割市场的方式追求经济增长的特征事实。首先，选择生产率和企业规模的协方差作为度量资源错配的指标，其基本原理是：生产率水平高于行业平均生产率水平的企业将会配置更多的资源，相应的它的市场份额越大，其规模也越大，此时两者的协方差越大，因此行业内企业间的资源错配程度越低；反之亦然。其次，利用价格法估算了各地区的市场分割指数。最后，实证检验了市场分割与资源错配的关系。研究发现：中国的市场分割程度不断降低，市场分割与资源错配有显著的正相关关系。

总之，地区间市场分割是地区间资源错配的集中表现。市场分割导致地方政府间形成资源错配并对TFP产生了极大的损失。综上所述，在当前产能过剩、电子商务飞速发展、物流成本的有效降低均极大地降低了地区间产品市场的分割；然而，资本、劳动、能源等要素市场的市场分割却依然存在，这极大地阻碍了全国统一市场的形成，限制了要素从生产率低的地区向生产率高的地区流动。

二、资源错配的理论框架

与现有研究资源错配对中国 TFP 影响的理论框架不同，本章从企业、行业、地区三个不同层面的供给主体出发，提出一个系统分析中国供给主体之间资源错配对 TFP 影响的理论框架（见图 15-1）。一是行业内企业间资源错配理论模型，反映了行业内微观供给主体企业之间，因企业规模、所有制等全部错配因素导致的资源错配对行业进而对经济总量 TFP 的影响；同时补充了能源错配对 TFP 的影响研究。二是行业间资源错配理论模型，刻画了中观供给主体行业之间因素、产业政策、行业所有制比重等全部错配因素导致的资源错配对经济总量 TFP 的影响，首次探讨了产业间错配对 TFP 的影响。三是地区间资源错配理论模型，反映了微观供给主体县域之间因市场分割等全部错配因素导致的资源错配对经济总量 TFP 的影响。

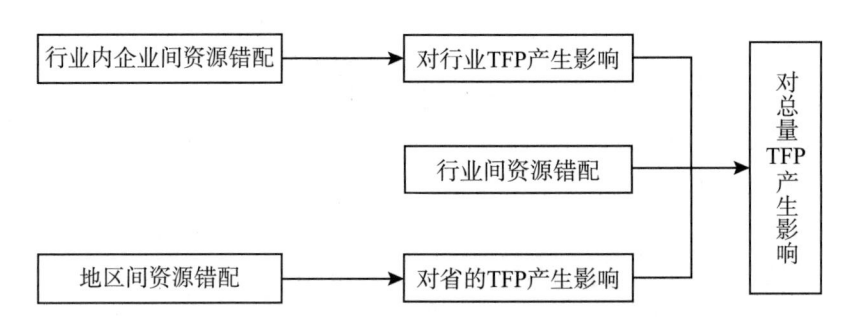

图 15-1 中国的资源错配对 TFP 的影响：理论框架

这一理论框架的提出不仅全面反映了转型背景下，中国供给主体之间资源错配对 TFP 的影响，使其更加符合中国的国情，而且解答纠正了企业之间、行业之间、地区之间资源错配后 TFP 增长潜力有多大这一重大现实问题；这不仅有助于对比这三个供给主体之间资源错配对中国 TFP 的影响，而且能更加系统地对比和分析这三个供给主体之间资源错配的影响因素；同时，这也为全面检验资源错配对中国 TFP 的影响、测算供给侧结构性改革的资源配置效率红利奠定了坚实的理论基础，为通过降低资源错配实现经济增长动力向 TFP 转换提供了理论支持和政策依据。

第二节 行业内企业间资源错配对全要素生产率的影响：理论模型

在这一节中，首先，基于 HK 模型，构建了涵盖能源、资本、产出扭曲的错配理论模型；其次，提出了资本错配、能源错配、产出扭曲形成的错配对 TFP 影响的测算方法。

一、拓展的行业内企业间资源错配理论模型

HK 模型建立了一个基于生产率和错配程度异质性的行业内企业的垄断竞争模型，将经济中各种错配因素导致的资源错配定义为一个扭曲因子，从而测算出经济体中资源错配的程度及其对 TFP 的影响。与该模型不同的是，将经济体中微观厂商的生产要素投入由资本、劳动拓展为资本、劳动和能源。模型推导如下：

假设经济存在一种完全竞争的最终产品，最终产品以行业 S 的产出 Y_S 为投入要素，最终产品的生产采用道格拉斯生产函数，其形式如下：

$$Y = \prod_{s=1}^{S} Y_s^{\theta_s} \tag{15.1}$$

其中，$\sum_{s=1}^{S} \theta_s = 1$，S 为经济体中行业的总数。

设行业产出的价格指数为 P_S，那么以式（15.1）为约束条件，通过对最终生产成本（$\min \sum_{s=1}^{S} Y_s P_s$）的最小化，可得出最终产出的总价格指数 P 和行业面临的需求 Y_S 的表达式，分别为式（15.2）和式（15.3）：

$$P = \prod_{s=1}^{S} \left(\frac{P_S}{\theta_s} \right)^{\theta_s} \tag{15.2}$$

$$Y_s = \frac{\theta_s PY}{P_s} \tag{15.3}$$

行业 S 的产出 YS 是该行业所有 M_s 种产品 Y_{si} 的 CES 形式加总，σ 是不同 Y_{si} 之间的替代弹性，行业产出的函数形式如下式：

$$Y_s = \left(\sum_{i=1}^{M_s} Y_{si}^{\frac{\sigma-1}{\sigma}} \right)^{\frac{\sigma}{\sigma-1}} \tag{15.4}$$

设 S 行业中微观企业的价格为 P_{si}，以式（15.4）为约束条件，通过对行业

产出的成本（$\sum_{i=1}^{M_s} Y_{Si} P_{Si}$）最小化，可得出行业产出的价格指数 P_S 和厂商面临的需求 Y_{Si} 的表达式，分别为式（15.5）和式（15.6）：

$$P_s = \left(\sum_{i=1}^{M_s} P_{si}^{1-\sigma}\right)^{\frac{1}{1-\sigma}} \tag{15.5}$$

$$Y_{si} = Y P_s^{\sigma} \frac{1}{P_{si}} \tag{15.6}$$

在得到厂商面临的需求函数后，S 行业内厂商的产出 Y_{Si} 投入的要素为资本 K_{Si}、劳动 L_{Si}、能源 E_{Si}，设每个厂商面临的资本、劳动和能源的价格分别为 R、W、Q。生产采用规模报酬不变的道格拉斯生产函数，沿用 HK 模型的设置，α_s 为行业资本投入占行业产出的份额，β_s 为行业能源投入占行业产出的份额，$1 - \alpha_s - \beta_s$ 为行业劳动投入占行业产出的份额。厂商的生产函数形式如下：

$$Y_{si} = A_{si} K_{si}^{\alpha_s} E_{si}^{\beta_s} L_{si}^{1-\alpha_s-\beta_s} \tag{15.7}$$

假定每个厂商的实际生产率、面临的扭曲不同，将 $\tau_{Y_{Si}}$、$\tau_{K_{Si}}$、$\tau_{E_{Si}}$ 分别定义为产出、资本和能源错配因子。无论错配因子大于零或小于零，均存在扭曲，只有当错配因子为零时才不会存在扭曲。其中，若 $\tau_{Y_{Si}}$ 小于零则表明企业存在补贴，如果其大于零，则表明企业存在税收等扭曲。厂商的利润函数如下式：

$$\pi_{si} = (1 - \tau_{Y_{Si}}) P_{Si} Y_{Si} - (1 + \tau_{K_{Si}}) R K_{Si} - (1 + \tau_{E_{Si}}) Q E_{Si} - W L_{Si} \tag{15.8}$$

以式（15.7）为约束条件，通过利润最大化可以得到厂商最优的资本—能源投入比例、资本—劳动投入比例、劳动—能源投入比例，分别为式（15.9）、式（15.10）及式（15.11）：

$$\frac{K_{Si}}{E_{Si}} = \frac{\alpha_s}{\beta_s} \frac{Q(1 + \tau_{E_{Si}})}{R(1 + \tau_{K_{Si}})} \tag{15.9}$$

$$\frac{K_{Si}}{L_{Si}} = \frac{\alpha_s}{1 - \alpha_s - \beta_s} \frac{W}{R(1 + \tau_{K_{Si}})} \tag{15.10}$$

$$\frac{L_{Si}}{E_{Si}} = \frac{1 - \alpha_s - \beta_s}{\beta_s} \frac{Q(1 + \tau_{E_{Si}})}{W} \tag{15.11}$$

通过式（15.9）至式（15.11）发现：厂商最优的资本—能源投入比、资本—劳动投入比、劳动—能源投入比取决于其面临的要素扭曲大小；如果不存在扭曲，最优要素投入比是一个常数。

将式（15.9）至式（15.11）变形后代入式（15.8），可分别得到资本、能源、劳动用 Y_{Si} 的表达式如下：

$$K_{si} = \frac{Y_{si}}{A_{si} \left[\frac{R(1 + \tau_{K_{Si}})}{\alpha_s}\right]^{1-\alpha_s} \left[\frac{\beta_s}{Q(1 + \tau_{E_{Si}})}\right]^{\beta_s} \left[\frac{1 - \alpha_s - \beta_s}{W}\right]^{1-\alpha_s-\beta_s}} \tag{15.12}$$

$$L_{si} = \frac{Y_{si}}{A_{si}\left[\dfrac{\alpha_s}{R(1+\tau_{K_{Si}})}\right]^{\alpha_s}\left[\dfrac{\beta_s}{Q(1+\tau_{E_{Si}})}\right]^{\beta_s}\left[\dfrac{W}{1-\alpha_s-\beta_s}\right]^{\alpha_s+\beta_s}} \quad (15.13)$$

$$E_{si} = \frac{Y_{si}}{A_{si}\left[\dfrac{\alpha_s}{R(1+\tau_{K_{Si}})}\right]^{\alpha_s}\left[\dfrac{Q(1+\tau_{E_{Si}})}{\beta_s}\right]^{1-\beta_s}\left[\dfrac{1-\alpha_s-\beta_s}{W}\right]^{1-\alpha_s-\beta_s}} \quad (15.14)$$

根据式（15.6），可得厂商产出的价格弹性为 σ，依据厂商的定价策略是成本加成定价原则，即 $P_{Si} = \dfrac{\sigma}{\sigma-1}MC(Y_{Si})$，通过求得厂商的边际成本后，得出其定价为：

$$P_{si} = \frac{\sigma}{\sigma-1}\left(\frac{R}{\alpha_s}\right)^{\alpha_s}\left(\frac{Q}{\beta_s}\right)^{\beta_s}\left[\frac{W}{1-\alpha_s-\beta_s}\right]^{1-\alpha_s-\beta_s}\frac{(1+\tau_{K_{Si}})^{\alpha_s}(1+\tau_{E_{Si}})^{\beta_s}}{A_{si}(1-\tau_{Y_{Si}})} \quad (15.15)$$

然后，将式（15.15）和式（15.12）代入式（15.6），可得出厂商资本的最优决策：

$$K_{si} \propto \frac{A_{si}^{\sigma-1}(1-\tau_{Y_{Si}})^{\sigma}}{(1+\tau_{K_{Si}})^{1-\alpha_s(1-\sigma)}(1+\tau_{E_{Si}})^{\beta_s(\sigma-1)}} \quad (15.16)$$

同理，可得厂商能源和劳动的最优决策分别为：

$$E_{si} \propto \frac{A_{si}^{\sigma-1}(1-\tau_{Y_{Si}})^{\sigma}}{(1+\tau_{K_{Si}})^{\alpha_s(\sigma-1)}(1+\tau_{E_{Si}})^{1-\beta_s(1-\sigma)}} \quad (15.17)$$

$$L_{si} \propto \frac{A_{si}^{\sigma-1}(1-\tau_{Y_{Si}})^{\sigma}}{(1+\tau_{K_{Si}})^{\alpha_s(\sigma-1)}(1+\tau_{E_{Si}})^{\beta_s(\sigma-1)}} \quad (15.18)$$

然后，将式（15.15）代入式（15.6），可得厂商产出的表达式：

$$Y_{si} \propto \frac{A_{si}^{\sigma-1}(1-\tau_{Y_{Si}})^{\sigma}}{(1+\tau_{K_{Si}})^{\alpha_s\sigma}(1+\tau_{E_{Si}})^{\beta_s\sigma}} \quad (15.19)$$

通过式（15.16）~式（15.18）发现，厂商间的资源配置不仅取决于其自身的生产率水平，且与其要素及产出面临的扭曲程度密切相关。但由于实际生产率短期内难以改变，因此厂商之间资源配置的多少由其面临的扭曲大小决定，这也是造成行业内企业间资本、能源、劳动的边际产品收益差异的根源。

根据厂商利润函数的一阶最优化条件及其资本、能源、劳动的边际产品收益的定义可得到：

$$\begin{aligned} MRPK_{Si} &= R(1+\tau_{K_{Si}})/(1-\tau_{Y_{Si}}) \\ MRPE_{Si} &= Q(1+\tau_{E_{Si}})/(1-\tau_{Y_{Si}}) \\ MRPL_{Si} &= W/(1-\tau_{Y_{Si}}) \end{aligned} \quad (15.20)$$

接着，依据式（15.12）和式（15.15）可得：

$$P_{Si}Y_{Si} = \frac{\sigma}{\sigma-1} \frac{1}{1-\tau_{YSi}} \frac{R(1+\tau_{KSi})}{\alpha_s} \quad (15.21)$$

经变形后，可得到厂商资本边际产品收益的另一表达式：

$$MRPK_{Si} = \frac{R(1+\tau_{KSi})}{1-\tau_{YSi}} = \alpha_s \frac{\sigma-1}{\sigma} \frac{P_{Si}Y_{Si}}{K_{Si}} \quad (15.22)$$

同理，可得到厂商能源和劳动的边际产品收益的另一表达式：

$$MRPE_{Si} = \frac{Q(1+\tau_{ESi})}{1-\tau_{YSi}} = \beta_s \frac{\sigma-1}{\sigma} \frac{P_{Si}Y_{Si}}{E_{Si}} \quad (15.23)$$

$$MRPL_{Si} = \frac{W}{1-\tau_{YSi}} = (1-\alpha_s-\beta_s)\frac{\sigma-1}{\sigma} \frac{P_{Si}Y_{Si}}{L_{Si}} \quad (15.24)$$

由式（15.22）至式（15.24）可发现 $P_{Si}Y_{Si}/K_{Si}$、$P_{Si}Y_{Si}/E_{Si}$ 和 $P_{Si}Y_{Si}/L_{Si}$ 分别是资本、能源、劳动的名义生产率。要素的边际产品收益实质上是要素名义生产率的一个加成。如果不存在扭曲，S行业内厂商间的要素边际产品收益应该是相等的；相反，则会导致行业内企业间要素边际产品收益的差异。

接下来，通过对式（15.22）至式（15.24）加总，可分别得到行业总的资本、能源、劳动的分配：

$$K_S = \sum_{i=1}^{M_s} K_{Si} = \sum_{i=1}^{M_s} \frac{\sigma-1}{\sigma} \frac{\alpha_s}{R} P_{Si}Y_{Si} \frac{1-\tau_{YSi}}{1+\tau_{KSi}} = \frac{\sigma-1}{\sigma} \frac{\alpha_s}{R} \theta_S PY \sum_{i=1}^{M_s} \frac{P_{Si}Y_{Si}}{P_S Y_S} \frac{1-\tau_{YSi}}{1+\tau_{KSi}} \quad (15.25)$$

$$L_S = \sum_{i=1}^{M_s} L_{Si} = \frac{\sigma-1}{\sigma} \frac{1-\alpha_s-\beta_s}{W} \theta_S PY \sum_{i=1}^{M_s} \frac{P_{Si}Y_{Si}}{P_S Y_S} (1-\tau_{YSi}) \quad (15.26)$$

$$E_S = \sum_{i=1}^{M_s} E_{Si} = \frac{\sigma-1}{\sigma} \frac{\beta_s}{Q} \theta_S PY \sum_{i=1}^{M_s} \frac{P_{Si}Y_{Si}}{P_S Y_S} \frac{1-\tau_{YSi}}{1+\tau_{ESi}} \quad (15.27)$$

为求得资源在产业间的分配，依据 $K = \sum_{s=1}^{S} K_s$、$E = \sum_{s=1}^{S} E_s$、$L = \sum_{s=1}^{S} L_s$，结合式（15.25）~式（15.27）可得：

$$\frac{K_s}{K} = \frac{\theta_s \alpha_s \sum_{i=1}^{M_s} \frac{P_{Si}Y_{Si}}{P_S Y_S} \frac{1-\tau_{YSi}}{1+\tau_{KSi}}}{\sum_{s'=1}^{s} \theta_{s'} \alpha_{s'} \sum_{i=1}^{M_{s'}} \frac{P_{s'i}Y_{s'i}}{P_{s'} Y_{s'}} \frac{1-\tau_{Ys'i}}{1+\tau_{Ks'i}}} \quad (15.28)$$

$$\frac{L_s}{L} = \frac{\theta_s(1-\alpha_s-\beta_s) \sum_{i=1}^{M_s} \frac{P_{Si}Y_{Si}}{P_S Y_S} (1-\tau_{YSi})}{\sum_{s'=1}^{s} \theta_{s'}(1-\alpha_{s'}-\beta_{s'}) \sum_{i=1}^{M_{s'}} \frac{P_{s'i}Y_{s'i}}{P_{s'} Y_{s'}} (1-\tau_{Ys'i})} \quad (15.29)$$

$$\frac{E_s}{E} = \frac{\theta_s \beta_s \sum_{i=1}^{M_s} \frac{P_{si}Y_{si}}{P_S Y_S} \frac{1-\tau_{Y_{Si}}}{1+\tau_{E_{Si}}}}{\sum_{s'=1}^{s} \theta_{s'} \beta_{s'} \sum_{i=1}^{M_{s'}} \frac{P_{s'i}Y_{s'i}}{P_{s'}Y_{s'}} \frac{1-\tau_{Y_{s'i}}}{1+\tau_{E_{s'i}}}} \qquad (15.30)$$

其中，$\sum_{i=1}^{M_s} \frac{P_{si}Y_{si}}{P_S Y_S} \frac{1-\tau_{Y_{Si}}}{1+\tau_{K_{Si}}}$ 与行业内资本的边际产品收益倒数的加权平均成正比；$\sum_{i=1}^{M_s} \frac{P_{si}Y_{si}(1-\tau_{Y_{si}})}{P_S Y_S}$ 与行业内劳动的边际产品收益倒数的加权平均成正比；$\sum_{i=1}^{M_s} \frac{P_{si}Y_{si}}{P_S Y_S} \frac{1-\tau_{Y_{Si}}}{1+\tau_{E_{Si}}}$ 与行业内能源边际产品收益倒数的加权平均成正比。

至此，利用行业的资本、能源、劳动的需求、行业的价格指数以及总产出的价格指数，行业的 TFP，经济体中的总产出可表达为 TFP_S、K_S、E_S、L_S 的函数：

$$Y = \prod_{s=1}^{S} (TFP_S * K_S * E_S * L_S^{1-\alpha_S-\beta_S})^{\theta_s} \qquad (15.31)$$

为了得到基于微观数据的总量 TFP，沿用 HK 模型的设置，借鉴其文中的实际生产率（TFPQ）和名义生产率（TFPR）的区别，分别提出本文 TFPQ 和 TFPR 定义式（沿用 HK 模型的设置，为了控制人力资本的差异，用企业劳动者工资收入替代劳动收入；同时，为了控制各种能源投入品质的差异，用企业能源投入代替能源要素投入）：

$$TFPQ_{si} = A_{si} = \frac{Y_{si}}{(K_{si})^{\alpha_s}(QE_{si})^{\beta_s}(WL_{si})^{1-\alpha_s-\beta_s}} \qquad (15.32)$$

$$TFPR_{si} = P_{si}A_{si} = \frac{P_{si}Y_{si}}{(K_{si})^{\alpha_s}(QE_{si})^{\beta_s}(WL_{si})^{1-\alpha_s-\beta_s}} \qquad (15.33)$$

依据式（15.33）的定义，以及式（15.22）至式（15.24），厂商资本、能源、劳动边际产品收益的表达式，可以得到厂商 TFPR 的表达式：

$$TFPR_{si} = \frac{\sigma}{\sigma-1}\left(\frac{MRPE_{Si}}{\alpha_s}\right)^{\alpha_s}\left(\frac{MRPE_{Si}}{Q\beta_s}\right)^{\beta_s}\left(\frac{MRPL_{Si}}{W(1-\alpha_s-\beta_s)}\right)^{1-\alpha_s-\beta_s}$$

$$= \left(\frac{R}{\alpha_s}\right)^{\alpha_s}\left(\frac{1}{\beta_s}\right)^{\beta_s}\left[\frac{1}{1-\alpha_s-\beta_s}\right]^{1-\alpha_s-\beta_s}\frac{(1+\tau_{K_{Si}})^{\alpha_s}(1+\tau_{E_{si}})^{\beta_s}}{1-\tau_{Y_{Si}}} \qquad (15.34)$$

从式（15.34）可发现：如果不存在扭曲，厂商间的 TFPR 是相等的。较高的 TFPR 意味着较高的要素使用成本，这将使得厂商的实际规模小于最优规模。同时，该式表明：在一个不存在资源错配的经济体中，这意味着资本、劳动、能源会向 TFPQ 较高的企业流动，导致其产量不断增加，价格下降，直到和生产率较低企业的 TFPR 相等为止。如果行业内厂商的 TFPR 存在差异，则表明行业内存在资源错配，差异越大则错配程度越大，这一推论将在下面得到证明。

接着，为了得到行业实际生产率 TFP_s 的表达式，根据其定义式 $TFP_s = Y_s / (K_s^{\alpha_s} E_s^{\beta_s} L_s^{1-\alpha_s-\beta_s})$ 以及式（15.25）至式（15.27）行业总的资本、能源、劳动的表达式、总产出的价格指数、行业价格指数，可得到行业实际生产率的表达（推导见附件二中 A）：

$$TFP_s = \left[\sum_{i=1}^{M_s} \left(A_{si} \frac{\overline{TFPR_s}}{TFPR_{si}} \right)^{\sigma-1} \right]^{\frac{1}{\sigma-1}} \quad (15.35)$$

其中，$\overline{TFPR_s}$ 的其表达式如下：

$$\overline{TFPR_s} = \left[\frac{\alpha_s}{R} \sum_{i=1}^{M_s} \frac{P_{Si} Y_{Si}}{P_S Y_S} \frac{1-\tau_{Y_{Si}}}{1+\tau_{K_{Si}}} \right]^{-\alpha_s} \left[\beta_s \sum_{i=1}^{M_s} \frac{P_{Si} Y_{Si}}{P_S Y_S} \frac{1-\tau_{Y_{Si}}}{1+\tau_{E_{Si}}} \right]^{-\beta_s}$$

$$\left[(1-\alpha_s-\beta_s) \sum_{i=1}^{M_s} \frac{P_{Si} Y_{Si} (1-\tau_{Y_{Si}})}{P_S Y_S} \right]^{\alpha_s+\beta_s-1}$$

$$= \left(\frac{R}{\alpha_S} \right)^{\alpha_s} \left(\frac{1}{\beta_s} \right)^{\beta_s} \left[\frac{1}{1-\alpha_s-\beta_s} \right]^{1-\alpha_s-\beta_s} \left[\sum_{i=1}^{M_s} \frac{P_{Si} Y_{Si}}{P_S Y_S} \frac{1-\tau_{Y_{Si}}}{1+\tau_{K_{Si}}} \right]^{-\alpha_s}$$

$$\left[\sum_{i=1}^{M_s} \frac{P_{Si} Y_{Si}}{P_S Y_S} \frac{1-\tau_{Y_{Si}}}{1+\tau_{E_{Si}}} \right]^{-\beta_s} \left[\sum_{i=1}^{M_s} \frac{P_{Si} Y_{Si} (1-\tau_{Y_{Si}})}{P_S Y_S} \right]^{\alpha_s+\beta_s-1} \quad (15.36)$$

当不存在扭曲时，行业最优的总量 TFP 可表示为下式：

$$\overline{A_s} = \left[\sum_{i=1}^{M_s} (A_{si})^{\sigma-1} \right]^{\frac{1}{\sigma-1}} \quad (15.37)$$

当 A_{si}、$1-\tau_{Y_{Si}}$、$1+\tau_{K_{Si}}$、$1+\tau_{E_{Si}}$ 服从联合正态分布时，且当资本扭曲因子与能源扭曲因子不相关时（两者均为外生变量，现实中往往不相关），式（15.35）有简单的闭式解（推导见"附录二"），如式（15.38），该推导结果与（Chen K, Irarrazabal A A, 2013）的推导结果类似。

$$\log TFP_s = \log \overline{A_s} - \frac{\sigma}{2} var(\log TFPR_{si}) - \frac{\alpha(1-\alpha)}{2} var[\log(1+\tau_{k_{si}})]$$

$$- \frac{\beta(1-\beta)}{2} var[\log(1+\tau_{E_{si}})] \quad (15.38)$$

式（15.38）的推导与 HK 推导形式类似，其原文中（假设经济体中存在产出和资本扭曲因子）存在笔误，原文中的推导结果如下：

$$\log TFP_s = \log \overline{A_s} - \frac{\sigma}{2} var(\log TFPR_{si}) \quad (15.39)$$

HK 原文中正确的推导如下式：

$$\log TFP_s = \log \overline{A_s} - \frac{\sigma}{2} var(\log TFPR_{si}) - \frac{\alpha(1-\alpha)}{2} var[\log(1+\tau_{k_{si}})] \quad (15.40)$$

式（15.38）表明：行业实际总量 TFP 对行业最优总量 TFP 的偏离受行业要素投入的替代弹性、行业内名义生产率对数的方差、行业资本扭曲因子对数的方差、行业能源扭曲因子对数的方差、资本产出弹性、能源产出弹性六个因素的影响，名义生产率的方差、资本扭曲因子的方差、能源扭曲因子的方差越大，资源错配越大，资源错配对 TFP 造成的损失也越大。其含义是，即使向企业收税，也应该体现公平性，否则就是对效率的损失。

二、行业内企业间资源错配对行业、经济总量全要素生产率的影响：测算方法

（一）资源错配对行业总量 TFP 的影响：测算方法

在得到行业实际总量 TFP 和最优总量 TFP 后，可得到纠正资源错配（当产出、资本、能源不存在错配时）后行业总量 TFP 的增长潜力（即在现有基础上增长的百分比），即资源错配对行业总量 TFP 的影响 $TFPG_S$，其表达式如下：

$$\mathrm{TFPG}_S = \left[\sum_{i=1}^{M_s} \left(\frac{A_{si}}{\overline{A_s}} \frac{\overline{\mathrm{TFPR}_s}}{\mathrm{TFPR}_{si}} \right)^{\sigma-1} \right]^{-\frac{1}{\sigma-1}} - 1 \qquad (15.41)$$

其中，$\overline{\mathrm{TFPR}_s}$ 为式（15.36），TFPR_{si} 为式（15.34）。

（二）资源错配对经济总量 TFP 的影响：测算方法

在得到行业实际总量 TFP 的表达式后，通过式（15.1）可得到经济的实际总量 TFP、最优总量 TFP，进而得到资源错配对经济总量 TFP 的影响 TFPG，它们的表达式分别如下：

$$\mathrm{TFP} = \prod_{s=1}^{S} \left[\sum_{i=1}^{M_s} \left(A_{si} \frac{\overline{\mathrm{TFPR}_s}}{\mathrm{TFPR}_{si}} \right)^{\sigma-1} \right]^{\frac{\theta_s}{\sigma-1}} \qquad (15.42)$$

$$\mathrm{TFP}_{efficeint} = \prod_{s=1}^{S} \left[\overline{A_s} \right]^{\theta_s} \qquad (15.43)$$

$$\mathrm{TFPG} = \prod_{s=1}^{S} \left[\sum_{i=1}^{M_s} \left(\frac{A_{si}}{\overline{A_s}} \frac{\overline{\mathrm{TFPR}_s}}{\mathrm{TFPR}_{si}} \right)^{\sigma-1} \right]^{-\frac{\theta_s}{\sigma-1}} - 1 \qquad (15.44)$$

（三）资源错配对总量 TFP 影响的测算说明

资源错配对 TFP 影响的测算结果受 $TFPR_{si}$ 异常值影响较大。如果行业内出现 $TFPR_{si}$ 异常值过大（过小），则意味着行业内企业名义生产率的方差过大（过小），资源错配对 TFP 影响的测算结果表现为过大（过小）。进一步由

$TFPR_{si}$ 的表达式发现其值大小由扭曲因子决定,并随着扭曲因子的增加而增加,降低而降低。

三、行业内企业间资源错配对经济总量全要素生产率的影响:比较静态分析

为了考察不同扭曲形成的资源错配对经济总量 TFP 的影响,采取比较静态的研究方法,可有效分析单一扭曲、双型扭曲对经济总量 TFP 的影响,具体如下:

(一)单一扭曲对经济总量 TFP 的影响:测算方法

为了考察产出扭曲对经济总量 TFP 的影响,假设资本、能源扭曲为零,产出扭曲对经济总量 TFP 影响的测算式如下:

$$\text{TFPG}^Y = \prod_{s=1}^{S} \left[\sum_{i=1}^{M_s} \left(\frac{A_{si}}{\overline{A_s}} \frac{\overline{\text{TFPR}_s}}{\text{TFPR}_{si}} \right)^{\sigma-1} \right]^{-\frac{\theta_s}{\sigma-1}} - 1 \quad (15.45)$$

其中,

$$\text{TFPR}_{si}^Y = \left(\frac{R}{\alpha_s} \right)^{\alpha_s} \left(\frac{1}{\beta_s} \right)^{\beta_s} \left[\frac{1}{1-\alpha_s-\beta_s} \right]^{1-\alpha_s-\beta_s} \frac{1}{1-\tau_{Y_{Si}}} \quad (15.46)$$

$$\overline{\text{TFPR}_s}^Y = \left(\frac{\alpha_s}{R} \right)^{-\alpha_s} \left(\frac{1}{\beta_s} \right)^{\beta_s} (1-\alpha_s-\beta_s)^{\alpha_s+\beta_s-1} \left[\sum_{i=1}^{M_s} \frac{P_{si} Y_{si}}{P_S Y_S} (1-\tau_{Y_{Si}}) \right]^{-1} \quad (15.47)$$

同理,资本错配对经济总量 TFP 影响的测算式如下:

$$\text{TFPG}^K = \prod_{s=1}^{S} \left[\sum_{i=1}^{M_s} \left(\frac{A_{si}}{\overline{A_s}} \frac{\overline{\text{TFPR}_s}}{\text{TFPR}_{si}} \right)^{\sigma-1} \right]^{-\frac{\theta_s}{\sigma-1}} - 1 \quad (15.48)$$

其中,

$$\text{TFPR}_{si}^K = \left(\frac{R}{\alpha_s} \right)^{\alpha_s} \left(\frac{1}{\beta_s} \right)^{\beta_s} \left[\frac{1}{1-\alpha_s-\beta_s} \right]^{1-\alpha_s-\beta_s} (1+\tau_{K_{Si}})^{\alpha_s} \quad (15.49)$$

$$\overline{\text{TFPR}_s}^K = \left(\frac{\alpha_s}{R} \right)^{-\alpha_s} \beta_s^{-\beta_s} (1-\alpha_s-\beta_s)^{\alpha_s+\beta_s-1} \left[\sum_{i=1}^{M_s} \frac{P_{si} Y_{si}}{P_S Y_S} \frac{1}{1+\tau_{K_{Si}}} \right]^{-\alpha_s} \quad (15.50)$$

同理,能源扭曲对经济总量 TFP 影响的测算式如下:

$$\text{TFPG}^E = \prod_{s=1}^{S} \left[\sum_{i=1}^{M_s} \left(\frac{A_{si}}{\overline{A_s}} \frac{\overline{\text{TFPR}_s}}{\text{TFPR}_{si}} \right)^{\sigma-1} \right]^{-\frac{\theta_s}{\sigma-1}} - 1 \quad (15.51)$$

其中,

$$\text{TFPR}_{si}^E = \left(\frac{R}{\alpha_s} \right)^{\alpha_s} \left(\frac{1}{\beta_s} \right)^{\beta_s} \left[\frac{1}{1-\alpha_s-\beta_s} \right]^{1-\alpha_s-\beta_s} (1+\tau_{E_{si}})^{\beta_s} \quad (15.52)$$

$$\overline{\text{TFPR}_s}^E = \left(\frac{\alpha_s}{R}\right)^{-\alpha_s} \beta_s^{-\beta_s} (1-\alpha_s-\beta_s)^{\alpha_s+\beta_s-1} \left[\sum_{i=1}^{M_s} \frac{P_{si}Y_{si}}{P_S Y_S} \frac{1}{1+\tau_{E_{Si}}}\right]^{-\beta_s}$$
(15.53)

(二) 双型扭曲对经济总量 TFP 的影响：测算方法

为了考察产出、要素扭曲两两对经济总量 TFP 的影响，同样采取比较静态的分析方法，当产出扭曲为零时，资本和能源扭曲对 TFP 的影响测算如下：

能源、资本扭曲对经济总量 TFP 的影响。当产出扭曲为零时（$\tau_{Y_{si}}=0$），其测算式如下：

$$\text{TFPG}^{KE} = \prod_{s=1}^{S} \left[\sum_{i=1}^{M_s} \left(\frac{A_{si}}{\overline{A_s}} \frac{\overline{\text{TFPR}_s}}{\text{TFPR}_{si}}\right)^{\sigma-1}\right]^{-\frac{\theta_s}{\sigma-1}} - 1 \quad (15.54)$$

其中，

$$\text{TFPR}_{si}^{KE} = \left(\frac{R}{\alpha_s}\right)^{\alpha_s} \left(\frac{1}{\beta_s}\right)^{\beta_s} \left[\frac{1}{1-\alpha_s-\beta_s}\right]^{1-\alpha_s-\beta_s} (1+\tau_{K_{Si}})^{\alpha_s} (1+\tau_{E_{Si}})^{\beta_s} \quad (15.55)$$

$$\overline{\text{TFPR}_s}^{KE} = \left(\frac{R}{\alpha_s}\right)^{\alpha_s} \left(\frac{1}{\beta_s}\right)^{\beta_s} \left[\frac{1}{1-\alpha_s-\beta_s}\right]^{1-\alpha_s-\beta_s} \left[\sum_{i=1}^{M_s} \frac{P_{si}Y_{si}}{P_S Y_S} \frac{1}{1+\tau_{K_{Si}}}\right]^{-\alpha_s}$$
$$\left[\sum_{i=1}^{M_s} \frac{P_{si}Y_{si}}{P_S Y_S} \frac{1}{1+\tau_{E_{Si}}}\right]^{-\beta_s} \quad (15.56)$$

同理，产出、能源扭曲经济总量 TFP 影响的测算式如下：

$$\text{TFPG}^{YE} = \prod_{s=1}^{S} \left[\sum_{i=1}^{M_s} \left(\frac{A_{si}}{\overline{A_s}} \frac{\overline{\text{TFPR}_s}}{\text{TFPR}_{si}}\right)^{\sigma-1}\right]^{-\frac{\theta_s}{\sigma-1}} - 1 \quad (15.57)$$

其中，

$$\text{TFPR}_{si}^{YE} = \left(\frac{R}{\alpha_s}\right)^{\alpha_s} \left(\frac{1}{\beta_s}\right)^{\beta_s} \left[\frac{1}{1-\alpha_s-\beta_s}\right]^{1-\alpha_s-\beta_s} \frac{(1+\tau_{E_{Si}})^{\beta_s}}{1-\tau_{Y_{Si}}} \quad (15.58)$$

$$\overline{\text{TFPR}_s}^{YE} = \left(\frac{R}{\alpha_s}\right)^{\alpha_s} \left(\frac{1}{\beta_s}\right)^{\beta_s} \left[\frac{1}{1-\alpha_s-\beta_s}\right]^{1-\alpha_s-\beta_s} \left[\sum_{i=1}^{M_s} \frac{P_{si}Y_{si}}{P_S Y_S} \frac{1-\tau_{Y_{Si}}}{1+\tau_{E_{Si}}}\right]^{-\beta_s}$$
$$\left[\sum_{i=1}^{M_s} \frac{P_{si}Y_{si}(1-\tau_{Y_{Si}})}{P_S Y_S}\right]^{\beta_s-1} \quad (15.59)$$

同理，产出、资本扭曲经济总量 TFP 影响的测算式如下：

$$\text{TFPG}^{YK} = \prod_{s=1}^{S} \left[\sum_{i=1}^{M_s} \left(\frac{A_{si}}{\overline{A_s}} \frac{\overline{\text{TFPR}_s}}{\text{TFPR}_{si}}\right)^{\sigma-1}\right]^{-\frac{\theta_s}{\sigma-1}} - 1 \quad (15.60)$$

其中，

$$\text{TFPR}_{si}^{YK} = \left(\frac{R}{\alpha_s}\right)^{\alpha_s} \left(\frac{1}{\beta_s}\right)^{\beta_s} \left[\frac{1}{1-\alpha_s-\beta_s}\right]^{1-\alpha_s-\beta_s} \frac{(1+\tau_{K_{Si}})^{\alpha_s}}{1-\tau_{Y_{Si}}} \quad (15.61)$$

$$\overline{TFPR_s}^{YK} = \left(\frac{R}{\alpha_s}\right)^{\alpha_s}\left(\frac{1}{\beta_s}\right)^{\beta_s}\left[\frac{1}{1-\alpha_s-\beta_s}\right]^{1-\alpha_s-\beta_s}\left[\sum_{i=1}^{M_s}\frac{P_{si}Y_{si}}{P_sY_s}\frac{1-\tau_{Ysi}}{1+\tau_{Ksi}}\right]^{-\alpha_s}$$
$$\left[\sum_{i=1}^{M_s}\frac{P_{si}Y_{si}(1-\tau_{Ysi})}{P_sY_s}\right]^{\alpha_s-1} \tag{15.62}$$

第三节 行业间资源错配对全要素生产率的影响：理论模型

第二节中节将能源引入生产函数，拓展了 HK 模型。然而，该模型的缺陷是不能测算行业间资源错配对 TFP 的测算，而青木（Aoki，2012）的理论模型解决了这一问题，本节针对其忽视能源错配的不足，对其进行了相应拓展。

一、拓展的行业间资源错配理论模型

（一）行业生产函数

为了刻画行业间资源错配对 TFP 的影响，假设经济体中有 i 个行业，每个行业投入资本 K_i、劳动 L_i、能源 E_i 采用规模报酬不变的道格拉斯生产函数进行生产，它们面临的无扭曲价格分别为 R、W、Q。同样，该模型由于生产函数设定的局限，仅能测算产出、资本、劳动、能源中的三种扭曲对 TFP 的影响，由于本节主要考察生产要素在行业间的错配情况，因此假定经济体中行业生产函数中存在 τ_{L_i}、τ_{K_i}、τ_{E_i} 三种扭曲因子，它们分别是劳动、资本及能源扭曲因子。

由于假设行业内所有企业的生产函数相同，因此行业生产函数与企业生产函数相同，其设定如下：

$$Y_i = F_i K_i^{\alpha_i} E_i^{\beta_i} L_i^{\theta_i} \tag{15.63}$$

其中，α_i 为行业 i 资本投入占产出的份额，β_i 为行业 i 能源投入占产出的份额，θ_i 为行业 i 劳动投入占产出的份额。

（二）行业生产最优问题

行业的利润函数如式（15.64）：

$$\pi_i = P_iY_i - (1+\tau_{K_i})RK_i - (1+\tau_{E_i})QE_i - (1+\tau_{L_i})WL_i \tag{15.64}$$

一阶最优化条分别如下：

$$\frac{\alpha_i P_i Y_i}{K_i} = R(1 + \tau_{K_i}) \qquad (15.65)$$

$$\frac{\beta_i P_i Y_i}{E_i} = Q(1 + \tau_{E_i}) \qquad (15.66)$$

$$\frac{\theta_i P_i Y_i}{L_i} = W(1 + \tau_{L_i}) \qquad (15.67)$$

(三) 经济总体生产函数

事实上，该模型的最大优点是不用设定总体生产函数的具体形式，以各行业产出为投入，总生产函数设定如下：

$$Y = F(Y_1, \cdots, Y_n) \qquad (15.68)$$

同时，假设社会最终产品是经济中的计价物，价格为 1，社会总产出最大化条件满足下式：

$$\frac{\partial Y}{Y_i} = P_i \qquad (15.69)$$

假设社会总产出最大化也是消费者的目标函数，消费者选择不同的行业产出使得其效用最大化，则其最优化满足下述条件：

$$Y = \sum_{i=1}^{n} P_i Y_i \qquad (15.70)$$

(四) 经济总体的资源约束

假设当前经济体中要素投入总量是外生的，则经济总体的资源约束条件如下：

$$K = \sum_{i=1}^{n} K_i \qquad (15.71)$$

$$L = \sum_{i=1}^{n} L_i \qquad (15.72)$$

$$E = \sum_{i=1}^{n} E_i \qquad (15.73)$$

(五) 经济总体的竞争均衡

根据上述条件，可得到经济总体的竞争性均衡条件如下：
(1) S 个行业的最优化一阶条件：式 (15.65) ~ 式 (15.67)；
(2) 经济总体的最优化条件：式 (15.69)、式 (15.70)；
(3) 经济总体的资源约束条件：式 (15.71) ~ 式 (15.73)。
在上述条件下，可利用式 (15.65) 和式 (15.71) 得到行业资本的表达式：

$$K_i = \frac{P_i Y_i \alpha_i \frac{1}{(1+\tau_{K_i})R}}{\sum_{j=1}^{s} P_j Y_j \alpha_j \frac{1}{(1+\tau_{K_j})R}} K = \frac{V_i \alpha_i \frac{1}{(1+\tau_{K_i})R}}{\sum_{j=1}^{s} V_j \alpha_j \frac{1}{(1+\tau_{K_j})R}} K \qquad (15.74)$$

式（15.74）中 $V_i = P_i Y_i / Y$，为行业 i 产出占总产出的份额；同时为了进一步分析，将上式可重新写成如下形式：

$$K_i = \frac{V_i \alpha_i}{\overline{\alpha_i}} \lambda_{K_i} K \qquad (15.75)$$

其中 $\overline{\alpha_i} = \sum_{i=1}^{n} V_i \alpha_i$ 是以行业产出占总产出份额为权数的行业资本产出弹性的加权，而 λ_{K_i} 是一个包含扭曲因子的项目，将它定义为资本价格的相对扭曲系数，表达式如下：

$$\lambda_{K_i} \equiv \frac{\gamma_{K_i}}{\sum_{j=1}^{n}\left(\frac{V_j \alpha_j}{\overline{\alpha_j}}\right)\gamma_{K_j}}, \text{ 其中，} \gamma_{K_i} \equiv \frac{1}{(1+\tau_{K_i})} \qquad (15.76)$$

同理，可分别得到行业劳动和能源的表达式：

$$E_i = \frac{V_i \beta_i}{\overline{\beta_i}} \lambda_{E_i} E, \text{ 其中 } \lambda_{E_i} \equiv \frac{1}{(1+\tau_{E_i})} \qquad (15.77)$$

$$L_i = \frac{V_i \theta_i}{\overline{\theta_i}} \lambda_{L_i} L, \text{ 其中 } \lambda_{L_i} \equiv \frac{1}{(1+\tau_{L_i})} \qquad (15.78)$$

通过观察式（15.75）~式（15.78）可发现：行业间资源错配发生的机制正是通过要素相对扭曲系数发生的，要素相对扭曲系数等于行业 i 要素回报率的倒数与各行业平均要素回报率倒数的比值；扭曲因子的绝对值在行业资源错配中并不重要，重要的是其相对值的大小和分布。这表明即使各行业存在扭曲，但如果扭曲因子相同，则由相对扭曲因子的表达式发现其值为1，由此并不会发生行业间资源错配；如果与行业平均扭曲因子相比，行业 i 绝对扭曲因子的值较低，那么与该行业的最优配置资源量相比，该行业配置了较多的资源，此时该行业的相对扭曲因子大于1；反之亦然。

为了实现对相对扭曲因子的测算，依据式（15.75）、式（15.77）、式（15.78），可得到相对扭曲系数的表达式，而这正是实证中的关键。

$$\lambda_{K_i} = \frac{K_i}{K} \bigg/ \frac{V_i \alpha_i}{\overline{\alpha_i}} \qquad (15.79)$$

$$\lambda_{E_i} = \frac{E_i}{E} \bigg/ \frac{V_i \beta_i}{\overline{\beta_i}} \qquad (15.80)$$

$$\lambda_{L_i} = \frac{L_i}{L} \Big/ \frac{V_i \theta_i}{\overline{\theta_i}} \tag{15.81}$$

通过式（15.79）~式（15.81）可以使得实际观测不到的扭曲因子实现测算，以能源相对扭曲因子为例，分子表示实际能源投入量占实际能源总量的比例，而分母为能源有效配置的理论值。

二、行业间资源错配对经济总量全要素生产率的影响：测算方法

为了实现对行业间资源错配对总量 TFP 影响的测算，首先，对总生产函数进行对数分解，其分解式如下：

$$\ln Y = \sum_{i=1}^{n} \frac{\partial Y}{\partial Y_i} \ln Y_i = \sum_{i=1}^{n} V_i \ln Y_i \tag{15.82}$$

将式（15.63）、式（15.75）、式（15.77）、式（15.78）代入上式，可得到下式：

$$\sum_{i=1}^{n} V_i \ln Y_i = \sum_{i=1}^{n} V_i \ln F_i + \sum_{i=1}^{n} V_i \ln \left[\frac{V_i}{\overline{\alpha_i}^{\alpha_i} \overline{\beta_i}^{\beta_i} \overline{\theta_i}^{\theta_i}} \right] + \sum_{i=1}^{n} V_i \left[\alpha_i \ln \lambda_{K_i} \right.$$
$$\left. + \beta_i \ln \lambda_{E_i} + \theta_i \ln \lambda_{L_i} \right] + \overline{\alpha_i} \ln K + \overline{\beta_i} \ln E + \overline{\theta_i} \ln L \tag{15.83}$$

通过证明，发现等式右边的第二项为零，同时将经济体总量 TFP 定义为式（15.84），该式是总量 TFP 的标准定义：

$$FTFP \equiv \sum_{i=1}^{n} V_i \ln Y_i - \overline{\alpha_i} \ln K - \overline{\beta_i} \ln E - \overline{\theta_i} \ln L \tag{15.84}$$

然后，将式（15.83）代入式（15.84），则得到有扭曲情况下的总量 TFP 表达式：

$$FTFP = \sum_{i=1}^{n} V_i \ln F_i + \sum_{i=1}^{n} V_i \left[\alpha_i \ln \lambda_{K_i} + \beta_i \ln \lambda_{E_i} + \theta_i \ln \lambda_{L_i} \right] \tag{15.85}$$

由此，发现总量 TFP 可以分解为两部分，第一项是以各行业产出占总产出的份额为权数的各行业 TFP 的均值，而第二项则是行业间资源错配对 TFP 的偏离，如果各行业扭曲因子不为零且不相同，则第二项为行业间资源错配对总量 TFP 的影响。由此，可分别测算出行业间资本错配、劳动错配、能源错配对总量 TFP 的影响，它们分别为式（15.86）、式（15.87）、式（15.88）：

$$ALOSS_K = \sum_{i=1}^{n} V_i \alpha_i \ln \lambda_{K_i} \tag{15.86}$$

$$ALOSS_E = \sum_{i=1}^{n} V_i \beta_i \ln \lambda_{E_i} \tag{15.87}$$

$$\text{ALOSS}_K = \sum_{i=1}^{n} V_i \theta_i \ln \lambda_{Li} \qquad (15.88)$$

假设不存在行业间的资源错配,则总量 TFP 由行业加权的 TFP 决定,为了便于与十五章第二节资源错配对 TFP 造成的影响相比较,同样将其定义为最优的总量 TFP 与实际总量 TFP 之比减去 1。即得到下式:

$$\text{TFPG} = \frac{\sum_{i=1}^{n} V_i \ln F_i}{\sum_{i=1}^{n} V_i \ln F_i + \sum_{i=1}^{n} V_i [\alpha_i \ln \lambda_{Ki} + \beta_i \ln \lambda_{Ei} + \theta_i \ln \lambda_{Li}]} - 1 \qquad (15.89)$$

三、行业间资源错配对经济总量全要素生产率的影响:比较静态分析

与第二节类似,这里也采用比较静态的研究方法,假设经济体中只存在行业间资本错配时,行业间资本错配对经济总量 TFP 影响的测算式如式(15.90),行业间劳动错配、能源错配分别对经济总量 TFP 影响的测算式与之类似。

$$\text{TFPG} = \frac{\sum_{i=1}^{n} V_i \ln F_i}{\sum_{i=1}^{n} V_i \ln F_i + \sum_{i=1}^{n} V_i \alpha_i \ln \lambda_{Ki}} - 1 \qquad (15.90)$$

第四节 地区间资源错配对全要素生产率的影响:理论模型

一、构建地区间资源错配理论模型

(一) 模型的构建思路

本文借鉴谢长泰和克莱诺(Hsien and Klenow)的资源错配理论模型,将经济总产出的形成定义为:企业—行业—经济总产出;将地区间资源错配中的经济总产出形成定义为:县—省—经济总产出。

（二）模型的基本假设

为了刻画中国地区间资源错配对 TFP 的影响，结合地区间资源错配的特征事实，对该模型做出以下基本假定：

假设1：中国地区间的资源错配表现为省份内县域间的资源错配。假设县域的产出为综合产品，即县域的 GDP。县通过发展规划、招商引资、投资、高级人才引进等措施全面推动了县域的经济建设。县域是宏观经济的微观基础，由县域生产加总后形成省际的产出，进而由省际生产加总后形成总的产出。县域是中国经济重要的微观供给主体，县域之间的竞争是解释中国经济增长奇迹的关键。正如张五常教授在其《中国的经济制度》一文中所言："承包合约用于农业是成功的……用于工业是失败的……用到地区要到大约1994年。我开始领略到这制度的超凡之处……，地区竞争的惊人活力使我震撼……经济权利愈大，地区竞争愈激烈……今天的中国主要的权力在县的手上……县是中国一级的商业机构……竞争的激烈程度决定着土地使用效率的高低……而因为县的经济权力最大，这层的竞争最激烈"（张五常，2009）。因此，从地区角度看，省份内县域间的资源错配就是地区间资源配置错配的集中体现。

假设2：假设经济体中仅存在省份内县域间的资本和劳动错配。这一假设符合中国地区间资源错配的现状。中国地区间的资源错配特征事实表明：随着市场经济的快速发展，产品逐渐实现了地区间的自由流动，而资本和劳动要素却在地区间存在着较为严重的扭曲。

假设3：各个县域的实际生产率不同，面临的资本、劳动扭曲大小不同。

（三）地区间资源错配理论模型的构建

1. 经济体中总体、省及县的生产函数

假设经济存在一种完全竞争的最终产品，最终产品以省际 S 的产出 Y_S 为投入，最终产品的生产采用规模报酬不变的道格拉斯生产函数形式如下：

$$Y = \prod_{s=1}^{S} Y_s^{\theta_s} \tag{15.91}$$

其中，$\sum_{s=1}^{S} \theta_s = 1$，S 表示经济体中省份的总数。

假设 S 省的产出以 M_S 个县的产出 Y_{si} 为投入，其 CES 生产函数如下式：

$$Y_s = \left(\sum_{i=1}^{M_s} Y_{si}^{\frac{\sigma-1}{\sigma}} \right)^{\frac{\sigma}{\sigma-1}} \tag{15.92}$$

其中，σ 是不同县域产出 Y_{si} 之间的替代弹性，S 省内县域 Y_{si} 投入要素为资

本 k_{si}、劳动 L_{si}，设每个县域面临无扭曲的资本、劳动价格分别为 R、W。生产采用规模报酬不变的道格拉斯生产函数，设 $α_s$ 为县域的资本产出弹性，$1-α_s$ 为县域的劳动产出弹性，其函数形式如下：

$$Y_{si} = A_{si} K_{si}^{α_s} L_{si}^{1-α_s} \tag{15.93}$$

2. 经济体中总体、省及县的最优决策

经济总体的最优化决策。假设省际产出的价格指数为 P_s，那么以式（15.91）为约束条件，通过对最终产出成本（$\min \sum_{s=1}^{S} Y_s P_s V$）最小化，可得出最终产出的价格指数 $P = \prod_{s=1}^{S} \left(\dfrac{P_s}{θ_s}\right)^{θ_s}$ 和省际面临的需求函数 $Y_s = θ_s PY/P_s$。

省的最优决策。设 S 省中县的产出价格为 P_{si}，以式（15.92）为约束条件，通过对省际的产出成本（$\sum_{i=1}^{M_s} Y_{si} P_{si}$）最小化，可得到省际产出的价格指数 $P_s = (\sum_{i=1}^{M_s} P_{si}^{1-σ})^{\frac{1}{1-σ}}$ 和县域的需求函数 $Y_{si} = YP_s^σ P_{si}^{-σ}$。

县域的最优化决策。假定每个县域的实际生产率及扭曲不同，将 $τ_{L_{si}}$、$τ_{K_{si}}$ 分别定义为劳动、资本扭曲因子。县域的利润函数如下：

$$π_{si} = P_{Si} Y_{Si} - (1 + τ_{K_{Si}}) R K_{Si} - (1 + τ_{L_{Si}}) W L_{Si} \tag{15.94}$$

通过利润最大化可得县的最优资本劳动投入比：

$$\dfrac{K_{Si}}{L_{Si}} = \dfrac{α_s}{1-α_s} \dfrac{W(1+τ_{L_{Si}})}{R(1+τ_{K_{Si}})} \tag{15.95}$$

通过式（15.95）发现：县域的最优资本劳动投入比取决于其面临的资本和劳动扭曲大小，如果扭曲为零，则最优要素投入的比例是一个常数。县域的定价及要素最优决策分别如下：

$$P_{si} = \dfrac{σ}{σ-1} \left(\dfrac{R}{α_s}\right)^{α_s} \left[\dfrac{W}{1-α_s}\right]^{1-α_s} \dfrac{(1+τ_{K_{Si}})^{α_s} (1+τ_{L_{Si}})^{1-α_s}}{A_{si}} \tag{15.96}$$

$$K_{si} \propto \dfrac{A_{si}^{σ-1} (1+τ_{L_{Si}})^{(1-α_s)(1-σ)}}{(1+τ_{K_{Si}})^{1-α_s(1-σ)}} \tag{15.97}$$

$$L_{si} \propto \dfrac{A_{si}^{σ-1} (1+τ_{K_{Si}})^{α_s(1-σ)}}{(1+τ_{L_{Si}})^{α_s+σ(1-α_s)}} \tag{15.98}$$

通过式（15.97）~式（15.98）发现：县域所配置的资源不仅取决于自身的生产率水平，且与其面临的扭曲程度相关。但由于实际生产率短期内难以改变，从一定程度上说，县域的资源配置由扭曲的大小决定。

3. 省际 TFP 的表达式

沿用谢长泰和克莱诺（Hsien and Klenow）的设置，将县域的实际生产率（TFPQ）定义为不含价格的生产率，将名义生产率（TFPR）定义为包含价格的生产率。依据企业劳动、资本边际产品收益表达式，可得到县域的名义生产率的表达式如下：

$$\text{TFPR}_{si} = P_{si}A_{si} = \frac{P_{si}Y_{si}}{(K_{si})^{\alpha_s}(WL_{si})^{1-\alpha_s}} = \left(\frac{R}{\alpha_s}\right)^{\alpha_s}\left[\frac{1}{1-\alpha_s}\right]^{1-\alpha_s}(1+\tau_{K_{Si}})^{\alpha_s}(1+\tau_{L_{Si}})^{1-\alpha_s} \tag{15.99}$$

从该式发现，如扭曲为零，县域之间的 TFPR 是相等的。较高的 TFPR 意味着较高的要素使用成本，这将导致县域的实际规模小于最优规模。同时，该式也表明存在着重要的资源配置机制：在一个不存在资源错配的经济体中，这意味着资本、劳动会向实际生产率较高的县域流动，导致其产量不断增加，价格下降，直到和生产率较低县域的 TFPR 相等为止。

在得到县域的名义生产率的表达式后，根据省际总的资本、劳动的表达式、总产出的价格指数、省际的价格指数，可得到省的实际 TFP 的表达式：

$$\text{TFPI} = \left[\sum_{i=1}^{M_s}\left(A_{si}\frac{\overline{\text{TFPR}_s}}{\text{TFPR}_{si}}\right)^{\sigma-1}\right]^{\frac{1}{\sigma-1}} \tag{15.100}$$

其中，$\overline{\text{TFPR}_s}$ 其表达式如下：

$$\overline{\text{TFPR}_s} = \left(\frac{R}{\alpha_s}\right)^{\alpha_s}\left[\frac{1}{1-\alpha_s}\right]^{1-\alpha_s}\left[\sum_{i=1}^{M_s}\frac{P_{si}Y_{si}}{P_S Y_S}\frac{1}{1+\tau_{K_{Si}}}\right]^{-\alpha_s}\left[\sum_{i=1}^{M_s}\frac{P_{si}Y_{si}}{P_S Y_S}\frac{1}{1+\tau_{L_{Si}}}\right]^{\alpha_s-1} \tag{15.101}$$

当不存在扭曲时，省际的有效 TFP 可表示为下式：

$$\text{TFPI}_{efficient} = \overline{A_s} = \left[\sum_{i=1}^{M_s}(A_{si})^{\sigma-1}\right]^{\frac{1}{\sigma-1}} \tag{15.102}$$

4. 经济总量 TFP 的表达式

在得到省的实际和最优总量 TFP 表达式后，结合式（15.91）可得到经济总量实际和最优 TFP 表达式，分别如式（15.103）和式（15.104）：

经济总量 TFP 的实际表达式：

$$\text{TFPY} = \prod_{s=1}^{S}\left[\sum_{i=1}^{M_s}\left(A_{si}\frac{\overline{\text{TFPR}_s}}{\text{TFPR}_{si}}\right)^{\sigma-1}\right]^{\frac{\theta_s}{\sigma-1}} \tag{15.103}$$

经济总量有效 TFP 的表示式（当扭曲为零时）：

$$\text{TFPY}_{efficient} = \prod_{s=1}^{S}\left[\sum_{i=1}^{M_s}(A_{si})^{\sigma-1}\right]^{\frac{\theta_s}{\sigma-1}} \tag{15.104}$$

二、地区间资源错配对省、经济总量全要素生产率的影响：测算方法

下面仅给出县域间资源错配对省及经济总量 TFP 影响的测算表达式：

（一）各个省份内县域间的资源错配对省总量 TFP 的影响：测算方法

$$TFPGI = TFPI_{efficient}/TFPI - 1 \quad (15.105)$$

（二）地区间资源错配对经济总量 TFP 的影响：测算方法

$$TFPGY = TFPY_{efficient}/TFPY - 1 \quad (15.106)$$

三、地区间资源错配对省、经济总量全要素生产率的影响：比较静态分析

采取比较静态的分析发方法考察地区间资本错配、劳动错配对省及经济总量 TFP 影响的测算方法，假设经济中劳动扭曲为零，则资本错配对省、经济总量 TFP 影响的测算方法与式（15.105）、式（15.106）类似。

第五节 小 结

为了全面考察资源错配对中国 TFP 的影响，本章首先基于中国行业内企业间、行业间、地区间资源错配的特征事实，提出了资源错配对中国 TFP 影响的理论框架；其次依据理论框架，拓展和构建了相应的资源错配理论模型。本章的主要内容如下：

一是提出了一个系统的资源错配理论框架，能更加合理的刻画资源错配对中国 TFP 的影响。这一研究框架突破了从行业内企业间、行业间资源错配研究其对 TFP 影响的局限，从行业内企业间、行业间、省份内地区间资源错配三个方面系统的研究其对 TFP 的影响。地区间资源错配对 TFP 的影响，充分体现了转型经济背景下中国地区间市场分割以及地方政府广泛参与地方经济建设的经济现实，

突出了财政分权下县级政府作为经济建设者的重要作用，虽然这一模式在促进地方经济发展方面一度起到了积极的作用，但是其弊端则是由此形成的市场分割和对市场的干预扭曲了资源的市场化配置，从而对 TFP 造成损失。

二是针对现有行业内企业间资源错配研究忽视能源错配的不足，在 HK 模型的基础上，将能源引入生产函数，剖析了能源错配对 TFP 的影响机制，提出了测算能源错配对 TFP 影响的方法，是对现有行业内企业间资源错配理论的完善。

三是拓展了青木（Aoki，2012）的行业间资源错配对 TFP 影响的理论模型。这一拓展类似于对 HK 模型的拓展，重视了行业间能源错配对 TFP 的影响，从理论上提出了测算方法。

四是基于中国地区间市场分割的资源错配特征事实，在现有资源错配理论的基础上，构建了地区间资源错配对 TFP 影响的理论模型，提出了地区间资本、劳动错配对 TFP 影响的测算方法。

总之，本章提出的理论框架，对于系统研究资源错配对中国 TFP 的影响奠定了坚实的理论基础。

第四篇

新常态下中国经济运行机制资源配置扭曲的效率损失测算

在上一篇理论模型推导的基础上，本篇从行业内企业间资源错配、行业间资源错配、地区间资源错配、对全要素生产率的影响进行实证研究。

首先，以2004~2007年中国制造业微观数据，检验了产出扭曲、要素（能源和资本）扭曲对制造业总量TFP的影响；结合新常态下区域经济新格局（"四大板块""四个支撑带"），仍以2004~2007年中国制造业微观数据为实证对象，全面测算了资源错配对制造业总量TFP影响的区域差异，并以各区域中资源错配最低的地区为参照，测算了如果其他地区达到该地区的资源配置效率，则可得到其他地区TFP再增长的百分比；为了弥补当前资源错配测算数据陈旧和行业覆盖面不全的不足，采用2008~2014年中国上市公司微观数据作为中国经济的样本，全面检验了当前行业内企业间资源错配对中国经济总量TFP的影响。

其次，以制造业为实证对象，将制造业作为由制造业分行业组成的经济总量，以2004~2007年的制造业历史数据，实证检验了制造业分行业间资源错配对制造业总量TFP造成的影响，以及行业间资本错配、劳动错配、能源错配分别对制造业总量TFP造成的影响；为了考察行业间资源错配对制造业总量TFP的区域差异，实证检验了中国区域经济新格局下制造业分行业间资源错配对制造业总量 TFP 的影响；为了弥补研究数据陈旧的不足，选择 2008~2014 年中国上市公司的全部微观数据，以此作为中国经济的样本，考察了近期中国行业间资源错配的形势及其对中国经济总量 TFP 的影响。

最后，应用地区间的资源错配理论模型，以中国 2008~2013 年县域微观数据为实证对象，全面检验了地区间资源错配对中国经济总量 TFP 的影响。

第十六章

行业内企业间资源错配对全要素生产率的影响：实证检验

本章应用第十五章所推导行业内企业间资源错配对 TFP 影响的理论模型，首先，以 2004~2007 年中国制造业微观数据，检验了产出扭曲、要素（能源和资本）扭曲对制造业总量 TFP 的影响；其次，结合新常态下区域经济新格局（"四大板块""四个支撑带"），仍以 2004~2007 年中国制造业微观数据为实证对象，全面测算了资源错配对制造业总量 TFP 影响的区域差异，并以各区域中资源错配最低的地区为参照，测算了如果其他地区达到该地区的资源配置效率，则可得到其他地区 TFP 再增长的百分比；最后，为了弥补当前资源错配测算数据陈旧和行业覆盖面不全的不足，采用 2008~2014 年中国上市公司微观数据作为中国经济的样本，全面检验了当前行业内企业间资源错配对中国经济总量 TFP 的影响。

第一节 行业内企业间资源错配对中国制造业全要素生产率的影响

本节是以中国制造业为实证对象，构建了行业内企业间资源错配对 TFP 影响的理论模型，扭曲因子设定为产出、资本及能源扭曲因子。

一、变量与参数

（一）数据说明及处理

表 16-1　　　　　　　制造业分行业代码对照表

行业代码	行业名称	行业代码	行业名称
13	农副食品加工业	28	化学纤维制造业
14	食品制造业	29	橡胶制品业
15	饮料制造业	30	塑料制品业
16	烟草制品业	31	非金属矿物制品业
17	纺织业	32	黑色金属冶炼及压延加工业
18	纺织服装、鞋、帽制造业	33	有色金属冶炼及压延加工业
19	皮革、毛皮、羽毛（绒）及其制品业	34	金属制品业
20	木材加工及木、竹、藤、棕、草制品业	35	通用设备制造业
21	家具制造业	36	专用设备制造业
22	造纸及纸制品业	37	交通运输设备制造业
23	印刷业和记录媒介的复制	39	电气机械及器材制造业
24	文教体育用品制造业	40	通信设备、计算机及其他电子设备制造业
25	石油加工、炼焦及核燃料加工业	41	仪器仪表及文化、办公用机械制造业
26	化学原料及化学制品制造业	42	工艺品及其他制造业
27	医药制造业	43	废弃资源和废旧材料回收加工业

1. 数据说明

本节数据来源于国家统计局 2004~2007 年"中国工业企业数据库"中的制造业数据，该数据库包括报告期内全国所有的国有企业和年销售额在 500 万元以上的非国有企业，涵盖了采矿业、制造业、电力燃气和水的生产和供应业。其中制造业行业代码为 2 位数的制造业分行业一共有 30 个行业，如表 16-1 所示。

本书选择行业代码为2位数的制造业分行业为实证对象（HK模型的实证中选择4位行业代码），并舍弃了行业16（烟草制品业）和行业43（废弃资源和废旧材料回收加工业）。这是因为它们的观测样本过少，行业16每年观测样本最高不超过200个，行业43观测样本每年最高不超过600个。

2. 数据处理

该数据库具备样本数量庞大、覆盖范围广的特点，与《中国统计年鉴》的工业部分和《中国工业统计年鉴》中的覆盖范围一致，是目前国内最为全面和权威的企业层面数据。同时，该数据库也存在诸多错漏，需要对数据进行处理才能使用。处理数据的方法借鉴蔡洪滨和刘俏（Cai and Liu, 2009）的处理方法，并在其基础上，结合研究需要，针对中国工业企业数据库的问题，做了更加完善的处理：一是删除企业代码和企业名称相同的观测样本；二是剔除规模较小的观测样本，包括就业人数小于10人，工业总产值小于500万元的观测样本；三是剔除不符合会计准则的观测样本，包括总资产小于流动资产或固定资产，累计折旧小于本年折旧，中间投入大于总产值；四是为了使得研究结论更加具备稳健性，对 $\log(\text{TFPR}_{si}/\overline{\text{TFPR}_s})$ 和 $\log(A_{si}/\overline{A_s})$ 首尾各2%按照行业分类进行截尾。这一截尾方法避免了将对年度数据的关键变量整体截尾而导致删除掉某些行业的弊端，与HK首尾0.5%的截尾方法不同，该方法避免 TFPR_{si} 异常值过大导致测算的资源错配对TFP的影响过大的问题。数据处理完成后每年的观测样本数量如表16–2所示。

表16–2　　　　　中国工业企业数据库数据处理表

	项目	2004年	2005年	2006年	2007年
1	中国工业企业数据库	279 092	271 835	301 961	336 768
2	制造业企业数量	259 630	251 534	279 331	313 100
3	数据处理后制造业企业数量	206 696	207 029	233 438	26 3048

（二）变量说明

WL_{si} 为生产函数中的劳动投入，以本年应付工资总额、职工教育费、养老保护和医疗保险、住房公积金和房屋补贴、本年应付福利总额、劳动、待业保险费之和计量。后面，将用年末从业人数替代该变量，做稳健性检验。

$P_{si}Y_{si}$ 为企业的增加值与能源投入之和。依据增加值和中间投入的关系式：增加值 = 总产出 - 中间投入，中间投入包括直接材料投入、制造投入等。因此，不用将中间投入作为生产要素纳入企业生产函数。这也就考虑了近期大量学者对中国制造业中中间投入的重要性（余淼杰，2011；聂辉华、贾瑞雪，2011）。

QE_{si} 为能源投入。限于中国工业企业数据库未能提供能源投入的具体数据，以制造投入的50%作为能源投入的替代变量。因为制造投入包含了企业生产用的燃料动力科目。中国工业企业数据库仅 2004~2007 年提供了中间投入及制造投入科目,受限于此,实证研究时间范围为 2004~2007 年。尽管如此,本书依然可能高估能源投入,因为制造投入除燃料动力科目外,还包括外部修理费、低值易耗品、租赁费、保险费、运输费、劳动保护费。为此,在稳健性检验中,分别给出了能源投入为制造投入的 10%、30% 的实证结果;除此之外,将行业能源的标准煤消费数量以企业中间投入占行业中间投入的比例为权数匹配至每个企业,以能源投入的实物量作为能源投入,测算能源错配对 TFP 的影响,相应的,并测算了资源错配对总量 TFP 的影响。

K_{si} 用企业的固定资产净值计量。$P_s Y_s$ 是行业增加值和行业能源投入之和。PY 为制造业行业总体的增加值和行业总体的能源投入之和。$\theta s = P_s Y_s / PY$ 为各行业增加值和能源投入之和占制造业企业总增加值的比例。

(三) 参数设定

R 设定为 10%。R 是无扭曲的资本租赁价格,也就是说在没有扭曲下,每个企业面临的融资成本是相同的。沿用 HK 模型的设置,将 R 设置为 10%,其中 5% 是真实利率,5% 是折旧率。

行业要素产出弹性的设置。选择邵谊航等 (2013) 关于要素产出弹性的设定。他们根据 (林毅夫,2010) 的观点,不同的经济发展阶段与相应的产业结构以及产业资本和劳动要素密集度相对应,因此,他们选择实际的行业要素份额作为要素产出弹性,而没有选择 HK 模型中以美国要素产出弹性匹配中国要素产出弹性。在实际测算时,行业的劳动产出弹性 $1 - \alpha_s - \beta_s$ 以行业劳动投入总和占行业增加值和能源投入总和的比例计量,行业能源产出弹性 β_s 以行业能源投入总和占行业增加值和能源投入总和的比例计量,行业资本的产出弹性 α_s 则可依据规模报酬不变的假设计算出来。

σ 设定为 3。大量的实证研究发现:行业内企业间产出的替代弹性在 3~10 之间 (Broda、Weinstein,2006;hendel、Nevo,2006)。该值越大,资源错配对 TFP 造成的负面影响就越大。因此,本书选择该参数的下限,测算结果将更为保守。后面会设置更大的值进行稳健性检验。

二、实证结果与分析

(一) 实证模型中扭曲测算表达式及说明

当式 (16.1) ~式 (16.4) 中参数和变量已知时,就可测算出企业扭曲因子和实际生产率。

$$1 - \tau_{Y_{Si}} = \frac{\sigma}{\sigma - 1} \frac{1}{1 - \alpha_s - \beta_s} \frac{WL_{si}}{P_{si}Y_{si}} \quad (16.1)$$

$$1 + \tau_{K_{Si}} = \frac{\alpha_s}{1 - \alpha_s - \beta_s} \frac{WL_{si}}{RK_{si}} \quad (16.2)$$

$$1 + \tau_{E_{Si}} = \frac{\beta_s}{1 - \alpha_s - \beta_s} \frac{WL_{si}}{QE_{si}} \quad (16.3)$$

$$A_{si} = \varphi_s \frac{(P_{si}Y_{si})^{\frac{\sigma}{\sigma-1}}}{K_{si}^{\alpha_s}(QE_{si})^{\beta_s}(WL_{si})^{1-\alpha_s-\beta_s}} \quad \text{其中,} \quad \varphi_s = \frac{Q^{\beta_s}W^{1-\alpha_s-\beta_s}(P_sY_s)^{\frac{-1}{\sigma-1}}}{P_s}$$

$$(16.4)$$

这里需要对式（16.4）（推导见附录二）加以说明：首先沿用 HK 的设置，设 $\varphi_s = 1$。其次用 $(P_{si}Y_{si})^{\frac{\sigma}{\sigma-1}}$ 近似替代真实产出；最后为了控制人力资本和能源质量带来的差异，用工资和能源投入分别代替劳动和能源投入。

（二）关键变量的实证结果与分析

1. 实际生产率和名义生产率方差

表 16-3 给出了样本期内制造业分行业实际生产率对数的方差和名义生产率的方差、补贴率（行业内产出扭曲因子 $\tau_{Y_{Si}}$ 小于零的企业数量占行业企业总数量之比）。其中，实际生产率根据式（16.4）测算，离散度用其对数的标准差来度量。名义生产率根据测算式。

表 16-3   关键变量描述性统计：生产率波动及补贴率

行业代码	2004 年 vtfpr	2004 年 vlogA	2004 年 btl	2005 年 vtfpr	2005 年 vlogA	2005 年 btl	2006 年 vtfpr	2006 年 vlogA	2006 年 btl	2007 年 vtfpr	2007 年 vlogA	2007 年 btl
13	0.96	1.25	0.66	0.95	1.26	0.64	0.94	1.26	0.63	0.93	1.26	0.59
14	0.85	1.14	0.67	0.87	1.18	0.68	0.86	1.17	0.70	0.86	1.17	0.66
15	0.87	1.18	0.70	0.87	1.20	0.68	0.92	1.26	0.68	0.91	1.23	0.66
17	0.69	0.89	0.69	0.71	0.92	0.69	0.72	0.94	0.69	0.74	0.96	0.69
18	0.62	0.84	0.77	0.63	0.86	0.76	0.63	0.87	0.75	0.65	0.90	0.75
19	0.67	0.92	0.72	0.70	0.96	0.72	0.70	0.97	0.71	0.69	0.97	0.71
20	0.77	0.95	0.72	0.76	0.96	0.70	0.74	0.95	0.70	0.76	0.99	0.69
21	0.72	0.97	0.69	0.72	0.97	0.70	0.72	0.96	0.70	0.72	0.97	0.71
22	0.71	0.93	0.75	0.73	0.97	0.75	0.75	1.00	0.75	0.77	1.02	0.76

续表

行业代码	2004年 vtfpr	2004年 vlogA	2004年 btl	2005年 vtfpr	2005年 vlogA	2005年 btl	2006年 vtfpr	2006年 vlogA	2006年 btl	2007年 vtfpr	2007年 vlogA	2007年 btl
23	0.64	0.88	0.70	0.65	0.90	0.71	0.67	0.92	0.72	0.70	0.96	0.72
24	0.62	0.82	0.69	0.63	0.84	0.68	0.64	0.86	0.67	0.61	0.84	0.64
25	0.93	1.26	0.65	0.96	1.28	0.60	0.98	1.27	0.58	0.98	1.24	0.57
26	0.83	1.05	0.65	0.83	1.06	0.64	0.85	1.10	0.65	0.87	1.11	0.66
27	0.82	1.15	0.68	0.85	1.19	0.65	0.87	1.22	0.63	0.90	1.26	0.65
28	0.75	0.99	0.62	0.74	0.98	0.61	0.75	1.00	0.61	0.76	1.00	0.62
29	0.69	0.92	0.73	0.68	0.92	0.70	0.71	0.95	0.71	0.73	0.98	0.70
30	0.71	0.91	0.72	0.71	0.92	0.71	0.71	0.94	0.71	0.72	0.96	0.69
31	0.74	0.94	0.72	0.77	0.99	0.71	0.77	1.02	0.71	0.80	1.05	0.70
32	0.87	1.19	0.57	0.89	1.22	0.58	0.89	1.21	0.59	0.89	1.22	0.62
33	0.96	1.19	0.60	1.01	1.28	0.61	1.04	1.35	0.61	1.06	1.39	0.63
34	0.71	0.93	0.72	0.73	0.97	0.71	0.73	0.97	0.72	0.73	0.98	0.71
35	0.68	0.90	0.70	0.70	0.93	0.70	0.71	0.96	0.69	0.74	1.00	0.70
36	0.75	0.99	0.66	0.77	1.03	0.65	0.78	1.04	0.65	0.79	1.07	0.67
37	0.73	0.99	0.68	0.72	0.99	0.67	0.74	1.02	0.69	0.76	1.04	0.70
39	0.78	1.04	0.72	0.78	1.07	0.72	0.79	1.08	0.71	0.78	1.08	0.69
40	0.85	1.13	0.81	0.82	1.12	0.79	0.79	1.10	0.79	0.74	1.04	0.75
41	0.79	1.01	0.72	0.79	1.03	0.72	0.80	1.04	0.74	0.78	1.04	0.70
42	0.70	0.88	0.68	0.72	0.93	0.68	0.73	0.96	0.71	0.75	1.00	0.71
均值	0.765	1.008	0.692	0.775	1.035	0.683	0.783	1.050	0.684	0.789	1.063	0.680

注：vtfpr、vlogA、btl 分别表示名义生产率方差、实际生产率对数的方差、补贴率。

通过表 16-3 的分析发现：2004~2007 年制造业各行业内企业间实际生产率有着显著的差异，各年方差均值分别为 1.008、1.035、1.050、1.063，并有增加的趋势。以 2007 年为例，方差最大的行业是 33，方差为 1.39，最小的行业是 24，方差为 0.84。这充分印证了文中关于企业实际生产率异质性的假说是正确的。此外，制造业各行业之间的生产率方差的顺序比较稳定。以各行业每年实际生产率方差从大到小的排序为例，33、13、25、15 四个行业的方差始终位居前五名（尽管具体名次有变化）。

从趋势上看，各年名义生产率方差均值为 0.765、0.775、0.783、0.789，根据理论预测，这表明样本期内制造业资源错配程度有明显的增加趋势。以各行业每年名义生产率方差从大到小的排序为例，33、13、25、15 四个行业的方差始终位居前五名，这表明这四个分行业的资源错配最为严重。

2. 各行业补贴率

产出扭曲因子 $\tau_{Y_{Si}}$ 小于零数量的多少，不仅反映政府在配置资源中的重要作用，还表明了政府在产品市场中对企业的干预程度。通过统计发现 2004~2007 年制造业总体平均补贴率高达 68.5% 左右，依次为 69.2%、68.3%、68.4%、68.0%，处于较为平缓的下降趋势。与其他行业相比，40、22、18 这三个行业在样本期内始终是得到补贴最多的行业，行业 40（电子通信计算机）的持续补贴表明国家对国家信息化战略产业补贴政策是连续的。行业 32（黑色金属冶炼及压延加工业）始终处于补贴率最低的行业，说明国家对高能耗和产能过剩产业的限制政策是连续的。

3. 产出、资本、能源错配因子的均值及方差

表 16-4 报告了制造业分行业资源错配因子的均值。通过观察该表发现：各行业产出错配因子的均值为负值，再次印证了大多数行业得到了各种各样的补贴。与此同时，发现制造业分行业的资本错配因子和能源错配因子均为正，这说明了大多数制造业行业的企业都以较高的成本在使用能源和资本。从数据的绝对值上看，资本错配因子的平均值最大，样本期内制造业总体资本错配因子的平均值依次为 21.04、23.29、26.58、30.13，而能源错配因子的均值依次为 3.78、3.56、4.21、4.13，以及产出扭曲因子的均值依次为 -0.95、-0.97、-0.97、-0.96。样本期内资本扭曲增加趋势明显，能源扭曲和产出扭曲均值趋势不明显。实证结果中，资本扭曲因子均值的测算结果远远大于布拉克（Burak R. Uras，2014）的测算结果，他以美国制造业为实证对象，制造业各个子行业的扭曲均值在 -0.64~19.75 之间，这表明中国资本扭曲更大。与其他行业相比，从 2004~2007 年各行业四年资本错配因子均值来看，33、42、19、39、40 这 5 个行业位居制造业的前列，说明资本在这 5 个行业的扭曲较为严重；23、27、28、24、15 行业资本错配因子均值始终位居制造业分行业后五位。依据上文的分析发现电子计算机制造行业（40）是补贴较多的行业，但从资本扭曲因子排名来看，也是资本扭曲较大的行业，这说明国家信息化战略的扶持政策在一定程度上被资本扭曲所削弱。33（有色金属及冶炼行业）是国家产业政策限制的高能耗和产能过剩行业，这说明国家的能源政策执行是一致的。

表 16-4　　　　关键变量描述性统计：资源错配因子均值

行业代码	2004 年 资本	能源	产出	2005 年 资本	能源	产出	2006 年 资本	能源	产出	2007 年 资本	能源	产出
13	28.89	6.40	-1.43	33.21	4.79	-1.36	34.78	4.35	-1.38	36.95	4.70	-1.18
14	16.33	2.68	-1.09	21.85	3.23	-1.19	25.59	4.60	-1.31	25.26	3.42	-1.14
15	14.73	3.50	-1.22	17.51	4.50	-1.20	20.64	4.27	-1.20	24.61	3.16	-1.09
17	18.21	4.32	-0.81	20.43	3.89	-0.86	22.56	4.89	-0.89	24.71	5.53	-0.87
18	23.55	3.77	-0.88	26.15	3.22	-0.89	28.69	3.56	-0.85	32.13	3.30	-0.88
19	30.07	3.95	-0.83	32.02	3.45	-0.85	35.82	3.86	-0.80	40.01	3.44	-0.72
20	24.90	5.44	-1.04	29.08	3.56	-1.04	30.03	4.29	-1.02	35.31	4.44	-1.06
21	20.55	2.58	-0.85	20.86	3.05	-0.81	24.05	3.33	-0.74	27.20	4.18	-0.74
22	16.50	4.32	-1.09	21.01	4.10	-1.25	24.33	5.37	-1.25	30.01	7.54	-1.34
23	8.42	2.80	-0.84	9.34	3.29	-0.84	10.43	3.67	-0.85	12.58	3.14	-0.82
24	17.53	3.38	-0.62	17.50	2.40	-0.62	19.37	2.97	-0.63	19.49	1.98	-0.48
25	23.17	4.18	-1.23	25.13	3.85	-1.13	30.48	4.53	-0.96	31.05	3.46	-0.90
26	23.27	3.54	-0.95	26.36	3.65	-0.95	28.46	3.81	-1.04	34.25	5.03	-1.10
27	12.04	2.16	-0.98	12.73	3.40	-0.92	12.76	2.52	-0.92	15.86	3.82	-1.03
28	9.80	2.54	-0.66	12.36	1.75	-0.73	15.33	2.51	-0.87	23.56	3.08	-1.06
29	16.21	3.90	-0.99	18.60	3.34	-0.96	26.41	3.47	-1.06	29.20	4.14	-1.09
30	17.98	3.42	-0.98	18.89	3.12	-0.92	21.85	3.96	-0.95	24.69	5.00	-0.89
31	17.27	3.56	-1.03	19.46	3.31	-1.08	22.04	4.38	-1.18	26.46	4.53	-1.19
32	25.15	3.15	-0.63	28.37	3.48	-0.76	31.13	3.40	-0.78	37.84	4.50	-0.93
33	29.03	3.14	-0.82	35.38	3.07	-0.98	45.97	3.73	-1.07	58.17	3.38	-1.25
34	22.84	4.22	-0.95	25.45	3.40	-0.97	27.36	4.78	-0.96	31.04	3.61	-0.95
35	19.20	2.78	-0.75	20.70	2.84	-0.82	22.20	3.54	-0.82	26.57	3.81	-0.88
36	17.66	2.41	-0.72	19.05	2.34	-0.73	21.08	2.89	-0.75	25.89	4.02	-0.84
37	16.74	2.50	-0.75	16.33	2.29	-0.70	20.08	3.61	-0.79	24.67	4.33	-0.89
39	28.30	5.78	-1.07	32.63	3.18	-1.11	36.80	4.07	-1.09	38.45	3.92	-0.95
40	34.58	7.42	-1.67	33.57	8.05	-1.44	35.13	8.79	-1.32	32.09	4.58	-1.04
41	26.36	4.04	-0.91	25.92	4.49	-0.90	32.07	7.76	-0.97	29.21	4.16	-0.80
42	29.86	3.90	-0.69	32.18	4.63	-0.75	38.83	4.87	-0.86	46.50	5.55	-0.89
均值	21.04	3.78	-0.95	23.29	3.56	-0.96	26.58	4.21	-0.97	30.13	4.13	-0.96

表 16-5 报告了制造业分行业资源错配因子的方差。通过观察发现：制造业不同要素错配因子方差均值从大到小依次为资本、能源、产出错配因子，资本和能源错配因子各分行业方差差异均较大，以 2004 年为例，资本错配各行业方差最小行业为 27.7，最大为 246.0；能源错配行业方差最小为行业 13，最大为 151.9。这充分印证了文中关于各企业扭曲度异质性的假说是正确的。

表 16-5　　　　关键变量描述性统计：资源错配因子方差

行业代码	2004 年 资本	能源	产出	2005 年 资本	能源	产出	2006 年 资本	能源	产出	2007 年 资本	能源	产出
13	93.3	151.9	3.4	91.1	64.6	3.1	101.5	39.0	3.4	110.6	47.2	2.9
14	38.8	16.4	2.2	63.4	40.5	2.1	71.4	66.1	2.3	53.0	30.7	2.0
15	32.9	33.3	2.2	40.8	33.8	2.4	48.7	48.6	2.5	60.0	25.3	2.1
17	109.4	139.2	2.5	48.0	33.1	1.5	56.9	57.4	1.6	77.5	90.5	1.5
18	46.3	28.2	1.4	56.2	20.3	1.3	58.9	24.9	1.2	74.6	31.3	1.3
19	79.6	32.7	1.5	82.2	23.3	1.5	129.9	38.3	1.5	107.1	29.8	1.2
20	68.7	91.4	1.7	69.8	20.3	1.8	58.7	42.9	1.9	67.9	57.1	1.7
21	56.3	15.0	1.5	45.7	28.0	1.3	59.7	26.2	1.3	54.1	44.8	1.3
22	38.0	49.0	1.8	55.6	33.4	2.1	64.0	63.4	2.0	68.8	235.8	1.9
23	27.7	21.4	1.6	21.2	27.3	1.5	22.4	28.8	1.5	29.7	30.3	1.4
24	47.3	43.6	1.1	39.1	11.1	1.3	55.0	44.9	1.2	82.2	9.1	1.0
25	53.2	37.3	2.6	63.6	27.1	2.7	103.8	58.6	2.3	136.3	47.1	2.6
26	246.0	53.8	2.2	86.2	53.5	2.2	68.2	40.2	2.1	77.9	96.3	2.3
27	22.2	12.4	1.9	28.1	39.2	2.0	30.2	18.0	2.3	31.7	91.2	2.3
28	31.5	10.9	1.6	22.5	7.2	1.7	38.8	14.3	1.9	157.3	21.4	3.7
29	30.4	44.0	1.7	35.3	34.6	1.7	91.3	28.4	1.8	69.0	45.3	1.9
30	76.0	29.4	2.1	41.4	17.7	1.6	47.3	48.8	1.6	63.4	159.8	1.6
31	128.1	38.0	1.8	102.3	26.9	1.9	54.2	41.3	2.0	72.1	62.3	2.1
32	81.2	21.9	1.7	85.5	31.2	2.0	95.1	33.2	1.9	103.8	42.2	2.0
33	74.4	24.8	2.0	109.9	23.1	2.1	127.2	34.3	2.3	165.1	22.5	2.7
34	61.5	47.2	1.6	55.0	30.9	1.5	64.7	62.5	1.5	63.4	33.6	1.5
35	61.8	22.5	1.3	46.4	23.2	1.5	52.4	38.3	1.5	57.1	46.2	1.5
36	53.0	14.5	1.5	57.7	13.5	1.5	58.7	25.4	1.5	90.5	65.9	1.6
37	46.1	20.1	1.5	41.3	16.9	1.4	60.1	84.5	1.5	63.5	80.1	1.8

续表

行业代码	2004年 资本	2004年 能源	2004年 产出	2005年 资本	2005年 能源	2005年 产出	2006年 资本	2006年 能源	2006年 产出	2007年 资本	2007年 能源	2007年 产出
39	69.7	104.6	2.0	148.0	19.8	1.9	94.6	32.6	1.8	265.2	55.7	5.3
40	86.2	71.8	2.8	79.9	132.4	2.1	93.5	235.9	2.0	95.4	47.2	1.7
41	71.1	23.9	1.6	65.1	34.8	1.4	81.5	218.5	1.5	61.8	33.3	1.3
42	100.8	23.4	1.3	88.6	38.1	1.3	138.0	41.2	1.5	134.8	47.6	1.4
均值	69.0	43.7	1.9	63.2	32.4	1.8	72.4	54.9	1.8	89.1	58.2	2.0

4. 资源错配对制造业分行业总量 TFP 的影响

表 16-6 列出了资源错配对中国制造业分行业 TFP 造成的影响，即纠正资源错配后 TFP 的潜在收益。从表中可看到资源错配对各行业 TFP 影响的大小存在显著差异。

资源错配的趋势。样本期内 28 个行业中有 13 个分行业（15、17、22、23、26、27、30、31、32、33、35、36、37）的资源错配逐年递增；此外，值得注意的是有 24 个行业 2007 年的资源错配开始恶化。2007 年资源错配恶化的原因可能是国家实施一系列防止经济过热的政策、限制"两高"及产能过剩行业所导致的。依据 2007 年和 2006 年的政府工作报告发现，国家首次提出了单位国内生产总值能耗降低 4% 左右的目标；两次上调贷款基准利率，三次上调存款准备金率；对"两高"行业实施了更加严厉的控制政策。这些政策的实施可能因为所有制、企业规模等错配因素的存在恶化了资源配置效率。

资源错配的行业差异。从样本期内资源错配对各行业 TFP 影响的均值排名来看，其中资源错配最严重的 5 个行业依次为 33、26、13、32、25，这些行业除了 13 为轻工业外，其他均为资本密集的"两高"行业。如果资源错配有效配置，这些行业的平均 TFP 在现有的基础上分别可增长 339.2%、213.6%、197.0%、191.7%、178.3%。资源错配程度最低的行业分别为行业 24、23、18，这些行业均是轻工业。

表 16-6 行业内企业间资源错配对制造业分行业总量 TFP 的影响 单位：%

行业代码	2004年	2005年	2006年	2007年	均值	均值排名	以行业23校准
13	203.6	198.7	190.9	194.8	197.0	3	47.2
14	147.5	150.6	149.4	159.1	151.7	12	24.7

续表

行业代码	2004年	2005年	2006年	2007年	均值	均值排名	以行业23校准
15	123.7	129.5	147.0	160.7	140.2	15	19.0
17	124.1	130.3	139.2	145.7	134.8	19	16.4
18	104.5	108.5	108.4	112.3	108.4	26	3.3
19	120.8	120.4	132.6	139.1	128.2	23	13.1
20	161.4	160.0	154.8	158.8	158.8	8	28.2
21	130.4	123.5	125.8	129.8	127.4	24	12.7
22	149.7	166.2	180.9	193.9	172.7	6	35.1
23	89.0	95.2	106.4	116.6	101.8	28	0.0
24	101.2	105.6	109.9	102.8	104.9	27	1.5
25	140.4	169.5	205.5	197.8	178.3	5	37.9
26	186.6	204.0	227.5	236.2	213.6	2	55.4
27	117.9	135.3	142.0	144.6	134.9	18	16.4
28	134.9	157.9	134.4	123.7	137.7	16	17.8
29	125.6	120.5	135.5	153.4	133.8	20	15.8
30	132.9	134.1	137.9	141.1	136.5	17	17.2
31	142.6	166.7	171.4	185.3	166.5	7	32.1
32	177.2	190.8	198.3	200.3	191.7	4	44.5
33	296.9	328.0	341.8	390.1	339.2	1	117.6
34	129.5	134.9	132.4	136.2	133.3	21	15.6
35	113.7	118.2	129.9	132.9	123.7	25	10.8
36	143.7	146.9	155.1	158.1	150.9	13	24.4
37	126.4	129.3	133.2	137.3	131.5	22	14.7
39	141.4	136.3	145.3	149.6	143.2	14	20.5
40	156.8	171.2	146.1	150.5	156.1	10	26.9
41	155.1	169.1	159.2	143.5	156.7	9	27.2
42	150.1	156.8	155.8	161.9	156.1	11	26.9
均值	143.8	152.1	157.0	162.7	153.9		25.8

为了控制测量和参数设定误差对测算结果的影响，以资源错配程度最低的行业23（样本期平均水平）为基准，其他行业如果达到该行业的资源配置效率，

TFP 的潜在收益仍十分可观，范围为：1.5% ~ 117.6%，均值为 25.8%。

5. 资源错配对制造业总量 TFP 的影响

中国制造业资源错配程度在样本期呈现逐年递增趋势（见图 16-1），相应的资源错配对制造业总量 TFP 造成的影响则由 149.5% 上升至 173.9%。该结论比邵谊航等（2013）的测算结果小。造成差异的原因有二：首先，数据处理方法不同。本研究对各行业按照 HK 的截尾方法采取了更为严格的截尾（2%），有效地避免了 TFPR 异常值对实证结果的影响。其次，与其选择 30 个制造业分行业不同，本研究选择的是 28 个。

资源错配整体增加的原因可能是 2004 ~ 2007 年政府为了抑制经济过热在产出和要素市场实施了一系列控制政策相关，且政策力度不断增强（这一点在 2004 ~ 2007 年政府工作报告中得到了印证）。而这些政策可能正是致使资源错配加剧的原因。

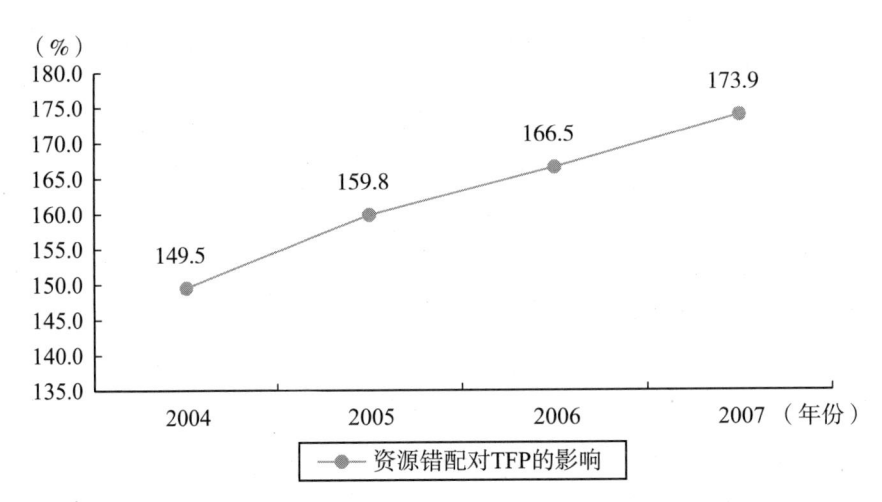

图 16-1　行业内企业间资源错配程度对制造业总量 TFP 的影响

6. 不同要素错配类型对制造业总量 TFP 的影响

表 16-7 报告了不同要素错配类型对 TFP 的影响，主要包括：

第一，单一扭曲导致的资源错配对制造业总量 TFP 的影响。该类资源错配对 TFP 影响的趋势和大小均存在差异。资本错配对 TFP 的影响呈现较快的上升趋势，从 2004 年的 105.60% 上升至 2007 年的 128.26%；产出扭曲导致的资源错配呈现微弱的下降趋势，从 2004 年的 19.71% 下降至 2007 年的 12.75%；能源错配对 TFP 的影响呈现下降趋势，从 2004 年的 8.16% 下降至 2007 年的 6.52%。从不同要素错配对 TFP 影响的样本均值看，对 TFP 的影响从大到小的顺序依次为资本错配、产出扭曲导致的错配、能源错配，样本期内影响的范围依次为

105.60% ~ 128.26%、12.75% ~ 19.71%、6.52% ~ 8.16%。

第二，双扭曲导致的资源错配对制造业总量 TFP 的影响。该类错配对 TFP 的影响巨大。样本期内，产出和资本扭曲共同导致的错配对 TFP 的影响呈现出较为快速的增加趋势，影响范围为 137.65% ~ 150.46%。产出和能源扭曲共同导致的错配对 TFP 的影响呈现下降趋势，影响范围为 19.36% ~ 28.10%。能源和资本扭曲共同导致的错配对 TFP 的影响呈现较快的增加趋势，影响范围为 121.26% ~ 143.85%。该类错配对 TFP 造成的影响远大于单一扭曲导致的资源错配对制造业总量 TFP 的影响。

表 16-7　单要素扭曲、双要素扭曲错配对 TFP 的影响　　单位:%

错配类型		2004 年	2005 年	2006 年	2007 年	备注
单一扭曲导致的错配	产出扭曲	19.71	17.65	13.00	12.75	仅存在产出扭曲
	资本扭曲	105.60	116.38	122.13	128.26	仅存在资本扭曲
	能源扭曲	8.16	7.71	7.13	6.52	仅存在能源扭曲
双扭曲导致的错配	资本和产出	137.65	144.65	144.97	150.46	仅存在资本、产出扭曲
	能源和产出	28.10	25.88	20.82	19.36	仅存在能源、产出扭曲
	能源和资本	121.26	132.52	137.64	143.85	仅存在能源、资本扭曲

三、稳健性检验

以资源错配对制造业总量 TFP 的影响为对象，做了以下四个稳健性检验（见表 16-8）：

第一，用年末从业人数替代工资作为劳动投入的替代变量。结果表明资源错配对 TFP 的影响比前文更大，但趋势一致。第二，正文中给出的能源投入为制造投入的 50%，但可能依然高估了能源投入，下面分别给出是制造投入的 10%、30% 的实证结果。结果表明：如果能源投入比例过小（小于制造投入的 50%），则资源错配对 TFP 的影响比前文更大，能源错配对 TFP 的影响比前文更小，但趋势一致。此外用能源实物量（标准煤）替代能源投入后的实证结果表明：资源错配和能源错配对 TFP 影响的测算结果均比前文大，但趋势一致。因此，能源错配对制造业 TFP 的影响至少在 2.1% ~ 8.2% 之间。第三，将替代弹性 σ 由 3 设置为 5。结果正如第二章中的理论预测一样，该值的增加导致了资源错配程度的增加，对 TFP 的影响也大幅增加，与前文趋势一致。第四，首尾各截尾 0.5%，资源错配对 TFP 的影响比前文更大，但趋势一致。

综上所述，本书测算的资源错配对 TFP 影响的结果较为保守，且是稳健的。

表 16-8　　　　　　　　稳健性检验结果　　　　　　　　单位：%

稳健性检验类型	错配类型	2004 年	2005 年	2006 年	2007 年
前文测算结果	资源错配	149.5	159.8	166.5	173.9
	能源错配	8.16	7.71	7.13	6.52
能源投入为制造投入的比例 10%	资源错配	174.9	187.8	195.9	200.6
	能源错配	2.1	2.0	1.8	1.7
30%	资源错配	160.9	172.4	179.8	186.0
	能源错配	5.6	5.2	4.9	4.4
能源实物量替代能源投入	资源错配	164.5	175.8	183.2	191.3
	能源错配	9.0	8.5	7.8	7.2
首尾各截尾 0.5%	资源错配	198.1	209.5	218.9	233.4
就业替代工资	资源错配	366.1	398.4	419.2	443.4
替代弹性为 5	资源错配	297.7	314.6	325.0	340.7

第二节　行业内企业间资源错配对中国制造业要素生产率影响的区域差异

中国不同经济时期形成了不同的区域经济格局，随着经济新常态的到来，中国提出了"四大板块，三个支撑带"的区域新格局，这一提法将有利于从横向和纵向提高区域经济一体化水平，提高区域内的资源配置效率，打破原有的区域分割。那么，如果各区域资源有效配置后，各区域行业内企业间的资源配置效率提升空间有多大？

第一节在检验了行业内企业间资源错配对中国制造业总量 TFP 的影响时，其潜在假设是：当制造业各子行业内企业间在一国范围内能够实现有效配置后，制造业总量 TFP 在现有基础上可实现增长的百分比。然而，这一假设忽视了中国区域经济发展差异较大的现实情况，测出的 TFP 增长潜力短期内难以实现。

为了提高实证研究的应用价值，本节立足中国区域格局发展历史与现状，分区域考察了行业内企业间资源错配对中国制造业总量 TFP 的影响；同时与 HK (2009) 的研究思路相同（HK 以美国制造业为参照基准），以区域内行业内企业间资源错配最低的地区为基准，如果其他地区达到该地区的资源配置效率，那么其他地区 TFP 能够实现的潜在增长空间是多少。

因此，本节首先回顾了中国区域经济格局的历史演进；其次，对中国当前的区域新格局进行了说明;最后,应用行业内企业间资源错配对 TFP 影响的理论模型,以 2004~2007 年中国制造业数据为对象进行实证检验,扭曲因子设定为产出、资本、能源扭曲因子。

一、中国区域经济新格局的划分

(一) 中国区域经济格局的演进

区域经济是整体经济的有机组成部分,区域经济发展状况直接影响整体的经济发展质量和发展水平。区域经济的划分一般以区域资源禀赋、经济发展环境、国家经济发展战略等因素为依据,具体为:自然条件、地理位置、经济发展水平、人口和城镇分布、政治和军事考虑等多种因素。一个国家的经济区域划分是构建区域经济发展体系、制订区域经济发展战略和实施区域经济政策的基础。

中国在不同的经济阶段形成了不同的区域经济格局。改革开放初期,"六五"计划中沿用了之前的沿海与内地"两分法""七五"计划实行了东、中、西三大经济地带划分,"八五"计划又恢复为沿海与内地的"两分法""九五"计划重新划分为东部地区和中西部地区,"十五"计划又回到东、中、西三大经济区域划分,"十一五"规划和"十二五"规划补充形成东部、中部、西部和东北四大区域划分(见表 16-9)。纵观中国经济区域划分的历史演变,其核心线索是"七五"时期东、中、西三大区域的划分,其他时期仅作了局部调整或补充(魏后凯,2006)。

表 16-9   中国区域格局的演进

国家计划	时间	区域经济格局
"六五" 计划	1981~1985 年	沿海地区、内陆地区
"七五" 计划	1986~1990 年	东部沿海地带、中部地带、西部地带
"八五" 计划	1991~1995 年	沿海地区、内陆地区
"九五" 计划	1996~2000 年	(1) 东部地区、中西部地区;(2) 长江三角洲及沿江地区、环渤海地区、东南沿海地区、西南和华南部分省区、东北地区、中部五省地区、西北地区
"十五" 计划	2001~2005 年	西部地区、中部地区、东部地区
"十一五" 计划 "十二五" 计划	2006~2010 年 2010~2015 年	(1) 西部地区、东北地区、中部地区、东部地区;(2) 优化开发、重点开发、限制开发、禁止开发四类主体功能区

（二）中国区域新格局的划分

2008 年金融危机爆发以来，中国经济逐步迈入"新常态"，其特征表现为：经济增长速度由高速向中高速转换，结构调整面临阵痛期，新的经济增长动力正在形成，改革进入深水区，日益恶化的环境污染已经接近环境承载能力的上限。面对这些问题，中国政府提出了"创新、协调、绿色、开放、共享"的发展理念，而原有东部、中部、西部和东北部四大区域划分方法，则不能体现区域协调和区域间开放的发展理念。例如，这一划分方法不利于区域间经济的协调和一体化发展，具备一定的分割性使其不能满足开放的发展理念要求，这些变化对原有经济区域划分提出了诸多挑战，新的区域经济格局呼之欲出（见表 16-10）。

表 16-10　　　　　　　中国区域经济新格局

区域名称		区域及经济带涵盖的行政区	省份数量
四大板块	东部地区	北京、天津、河北、山东、江苏、上海、浙江、福建、广东、海南	10
	中部地区	河南、湖北、湖南、安徽、江西、山西	6
	东北部地区	辽宁、吉林、黑龙江	3
	西部地区	重庆、四川、云南、贵州、广西、西藏、陕西、甘肃、宁夏、新疆、青海、内蒙古	11
三个支撑带	一带一路	（1）丝绸之路经济带：陕西、甘肃、青海、宁夏、新疆，西南的重庆、四川、云南、广西；（2）21 世纪海上丝绸之路：江苏、浙江、广东、福建、海南	14
	长江经济带	江苏、浙江、湖北、湖南、江西、安徽、贵州、云南、四川、上海、重庆	11
	京津冀	北京、天津、河北	3

"十二五"期间东部、中部、西部及东北部区域的划分，不仅有利于中国实施东部率先发展，中部崛起、西部大开发、振兴东北老工业基地的区域经济战略；而且也有利于缩小区域经济差异、加强区域内经济一体化水平。但这一划分仍存在以下三点不足：

（1）区域间缺乏有效的融合机制，不利于全国统一市场的形成。在国家层面的区域战略中，东部、中部、西部及东北部的"块"状划分是对全国统一市场的自然割裂，而国家依据这一划分方法制定的区域经济政策，无形中会进一步强化"四大板块"的经济割裂，各区域内的经济融合与竞争会进一步强化，而区域间的竞争与融合可能会进一步扩大，因此不利于形成全国统一市场。

（2）不利于产业在区域间的转移与承接。随着国内劳动力及原材料价格的日益上涨，东部地区已经逐渐丧失了发展劳动密集型产业的比较优势，相对而言，东北部、中部、西部则具有承接劳动密集型产业的条件和需要，而四个"块状"区域经济的划分不利于产业在区域间的转移和承接。

（3）各区域内省份（市、区、县）间过度竞争，导致了重复建设和资源浪费。例如，各个开发区的建设如火如荼，仅分布在全国各省（市、区）的国家级经济技术开发区就高达215个。

为此，在2015年的中国政府经济工作报告中，首次提出拓展区域发展新空间，统筹实施"四大板块"和"三个支撑带"（一带一路、长江经济带、京津冀经济带）战略组合。报告中指出：在西部地区开工建设一批综合交通、能源、水利、生态、民生等重大项目，落实好全面振兴东北地区老工业基地政策措施，加快中部地区综合交通枢纽和网络等建设，支持东部地区率先发展，加大对老少边穷地区支持力度，完善差别化的区域发展政策。把"一带一路"建设与区域开发开放结合起来，加强新亚欧大陆桥、陆海口岸支点建设。推进京津冀协同发展，在交通一体化、生态环保、产业升级转移等方面率先取得实质性突破。推进长江经济带建设，有序开工黄金水道治理、沿江码头口岸等重大项目，构筑综合立体大通道，建设产业转移示范区，引导产业由东向西梯度转移。加强中西部重点开发区建设，深化泛珠海等区域合作。

根据2015年中国政府经济工作报告中区域经济格局的规划，"四大板块"，是指要大力建设西部地区、东北地区、东部地区和中部地区；而"三个支撑带"，是指一带一路、京津冀协同发展、建设长江经济带，它们涉及的省份见表16-10。这一新的区域经济新格局是在2015年政府工作报告中提出的，标志着未来中国区域经济新格局的划分与形成。这一划分方法将有利于打破"四大板块"之间的经济割裂，"三个支撑带"战略的提出就是要打通板块，实现区域一体化。

为了更好地进行区域差异的比较研究，本书将"一带一路"分拆为"丝绸之路经济带"和"21世纪海上丝绸之路"，"一带一路"覆盖中国东西14个省份，从东部和西部之间经济水平、资源禀赋差异看，将"一带一路"分拆为"丝绸之路经济带"和"21世纪海上丝绸之路"是合理的，因此，本书研究的区域经济新格局为"四大板块"和"四个支撑带"。

二、数据、变量与参数

本节的数据、变量、参数设定与第一节相同。

三、实证结果与分析

(一) 关键变量实证结果与分析

本节实证的关键变量为企业的产出扭曲因子 $\tau_{Y_{si}}$、能源扭曲因子 $\tau_{E_{si}}$、资本扭曲因子 $\tau_{K_{si}}$ 以及名义生产率方差 V_{TFPR}。受篇幅限制，表 16-11~表 16-14 仅仅报告了 2007 年中国东部地区、中部地区、西部地区、东北部地区、长江经济带、京津冀地区、丝绸之路经济带以及 21 世纪海上丝绸之路经济带关键变量的实证结果，通过实证结果的分析，可得到如下结论。

表 16-11　　　　中国东部和中部地区关键变量实证结果

行业代码	企业数量	东部地区 $\tau_{K_{si}}$	$\tau_{E_{si}}$	$\tau_{Y_{si}}$	V_{TFPR}	企业数量	中部地区 $\tau_{K_{si}}$	$\tau_{E_{si}}$	$\tau_{Y_{si}}$	V_{TFPR}
13	6 912	35.67	5.02	-1.27	0.90	3 424	37.10	4.21	-0.97	0.88
14	2 783	22.91	2.75	-1.06	0.84	1 107	31.89	2.73	-1.14	0.87
15	1 425	25.95	3.13	-1.16	0.89	903	31.56	3.05	-1.30	0.91
17	18 235	23.94	5.07	-0.89	0.71	3 048	24.36	6.34	-0.85	0.79
18	9 955	30.81	3.30	-0.86	0.63	1 084	53.89	4.19	-1.42	0.82
19	4 869	33.65	3.56	-0.70	0.64	569	102.52	4.10	-1.20	0.88
20	3 842	36.24	3.89	-1.10	0.71	1 316	40.46	3.62	-1.01	0.78
21	2 338	25.71	4.86	-0.73	0.71	366	44.19	2.59	-0.83	0.78
22	4 436	25.18	8.19	-1.17	0.73	1 096	34.71	5.31	-1.44	0.81
23	2 771	10.92	3.14	-0.75	0.66	545	16.12	2.12	-0.94	0.85
24	2 882	17.29	2.13	-0.49	0.61	244	41.73	3.44	-0.63	0.69
25	611	35.12	2.02	-0.90	1.05	374	17.36	4.00	-0.82	0.89
26	11 064	35.89	5.70	-1.24	0.86	3 733	36.52	3.76	-1.00	0.83

续表

行业代码	企业数量	东部地区				企业数量	中部地区			
		$\tau_{K_{si}}$	$\tau_{E_{si}}$	$\tau_{Y_{si}}$	V_{TFPR}		$\tau_{K_{si}}$	$\tau_{E_{si}}$	$\tau_{Y_{si}}$	V_{TFPR}
27	2 029	15.80	1.80	-1.00	0.87	1 053	17.31	12.78	-1.15	0.91
28	1 104	29.54	4.30	-1.49	0.75	105	9.64	1.27	-0.44	0.92
29	2 230	29.73	4.69	-1.06	0.71	359	38.13	3.67	-1.28	0.83
30	9 332	23.08	5.37	-0.85	0.69	1 336	35.01	4.85	-1.22	0.83
31	10 750	28.30	5.07	-1.14	0.78	4 718	28.72	4.71	-1.41	0.82
32	3 000	39.31	3.95	-1.26	0.87	991	42.21	7.23	-0.94	0.90
33	2 758	65.25	4.29	-1.71	1.00	1 351	54.04	2.64	-0.94	1.12
34	11 053	29.33	3.58	-0.92	0.70	1 469	36.16	8.24	-0.92	0.80
35	15 659	25.36	4.12	-0.90	0.70	2 594	33.73	3.19	-0.87	0.81
36	7 309	25.84	3.22	-0.90	0.75	1 477	23.43	3.48	-0.61	0.84
37	7 380	25.29	5.75	-1.01	0.72	1 636	21.15	2.41	-0.58	0.82
39	11 391	33.79	4.21	-0.90	0.74	1 637	50.96	4.38	-1.23	0.90
40	7 037	31.63	4.83	-1.11	0.72	571	36.72	4.63	-1.20	0.88
41	2 729	26.86	4.08	-0.82	0.73	309	46.36	2.15	-0.85	0.96
42	4 384	42.93	4.88	-0.83	0.71	506	75.16	10.52	-1.31	0.91
均值	6 081	29.69	4.18	-1.01	0.76	1 354	37.90	4.49	-1.02	0.86

表16-12　　中国东北和西部地区关键变量实证结果

行业代码	企业数量	东北地区				企业数量	西部地区			
		$\tau_{K_{si}}$	$\tau_{E_{si}}$	$\tau_{Y_{si}}$	V_{TFPR}		$\tau_{K_{si}}$	$\tau_{E_{si}}$	$\tau_{Y_{si}}$	V_{TFPR}
13	1 862	31.98	4.82	-1.01	1.03	2 716	49.79	5.75	-1.40	1.00
14	568	28.55	5.02	-1.63	0.96	1 104	24.66	5.18	-1.14	0.87
15	430	17.98	2.22	-1.09	0.92	971	21.08	3.73	-0.98	0.94
17	862	24.95	7.96	-0.83	0.82	1 552	38.78	5.01	-0.94	0.89
18	990	34.35	2.89	-0.82	0.63	623	24.40	2.08	-0.77	0.63
19	393	68.01	1.96	-0.67	0.60	664	39.17	1.95	-0.67	0.81
20	846	20.31	8.19	-0.80	0.80	711	44.29	4.87	-1.20	0.94
21	440	33.88	3.11	-0.80	0.75	383	17.19	2.05	-0.61	0.72
22	528	29.10	6.39	-1.08	0.83	1 033	45.45	5.22	-1.73	0.86

续表

行业代码	企业数量	东北地区				企业数量	西部地区			
		$\tau_{K_{si}}$	$\tau_{E_{si}}$	$\tau_{Y_{si}}$	V_{TFPR}		$\tau_{K_{si}}$	$\tau_{E_{si}}$	$\tau_{Y_{si}}$	V_{TFPR}
23	354	23.40	4.51	−1.01	0.74	636	11.79	1.97	−0.99	0.73
24	187	19.49	0.81	−0.56	0.66	241	23.59	0.88	−0.44	0.45
25	297	39.69	0.81	−1.41	1.07	428	50.48	8.82	−1.38	0.83
26	1 542	31.17	1.97	−0.77	0.90	2 817	28.68	6.89	−1.04	0.91
27	574	15.75	2.82	−0.98	0.94	1 191	15.98	3.55	−1.14	0.91
28	55	40.31	0.31	0.06	0.87	81	18.12	1.35	−1.32	0.82
29	285	17.06	3.03	−0.91	0.77	285	34.02	1.60	−1.58	0.74
30	1 040	29.57	3.02	−1.01	0.79	1 365	23.72	2.96	−0.85	0.77
31	1 901	22.19	3.10	−1.11	0.82	3 264	19.90	3.74	−1.14	0.77
32	613	48.50	4.14	−0.88	0.99	1 326	32.27	5.20	−0.52	0.87
33	401	86.46	4.25	−1.89	1.11	1 020	38.84	3.54	−0.84	1.11
34	1 239	38.66	3.52	−1.08	0.80	1 491	30.00	3.76	−0.95	0.73
35	2 581	25.22	2.88	−0.71	0.77	1 886	30.19	3.87	−0.96	0.83
36	1 176	25.20	10.88	−0.89	0.90	1 191	25.35	3.73	−0.69	0.83
37	1 023	27.31	2.91	−1.10	0.87	1 786	25.57	2.31	−0.69	0.79
39	1 604	47.15	2.72	−0.75	0.80	1 643	43.09	2.30	−1.05	0.84
40	423	31.92	4.69	−0.84	0.86	1 192	32.40	2.72	−0.74	0.79
41	286	28.99	7.76	−0.51	0.89	350	32.84	3.19	−0.84	0.83
42	247	36.08	2.09	−0.77	0.73	318	41.91	6.95	−0.76	0.83
均值	812	32.97	3.89	−0.92	0.84	1 152	30.84	3.76	−0.98	0.82

（1）制造业分布不均衡，多集中于东部地区和长江经济带。从"四大板块"看，东部地区制造业企业数量分布最多，其次为中部、西部和东北地区。从"四个支撑带"来看，21世纪海上丝绸之路经济带分布最多，其次为长江经济带、丝绸之路经济带、京津冀。

（2）资本扭曲和劳动扭曲广泛存在，资本扭曲更大。无论是"四大板块"还是"四个支撑带"，制造业各行业扭曲均值中，资本扭曲和劳动扭曲均大于零，而且资本扭曲均值远远大于劳动扭曲均值。

（3）行业产出补贴普遍存在，各区域之间和区域内行业之间存在着较为显著的差异。从"四大板块"产出扭曲因子的均值看，各个行业的均值全部为负，这表明行业中的大部分企业存在产出补贴。从"四个支撑带"看，也可得到类似的结论。东部、中部、东北、西部的产出扭曲因子的均值分别为 -1.01、-1.02、-0.92、-0.98；丝绸之路经济带、21 世纪海上丝绸之路、长江经济带、京津冀经济带分别为：-0.95、-0.92、-0.94、-1.27。以东部地区和京津冀地区分别为例，行业补贴最多的是补贴最少的 3.49 倍和 2.48 倍，这预示着在制定区域政策和产业政策时应区别对待。

表 16-13　中国长江经济带和京津冀地区关键变量实证结果

行业代码	企业数量	长江经济带 $\tau_{K_{si}}$	$\tau_{E_{si}}$	$\tau_{Y_{si}}$	V_{TFPR}	企业数量	京津冀地区 $\tau_{K_{si}}$	$\tau_{E_{si}}$	$\tau_{Y_{si}}$	V_{TFPR}
13	5 760	38.81	3.82	-1.13	0.89	883	31.69	5.03	-1.77	1.04
14	2 304	23.91	3.23	-0.97	0.80	463	17.49	1.32	-1.05	0.91
15	1 751	29.95	2.65	-1.12	0.89	243	18.95	3.56	-1.19	0.98
17	15 475	21.92	5.18	-0.84	0.69	998	39.53	11.73	-1.10	0.95
18	7 716	28.55	3.15	-0.89	0.63	699	32.31	8.83	-1.13	0.78
19	4 084	29.46	3.18	-0.65	0.59	366	88.04	5.73	-2.16	0.93
20	3 406	31.20	3.67	-0.99	0.68	228	45.46	3.03	-1.75	0.91
21	1 582	19.73	5.01	-0.66	0.65	255	17.82	2.30	-1.23	0.85
22	3 727	24.94	4.49	-1.29	0.70	510	23.97	42.17	-1.41	0.90
23	2 210	10.77	2.66	-0.84	0.63	381	7.23	1.43	-1.09	0.76
24	2 225	22.24	2.30	-0.53	0.62	141	18.48	2.86	-0.91	0.69
25	444	41.27	6.09	-0.88	0.97	155	17.65	2.63	-0.90	0.97
26	9 845	33.85	4.69	-1.14	0.82	1 493	26.62	6.31	-1.08	0.94
27	2 310	14.97	5.46	-1.03	0.83	394	11.12	1.48	-1.03	0.90
28	1 026	20.25	3.86	-1.19	0.73	61	18.06	1.22	-0.94	1.02
29	1 638	28.35	3.69	-1.22	0.66	343	23.21	3.46	-0.87	0.77
30	7 357	21.18	6.20	-0.88	0.68	744	30.25	5.77	-1.56	0.87
31	9 048	23.43	3.82	-1.10	0.69	1 540	20.89	6.51	-1.26	0.86
32	2 908	36.69	5.31	-1.08	0.81	665	37.77	3.37	-1.38	0.99
33	2 835	51.87	3.21	-1.12	1.01	301	44.47	2.56	-1.46	1.18
34	8 223	26.38	3.56	-0.88	0.69	1 318	27.47	4.71	-1.30	0.82
35	13 365	23.34	4.03	-0.83	0.67	1 584	29.13	3.95	-1.25	0.82
36	5 845	21.25	3.16	-0.82	0.71	985	41.72	2.11	-1.04	0.87

续表

行业代码	企业数量	长江经济带				企业数量	京津冀地区			
		$\tau_{K_{si}}$	$\tau_{E_{si}}$	$\tau_{Y_{si}}$	V_{TFPR}		$\tau_{K_{si}}$	$\tau_{E_{si}}$	$\tau_{Y_{si}}$	V_{TFPR}
37	7 331	23.23	3.84	-0.83	0.69	1 005	20.92	8.89	-1.10	0.85
39	9 449	31.23	3.69	-0.90	0.75	916	45.59	5.59	-1.52	0.94
40	4 995	23.90	3.78	-0.99	0.72	647	57.76	9.58	-1.97	0.91
41	2 101	27.69	2.85	-0.86	0.73	383	50.22	9.97	-1.15	0.95
42	3 084	41.35	4.78	-0.77	0.69	265	33.64	3.40	-0.99	0.81
均值	5 073	27.56	3.98	-0.94	0.74	642	31.34	6.05	-1.27	0.90

（4）资源错配现象普遍存在，各区域之间和区域内行业间方差较为显著。从制造业各行业名义生产率的方差均值来看，东部、中部、东北、西部的值分别为0.76、0.86、0.84、0.82；丝绸之路经济带、21世纪海上丝绸之路、长江经济带、京津冀经济圈分别为：0.81、0.69、0.74、0.90。根据理论预测，如果该值不为零则表明存在行业内企业间资源错配现象，该值最小的是"四大板块"中的东部地区和"四个支撑带"中的21世纪海上丝绸之路，这表明它们的资源错配程度最低。从各区域内的行业间来看，以东部地区和京津冀地区为例，名义生产率方差最大的是最少的1.72倍和1.71倍。

表16-14　中国丝绸之路经济带和21世纪海上丝绸之路经济带关键变量实证结果

行业代码	企业数量	丝绸之路经济带				企业数量	21世纪海上丝绸之路经济带			
		$\tau_{K_{si}}$	$\tau_{E_{si}}$	$\tau_{Y_{si}}$	V_{TFPR}		$\tau_{K_{si}}$	$\tau_{E_{si}}$	$\tau_{Y_{si}}$	V_{TFPR}
13	2 250	51.01	5.62	-1.41	0.99	3 003	35.14	5.03	-1.17	0.85
14	950	22.77	4.76	-1.06	0.85	1 328	19.94	3.76	-0.95	0.73
15	805	20.87	3.66	-0.92	0.95	806	29.76	2.89	-1.14	0.84
17	1 377	36.25	5.33	-0.94	0.82	13 702	20.75	4.82	-0.84	0.66
18	577	23.92	2.80	-0.81	0.61	7 389	27.50	3.01	-0.77	0.58
19	647	35.72	1.78	-0.58	0.79	3 821	26.29	2.85	-0.56	0.54
20	570	47.18	5.13	-1.17	0.94	2 512	30.84	3.71	-0.98	0.63
21	357	16.00	2.01	-0.52	0.69	1 431	22.95	4.94	-0.61	0.60
22	961	44.14	5.39	-1.60	0.86	2 947	19.65	4.00	-0.91	0.63
23	581	12.10	2.06	-0.92	0.73	1 775	10.08	4.07	-0.69	0.57
24	237	24.31	0.89	-0.46	0.45	2 198	14.53	1.96	-0.39	0.57

续表

行业代码	企业数量	丝绸之路经济带 $\tau_{K_{si}}$	$\tau_{E_{si}}$	$\tau_{Y_{si}}$	V_{TFPR}	企业数量	21世纪海上丝绸之路经济带 $\tau_{K_{si}}$	$\tau_{E_{si}}$	$\tau_{Y_{si}}$	V_{TFPR}
25	359	48.19	2.92	-1.20	0.85	255	53.83	1.03	-1.14	1.02
26	2 391	28.69	7.45	-1.01	0.92	6 549	35.94	4.83	-1.24	0.81
27	1 010	15.16	3.42	-1.07	0.91	1 109	15.21	1.86	-0.98	0.76
28	69	13.95	1.13	-1.34	0.76	932	21.58	4.25	-1.29	0.71
29	275	37.72	1.68	-1.76	0.75	1 300	24.96	4.94	-0.94	0.61
30	1 281	23.21	2.92	-0.85	0.76	6 699	19.96	5.90	-0.76	0.62
31	2 801	19.49	3.59	-1.11	0.77	6 012	27.10	4.37	-1.05	0.68
32	984	27.67	6.35	-0.43	0.87	1 877	36.62	4.11	-1.28	0.80
33	837	38.15	3.35	-0.74	1.07	1 907	64.98	5.34	-1.71	0.96
34	1 396	30.07	3.73	-0.92	0.76	7 327	25.15	3.05	-0.77	0.64
35	1 762	29.27	3.93	-0.96	0.83	10 034	20.78	3.41	-0.78	0.62
36	1 109	27.14	4.09	-0.75	0.76	4 419	18.34	3.76	-0.75	0.64
37	1 684	25.58	1.70	-0.66	0.77	4 814	22.50	6.12	-0.92	0.64
39	1 561	42.54	2.30	-1.03	0.80	8 363	27.86	4.40	-0.73	0.67
40	1 150	32.54	2.73	-0.73	0.79	5 346	26.32	3.90	-0.90	0.64
41	343	33.56	3.24	-0.82	0.83	1 877	21.17	2.79	-0.74	0.64
42	297	40.65	7.80	-0.73	0.82	3 271	38.57	4.83	-0.70	0.64
均值	1 022	30.28	3.63	-0.95	0.81	4 036	27.08	3.93	-0.92	0.69

(二) 资源错配对制造业分行业TFP影响的区域差异

表16-15~表16-22列出了"四大板块"和"四个支撑带"各自区域内资源错配对制造业分行业总量TFP的影响。

1. 东部地区资源错配对制造业分行业总量TFP的影响

表16-15列出了东部地区制造业分行业资源错配对TFP的影响，通过对实证结果的分析，可以得到下述结论：

表16-15　资源错配对制造业分行业TFP的影响（东部地区） 单位：%

序号	行业代码对照表	2004年	2005年	2006年	2007年	均值	均值排名	以行业23为基准
13	农副食品加工业	204.4	180.8	187.6	180.1	188.3	25	47.3
14	食品制造业	140.2	149.2	144.6	146.6	145.1	20	25.3

续表

序号	行业代码对照表	2004年	2005年	2006年	2007年	均值	均值排名	以行业23为基准
15	饮料制造业	122.0	127.1	142.4	147.3	134.7	14	19.9
17	纺织业	120.5	128.0	127.5	130.9	126.7	12	15.9
18	纺织服装、鞋、帽制造业	94.8	103.1	99.5	103.3	100.2	2	2.3
19	皮革、毛皮及其制品业	103.1	107.8	113.1	111.8	108.9	4	6.8
20	木材加工及相关制品业	157.9	137.3	128.2	133.5	139.2	18	22.2
21	家具制造业	128.2	127.2	119.8	125.1	125.1	10	15.0
22	造纸及纸制品业	153.9	160.3	180.1	178.5	168.2	23	37.1
23	印刷业和记录媒介的复制	89.6	92.3	97.4	103.4	95.7	1	0.0
24	文教体育用品制造业	101.9	107.0	112.9	104.2	106.5	3	5.5
25	石油加工、炼焦及核燃料加工业	148.9	205.1	292.0	223.2	217.3	27	62.2
26	化学原料及化学制品制造业	190.9	187.9	227.5	240.7	211.8	26	59.3
27	医药制造业	115.1	118.6	130.3	134.4	124.6	7	14.8
28	化学纤维制造业	123.4	140.9	120.1	115.7	125.0	9	15.0
29	橡胶制品业	124.9	121.0	146.3	152.9	136.3	16	20.8
30	塑料制品业	123.0	123.2	125.5	127.4	124.8	8	14.9
31	非金属矿物制品业	138.9	157.3	160.2	175.9	158.1	22	31.9
32	黑色金属冶炼及压延加工业	180.7	172.8	176.7	170.8	175.2	24	40.7
33	有色金属冶炼及压延加工业	323.8	294.9	315.0	360.8	323.6	28	116.5
34	金属制品业	122.6	128.8	124.8	127.1	125.8	11	15.4
35	通用设备制造业	106.9	112.5	124.7	124.4	117.1	5	11.0
36	专用设备制造业	125.9	123.7	133.0	145.2	131.9	13	18.5
37	交通运输设备制造业	116.7	125.1	123.9	125.5	122.8	6	13.8
39	电气机械及器材制造业	132.5	132.9	136.7	142.9	136.3	15	20.7
40	通信设备及计算机制造业	154.3	162.6	141.8	140.1	149.7	21	27.6

续表

序号	行业代码对照表	2004年	2005年	2006年	2007年	均值	均值排名	以行业23为基准
41	仪器仪表及文化办公机械制造业	138.3	160.8	138.9	122.3	140.1	19	22.7
42	工艺品及其他制造业	133.8	137.7	137.5	137.0	136.5	17	20.9

第一，东部地区制造业分行业的资源错配行业差异较为显著。一是各制造业分行业资源错配没有明显的共同时间趋势。28 个行业中有 6 个分行业（行业 15、23、27、30、31、39）呈现逐年递增的趋势，其余 22 个行业中有 10 个行业的资源错配在 2007 年开始增加，因此 2007 年有 16 个行业的资源错配开始增加，其他行业则呈现出不同的特征。二是各分行业资源错配的差异较为显著。从样本均值看，行业 33（有色金属冶炼及压延加工业）是资源错配最为严重的行业，而最低的是行业 23（印刷业和记录媒介）的复制。如果资源有效配置，则这两个行业的 TFP 可再增加 332.6% 和 95.7%，前者的资源错配是后者的 3.4 倍。

第二，结果校准。为了控制测量和参数设定误差对测算结果的影响，其他行业如果达到资源错配程度最低的行业 23 的资源配置水平（样本期平均水平），TFP 的潜在收益仍十分可观，范围为：2.3% ~116.5%，均值为 25.9%。

2. 中部地区资源错配对制造业分行业总量 TFP 的影响

表 16 - 16 列出了中部地区资源错配对制造业分行业总量 TFP 的影响，通过对实证结果分析，可以得到下述结论：

表 16 - 16　资源错配对制造业分行业 TFP 的影响（中部地区）　单位：%

序号	行业代码对照表	2004年	2005年	2006年	2007年	均值	均值排名	以行业21为基准
13	农副食品加工业	188.3	182.5	170.1	162.2	175.8	18	24.5
14	食品制造业	150.3	151.9	171.0	188.9	165.5	16	19.9
15	饮料制造业	157.4	138.0	163.6	175.1	158.5	9	16.7
17	纺织业	128.4	129.9	178.1	181.1	154.4	8	14.8
18	纺织服装、鞋、帽制造业	180.5	145.1	151.9	171.2	162.2	13	18.4
19	皮革、毛皮及其制品业	202.0	147.6	169.5	202.2	180.3	19	26.6
20	木材加工及相关制品业	170.9	171.3	159.1	158.8	165.0	15	19.7
21	家具制造业	133.6	100.3	136.3	115.8	121.5	1	0.0

续表

序号	行业代码对照表	2004年	2005年	2006年	2007年	均值	均值排名	以行业21为基准
22	造纸及纸制品业	125.4	139.5	168.2	209.2	160.6	11	17.7
23	印刷业和记录媒介的复制	93.5	113.1	129.2	175.4	127.8	2	2.8
24	文教体育用品制造业	117.9	160.0	223.1	139.7	160.2	10	17.5
25	石油加工、炼焦及核燃料加工业	97.7	138.6	144.1	140.7	130.3	3	4.0
26	化学原料及化学制品制造业	193.9	224.8	231.3	225.1	218.8	23	43.9
27	医药制造业	115.3	151.2	151.6	171.6	147.4	6	11.7
28	化学纤维制造业	123.4	503.0	209.8	235.0	267.8	27	66.1
29	橡胶制品业	145.9	112.5	148.4	148.6	138.8	5	7.8
30	塑料制品业	168.7	162.2	189.8	171.8	173.1	17	23.3
31	非金属矿物制品业	164.6	186.8	198.5	215.5	191.4	21	31.6
32	黑色金属冶炼及压延加工业	147.1	179.8	226.3	198.5	187.9	20	30.0
33	有色金属冶炼及压延加工业	300.1	377.8	455.6	515.7	412.3	28	131.3
34	金属制品业	140.8	173.5	172.4	163.5	162.5	14	18.5
35	通用设备制造业	156.0	155.6	149.0	155.5	154.0	7	14.7
36	专用设备制造业	199.1	217.8	237.1	201.1	213.8	22	41.7
37	交通运输设备制造业	133.0	130.9	128.2	130.9	130.7	4	4.2
39	电气机械及器材制造业	166.7	157.5	153.6	170.7	162.1	12	18.3
40	通信设备及计算机制造业	190.7	278.6	235.2	227.3	233.0	25	50.3
41	仪器仪表及文化办公机械制造业	241.5	247.8	252.6	244.8	246.7	26	56.5
42	工艺品及其他制造业	200.9	286.3	229.1	214.5	232.7	24	50.2

第一，中部地区制造业分行业的资源错配行业差异较为显著。一是分行业的资源错配未呈现出明显的共同时间趋势。28个行业中有7个分行业（行业14、

27、22、23、27、31、33)的资源错配呈现逐年递增的趋势,其余21个行业中有10个行业的资源错配在2007年开始增加,因此,2007年有17个行业的资源错配开始增加,其他行业则呈现出不同时间趋势。二是各分行业资源错配差异显著。从样本均值看,行业33(有色金属冶炼及压延加工业)是资源错配最为严重的行业,而最低的是行业21(家具制造业)。如果资源有效配置这两个行业TFP可再增加412.3%和121.5%,前者的资源错配是后者的3.4倍。

第二,结果校准。为了控制测量和参数设定误差对测算结果的影响,其他行业如果达到资源错配程度最低的行业21(家具制造业)的资源配置水平(样本期平均水平),TFP的潜在收益仍十分可观,范围为:2.8%~131.3%,均值为28%。

3. 东北地区资源错配对制造业分行业总量 TFP 的影响

表16-17列出了东北地区资源错配对制造业分行业总量TFP的影响,通过对实证结果的分析,可以得到下述结论:

第一,东北地区制造业分行业的资源错配行业差异较为显著。一是分行业的资源错配未呈现出明显的共同时间趋势。28个行业中仅有3个分行业(行业15、23、29)的资源错配呈现逐年递增的趋势,其余25个行业中有8个行业的资源错配在2007年开始增加,因此,2007年共有11个行业的资源错配开始增加,其他行业则呈现出不同的时间趋势。二是各分行业资源错配差异较为显著。从样本均值看,行业33(有色金属冶炼及压延加工业)是资源错配最为严重的行业,而最低的是行业24(文教体育用品制造业)。如果资源有效配置这两个行业TFP可再增加495.7%和91.8%,前者的资源错配是后者的5.4倍。

第二,结果校准。为了控制测量和参数设定误差对测算结果的影响,其他行业如果达到资源错配程度最低的行业24(文教体育用品制造业)的资源配置水平(样本期平均水平),TFP的潜在收益依然巨大,TFP可再提升的范围为:14.2%~210.6%,平均值为47.8%。

表16-17 资源错配对制造业分行业TFP的影响(东北地区)　　单位:%

序号	行业代码对照表	2004年	2005年	2006年	2007年	均值	均值排名	以行业24为基准
13	农副食品加工业	231.0	253.5	234.3	256.9	243.9	26	79.3
14	食品制造业	211.7	208.8	187.7	210.2	204.6	22	58.8
15	饮料制造业	92.1	100.4	124.1	159.1	119.0	2	14.2
17	纺织业	143.3	130.7	171.4	203.8	162.3	11	36.8
18	纺织服装、鞋、帽制造业	129.5	107.7	136.3	120.4	123.5	3	16.5
19	皮革、毛皮及其制品业	245.6	118.0	199.9	145.2	177.2	16	44.5

续表

序号	行业代码对照表	2004年	2005年	2006年	2007年	均值	均值排名	以行业24为基准
20	木材加工及相关制品业	147.8	207.5	174.1	172.3	175.4	14	43.6
21	家具制造业	184.3	119.6	156.3	129.1	147.3	8	29.0
22	造纸及纸制品业	163.6	207.8	181.6	198.4	187.9	20	50.1
23	印刷业和记录媒介的复制	92.6	116.5	159.6	152.7	130.3	5	20.1
24	文教体育用品制造业	94.8	87.0	100.9	84.5	91.8	1	0.0
25	石油加工、炼焦及核燃料加工业	158.8	212.4	190.6	164.8	181.7	19	46.9
26	化学原料及化学制品制造业	234.3	272.0	283.7	252.3	260.6	27	88.0
27	医药制造业	123.6	131.7	184.8	167.2	151.8	9	31.3
28	化学纤维制造业	125.1	232.2	95.3	384.7	209.4	23	61.3
29	橡胶制品业	110.8	115.5	121.8	160.0	127.0	4	18.4
30	塑料制品业	178.1	166.3	176.4	183.0	176.0	15	43.9
31	非金属矿物制品业	138.8	174.5	195.2	179.5	172.0	13	41.8
32	黑色金属冶炼及压延加工业	225.2	202.2	234.7	204.8	216.7	24	65.2
33	有色金属冶炼及压延加工业	544.8	501.2	436.9	500.0	495.7	28	210.6
34	金属制品业	167.6	160.9	160.0	165.8	163.6	12	37.4
35	通用设备制造业	124.6	120.9	162.5	152.6	140.2	6	25.2
36	专用设备制造业	167.2	204.3	222.3	199.7	198.4	21	55.6
37	交通运输设备制造业	158.6	138.6	137.3	140.8	143.8	7	27.1
39	电气机械及器材制造业	178.0	158.3	210.9	162.7	177.5	17	44.7
40	通信设备及计算机制造业	149.3	117.2	179.9	182.3	157.2	10	34.1
41	仪器仪表及文化办公机械制造业	177.9	172.2	320.4	206.3	219.2	25	66.5
42	工艺品及其他制造业	157.0	177.0	221.8	163.6	179.9	18	45.9

4. 西部地区资源错配对制造业分行业总量 TFP 的影响

表 16-18 列出了西部地区资源错配对制造业分行业总量 TFP 的影响，通过对实证结果的分析，可以得到下述结论：

第一，西部地区制造业分行业的资源错配行业差异较为显著。一是分行业的资源错配未呈现出明显的共同时间趋势。28 个行业中有 8 个分行业（行业 15、17、19、26、32、33、35、37）的资源错配呈现逐年递增的趋势，其余 21 个行业中有 8 个行业的资源错配在 2007 年开始增加，因此，2007 年共有 15 个行业的资源错配开始增加，其他行业则呈现出不同的特征。二是各分行业资源错配差异显著。从样本均值看，行业 33（有色金属冶炼及压延加工业）是资源错配最为严重的行业，而最低的是行业 24（文教体育用品制造业）。如果资源有效配置这两个行业 TFP 可再增加 276.4% 和 65.9%，前者的资源错配是后者的 4.2 倍。

第二，结果校准。为了控制测量和参数设定误差对测算结果的影响，其他行业如果达到资源错配程度最低的行业 24（文教体育用品制造业）的资源配置水平（样本期平均水平），TFP 的潜在收益依然巨大，其可再提升的范围为：9% ~ 126.9%，平均值为 54.7%。

表 16-18　资源错配对制造业分行业 TFP 的影响（西部地区）　　　单位：%

序号	行业代码对照表	2004 年	2005 年	2006 年	2007 年	均值	均值排名	以行业 24 为基准
13	农副食品加工业	208.3	240.2	208.8	209.8	216.8	25	90.9
14	食品制造业	153.6	128.1	141.3	145.3	142.1	13	45.9
15	饮料制造业	116.8	138.5	140.8	167.5	140.9	12	45.2
17	纺织业	146.1	163.7	192.9	214.7	179.4	21	68.4
18	纺织服装、鞋、帽制造业	108.1	97.5	114.2	102.7	105.6	4	23.9
19	皮革、毛皮及其制品业	186.7	196.5	209.6	254.7	211.9	24	88.0
20	木材加工及相关制品业	189.1	200.0	260.2	253.0	225.6	26	96.3
21	家具制造业	153.9	119.5	113.4	152.1	134.8	7	41.5
22	造纸及纸制品业	137.8	206.6	186.1	212.8	185.8	22	72.3
23	印刷业和记录媒介的复制	79.1	88.8	85.4	116.2	92.4	3	15.9
24	文教体育用品制造业	98.9	63.5	48.2	53.0	65.9	1	0.0
25	石油加工、炼焦及核燃料加工业	151.5	131.3	157.7	117.0	139.4	10	44.3

续表

序号	行业代码对照表	2004年	2005年	2006年	2007年	均值	均值排名	以行业24为基准
26	化学原料及化学制品制造业	144.5	164.4	192.1	213.0	178.5	20	67.9
27	医药制造业	123.7	155.3	148.6	129.0	139.2	9	44.2
28	化学纤维制造业	140.9	261.7	126.3	82.3	152.8	17	52.4
29	橡胶制品业	78.9	85.3	63.7	95.4	80.8	2	9.0
30	塑料制品业	156.0	145.4	142.1	153.8	149.3	16	50.3
31	非金属矿物制品业	105.7	140.6	133.9	155.2	133.9	6	41.0
32	黑色金属冶炼及压延加工业	121.9	168.1	232.9	235.6	189.6	23	74.6
33	有色金属冶炼及压延加工业	186.4	272.3	324.3	322.5	276.4	28	126.9
34	金属制品业	136.6	137.2	150.7	137.1	140.4	11	44.9
35	通用设备制造业	103.5	112.3	113.6	137.1	116.6	5	30.6
36	专用设备制造业	138.3	142.3	141.9	157.0	144.8	15	47.6
37	交通运输设备制造业	120.4	130.5	139.3	155.0	136.3	8	42.5
39	电气机械及器材制造业	160.0	129.1	134.9	148.2	143.0	14	46.5
40	通信设备及计算机制造业	195.6	196.2	133.7	184.9	177.6	19	67.3
41	仪器仪表及文化办公机械制造业	162.8	170.3	143.0	143.6	154.9	18	53.7
42	工艺品及其他制造业	188.4	219.9	205.9	307.7	230.5	27	99.2

5. 长江经济带资源错配对制造业分行业总量 TFP 的影响

表 16-19 列出了长江经济带资源错配对制造业分行业总量 TFP 的影响，通过对实证结果的分析，可以得到下述结论：

第一，长江经济带制造业分行业的资源错配行业差异较为显著。一是分行业的资源错配未呈现出明显的共同时间趋势。28 个行业中有 6 个分行业（行业 15、22、29、35、36、37）的资源错配呈现逐年递增的趋势，其余 22 个行业中有 10 个行业的资源错配在 2007 年开始增加。因此，2007 年共有 16 个行业的资源错配开始增加，其他行业则呈现出不同的特征。二是各分行业资源错配差异较为显著。从样本均值看,行业 33(有色金属冶炼及压延加工业)是资源错配最为严重的行业,而最低的是行业 23(印刷业和记录媒介的复制)。如果资源有效配置这两个行业的 TFP 可再增加 305.3% 和 81.1%,前者的资源错配是后者的 3.8 倍。

第二,结果校准。为了控制测量和参数设定误差对测算结果的影响,其他行业如果达到资源错配程度最低的行业 23(印刷业和记录媒介的复制)的资源配置水平(样本期平均水平),TFP 的潜在收益可再提升的范围为:2.6% ~ 123.8%,平均值为 27.1%。

表 16-19 资源错配对制造业分行业 TFP 的影响(长江经济带) 单位:%

序号	行业代码对照表	2004 年	2005 年	2006 年	2007 年	均值	均值排名	以行业 23 为基准
13	农副食品加工业	191.5	179.7	175.7	171.2	179.5	27	54.3
14	食品制造业	121.4	128.9	126.6	138.4	128.8	19	26.4
15	饮料制造业	122.5	122.6	127.3	148.5	130.2	21	27.1
17	纺织业	106.6	118.3	114.8	118.2	114.5	11	18.4
18	纺织服装、鞋、帽制造业	90.4	107.4	99.6	100.1	99.4	3	10.1
19	皮革、毛皮及其制品业	77.8	92.0	88.9	84.6	85.8	2	2.6
20	木材加工及相关制品业	143.4	126.1	112.7	118.3	125.1	17	24.3
21	家具制造业	106.4	112.1	100.4	102.5	105.3	7	13.3
22	造纸及纸制品业	123.1	144.3	149.4	150.3	141.8	23	33.5
23	印刷业和记录媒介的复制	75.5	86.0	78.2	84.7	81.1	1	0.0
24	文教体育用品制造业	99.0	106.2	107.7	98.2	102.8	5	12.0
25	石油加工、炼焦及核燃料加工业	126.4	172.5	222.5	188.1	177.4	26	53.2
26	化学原料及化学制品制造业	155.7	161.1	191.3	187.0	173.8	25	51.2
27	医药制造业	106.5	121.7	119.5	120.1	117.0	14	19.8
28	化学纤维制造业	114.8	134.4	120.1	107.7	119.3	15	21.1
29	橡胶制品业	84.8	106.3	105.4	117.6	103.5	6	12.4
30	塑料制品业	106.3	115.4	111.0	112.3	111.3	8	16.7
31	非金属矿物制品业	113.1	138.5	130.7	134.3	129.2	20	26.5

续表

序号	行业代码对照表	2004年	2005年	2006年	2007年	均值	均值排名	以行业23为基准
32	黑色金属冶炼及压延加工业	150.6	167.2	198.1	175.0	172.7	24	50.6
33	有色金属冶炼及压延加工业	298.5	303.6	319.2	299.8	305.3	28	123.8
34	金属制品业	108.6	119.6	112.6	115.5	114.1	10	18.2
35	通用设备制造业	92.8	98.8	102.5	104.3	99.6	4	10.2
36	专用设备制造业	112.0	115.3	115.5	118.0	115.2	12	18.8
37	交通运输设备制造业	108.3	111.9	112.7	117.0	112.5	9	17.3
39	电气机械及器材制造业	125.6	121.0	123.4	129.4	124.9	16	24.2
40	通信设备及计算机制造业	128.8	159.4	124.6	120.7	133.3	22	28.8
41	仪器仪表及文化办公机械制造业	128.1	136.8	127.8	114.3	126.8	18	25.2
42	工艺品及其他制造业	109.8	125.7	110.6	120.0	116.5	13	19.5

6. 京津冀经济带资源错配对制造业分行业总量TFP的影响

表16-20列出了京津冀地区资源错配对制造业分行业总量TFP的影响，通过对实证结果的分析，可以得到下述结论。

表16-20　　资源错配对制造业分行业TFP的影响
（京津冀经济带）　　　　　　　　　单位：%

序号	行业代码对照表	2004年	2005年	2006年	2007年	均值	均值排名	以行业23为基准
13	农副食品加工业	246.2	216.1	231.7	240.5	233.6	22	63.7
14	食品制造业	176.8	136.5	157.7	162.2	158.3	6	26.8
15	饮料制造业	163.2	114.2	200.2	185.3	165.7	9	30.4
17	纺织业	253.6	266.6	262.2	280.5	265.7	25	79.5
18	纺织服装、鞋、帽制造业	142.7	110.9	120.5	153.7	131.9	3	13.8
19	皮革、毛皮及其制品业	144.9	116.2	168.2	138.2	141.9	5	18.7
20	木材加工及相关制品业	248.9	293.5	198.5	212.0	238.2	23	66.0

续表

序号	行业代码对照表	2004 年	2005 年	2006 年	2007 年	均值	均值排名	以行业 23 为基准
21	家具制造业	222.2	189.7	177.3	150.7	185.0	16	39.9
22	造纸及纸制品业	185.3	164.8	173.7	213.5	184.3	14	39.5
23	印刷业和记录媒介的复制	97.0	89.8	103.4	124.8	103.8	1	0.0
24	文教体育用品制造业	97.5	142.1	82.8	131.9	113.6	2	4.8
25	石油加工、炼焦及核燃料加工业	135.7	150.9	227.2	169.3	170.8	11	32.9
26	化学原料及化学制品制造业	264.4	251.2	237.8	275.0	257.1	24	75.3
27	医药制造业	148.6	138.9	154.2	119.4	140.3	4	17.9
28	化学纤维制造业	236.7	537.5	288.1	229.3	322.9	27	107.6
29	橡胶制品业	165.4	164.7	160.7	154.1	161.2	7	28.2
30	塑料制品业	200.4	210.2	208.6	196.6	204.0	19	49.2
31	非金属矿物制品业	174.3	188.8	203.8	201.9	192.2	17	43.4
32	黑色金属冶炼及压延加工业	226.8	208.4	182.1	196.5	203.5	18	48.9
33	有色金属冶炼及压延加工业	368.4	603.6	382.9	458.2	453.3	28	171.5
34	金属制品业	176.3	191.1	188.1	173.0	182.1	12	38.5
35	通用设备制造业	158.4	155.4	159.2	174.2	161.8	8	28.5
36	专用设备制造业	191.6	176.5	167.8	202.6	184.6	15	39.7
37	交通运输设备制造业	143.6	170.8	168.0	199.0	170.4	10	32.7
39	电气机械及器材制造业	190.1	167.8	174.3	201.1	183.3	13	39.1
40	通信设备及计算机制造业	230.1	220.7	243.0	206.5	225.1	21	59.5
41	仪器仪表及文化办公机械制造业	334.9	270.9	231.4	234.9	268.0	26	80.6
42	工艺品及其他制造业	246.5	191.0	210.4	203.1	212.7	20	53.5

第一，京津冀经济带制造业分行业的资源错配行业差异较为显著。一是分行

业的资源错配未呈现出明显的共同时间趋势。28个行业中没有一个分行业的资源错配呈现逐年递增的趋势，有16个行业的资源错配在2007年开始增加，其他行业则呈现出不同的特征。二是各分行业资源错配差异显著。从样本均值看，行业33（有色金属冶炼及压延加工业）是资源错配最为严重的行业，而最低的是行业23（印刷业和记录媒介的复制）。如果资源有效配置这两个行业TFP可再增加453.3%和103.8%，前者的资源错配是后者的3.8倍。

第二，结果校准。为了控制测量和参数设定误差对测算结果的影响，其他行业如果达到资源错配程度最低的行业23（印刷业和记录媒介的复制）的资源配置水平（样本期平均水平），TFP的潜在收益可再提升的范围为：4.8% ~ 171.5%，平均值为47.5%。

7. 丝绸之路经济带资源错配对制造业分行业总量TFP的影响

表16-21列出了丝绸之路经济带资源错配对制造业分行业总量TFP的影响，通过对实证结果的分析，可以得到下述结论：

表16-21　　　资源错配对制造业分行业TFP的影响

（丝绸之路经济带）　　　　　　　　　　　　　　单位：%

序号	行业代码对照表	2004年	2005年	2006年	2007年	均值	均值排名	以行业24为基准
13	农副食品加工业	221.5	237.2	215.7	207.4	220.5	25	95.5
14	食品制造业	146.1	127.3	126.4	148.9	137.2	12	44.7
15	饮料制造业	122.6	131.9	147.3	164.6	141.6	14	47.4
17	纺织业	143.9	155.0	180.2	168.2	161.8	19	59.7
18	纺织服装、鞋、帽制造业	115.4	99.4	113.6	98.1	106.6	4	26.1
19	皮革、毛皮及其制品业	180.9	187.1	215.8	251.6	208.8	24	88.4
20	木材加工及相关制品业	159.0	194.3	281.6	271.7	226.6	26	99.3
21	家具制造业	154.3	116.4	103.3	137.9	128.0	6	39.1
22	造纸及纸制品业	132.6	166.3	183.7	207.3	172.5	20	66.2
23	印刷业和记录媒介的复制	76.9	87.2	84.2	116.7	91.3	3	16.7
24	文教体育用品制造业	98.7	59.8	41.7	55.5	63.9	1	0.0
25	石油加工、炼焦及核燃料加工业	166.9	124.7	112.1	113.9	129.4	7	39.9

续表

序号	行业代码对照表	2004年	2005年	2006年	2007年	均值	均值排名	以行业24为基准
26	化学原料及化学制品制造业	151.9	160.1	189.6	212.7	178.6	21	69.9
27	医药制造业	122.4	153.3	151.3	131.9	139.7	13	46.2
28	化学纤维制造业	120.5	252.0	99.8	64.6	134.2	8	42.9
29	橡胶制品业	76.9	79.7	69.5	93.7	80.0	2	9.8
30	塑料制品业	159.9	145.1	146.0	148.9	150.0	17	52.5
31	非金属矿物制品业	109.6	144.3	137.3	154.1	136.3	10	44.1
32	黑色金属冶炼及压延加工业	124.7	169.8	206.4	245.9	186.7	23	74.9
33	有色金属冶炼及压延加工业	193.4	261.8	267.6	277.3	250.0	28	113.5
34	金属制品业	130.1	134.2	144.6	132.2	135.3	9	43.5
35	通用设备制造业	101.9	114.7	108.6	138.0	115.8	5	31.6
36	专用设备制造业	150.4	149.4	142.8	153.8	149.1	16	52.0
37	交通运输设备制造业	120.4	129.2	138.2	159.6	136.9	11	44.5
39	电气机械及器材制造业	161.5	125.8	133.2	149.4	142.5	15	47.9
40	通信设备及计算机制造业	203.6	195.3	133.0	183.8	178.9	22	70.2
41	仪器仪表及文化办公机械制造业	162.3	183.2	142.9	144.9	158.3	18	57.6
42	工艺品及其他制造业	190.5	231.1	214.0	307.3	235.7	27	104.8

第一，丝绸之路经济带制造业分行业的资源错配行业差异较为显著。一是分行业的资源错配未呈现出明显的共同时间趋势。28个行业中仅有7个分行业（行业5、9、22、26、32、33、37）的资源错配呈现逐年递增的趋势，其余21个行业中有14个行业的TFP影响在2007年开始增加，因此，2007年共有21个行业的资源错配开始增加，其他行业则呈现出不同的特征。二是各分行业资源错配差异显著。从样本均值看，行业33（有色金属冶炼及压延加工业）是资源错配最为严重的行业，而最低的是行业24（文教体育用品制造业）。如果资源有效配置这两个行业TFP可再增加250.0%和63.9%，前者的资源错配是

后者的 3.9 倍。

第二，结果校准。为了控制测量和参数设定误差对测算结果的影响，其他行业如果达到资源错配程度最低的行业 24（文教体育用品制造业）的资源配置水平（样本期平均水平），TFP 的潜在收益可再提升的范围为：9.8%～113.5%，平均值为 54.6%。

8. 21 世纪海上丝绸之路经济带资源错配对制造业分行业总量 TFP 的影响

表 16-22 列出了 21 世纪海上丝绸之路经济带资源错配对制造业分行业总量 TFP 的影响，通过对实证结果的分析，可以得到下述结论：

第一，21 世纪海上丝绸之路经济带制造业分行业的资源错配行业差异较为显著。一是分行业的资源错配未呈现出明显的共同时间趋势。28 个行业中有 3 个分行业（行业 15、27、29）的资源错配呈现逐年递增的趋势，其余 25 个行业中有 9 个行业的资源错配在 2007 年开始增加，因此，2007 年共有 11 个行业的资源错配开始增加，其他行业则呈现出不同的特征。二是各分行业资源错配差异较为显著。从样本均值看，行业 33（有色金属冶炼及压延加工业）是资源错配最为严重的行业，而最低的是行业 23（印刷业和记录媒介的复制）。如果资源有效配置这两个行业的 TFP 可再增加 245.6% 和 78%，前者的资源错配是后者的 3.1 倍。

第二，结果校准。为了控制测量和参数设定误差对测算结果的影响，其他行业如果达到资源错配程度最低的行业 23（印刷业和记录媒介的复制）的资源配置水平（样本期平均水平），TFP 的潜在收益可再提升的范围为：0.2%～94.2%，平均值为 23.5%。

9. 资源错配对各区域制造业分行业总量 TFP 影响的异同点分析

第一，共同点体现在两个方面：一是样本期内，各区域内资源错配最严重的行业始终是 33（有色金属冶炼及压延加工业），而资源配置最有效的行业始终是 23、24 或 21，从各区域内行业内企业间的资源错配程度来看，其相对错配程度较为稳定。二是资源错配对各区域内各行业总量 TFP 的影响值各年均有变化，但变化有限。

第二，不同点则是资源错配对 TFP 影响的均值和行业间的资源错配分布差异较大。从均值看，东部、中部、东北部、西部地区资源错配对制造业各分行业总量 TFP 影响的样本均值分别为：126.0%、158.0%、153.8%、135.0%。长江经济带、京津冀经济带、丝绸之路经济带、21 世纪海上丝绸之路的均值分别为：113.4%、171.0%、132.1%、105.0%。从分布看：东部、中部、东北部、西部资源错配对制造业各分行业总量 TFP 影响的样本均值最大的行业是最小行业的倍数依次为：3.3、2.4、4.9、4.1；长江经济带、京津冀经济带、丝绸之路经济带、21 世纪海上丝绸之路资源错配对制造业各分行业总量 TFP 影响的样本均值最大的行业是最小行业的倍数依次为 3.6、4.2、3.8、3.1。

表 16-22　　资源错配对制造业分行业 TFP 的影响
（21 世纪海上丝绸之路经济带）　　　　单位：%

序号	行业代码对照表	2004年	2005年	2006年	2007年	均值	均值排名	以行业23为基准
13	农副食品加工业	192.8	172.3	178.0	150.2	173.3	25	53.6
14	食品制造业	115.8	112.5	112.2	123.1	115.9	17	21.3
15	饮料制造业	100.9	109.1	124.5	130.3	116.2	18	21.5
17	纺织业	104.8	114.8	109.6	110.7	110.0	14	18.0
18	纺织服装、鞋、帽制造业	81.1	98.4	88.3	89.1	89.2	3	6.3
19	皮革、毛皮及其制品业	75.3	84.2	78.7	73.7	78.0	1	0.0
20	木材加工及相关制品业	135.2	119.2	104.4	108.5	116.8	19	21.8
21	家具制造业	91.8	94.0	92.3	89.0	91.7	5	7.7
22	造纸及纸制品业	122.9	123.8	127.7	124.6	124.8	21	26.3
23	印刷业和记录媒介的复制	81.6	85.7	70.4	75.5	78.3	2	0.2
24	文教体育用品制造业	90.1	93.9	97.7	96.9	94.6	6	9.4
25	石油加工、炼焦及核燃料加工业	108.5	184.7	212.7	180.9	171.7	24	52.7
26	化学原料及化学制品制造业	169.1	155.6	202.8	190.1	179.4	27	57.0
27	医药制造业	92.0	94.2	94.7	104.7	96.4	7	10.4
28	化学纤维制造业	114.5	132.8	120.9	100.9	117.3	20	22.1
29	橡胶制品业	86.3	99.0	110.1	117.6	103.2	12	14.2
30	塑料制品业	98.9	100.0	101.4	100.8	100.3	10	12.5
31	非金属矿物制品业	119.2	142.6	129.8	133.3	131.2	23	29.9
32	黑色金属冶炼及压延加工业	173.8	164.6	209.7	157.3	176.4	26	55.3
33	有色金属冶炼及压延加工业	249.9	237.2	253.6	241.9	245.6	28	94.2
34	金属制品业	97.6	104.3	103.0	107.4	103.1	11	14.1
35	通用设备制造业	85.1	85.5	95.0	92.0	89.5	4	6.4
36	专用设备制造业	97.4	97.2	102.2	101.6	99.6	9	12.1

续表

序号	行业代码对照表	2004年	2005年	2006年	2007年	均值	均值排名	以行业23为基准
37	交通运输设备制造业	97.1	93.0	102.0	95.5	96.9	8	10.6
39	电气机械及器材制造业	108.4	107.5	111.0	116.6	110.9	15	18.5
40	通信设备及计算机制造业	134.3	138.1	119.9	112.7	126.3	22	27.1
41	仪器仪表及文化办公机械制造业	115.8	122.0	109.6	96.8	111.0	16	18.6
42	工艺品及其他制造业	106.4	116.5	105.8	106.3	108.7	13	17.3

四、资源错配对各区域制造业总量TFP影响的区域差异

表16-23和表16-24列出了资源错配对各区域制造业总量TFP的影响以及资本错配、产出扭曲、能源错配对制造业总量TFP影响的区域差异。通过对实证结果分析，可以得到如下结论：

（1）各区域资源错配的趋势存在较为显著的差异。"四大板块"内除了东北地区，其余地区资源错配对制造业总量TFP的影响均呈现明显的递增趋势，各自的增幅差异显著；而"四个支撑带"内资源错配对制造业总量TFP的影响仅有丝绸之路经济带呈现出较为明显的增加趋势。东部、中部、西部资源错配对TFP的影响分别从2004年的141.0%、162.4%、143.4%增加至2007年的153.9%、208.1%、167.7%。以2004年为基期，分别增加了12.9%、45.7%、44.0%，增幅最大的为中部地区。丝绸之路经济带资源错配对TFP的影响从2004年的146.8%增加至2007年的180.5%，以2004年为基期，增幅为33.6%。

表16-23　　　资源错配对中国"四大板块"各区域
制造业总量TFP的影响　　　　　　　　　单位：%

区域	错配类型	2004年	2005年	2006年	2007年	平均值	校准值
东部地区	资源错配	141.0	146.1	150.6	153.9	147.9	0.0
	资本错配	98.1	104.6	101.8	110.7	103.8	
	产出扭曲	12.3	13.4	11.0	11.1	11.9	
	能源错配	8.6	8.1	7.7	6.9	7.8	

续表

区域	错配类型	2004年	2005年	2006年	2007年	平均值	校准值
中部地区	资源错配	162.4	184.6	203.5	208.1	189.6	16.8
	资本错配	123.4	143.3	158.5	164.4	147.4	
	产出扭曲	34.9	26.7	31.4	23.0	29.0	
	能源错配	5.8	6.3	6.2	5.6	5.9	
东北地区	资源错配	178.0	184.7	197.3	189.8	187.4	15.9
	资本错配	128.8	144.9	148.4	147.7	142.5	
	产出扭曲	45.6	43.4	32.6	21.8	35.8	
	能源错配	7.7	5.9	6.2	5.7	6.4	
西部地区	资源错配	143.0	164.2	175.3	187.3	167.7	8.0
	资本错配	100.2	120.2	129.3	142.5	123.1	
	产出扭曲	24.9	21.7	10.5	22.4	19.9	
	能源错配	8.4	7.8	6.9	6.5	7.4	

（2）各区域制造业资源错配呈现显著的差异。从样本期内各区域资源错配对制造业总量TFP影响的均值来看，"四大板块"中，东部、中部、东北部、西部资源错配对TFP的影响均值分别为147.9%、189.6%、187.4%、167.7%，最大值是最小值的1.3倍，资源配置效率从高到低依次为：东部、西部、东北部、中部；"四个支撑带"中，长江经济带、京津冀经济带、丝绸之路经济带、21世纪海上丝绸之路依次为133.7%、196.5%、162.3%、120.5%，最大值是最小值的1.6倍，资源配置效率从高到低依次为：21世纪海上丝绸之路、长江经济带、丝绸之路经济带、京津冀经济带。

（3）各区域不同类型的资源错配对制造业总量TFP的影响呈现显著的差异。资本错配对制造业总量TFP的影响最大，产出扭曲和能源错配对制造业总量TFP的影响各个区域呈现出不同的特征。从样本期内资本错配对制造业总量TFP影响的均值来看，"四大板块"中，东部、中部、东北部、西部资本错配对TFP的影响均值分别为103.8%、147.4%、142.5%、123.1%，最大值是最小值的1.2倍，资本配置效率从高到低依次为：东部、西部、东北部、中部，这一次序与资源错配对制造业总量TFP影响的次序一致。能源错配最严重的地区是东部，其次为西部、东北部、中部。产出扭曲导致的错配对制造业总量TFP的影响最小的是东部，其次为西部、中部、东北。"四个支撑带"中，长江经济带、京津冀经济带、丝绸之路经济带、21世纪海上丝绸之路资本错配对制造业总量TFP的影响均值分别为96.5%、144.5%、118.4%、83.8%，最大值是最小值的1.7倍,资本配置效率从高到低依次为:21世纪海上丝绸之路、长江经济带、丝绸之路经济带、京津冀经济带,这一次序与资源错配对制造业总量TFP影响的次序一致。能源错配最严重的是京津冀经济带,其次为21世纪海上丝绸之路、丝绸之路经济带、长江经济带。产出扭曲导致的错配对制造业总量TFP的影响最小的是21世纪海上丝绸之路,其次为长江经济带、丝绸之路经济带、京津冀经济带。

样本期内,从能源错配对制造业总量TFP的影响均值与产出扭曲导致的错配对制造业总量TFP的影响均值看,两者相对大小不一致。"四大板块"中,各区域均是后者大于前者。"四个支撑带"中,21世纪海上丝绸之路和长江经济带是前者大于后者,其余均为后者大于前者。

表 16 – 24　　　　资源错配对中国"四个支撑带"内
各区域制造业总量 TFP 的影响　　　　单位:%

区域	错配类型	2004 年	2005 年	2006 年	2007 年	均值	校准值
长江经济带	资源错配	123.9	136.3	137.6	137.0	133.7	6.0
	资本错配	87.4	98.3	100.3	100.0	96.5	
	产出扭曲	10.4	14.5	7.2	6.9	9.8	
	能源错配	8.2	7.9	7.0	6.7	7.4	
京津冀经济带	资源错配	200.6	193.7	193.1	198.6	196.5	34.5
	资本错配	142.7	142.9	142.3	150.0	144.5	
	产出扭曲	44.0	28.7	34.1	33.0	34.9	
	能源错配	8.8	9.3	8.5	8.7	8.8	
丝绸之路经济带	资源错配	146.8	160.6	164.8	180.5	163.2	19.4
	资本错配	102.0	116.9	119.5	135.3	118.4	
	产出扭曲	25.9	20.9	19.4	24.3	22.6	
	能源错配	8.6	7.8	6.9	6.6	7.5	
21世纪海上丝绸之路	资源错配	115.9	121.3	124.5	120.2	120.5	0.0
	资本错配	79.4	84.7	88.3	82.6	83.8	
	产出扭曲	8.2	9.5	6.1	6.3	7.5	
	能源错配	8.5	8.4	7.7	6.9	7.9	

五、稳健性检验

本节模型中行业内企业间资源错配理论模型一致，第十六章第一节已经以 2004~2007 年制造业微观数据为实证对象，应用该模型检验了资源错配对制造业总量 TFP 的影响，本章第一节的稳健性检验表明，该模型的实证结果是稳健的。因此，本节同样应用该模型，以 2004~2007 年制造业微观数据为实证对象，检验资源错配对各区域 TFP 影响的区域差异，因此不再进行稳健性检验。

第三节 行业内企业间资源错配对中国经济全要素生产率的影响

本节选择上市公司 2008~2014 年的微观数据作为中国经济的样本，不仅能更加全面地反映资源错配对中国经济总量 TFP 的影响，而且数据时效性强，反映了当前资源错配对经济总量 TFP 的影响。为了考察中国经济劳动错配对 TFP 的影响，本节假设经济体中存在资本和劳动扭曲因子（未假设能源错配因子的原因是该数据库未能提供能源投入和能源消费数据），该模型的推导过程与本书第十五章内容类似，在此不再赘述。

一、数据、变量与参数

（一）数据来源及处理

（1）数据来源。本节实证数据为 2008~2014 年中国 A 股全部上市公司中 1 位行业代码 14 个行业的微观数据（行业代码对照表如表 16-25 所示），数据来源于国泰安数据库，部分缺失数据采用 WIND 数据库补充，行业划分标准选择证监会的最新行业划分标准，1 位代码行业共 17 个。本节舍弃了行业数量较少（年度最大企业数量不超过 20）的科学研究和技术服务业、卫生和社会工作、住宿和餐饮业这 3 个行业。该数据的优点是不仅数据质量较高（上市公司财务数据不仅受到监管部门及公众的严格监督，而且受到会计师事务所的严格审计），而且代表性强，涵盖了国民经济的各行各业。因此，实证结果更加稳健。

表 16 – 25　　　　　　　　　行业代码对照表

行业代码	行业名称	行业代码	行业名称
1	采矿业	9	批发和零售业
2	电力热力燃气及水生产和供应业	10	水利、环境和公共设施管理业
3	房地产业	12	文化、体育和娱乐业
4	建筑业	13	信息传输、软件和信息技术服务业
5	交通运输、仓储和邮政业	14	制造业
6	金融业	16	综合
8	农林牧副渔业	17	租赁和商务服务业

（2）数据处理。本节做了两方面的数据处理。①HK 模型分行业对 $\log(\text{TFPR}_{si}/\overline{\text{TFPR}_s})$ 和 $\log(A_{si}/\overline{A_s})$ 的首尾各 2% 截尾。②剔除了增加值为负值的样本。因为上市公司未能提供企业的增加值数据，本书依据增加值的收入法测算方法（增加值 = 固定资产折旧 + 劳动者报酬 + 生产税净值 + 营业盈余）对增加值进行了估算，发现受企业营业利润为负的影响，个别年度有些企业的增加值为负，因此剔除了这些样本。

（二）变量说明及参数设定

本节实证的关键变量是资本、劳动扭曲因子、企业实际生产率，它们的表达式分别如式（16.5）~ 式（16.7）所示，表达式中涉及的变量及参数说明见表 16 – 26。

$$\tau_{K_{Si}} = \alpha_s \frac{\sigma - 1}{\sigma} \frac{P_{si} Y_{si}}{R K_{si}} - 1 \tag{16.5}$$

$$\tau_{L_{Si}} = (1 - \alpha_s) \frac{\sigma - 1}{\sigma} \frac{P_{si} Y_{si}}{W L_{si}} - 1 \tag{16.6}$$

$$A_{si} = \varphi_s \frac{(P_{si} Y_{si})^{\frac{\sigma}{\sigma-1}}}{K_{si}^{\alpha_S}(W L_{si})^{1-\alpha_S}} \quad \text{其中,} \quad \varphi_s = \frac{W^{1-\alpha_s}(P_s Y_s)^{\frac{-1}{\sigma-1}}}{P_s} \tag{16.7}$$

表 16 – 26　　　　　　　　　变量说明及参数设定

变量或参数	说明
WL_{si}	表示劳动投入，以上市公司财务报表中应付工资总额计量
$P_{si} Y_{si}$	依据上市公司财务报表数据测算
K_{si}	表示资本，以企业固定资产净值计量

续表

变量或参数	说明
θ_s	表示各行业增加值占总增加值的比例
R	表示无扭曲的资本租赁价格,沿用 HK 模型的设置,设定为 10%
α_s	表示行业劳动产出弹性,以行业劳动份额占行业总增加值的比例计量
σ	表示行业间企业间产出的替代弹性,设定为 3,与第三章第二节设定相同

二、实证结果与分析

(一)关键变量实证结果分析

受篇幅限制,表 16-27 报告了 2011 年和 2014 年劳动扭曲因子 $\tau_{L_{si}}$、资本扭曲因子 $\tau_{K_{si}}$ 以及企业名义生产率的方差 V_{TFPR} 实证结果,通过对实证结果的分析,可得出下述结论:

(1)资本和劳动扭曲广泛存在,资本扭曲更为严重。14 个行业的资本扭曲因子均值全部为正,大多数行业劳动扭曲因子均值为正,这表明大多数行业均存在以较高成本使用资本和劳动的情况。此外,发现资本扭曲因子的行业均值普遍大于劳动扭曲因子的均值。

(2)各行业资源错配情况存在显著的差异。依据资源错配理论模型,如果不存在扭曲,则行业内所有企业的企业名义生产率 TFPR 相等;反之亦然。TFPR 的方差越大,则表明资源错配程度越严重。各行业的 TFPR 方差差异巨大,以 2014 年为例,最大值是最小值的 2 倍。

表 16-27　　　　　　　关键性变量实证结果

序号	行业代码及名称	2011 年 $\tau_{K_{si}}$	$\tau_{L_{si}}$	V_{TFPR}	2014 年 $\tau_{K_{si}}$	$\tau_{L_{si}}$	V_{TFPR}
1	采矿业	8.7	0.0	0.9	2.4	-0.5	0.7
2	电力热力燃气及水生产和供应业	1.0	1.1	1.2	1.3	0.6	0.8
3	房地产业	13.3	3.3	1.5	20.6	3.1	1.4
4	建筑业	27.2	5.7	1.5	34.5	4.4	1.4
5	交通运输、仓储和邮政业	3.8	4.8	1.0	3.3	4.3	1.2
6	金融业	40.4	-0.3	1.0	45.9	-0.4	0.8

续表

序号	行业代码及名称	2011 年 $\tau_{K_{si}}$	2011 年 $\tau_{L_{si}}$	2011 年 V_{TFPR}	2014 年 $\tau_{K_{si}}$	2014 年 $\tau_{L_{si}}$	2014 年 V_{TFPR}
8	农林牧副渔业	3.5	1.7	1.1	1.1	0.2	0.9
9	批发和零售业	11.6	25.5	1.2	14.2	30.6	1.2
10	水利、环境和公共设施管理业	2.3	1.0	0.6	4.6	1.2	1.0
11	文化、体育和娱乐业	4.4	2.7	0.9	6.3	0.4	0.8
12	信息传输、软件和信息技术服务业	26.8	16.9	1.1	18.6	3.5	1.0
13	制造业	8.0	7.6	1.1	3.4	7.8	0.9
14	综合	4.6	0.1	1.0	5.2	0.2	1.1
15	租赁和商务服务业	15.8	0.3	1.3	10.3	0.2	1.1

（二）资源错配对中国经济分行业总量 TFP 的影响

从测算结果（见表 16-28）可发现：资源错配对中国经济各行业总量 TFP 的影响较大，但差异显著。从资源错配对各行业总量 TFP 影响的整体均值来看，其影响值为 243.1%；从各行业样本期内的均值来看，采矿业的资源错配最低，对 TFP 的影响仅为 37.1%；而信息传输、软件和信息技术服务业是资源错配最为严重的行业，资源错配对 TFP 的影响高达 630.9%，其次是房地产业高达 562.3%。

此外，为了避免计量误差和统计误差，表 16-28 还报告了以资源配置最有效的采矿业为基准，其他行业达到采矿业资源配置效率后 TFP 的影响，经过修正后的资源错配对各行业总量 TFP 的影响依然巨大，平均值高达 150.3%，范围为 5.6%~433.2%。

表 16-28　　资源错配对中国经济分行业 TFP 的影响　　单位：%

行业代码	2008 年	2009 年	2010 年	2011 年	2012 年	2013 年	2014 年	错配均值	均值排名	校准结果
1	26.8	37.9	39.6	42.3	44.7	33.4	34.8	37.1	14	0.0
2	93.0	107.5	85.6	120.7	47.8	50.2	130.1	90.7	11	39.1
3	934.4	838.0	548.2	523.2	369.0	408.3	321.4	563.2	2	383.8
4	53.8	98.9	181.6	324.8	194.1	224.5	362.0	205.7	7	123.0
5	202.4	216.0	199.2	318.4	342.6	384.0	392.1	293.6	4	187.1
6	20.1	37.7	36.6	38.4	41.8	60.1	78.4	44.7	13	5.6

续表

行业代码	2008年	2009年	2010年	2011年	2012年	2013年	2014年	错配均值	均值排名	校准结果
7	61.3	99.3	81.7	185.7	167.6	354.8	134.0	154.9	8	86.0
8	94.0	261.6	947.4	484.7	411.8	770.0	870.3	548.5	3	373.1
9	30.1	11.5	83.2	45.1	302.0	51.1	175.0	99.7	10	45.7
10	25.3	20.6	15.1	39.7	178.6	50.5	106.1	62.3	12	18.4
11	221.9	409.5	593.5	774.5	921.1	940.1	556.0	630.9	1	433.2
12	195.4	270.6	238.1	272.0	290.3	277.1	212.8	250.8	6	155.9
13	33.0	121.3	68.1	89.1	119.6	443.9	133.6	144.1	9	78.1
14	102.3	115.9	74.1	365.7	323.5	578.7	378.7	277.0	5	175.0
均值	293.0	332.5	371.6	402.5	411.9	474.3	421.4	243.1		150.3

（三）资源错配对经济总量 TFP 的影响

表 16-29 的第 2 行列出了样本期内资源错配（即资本和劳动错配）对中国经济总量 TFP 的影响。从绝对值看，范围为 64.8%~116.5%，这表明中国经济的资源错配程度较为严重。自 2012 年中国经济正式迈入新常态以来，2012~2014 年新常态时期资源错配对经济总量 TFP 的影响平均值为 107.2%。另外，从资源错配对经济总量 TFP 的影响趋势看，2008 年后呈现增加的趋势，直到 2012 年有所降低后，2013 年又开始增加，这表明资源错配在 2008 年后开始恶化，直到 2012 年有所改善后，2013 年又开始恶化。

表 16-29　　　　　资源错配对中国经济 TFP 的影响　　　　　单位：%

错配类型	2008年	2009年	2010年	2011年	2012年	2013年	2014年
资源错配	64.8	95.3	97.6	104.6	94.9	110.2	116.5
资本错配	62.3	91.5	94.0	101.2	91.5	106.2	113.0
劳动错配	1.8	2.5	3.7	3.4	3.5	3.2	2.0

（四）单要素错配对经济总量 TFP 的影响

表 16-29 分别列出了资本错配对 TFP 的影响、劳动错配对 TFP 的影响。通过分析发现：资本错配对 TFP 的影响最为严重，这表明降低资本错配将是提高 TFP 的主要途径；此外，还发现它的趋势与资源错配对经济总量 TFP 的影响高度一致，可见它是样本期内形成总体趋势的主导力量。

资本错配对 TFP 的影响。从绝对值上看，样本期内该值的范围为 62.3% ~ 113%，这表明资本有效配置后中国经济总量 TFP 的增长潜力巨大。从趋势上看，样本期内该值在 2008 年后呈现增加的趋势，直到 2012 年有所降低后，2013 年又开始增加，表明资本错配对总量 TFP 的影响在 2008 年后有明显的增加趋势，考虑到中国经济增长动力以政府投资主导的模式尚未改变，2008 年，经济刺激政策的实施将进一步加剧资本错配的程度，这一结论与江飞涛等（2014）、余泳泽（2015）的研究结论一致。2013 年资本错配开始恶化，可能与中国政府的反周期经济政策及经济增长动力向 TFP 驱动的缓慢转型相关。这一时期，中国政府为确保经济在合理期间运行，采取了一系列反周期政策，包括鼓励创新、加速市场化改革、加大环境规制力度、提高投资效率、调整产业结构等政策，这些政策的实施一定程度上促使新的增长动力开始形成，一定程度上也提高了资源配置效率，但是经济结构调整的成本是巨大的，以投资为主要增长动力这一传统的增长模式尚未根本改变。

劳动错配对 TFP 的影响。从绝对值上看，样本期内该值的范围为 1.8% ~ 3.7%，呈现出增加、下降、增加、下降的趋势。显然，与资本错配对 TFP 的影响相比非常小，这表明降低资本错配将是释放行业内企业间资源配置效率红利的主要途径。

三、稳健性检验

本节做了三个稳健性检验（见表 16 - 30）：第一，为了避免新观测样本（新上市企业）的名义生产率出现异常值导致测算结果过大或过小，使用平衡面板数据重新测算。第二，前文使用劳动投入替代劳动力数量，这里以职工数替代劳动投入重新测算。第三，前文替代弹性 σ 设置为 3，是经验值的下限，这里设置为 4 进行重新测算。表 16 - 30 第 2 行列出了稳健性检验一的测算结果，显示资源错配对 TFP 的影响尽管在绝对值上有所差异（仅 2011 年差异较大），但趋势一致。表 16 - 30 第 3 行列出了稳健性检验二的测算结果，发现资源错配对 TFP 的影响绝对值大幅度增加，趋势基本一致（除 2011 年有所下降外）。表 16 - 30 第 4 行列出了稳健性检验三的测算结果，显示资源错配对 TFP 的影响大幅度增加，并且趋势一致。综上所述，本书的测算结果是稳健的，而且较为保守。

表 16-30　　　　　　　稳健性检验结果　　　　　　　单位：%

稳健性检验类型	2008 年	2009 年	2010 年	2011 年	2012 年	2013 年	2014 年
原文测算结果	64.8	95.3	97.6	104.6	94.9	110.2	116.5
平衡面板数据	65.9	85.2	116.5	164.7	81.1	107.3	123.9
员工数替代工资	186.6	265.1	265.7	248.7	225.3	249.4	274.4
替代弹性为 4	96.0	143.2	144.4	150.5	142.9	161.1	205.9

第四节　小　　结

本章应用第十五章内拓展的行业内企业间资源错配理论模型，分别以中国制造业微观数据（2004~2007 年）和中国上市公司数据（2008~2014 年）全面检验了行业内企业间的资源错配对中国制造业和中国经济总量 TFP 的影响，得到了丰富的研究结论：

一是从行业内企业间资源错配的对象上看：无论是中国制造业，还是中国经济，均存在着较为严重的行业内企业间资源错配，产出补贴普遍存在（以 2004~2007 年制造业总体平均补贴率为例，行业内产出扭曲因子为负的企业数量与行业企业总数量之比高达 68.2%）。行业内企业间的资源错配对中国制造业和中国经济造成的 TFP 影响范围分别为：149.5%~173.9%、64.8%~116.5%。

二是从行业内企业间资源错配的趋势看：样本期内，中国制造业行业内企业间的资源错配呈现出逐年增加的趋势。2008~2014 年中国经济的资源错配呈现出恶化、改善、恶化的趋势，特别是 2013 年中国经济资源错配开始增加的现象值得政策制定者的警示。

三是从行业内企业间资源错配的类型上看，资本错配对 TFP 的影响显著大于劳动错配、产出扭曲导致的错配、能源错配。其中，能源错配确实对 TFP 造成了不容忽视的影响，影响范围在 6.5%~8.2% 之间。

四是从行业内企业间资源错配的区域差异看，区域新格局下资源错配对制造业总量 TFP 影响的区域差异较为显著。"四大板块"中，东部资源错配最低，其次为西部、东北部、中部；如果其他地区达到东部地区的资源配置效率，则西部、东北部、中部的 TFP 分别可再增加 8.0%、15.9%、16.8%，"四个支撑带"中，资源错配最低的是 21 世纪海上丝绸之路，其次为长江经济带、丝绸之路经济带、京津冀经济带。如果其他地区达到 21 世纪海上丝绸之路的资源配置效率，则长江经济带、丝绸之路经济带、京津冀经济带的 TFP 分别可再增加 6.0%、

19.4%、34.5%。"四大板块"中，资本配置效率最高的是东部，其次为西部、东北部、中部，这一次序与资源错配对制造业总量 TFP 影响的次序一致。能源错配最低的地区是中部，其次为东北、西部、东部。产出扭曲导致的错配对 TFP 的影响最小的是东部，其次为西部、中部、东北。"四个支撑带"中，资本配置效率的大小顺序与资源错配对制造业总量 TFP 影响的次序一致。能源错配最低的地区是长江经济带，其次为 21 世纪海上丝绸之路、丝绸之路经济带、京津冀经济带。产出扭曲导致的错配对 TFP 的影响最小的是 21 世纪海上丝绸之路，其次为长江经济带、丝绸之路经济带、京津冀经济带。

  总之，本章不仅是对理论的全面应用和验证，采用中国制造业的历史数据和中国经济的最新微观数据，全面检验了资源错配对中国制造业和中国经济总量 TFP 的影响，并基于区域新格局，考察了资源错配对中国制造业总量 TFP 影响的区域差异，拓展和补充了资源错配对中国 TFP 影响的实证研究，提高了研究的应用价值。这些实证检验既有助于科学判断当前中国资源错配的形势，提高研究的时效性，又避免了单一研究制造业的不足，拓展了资源错配的实证对象；既能测算资源错配对 TFP 影响的行业差异，又有助于对比不同要素错配对 TFP 影响的程度差异；既能解答区域新格局下资源错配对 TFP 影响的区域差异，又能以资源错配最低的区域为参照，避免计量和统计误差，校准实证结果。这些研究结论有助于科学认识和判断中国制造业和中国经济行业内企业间的资源错配，对降低行业内企业间资源错配进而提高 TFP 有着重要的现实意义。

第十七章

行业间资源错配对全要素生产率的影响：实证检验

第十五章从行业内企业间资源错配的角度考察了资源错配对中国制造业和中国经济总量 TFP 的影响，本章将从行业间资源错配的角度考察资源错配对中国制造业和中国经济总量 TFP 的影响。本章基于第十五章中行业间资源错配对 TFP 影响的理论模型，做了三个实证检验。一是以制造业为实证对象，将制造业作为由制造业分行业组成的经济总量，以 2004~2007 年的制造业历史数据，实证检验了制造业分行业间资源错配对制造业总量 TFP 造成的影响，以及行业间资本错配、劳动错配、能源错配分别对制造业总量 TFP 造成的影响。二是为了考察行业间资源错配对制造业总量 TFP 的区域差异，实证检验了中国区域经济新格局下制造业分行业间资源错配对制造业总量 TFP 的影响。三是为了弥补研究数据陈旧的不足，选择 2008~2014 年中国上市公司的全部微观数据，以此作为中国经济的样本，考察了近期中国行业间资源错配的形势及其对中国经济总量 TFP 的影响。

第一节 行业间资源错配对中国制造业全要素生产率的影响

一、数据、变量与参数

（一）数据来源及说明

本节数据来源于 2004~2007 年中国工业企业微观数据库中制造业的微观数据，与第十六章第一节的数据来源相同，在数据处理时同样剔除了不符合会计准则的数据。

（二）变量说明及参数设定

本节涉及的主要变量包括行业增加值、行业 TFP、行业资本存量、行业劳动投入，除了行业 TFP 外，其他变量均与第十六章第一节相同。本节参数为行业资本、劳动、能源产出弹性，这些参数采用 OP 算法（Olley and Pakes, 1996）估算。

二、实证结果与分析

（一）行业 TFP 实证结果测算与分析

行业 TFP 的估算沿用陈永伟、胡伟民（2011）的测算思路，首先，利用微观数据估算出企业的 TFP；其次，以企业增加值占行业总增加值的比例为权数，加权得到每个制造业分行业的 TFP。依据鲁晓东、连玉君（2014）对微观数据估算 TFP 方法的比较结果，本节选择 OP 算法估计企业的 TFP。该文利用 1999~2007 年中国工业企业微观数据库，分别对四种估计 TFP 的方法：最小二乘法、固定效应方法、OP 法和 LP 法（Levinsohn and Petrin, 2003）进行了比较，发现 OP 方法的结果相对最为可靠，该方法有效地避免了同时性偏差和样本选择偏差。下面介绍本节用到的 OP 算法及相应模型。

设产出是资本、能源、劳动及企业年龄的函数，如下式：

$$Y_{it} = F_{it}(K_{it}, E_{it}, L_{it}, G_{it}) \tag{17.1}$$

其中，Y_{it}、K_{it}、E_{it}、L_{it}、G_{it} 分别表示企业 i 在 t 时刻的企业增加值、资本、能源、劳动投入和年龄，为了便于估计，设企业生产函数为道格拉斯函数形式，经过变形后得到下式：

$$y_{it} = \beta_1 k_{it} + \beta_2 e_{it} + \beta_3 l_{it} + \beta_4 g_{it} + u_{it} \tag{17.2}$$

其中，y_{it}、k_{it}、e_{it}、l_{it} 分别表示式（17.1）各变量对应的自然对数形式，u_{it} 表示误差项，包含了企业 TFP 的自然对数的信息。

同时性偏差问题是指企业在实际生产过程中会事先观测到一部分 TFP 的信息，从而改变要素投入组合，这使得误差项和回归项相关，导致经典的 OLS 估计不再适用。为此，将误差项分解为两部分，计量模型为下式：

$$y_{it} = \beta_1 k_{it} + \beta_2 e_{it} + \beta_3 l_{it} + \beta_4 g_{it} + \omega_{it} + \varepsilon_{it} \tag{17.3}$$

其中，ω_{it} 表示可观测到的 TFP，会影响到企业当期的要素投入决策，ε_{it} 代表真正的误差项，包含了不可观测的 TFP 冲击及测量误差。为了克服这一问题，OP 算法假定企业投资是不可观测生产率的函数，将企业当期投资作为不可观测生产率冲击的工具变量，从而解决了该问题。根据关于折旧率假设的文献（张军、吴桂英和张吉鹏，2004），假设资本按照 9% 折旧率的永续盘存法的方式积累，则企业当期的投资 $i_{it} = K_{i,t+1} - 0.91 K_{i,t}$，设投资是不可观测的 TFP、资本及年龄的函数，即 $i_{it} = i(\omega_{it}, k_{it}, g_{it})$，则 $\omega_{it} = i^-(i_{it}, k_{it}, g_{it}) = h(i_{it}, k_{it}, g_{it})$，于是可得到式（17.4），是一个半参数回归方程，解决了同时性偏差问题。

$$y_{it} = \beta_1 k_{it} + \beta_2 e_{it} + \beta_3 l_{it} + \beta_4 g_{it} + h(i_{it}, k_{it}, g_{it}) + \varepsilon_{it} \tag{17.4}$$

样本选择性偏差是因为 TFP 冲击和企业的生存概率相关造成的。与资本存量大的企业相比较，当 TFP 冲击时，资本存量较小的企业的退出概率会更高，因此资本存量与受到 TFP 冲击时退出市场的概率成负相关关系。针对这一问题，OP 算法通过 Bellman 方程来解决这一问题，方程如下：

$$V_{it}(K_{it}, G_{it}, \omega_{it}) = Max[\varphi, Sup_{i_{it} \geqslant 0} \prod_{it}(K_{it}, G_{it}, \omega_{it}) - C(i_{it})$$
$$+ \rho E\{V_{i,t+1}(K_{i,t+1}, G_{i,t+1}, \omega_{i,t+1}) | J_{it}\}] \tag{17.5}$$

其中，φ 代表企业的清算价值，$\prod_{it}(\cdot)$ 代表企业的利润函数，由企业投资、年龄及可观测到的 TFP 决定，$C(\cdot)$ 代表企业的投资成本，ρ 是折现因子，$E(\cdot)$ 是下一期的利润回报，J 表示当前的企业全部信息。当企业经营时的预期折现回报大于其清算价值时，企业将继续经营，否则退出。企业 TFP 大于临界 TFP 时继续经营，用 1 表示，否则退出，用 0 表示，企业未来是否投资取决于企业可观测的 TFP、资本和企业年龄。企业生产概率方程用 probit 模型估计。

由此本书依据 OP 算法建立了如下面板模型用来估计企业的 TFP：

$$\text{LnTFP}_{ijkt} = \alpha_0 + \alpha_1 \ln K_{ijkt} + \alpha_2 \ln L_{ijkt} + \alpha_3 \ln E_{ijkt} + \alpha_4 G_{ijkt}$$
$$+ \sum_t v_t \text{year}_t + \sum_k \omega_k \text{reg}_k + \varepsilon_{ijkt} \qquad (17.6)$$

其中，状态变量为 lnK 和 G，代理变量为 lni，自由变量为 lnL、lnE、year$_t$、reg$_k$，自由变量依次为劳动投入的自然对数、能源投入的自然对数、年度虚拟变量、地区虚拟变量，控制变量为出口和所有制虚拟变量，退出变量为 EXIT，根据企业实际经营情况生成。此外，发现样本中企业投资数据较少，因此沿用鲁晓东和连玉君（2014）的设置，以工业中间投入作为不可观测生产率冲击的代理变量。出口为虚拟变量（1 代表企业是出口企业，0 则代表企业是非出口企业），判断标准为工业企业数据库中出口交货值不为零则是出口企业，反之则为非出口企业。所有制为 1 则代表国有企业，为 0 则代表非国有企业，判断标准为国家资本和法人资本，不为零则为国有企业，反之则为非国有企业。为了使得统计口径更加科学，以 2004 年为基期，分别用企业所在地区的固定资产投资价格指数、工业品出厂价格指数、居民消费价格指数、能源动力购进价格指数分别对固定资产净值、工业增加值、劳动投入、能源投入进行了平减。首先，根据式（17.6），利用 STATA13.0，采用 OP 算法对每一个制造业分行业估算了资本、劳动和能源弹性；其次，计算出每个企业的 TFP，以企业增加值占行业增加值的比重为权重计算出各行业的 TFP（见表 17-1）。通过分析发现：样本期内，制造业各分行业均实现了 TFP 的增长；行业 40（通信设备及计算机制造业）的 TFP 最高，这与陈永伟、胡伟民（2011）的估算结果一致。此外，从样本期各行业的 TFP 均值排名看，TFP 最高的行业是最低的 1.673 倍，均值在 1.195，这表明各行业 TFP 存在较为显著的差异。

表 17-1　　　　　　　制造业各分行业 lnTFP 估算结果

序号	行业代码对照表	2004 年	2005 年	2006 年	2007 年	均值	均值排名
13	农副食品加工业	0.718	0.958	1.202	1.510	1.097	18
14	食品制造业	0.764	1.011	1.227	1.469	1.118	14
15	饮料制造业	0.774	0.995	1.185	1.435	1.097	17
17	纺织业	0.795	1.003	1.199	1.349	1.087	21
18	纺织服装、鞋、帽制造业	0.808	1.002	1.288	1.512	1.152	10
19	皮革、毛皮及其制品业	0.747	0.998	1.232	1.483	1.115	16

续表

序号	行业代码对照表	2004年	2005年	2006年	2007年	均值	均值排名
20	木材加工及相关制品业	0.599	0.795	1.039	1.468	0.975	28
21	家具制造业	0.695	0.859	1.124	1.317	0.999	26
22	造纸及纸制品业	0.834	1.045	1.256	1.470	1.151	12
23	印刷业和记录媒介的复制	0.847	0.968	1.167	1.364	1.086	22
24	文教体育用品制造业	0.824	0.963	1.264	1.325	1.094	19
25	石油加工、炼焦及核燃料加工业	1.362	1.469	1.619	2.005	1.614	3
26	化学原料及化学制品制造业	0.910	1.104	1.310	1.605	1.232	8
27	医药制造业	0.775	0.992	1.114	1.350	1.058	25
28	化学纤维制造业	1.034	1.433	1.708	2.087	1.566	4
29	橡胶制品业	0.953	1.117	1.307	1.641	1.254	7
30	塑料制品业	0.772	0.945	1.217	1.436	1.093	20
31	非金属矿物制品业	0.726	0.857	1.084	1.299	0.992	27
32	黑色金属冶炼及压延加工业	1.275	1.463	1.729	2.055	1.630	2
33	有色金属冶炼及压延加工业	0.785	1.004	1.638	2.078	1.376	5
34	金属制品业	0.756	0.934	1.214	1.563	1.117	15
35	通用设备制造业	0.744	0.926	1.157	1.440	1.067	23
36	专用设备制造业	0.772	0.918	1.239	1.547	1.119	13
37	交通运输设备制造业	1.050	1.102	1.439	1.904	1.374	6
39	电气机械及器材制造业	0.800	0.985	1.269	1.551	1.151	11
40	通信设备及计算机制造业	1.201	1.474	1.859	1.993	1.632	1
41	仪器仪表及文化办公机械制造业	0.775	0.988	1.337	1.512	1.153	9
42	工艺品及其他制造业	0.741	0.897	1.163	1.449	1.062	24

(二) 各行业要素相对扭曲实证结果与分析

根据分别估算出各行业资本、能源、劳动的相对扭曲系数，这是测算行业间资源错配对TFP影响的关键。测算结果见表17-2。通过分析发现：

表 17-2 制造业各分行业要素相对扭曲系数

行业代码	2004年 资本	2004年 劳动	2004年 能源	2005年 资本	2005年 劳动	2005年 能源	2006年 资本	2006年 劳动	2006年 能源	2007年 资本	2007年 劳动	2007年 能源
13	0.722	1.434	1.000	0.763	1.535	1.045	0.825	1.625	1.067	0.891	1.722	1.379
14	1.142	1.242	1.370	1.194	1.290	1.388	1.126	1.282	1.331	1.229	1.418	1.797
15	0.632	1.248	1.256	0.610	1.277	1.254	0.594	1.326	1.256	0.595	1.352	1.562
17	0.975	1.244	0.801	0.886	1.205	0.757	0.838	1.232	0.747	0.762	1.189	0.879
18	0.942	1.211	0.986	0.950	1.189	0.945	0.914	1.126	0.864	0.907	1.061	0.993
19	1.643	1.203	0.752	1.667	1.160	0.708	1.592	1.118	0.658	1.533	1.091	0.784
20	0.870	1.264	0.558	0.840	1.170	0.505	0.681	1.009	0.420	0.670	0.932	0.473
21	1.248	1.143	1.305	1.083	1.081	1.205	1.089	1.064	1.144	1.024	0.991	1.299
22	1.173	1.092	0.910	1.123	1.046	0.851	1.123	1.040	0.816	1.143	1.028	0.984
23	0.901	1.093	0.907	0.879	1.031	0.835	0.900	1.022	0.799	0.886	0.992	0.946
24	0.986	1.046	0.658	0.901	1.027	0.631	0.915	0.955	0.566	0.917	1.012	0.732
25	0.820	0.977	1.342	0.820	0.957	1.284	0.801	0.979	1.266	0.837	1.031	1.627
26	0.970	0.987	0.758	0.990	1.003	0.753	1.038	0.993	0.719	1.090	0.918	0.811
27	1.716	0.977	0.613	1.785	0.927	0.568	1.831	0.967	0.572	1.768	0.935	0.674
28	0.772	0.887	0.360	0.709	0.949	0.376	0.718	0.963	0.368	0.705	0.982	0.457
29	0.758	0.943	0.771	0.748	0.933	0.745	0.751	0.944	0.728	0.734	0.942	0.885
30	0.980	0.910	0.781	1.121	0.999	0.837	1.103	0.987	0.798	1.037	0.851	0.839
31	1.367	0.916	0.736	1.307	0.928	0.727	1.209	0.929	0.703	1.150	0.970	0.895
32	1.176	0.902	0.565	1.215	0.965	0.591	1.301	0.915	0.540	1.251	0.886	0.638
33	1.921	0.900	1.052	1.974	0.907	1.035	1.903	0.873	0.961	1.853	0.857	1.151
34	0.723	0.852	0.722	0.721	0.842	0.695	0.698	0.857	0.683	0.710	0.937	0.912
35	0.969	0.854	1.163	0.970	0.818	1.087	0.904	0.851	1.092	0.936	0.907	1.420
36	0.888	0.798	0.379	0.906	0.874	0.405	0.908	0.865	0.387	0.949	0.842	0.459
37	0.888	0.884	0.521	0.906	0.835	0.481	1.034	0.847	0.470	1.076	0.745	0.505
39	1.326	0.899	0.573	1.222	0.784	0.488	1.190	0.789	0.474	1.127	0.724	0.531
40	1.489	0.778	0.768	1.471	0.739	0.712	1.518	0.761	0.708	1.430	0.719	0.816
41	1.527	0.697	0.608	1.379	0.722	0.615	1.340	0.704	0.578	1.278	0.693	0.695
42	0.720	0.489	0.583	0.719	0.521	0.607	0.718	0.554	0.623	0.830	0.647	0.886

（1）各制造业分行业相对扭曲系数绝对值及趋势。样本期内，从时间趋势看，各制造业分行业扭曲系数并未呈现出明显的共同时间趋势，这表明各行业间资源错配有着较为显著的趋势差异。从绝对值看，各行业扭曲系数各年绝对值变化并不大，这表明各行业样本期内资源错配形势变化较小。从不同类型行业间相对扭曲看，资本相对扭曲系数和劳动相对扭曲系数大多数大于能源相对扭曲系数，这表明行业间能源错配较小，而资本相对扭曲系数并非普遍比劳动相对扭曲系数大，这表明行业间资本错配和劳动错配程度因不同的行业而呈现出不同的差异。

（2）各制造业分行业的资源错配情况。从样本期内各行业资本、劳动、能源相对扭曲系数均值的排序看，没有系数为1的行业，这表明行业间的资源错配普遍存在。从资本相对扭曲系数看，28个分行业中有13个分行业的资本扭曲相对系数大于1，这表明：与最优行业资本配置相比，这些行业配置了过多的资本，而其他行业则配置了过少的资本；从劳动相对扭曲系数看，28个分行业中有11个分行业劳动扭曲相对系数大于1，这表明：与最优行业劳动配置相比，这些行业配置了过多的劳动，其他行业配置过少；28个分行业中有7个行业能源扭曲相对系数大于1，这表明这些行业配置了过多的能源，其他行业配置过少。

（三）制造业分行业间资源错配对制造业总量TFP的影响

根据分别测算出行业间资源错配对制造业总量TFP的影响、行业间资本（劳动、能源）错配对制造业总量TFP的影响。表17-3显示了这一结果。通过对该表的分析发现：行业间资源错配对制造业总量TFP造成的影响范围为18.6%~21.7%，即如果纠正制造业分行业间的资源错配，制造业的总量TFP可在现有的基础上增加的范围为18.6%~21.7%；行业间资本错配显著大于行业间能源错配和行业间劳动错配对制造业总量TFP的影响。行业间资本错配、行业间劳动错配、行业间能源错配对TFP造成的影响范围分别在15.55%~18.14%、1.66%~2.09%、0.66%~0.92%。这一测算结果与张佩（2014）测算的结果类似。这些结果表明：制造业分行业间资源错配对制造业总量TFP的影响较大，但远小于行业内企业间资源错配对制造业总量TFP的影响；制造业分行业间能源错配对制造业总量TFP的影响有限。

表17-3　　行业间的资源错配对制造业总量 TFP 的影响　　　单位：%

错配类型	2004 年	2005 年	2006 年	2007 年	均值
行业间资源错配	21.70	20.60	19.80	18.60	20.18
行业间资本错配	18.14	17.22	16.55	15.55	16.87
行业间劳动错配	2.09	1.87	1.76	1.66	1.84
行业间能源错配	0.92	1.06	0.79	0.66	0.86

第二节　行业间资源错配对中国制造业全要素生产率影响的区域差异

中国地域辽阔，人口众多，而东北、东部、中部、西部等不同区域由于自然资源、社会发展、人口基础等禀赋差异巨大，为了考察各区域行业间资源错配对 TFP 的影响，本节采取与第十六章第二节类似的方法进行了测算，仍然以中国的"四大区域"和"四个支撑带"2004~2007 年制造业微观数据为实证对象，对制造业分行业间的资源错配对制造业总量 TFP 影响的区域差异进行了实证检验和分析。

一、数据、变量与参数

本节的数据、变量与参数设定与第十六章第一节相同。

二、实证结果与分析

（一）制造业分行业间资源错配对"四大板块"制造业总量 TFP 影响的区域差异

表17-4 显示了这一结果，通过分析发现：

（1）"四大板块"各自区域内制造业行业间的资源错配现象普遍存在，但差异显著。从制造业分行业间资源错配对制造业总量 TFP 影响的均值看，东部、中部、东北部、西部行业间资源错配对 TFP 的影响分别为 12.2%、22.9%、

18.3%、15.2%，最大值是最小值的1.88倍。行业间资源错配最严重的是中部地区，其次为东北、西部、东部。

（2）"四大板块"各自区域内行业间资源错配有下降的共同趋势，但下降幅度却不同。东部地区制造业分行业间资源错配对制造业总量TFP的影响从2004年的12.7%下降至2007年的11.6%，中部地区从2004年的25.5%下降至2007年的19.5%，东北部地区从2004年的19.0%下降至2007年的17.4%，西部地区从2004年的17.1%下降至2007年的13.0%。下降幅度最大的是中部地区。

表17-4　　中国制造业分行业间资源错配对"四大板块"制造业总量TFP的影响　　单位：%

地区	错配类型	2004年	2005年	2006年	2007年	平均值	校准值
东部地区	资源错配	12.7	12.3	12	11.6	12.2	0
	资本错配	9.94	9.57	9.12	8.66	10.3	
	劳动错配	1.3	1.2	1.1	1.0	1.1	
	能源错配	0.6	0.7	0.5	0.6	0.6	
中部地区	资源错配	25.5	24.4	22.2	19.5	22.9	9.6
	资本错配	22.2	20.9	18.9	16.4	19.6	
	劳动错配	2.5	2.2	2.0	1.9	2.1	
	能源错配	1.0	0.9	0.8	0.9	0.9	
东北地区	资源错配	19.0	18.8	18.1	17.4	18.3	5.5
	资本错配	16.3	15.5	15.7	13.7	15.3	
	劳动错配	2.5	2.4	1.6	1.2	1.9	
	能源错配	0.9	0.7	0.9	0.8	0.8	
西部地区	资源错配	17.1	15.8	14.6	13.0	15.2	2.7
	资本错配	14.4	12.9	11.8	9.8	12.2	
	劳动错配	1.5	1.4	0.6	1.5	1.2	
	能源错配	0.8	0.8	0.7	0.6	0.7	

（3）"四大板块"各区域内制造业分行业间资源错配的不同类型对制造业总量TFP的影响的异同点。各区域制造业分行业间资源错配对制造业总量TFP的影响有着较为显著的差异，共同点则是资本错配对TFP的影响最大，其次为劳动错配、能源错配。以资本错配为例，制造业分行业间资源错配对东部、中部、东北部、西部地区制造业总量TFP影响的样本均值分别为10.3%、19.6%、15.3%、12.2%，最大值是最小值的1.91倍。行业间的资本错配最严重的是中

部,其次为东北部、西部、东部。

(二) 制造业分行业间资源错配对"四个支撑带"制造业总量TFP影响的区域差异

表17-5显示了中国"四个支撑带"资源错配对制造业总量TFP的影响,通过对实证结果的分析,可以得到下述结论:

表17-5　　中国制造业分行业间资源错配对"四个支撑带"制造业总量TFP的影响　　单位:%

地区	错配类型	2004年	2005年	2006年	2007年	均值	校准值
长江经济带	资源错配	14.4	14.2	14.1	12.9	13.9	2.5
	资本错配	9.8	10.9	11.2	11.4	11.9	
	劳动错配	1.6	1.5	1.3	1.3	1.4	
	能源错配	0.8	0.6	0.6	0.5	0.6	
京津冀经济带	资源错配	22.3	21.7	21.4	20.6	21.5	9.3
	资本错配	20.1	18.6	18.5	18.3	18.9	
	劳动错配	3.6	2.7	2.6	2.1	2.7	
	能源错配	0.9	1.0	0.9	1.0	1.0	
丝绸之路经济带	资源错配	18.9	16.5	16.5	15.3	16.8	5.1
	资本错配	13.1	17.1	10.9	9.5	12.6	
	劳动错配	2.4	11.3	1.9	1.4	4.3	
	能源错配	1.1	1.0	0.9	0.8	0.9	
21世纪海上丝绸之路	资源错配	11.8	11.5	11.2	10.1	11.2	0.0
	资本错配	8.9	8.5	8.3	8.1	10.1	
	劳动错配	1.4	1.4	1.2	1.1	1.3	
	能源错配	0.4	0.4	0.0	0.1	0.2	

(1)"四个支撑带"各自区域内制造业分行业间的资源错配普遍存在,但有着较为显著的差异。制造业分行业间资源错配对长江经济带、京津冀经济带、丝绸之路经济带、21世纪海上丝绸之路制造业总量TFP影响的均值分别为13.9%、21.5%、16.8%、11.2%,最大值是最小值的1.93倍。行业间资源错配最严重的是京津冀经济带,其次为丝绸之路经济带、长江经济带、21世纪海上丝绸之路。

（2）"四个支撑带"各自区域内制造业分行业间的资源错配形势有共同的下降趋势，但下降幅度不同。长江经济带从 2004 年的 14.4% 下降至 2007 年的 12.9%，京津冀经济带从 2004 年的 22.3% 下降至 2007 年的 20.6%，丝绸之路经济带从 2004 年的 18.9% 下降至 2007 年的 15.3%，21 世纪海上丝绸之路从 2004 年的 11.8% 下降至 2007 年的 10.1%。下降幅度最大的则是丝绸之路经济带。

（3）"四个支撑带"各区域内制造业分行业间资源错配的不同类型对制造业总量 TFP 的影响的异同点。各区域制造业分行业间资源错配对制造业总量 TFP 的影响有着较为显著的差异，共同点是资本错配对 TFP 的影响最大，其次为劳动错配、能源错配，这一结论与"四大板块"的结论一致。以资本错配为例，制造业分行业间资源错配对长江经济带、京津冀经济带、丝绸之路经济带、21 世纪海上丝绸之路制造业总量 TFP 影响的样本均值分别为 11.9%、18.9%、12.6%、10.1%，最大值是最小值的 1.87 倍。行业间的资本配置效率从高到低依次为：21 世纪海上丝绸之路、长江经济带、丝绸之路经济带、京津冀经济带。

第三节 行业间资源错配对中国经济全要素生产率的影响

本节针对现有对行业间的资源错配研究不足的问题，应用行业间资源错配对 TFP 影响的理论模型，选择中国上市公司 2008~2014 年的微观数据作为中国经济的样本，假设经济体中存在行业间资本和行业间劳动错配，测算了中国经济中 14 个行业间的资源错配对经济总量 TFP 的影响。

一、数据、变量与参数

本节数据来源及处理与第十六章第三节相同，变量及参数设定除了以下两点之外，其余均与第十四章第一节相同。

（一）OP 算法中不可观测生产率冲击代理变量的选择与处理

本节选择投资作为不可观测生产率的代理变量，而第十六章第一节选择中间投入，这是因为本节数据未报告上市公司的中间投入。在处理方法上对投资数据采取永续盘存法进行估算的方法，折旧率选择为 0.91，估算投资数据是因为本节数据来源中的投资数据汇报较少。

（二）平减指数处理

本节数据样本为 2008~2014 年，在估算企业 TFP 时以 2008 年为基期对相应变量平减（用工业品出厂价格指数对企业增加值进行平减，用消费者价格指数对劳动投入进行平减，用固定资产投资价格指数对资本投入进行平减）。但在平减时，受中国统计年鉴的平减指数时间范围仅至 2013 年的限制，因此 2014 年的指数采取了估算的方法，以 2013 年和 2012 年的平均值估算。

二、实证结果与分析

（一）行业 TFP 的测算与分析

测算方法与第十六章第一节相同，测算结果如表 17-6 所示。通过对该表的分析可以得到下述结论：从 TFP 的趋势看，各产业在 2008~2013 年均实现了增长，但在 2013~2014 年除了行业 5（交通运输、仓储和邮政业）、行业 6（金融业）、行业 12（文体和娱乐产业）外，其他行业均为下降趋势。从各行业的 TFP 样本均值的差异看，最高的金融业是最低的信息传输软件和信息技术服务业的 4.1 倍，差异较大。

表 17-6　　中国经济各行业 lnTFP 估算结果

序号	行业代码对照表	2008年	2009年	2010年	2011年	2012年	2013年	2014年	均值	排名
1	采矿业	1.56	1.75	3.20	3.89	3.76	3.97	3.26	3.056	4
2	电力热力燃气及水生产和供应业	1.33	1.91	2.46	2.80	3.65	4.79	4.82	3.108	3
3	房地产业	0.64	0.80	1.05	1.43	2.09	2.56	2.20	1.538	11
4	建筑业	0.53	0.61	1.53	1.81	2.51	2.54	1.80	1.619	10
5	交通运输、仓储和邮政业	1.01	0.84	1.97	1.96	1.82	2.10	2.14	1.692	9
6	金融业	1.85	1.79	2.16	4.00	4.80	5.27	6.08	3.709	1
8	农林牧副渔业	0.96	1.28	2.32	2.78	2.51	1.87	1.49	1.884	8
9	批发和零售业	0.68	0.79	1.20	1.96	1.77	1.97	1.88	1.465	12
10	水利、环境和公共设施管理业	0.46	0.64	2.11	2.64	2.22	3.68	2.57	2.046	7

续表

序号	行业代码对照表	2008年	2009年	2010年	2011年	2012年	2013年	2014年	均值	排名
12	文化、体育和娱乐业	0.29	0.37	0.59	0.86	1.23	1.90	2.37	1.088	13
13	信息传输、软件和信息技术服务业	0.77	0.68	0.72	0.89	1.01	1.14	1.11	0.903	14
14	制造业	1.16	1.40	2.07	2.82	2.37	3.10	2.80	2.247	6
16	综合	1.52	3.02	3.10	4.78	4.77	4.68	3.82	3.669	2
17	租赁和商务服务业	1.24	1.99	2.12	2.60	4.10	4.65	4.47	3.022	5

（二）各行业要素相对扭曲系数的实证结果与分析

测算方法与第十六章第一节相同，测算结果如表 17-7 所示，通过对各行业资本和劳动扭曲相对系数实证结果的分析可以发现：

（1）从资本、劳动扭曲系数的绝对值看，均显著不等于1，这表明这几年中国经济各行业间的资源错配现象是普遍存在的。

（2）从不同的行业来看，金融业和房地产业的要素扭曲相对系数均显著小于1，这表明这两个行业存在资源配置不足的问题，特别是这几年对房产产业的金融调控较为严厉，致使其资本配置不足比劳动配置不足更为严峻；而金融业资源配置不足的原因可能与金融业尚未进行市场化改革导致其他企业难以进入金融业相关。从样本期间各行业间资本、劳动相对扭曲因子的均值发现：与最优资源配置相比，除了房地产业和金融业外，其余的行业均配置了过多的资本。除了采矿业、房地产业、金融业、综合外，其余的行业均配置了过多的劳动。

（3）发现信息传输软件和信息技术服务业的资本扭曲相对系数最高，可能是因为该行业的上市公司为互联网板块，与其他行业相比，该行业更加容易吸引到资本，使得该行业配置了过多的资本（与最优资本配置相比）。

表 17-7　中国经济各行业间资本和劳动相对扭曲系数

ID	2008年 K	2008年 L	2009年 K	2009年 L	2010年 K	2010年 L	2011年 K	2011年 L	2012年 K	2012年 L	2013年 K	2013年 L	2014年 K	2014年 L	均值 K	均值 L
1	1.5	0.7	1.4	0.6	1.5	0.6	1.8	0.5	2.1	0.6	2.2	2.7	2.6	0.6	1.9	0.6
2	3.9	1.7	3.3	1.2	3.2	1.2	4.1	1.3	3.7	1.2	3.2	3.2	3.1	1.1	3.5	1.3
3	0.4	0.7	0.3	0.7	0.2	0.6	0.3	0.9	0.3	0.8	0.3	0.7	0.3	0.8	0.3	0.8
4	1.3	3.7	1.4	3.1	1.0	1.7	1.3	2.0	1.6	1.5	1.6	2.3	2.2	2.3	1.5	2.2

续表

ID	2008年 K	L	2009年 K	L	2010年 K	L	2011年 K	L	2012年 K	L	2013年 K	L	2014年 K	L	均值 K	L
5	4.0	2.1	4.8	3.3	3.5	2.7	5.4	3.5	6.2	3.5	6.2	6.0	5.9	2.9	5.2	3.2
6	0.2	0.8	0.2	0.8	0.1	0.8	0.2	0.8	0.2	0.8	0.2	0.1	0.1	0.7	0.2	0.8
8	3.5	4.6	2.7	4.2	1.9	3.2	2.7	3.9	3.5	3.6	5.1	5.8	4.5	4.6	3.4	4.2
9	2.3	2.4	1.9	2.6	1.5	2.1	1.9	2.4	2.4	2.6	2.3	3.0	1.9	2.0	2.0	2.5
10	1.6	6.7	1.5	7.5	0.6	3.7	0.7	4.8	0.8	6.2	0.7	1.0	1.0	9.0	1.0	6.2
12	2.5	2.6	1.9	2.1	1.4	3.3	1.7	4.6	2.5	6.5	1.9	1.7	1.6	5.7	1.9	4.3
13	10.2	2.2	11.5	2.3	11.6	2.2	13.4	2.7	13.3	2.9	11.9	11.6	10.8	4.2	11.8	2.8
14	2.2	1.6	1.9	1.6	1.5	1.6	1.9	1.8	2.1	2.3	1.9	2.4	2.4	2.9	2.0	2.0
16	1.7	0.5	1.6	0.4	1.3	0.3	1.1	0.4	1.1	0.4	1.1	0.4	1.3	0.5	1.1	0.4
17	1.2	1.5	0.7	1.1	0.7	1.6	0.8	1.9	0.8	1.6	1.6	1.6	1.0	2.5	1.0	1.8

本节测算的结果与王林辉和袁礼（2014）的测算结果略有不同，其原因是：数据实证对象不同，该文是以中观产业数据（1978~2010年）为实证对象，而本节以中国上市公司微观数据（2008~2014年）为实证对象。

（三）行业间资源错配对中国经济总量TFP影响的实证结果与分析

测算方法与第十六章第一节相同，表17-8列出了行业间资源错配、资本错配、劳动错配对中国经济总量TFP影响的结果。通过分析发现：

（1）行业间资源错配对中国经济总量TFP的影响较大。样本期内，其影响范围为11.91%~38.76%，样本期均值为21.03%，即如果中国经济各行业间资源有效配置，则中国经济总量的TFP可在现有的基础上增加21.03%。从趋势来看，行业间资源错配呈现出先改善（2018~2013年）后恶化（2013~2014年）的趋势，这可能是因为自2008年后，产业结构调整政策正在取得积极成效，有利于降低行业间资源错配；2013~2014年行业间资源错配恶化的原因则需要更加深入的分析。

（2）行业间资本错配对中国经济总量TFP的影响。样本期内，其影响范围为10.49%~33.54%，均值为18.67%。从趋势来看，行业间资本与资源错配对中国经济总量TFP影响的趋势高度一致。

（3）行业间劳动错配对中国经济总量TFP的影响。样本期内，其影响范围为1.16%~2.44%，均值为1.58%。从趋势来看，行业间劳动错配呈现恶化、缓解、恶化的趋势，与行业间资本错配和资源错配对中国经济总量 TFP 的影响趋势不一致。这表明行业间劳动错配可能与资本错配存在不同的成因。行业间资本错配对经济总量 TFP 的影响远大于行业间劳动错配对经济总量 TFP 的影响。因此，降低行业间资本错配是降低行业间资源错配的主要途径。

表 17 – 8　　　行业间资源错配对中国经济总量 TFP 的影响　　　单位：%

错配类型	2008 年	2009 年	2010 年	2011 年	2012 年	2013 年	2014 年	均值
行业间资源错配	38.76	35.83	19.44	14.28	13.84	11.91	13.17	21.03
行业间资本错配	34.54	31.58	17.40	12.77	12.49	10.49	11.42	18.67
行业间劳动错配	2.31	2.44	1.48	1.18	1.06	1.16	1.40	1.58

第四节　小　　结

本章应用第十五章研究的行业间资源错配理论模型，分别以中国制造业 2004 ~ 2007 年的微观数据和中国上市公司 2008 ~ 2014 年的微观数据作为中国经济的样本，全面检验了中国制造业分行业之间、中国经济各行业之间资源错配对中国制造业、中国经济总量 TFP 的影响，得到了丰富的研究结论：

一是从行业间资源错配的对象上看，无论是中国制造业，还是中国经济，均存在着较为严重的行业间资源错配。样本期内，行业间资源错配对中国制造业和中国经济总量 TFP 造成的影响范围分别为 18.6% ~ 21.7%、11.91% ~ 38.76%。即纠正行业间资源错配，中国制造业和中国经济总量的 TFP 可在现有基础上增加的百分比分别为 18.6% ~ 21.7%、11.91% ~ 38.76%。

二是从行业间资源错配的趋势看，中国制造业行业间的资源错配呈现逐年下降趋势，但下降的趋势不大。2008 ~ 2014 年中国经济各行业间的资源错配却呈现出先改善后恶化的趋势，特别是 2014 年中国行业间资源错配的开始增加需要政策制定者引起重视。

三是从行业间资源错配不同类型对 TFP 影响的差异上看，行业间资本错配对 TFP 造成的影响普遍大于劳动错配、能源错配对 TFP 造成的影响。例如，制造业分行业间的资本错配、行业间劳动错配对制造业总量 TFP 造成的影响范围分别为 15.55% ~ 18.14%、1.66% ~ 2.09%，而能源错配对制造业总量 TFP 造成的影响范围为 0.66% ~ 0.92%。行业间资源错配对中国经济总量 TFP 造成的影响范围为 11.91% ~ 38.76%，行业间资本错配、劳动错配对中国经济总量 TFP 造成的影响范围分别为 10.49% ~ 33.54% 和 1.16% ~ 2.44%。

四是从行业间资源错配的区域差异看,"四大板块"中,东部地区资源配置效率最高(即资源错配最低),如果其他地区达到该地区的资源配置效率,则西部、东北部、中部的TFP分别可再增加2.7%、5.5%、9.6%。"四个支撑带"中,资源配置效率最高的是21世纪海上丝绸之路经济带,如果其他地区达到该地区的资源配置效率,则长江经济带、丝绸之路经济带、京津冀经济带的TFP分别可再增加2.5%、5.1%、9.3%。

　　总之,本章的实证检验是对理论的全面应用和验证,实证上不仅测算了行业间能源错配对中国制造业总量TFP的影响,探讨了制造业分行业之间的资源错配对制造业总量TFP影响的区域差异,而且对近期中国经济分行业之间的资源错配进行了实证检验。这些实证检验对于认识和判断中国行业间资源错配对TFP的影响有着十分重要的现实意义。

第十八章

地区间资源错配对全要素生产率的影响：实证检验

应用第十五章的理论模型分别检验了行业内企业间、行业间资源错配对中国制造业和中国经济总量 TFP 的影响。本章则应用地区间的资源错配理论模型，以中国 2008~2013 年县域微观数据为实证对象，全面检验了地区间资源错配对中国经济总量 TFP 的影响。

第一节 数据、变量与参数

一、数据来源及处理

（一）数据来源

本章数据来源于《中国区域经济统计年鉴》，该数据库是一部全面、系统反映中国区域经济与社会发展状况的大型数据库，资料来源于各级政府统计年报或相关的抽样调查资料，系统收集了 2000~2013 年全国及其 10 个经济区域、31 个省级行政区划单位、330 多个地级行政单位及省（区、直辖市）直管市、县、区和2 000多个县级行政单位的主要社会经济统计指标。主要内容涵盖自然资源、人口与就业、国民核算、固定资产投资、财政、物价、人民生活、农业、工业、建筑业等社会经济发展的各个方面。但该数据库未包括香港、澳门特别行政区和台湾地区在内。

（二）数据处理

本章数据主要采用2 000多个县级行政单位的主要社会经济统计指标，这些指标主要包括地区生产总值、城镇单位在岗职工人数、乡村从业人员、全社会固定资产投资、农村居民人均纯收入、城镇单位在职平均工资。但该数据库存在个别年份个别变量数据缺失的问题，为了确保数据的完整性，对数据进行了以下处理：一是沿用HK的设置，对各省份对$\log(\text{TFPR}_{si}/\overline{\text{TFPR}_s})$和$\log(A_{si}/\overline{A_s})$的首尾各2%截尾。二是利用插值法对部分年度缺失的变量进行了处理，例如，2011年、2012年、2013年数据库中缺失变量为地区生产总值、农村居民人均纯收入、城镇单位在职平均工资，对此以两年的移动平均数进行估算。三是剔除了样本期内上述变量均为空的样本。四是剔除了省份内样本数量过少（海南省、宁夏回族自治区）及严重缺失的省份（西藏自治区和陕西省），例如，陕西省全社会固定资产投资数据缺失的年份为2007年、2008年、2010年3年。五是本节地区间资源错配是指省份内县域之间的资源错配，因此不对北京、天津、上海、重庆4个直辖市进行研究。由此最终数据样本为23个省份的平衡面板数据，样本处理完后样本数由13 878个变为9 660个。

二、变量说明及参数设定

本章的关键是计算出资本、劳动扭曲因子、县的实际生产率，它们的表达式分别如下，表达式中涉及的变量及参数说明见表18-1。

$$\tau_{K_{Si}} = \alpha_s \frac{\sigma-1}{\sigma} \frac{P_{si}Y_{si}}{RK_{si}} - 1 \tag{18.1}$$

$$\tau_{L_{Si}} = (1-\alpha_s) \frac{\sigma-1}{\sigma} \frac{P_{si}Y_{si}}{WL_{si}} - 1 \tag{18.2}$$

$$A_{si} = \varphi_s \frac{(P_{si}Y_{si})^{\frac{\sigma}{\sigma-1}}}{K_{si}^{\alpha_s}(WL_{si})^{1-\alpha_s}} \quad 其中，\varphi_s = \frac{W^{1-\alpha_s}(P_sY_s)^{\frac{-1}{\sigma-1}}}{P_s} \tag{18.3}$$

表 18-1　　　　　　　　　变量说明及参数设定

变量或参数	说明内容
WL_{si}	表示县域劳动投入，以城镇人均收入与城镇就业人数的乘积和农村人均收入与农村就业人数的乘积之和计量
$P_{si}Y_{si}$	以数据库中县域增加值计量
K_{si}	表示县域的资本存量，以 2008 年的县级政府全社会固定资产为基期，分别以 5% 和 9% 的平均折旧率，采取永续盘存法对各县的资本进行估算。详细说明见下文
θ_s	表示各省份增加值占总增加值的比例
R	表示无扭曲的资本租赁价格，沿用 HK 模型的设置，设定为 10%
α_s	表示省份劳动产出弹性，以省份劳动份额占省份总增加值的比例计量
σ	表示替代弹性，设定为 3，与上文类似

关于县域资本存量估算说明。资本存量的估算一般采用永续盘存法，在该方法中关键是确定平均折旧率，折旧率不同对资本存量的估算结果差异巨大。在估算中国资本存量的时候，以往文献将折旧率设定为两种：一是 5%；二是 9% 左右。前者如卜永祥、靳炎（2002）设定为 5%，郭庆旺、贾俊雪（2004）设定为 5%，后者如张军等（2004）设定为 9.6%、单豪杰（2008）设定为 10.96%。本书正文中选择 9% 的折旧率对资本存量进行了估算，稳健性检验中采取折旧率为 5% 进行了检验。

第二节　实证结果与分析

一、关键变量实证结果与分析

本章的关键变量包括劳动扭曲因子 $\tau_{L_{si}}$、资本扭曲因子 $\tau_{K_{si}}$ 以及企业名义生产率的方差 V_{TFPR}。受篇幅限制，表 18-2 仅仅列出了 2008 年、2010 年、2012 年各省份关键变量的均值、方差。

（1）资本和劳动扭曲广泛存在，资本扭曲更为严重。通过表 18-2 发现 23 个省份内县域的资本扭曲因子和劳动扭曲因子的均值全部为正，这表明绝大多数县域存在过高使用资本和劳动的情况。此外，发现各省资本扭曲因子均值普遍显著大于劳动扭曲因子均值，这表明县域间的资本扭曲更加严重。

（2）各省际内县域间的资源错配存在差异。通过表 18-2 发现各省份间 TFPR 方差的差异较为显著，2008 年、2010 年、2012 年最大值分别是最小值的 2.2 倍、2.4 倍、2.45 倍。这表明各省份内县域间的资源错配存在差异。样本期内，从时间趋势看，TFPR 的方差的年度均值分别为：0.338、0.325、0.304，这表明资源错配有降低的趋势。

表 18-2　　　　　　　　　关键性变量实证结果

省份	2008 年 $\tau_{K_{si}}$	$\tau_{Y_{si}}$	V_{TFPR}	2010 年 $\tau_{K_{si}}$	$\tau_{Y_{si}}$	V_{TFPR}	2012 年 $\tau_{K_{si}}$	$\tau_{Y_{si}}$	V_{TFPR}
河北	1.38	0.42	0.34	1.15	0.48	0.30	0.56	0.50	0.29
山西	1.70	0.52	0.41	1.77	0.53	0.36	0.83	0.49	0.34
内蒙古	1.01	0.61	0.39	1.35	0.73	0.40	0.71	0.63	0.37
辽宁	1.16	0.44	0.35	1.80	0.43	0.28	0.99	0.44	0.27
吉林	1.15	0.48	0.44	1.62	0.51	0.48	0.89	0.50	0.45
黑龙江	2.46	0.60	0.33	2.90	0.81	0.35	1.59	0.78	0.32
江苏	1.05	0.28	0.41	1.39	0.31	0.36	0.85	0.30	0.35
浙江	1.51	0.50	0.24	1.61	0.59	0.22	0.95	0.61	0.20
安徽	0.69	0.56	0.28	0.83	0.57	0.27	0.36	0.56	0.24
福建	0.83	0.53	0.40	1.20	0.62	0.36	0.63	0.63	0.34
江西	0.89	0.51	0.35	1.00	0.50	0.31	0.43	0.51	0.29
山东	2.97	0.52	0.35	2.41	0.51	0.27	1.46	0.51	0.23
河南	0.92	0.55	0.24	0.90	0.57	0.22	0.46	0.55	0.21
湖北	0.76	0.59	0.20	1.39	0.55	0.20	0.56	0.62	0.18
湖南	1.78	0.53	0.32	2.13	0.59	0.35	1.10	0.56	0.31
广东	2.04	0.52	0.33	2.15	0.55	0.33	1.42	0.56	0.33
广西	0.91	0.62	0.26	0.98	0.66	0.24	0.33	0.63	0.22
四川	0.84	0.52	0.36	1.01	0.60	0.35	0.38	0.56	0.35
贵州	0.97	0.44	0.27	1.35	0.45	0.25	0.32	0.55	0.20
云南	0.79	0.48	0.32	0.89	0.54	0.28	0.33	0.63	0.27
甘肃	0.29	0.67	0.36	0.57	0.75	0.37	0.01	0.66	0.36
青海	1.36	0.42	0.43	1.83	0.49	0.47	0.89	0.37	0.45
新疆	2.28	0.44	0.40	2.62	0.34	0.43	1.24	0.46	0.41

注：$\tau_{K_{si}}$、$\tau_{L_{si}}$、V_{TFPR} 分别依据式（16.1）、式（16.2）测算。

二、地区间资源错配对省际、中国经济全要素生产率的影响

(一) 县域间的资源错配对省际全要素生产率的影响

表 18-3 报告了省份内县域间的资源错配对各省 TFP 的影响，同时显示了各省份资源错配程度从小到大的排序。通过对实证结果的分析，可得出如下结论：

(1) 省份内县域间存在普遍的资源错配，各省份通过地区间供给侧改革可实现的资源配置效率红利巨大。表 18-3 显示各省份在样本期内地区间资源错配对 TFP 的影响值均为正，这表明各省份地区间资源错配普遍存在，同时验证了研究报告的理论假设。

(2) 省份内县域间的资源错配存在显著的差异。从样本均值的排名看，浙江省县域间的资源配置效率最高（资源错配最低），其次为湖北省和河南省。浙江省县域间资源错配对其总量 TFP 的影响仅为 6.6%，即纠正地区间资源错配浙江省总量 TFP 可在现有基础上增长 6%；同时，这表明与其他省份相比，浙江省县域之间的经济交流和融合最好，市场分割程度最低。资源错配最为严重的是吉林省，其县域间资源错配对吉林省总量 TFP 的影响高达 38.2%，是浙江省的 5.8 倍。经济强省广东省省内县域间的资源错配较为严重，23 个省份中其资源错配排名仅为 20，这表明经济强省并非一定是地区间资源配置效率最高的省份。

表 18-3　　省份内县域间资源错配对各省 TFP 的影响　　单位：%

省份	2008 年	2009 年	2010 年	2011 年	2012 年	2013 年	均值	均值排名	校准
河北	21.4	15.7	16.1	15.1	15.0	14.8	16.3	14	9.1
山西	19.8	16.1	15.1	13.7	13.4	13.1	15.2	12	8.0
内蒙古	21.4	21.8	24.1	21.9	21.7	20.4	21.9	18	14.3
辽宁	19.7	14.8	13.2	12.8	12.8	12.9	14.4	10	7.2
吉林	28.4	40.2	44.6	39.7	39.4	36.8	38.2	23	29.6
黑龙江	20.1	21.2	22.9	19.0	17.9	17.1	19.7	15	12.2
江苏	37.6	34.1	32.2	32.7	31.1	30.3	33.0	22	24.7
浙江	8.0	7.1	7.3	6.4	5.8	5.2	6.6	1	0.0
安徽	15.6	14.2	14.0	12.5	12.4	11.1	13.3	7	6.2

续表

省份	2008年	2009年	2010年	2011年	2012年	2013年	均值	均值排名	校准
福建	24.9	21.2	21.5	19.4	18.8	17.8	20.6	17	13.1
江西	17.3	14.8	13.9	14.1	12.6	13.6	14.4	11	7.3
山东	16.9	17.8	12.4	10.5	8.5	7.2	12.2	6	5.2
河南	10.1	8.7	8.5	8.7	8.0	7.8	8.6	3	1.9
湖北	7.6	6.0	6.9	9.2	6.4	6.8	7.1	2	0.5
湖南	15.7	15.9	15.2	13.6	12.3	11.1	14.0	9	6.9
广东	25.2	22.2	23.6	24.9	25.0	21.8	23.8	20	16.1
广西	11.4	8.7	9.2	8.1	8.0	7.5	8.8	4	2.0
四川	16.6	15.7	16.2	15.1	15.1	14.9	15.6	13	8.4
贵州	14.0	13.7	13.5	12.5	11.3	8.0	12.1	5	5.2
云南	15.5	13.1	13.0	13.7	14.7	13.3	13.9	8	6.8
甘肃	21.2	19.1	21.6	19.7	19.8	18.9	20.1	16	12.6
青海	28.5	31.3	36.7	24.8	24.1	23.5	28.2	21	20.2
新疆	21.6	20.3	23.4	20.9	25.1	21.1	22.1	19	14.5
均值	19.1	18.0	18.5	16.9	16.5	15.4	17.4		10.1

（3）省份内县域间的资源错配并未呈现出明显的共同趋势。各省份县域间的资源错配均存在不同的拐点，这可能是因为国家层面的系统性资源错配因素对县域间的资源错配影响并不显著，而取决于各省内各自的资源错配因素。例如，浙江省资源错配在2012年发生变化，由原来的改善趋势开始恶化，2013年又开始改善；山西省样本期内资源错配程度一直在改善；江苏省资源错配在2011年发生变化，由原来的改善趋势开始恶化，2012年又开始改善。

（4）各年度县域间资源错配对各省份总量TFP的影响均值呈现显著的下降趋势。2008~2013年分别为19.1%、18.0%、18.5%、16.9%、16.5%、15.4%，这一趋势可能暗含着地区间资源错配对中国经济总量TFP的影响逐年下降，这一推测将在下文中的测算中得到验证。

此外，为了避免计量误差和统计误差，表18-3还列出了以资源配置效率最高的浙江省为基准，其他省份达到浙江省内县域间的资源配置效率时的TFP影响均值，经过校准后，这一均值由17.4%降低为10.1%。尽管如此，通过地区间供给侧改革的资源配置效率红利不容忽视。

(二) 地区间资源错配对中国经济总量 TFP 的影响

根据测算的地区间资源错配对中国经济总量 TFP 的影响，表 18-4 和图 18-1 显示了这一结果。通过分析发现：

表 18-4 省份内县域间的资源错配对中国经济总量 TFP 的影响　　　　　单位：%

错配类型	2008 年	2009 年	2010 年	2011 年	2012 年	2013 年
资源错配	18.89	17.59	16.95	16.01	15.23	14.39
资本错配	16.78	15.65	15.13	14.03	13.30	12.49
劳动错配	2.25	1.90	1.68	1.91	1.93	2.00

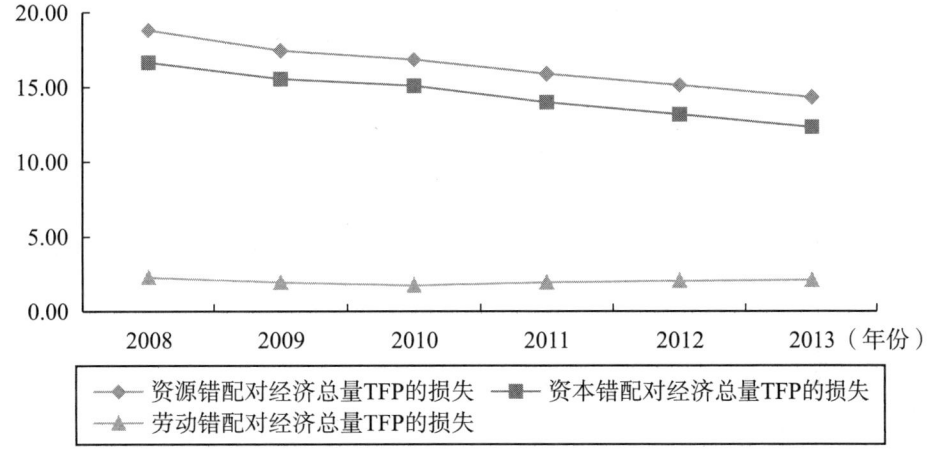

图 18-1　省份内县域间的资源错配对总量 TFP 的影响趋势

样本期内，省份内县域间的资源错配对中国经济总量 TFP 的影响呈现出显著的下降趋势，从 2008 年的 18.89% 下降至 2013 年的 14.39%，这可能与近几年省份内县域间的经济融合加速相关。同时，这也表明通过地区间供给侧改革可释放的资源配置效率红利巨大，纠正地区间资源错配后中国经济总量 TFP 在现有的基础上可增长的范围为 14.39%～18.89%。

(三) 地区间资本、劳动错配对中国经济总量 TFP 的影响

表 18-4 还列出了地区间要素错配对中国经济总量 TFP 的影响，资本错配对 TFP 的影响呈现出明显的下降趋势，从 2008 年的 16.78% 下降至 2013 年的 12.49%，而劳动错配对 TFP 的影响却呈现出先下降后上升的趋势，拐点在 2011 年，影响范围为 1.68%～2.25%。

从上述分析发现：省份内县域间的资本错配对中国经济总量 TFP 的影响显著大于劳动错配对 TFP 的影响。可见，通过纠正地区间资本错配，是降低地区间资源错配的主要途径。

三、稳健性检验

（一）稳健性检验说明

本章理论模型与行业内企业间资源错配理论模型在第十六章第三节应用的理论模型本质上一致（行业内企业间资源错配理论模型的构建是从企业—行业—经济总量，而地区间资源错配理论模型的构建是从县域—省份—经济总量，理论框架部分有详细的说明）。第十六章第三节的实证是以中国上市公司微观数据（作为中国经济的样本）为实证对象，测算了行业内企业间资源错配对中国经济总量 TFP 的影响，假设经济体中仅存在资本、劳动扭曲因子。第十六章第三节实证检验中的稳健性检验表明：该模型的实证结果是稳健的。

因此，本章不再做关于"劳动投入由工资调整为员工数""替代弹性由 3 调整为 4"的稳健性检验。本章的稳健性检验体现在折旧率的调整上，根据现有文献中常用折旧率为 5% 和 9% 估算中国资本存量，正文选择折旧率为 9% 对县域资本存量进行估算，稳健性检验中将选择折旧率为 5% 对县域资本存量进行估算，在估算的数据基础上，给出了相应的实证结果。

（二）稳健性检验结果

表 18 - 5 和表 18 - 6 分别列出了省份内县域间的要素错配对各省及中国经济总量 TFP 的影响。

通过对表 18 - 5 的分析可发现，与前文相比，仅在测算结果上有细微的差异，但差异不大，趋势完全一致，各省的资源配置效率排名与前文保持一致。通过对表 18 - 6 的分析可得出与表 18 - 5 类似的结论。

综上所述，本章的结论是有稳健性。

表 18 - 5　　省份内县域间的资源错配对各省 TFP 的影响　　单位：%

省份	2008 年	2009 年	2010 年	2011 年	2012 年	2013 年	均值	均值排名	校准
河北	21.4	15.7	16.1	15.3	15.2	14.9	16.4	14	9.1
山西	19.8	16.5	16.1	14.6	14.0	13.5	15.7	12	8.4

续表

省份	2008年	2009年	2010年	2011年	2012年	2013年	均值	均值排名	校准
内蒙古	21.4	21.6	23.6	21.4	21.5	20.2	21.6	18	13.9
辽宁	19.7	15.1	13.7	13.3	12.9	12.7	14.6	10	7.3
吉林	28.4	40.7	45.4	41.4	41.4	39.1	39.4	23	30.6
黑龙江	20.1	21.4	23.4	19.9	18.6	17.9	20.2	15	12.6
江苏	37.6	33.9	31.8	32.4	31.3	30.7	32.9	22	24.5
浙江	8.0	7.1	7.3	6.5	6.1	5.5	6.8	1	0.0
安徽	15.6	14.2	14.1	12.8	12.9	11.8	13.6	7	6.4
福建	24.9	21.2	21.5	19.5	19.2	18.3	20.8	17	13.1
江西	17.3	15.1	14.4	14.7	13.3	14.7	14.9	11	7.6
山东	16.9	18.8	16.4	13.8	11.0	9.2	14.4	6	7.1
河南	10.1	8.8	8.7	8.3	8.3	8.1	8.7	3	1.9
湖北	7.6	6.0	7.1	9.5	7.1	7.3	7.4	2	0.6
湖南	15.7	16.0	15.4	14.2	13.1	12.0	14.4	9	7.2
广东	25.2	22.2	23.6	24.5	24.7	22.2	23.7	20	15.9
广西	11.4	8.8	10.1	7.6	7.4	7.8	8.9	4	2.0
四川	16.6	15.6	16.4	15.2	15.3	14.6	15.6	13	8.3
贵州	14.0	13.8	14.0	13.1	11.8	8.6	12.6	5	5.4
云南	15.5	13.5	13.1	14.0	14.9	13.5	14.1	8	6.9
甘肃	21.2	18.8	20.9	19.0	19.0	18.0	19.5	16	11.9
青海	28.5	32.1	38.3	25.8	25.2	23.3	28.9	21	20.7
新疆	21.6	20.6	24.2	21.6	21.9	20.5	21.7	19	14.0
均值	19.1	18.1	19.0	17.3	16.8	15.9	17.7		10.2

表18-6 省份内县域间的资源错配对中国经济总量TFP的影响　　　　单位：%

错配类型	2008年	2009年	2010年	2011年	2012年	2013年
资源错配	18.89	17.76	17.62	16.57	15.81	14.98
资本错配	16.78	15.82	15.79	14.57	13.84	13.07
劳动错配	2.25	1.91	1.66	1.89	1.90	1.96

第三节 小 结

本章应用地区间资源错配理论模型，以中国县域微观数据为实证对象，全面检验了地区间资源错配对各省及中国经济总量 TFP 的影响。实证结果表明：中国地区间资源错配普遍存在，这验证了地区间资源错配理论。从影响大小上看，地区间资源错配对中国总量 TFP 的影响在 14.39% ~ 18.89% 之间，其中，地区间资本错配对 TFP 的影响远大于劳动错配对 TFP 的影响。同时，发现各省内县域间的资源错配对各省 TFP 的影响呈现出较为显著的差异。最后的稳健性检验表明本章的结论是稳健的。

第五篇

新常态下中国宏观调控模式重构研究

针对新常态下中国经济从数量型向质量型发展的要求,本书如何对中国宏观经济调控模式进行重构,以适应质量型发展目标的要求。

首先,本篇深入分析质量管理与供给侧结构性改革的内在联系。本篇深入分析并总结了质量管理、供给侧结构性改革的研究框架,并通过对比分析质量的研究框架和供给侧结构性改革的研究框架,揭示了质量管理与供给侧结构性改革的资源利用效率提升的内在联系。

其次,本篇更加系统地总结和分析了行业内企业间资源错配的影响因素。从企业特征、行业特征、地区特征三个方面总结行业内企业间的资源错配影响因素;深入分析行业企业间资源错配的主要影响因素,再从其行为主体出发对资源错配的影响因素进行归类。

再次,本篇集中探讨了中国供给主体之间(微观供给主体是企业和县域,中观是行业)的资源错配对TFP的影响。

最后,从宏观、中观、微观三个层面给出了政策建议。

第十九章

新常态下基于大质量观理念宏观调控

第一节 质量及质量管理

一、质量的内涵

质量最初是一个物理用语，它是指物体所含物质的数量，是度量物体在同一地点重力势能和动能大小的物理量。而在社会经济领域，质量用来专指产品和服务质量。美国著名的质量管理专家朱兰（J. M. Juran）博士提出，产品质量就是产品的适用性，即产品在使用时能成功地满足用户需要的程度；用户对产品的基本要求就是适用，适用性恰如其分地表达了质量的内涵。美国质量管理专家克劳斯比（Philip Crosby）从生产者的角度出发，把质量概括为"产品符合规定要求的程度"；美国的质量管理大师德鲁克认为"质量就是满足需要"；全面质量控制的创始人菲根堡姆认为，产品或服务质量是指营销、设计、制造、维修中各种特性的综合体，即使用要求和满足程度，反映在对产品的性能、经济特性、服务特性、环境特性和心理特性等方面，追求诸如：性能、成本、数量、交货期、服务等因素的最佳组合，因此，质量是一个综合的概念。但是人们使用产品，总会对产品质量提出要求，这些要求往往受到使用时间、使用地点、使用对象、社环境和市场竞争等因素的影响。这些因素的变化，会使人们对同一产品提出不同的质量要求。因此，他认为质量随着时间、地点、使用对象的不同而不同，随着社会的发展、技术的进步而不断更新和丰富。ISO8402"质量术语"中将质量定义为：反映实体满足明确或隐含需要能力的特性总和，一是在合同环境中，需要是规定的，而在其他环境中，隐含需要则应加以识别和确定；二是需要会随时间而改变，这就要求定期修改规范。

可以看出，就其本质来说，质量是一种客观事物具有某种能力的属性。而由于客观事物具备了某种能力，才可能满足人们的需要。需要由两个层次构成。第一层次是产品或服务必须满足规定或潜在的需要。这种需要可以是技术规范中规定的要求，也可以是在技术规范中未注明，但用户在使用过程中实际存在的需要。它是动态的、变化的、发展的和相对的，随时间、地点、使用对象和社会环境的变化而变化。因此，这里的"需要"实质上就是产品或服务的适用性。第二层次是在第一层次的前提下产生的。因为需要必须转化成有指标的特征和特性，而这些特征和特性通常是可以衡量的，因此"质量"定义的第二个层次实质上就是产品的符合性。

二、质量管理

质量管理是指确定质量方针、目标和职责，并通过质量体系中的质量策划、控制、保证和改进来使其实现的全部活动。质量管理的发展与工业生产技术和管理科学的发展密切相关。朱兰将质量管理归纳为：

（1）坚持按标准组织生产。标准化工作是质量管理的重要前提，是实现管理规范化的需要，"不讲规矩不成方圆"。企业的标准分为技术标准和管理标准。技术标准主要分为原材料辅助材料标准、工艺工装标准、半成品标准、产成品标准、包装标准、检验标准等。具体流程上是沿着产品形成这根线环环控制投入各工序物料的质量，层层把关设卡，使生产过程处于受控状态。在技术标准体系中，各个标准都是以产品标准为核心而展开的，都是为了达到产成品标准服务的。

管理标准是规范人的行为、规范人与人的关系、规范人与物的关系，是为提高工作质量、保证产品质量服务的。它包括产品工艺规程、操作规程和经济责任制等。企业标准化的程度，反映企业管理水平的高低。企业要保证产品质量，一是要建立健全各种技术标准和管理标准，力求配套。二是要严格执行标准，把生产过程中物料的质量、人的工作质量给予规范，严格考核，奖罚兑现。三是要不断修订改善标准，贯彻实现新标准，保证标准的先进性。

（2）强化质量检验机制。质量检验在生产过程中发挥以下职能：一是保证的职能，也就是把关的职能。通过对原材料、半成品的检验，鉴别、分选、剔除不合格品，并决定该产品或该批产品是否接收。保证不合格的原材料不投产，不合格的半成品不转入下道工序，不合格的产品不出厂。二是预防的职能。通过质量检验获得的信息和数据，为控制提供依据，发现质量问题，找出原因及时排除，预防或减少不合格产品的产生。三是报告的职能。质量检验部门将质量信息、质量问题及时向厂长或上级有关部门报告，进而为提高质量，加强管理提供必要的质量信息。

要提高质量检验工作，一是需要建立健全质量检验机构，配备能满足生产需要的质量检验人员和设备、设施。二是要建立健全质量检验制度。从原材料进厂到产成品出厂都要实行层层把关，做原始记录，实行质量追踪，同时要把生产工人和检验人员职能紧密结合起来。三是要树立质量检验机构的权威。质量检验机构必须在厂长的直接领导下，任何部门和人员都不能干预，经过质量检验部门确认的不合格的原材料不准进厂，不合格的半成品不能流到下一道工序，不合格的产品不许出厂。

（3）实行质量否决权。产品质量靠工作质量来保证，工作质量的好坏主要是人的问题。因此，如何挖掘人的积极因素，健全质量管理机制和约束机制，是质量工作中的一个重要环节。

质量责任制或以质量为核心的经济责任制是提高人的工作质量的重要手段。质量管理在企业各项管理中占有重要地位，这是因为企业的重要任务就是生产产品，为社会提供价值，同时获得自己的经济效益。质量责任制的核心就是企业管理人员、技术人员、生产人员在质量问题上实行责、权、利相结合。作为生产过程中的质量管理，首先要对各个岗位及人员分析质量职能，即明确在质量问题上各自负什么责任，工作的标准是什么。其次，要把岗位人员的产品质量与经济利益紧密挂钩，兑现奖罚。对长期优胜者给予重奖，对玩忽职守造成质量损失的给予处罚。

此外，为突出质量管理工作的重要性，还要实行质量否决。就是把质量指标作为考核干部职工的一项硬指标，其他工作不管做得如何好，只要在质量问题上出了问题，在评选先进、晋升、晋级等荣誉项目时实行一票否决。

（4）抓住影响产品质量的关键因素，设置质量管理点或质量控制点。质量管理点（控制点）的含义是生产制造现场在一定时期、一定条件下对需要重点控制的质量特性、关键部位、薄弱环节以及主要因素等采取的特殊管理措施和办法，实行强化管理，使工厂处于很好的控制状态，保证规定的质量要求。加强这方面的管理，需要专业管理人员对企业整体作出系统分析，找出重点部位和薄弱环节并加以控制。

质量控制点或者质量管理点的控制管理大致经历了三个阶段:

第一阶段:质量检验阶段。20世纪前,产品质量主要依靠操作者本人的技艺水平和经验来保证,属于"操作者的质量管理"。20世纪初,以 F. W. 泰勒为代表的科学管理理论的产生,促使产品的质量检验从加工制造中分离出来,质量管理的职能由操作者转移给工长,是"工长的质量管理"。随着企业生产规模的扩大和产品复杂程度,质量管理的提高,产品有了技术标准(技术条件),公差制度(见公差制)也日趋完善,各种检验工具和检验技术也随之发展,大多数企业开始设置检验部门,有的直属于厂长领导,这时是"检验员的质量管理"。上述几种做法都属于事后检验的质量管理方式。

第二阶段:统计质量控制阶段。1924年,美国数理统计学家 W. A. 休哈特提出控制和预防缺陷的概念。他运用数理统计的原理提出在生产过程中控制产品质量的"6σ"法,绘制出第一张控制图并建立了一套统计卡片。与此同时,美国贝尔研究所提出关于抽样检验的概念及其实施方案,成为运用数理统计理论解决质量问题的先驱,但当时并未被普遍接受。以数理统计理论为基础的统计质量控制的推广应用始自第二次世界大战。由于事后检验无法控制武器弹药的质量,美国国防部决定把数理统计法用于质量管理,并由标准协会制定有关数理统计方法应用于质量管理方面的规划,成立了专门的委员会,并于 1941~1942 年先后公布一批美国战时的质量管理标准。

第三阶段:全面质量管理阶段。20世纪50年代以来,随着生产力的迅速发展和科学技术的日新月异,人们对产品的质量从注重产品的一般性能发展为注重产品的耐用性、可靠性、安全性、维修性和经济性等。在生产技术和企业管理中要求运用系统的观点来研究质量问题。在管理理论上也有新的发展,突出重视人的因素,强调依靠企业全体人员的努力来保证质量以外,还有"保护消费者利益"运动的兴起,企业之间的市场竞争越来越激烈。在这种情况下,美国 A. V. 费根鲍姆于60年代初提出全面质量管理的概念。他提出,全面质量管理是"为了能够在最经济的水平上、并考虑到充分满足顾客要求的条件下进行生产和提供服务,并把企业各部门在研制质量、维持质量和提高质量方面的活动构成为一体的一种有效体系"。

20世纪90年代末,全面质量管理(TQM)成为许多世界级企业的成功经验,证明它是一种使企业获得核心竞争力的管理战略。质量的概念也从符合规范发展到以"顾客满意"为目标。全面质量管理不仅提高了产品与服务的质量,而且在企业文化改造与重组的层面上,对企业产生深刻的影响,使企业获得持久的竞争能力。在围绕提高质量、降低成本、缩短开发和生产周期方面,新的管理方法层出不穷。其中包括：并行工程（CE）、企业流程再造（BPR）等。

第二节 大质量观应用内涵

一、质量在经济发展领域的应用

1999 年 11 月 4 日，国务院召开第二次全国质量工作会议，时任国务院总理朱镕基作出重要批示，朱镕基在批示中指出，当前我国面临经济结构调整的关键时期，质量工作正是主攻方向。没有质量就没有效益。吴邦国在讲话中提出，坚持"质量第一"，把提高产品质量放在首位，是我们党关于经济建设的一贯重要指导思想，是我们经济发展战略的核心问题，必须要切实把"质量第一"的思想贯穿到经济工作的各个环节中去。这是中央首次提出经济发展质量的概念。

2001 年，《中华人民共和国国民经济和社会发展第十个五年规划纲要》指出"十五"期间的主要目标是：国民经济保持较快发展速度，经济结构战略性调整取得明显成效，经济增长质量和效益显著提高。

2002 年，党的十六大提出坚持以经济建设为中心，用发展的办法解决前进中的问题。发展是硬道理。必须抓住一切机遇加快发展。发展要有新思路。坚持扩大内需的方针，实施科教兴国和可持续发展战略，实现速度和结构、质量、效益相统一，经济发展和人口、资源、环境相协调。在经济发展的基础上，促进社会全面进步，不断提高人民生活水平，保证人民共享发展成果。

2006 年，《中华人民共和国国民经济和社会发展第十一个五年规划纲要》指出，"十一五"时期促进国民经济持续快速协调健康发展和社会全面进步，要坚持以经济建设为中心，坚持用发展和改革的办法解决前进中的问题。发展必须是科学发展，要坚持以人为本，转变发展观念、创新发展模式、提高发展质量，落实"五个统筹"，把经济社会发展切实转入全面协调可持续发展的轨道。

2007 年党的十七大报告提出科学发展观，科学发展第一要务是发展，必须坚持把发展作为党执政兴国的第一要义。要牢牢抓住经济建设这个中心，坚持聚精会神搞建设、一心一意谋发展，不断解放和发展社会生产力。要着力把握发展规律、创新发展理念、转变发展方式、破解发展难题，提高发展质量和效益，实现又好又快发展。

2011 年，《中华人民共和国国民经济和社会发展第十二个五年规划纲要》

中要求今后五年经济平稳较快发展，经济增长质量和效益明显提高。加强和改善宏观调控。合理调控经济增长速度，更加积极稳妥地处理好保持经济平稳较快发展、调整经济结构、管理通胀预期的关系，实现经济增长速度和结构质量效益相统一。

2012年党的十八大报告提出，在当代中国，坚持发展是硬道理的本质要求就是坚持科学发展。以科学发展为主题，以加快转变经济发展方式为主线，是关系我国发展全局的战略抉择。要适应国内外经济形势新变化，加快形成新的经济发展方式，把推动发展的立足点转到提高质量和效益上来。

2013年党的十八届三中全会提出，坚持发展是第一要务，以提高发展质量和效益为中心，加快形成引领经济发展新常态的体制机制和发展方式。

2016年《中华人民共和国国民经济和社会发展第十三个五年规划纲要》指出，十三五期间"着力在优化结构、增强动力、化解矛盾、补齐短板上取得突破，切实转变发展方式，提高发展质量和效益，努力跨越'中等收入陷阱'，不断开拓发展新境界。"突出效益质量。无论调整存量还是做优增量，都必须突出质量和效益。"十三五"规划着眼于经济新常态，提出了创新、协调、绿色、开放、共享的发展理念。这"五大发展理念"贯穿的是质量和效益这根红线，追求的是有质量有效益的发展。实践证明，只有建立在较高质量和效益基础上的经济大厦，才是稳固和坚实的。要始终坚持以提高发展质量和效益为中心，把思维方式、工作方法、政策措施切实转到以提高质量和效益为中心上来，紧紧围绕质量和效益定目标、出政策、上项目，更加注重企业效益、民生效益、生态效益；把握好速度和质量的平衡，以质量提升对冲速度放缓，做到调速不减势、量增质更优，切实把我国发展推向"大质量时代"。

2014年9月15日，首届中国质量（北京）大会在人民大会堂召开，国务院总理李克强指出，质量是国家综合实力的集中反映，是打造中国经济升级版的关键，关乎亿万群众的福祉。中国经济要保持中高速增长、向中高端水平迈进，必须推动各方把促进发展的立足点转到提高经济质量效益上来，把注意力放在提高产品和服务质量上来，牢固确立质量即是生命、质量决定发展效益和价值的理念，把经济社会发展推向质量时代。紧紧依靠深化改革，在不断发展中打好全面提高中国经济质量攻坚战，实现宏观经济整体和微观产品服务的质量"双提高"。

2016年7月习近平总书记在宁夏考察时指出，要有信心和定力，看大势、看趋势，下大气力解决制约经济发展的深层次问题，多做强基础、谋长远的事情，从根本上提高经济发展质量、效益、竞争力。新发展理念各项要求相互贯通，构成一个完整体系，要切实把新发展理念贯穿于经济社会发展全过程、落实到全面建成小康社会各方面。

二、大质量管理的内涵

随着社会经济和科学技术的发展，质量的概念也在不断充实、完善和深化，质量的地位获得空前提高。当前阶段，质量概念已广泛地渗透到国民经济、生产、消费和社会活动的各个领域。人们对"质量"的认识已不仅限于产品实物质量和服务质量本身，而是从更广的视角、更大的范围、更全面的角度去研究质量问题，逐渐形成了"大质量"概念。

质量是社会主义核心价值体系中一个至关重要的角色，是整个民族精神素养的表现形式。2007年，中共十七大召开，报告中十三次提到了"质量"一词，特别是在报告的第五部分，明确提出了对"确保产品质量和安全"的相关要求。可见，大质量之内涵，既通民之命脉，又系国之危重。

郎志正（2005，2012）对大质量的概念进行了全面的论述：

（1）大质量范畴。"大质量"不仅是产品质量、工程质量、服务质量等微观的质量，还包括更多经济的运行质量、经济增长质量、教育质量、环境质量、生活质量、人口质量等。可以说任何事物都有质量，范围非常广。

（2）过程和结果。过程决定结果，这是我们都了解的，但结果是目的，是我们必须关注的。结果和过程，这两者都要重视，不是为过程而过程，所以理解这个问题的时候不能片面。

（3）组织。大质量的概念，对于一个组织来讲，它是渗透到组织所有的肌体部门、所有的成员中。组织的任何部门和每个职工都有自己的工作质量，都有自己的质量职责。

（4）系统。大质量概念强调系统最优、接口可靠。一个系统有许多子系统，树立了大质量概念，使全体成员理解总体全局的目标，子系统的利益要符合整个系统最优的要求，有时会牺牲局部的利益。引伸出来，一个系统特别要重视整体的策划。另外，系统要求接口要可靠。

（5）特性。大质量的概念包括固有的特性和人们赋予的特性。对工业产品质量来讲，性能、可靠性和维修性及保障性、安全性、适应性、时间性、经济性等都是质量的特性。其中前四个基本上是固有的特性。时间性、经济性则是人们赋予的特性，是人为的。任何一个顾客都会考虑成本和时间，不可能只考虑固有特性。服务业，也有六个方面的特性，即功能性（不同行业是不同的）、经济性、安全性、舒适性、时间性、文明性。讲固有质量不是大质量的概念。

盛宝忠（2008）经大质量概念分为目标层、要素层、运作层、人文层和基础层 5 个层次，见图 19-1，大质量不仅在内涵上做了多重本质属性的开掘，而且在外延上做了全部对象的探索、扩展和界定。质量的概念已从工厂的大门走向社会，渗透到社会生活的方方面面。

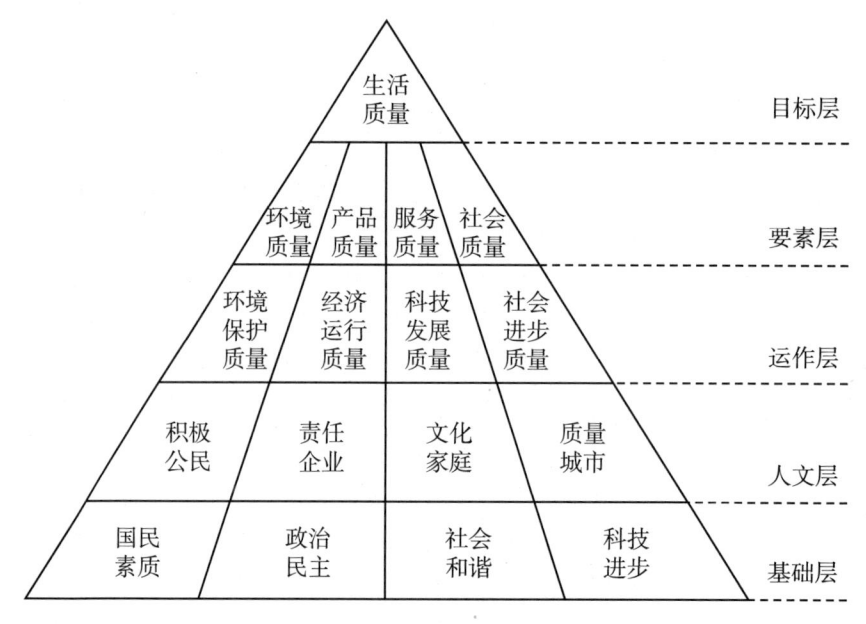

```
                   生活
                   质量                    目标层
           ─────────────────────
          环境  产品  服务  社会
          质量  质量  质量  质量             要素层
       ─────────────────────────
       环境  经济  科技  社会
       保护  运行  发展  进步                运作层
       质量  质量  质量  质量
    ─────────────────────────────
    积极    责任    文化    质量
    公民    企业    家庭    城市             人文层
 ─────────────────────────────────
 国民    政治    社会    科技
 素质    民主    和谐    进步                基础层
```

图 19-1　大质量观的内涵

大质量概念与传统的质量概念的区别：

（1）主体扩大。质量的主体不仅仅是产品，任何事情都有质量，例如人口质量、睡眠质量、工作质量、服务质量，所以质量的主体概念要扩大。

（2）范围扩大。传统的质量仅仅是围绕质量主体的各类属性，例如某个产品的大小、硬度等，或者所接受服务的属性，如服务态度、服务速度等。但大质量的概念要扩宽质量的范围，不但要关注最终的结果，也要关注过程。所以大质量概念是过程和结果的统一。

（3）内涵扩大。组织的经营者不单单仅仅关注产品质量，更要上升到工作质量和经营质量。大质量的理念更关注经营质量，是企业整体经营的好坏，而不是某个方面的好坏。企业从领导、战略、顾客与市场、资源、过程管理、测量分析改进、经营结果等各个方面的均衡发展，才能保障质量。

第三节　大质量观、宏观供给侧改革与中国经济高质量发展

为了深入分析质量管理与供给侧结构性改革的内在联系，首先，本节深入分析质量管理的研究框架；其次，本节总结了供给侧结构性改革的研究框架；最后，本节通过对比分析质量和供给侧结构性改革的研究框架，揭示了质量管理与供给侧结构性改革的内在联系。

一、大质量下质量管理的研究框架

在现有的质量管理学中，随着全球社会经济和科学技术的不断发展，质量的概念也越来越清晰和明确，并且仍在不断完善和深化。国际上对质量的定义是一组固有特性满足要求的程度，这也符合我国国家标准 GB/T 19000：2008（等同于国际标准 ISO 9001：2008）。从质量的概念继续延伸下去，为了全面有效地衡量经济发展的质量，需要引入一个更加具体并且可测度的重要概念——质量损失。质量损失能够有效反映完成高质量的产品或服务所需投入的相关成本，对于质量效率的量化具有重要作用。严格来讲，质量损失是指企业在生产、经营过程和活动中，由于产品的质量问题而导致的损失，即由于质量低劣而产生的内、外部损失。质量损失的存在在于，资源的潜力没能得到充分的发挥，质量损失的存在也正是质量改进的意义所在或效率提升的机会所在，因而，从质量损失的角度评价和衡量一定时期内中国经济发展质量的课题是有力且有利的。

根据美国质量管理协会对质量损失的定义，它是用来评定以及改正或更换不符合标准或用户要求的产品或服务所需的费用，包括在购进材料、设计和管理、技术资料方面因产品或服务不符合标准或用户需要引起的费用，具体包括材料费、人工费及工资附加费等。进一步还可以细分为：在产品完工或发货之前及服务提供之前发生的这类费用称为内部质量损失；在产品完工或售货之后及服务提供之后发生的这类费用称为外部质量损失。

20世纪50年代，美国质量专家A. V. 菲根堡姆最早提出全面质量管理的概念，即"一个组织以质量为中心，以全员参与为基础，目的在于通过让顾客满意和本组织所有成员及社会受益而达到长期成功的管理途径"。全面质量管理就是企业的全体职工同心协力，把专业技术、经营管理、数理统计和思想教育结合起

来，使产品质量产生、形成、实现过程的所有保证和提高产品质量的活动构成为一个有效的体系，从而经济地开发、研制、生产和销售用户满意的产品；并具有强调全面性、面向用户、预防为主、用数据说话以及管理方法多样化等特征。要达成全面质量管理的目标就必须关注全面质量管理的成本问题。他认为质量成本包括两个核心内容：控制成本和控制失效成本。控制成本从预防和鉴定两方面测量，预防成本包括避免缺陷和偏差的质量费用，鉴定成本即为保证企业产品质量水平而进行的产品质量评价所需的费用。控制失效成本即为不符合质量要求的产品引起的费用，分为两部分进行测量：内部失效成本，企业内部不能令人满意的质量损失；外部失效成本，企业外部的质量损失。

然而，从 20 世纪 80 年代后期以来，随着世界范围内高技术产业的兴起，科学技术特别是信息技术的高速发展，当前产品生产呈现出多品种、小批量、个性化的特点，人们的质量观念也随之发生了巨大变化，顾客满意日益成为目前企业追求的主要目标之一。而全面质量管理是在 20 世纪 60 年代大批量生产背景下提出来的，它控制的重点主要在产品制造阶段。对于产品开发设计阶段，特别是对于技术含量高的产品开发、设计阶段的质量控制缺乏有效的手段，同时对产品售后服务质量也缺乏系统的措施。因此，传统的全面质量管理思想已经不能适应现在市场竞争的要求了，为此，全面质量管理理论也在不断发展和完善。另一名美国著名质量管理专家朱兰在 A. V. 菲根堡姆提出的概念的基础之上进一步解释了质量损失就是与质量职能有关的成本，可以进行专门归集和计算，并最终达到实施控制的目的。

由此可见，质量损失是质量管理中必须涉及的质量成本概念中的一个重要内涵，质量损失也是一种对企业来说更加具象可观测的可控成本。因此，从成本的角度去理解和剖析质量损失概念也十分重要。

美国质量管理协会主席 H. J. 哈林顿（H. James Harrington）在 1987 年他的著作《不良质量成本》一书中把不良质量成本定义为使每个雇员每次都把工作做好的成本、鉴定产品是否可接受的成本和产品不合公司和用户期望所引起的成本之和。不良质量成本又可分为直接不良成本和间接不良成本。间接不良质量成本包括用户损失成本、用户不满成本（指对具体产品而言的损失）和信誉损失成本（指对企业而言的损失），间接不良成本对企业的销售、利润影响更大，也较难定量测定，但对企业经营发展关系重大。这是目前国际上还在进一步研究的质量成本方面的动向。

除了美国的专家之外，英国标准协会对质量成本的定义也包含了质量损失的概念，即为了保证质量所花的费用与质量不合格造成的损失之和。并且其认同美国质量专家 A. V. 菲根堡姆对质量成本内涵的划分以及质量损失的解释，其中，内部质量损失是在组织内部由于任何一个环节出现不合格或缺陷而发生的费用，如废品、返修、复检、重新试验和重新设计等的费用。而外部质量损失即交付给顾客之后由于不合格或缺陷而发生的费用，可能是与保修单不相符、重新安装、重大损失和索赔的评估等费用。这也更加具体地补充了内外部质量损失较为具体的内涵，为更好地研究质量损失问题提供了可量化的评价标准。

1971 年，日本学者千住镇雄、水野纪一合作出版了《质量管理的经济计算》一书，把研究产品质量与企业经济利益相互关系的工作向前推进了一步。该书从经济和工程经济的角度，重点研究了与产品质量有关的企业生产组织问题和经济性分析，如不合格品减少的经济性、翻修的经济性问题，提出了进行质量经济分析和评价质量管理经济性的一些基本思路和原则。日本另一位著名质量管理专家田口玄一博士则创立了线内线外质量管理技术，简称"田口"方法，使产品设计过程的质量管理和工序质量控制能比较直接地与经济效益相联系。他提出了质量损失函数的概念，使质量和经济两个范畴在一定程度上得到统一。因为更为直观的函数表达，"田口"方法也成为现在质量管理领域较为常用的研究方法，利用质量损失函数的平衡条件，可以较为精确地达到量化进而控制质量损失的目的。

国内许多质量管理专家对质量损失的概念做过论述，其中王又庄认为质量成本可以表述为：企业为确保规定的产品质量水平和实施全面质量管理而支出的费用，以及因为未达到规定的质量标准而发生的损失的总和。它既包含了预防成本、检验成本、厂内损失、厂外损失等直接的质量成本，又包含了外部质量保证成本等间接质量成本。银路认为质量损失即是因产品质量未能达到规定的质量标准而造成的损失费用，具体来说就是内部损失成本和外部损失成本。鉴于这种理解，他在 1986 年曾下过一个比较通俗和容易理解的定义："所谓质量损失，是指企业为保证和提高产品质量而支出的费用，因未能达到质量标准而造成的一切损失费用的总和。"

综上所述，国内外对于质量损失成本的定义及论述虽然各有千秋，但是可以发现在许多方面有共同点，主要有以下几点：质量损失的研究和产品联系紧密，离开产品生产去讨论质量损失和质量成本是毫无意义的；质量损失的分类本质上是一致的，都是从内、外两个角度去划分，只不过有的又在此基础上进行了更进一步的细分而已。

根据中国标准化与信息分类编码研究所起草的《质量损失率的确定和核算方法》来看，质量损失成本细分和构成如表 19-1 所示。

表 19-1　　　　　　　　质量损失成本细分和构成

损失成本	内涵	类型
废品损失成本	由无法返工或在经济上不值得返工的不合格品或质量缺陷导致在制品、半成品和产成品报废而造成的损失	内部损失成本
返工损失成本	对不合格或有缺陷的在制品、半成品和产成品进行返工并使之符合质量要求所发生的计划外费用支出	内部损失成本
停工损失成本	停工损失成本：由于质量不合格或缺陷引起的停工损失	内部损失成本
复检费用	对返工后的在制品、半成品和产成品进行检查和试验所发生的费用支出	内部损失成本
质量故障分析处理费用	对质量不合格或缺陷进行分析处理所发生的费用支出	内部损失成本
产值和销售额损失成本	因质量不合格或缺陷造成产量和销售额的下降而发生的损失	内部损失成本
质量降级损失成本	在制成品、半成品和产成品的质量未能达到计划等级规定的质量要求而降级使用所造成的损失	内部损失成本
索赔损失成本	由于产品质量不合格或缺陷而对顾客作出赔偿的损失	外部损失成本
退换货损失成本	由于产品质量不合格或缺陷而造成顾客退货、换货所发生的损失	外部损失成本
保修费用	在保修期内或按合同规定为顾客提供修理服务所发生的费用支出	外部损失成本
诉讼费用	由于产品质量不合格或缺陷导致顾客申诉，企业为处理申诉而发生的费用支出	外部损失成本
降价损失成本	产品交货后发现质量低于规定标准而作降价处理所引起的损失	外部损失成本

企业作为中国经济发展的基础，其供给主体内部的资源错配亦对整体全要素生产率产生巨大影响。受企业内部微观数据收集的限制，本书集中探讨了中国供给主体之间（微观供给主体是企业和县域、中观行业）的资源错配对 TFP 的影响。其潜在的假设是供给主体之间是由市场在配置资源的，而由于各种市场扭曲因素的存在，致使资源错配，从而对资源配置效率产生负面影响，最终造成 TFP 的损失。那么，在供给主体内部，资源错配对 TFP 会产生多大的影响？这是一个十分值得深入探讨的问题，这一问题存在的根本原因是组织内部是依靠行政命令

或者是计划机制配置资源的,其 TFP 同样来自技术进步和资源配置效率改善两个方面。如果组织内部的计划机制失灵,将资源过多地配置给能力不足的企业员工,那么必然会形成组织内部资源配置的扭曲,造成 TFP 影响。

资源的成本和储量都要求企业提升质量,提高资源利用率。而在当前的经济发展阶段,人口红利逐渐消退,劳动力成本上升,企业竞争无法再依靠低廉的价格,而只能以质量取胜,这是推行质量经济的客观原因。质量损失为负向指标,质量损失成本降低,经济质量提升。而质量控制则是正向的控制手段,旨在降低质量损失、提高供给质量。它也是质量研究的重点。由于经济质量具体到实体经济层面就是企业的产品质量,因而研究好如何控制企业质量损失是下一步提升整个经济发展质量的重要内容。

二、质量管理和供给侧结构性改革的内在联系

质量管理的研究框架与供给侧结构性改革的框架存在着内在联系,质量的研究框架中,资源的成本和储量都要求企业提升质量,提高资源利用率进而提高 TFP;而供给侧结构性改革的研究框架中,制度和管理改革的根本目的就在于矫正要素配置扭曲,改善资源配置效率,提高 TFP。

由此,可以发现将质量理论引入供给侧结构性改革,将有效地解答供给侧结构性改革中的制度变革带来不高的资源利用效率这一重大问题(见图 19-2)。

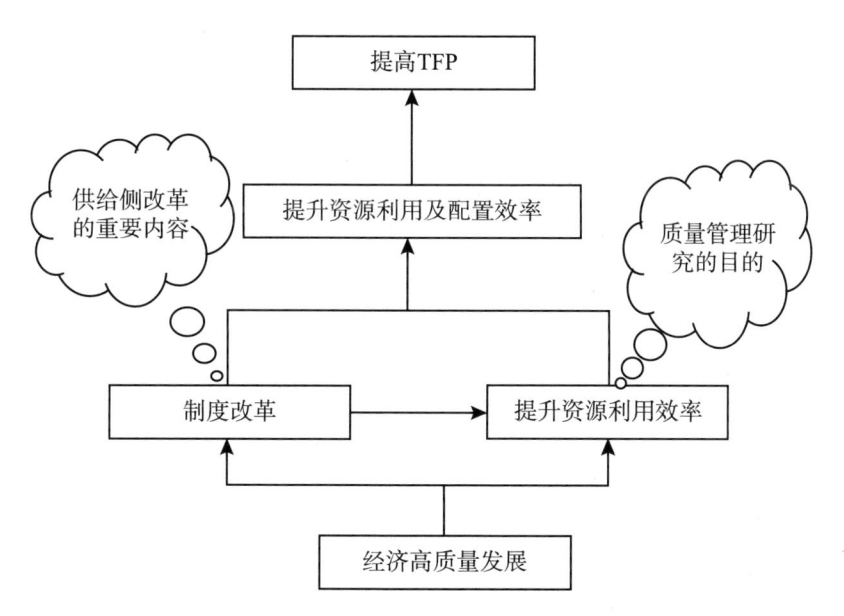

图 19-2 质量与供给侧结构性改革存在着内在联系

三、大质量观与中国经济高质量发展的内在联系

大质量观下提升经济质量,既要降低要素投入浪费,选择更高效经济的要素投入,也要减少污染排放,降低环境成本,进而实现将经济增长动力向技术转变。市场经济既是价格的竞争、市场份额的竞争,更是产品质量的竞争。以质量为核心推行生产,在微观层面有利于企业的发展壮大,乃至拓宽海外市场,实现产量和利润双增,同时保障消费者的权益,增进社会福利,在宏观层面则有利于实现供给优化,从而从结构、质量上实现供需均衡,推动经济平稳有效发展(见图19-3)。

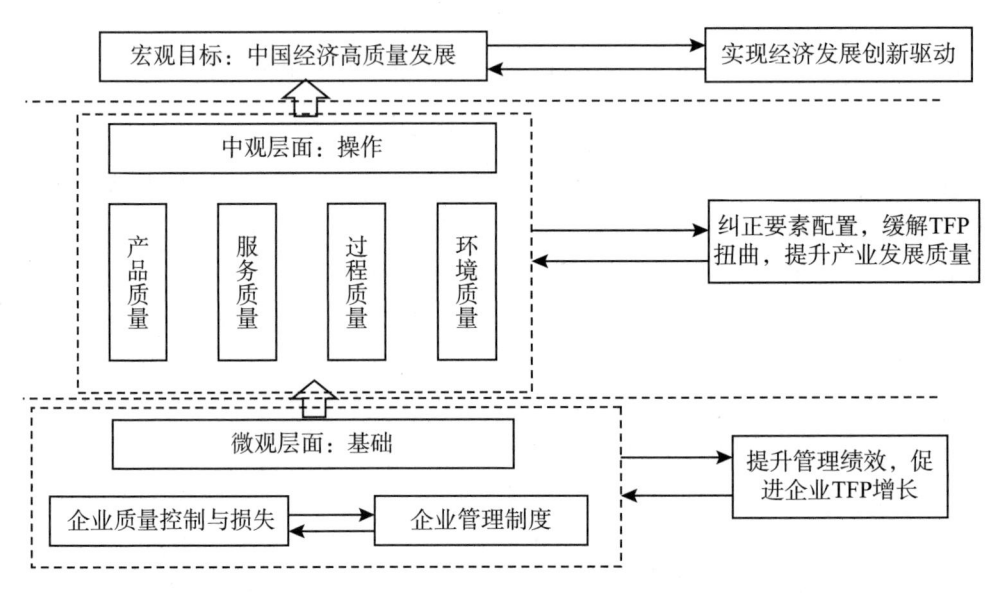

图19-3 大质量观与供给侧结构性改革存在着内在联系

第四节 小 结

根据大质量的概念及大质量观视域经济可持续发展的内涵,本章从宏观经济、中观经济、微观经济三个层面出发,考虑资源错配及经济运行质量、产业发展质量、企业质量损失与控制,并从整体衡量了中国经济发展质量。其中,企业作为中国经济实现高质量发展的基础,具有举足轻重的地位。解决好企业提升

TFP问题，就是微观上实现中国经济高质量发展的基础。企业运行中，资源的成本和储量都要求企业提升质量，提高资源利用率。劳动力资源层面，人口红利逐渐消退，劳动力成本上升，企业竞争无法再依靠低廉的价格，而只能以质量取胜，这是推行质量经济的客观原因。提升经济质量，既是降低要素投入浪费，选择更高效经济的要素投入，也是减少污染排放，降低环境成本，更是将经济增长动力向技术转变。市场经济既是价格的竞争、市场份额的竞争，更是产品质量的竞争。以质量为核心推行生产，在微观层面有利于企业的发展壮大，乃至拓宽海外市场，实现产量和利润双增，同时保障消费者的利益，增进社会福利，在宏观层面则有利于实现供给优化，从而从结构、质量上实现供需均衡，使经济平稳有序健康发展。

第二十章

新常态经济运行资源配置合理化途径

第一节 资源错配影响因素分析

一、行业内企业间资源错配影响因素总结与分析

学者们虽然对行业内企业间资源错配影响因素做了广泛而深入的探讨,但却零散而不系统。为了更加系统地总结和分析行业内企业间资源错配的影响因素,首先,从企业特征、行业特征、地区特征三个方面总结行业内企业间的资源错配影响因素;其次,深入分析行业企业间资源错配的主要影响因素,并从其行为主体出发对资源错配的影响因素进行归类。

(一) 行业内企业间资源错配影响因素总结

1. 制造业行业内企业间资源错配影响因素——基于企业特征

基于企业特征的行业内企业间资源错配影响因素实证检验的思路如下:首先测算企业的资源错配;其次,基于企业特征提出企业资源错配影响因素的假设;最后,建立计量模型进行实证检验(见表20-1)。

表20-1　　中国制造业行业内企业间的资源错配影响因素（HK，2009）

项目	所有制	年龄	规模	地区	合计
印度	0.58	0.75	2.52	0.86	4.71
中国	5.25	0.98	2.21	1.57	10.001

注：影响因素解释资源错配的百分比。

从这一角度探讨资源错配影响因素的要素HK，该文以企业名义生产率方差为被解释变量，以所有制（与非国有制企业相比，国有制企业能以低成本获取更多的资源，以虚拟变量计量）、企业规模（大量的基于企业规模的政策会导致资源错配，以四分位数虚拟变量计量）、企业年龄（年龄小的企业遭受了较为严重的融资约束、扩张市场更慢、获取资源更难，以四分位数虚拟变量计量）、地区（地区经济发展的不平衡可能导致的资源错配情况不同，以地区代码虚拟变量计量）为解释变量，采用中国制造业1998~2005年四位数行业代码及美国和印度制造业的微观数据进行了实证检验（见表20-1）。实证结果发现：所有制能解释中国制造业资源错配的5.25%，能解释印度制造业资源错配的大约0.58%；所有四个因素结合在一起只能解释中国资源错配的10%，印度资源错配的5%；对资源错配的影响从大到小依次为：所有制、规模、地区、年龄。

紧接着，邵宜航、步晓宁、张天华（2013）以中国制造业1998~2007年二位数行业代码数据为实证对象，应用HK的理论模型，与HK采用同样的方法探讨资源错配的影响因素（实证结果见表20-2）。与HK相同的是所有制解释资源错配的百分比基本相同，不同的是这四个因素能解释中国制造业资源错配的12.78%，大于HK的解释比例；年龄和地区解释的百分比偏小，不足HK的50%；企业规模是HK测算结果的近3倍，测算结果偏大；对资源错配的影响从大到小的顺序为规模、所有制、年龄、地区，与HK的顺序不一致。该文认为造成差异的原因可能在于HK直接使用美国行业的资本和劳动份额以及所用数据时限相关（见表20-2）。

表20-2　　中国制造业行业内企业间的资源错配影响因素

项目	所有制	年龄	规模	地区	合计
中国	5.01	0.46	7.12	0.19	12.78

为了引入更多的变量来检验行业内企业间资源错配影响因素与企业特征的关系，朱熹等（2011）在研究要素错配和农业TFP时，借鉴HK模型定义了每个农户的资源错配指数，假设经济体存在资本和劳动扭曲，该指数表达

式如下：

$$DI_i = (1+\tau_{K_i})^{\alpha}(1+\tau_{L_i})^{1-\alpha} \qquad (20.1)$$

其中，τ_{K_i}、τ_{L_i} 分别为资本和劳动扭曲因子，α 为农业总产出的资本产出弹性，$(1-\alpha)$ 则为农业总产出的劳动产出弹性。企业资源错配指数的提出为引入更多的企业特征变量检验行业内企业间资源错配的影响因素奠定了基础（见表20-3）。

表 20-3　中国制造业行业内企业间的资源错配影响因素

影响因素	资本错配指数	劳动错配指数	总资源错配指数
外资企业	-10.13 ***	-2.31 ***	-3.13 ***
政府补贴	-36.49 *	-6.16 ***	-7.82 ***
出口额比重	5.11	-3.02 ***	-2.72 ***
企业规模	31.30 ***	7.35 ***	7.99 ***
沿海地区	-3.57	-1.77 ***	-1.08 ***
重工业	1.02	0.18 ***	0.23 **
企业年龄	-0.82 ***	-0.15 ***	-0.15 ***
常数项	-79.74 ***	-19.44 ***	-20.68 ***

注：*、**、*** 分别表示 10%、5%、1% 的显著性水平。

李静等（2012）借鉴HK的理论模型，构建了资源错配指数、资本错配指数、劳动错配指数，其总体资源错配指数与相同。以企业资源错配指数为被解释变量，以是否为外资企业（虚拟变量，外资为1、内资为0）、政府补贴（补贴收入/工业销售产值）、出口额比重（出口交货值/工业销售产值）、企业规模（工业增加值的对数）、是否为沿海地区（虚拟变量，沿海为1、内陆为0）、重工业（虚拟变量，重工业为1、轻工业为0）、企业年龄（2007-企业成立年份+1）为解释变量，控制变量为所有制，构建了控制地区和行业的固定效应面板模型。采用1998~2007年中国制造业微观面板数据进行了实证检验（见表20-3）。实证结果表明：外资企业的资本、劳动、总资源配置效率高于内资企业、政府补贴可降低资本、劳动及总资源错配；出口的增加可降低劳动和总体资源错配；企业规模越大则资源错配程度越高；沿海地区的劳动和总体资源配置效率高于内陆的资源配置效率；重工业的劳动和总体资源配置效率低于轻工业的资源配置效率；企业年龄越小资源错配越高。

与李静等（2012）的资源错配影响因素相比，王文等（2014）在研究产业政策、市场竞争与行业内企业间资源错配的关系时，通过构建资源错配指数引入了更多的变量。该以企业资源错配指数的自然对数为被解释变量,以产业政策(以补贴率和免税额比重作为代理变量)、行业竞争度(以销售收入计算的赫芬达尔指数计量)、融资约束(利息支出/负债合计)、企业家规避风险的倾向(以企业规模为代理变量,以职工人数的自然对数计量)、国有资本比重(国有资本/实收资本)、新产品比重(新产品产值/工业总产值)、出口比重(出口交货值/工业销售产值)、企业年龄(样本年份-开业年)为解释变量;构建了控制企业和年份的固定效应面板模型。采用1998~2007年中国制造业微观数据为实证对象,实证结果(见表20-4)表明:当产业政策促进竞争时,其会降低资源错配;产业政策的覆盖面越广,资源错配程度越低;企业贷款成本(融资约束)与资源错配程度显著正相关;企业家规避风险的倾向与资源错配程度显著负相关,表明企业家为抵御风险而降低企业规模会提高企业资源错配程度;国有资本比重与资源错配的相关性不显著,这可能是因为一方面国有资本比重高的企业受到更多的政府干预更加恶化了其错配程度,另一方面国企的资源约束较小缓解了其错配程度;出口比重和新产品比重与资源错配显著负相关,表明创新型企业通过优势竞争产品扩大市场份额能获得更多资源,扩大出口会缓解企业的资源约束;企业年龄与资源错配显著负相关(见表20-5)。

表20-4　中国制造业行业内企业间的资源错配影响因素

影响因素	模型1	模型2	模型3	模型4	模型5	模型6
企业补贴(1)	-0.1631	-0.1715*	1.6576*			
免税额比(2)				-0.0165*	-0.0532	1.0233*
行业竞争(3)		-0.6893***	-0.4255***		-0.5236***	-0.5184***
(1)*(3)			-2.0967***			-1.5356***
(1)*(3)						
融资约束	0.0226***	0.1236*	0.0375*	0.2344***	0.0634**	-0.1474*
企业家规避风险的倾向	-0.2710***	-0.1475***	-0.0621***	-0.3323***	-0.1305***	-1.635***
国有资本比重	0.4418	-0.0182	-0.0123	0.2738	-0.0968	-0.1265
新产品比重	-0.2849	-0.2336*	-0.1159***	-0.1485*	-0.1084***	-0.0136***
出口	-1.352*	-0.8136*	-0.3563*	-0.9135*	-0.4571*	-0.1395*
企业年龄	-0.0086***	-0.0060*	-0.0010*	-0.0054*	-0.0012*	-0.0015*
常数项	2.7267*	1.7695*	5.1843**	4.2721*	2.1331**	1.2257*

注:*、**、***分别表示10%、5%、1%的显著性水平。

表 20 – 5　　中国制造业行业内企业间的能源错配影响因素

影响因素	实证结果 模型 1	实证结果 模型 2	稳健性检验 删除不显著变量	稳健性检验 制造投入降低 10%
企业规模	– 0.001 ***	– 0.001 ***	– 0.001 ***	– 0.001 ***
所有制	0.000	0.044 ***	0.044 ***	0.041 ***
企业年龄	0.000	0.000		0.000
出口强度	– 0.001 *	– 0.001 *	– 0.001 *	– 0.001 *
企业补贴	– 0.001	– 0.001		– 0.001
能源强度	– 0.216 ***	– 0.216 ***	– 0.216 ***	– 0.196 ***
所有制 * 能源强度		0.004 ***	0.004 ***	0.003 ***
常数项	– 1.587 ***	– 1.588 ***	– 1.588 ***	– 1.343 ***
年份效应控制	是	是	是	是
地区效应控制	是	是	是	是
行业效应控制	是	是	是	是

注：*、**、*** 分别表示 10%、5%、1% 的显著性水平。

张江洋、袁晓玲（2015）在 HK 理论模型的基础上，针对其生产函数忽视能源要素的不足，对其拓展补充，提出了能源错配的测算方法，以 2004～2007 年中国制造业企业微观数据为样本对能源扭曲的影响因素进行了实证检验。该文以能源错配指数为被解释变量。以企业规模（以年末从业人员合计计量）、企业所有制（国家资本和集体资本之和/实收资本之比）、企业年龄（当年年份减去成立时间加 1）、出口强度（出口交货值总值/销售收入）、企业能源强度（企业能源投入/增加值）、企业补贴（补贴收入/销售收入）为被解释变量，构建了固定效应面板模型，控制年份、行业、地区效应。该文的实证结果表明：企业规模、出口强度、能源强度与能源扭曲显著负相关关系，所有制与能源扭曲显著正相关，能源强度政策通过所有制对能源扭曲有正向增加作用。

$$D_{ijkt} = (1 + \tau_{E_{ijkt}})^{\beta_s} \tag{20.2}$$

$$\tau_{E_{Si}} = \beta_s \frac{\sigma - 1}{\sigma} \frac{P_{si} Y_{si}}{Q E_{si}} - 1 \tag{20.3}$$

2. 中国制造业行业内企业间资源错配影响因素——基于行业特征

基于行业特征的行业内企业间资源错配影响因素的建模思路如下：首先，测算某一行业内企业间的资源错配；其次，基于行业特征提出行业内企业间资源错配影响因素的假设；最后，建立计量模型进行实证检验。

步晓宁（2014）以行业内名义生产率自然对数的方差为被解释变量；以行业

开放度（行业出口/行业总产值）、行业国有化程度（行业国企增加值/行业总产值）为核心变量；以行业发展阶段（行业企业平均年龄）、企业平均规模（行业增加值/企业个数）、企业分布（行业企业规模方差）、行业集约化程度（行业从业人数/总从业人数）、行业研发度（新产品销售收入/行业总销售收入）为解释变量，控制了行业的个体和年份效应，采用1998~2007年中国制造业微观数据进行了实证检验。其实证结果（见表20-6）表明：行业开放度与资源错配显著负相关，其机制是出口企业受到国家的信贷补贴可能较多；行业国有化程度与资源错配显著正相关；行业发展阶段与资源错配显著负相关，该文推测其原因可能是行业越成熟其市场化程度越高，扭曲越少，资源配置效率越高；行业企业平均规模与资源错配显著正相关，这表明资源更倾向于规模大的企业而非效率高的企业；行业企业分布与资源错配的关系并不显著；行业集约化程度与资源错配显著负相关，其机制是行业集约化程度越高，劳动集聚就越高，对资本具有一定替代作用，从而缓解资源错配；行业研发度与资源错配显著负相关，其机制可能是国家对研发企业进行的补贴较多缓解资本的错配，进而抑制资源错配。

表20-6　　中国制造业行业内企业间的资源错配影响因素

影响因素	模型1	模型2	模型3	模型4	模型5	模型6
行业开放度	-0.11***	0.13***	-0.12***	-0.12***	-0.11***	-0.12***
行业国有化程度	0.00***	0.01***	0.02***	0.02***	0.02***	0.02***
行业发展阶段		-0.08***	-0.07**	-0.07**	-0.06**	-0.06**
行业企业平均规模			0.04***	0.03***	0.02***	0.03***
行业企业分布				-0.01	-0.02**	-0.01
行业集约化程度					-0.02**	-0.02**
行业研发度						-0.01**
常数项	-0.75***	-0.97***	-0.60***	-0.61***	-0.44***	-0.29***

注：*、**、***分别表示10%、5%、1%的显著性水平。

蒋为、张龙鹏（2015）在研究补贴差异化的行业内企业间资源错配效应时，以中国制造1998~2007年4位代码行业的微观数据为实证对象，基于行业特征，检验了行业内企业间的资源错配影响因素。本章以行业生产率离散度（以行业内企业生产率的标准差和四分位差作为代理变量）为被解释变量，以补贴差异化的自然对数（以补贴率的标准差计量）为核心解释变量，以产品替代性、固定成本（非生产性工人人数/全部职工人数）、沉没成本（行业资本存量/行业增加值）、出口比重（出口额/工业销售产值）、所有制分布（国有企业比重＝行业国有企业的数量/行业企业总数量；外资企业比重＝行业外资企业的数量/行业企业总数量）、本国市场竞争（行业的赫芬达尔指数）和外国市场竞争（行业平均关税）为控制变量；建立了控制行业、年份的固定效应面板模型。该文的实证结果（见表20－7）表明：行业固定成本、行业出口比重与资源错配显著负相关；行业补贴差异化、行业产品替代性、行业沉没成本、行业国有企业比重、行业本国市场竞争、行业外国市场竞争与资源错配显著正相关；行业内外资企业比重与资源错配的显著性不高，可能是因为一方面高生产率的外资企业拉大了行业内企业的生产率差距，另一方面，外资企业又挤出了低生产率企业。

表20－7　　中国制造业行业内企业间的资源错配影响因素

影响因素	模型1	模型2	模型3	模型4	模型5	模型6
补贴差异化	0.0116***	0.0127***	0.0162***	0.0076***	0.0086***	0.0112***
产品替代性	0.0108***	0.0095***	0.0081***	0.0057***	0.0044***	0.0034***
固定成本	－0.0825***	－0.1034***	－0.0966***	－0.0586***	－0.0774***	－0.0733***
沉没成本	0.0467***	0.0498***	0.0456***	0.0306***	0.0335***	0.0304***
出口比重	－0.0950***	－0.0927***	－0.0836***	－0.0647***	－0.0610***	－0.0544***
国有企业比重		0.0885***	0.0825***		0.0800***	0.0752***
外资企业比重		0.0372*	0.0186		0.0297***	0.0163
本国市场竞争			0.0091***			0.0068***
外国市场竞争			0.0891***			0.0593***

注：*、**、***分别表示10%、5%、1%的显著性水平。

杨光、孙浦阳、龚刚（2015）在研究经济波动、成本约束与行业内企业间资源错配的关系时，采用中国制造业1998～2007年4位代码行业微观数据，基于行业特征检验了资本错配的影响因素。本章以资本边际生产率的方差（资本错配的代理变量）为被解释变量；以行业生产率波动（行业生产率方差）、生产率波动与调整成本的乘积（检验调整成本是否为生产率波动性影响资本错配的传导机制）为核心解释变量；以行业沉没成本（以行业资本劳动比计量）、行业平均规模（以企业年末从业人数自然对数的均值计量）、行业劳动力的异质性（以行业中职工平均工资计量）、行业中产品替代性（广告投入/行业总增加值）、所有制（以国家资本与集体资本之和/总资本计量行业国有资本比重；以外商资本/总资本计量行业外资比重）为控制变量，建立了控制年份、行业、地区的固定效应面板模型。该文实证结果（见表20－8）表明：行业生产率波动、行业调整成本与行业生产率的乘积、行业沉没成本、行业产品替代性、行业国有化比例、行业外资比例与资本错配显著正相关；行业工资异质性、行业平均规模与行业内企业间的资源资本显著负相关。

表20-8 中国制造业行业内企业间的资本错配影响因素

影响因素	未加权			以地区企业数量加权		
	模型1	模型2	模型3	模型4	模型5	模型6
行业生产率波动（1）	0.086***	0.084***	0.084***	0.0079***	0.076***	0.076***
行业调整成本*（1）	0.008***	0.009***	0.009***	0.009***	0.011***	0.010***
行业沉没成本		0.024***	0.276***		0.020***	0.291***
行业平均规模		-0.012***	-0.020***			-0.022***
行业工资异质性			-1.019***			-1.229***
行业产品替代性			1.731***			1.331***
行业国有化比例			0.119***			0.115***
行业外资比例			0.159***			0.173***

注：*、**、***分别表示10%、5%、1%的显著性水平。

3. 中国制造业行业内企业间资源错配影响因素——基于地区特征

基于地区特征的行业内企业间资源错配影响因素的建模思路如下：首先，测算行业内企业间的地区资源错配；其次，基于地区特征提出行业内企业间资源错配影响因素的假设；最后，建立计量模型进行实证检验。

韩剑、郑秋玲（2014）在研究政府干预如何导致地区资源错配时，采用中国制造业1998~2007年的微观数据，基于地区特征检验了资源错配的影响因素。该文将行业内企业间的错配指数定义为实际产出与最优产出之比，以产出缺口测算资源错配，该值越大表明资源错配越严重。本章以行业内企业间资源错配指数为被解释变量；以财政补贴（省补贴收入/省工业总产值）、劳动力市场管制（省外来人口/当地从业人数）、金融抑制（省四大国有商业银行总信贷/当期总信贷）、行政性市场进入壁垒（省国有企业总产值/当地总产值）作为政府干预的代理变量，即核心变量；以贸易开放度（省进出口贸易总额/当地GDP）、外资依存度（省外商投资/当地GDP）、产业结构（省工业增加值/当地GDP）为控制变量，建立省际面板固定效应模型。本章的实证结果（见表20-9）表明：地区政府财政补贴率、地区金融抑制、地区行政性市场进入壁垒、地区产业结构与资源错配显著正相关；贸易开放度、外资依存度与资源错配显著负相关。劳动力流动管制与资源错配的关系并不显著。

表 20-9　中国制造业行业内企业间的资源错配影响因素

影响因素	模型 1	模型 2	模型 3	模型 4
财政补贴	0.1325***			
劳动力流动管制		-0.0836		
金融抑制			0.1428***	
行政性市场进入壁垒				0.0089***
贸易开放度	-0.2564***	-0.2568***	-0.2562***	-0.2562***
外资依存度	-0.8954	-0.8835	-0.8946	-0.8879
产业结构	0.0964**	0.0897**	0.0913**	0.0897**
常数项	0.3649***	0.3821***	0.3736***	0.3685***

注：*、**、*** 分别表示 10%、5%、1% 的显著性水平。

靳来群、林金忠、丁诗诗（2015）在研究行政垄断对所有制差异所导致的资源错配影响时，利用 1998~2007 年中国制造业微观数据，基于地区特征检验了行业内企业间资源错配的影响因素。本章提出所有制差异导致的资源错配问题的根本原因在于政府行政权力与国有企业的结合所带来的行政垄断，以资源错配对 TFP 的影响为被解释变量；以财政补贴（地区财政补贴/地区工业增加值总额）、财政激励（地区财政支出与收入的差额/地区财政收入）、垄断势力（地区国有企业工业增加值/地区总工业增加值）、国有企业偏爱（地区国有企业补贴/地方总补贴）为核心解释变量，并以这四个指标，采取主成分分析构建了政府干预程度变量；以外资依存度（地区外商投资/地区 GDP）、人力资本发展程度（地区科教文卫支出/地区 GDP）、产业结构（地区重工业增加值/地区制造业工业增加值）、出口密度（地区制造业出口交货值/地区制造业总产值）为控制变量，构建了省际固定面板效应模型。实证结果（见表 20-10）表明：地区政府干预度、财政补贴、垄断势力、国有企业偏爱与资源错配显著正相关，这些变量的值越大则资源错配越严重，这表明行政垄断是导致资源在不同所有制之间错配的根本原因；地区人力资本、出口密度与资源错配显著负相关。外资依存度、产业结构与资源错配的关系并不显著，可能是因为：一是自变量之间存在较强的相关性，如外资依存度与出口密度之间；二是因变量将资源错配限定在所有制差异内，有些控制变量如外资依存度虽可同时影响国有和非国有企业效率，但对二者之间的差异影响不显著。

表 20 – 10　　中国制造业行业内企业间的资源错配影响因素

影响因素	模型 1	模型 2	模型 3	模型 4	模型 5
政府干预程度	2.1089***				
财政补贴		9.7905***			
财政激励			–0.0061		
垄断势力				1.8654***	
国有企业偏爱					1.0702***
外资依存度	–0.9932	–1.7641	–0.6393	–1.6802	–1.0515
地区人力资本发展程度	–24.9456***	–15.7920*	–15.8808	–4.7028	–3.2950
产业结构	–0.8359	–0.7499	–1.3382*	–0.3605	–0.2309
出口密度	–5.7739*	–5.0774*	–6.1675**	–5.6490*	–6.7347**
常数项	3.4584***	3.7245***	4.3068***	2.1998***	2.5378***

注：*、**、*** 分别表示 10%、5%、1% 的显著性水平。

4. 中国制造业行业内企业间资源错配影响因素归纳

根据上述实证结果，下文首先将所有资源错配的影响因素进行汇总；其次，根据汇总结果，依据变量类型进行合并，并对存在矛盾的实证结果进行了说明；最后，基于企业特征、行业特征、地区特征归纳了行业内企业间资源错配影响因素（见表 20 – 11）。关于影响因素的调整说明如下：

第一，关于企业国有比重与行业内企业间的资源错配关系为正相关的说明。王文等（2014）基于企业特征研究资源错配影响因素时，发现国有企业比重与资源错配关系不显著。然而这一结果无论是与现有的实证结果还是与经济直觉均不符合。因此，该实证结果并不稳健，经济直觉和其他实证结果表明：企业国有比重与资源错配关系显著正相关。

表 20 – 11　　行业内企业间的资源错配影响因素实证结果总结

错配影响因素类型	与资源错配正相关的影响因素	与资源错配负相关的影响因素
企业特征	1. 企业国有比重； 2. 企业规模； 3. 融资约束； 4. 能源强度政策	1. 出口比重； 2. 政府补贴； 3. 新产品比重； 4. 企业家规避风险的倾向

续表

错配影响因素类型	与资源错配正相关的影响因素	与资源错配负相关的影响因素
行业特征	1. 行业补贴差异化； 2. 行业产品替代性； 3. 行业沉没成本； 4. 行业内国资比例； 5. 资本的调整成本	1. 行业竞争； 2. 行业研发度； 3. 行业出口比重
地区特征	1. 地区金融抑制； 2. 产业结构； 3. 行政性垄断	1. 地区贸易开放度； 2. 地区人力资本； 3. 地区出口密度

第二，关于行业内企业平均规模与行业内企业间的资源错配关系舍弃的说明。上升实证结果表明：行业内企业平均规模与行业内企业间的资源错配关系可能存在着更为复杂的原因，实证结果较为矛盾。例如：步晓宁（2014）的实证结果中（行业内企业平均规模与行业内企业间的资源错配正相关），其行业内企业平均规模（以行业增加值/行业内企业个数度量）对资源错配的传导机制为：企业规模大的企业更容易获取信贷资源，形成信贷过度配给；反之亦然。然而，这一机制缺乏严密的逻辑推理，如果这一影响机制成立，选择行业内企业规模的离散度作为资源错配的代理变量则更加合理。而杨光等（2015）的研究表明：行业内企业平均规模与行业内企业间的资源错配为负相关，行业内企业平均规模代理变量为行业内企业年末从业人数均值，其影响机制并未加以说明。因此，为了确保资源错配影响因素分析的可靠性，本研究将行业内企业平均规模这一变量舍弃。

第三，关于变量合并的说明。关于行业间竞争度指标的说明。在行业特征中与资源错配负相关的影响因素中，将行业内本国市场竞争、行业内外国市场竞争并入行业竞争指标，其原因是前两者均代表行业的竞争程度，竞争程度越高，越有利于市场化配置资源，提高资源配置效率。因此，将后两者并入行业竞争度指标。关于行政垄断指标的说明。在地区特征中与资源错配正相关的影响因素中，将地区政府补贴率、政府干预度、地区行政性市场进入壁垒并入行政垄断这一指标，其原因是：政府干预度变量本身就包括地区政府补贴率。例如，靳来群等（2015）的研究是以政府干预度为地区行政垄断的代理变量，地区行政性市场进入壁垒也是行政性垄断的表现之一。

第四，关于不同资源错配类型影响因素的说明。为了体现行业内企业间资源错配影响因素的企业特征、地区特征、行业特征，在归纳时并未对不同资源错配类型的影响因素分类说明，这一处理并不影响归纳的有效性。

第五，关于控制变量剔除的说明。考虑到控制变量对于纠正资源错配无实质意义，因此，在分析中剔除了这些变量，这些变量包括：企业年龄、是否为重工业、是否是沿海地区、是否是外资企业、行业发展阶段、行业劳动密集型程度、行业工资异质性。

(二) 行业内企业间资源错配影响因素分析

综上所述，行业内企业间的资源错配影响因素引起了越来越多学者的关注，并从企业特征、行业特征、地区特征三个方面进行了大量的实证检验，试图解开行业内企业间资源错配形成之谜：到底是什么影响因素造成了这么大的行业内企业间的资源错配？这一问题来源于 HK 的实证结果：所有制、企业规模、企业年龄、地区等影响因素只能解释中国资源错配的 10%。基于此，本章以表 20-11 为分析对象，首先，探讨了行业内企业间资源错配的主要影响因素，试图解开资源错配对 TFP 的影响如此之大的原因；其次，从资源错配的行为主体出发，系统分析资源错配的影响因素，为有效降低行业内企业间资源错配提供政策依据。

1. 行业内企业间资源错配的主要影响因素：资源的调整成本

资源的调整成本是造成行业内企业间资源错配的主要影响因素。一些学者的文章较早地关注了这一问题（Asker, Collard-Wexler, De Loecker, 2014）。该文在研究要素动态投入和资源错配的关系时，发现调整成本是产业内 TFPR 波动的主要原因（TFPR 波动可度量行业内企业间资源错配，波动越大资源错配越严重）。该文建立了时间序列上资本名义生产率（TFPR）的动态过程变化与横截面上资本边际产品收益波动的联系，通过建立包含资本调整成本的 TFPR 过程模型解释了水平和横截面上一国内产业间的静态资本边际收益产品的波动。该文的研究结果表明：相比未来经营环境不确定较小（意味着较低的行业 TFPR 波动，行业内企业间资源错配也较小）的行业内生产者，未来经营环境不确定更大的行业内生产者将做出不同的投资决策，这导致了不同的资本和产出水平。同时意味着与静态意义上的资源错配相比，通过政策纠正资源错配实现的 TFP 增长空间有限，这表明 TFPR 的生成过程是外生的。如果政府政策能影响 TFPR 的生成过程，通过政策纠正资源错配则可实现的 TFP 增长空间巨大。此外，本章还提到尽管建立了 TFPR 波动与调整成本的关系，但 TFPR 波动还会受到腐败程度的变化、自然环境的变化、产品市场竞争变化等因素的影响，这些因素则可以通过政府政策施加影响，这些因素的有利变化将会提高 TFP。紧接着，杨光等（2015）在阿斯克等（Asker et al., 2014）的基础上，以中国 1998~2007 年的工业企业微观数据为实证对象，探讨了这一问题，实证结果支持阿斯克等（Asker et al., 2014）的研究结论。本章强调随着生产率波动的增加，行业内企业间资本边际报酬的差异也逐渐加大，其原因主要是资源的调整成本所致，这意味着经济波动的增加会严重影响行业内企业间的资源配置。其机制是：生产率增长率高的企业虽然投资预期很大，但是由于企业在跨期投资过程中面临不断上涨的调整成本，其投资存在上限，因此它们的资本扩张不能使资本报酬下降到行业平均水平，此时资本边际报酬的差异也就形成了资源错配。

同时，这一发现也能解释经济周期与资源错配的关系，经济下行时企业经济环境则更加不确定，资源的调整成本也会增加，从而导致TFPR波动的增加，即资源错配的增加。

综上所述，资源调整成本的存在是造成TFPR波动的主要原因，而这正好解答了经济直觉上的资源错配影响因素对资源错配解释的不足，同时也解释了现有实证结果中行业内企业间资源错配对TFP影响过高的原因（纠正资源错配后，TFP在现有基础上增长的百分比超过100%）。因此，资源调整成本如果短期内保持不变，样本期内TFP的变化幅度就是其他资源错配影响因素造成的，而这些因素往往可通过政府政策调整得以矫正，这对于正确理解静态视角下测算的资源错配对TFP影响的结果有着非常积极的意义。据此，对本研究的测算结果进行校准后发现：通过政府政策纠正行业内企业间的资源错配可实现的TFP增长潜力依然十分可观，例如行业内企业间资源错配对中国经济总量TFP的影响，2008~2014年间，TFP增长范围为64.8%~116.5%之间，按照上述思路样本期内获取的TFP增长潜力至少可达到51.7%。

2. 行业内企业间资源错配的其他影响因素分析——基于资源错配的主体

第一，基于企业特征的资源错配影响因素分析。该类影响因素反映了企业自身与资源错配的关系，一共有8个。其中，与资源错配正相关的因素有4个，负相关的因素有4个。一是企业主体行为资源错配影响因素（2个），包括新产品比重、企业家规避风险的倾向。二是政府主体行为资源错配影响因素（2个），包括：能源强度政策（由政府出台制定和监督执行）、国有企业比重（这与政府的国有企业改革程度密切相关）。三是企业主体和政府主体行为交互作用的资源错配影响因素（4个）。这些因素包括：企业规模（一方面，企业的规模由自身的TFP和要素投入决定；另一方面，企业的初始规模与从计划经济向市场经济过渡时的初始设定相关以及与后期的国企改革相关）、融资约束（一方面，融资约束由企业内部资金积累决定；另一方面，与政府融资政策相关）、政府补贴（政府补贴是政府的主动行为，但企业获得的补贴多少与其争取补贴的努力程度密切相关）、出口比重（与政府出口退税政策及企业出口努力程度相关）。

第二，基于行业特征的资源错配影响因素分析。该类影响因素反映了行业特征与资源错配的关系，一共有7个。其中，与资源错配正相关的因素有4个，负相关的因素共有3个。一是企业主体行为资源错配影响因素（3个）。这些因素包括：行业产品替代性（与行业内企业的差异化战略相关）、行业研发度（与行业内企业的研发决策有关）、行业沉没成本（与在位企业的策略性行为相关）。二是政府主体资源错配影响因素（1个），为行业内国资比例。三是企业主体和政府主体行为交互作用的资源错配影响因素（3个）。这些因素包括：行业内企业补贴差异化（政府补贴多少是政府的主动行为，但企业最终获得的补贴多少与其争取补贴的努力程度密切相关）、行业竞争（与行业内企业的竞争策略及企业数量多少相关，同时也与政府的行业规制相关）、行业出口比重（与政府出口退税政策及企业出口努力程度相关）。

第三，基于地区特征的资源错配影响因素分析。该类影响因素反映了地区特征与资源错配的关系，一共有6个。其中，与资源错配正相关的因素有3个，负相关的因素共有3个。这些因素均为企业主体和政府主体行为交互作用的资源错配影响因素，包括：地区行政性垄断（一方面与地方政府保护本地国有企业的行为相关，另一方面，国有企业主动寻求地方政府的保护）、地区金融抑制（融资中政府对国有企业的隐性担保及国有企业偏向，企业也有动机寻求政府在融资中的帮助）、地区产业结构（与政府的产业政策有关，也与企业家的行业选择相关）、地区贸易开放度（与政府贸易政策相关，也与企业贸易的努力程度相关）、地区出口密度、地区人力资本（与企业和政府的人力资本投入及政策相关）。

二、行业间资源错配影响因素总结与分析

（一）行业间资源错配影响因素总结

行业间资源错配影响因素的探讨，离不开青木提出的行业间资源错配理论模型。现有文献研究行业间资源错配影响因素的基本思路是：首先，测算出要素相对扭曲系数作为被解释变量，用以计量行业间要素资源错配的大小；其次，是基于行业特征提出行业间资源错配影响的假说；最后，建立行业面板计量模型进行检验。与行业内企业资源错配的影响因素研究文献相比，该领域的研究文献相对较少。

1. 行业间资源错配与行业特征

张佩（2013）采用青木的理论模型，分别以资本和劳动相对扭曲系数的自然对数为被解释变量，以行业集中度（行业前10家企业销售收入之和/行业总销售

收入之和的自然对数）、行业国有企业比重（行业国有企业增加值总额/行业总增加值的自然对数）、中西部企业比重（行业内中西部企业增加值/全国增加值总额的自然对数）、资本份额（行业资本投入/行业增加值的自然对数）、企业进入率（行业进入的企业数量/行业总企业数量的自然对数）、企业进入退出率（与企业进入率计量方法类似）、就业创造率（行业内企业雇佣人数增加之和/行业平均雇佣人数的自然对数，表示劳动力在企业间、就业市场内外的流动规模；就业破坏率的计算方法与之相反）、就业重置率（以就业创造率和破坏率之和计量）为解释变量；利用1998~2007年中国工业企业微观数据四位行业代码数据，构建了控制行业的固定效应面板模型。该文实证结果（见表20-12）表明：行业集中度与行业间资源错配显著负相关；国有企业比重与行业间资源错配显著正相关；中西部企业比重与行业间资本错配显著正相关，与行业间劳动错配关系并不显著；企业进入退出率与行业间劳动错配显著负相关，与行业间资本错配的关系不显著，这可能是由于进入退出率越低，表明行业进出门槛越高，使得行业劳动投入不足。就业重置率与行业间劳动错配显著正相关，这表明劳动力流动性越低，劳动投入越少。

表20-12　　　中国制造业行业间的资源错配影响因素

影响因素	被解释变量					
	资本相对扭曲			劳动相对扭曲系数		
	模型1	模型2	模型3	模型1	模型2	模型3
行业集中度	-0.042*	-0.046*	-0.125***	-0.157***	-0.156***	-0.091***
行业国有企业比重	0.057***	0.056***	0.211***	0.007	0.055***	0.115***
中西部企业比重	0.079***	0.080***	-0.003	0.005		0.140***
行业企业进入退出率	-0.007		-0.018	0.044***		0.015***
行业企业进入率	-0.010		0.033***	-0.015***	-0.017***	-0.036***
行业就业重置率	0.025		0.043***	0.034***	0.026***	0.149***
行业就业创造率	-0.081***	-0.067***	-0.174***	-0.010		-0.034**
行业资本份额	-1.909***	-1.908***	-1.408***	0.060***	0.046***	-0.212***
常数项	-0.935***	-0.957***	-0.818***	0.071**	0.063***	0.202***

注：*、**、***分别表示10%、5%、1%的显著性水平。

董直庆等（2014）利用1978~2010年《中国统计年鉴》和《中国劳动力统计年鉴》的六大行业（农业、工业、建筑业、交通仓储及邮电业、金融保险业、房地产业）的数据，对行业间劳动错配影响因素进行了检验。该文以行业间劳动力相对扭曲系数为被解释变量；以行业相对于整体经济的技能劳动水平（行业大学生数量/高中生及以下学历劳动者数量）、行业相对于整体经济的工资水平（行业平均工资/整体经济的平均工资）、制度（国有员工人数/行业全体员工人数）。解释变量和被解释变量均取自然对数，通过对实证结果分析（见表 20 – 13）发现：全样本结果表明行业相对劳动技能水平、行业相对工资水平及制度与行业间劳动错配呈现显著的负相关，这表明市场化改革促使行业间劳动错配水平下降。与之类似的还有工业、房地产业、交通运输仓储及邮电通信业。但并未显著降低农业劳动力向其他行业的流动。金融业被解释变量不显著是因为该行业本身是要素市场，市场化改革未发挥作用。

表 20 – 13　　　　　中国行业间劳动力错配的影响因素

解释变量	lnL	lnW	lnins	解释变量	lnL	lnW	lnins
全样本数据	-0.73***	-0.26***	-0.14***	建筑业	0.66	-2.82***	-0.95***
农业	-1.08***	-1.78***	0.01	金融保险业	0.18	0.05	0.28
工业	-0.48***	-0.66***	-0.29***	房地产业	-0.65***	-0.15	-0.50***
交通运输仓储及邮电通信业	-0.98***	0.18	-1.37***				

注：*、**、*** 分别表示 10%、5%、1% 的显著性水平；lnL、lnW、lnins 分别表示行业相对劳动技能水平、行业相对工资水平、制度。

2. 行业间资源错配影响因素归纳

综上所述，行业间资源错配影响因素归纳结果如表 20 – 14 所示，与总结行业内企业间资源错配影响因素的思路相同，剔除了中西部企业比重、行业资本份额、就业创造率、行业相对劳动技能水平、行业相对工资水平 5 个控制变量。

表 20 – 14　　　　　中国行业间的资源错配影响因素归纳

行业间资源错配类型	与资源错配正相关的影响因素	与资源错配负相关的影响因素
行业间资本错配	行业国有企业比重	行业集中度
行业间劳动错配	1. 行业国有企业比重 2. 就业重置率	1. 行业集中度 2. 行业进入退出率 3. 行业相对国有员工比重 4. 行业相对劳动技能水平

（二）行业间资源错配影响因素分析

与分析行业内企业间资源错配影响因素的思路相同，下文将从行业间资源错配的主体行为进行分析，并从行业间资本错配、劳动错配两个方面进行归纳。通过分析发现：行业间资本错配的影响因素共有2个，其中正相关的有1个；负相关的有1个；行业间劳动错配的影响因素共有6个，其中正相关的有2个，负相关的有4个。

1. 行业间资本错配影响因素分析

行业间资本错配的影响因素中，属于政府主体行为的资源错配影响因素是行业国有企业比重，这与国有企业改革密切相关；属于政府和企业主体行为相互作用的资源错配影响因素是行业集中度，这一方面与政府的行政性垄断相关，另一方面与行业自身发展有关。

2. 行业间劳动错配影响因素分析

行业间劳动错配的影响因素中，属于政府主体行为的资源错配影响因素是行业国有企业比重、行业进入退出率、行业国有员工相对比重；属于政府和企业主体行为相互作用的资源错配影响因素是行业集中度（这一方面与政府的行政性垄断相关，另一方面与企业发展有关）、行业相对劳动技能水平（这一方面与政府的教育政策相关，另一方面与劳动者自身的职业及教育选择相关）、就业重置率（表示劳动力市场流动性，这不仅与政府劳动力流动管制的政策相关，而且与劳动力流动成本相关）。

3. 行业间资本、劳动错配共同影响因素分析

行业间资本、劳动的共同影响因素包括行业国有企业比重、行业集中度两个指标。前者与行业间资源错配正相关，后者为负相关。

三、地区间资源错配影响因素总结与分析

（一）地区间资源错配影响因素总结

通过中国市场分割的历史及现状分析发现：市场分割是地区间资源错配的集中体现。沿着这一思路，如需探讨地区间资源错配的影响因素，就必须深入分析地区间市场分割的影响因素。那么，究竟是什么因素导致了市场分割？学者们进行了大量的研究，分别提出了财政分权下的经济激励假说（陆铭、陈钊，2009）、官员晋升激励假说（周黎安，2004）、国有企业隐性补贴假说（刘瑞明，2012），但尚未得到统一的结论。

依据本文的研究结论：如果地方政府不实施市场分割，则相对落后地区（资源配置效率较低）的资源会源源不断地向相对发达（资源配置效率较高）的地区流动；同时资源配置效率较高的地区会主动向资源配置效率较低的地区进行扩张。由此导致的后果是：地区间差异逐步扩大，相对落后地区的经济利益会遭受损失，不利于地方官员的晋升，也不利于社会公平和稳定。相反，如果地方政府实施市场分割则不会产生太多的成本。沿着这一思路，下文从地方间差异的成因、地方政府实施市场分割的激励机制和实施方法三个方面对地区间资源错配的影响因素进行分析。

（二）地区间资源错配影响因素分析

1. 地区间差异的成因

中国地区间经济发展差异由两方面因素造成（王陆雅等，2013）：第一，由各个省、市、县的地理位置、自然禀赋差异以及历史原因等造成的。例如，由于历史原因，部分地区有着较好的工业基础（如东北、长三角等地区），地区之间经济发展起点迥异；在新中国成立后的工业化早期，中国政府除了在全国建立完整的工业体系外，还要求大区或某些省份建立自己独立的工业体系，从而造成了各地工业发展的差异。第二，与中国早期的非均衡发展战略密切相关。例如，邓小平在1988年提出的两个"大局"思想，加速了沿海地区的市场化进程，拉大了东西部区域经济的差异。

2. 地方政府实施市场分割的激励机制

这与市场分割的经济激励假说和官员晋升激励假说密切相关。第一，财政分权下的经济激励。从财税体制改革看，中国20世纪80年代的分权改革，虽然有利于增加地方政府的财政收入以及增强地方经济的活力，但这一改革形成的地方保护主义却直接导致地区间的市场分割现象愈加严重。地方政府为了增加财政收入以及政绩需要，一方面，不顾本地资源禀赋及比较优势，热衷于投资高税收的产品以及预期收益高的大型项目，由此形成的地区间重复建设和产业结构趋同直接降低了地区间的资源配置效率；另一方面，通过行政手段、政策、规制等措施设置有形和无形的要素进入或流出壁垒，或采用不正当手段对外倾销当地产品，实现了对产品和要素市场的广泛干预。由此形成的地方经济割据直接导致了市场分割（楼继伟，1991；魏礼群，1994）。第二，官员晋升激励。改革开放以来，在以经济建设为核心的理念下，中国政府建立了以GDP为主要考核指标的地方政府考评体系，并将考核结果作为升迁的重要依据，而这些指标与各级政府辖区范围内企业的发展壮大密切相关。因此，各级地方政府就必然会强化资源配置的本地化和保护本地市场。

3. 地方政府实施市场分割的方法

从企业的地方所有制看，国有企业分属不同级别政府管理（省级国企属于省级政府，地市县则分别拥有自己的国有企业），各级国企的税收则成为各级政府重要的财政收入来源。而国有企业一般都处于关系国计民生的重要行业，但由于受预算软约束、承担社会福利等因素的影响，与民营企业相比，国有企业存在低效率运营的情况。因此，地方政府通过设置进入壁垒、为当地国有企业提供低息贷款、限制外部竞争等措施保护国有企业（沈立人、戴园晨，1990），为其提供隐形补贴，由此则形成地区间市场分割。

第二节 降低资源错配进而提高全要素生产率路径

对资源错配影响因素的总结与分析，为降低中国行业内企业间、行业间、地区间的资源错配提供了政策依据，在大质量观引领下，中观层次通过降低供给主体之间的资源错配，释放供给侧改革效率红利的政策建议如下：

一、降低行业内企业间资源错配的政策建议

（一）坚持当前普遍存在的企业产出补贴政策，该政策一定程度上能够改善企业的要素错配程度

中国仍是一个典型的转型经济体，要素（资本、劳动、能源等）市场的改革不是一蹴而就的，而需要经历一个漫长的过程。这一特征使得短期内难以根本改变要素错配普遍存在的现状，尽管普遍的企业产出补贴政策不是一个最优选择，但却能降低当前经济体中存在的要素错配程度，而这可能正是处于转型背景下中国政府的一个次优选择。本书的实证结果表明：无论是在"四大板块"还是"四个支撑带"中，政府对企业的产出补贴普遍存在，而这一政策则有利于缓解企业的资源约束，有利于降低资源错配程度。同时，这一政策的实施也将有利于新常态下经济结构转型以及产业结构升级。中国过去主要依靠要素投入实现经济增长的方式形成了当前经济杠杆过高、房地产业比重较大、产业发展水平附加价值较低以及环境污染严重等诸多问题，如果单纯依靠市场进行调整可能是一个十分漫长的过程；此外，市场失灵导致的资源错配也不可避免，这就为更好地发挥政府的作用提供了充足的政策空间。而政府作用的有

效发挥离不开有效的产业补贴或限制政策，补贴政策不仅在一定程度上可改善资本、劳动等要素错配的程度，而且能吸引更多资源到战略性新兴产业，加速经济的结构调整。

（二）实施行业内企业间资源错配的差异化和重点治理，提高资源错配治理效率

任何行业都有着自身的发展规律和轨迹，每个行业都具备鲜明的产业特征，它所面对要素市场和产品市场环境的不同必然形成不同的资源错配因素，这些不同导致各行业资源错配程度的差异，进而形成各行业错配对 TFP 影响的差异。因此，在治理资源错配时，从行业选择来看，首先要抓住资源错配最为严重的行业进行治理，从单要素错配看，要选择导致资源错配最大的资本错配进行优先治理。其次，要深入分析这些行业资源错配的因素，提出差异化的治理策略，避免一刀切的资源错配治理政策，只有这样才能提高资源错配的效率。面对这一现实情况，中国政府应首先选择资源错配最为严重的重工业进行治理，并加快资本市场改革。

（三）重视能源错配对 TFP 的负面影响，在制定能耗目标时要考虑经济承受能力

当前中国经济下行压力持续增大，多重困难和挑战相互交织。同时，中国面临的环境污染形势异常严峻，2015 年中国政府工作报告中就提出了"环境污染是民生之患、民心之痛，要铁腕治理"。政府在治理环境污染时，越来越倾向于选择能源强度这一政策工具。然而，该政策工具从长期看，虽然能够提高能源利用效率，直接降低空气污染中的排放物，并能倒逼产业结构的转型升级，但能源强度政策形成的能源错配对 TFP 的负面影响是不容忽视的。鉴于此，建议在经济增长速度放缓的情况下，选择较为温和的能源强度目标；当经济高速增长时，制定相对较高的能源强度目标，从而实现节能减排的可持续性以及与经济增长的协调性。

（四）重视资源的调整成本对行业内企业间资源错配的重要影响

政府一方面要为企业提供平稳的经营环境，减少由于生产率波动而带来的资源配置效率损失；另一方面，从生产率波动形成资源错配的机制看，正是由于调整成本的存在使得市场在面临生产率波动时无法及时实现出清而造成资源错配，因此降低调整成本是提高中国行业内企业间资源配置效率的关键所在。

（五）要形成以降低资本错配为主，多渠道降低资源错配的长效机制

很多学者通过对中国经济增长动力的分解发现以投资驱动的经济增长模式，虽然可以短期内大幅提升经济增长率，但是却面临严重的效率损失，这表明以投资等要素驱动的经济增长模式是不可持续的。为此，在全面深化改革的政策当中，要结合行业内企业间资源错配的影响因素，以降低资本错配为主，多渠道降低资源错配的长效机制，从企业特征、行业特征、地区特征三个方面同时入手降低资源错配，采取的措施包括：根据国有企业功能分类积极实施国有企业混合所有制改革，降低企业国有比重；依据市场化原则配置金融资源，降低不同所有制企业融资成本的差异；制定合理的能源强度政策；鼓励企业加强出口和新产品的研发；对面临严重要素市场错配的企业可以实施一定的补贴；降低行业内企业补贴差异化程度和行业国有资本比例；有效监管行业内不正当竞争行为，降低因不正当竞争引发的行业沉没成本的增加及行业产品替代性的增加；提供公平、公正的市场竞争环境以及行业内企业之间的有效市场竞争；鼓励行业提高研发力度及提高出口；提高地区金融发展水平，缓解地区金融抑制；制定合理的产业政策，促使产业结构向高级化发展；鼓励提高地区贸易开放度和出口率；通过教育投入，提高地区人力资本水平。

二、降低行业间资源错配的政策建议

（一）制定差异化行业政策，积极引导资源流向资源配置不足的行业，从而降低行业间资源错配，提高中国经济的TFP

一方面，要加快资本和劳动拥挤行业的兼并重组，淘汰落后产能，将这些行业的资源释放出来，并向资源配置不足的行业进行引导；另一方面，则要加大金融市场改革，积极引导资本向资本配置不足的行业流动。

（二）合理解决房地产业和金融业资源配置不足的问题

中国当前仍处于城市化进程中，房地产业虽然存在诸多问题，但其依然是国民经济的重要行业。如果仅仅采取提高房地产业融资成本、限购等经济或行政手段，则会使得房地产业资源配置不足，造成资源在行业间的错误配置，进而对经济的TFP造成损失。因此，一方面应尽量避免采取行政性手段抑制房地产业的发展，并严厉监管房地产业的不合理竞争；另一方面要着力培育新的经济增长点，

通过产业结构升级实现资源在各产业间的合理配置。中国金融业体制机制改革尽管已经取得了一些成效，特别是互联网金融的发展、民营银行的试点对现有金融业形成了有效的竞争，但是金融业的准入限制依然十分严格，相对经济资源的最优配置，金融业存在资源配置不足的问题。因此，应更进一步推进金融业的机制体制改革，逐步放宽行业准入，推动具备条件的民间资本依法发起设立中小型银行等金融机构，成熟一家，批准一家，不设限额。从而改善金融业资源配置不足的问题，降低行业间资源错配，释放改革红利。

（三）从行业间资源错配的影响因素来看，要着力从行业间资本和劳动扭曲的共同因素影响行业国有企业比重、行业集中度两个方面制定降低行业间资源错配的政策

一是要以管资本为主，加速国有企业分类改革，积极推进混合所有制改革，逐渐降低行业国有化比重，从而降低行业间资源错配；二是针对中国行业集中度过于分散的情况，要抓住当前经济下行、产能过剩的结构调整机遇，加速行业优胜劣汰，加大异地并购，通过淘汰"僵尸企业"提高行业集中度，从而有利于降低行业间的资源错配。此外，还要通过降低就业重置率、提高行业进入退出率、增加行业相对劳动技能水平等手段降低行业间的劳动错配。

三、降低地区间资源错配的政策建议

（一）继续深化改革，从多方面纠正市场分割，降低地区间资源错配

首先，中国政府要在宏观层面建立资源配置效率较低地区与较高地区的交流合作机制。这一措施既能加速地区间经济融合，又有助于其他省份降低省份内的市场分割，从而提高各省县域间的资源配置效率。其次，从地区间资源错配的影响因素着手纠正地区间市场分割。从区域均衡发展战略上看，积极实施"四大板块"和"三个支撑带"的区域经济均衡发展战略，加强区域经济融合，降低区域经济差异；从工业布局上看，各地区要结合自身的资源禀赋，发挥比较优势，不断提高经济发展质量和效率。从地方政府考核目标上看，可适度降低 GDP 的考核，结合新常态下经济运行特征，要加大环境和效率的考核；同时对县级政府实施的市场分割进行监督，并建立一定的惩罚机制，使得地区间竞争更加公平；从财税改革上看，要协调中央政府和地方政府财权和事权，并加大对落后地区的转移支付力度（研究表明转移支付有利于降低市场分割）；从所有制改革上看，要积极推进混合所有制改革，实现国有企业真正的市场主体地位，提高国有企业的效率，同时要减少地方政府对资源价格形成机制的干预，全面放开竞争性领域的商品和服务价格，放开电力、石油、天然气、交通运输、电信等领域竞争性环节价格；此外，积极实施"互联网+"战略，这将会更好地从网络经济上实现全国统一的要素和产品市场，从而有利于降低资源配置，提高TFP。

（二）继续深化强县扩权和省直管县改革，开展强县扩大辖区的试点工作

本书研究表明：省份内县域间的市场分割阻碍了资源由生产率较低的县域向生产率较高的县域流动，其造成的资源错配降低了生产率较高的县域的最优经济规模。如果对生产率较高的县扩大其行政区域，那么将降低地区间资源错配，提高TFP。事实上，为了改革市管县带来的诸多弊端，中国政府很早就开始探索了强县扩权（主要包括财政分权和行政分权两方面）的改革，并取得了一定的成效。因此，在现有强县扩权和省直管县的改革基础上，要积极探索开展强县扩大辖区的试点工作。如果取得较好的成效，那么则可在全国范围内推广。

（三）从以往经济增长取得的成功经验来看，在今后中国经济增长方式转型中，应该继续坚持和完善现有的地区间竞争形成的增长模式，同时，可容忍一定程度的地区间资源错配

为了实现经济快速增长及增强地方经济活力，中国政府实施了一系列分权式改革，这不仅有利于从计划经济向市场经济的转型，而且增强了县域间的竞争，使得经济持续高速增长得到有效保障。然而，这一分权式改革却形成了地区间竞争和地方保护，导致了地区间的市场分割，并造成了地区间的资源错配，从而对TFP造成不利影响，最终不利于中国经济快速持续增长。同时，县域间竞争的另一结果是形成了以地方政府投资为主的较为粗放的经济增长模式[从中国经济增长来源看：改革开放以来的经济增长主要依靠要素投入（特别是资本）而非TFP的提高]。因此，只要存在县域间的竞争，那么就一定会存在不同程度的地方保护，就会存在地区间的资源错配。因此，只能最大限度地降低地区间的资源错配，而不能够完全消除。

四、从行业内企业间、行业间、地区间资源错配共同影响因素降低资源错配

行政垄断是行业内企业间、行业间、地区间资源错配的共同影响因素。行政垄断的表现形式非常丰富：包括设置市场进入退出壁垒、国有企业偏爱、管制要素市场价格、差异化市场补贴等手段，而这些手段无疑会对产品市场和要素市场造成扭曲，阻碍了市场在资源配置中有效发挥作用。那么，如何纠正行政垄断？这则需要详细分析造成行政垄断的成因，才能提出有效的对策。中国的行政垄断是计划经济向市场经济转型背景下产生的，与中国的分权式改革密切相关。在向市场经济转型的过程中，中国政府实施了一系列分权式改革，包括中央与地方的分权，地方政府向地方国有企业分权。然而，1994 年的分税制改革本质是一次集权制改革，改革的结果使得中央掌握的财权大于其对应的事权，地方的财权难以满足地方经济建设的需要。在中央政府主要以地方 GDP 为主要考核指标的情况下，地方政府之间展开了激烈的竞争。为了实现地方经济利益和政治利益的最大化，地方政府形成了主要以投资为主实现经济增长的粗放式增长方式，过度依赖土地财政；同时地方政府主动保护当地的国有企业（一般具备较大规模，并处于国民经济的重要行业），确保国有企业的发展壮大，同时国有企业也会主动寻求地方政府的保护，由此，地方政府行政权力与国有企业垄断相结合，形成了行政垄断。因此，要继续深化国有企业改革和政治体制改革，降低政府对市场的不合理干预，使市场在资源配置中起决定性作用。只有这样，才能有效遏制行政垄断，降低资源错配，提高 TFP。

因此，要继续加大简政放权、放管结合的改革力度。深化商事制度改革，进一步简化注册资本登记，逐步实现"三证合一"，清理规范中介服务。制定市场准入负面清单，公布省级政府权力清单、责任清单，切实做到法无授权不可为、法定职责必须为。地方政府对应当放给市场和社会的权力，要彻底放、不截留，对上级下放的审批事项，要接得住、管得好。加强事中事后监管，健全为企业和社会服务一张网。推进社会信用体系建设，建立全国统一的社会信用代码制度和信用信息共享交换平台，并依法保护企业和个人信息安全。各级政府都要建立简政放权、转变职能的有力推进机制，给企业松绑，为创业提供便利，营造公平竞争环境。所有行政审批事项都要简化程序，明确时限，用政府权力的"减法"，换取市场活力的"乘法"。

第三节 小　结

本章紧贴新常态下中国经济转型升级下的时代背景，抓住供给侧结构性改革的主要任务，即"矫正要素扭曲，扩大有效供给，提高供给结构适应性和灵活性，提高 TFP"。以中国经济增长动力向 TFP 驱动转变为出发点，围绕"着力提高供给侧质量和效率"的大质量观发展理念进行了论证分析。同时，本章以资源错配理论为理论基础，系统地研究了资源错配对中国 TFP 的影响，解答了中国通过供给侧改革纠正资源错配后的资源配置效率红利有多大这一重大现实问题，提出了降低中国资源错配，进而提高 TFP 的政策建议，具有重大现实意义。

第二十一章

新常态下企业运行效率提升途径

企业作为中国经济发展的基础,其供给主体内部的资源错配亦对整体全要素生产率产生巨大影响。受企业内部微观数据收集的限制,本章集中探讨了中国供给主体之间(微观供给主体是企业和县域、中观是行业)的资源错配对 TFP 的影响。其潜在的假设是,供给主体之间是由市场在配置资源的,由于各种市场扭曲因素的存在致使资源错配,从而对资源配置效率产生负面影响,最终造成 TFP 的损失。那么,在供给主体内部,资源错配会对 TFP 产生多大的影响?这是一个十分值得深入探讨的问题,这一问题存在的根本原因是组织内部是依靠行政命令或计划机制配置资源的,其 TFP 同样来自技术进步和资源配置效率改善两个方面。如果组织内部的计划机制失灵,将资源过多地配置给能力不足的企业员工,那么必然会形成组织内部资源配置的扭曲,造成 TFP 影响。

第一节 典型企业质量损失调研

一、调研可行性分析

为了对企业质量损失有更为直观的了解和获得实证层面数据的支持,我们决定对企业进行实地调研。尽管调研初期,我们的设想是收集一定数量企业的质量损失数据，将其纳入已有的质量损失指标体系来对企业质量损失进行综合评价，从而对不同企业的质量损失综合评价结果进行横向和纵向对比，得出相应的质量管理结论。然而，在实际调研进行阶段，我们发现对于企业，特别是民营企业来说，质量损失相关数据与企业的生产经营密切相关，在一定程度上属于商业机密，调研企业往往不愿意将数据全部提供给第三方调研人员。这一问题在调研团队与所选企业的真诚、密切沟通后得到解决。然而新的同时也是最严峻的问题是，调研团队发现大部分企业的质量管理并不完善，在日常管理中缺乏相关质量损失数据的收集整理。即便这些企业愿意合作，却无法按照预定的质量损失综合评价体系为我们提供相关指标数据，或者仅能提供指标体系中少数几个指标数据。因此，我们很难根据指标数据对企业进行质量损失综合评价。调研小组曾考虑过向企业收集未经处理的、即未完全按照质量损失指标体系进行分类的一手数据，由调研团队成员自己对一手数据进行分类整理，从而获得相关指标，但这一方法也受到限制。因为有些企业几乎连最基本的质量损失数据也没有。发现上述问题后，本调研小组经过商讨，及时根据现实情况改变调研目的和方式。由于调研企业数据难以获得，无法通过综合评价法对若干企业进行横纵向对比，我们选择针对三家具有代表性的调研企业进行深入调研。同时，对于企业的调研不再局限在仅获取质量损失数据上，而是通过分别获取各个企业的质量损失状况、质量控制管理现状和问题，分析每家企业的质量管理，进而得出企业质量损失的共性和质量管理普遍存在的问题，实现了开展质量研究的初衷。

二、调研目的和意义

这里的质量研究，可以说是针对质量损失和质量控制的研究。质量损失为负向指标，质量损失成本降低，经济质量提升。质量控制则是正向的控制手段，旨在降低质量损失、提高供给质量。它也是质量研究的重点。由于经济质量具体到实体经济层面是企业的产品质量，因此，质量研究需要通过调研，以具体企业的相关资料和数据依托来开展。

本次调研主要通过进入实体企业，对企业质量损失和质量控制进行调查研究，并搜集相关资料。后期通过对调研的内容和资料的分析，得出现有条件下企业质量损失状况、质量控制现状和存在的问题，并基于此得出企业质量研究的相关结论、提出政策建议，以帮助企业降低生产过程中的质量损失，同时寻求企业经营过程中政府部门等外部条件的改善，使得企业能够更好地提高产品质量，促进供给侧改革，实现经济平稳发展。

三、调研对象的选取

产品质量。从生产流程上看,既包括中间产品质量,也包括最终产品质量;而从产品类型看,则包括工业品质量和消费品质量。因此,为了较为全面地对企业产品质量管理进行研究,但也受制于现有条件约束,我们选取了"吴忠仪表股份有限公司"作为生产中间产品的企业代表,"陕汽重卡"作为最终产品企业的代表,"比亚迪股份有限公司"作为消费品企业的代表。吴忠仪表股份有限公司位于宁夏银川,主要生产工业自动化仪表及其附件、农用和民用泵阀、其他机电产品等,其产品大多作为零部件用于大型生产设备制造,产品主要流向中石油、中海油、中石化等企业。企业自身在中间产品行业具有一定的品牌效应,从而具备代表性。陕汽重卡位于陕西省西安市,生产工业用重型卡车,是西北地区第一大重型卡车生产商,其质量管理水平居于行业前列。比亚迪集团同样位于陕西省西安市,是众所周知的中低档乘用车品牌,年产量30万辆。可以说选取的这三家均属于行业中质量管理较为完善的企业,除个别质量管理问题来源于企业自身发展条件外,对企业的质量研究所反映出的问题大多为行业乃至工业企业共有的,因而具有代表性。同时,由于时间、精力、人力和地域的限制,调研对象企业的选取主要集中在西北地区,尤其是陕西省,所以这里的质量研究以西北地区为主,具有一定的局限性。

四、调研方式和内容

实地调研。由于调研对象为企业,是大型经济实体,因此调研方式选择实地调研,来具体深入地对企业质量管理状况加以了解。我们通过实地走访调研企业,与企业质量管理工作人员(主要是具体负责人)进行交谈,获得企业的质量管理现状,以及当前阶段质量管理面临的难题。同时,在调研企业允许的条件下,参观质量管理部门,近距离观摩质量管理过程。此外,由于企业处于市场竞争中,其质量管理相关资料不便透露给外部调研人员,因此我们仅获得吴忠仪表厂的部分质量管理数据资料。

文案调研。由于质量管理专业化较强,同时不同行业涉及不同的质量标准等,在实地调研前我们对质量管理相关内容和专业文献进行搜集分析,了解质量管理的理论性知识。为实地调研交谈和之后调研分析的开展奠定基础。

本次调研主要围绕质量管理中的质量损失和质量控制两方面开展。质量损失包括生产过程的内部损失成本,如零部件不合格率、产品废品率等,以及生产过后的外部损失成本，如退货率、售后服务、三包等。这些数据通过查阅企业的相关资料和听从企业质量管理人员的讲述获得。而质量控制方面，尽管不同企业的质量控制手段不同，但主要针对设计质量、零部件质量、制造质量和市场质量四个环节加以控制。由于涉及环节众多，涵盖范围广，对此，我们主要依靠企业质量管理主要负责人的陈述来获得相关信息。

五、调研流程和时间表

本次调研历时3个多月，自2017年3月底开始前期准备，2017年4~6月负责实际调研，至2017年6月大致完成调研收尾工作。调研小组成员8人，其中主要负责人1人，为西安交通大学经济金融学院教授，其余小组成员包括经济金融学院副教授1人、博士生3人、硕士生3人。调研流程和时间如表21-1所示。

表21-1　　　　　　　　　调研时间表

阶段	主要任务	时间	地点
前期准备阶段	调研任务确认；调研企业选择；与调研企业接触商定调研行程和时间安排	2017年3月20日~2017年3月31日	西安
调研实施阶段	前往调研企业进行实地调研（宁夏吴忠仪表厂、陕汽重卡、比亚迪集团）	2017年4月1日~2017年6月20日	银川、西安
后期总结阶段	对调研获得资料和相关调研笔记进行分析整理；商讨调研成果；撰写调研报告	2017年6月20日~2017年6月30日	西安

第二节　典型案例分析

一、吴忠仪表厂分析[①]

（一）企业概况

吴忠仪表股份有限公司是我国规模最大的自动调节阀生产基地，现拥有资产

[①] 本案例来源为笔者实地调研。

7.8亿元,职工2 030人,各类专业技术工程人员350人,企业占地面积18万平方米,各类机械加工设备1 060台。公司的规模、技术力量、生产能力、产品品种覆盖率、市场占有率在全国同行业中均名列前茅。公司始建于1959年,1965年划归第一机械工业部,1998年进行了股份制改造成为上市公司。吴忠仪表股份有限公司现主要生产高性能的CV 3000系列调节阀、旋转类调节阀、三通阀、防腐阀、电站用阀、全塑阀、衬塑阀、特殊合金阀、全电子式电动执行机构及器、电磁阀等65个系列、30余种附件、7 000多种品种规格的产品。

1995年,在同行业中,公司首家通过了ISO 9001质量体系认证。2001年12月再次通过了ISO 9001 – 2000版质量体系认证复审和环境管理体系第一阶段的审核。在这期间,公司还通过了美国工厂协会(FRMC)、美国石油学会API许可证、中国船级社等第三方的认证。因此吴忠仪表股份有限公司具有较高的质量管理水平。

(二) 质量损失

质量损失也就是质量控制失效,或者质量控制未能使得生产过程达到最优状态。控制失效成本即为不符合质量要求的产品引起的费用,分为两部分进行测量:内部失效成本,企业内部不能令人满意的质量损失,即产品生产合格率;外部失效成本,企业外部的质量损失,则指退货率、售后服务、三包服务费用等。

通过调查企业中间产品和最终产品的交检合格率,我们可以获得企业内部质量损失情况。吴忠仪表厂2016年内部质量损失可由图21 – 1得到反映。

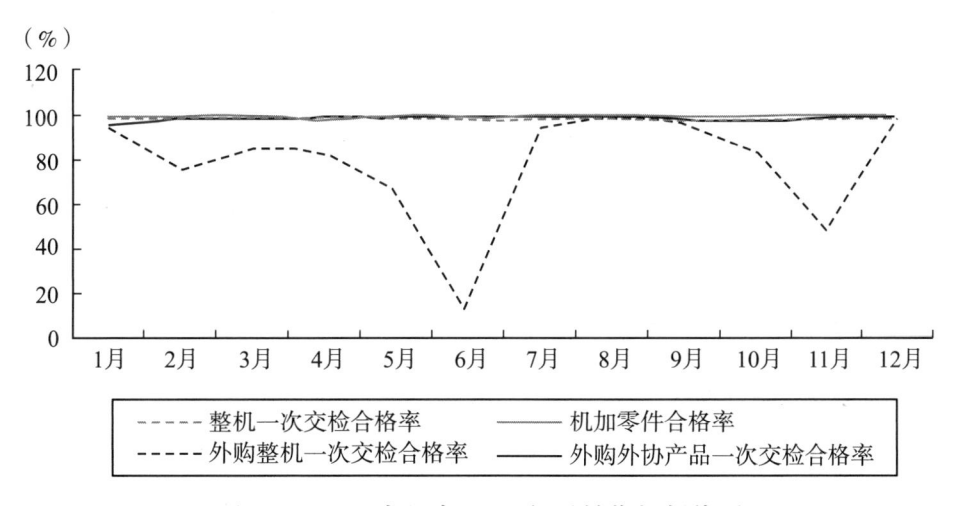

图21 – 1 吴忠仪表2016年质量指标折线图

资料来源:根据调研数据整理。

由图 21-1 可以看出，吴忠仪表厂整机一次交检合格率、机加零件合格率和外购外协产品一次交检合格率较高，在 100%~98% 之间小微浮动，十分接近 99.9% 这一理想指标值，而外购整机一次交检合格率则十分不稳定，最高可达到 8 月的 100%，最低也能低至 6 月的 12.63%。整机和机加零件属于企业自制，外购外协产品和外购整机属于外购中间产品，因此可以看出企业自制产品的质量较高，企业在零部件质量和制造质量方面做得较好。外购外协产品质量也能较好满足企业需求，而外购整机则由于全部部件都由外部获得，存在较多信息不对称问题，合格率较难控制。

企业外部质量损失，即市场质量，是指产品离开企业后产生的质量损失，如顾客收到货物后不满意要求退换货产生的成本，顾客在使用过程中由于操作不善或者产品自身质量问题引起的企业咨询维修成本等。吴忠仪表厂 2016 年产品（工作）质量问题及三包费用统计如图 21-2 所示。

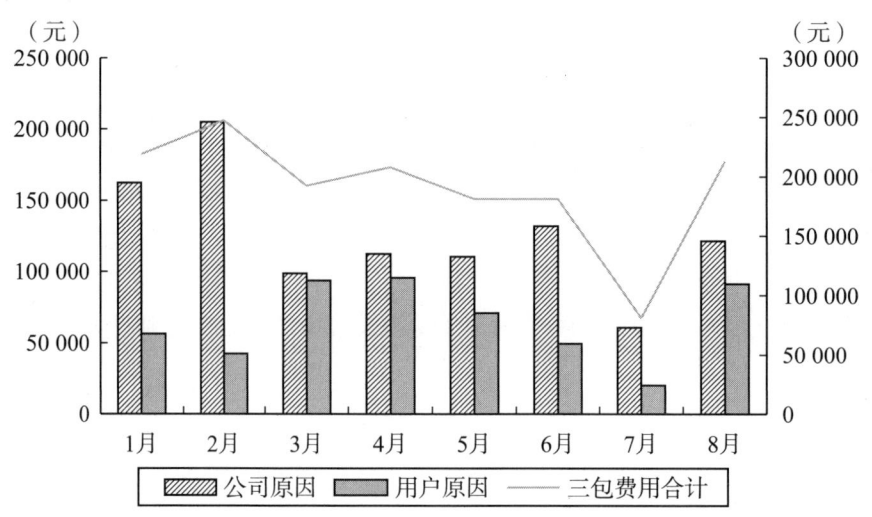

图 21-2　吴忠仪表厂 2016 年 1~8 月分责任三包费用统计柱形图

资料来源：根据调研数据整理。

图 21-2 中，折线为总共的实际发生的三包费用，可以看出由于外部质量损失受消费者等外部因素影响较大，其费用的发生额波动较大，三包费用最高发生在 2 月，金额为 247 319 元，质量问题事件为 23 起，而在三包费用最低的 7 月，金额为 80 930 元，但质量问题事件其实有 47 起。因此质量问题事件数量与三包费用金额没有必然联系。小配件的更换、配送等产生的三包费用较低，1 500 元以内基本可以解决，而严重的质量问题事件，如由于前期沟通不畅而导致整机选型错误更换等，则需要上万元费用。

为了更好地分析三包费用产生的原因，吴忠仪表将质量问题事件区分为公司原因和用户原因导致的。公司原因主要是技术层面，如产品设计缺陷，而用户原因则是客户前期未将产品需求参数和使用环境等准确说明导致产品选型错误，以及客户在实际使用过程中操作不当。由柱形图可以看出，公司原因导致的质量问题事件或者产生的三包费用大约占总三包费用的 55%～85%，仍是质量问题事件的主要原因。值得注意的是，用户原因产生的三包费用也不容小觑，在部分月份其金额可达总金额的 45% 左右。因此，企业在强化质量管理的过程中，除了加强技术外，如何从用户层面降低外部质量损失也是重要的一点。

（三）质量控制

质量控制，即保证产品质量并使产品质量不断提高。通过对吴忠仪表厂质量管理流程加以了解，我们了解到吴忠仪表厂质量控制存在以下问题：

（1）质量标准种类较多，分为产品质量认证标准和质量管理体系认证标准。其中质量管理体系认证标准主要由国家质检总局下属的质量认证中心负责，而吴忠仪表厂需要认证的产品质量标准以国外认证标准居多。吴忠仪表厂需要完成的认证如表 21-2 所示。

表 21-2　　　　　　　　吴忠仪表厂质量标准明细

名称	有效期限	认证部门
ISO 9001：2008 质量管理体系	3 年	中国质量认证中心
ISO 14004：2004 环境管理体系	3 年	
GB/T 28001：2011 职业健康安全体系	3 年	
特种设备（压力管道元件）制造生产许可	4 年	国家质检总局特种设备许可办
PED 指令	3 年	德国莱茵北京办事处
球阀 API607 6th	10 年	
SIL 安全功能认证（球阀）	5 年	
蝶阀 API607 6th	10 年	
硬密封球阀防火认证 API6FA	10 年	
安全切断阀 SIL 证书	5 年	
CCS 工厂认可	3 年	中国船级社
DNV 认证	4 年	挪威船级社
BV 认证	4 年	上海 BV 认证机构
LR 劳氏认证	3 年	英国劳氏船级社
API609 蝶阀/API6D 球阀	3 年	美国石油协会

可以看到单是质量标准，无论是产品质量还是质量管理体系标准，公司需要完成的就有 15 项之多。如此多的质量标准，除第一次交检签发缴纳费用外，每年监督检查也需要花费公司大量的成本。每项检查的时间也可能存在不一致，从而公司需要将交检资料重复准备、重复产品交检流程，造成重复认证，资源浪费。不同的质量标准认证往往指定不同的第三方检验机构，因此公司需要将产品送至北京、上海等不同地方，这也增加了公司的认证成本。

此外，公司需要完成的产品质量标准认证中，仅有 3 项属于国内产品质量认证标准，其余 9 项均属于国外产品质量认证标准。主要原因在于国内产品质量认证标准可能存在不够完善的地方，导致不仅国外的客户企业要求产品具有国外产品质量认证。同时国内的采购企业也要求国外产品质量认证。如吴忠仪表厂的三大客户之一——中国海洋石油总公司要求产品通过美国石油协会的 API 认证。

企业层面来看，种类繁多的质量标准会增加企业产品交检的负担，包括初次签发费用和之后每年监督检查费用，同时不同认证的有效期限不同，年检时期不同，第三方检验机构的所在地和要求的资料不同，严重加大了企业的质量标准认证成本。

国家层面来看，购买企业和生产企业均采用国外产品质量认证标准，企业将这一费用支付给国外认证机构，这一方面造成国内质检机构闲置，业务量少于正常活动范围，是一种资源浪费，另一方面，国外质检机构可以通过签发产品质量认证标准盈利，取得质检收入，包括交检费用、签发费用还有每年的检查费用等，这对于国内质检机构来说完全是一种资源外流。

（2）售后费用较高，公司原因和用户原因兼有。公司原因层面，主要是技术源头缺陷，导致膜片破裂、力矩马达损坏、渗氮球芯生锈等。为此，吴忠仪表厂特地从美国聘请工程师负责产品设计，年薪为 15 万美金。这也从侧面反映出我国技术水平较低、科研实用型人才较为缺乏。

用户层面，则有两方面的原因。一方面是公司销售人员前期与客户沟通交流不够彻底，对于客户的需求、产品的使用环境等缺乏明晰的认识。吴忠仪表厂生产的大多数零部件都属于客户定制型，根据客户使用的条件来对产品进行设计改造等，因此，前期了解客户需求对产品的设计、生产、销售乃至使用都至关重要。前期产品要求没有确定好，后面的流程推进只会加剧错误，增加质量损失成本。如 2016 年 8 月编号为 16223006 合同中的 6 台阿斯口电磁阀更换，而原因仅仅是因为用户需要单电控的，而合同定制为双电控的。这一类型的错误对于企业来说其实可以比较容易避免，然而这种情况仍旧屡屡发生的原因在于缺乏专业性销售人才。专业零部件销售不同于一般产品销售，销售人员需要对产品的专业性能等有着较为全面的了解，才能根据客户需求推荐适合的产品类型、签订正确的合同。这就要求企业从设计部门、生产车间等选拔人才来进行销售活动。然而现阶段,生产类专业型人才尚且缺乏,如何有人才空余调拨到销售部门,使得简单的用户沟通问题迟迟难以解决。另一方面则是单纯由于客户操作不当导致机器故障,从而需要企业派人进行更换或者维修而产生的外部质量损失。尽管这种质量问题纯粹是客户的责任,然而由于现阶段经济下行压力加大,企业销量举步维艰,再加上零部件销售市场的买方市场特性,企业为了维持客源,往往选择以增加售后服务成本的方式留住客户,相当于变相地增加产品上的附加服务,进而降低了产品单位利润。

（3）企业质量管理体系方面,质量管理部门未能得到充分重视,间接增加了质量管理的难度。首先是质量管理部门的人员规模未得到重视。吴忠仪表股份有限公司设置有专门的质保部,该部门有员工 57 人,分别从事企业产品计量、检查、体系认证业务和三包服务活动。员工数量较少,而承担的工作职责较大,存在供需不对等。如质保部的三包服务处,仅有员工 8 人。三包服务处员工需要亲自前往存在质量问题的客户企业处,由于客户企业遍及全国各地,8 名员工往往刚结束一个地方的质量更换或维修,就要立刻前往新的用户企业处理质量问题,高强度的工作会使三包服务质量大打折扣。质保部不仅员工较少,同时也是员工规模变动最大的部门。在企业经济效益较差时,相较于生产部门和设计部门等其他与生产紧密相关的部门,质保部往往是首先实行裁员的部门。质保部人数曾达到 71 人,现人员已裁减至 57 人。其次是质量管理负责人的话语权未得到重视。吴忠仪表厂实行总经理负责制,因此在公司中总经理拥有最终决策权。对于总经理做出的决策,由于质保部负责人与其他部门负责人地位不对等,无一票否决权,从而即便该决策严重损害了产品质量,质量管理负责人仍无力改变该决策。

二、陕西汽车集团分析[①]

（一）企业概况

陕西汽车集团有限责任公司（以下简称"陕汽集团"）始建于 1968 年,总部位于陕西西安。公司产品范围覆盖重型越野车、重型卡车、大中型客车（底盘）、中轻型卡车、重型车桥、康明斯发动机及汽车零部件等领域,是国家选型对比试验后保留的唯一指定越野车生产基地和首批汽车出口基地企业。陕汽集团占地面积 389 万平方米,拥有固定资产 22.85 亿元,从业人员一万五千余人,其

---

① 本案例来源为笔者实地调研。

中工程技术人员和专业管理人员 2 100 余名，公司具有完整的产品开发、生产制造、检测调试、市场营销和零部件生产制造体系，并首批通过了中国国家强制认证（3C）、GJB 9001A—2001 国军标认证及 ISO 9001：2000 质量体系认证。2008年以来，陕汽的年产值、销售额和净利润等多项指标，都保持了 50% 以上的年增长率。2009 年陕汽集团实现工业产值 200 亿元以上。陕汽的突出表现赢得了业界的关注，陕汽集团所取得的成功模式被业界誉为"陕汽速度"。

陕汽集团的质量理念是以用户满意为宗旨，生产同行业最优产品，提供同行业最优服务。由于重型卡车作为道路交通工具，其自身的安全质量备受客户关注，因此陕汽集团将质量作为必要条件，提出只有质量好，企业才能发展壮大。集团将质量管理分为市场质量、设计质量、零部件质量、制造质量四大块。因此，以下本书将针对不同质量方面分别描述陕汽集团的质量损失和相关控制措施，以及存在的问题。

（二）市场质量损失与控制

市场质量损失，也即上文提过的外部质量损失，主要针对处于市场中的产品发生的质量损失，如售后和三包服务等。由于重型卡车也需要定期维修护理等，陕汽集团每年的外部质量损失的金额也很巨大，金额高的时候可达 6 亿元、7 亿元，金额低时也有 4 亿元左右。尽管陕汽集团生产的是重型卡车，似乎质量问题只能来自产品自身技术缺陷或制造缺陷，然而由于陕汽集团的重型卡车单是不同型号就有 2 000 多种，在一定程度上需要根据客户的不同需求来提供不同规格或性能的重型卡车，因此销售过程对于陕汽集团的市场质量管理同样十分重要。陕汽集团也面临具有重型卡车专业知识的销售人才缺乏这一难题。销售环节不到位，往往会产生售后客户使用不当引起的维修成本或与客户需求不匹配引起的更换成本。

另一大市场质量损失来自细分市场。由于陕汽集团重型卡车销量为全行业第一，售往全国各地，如何细分市场确定不同的销售点和售后服务点成为企业的另一大难题。

（三）零部件质量损失与控制

零部件质量损失是指由于零部件不合格或质量有损带来的成本。陕汽集团汽车零部件部分来自外购，部分来自子公司自制。外购零件供应商可分为三类：第一类是知名品牌的供应商，这类企业生产质量过硬，零部件产品技术含量高；第二类是行业内骨干企业，这类供应商企业能够基本保证零部件的质量；第三类则是"三无"企业，包括无研发能力、无过程质量保证和无问题改进，这类企业供应的零部件则存在重大质量隐患。因而从企业质量管理角度考虑，企业应优先选择知名品牌供应商，其次选择行业内骨干企业，不考虑"三无"企业。然而，陕汽集团最终控制人是陕西省国资委，属于陕西省属国有企业。因此，身为国有企业的陕汽集团，在进行企业决策时，除了企业盈利因素的考虑外，很多时候还要考虑到对当地经济的带动作用。陕汽集团被要求生产过程中实现本地化配套率60%。为了达到这一目标，陕汽集团在选择零部件供应商时优先考虑本地企业。然而本地零部件供应商企业大多为"三无"企业，从而陕汽集团只能放弃知名品牌和行业内骨干企业，而选择"三无"企业作为自身零部件的供应商，从而增加了零部件质量损失，也间接增加了企业的检查和生产成本。

（四）制造质量损失与控制

与吴忠仪表厂面临的状况类似，陕汽集团也受到多种质量标准约束。如表 21-3 所示。

表 21-3　　　　　　　　　　陕汽集团质量标准明细

类别	名称	具体内容
产品质量标准（民用）	3C 认证	全称为"强制性产品认证制度"，它是中国政府为保护消费者人身安全和国家安全、加强产品质量管理、依照法律法规实施的一种产品合格评定制度
质量管理体系标准	TS 16949	国际标准化组织（ISO）于 2002 年 3 月公布的一项行业性的质量体系要求，它的全名是"质量管理体系—汽车行业生产件与相关服务件的组织实施 ISO 9001 的特殊要求"，英文为 IATF 16949
	ISO 9000 质量体系认证	是由国家或政府认可的组织以 ISO 9000 系列质量体系标准为依据进行的第三方认证活动，以绝对的权力和威信保证公开、公正、公平及相互间的充分信任
产品质量标准（军用）	国军标	是为了保证军用元器件的质量，对元器件所制定的一系列的标准与要求，以备对航天等部门提供优质的元器件。国军标是国家军用标准的简称，代号 GJB
	装备承制单位资格	是解放军依据《政府采购法》《装备采购条例》《武器装备质量管理条例》等有关规定建立的一项新的制度，是深化装备采购制度改革的一项重要举措。与军方直接签订装备采购合同的承制单位，必须具备装备承制单位资格

上面的五项质量标准，要求企业全部同时满足。繁多的标准，增加了企业的质量认证成本。同时，这些质量标准存在重复现象。在质量管理体系标准中，ISO/TS 16949：2002 已几乎覆盖了 ISO 9001：2000 的所有内容，而军用产品质量标准中，国军标与装备承制单位资格都与企业提供军用产品的资格有关。尽管这些标准相互交叉，甚至几乎覆盖，企业仍然不能只通过一个标准。陕汽集团曾经由于 TS 16949 包含 ISO 9001 的项目而放弃 ISO 9001 标准，然而当企业有重型卡车出口澳大利亚时，却发现澳大利亚只承认 ISO 9001，因而只得重新申请 ISO 9001 质量认证。繁多且存在重复的标准会造成企业的资源浪费，重复无效劳动。

不同于其他企业，汽车企业除须申请质量认证标准外，还要申请汽车公告，分别是国家质量控制中心主持的 3C 公告，交通和运输部（以下简称"交通部"）主持的油耗公告，环境保护部主持的环保公告，以及工业和信息化部（以下简称"工信部"）主持的公告。工信部的公告是所有汽车公告的基础，它是基于汽车的性能进行全面检查认证的。因此企业一般先申请工信部的公告，之后再依次申报其他公告项目。陕汽集团质量管理部门负责人认为，工信部的公告内容要求较为贴近实际，符合现状。公告是按照项目对全车进行认证收费的。对于一种型号的汽车来说，公告检验包括基本车型的制动、转向、油耗、发动机等项目和该型号车型改变的部分。如果一种车型改装的部分较多的话，公告的收费可能会高于其他普通车型，单种车型最高时的公告收费为 70 万 ~ 80 万元。陕汽集团 2016 年新增加维护的公告费用为 2 000 万元左右。交通部主持的油耗公告相对于工信部的公告来说，可能有些重复，因为工信部的公告的检查项目就包括油耗。不同的是，二者对于油耗的计算方法不同，工信部的公告对于油耗的检测是模拟汽车运作的路况等测量出来的，而交通部的油耗公告则是对等数油耗的加权平均。实际经验来看，二者对于同一辆车计算出的油耗几乎没有关联关系。所以，企业需要对汽车油耗进行设计，使其能够满足两种油耗公告，同时这两种公告计算方法和结果均不一致。交通部公布的陕汽集团 2016 年的油耗公告的费用为 700 万元。环保部的环保公告由于只针对汽车的排放和噪声，因此环保公告只检测两个项目——发动机和控制器。然而由于陕汽集团采用的发动机有多种，控制器也有多种，从而每种发动机和控制器的组合都要进行一次新的环保公告的测定，比如企业采用 3 种发动机和 4 种控制器，就需要进行 12 次环保公告的检测，而不是仅仅根据发动机和控制器分别检测的 7 次。对于陕汽集团来说，由于汽车产量大，企业难以压缩供货厂商，需要多家厂商同时供货来满足和保障产量，而不同的供货厂商提供的发动机的型号不同，从而导致陕汽集团环保公告的费用很难自主压低。陕汽集团2017年环保公告的费用预计为1 000万元左右。国家质检总局的3C公告与工信部的公告标准完全一致，区别只在于3C公告费用较低，年平均为100万~200万元。由于公告标准一致，企业往往是将已经填报工信部公告的材料再填写一份来申请3C公告。

三、比亚迪汽车有限公司分析[①]

（一）公司概况

比亚迪汽车有限公司，是2003年比亚迪收购西安秦川汽车有限责任公司成立的。自此，比亚迪正式进入汽车制造与销售领域，开始了民族自主品牌汽车的发展征程。发展至今，比亚迪已建成西安、北京、深圳、上海、长沙、天津等六大汽车产业基础地，在整车制造、模具研发、车型开发、新能源等方面都达到了国际领先水平，产业格局日渐完善并已迅速成长为中国最具创新的新锐品牌。汽车产品包括各种高、中、低端系列燃油轿车，以及汽车模具、汽车零部件、双模电动汽车及纯电动汽车等。代表车型包括F3、F3R、F6、F0、G3、G3R、L3/G6、速锐等传统高品质燃油轿车，S8运动型硬顶敞篷跑车，高端SUV车型S6和MPV车型M6，以及领先全球的F3DM、F6DM双模电动汽车和纯电动汽车E6等。作为一个国际化企业，品质出色和服务优质向来是比亚迪的强项。比亚迪进入汽车行业后，提出"袋鼠模式"——通过踏实地完善自我，做足准备，才能跳得更高更远。"价格不是我们的主要手段，最后产品还需要品质和服务来说话，这样才能让自己立于不败之地。"比亚迪汽车销售有限公司总经理夏治冰如是说。在西安长达300米的F3总装生产线上，平均每4分钟就诞生一辆比亚迪F3轿车。售后方面，比亚迪注重分析客户的需求，追求服务到位、服务对位，同时追求理性和长远。

（二）企业质量控制

不同于其他企业，比亚迪作为调研对象中唯一的一家民营企业，采用横向扁平化管理，即总部整体控制+工厂各自生产经营的模式。我们调研的比亚迪汽车有限公司的品质处体系科，只负责西安地区体系运行管理和售后质量推进，仅仅是对工厂提出质量要求和加以监管，而不对工厂实际生产过程中的质量控制进行

[①] 本案例来源为笔者实地调研。

干涉，从而无法获得任何质量损失和控制的实际相关数据和信息。

由于比亚迪实行扁平化管理，企业的横向分工十分精细，质量控制的各个环节都由专门的部门负责。这种精细化分工一方面能够提高工作效率和员工的专业化程度，但另一方面则存在除非是企业总负责人，各质量部门负责人对于企业的质量损失和控制缺乏全面的信息和认识，造成部门间信息沟通不畅，企业质量管理出现一言堂问题。

横向精细分工是比亚迪控制质量的主要手段。不同于之前调研的吴忠仪表和陕汽集团，比亚迪完全是大批量生产，年产量按照企业计划进行，而不是根据客户订单。这就使得比亚迪在整车生产过程中，产品的一致性成为其质量管理的关键。为了实现产品一致性，比亚迪分设的工厂均为完全独立主体，生产不受其他部门干扰。生产过程采用工艺流程总流水线，平均每4分钟就能生产一辆汽车。一方面，企业提高工业自动化程度，尽量降低人员影响，另一方面，企业对于员工进行动作拆解分工，每名员工只需要负责一种生产装卸动作，力求动作简单化和标准化。通过这种方式，保持生产的一致性和节拍，从而保证产品的质量。

第三节　调研问题汇总

综合上述三家企业的调研情况来看，工业企业，不论生产的产品为中间产品还是最终产品，也不论生产的产品为工业品还是消费品，企业的质量损失主要集中在外部，即售后和三包服务产生的费用。因此，质量控制要求企业必须了解客户的需求，并且有针对性地提供产品。这一部分也是企业日常生产经营过程中研究的重点，能够降低质量损失的同时，提高企业产品和服务质量，有利于企业生产的延续和规模的扩大，属于企业的主观质量控制。企业质量损失和控制过程中存在的问题，可由宏观和微观两个层面来进行阐述。

一、宏观层面

目前质量标准和认证存在以下问题：

对于企业来说，质量认证多头管理不仅会产生重复填报、审批程序繁杂等问题，同时，不同的管理部门、不同的申报方式、不同的认证机构等，会增加企业认证成本，加大内部质量损失。此外，多头管理存在标准重复、甚至矛盾冲突、认证时间不一等问题。

存在不利于标准实施的宏观环境。为了竞价成功，许多企业报出异常低的价格。在中标后，由于销售价格过低，这些企业又不得不降低产品质量来实现企业正常盈利、甚至是避免亏损，迫使企业为了实现销售不得不放弃质量，同时造成企业之间只局限于价格而不是质量的恶性竞争。这种企业销售环境是完全与管理部门的质量标准初衷相悖的。因此，制定的标准是否真正有利于实体经济中生产的顺利进行尤为重要，同时，外部宏观环境是否有利于标准的实施，也需要标准制定者妥善思考。

二、微观层面

企业质量控制过程中主要存在两方面的问题：

质量人才短缺。这里的质量人才，是指广义的质量控制和管理中的专业人才，包括内部生产过程中的质量管理专业人才和外部销售过程中的销售专业人才。内部生产过程中，质量人才短缺，使得质量管理部门工作人员专业度低，从而使企业质量管理专业化程度低，缺乏科学性，质量管理效率低下，同时质量管理部门人员冗杂，工作效率低下，也增加了企业的质量成本。外部销售过程中，质量人才短缺对于定制化销售企业可以说是十分严峻的问题。例如一些高昂的三包费用产生的主要原因就在于销售过程中销售人员专业度不高，未能就企业产品性能和使用环境等专业化问题与客户进行深入全面的沟通，最终导致销售的产品不符合客户的实际需求、或是客户在使用过程中因为操作不当而使产品损坏，企业只能维修或者更换产品，增加了企业三包和售后费用。

第四节　企业损失优化方案

（1）规范、融合、统一相关质量标准，尤其是特殊行业。在我国当前质量管理宏观环境中，质检总局作为主要质量管理部门，拥有专业的质量管理软件和硬件设施，部门人员专业化程度高，较为适合全权负责质量标准管理。因此，我们建议：①精简质量标准体系，同时学习、吸纳国外质量认证标准，提高产品的国内质量品质，增加产品的本土认同感，同时也能减少企业的认证费用，减少第三方认证机构。精简的另一个方面在于精简管理部门，缩减甚至取消公告方面存在的多头管理，由单一管理部门主导，明确权责，方便管理。这样也能避免质量认证的矛盾或者重复，降低企业认证成本，减少内部质量损失。②标准要有一定的稳定性，不得随意变更，或者固定一定时间变更，以使企业能够适应标准变更来组织产品设计和生产。标准的审批程序应当尽量精简，减少填报程序，缩短审批时间，节约时间成本，降低企业的机会成本。

（2）在高校设立"质量工程、管理专业"，培养专门的质量管理人才。尽管在企业实际生产经营中，质量专业人才十分重要同时稀缺，然而高校教育机构培养的人才却鲜有质量专业方向，从而造成人才的供需不匹配。为解决这一问题，质量管理部门可协同高校在本科、研究生培养阶段，设置质量管理方向的专业；研究生学业第一年，主要系统学习相关质量管理的理论知识；第二年则可前往对口企业进行专业实习，并熟悉和了解企业工作环境。自此，毕业后若学校和企业均考核合格，则可直接进入企业工作。据陕汽重卡质量管理负责人称，仅陕汽重卡集团每年都需要新吸收四五十名质量专业人才，可以说质量专业人才的培养具有良好的就业前景。因此，质量管理部门协同教育机构培养质量专业人才，一方面解决研究生就业难题，另一方面缓解企业人才短缺问题，属于双赢战略。

（3）设立质量工程师职位，质量管理岗位等专门职位，加强企业质量基础管理。企业应着手加强自身质量基础管理，设立质量工程师职位，质量管理岗位等专门职位，加强企业质量基础管理通过学习和培训，建立完整的质量管理体系。依靠企业质量管理部门数据分析结果，而不是单纯由领导者拍脑门做出产品设计和生产计划。

（4）建立企业自身质量品牌和标准。不同于当前受制于国内外种种产品质量标准和质量管理体系标准，企业应建立自身更高的质量标准。

第二十二章

结论与政策建议

第一节 研究结论

一、中国经济总量得到长足发展,但中国经济发展质量并未得到同步提高,未来发展动力源于效率促进

本书分别构建不考虑效率改善的分析框架、基于人力资本的效率改善分析框架、基于人力资本和技术进步的效率改善分析框架,从理论上探究效率影响绿色发展的实现条件、影响机制和作用机制。通过系统分析和数理推导,发现不考虑效率改善的经济发展方式(即粗放型发展方式),是无法实现绿色发展的;而基于人力资本的效率改善和基于技术进步内生的效率改善分析在一定条件下可满足经济增长、资源投入下降、环境质量提高的绿色发展条件,是中国经济在新常态条件下的必经之路。从理论上证明了新常态下中国经济增长动力转型的方向是全要素生产率,为国家创新驱动战略的实施和宏观调控的方向提供了理论依据。

实证研究发现,中国经济总量得到长足发展,GDP居世界前列,但中国的经济发展质量并未得到同步提高。以包含、能源约束与污染排放的绿色全要素生产率(绿色TFP),作为衡量经济发展的质量指标,并基于超效率SBM模型与曼奎

斯特指数计算发现，绿色 TFP 从 1991 年的 0.6 下降至 2014 年的 0.4，中国经济发展质量绿色 TFP 呈现波动式下降。各区域经济质量两极分化加剧，中国各区域间的经济发展差距却在不断扩大。

二、宏观层面上，只有提升供给侧质量，减少资源错配，才能提升经济发展质量

宏观层面上，只有提升供给侧质量、减少资源错配，才能提升经济发展质量。通过 HK 模型及资源错配对 TFP 影响的测算方法，采用 2008~2014 年中国上市公司微观数据研究发现：行业间、地区间、行业内企业间资源错配均呈现波动上升趋势。以行业内企业间资源错配为例，资源错配对中国经济 TFP 的影响从 2008 年的 64.8% 上升至 2014 年的 116.5%。其中资本错配对 TFP 影响显著大于劳动错配、能源错配，影响均值分别为 94.2%、2.9%、7.4%。资源错配最大的两个行业为信息传输、软件和信息技术服务业与房地产业，影响均值分别为 630.9%、563.2%。从行业内企业间资源错配的趋势看，"四大板块"中，东部资源错配最低，其次为西部、东北部、中部；"四个支撑带"中，资源错配最低的是 21 世纪海上丝绸之路经济带，其次为长江经济带、丝绸之路经济带、京津冀经济带。从行业间资源错配的趋势看，"四大板块"中，东部地区资源配置效率最高（即资源错配最低）；"四个支撑带"中，资源配置效率最高的是 21 世纪海上丝绸之路经济带。基于地区间资源错配的中国经济质量测算发现，省份内县域间的资本错配对中国经济总量 TFP 的影响显著大于劳动错配对 TFP 的影响。可见，通过纠正地区间资本错配，是降低地区间资源错配的主要途径。以信息传输、软件和信息技术服务业为主的高新技术产业与房地产业集中了数倍甚至数十倍于其他行业的资本等资源，使得行业发展极度不平衡，而以深圳、广州、上海为代表的改革前沿阵地城市所集中的资本等资源也远远超过中西部城市，从而使得地区发展不平衡。行业间、区域间的资源过度集中，都会致使资源错配，最终导致地区间、行业间、产业间、企业间经济发展的不均衡与不充分，经济质量发展不高。正如党的十九大报告所指出的那样，经济发展的不充分与不均衡，必须通过改善供给质量，提升经济发展质量。

三、从中观、微观视角看，产品、服务、工程质量存在诸多质量问题、管理绩效低下，导致经济发展质量不高

企业是中国经济高质量发展的基础，基于质量管理的理论，从中观、微观视

角看，产品、服务、工程质量存在诸多问题，导致经济发展质量不高。

一是企业质量管理体系和质量控制技术落后，理念多，实际技术落地少，质量的"道"与"术"不统一。

二是质量人才短缺，内部生产过程中，质量人才短缺，使得质量管理部门工作人员专业度低，从而企业质量管理专业化程度低，缺乏科学性，质量管理效率低下，同时质量管理部门人员冗杂，工作效率低下，也增加了企业的质量成本。

三是企业在多重质量标准管理下质量损失比较大。国内外标准重复、甚至矛盾冲突，且存在认证时间不一等问题。在矛盾的多重标准管理下，会产生重复填报、审批程序繁杂等问题，会增加企业认证成本，加大内部质量损失。要提升经济质量，必须从微观的实体经济入手，最大限度地降低企业质量损失，提升管理绩效。在企业采取质量成本核算制，把质量损失作为企业重要的经济度量指标。

第二节 政策启示

新常态下中国到了全面提升质量、建设质量强国的时代。大力推进中国质量提升的根本是管理制度设计创新，保障中国经济发展动力源于效率提升。在宏观层面，从减少资源错配入手，提升供给侧质量。在微观层面，推动技术创新，采用先进的管理思想与技术，降低企业质量损失，提升管理绩效。从宏微观两个层面，全面提高中国经济发展质量，推动中国迈入高质量时代，建设质量强国。

一、设立质量管理委员会，实现管理制度设计创新

目前，中国经济走向高质量发展，在区域发展、产品质量、服务质量、工程质量、环境质量等多方面均存在诸多问题，解决这些问题涉及区域发展战略、行业规划、环保政策等内容，涉及国家质检总局、环境保护部、国家发展和改革委员会、交通运输部、工业和信息化部、商务部等部委的多头管理。必须从国家战略层面出发，通过供给侧改革降低行业内企业间、行业间及区域间的资源错配，特别是资本错配，涉及不同行业、不同地区的政策倾斜及战略规划，必须从国家全局出发，全面规划大质量观引领下的中国质量提升计划，才能全面解决质量问题，否则只能是"头痛医头，脚痛医脚"。

2017年9月，《中共中央国务院关于开展质量提升行动的指导意见》（以下简称《意见》）发布，是质量工作的纲领性文件，把质量强国战略摆在更加突出

的位置，把开展质量提升行动视为战略推进的关键，对提升中国产品整体质量具有重大意义，将积极推动中国迈入"质量时代"，建设质量强国。

因而建议由国务院牵头，国家质检总局、环境保护部、国家发展和改革委员会等部委主要参与，交通运输部、工业和信息化部、商务部等重点行业产业管理部门协调参与，成立国家质量管理委员会，贯彻落实《意见》，全面推动中国经济发展质量提升。

二、规划国家质量管理委员会的新职责，实现管理机制创新

（一）全面规划大质量观引领下中国质量提升计划，将《意见》细化、准则化

《意见》是质量工作的纲领性文件，对提升中国产品整体质量具有重大意义。但需要进一步细化，从而更好地落实、贯彻《意见》。国家质量管理委员会由国务院牵头，国家质检总局等多个部门参与，可以从国家战略层面、国家全局出发，全面规划大质量观引领下中国质量提升计划，将《意见》细化、准则化，在《意见》的纲领性作用下，全面推动中国经济发展质量提升。

（二）规范、融合、统一相关质量标准，完善质量监督体系，健全行业产业质量监督管理

国内外标准重复、甚至矛盾冲突，且存在认证时间不一等问题。会产生重复填报、审批程序繁杂等问题；会增加企业认证成本，加大内部质量损失。国家质量管理委员会由国务院牵头，国家质检总局等多个部门参与，可以利用国家质检总局等主要质量管理部门专业的管理软件、硬件设施、部门人员，可以基于环保部门将专业化的环保标准融合其中。针对特殊行业，如资源错配最大的信息传输、软件和信息技术服务业，咨询相关专业管理部门，将其专业化的产业政策、质量标准作为参考，规范、融合、统一相关质量标准，完善质量监督体系，健全行业产业质量监督管理，减少因多头管理产生的质量损失，全面提升产品、服务、工程质量。

（三）在统一的质量标准与健全的质量监督管理体系下，打击假冒伪劣产品、低质服务与豆腐渣工程，全面提升产品、服务、工程质量

一些企业缺乏诚信意识，就会出现制售假冒伪劣产品、服务质量低下或建立豆腐渣工程的情况。全面打击这些行为，必须基于统一的质量标准与健全的质量

监督管理体系，依靠国家质量管理委员会对重点地区、重点领域集中整治，而不是依靠单纯的质检行动。通过门槛标准淘汰、关闭一部分劣质、不合格企业，避免了劣质、不合格企业由于成本、价格低下等原因，劣币驱逐良币，挤占高质量企业的市场。全面树立质量提升意识，从而倒逼企业产品、服务、工程质量提升，也有利于纠正行业内企业间、行业间及区域间的资源错配特别是资本错配，从而全面提升中国经济发展质量。

（四）设立质量研究基金与"质量提升"资助基金

企业调研表明，企业质量人才短缺，使得质量管理部门工作人员专业度低，同时缺乏专业的质量管理理论支撑，使得企业质量管理专业化程度与效率低下。在理论上，国家质量管理委员会设立质量研究基金，鼓励高校、研发机构在中国质量管理理论方面展开研究，并大力培养质量专业人才，有助于缓解企业人才短缺、理论缺乏的现状，减少企业质量管理损失。同时，国家质量管理委员会设立"质量提升"资助基金，鼓励企业依据自身实际展开质量提升实践研究，建立高于门槛的质量标准，外部质量标准不论强制性或推荐性标准，往往是对企业产品质量和管理体系质量的最基本要求。而只有当企业建立自身质量标准，并始终如一地践行，才能塑造企业质量品牌，全面提升企业产品、服务、工程质量。

综上所述，在质量提升方面，质量管理委员会从宏观供给侧质量提升、微观企业品牌提升和国家质量基础建设入手，实现国家的经济发展质量提升。在质量安全方面，质量管理委员会从消费品安全、重大装备运行安全两个层面提升国家经济社会的运行质量安全指数，保证国民经济的安全运行。

三、在微观上，全面树立质量提升意识，加强企业质量管理创新

（一）全面树立质量提升意识

全面树立质量提升意识，力争创造企业标准化、适应化，从细节出发，强调产品生产从业人员产品质量监督管理意识、服务行业从业人员服务意识、生产建筑行业从业人员重视质量细节的意识。

（二）质量管理部门归口，建立企业自身质量品牌和标准

不同于当前受制于国内外种种产品质量标准和质量管理体系标准，企业应建

立自身更高的质量标准。外部质量标准不论强制性或推荐性标准，往往是对企业产品质量和管理体系质量的最基本的要求，而只有当企业建立自身质量标准，并始终如一地践行，就能塑造企业质量品牌，得到质量管理部门和消费者的认可。

（三）设立质量工程师职位等专门职位，加强企业质量基础管理

企业应着手加强自身质量基础管理，设立质量工程师职位，质量管理岗位等专门职位，通过学习和培训，建立完整的质量管理体系，依靠企业质量管理部门数据分析结果，而不是单纯由领导者拍脑门做出产品设计和生产计划。

（四）在高校设立开展"质量管理工程专业"，培养专门的质量管理人才，发挥人才第一资源作用

发挥人才第一资源作用。人才是创新的主体，是引领发展的第一资源。正如习近平总书记指出的，创新驱动实质上是人才驱动，谁拥有一流的创新人才，谁就拥有了科技创新的优势和主导权。

在高校设立开展"质量管理工程专业"，培养专门的质量管理人才。质量管理部门可协同高校在本科、研究生培养阶段，设置质量专业方向。质量专业人才的培养具有良好的就业前景。因此，质量管理部门协同高校培养质量专业人才，一方面解决研究生就业难题，另一方面缓解企业人才短缺，属于双赢战略。

附 录

附录一：1996~2016年中国环境质量综合评价指数

1996~2016年中国省级污染指数结果

附表 A

项目	1996年	1997年	1998年	1999年	2000年	2001年	2002年	2003年	2004年	2005年	2006年	2007年	2008年
北京	16.27	14.77	27.68	25.14	25.96	24.68	22.48	20.89	20.82	19.08	18.67	18.10	16.91
天津	11.32	13.22	28.89	21.48	24.94	16.33	15.75	18.60	19.11	22.01	21.87	21.45	21.44
河北	73.75	70.46	145.06	135.20	123.89	122.61	120.64	123.06	151.19	150.65	145.52	159.56	157.32
山西	40.05	40.41	102.19	89.96	79.01	77.90	81.48	92.35	97.31	102.51	103.44	107.63	112.61
内蒙古	35.14	39.56	50.20	43.98	44.53	46.49	44.88	55.60	60.12	74.45	77.92	84.53	83.11
辽宁	75.10	71.90	121.05	118.25	115.70	112.63	104.17	100.10	97.07	119.74	127.55	132.05	131.97
吉林	40.01	38.13	58.21	58.70	61.96	55.52	49.83	51.85	51.73	59.66	61.36	60.00	58.51
黑龙江	45.31	46.43	77.63	75.42	72.26	73.58	71.97	73.44	72.40	75.74	76.72	76.37	74.67
上海	23.73	20.43	47.88	45.13	42.68	41.99	44.02	45.26	40.67	42.97	42.46	42.01	40.10
江苏	76.54	67.20	113.98	101.57	98.82	118.36	108.71	115.10	123.34	141.00	139.38	135.45	132.10

421

续表

项目	1996年	1997年	1998年	1999年	2000年	2001年	2002年	2003年	2004年	2005年	2006年	2007年	2008年
浙江	38.19	42.68	94.61	82.83	83.58	78.14	78.82	79.00	78.02	82.16	82.08	81.73	79.77
安徽	52.32	48.18	77.54	73.73	69.32	67.90	67.56	70.73	71.83	74.96	77.90	81.78	86.96
福建	28.25	23.26	46.55	48.10	48.66	56.87	50.58	54.83	56.00	61.83	62.60	64.27	65.96
江西	37.45	30.95	63.77	62.06	66.98	65.66	68.53	74.34	79.50	81.69	83.66	86.48	85.80
山东	166.86	157.99	206.77	162.81	154.42	148.83	144.87	146.30	138.05	145.93	149.33	147.80	147.87
河南	91.20	89.03	128.08	136.13	124.06	118.47	118.34	116.59	117.16	127.73	128.81	130.38	127.57
湖北	56.80	52.09	98.26	100.38	101.49	96.17	96.33	94.16	92.03	93.30	96.35	95.99	95.42
湖南	56.58	47.12	96.65	95.08	97.04	101.39	104.08	114.85	118.12	121.34	121.65	124.99	122.01
广东	52.55	51.60	124.83	115.91	122.93	137.62	122.62	128.64	121.00	135.08	132.52	134.02	132.72
广西	65.50	66.77	105.94	99.73	128.71	108.45	109.60	122.32	125.48	133.88	135.33	132.42	130.23
海南	6.18	4.83	10.84	10.42	10.47	8.73	8.63	8.91	11.34	11.60	12.04	12.56	13.40
重庆	51.84	21.00	37.50	45.74	41.58	39.62	40.27	41.10	41.41	42.09	40.92	41.26	41.27
四川	64.03	62.74	129.97	105.68	139.01	138.84	131.41	134.71	129.74	122.26	124.83	126.59	122.34
贵州	27.00	25.88	60.98	53.53	47.68	44.21	44.79	49.25	51.09	51.98	54.87	55.81	54.13
云南	35.70	40.21	61.52	63.21	49.18	49.47	49.40	48.90	50.72	54.24	59.62	63.89	66.70
陕西	23.99	24.30	54.91	54.43	53.56	52.64	52.81	54.06	58.27	61.75	62.23	64.00	64.55
甘肃	16.30	16.56	27.77	26.20	26.06	22.98	25.58	30.35	30.22	33.34	33.49	35.55	36.11
青海	2.58	2.70	7.11	6.26	6.13	6.06	5.83	6.26	7.71	11.20	12.07	13.59	14.36
宁夏	7.26	10.13	14.33	15.08	23.33	23.93	16.75	17.34	12.80	20.52	20.23	20.89	20.59
新疆	17.66	24.08	34.06	32.13	28.88	29.27	30.21	33.91	37.49	38.94	41.31	44.49	45.94

续表

项目	2009年	2010年	2011年	2012年	2013年	2014年	2015年	2016年	均值	排名
北京	17.07	16.97	17.58	17.24	16.31	22.45	24.22	16.74	20.00	2
天津	21.75	22.95	21.58	21.54	20.44	30.90	35.57	25.09	21.72	3
河北	161.16	192.35	235.17	234.60	226.05	305.53	303.09	219.97	169.37	29
山西	105.09	116.01	148.05	152.10	155.89	173.83	193.19	160.67	111.03	22
内蒙古	88.00	106.02	129.35	132.15	116.91	185.10	220.69	146.86	88.84	18
辽宁	134.29	133.80	163.49	158.88	152.70	239.90	266.16	144.33	134.33	28
吉林	59.39	60.48	58.17	54.16	52.37	101.57	108.97	50.68	59.58	11
黑龙江	76.37	75.37	81.76	81.54	77.45	186.44	184.90	79.74	83.60	17
上海	37.25	36.02	34.29	32.85	31.83	35.21	38.12	32.31	37.96	6
江苏	130.23	132.01	136.63	138.00	137.36	167.19	195.88	169.47	127.54	25
浙江	77.96	77.40	88.72	86.07	83.88	99.29	110.49	86.53	80.57	15
安徽	89.02	90.93	111.40	112.31	111.45	147.67	163.36	125.60	89.16	19
福建	69.30	73.67	67.63	81.01	82.64	89.45	96.08	72.13	61.89	13
江西	87.10	89.14	103.08	101.36	102.20	122.11	129.82	120.04	82.94	16
山东	148.09	152.44	166.03	158.98	154.55	278.12	308.84	199.66	170.69	30
河南	129.46	128.39	141.30	140.66	142.41	211.08	226.93	139.49	133.96	27

续表

项目	2009年	2010年	2011年	2012年	2013年	2014年	2015年	2016年	均值	排名
湖北	96.28	100.85	107.69	107.04	105.94	150.17	153.22	107.14	99.86	20
湖南	120.67	117.50	116.10	112.66	111.32	161.76	170.06	104.64	111.22	23
广东	126.77	125.77	162.99	157.87	152.70	200.19	210.35	148.18	133.18	26
广西	128.31	126.17	92.92	94.56	92.02	113.44	117.65	89.91	110.44	21
海南	14.25	13.59	14.07	14.05	14.39	29.95	24.83	13.79	12.80	1
重庆	41.90	41.72	47.23	45.56	44.60	55.41	61.38	45.36	43.27	8
四川	120.17	128.69	132.51	131.99	132.24	181.63	184.11	134.22	127.51	24
贵州	59.24	60.27	63.65	64.42	65.04	70.10	75.47	71.36	54.80	10
云南	68.17	70.02	118.92	114.58	114.54	116.77	117.86	101.50	72.15	14
陕西	60.50	64.69	71.17	70.21	70.72	93.93	104.60	70.45	61.32	12
甘肃	36.09	39.14	58.43	58.68	55.85	70.17	74.51	50.67	38.29	7
青海	14.53	17.15	52.79	53.97	54.53	56.99	67.47	63.10	22.97	5
宁夏	20.56	24.97	29.58	27.65	28.51	38.99	43.73	35.09	22.49	4
新疆	49.13	52.91	60.97	71.50	77.53	107.07	117.95	82.51	50.38	9

附表 B　1996~2016 年中国省级吸收指数结果

项目	1996 年	1997 年	1998 年	1999 年	2000 年	2001 年	2002 年	2003 年	2004 年	2005 年	2006 年	2007 年	2008 年
北京	0.23	0.11	0.15	0.08	0.10	0.12	0.13	0.16	0.19	0.17	0.19	0.19	0.21
天津	0.11	0.03	0.05	0.02	0.02	0.04	0.03	0.07	0.09	0.07	0.07	0.07	0.09
河北	1.53	0.51	0.65	0.48	0.65	0.52	0.41	0.99	1.08	0.87	0.85	0.90	0.99
山西	0.75	0.33	0.34	0.30	0.37	0.32	0.34	0.71	0.65	0.53	0.60	0.66	0.56
内蒙古	3.10	1.92	3.96	1.85	1.61	1.51	1.35	3.51	4.34	3.79	3.97	3.57	3.73
辽宁	2.08	1.06	1.43	0.83	0.66	1.18	0.70	1.39	1.82	1.88	1.61	1.63	1.54
吉林	1.79	1.05	1.54	1.25	1.55	1.42	1.55	2.01	2.21	2.69	2.18	2.16	1.98
黑龙江	3.40	3.55	3.44	2.35	2.72	2.66	2.68	5.04	4.90	4.52	4.86	4.23	3.66
上海	0.16	0.13	0.15	0.32	0.15	0.21	0.22	0.09	0.14	0.12	0.15	0.17	0.17
江苏	2.13	1.13	1.77	1.80	1.93	1.27	1.29	2.45	1.14	1.88	1.78	2.15	1.62
浙江	4.50	4.63	3.88	4.93	4.20	4.15	5.09	2.70	3.40	4.07	4.04	4.02	3.63
安徽	4.82	2.11	3.55	4.32	2.82	2.12	3.43	4.28	2.43	2.82	2.60	3.09	2.84
福建	5.65	6.30	5.39	5.12	5.66	5.80	4.95	3.74	3.77	5.56	6.88	4.88	4.44
江西	8.89	7.97	8.68	7.84	6.30	6.70	8.15	5.91	5.24	6.11	7.10	5.23	5.72
山东	1.37	0.78	1.43	0.85	1.16	1.12	0.51	2.08	1.76	1.75	1.12	1.84	1.52
河南	2.51	0.97	1.98	0.88	2.92	0.99	1.36	2.77	1.98	2.22	1.56	2.10	1.64
湖北	3.81	3.33	4.90	4.60	4.43	2.70	4.83	5.03	4.32	3.74	2.98	4.38	4.16
湖南	9.66	8.27	8.33	8.36	7.67	7.23	10.55	7.41	7.55	6.59	7.54	6.32	6.49

续表

项目	1996年	1997年	1998年	1999年	2000年	2001年	2002年	2003年	2004年	2005年	2006年	2007年	2008年
广东	9.82	11.24	6.31	6.40	7.13	9.95	7.95	6.45	6.04	7.13	9.36	7.13	8.91
广西	9.74	10.31	8.30	7.82	6.92	10.64	9.77	7.75	7.54	6.87	8.11	6.32	8.97
海南	2.05	1.71	0.86	1.42	1.99	2.05	1.38	1.21	0.89	1.22	1.04	1.30	1.68
重庆	1.11	1.85	2.68	2.63	2.59	1.47	2.25	2.33	2.43	1.93	1.63	2.68	2.21
四川	4.87	8.74	10.46	11.03	11.51	11.24	8.53	10.83	11.43	11.46	8.62	10.25	10.21
贵州	5.00	5.29	3.72	5.06	5.27	4.28	4.61	3.72	4.43	3.28	3.51	4.40	4.40
云南	1.23	9.58	8.43	10.47	10.59	11.26	9.46	7.54	10.18	7.89	8.10	10.14	9.67
陕西	1.67	0.85	1.39	0.98	1.54	1.08	1.06	2.74	2.06	2.38	1.82	2.20	1.80
甘肃	0.93	0.67	0.71	0.94	0.82	0.87	0.64	1.15	1.07	1.25	1.05	1.22	1.00
青海	2.71	2.06	2.12	2.82	2.65	2.54	2.33	2.35	2.82	3.33	2.51	2.86	2.66
宁夏	0.07	0.03	0.04	0.04	0.03	0.05	0.06	0.07	0.10	0.08	0.10	0.10	0.10
新疆	4.32	3.50	3.36	4.17	4.04	4.51	4.41	3.53	3.99	3.79	4.09	3.80	3.38

项目	2009年	2010年	2011年	2012年	2013年	2014年	2015年	2016年	均值	排名
北京	0.22	0.18	0.25	0.24	0.21	0.21	0.23	0.23	0.18	28
天津	0.09	0.06	0.10	0.14	0.12	0.08	0.08	0.10	0.07	30
河北	1.09	0.89	1.22	1.22	1.10	0.89	0.94	1.06	0.90	25
山西	0.61	0.52	0.79	0.58	0.73	0.70	0.61	0.67	0.56	26

续表

项目	2009年	2010年	2011年	2012年	2013年	2014年	2015年	2016年	均值	排名
内蒙古	4.23	3.49	4.60	3.96	5.71	4.47	4.29	3.53	3.45	13
辽宁	1.34	2.40	1.89	2.31	2.19	1.17	1.22	1.55	1.52	21
吉林	2.01	2.80	2.17	2.18	2.77	1.85	1.85	2.10	1.96	17
黑龙江	6.00	4.49	4.91	4.58	6.66	5.27	4.64	4.23	4.23	8
上海	0.30	0.24	0.25	0.24	0.23	0.30	0.35	0.30	0.21	27
江苏	1.87	1.49	2.34	1.52	1.37	1.75	2.26	2.51	1.78	19
浙江	4.19	4.82	3.71	5.13	3.73	4.44	5.14	4.39	4.23	9
安徽	3.19	3.17	2.85	2.59	2.36	3.05	3.36	3.93	3.13	14
福建	3.88	5.71	3.98	5.44	4.56	4.90	5.04	6.69	5.16	7
江西	5.47	7.77	5.24	7.68	5.63	6.45	7.35	7.17	6.79	6
山东	1.54	1.34	1.87	1.29	1.41	0.94	0.97	1.07	1.32	23
河南	1.68	1.99	1.76	1.23	1.14	1.38	1.34	1.36	1.70	20
湖北	3.78	4.40	3.70	3.14	3.34	3.83	4.00	4.92	4.02	11
湖南	6.30	6.65	5.55	7.09	6.15	7.02	7.11	7.12	7.38	5
广东	7.43	7.22	7.24	7.49	8.60	6.97	7.41	8.12	7.82	4
广西	6.97	6.70	6.79	7.70	8.01	8.03	9.08	7.38	8.08	3
海南	2.03	1.65	2.14	1.35	1.82	1.47	0.82	1.56	1.51	22
重庆	2.04	1.70	2.38	1.79	1.89	2.50	1.81	2.03	2.09	16

续表

项目	2009年	2010年	2011年	2012年	2013年	2014年	2015年	2016年	均值	排名
四川	10.57	9.34	10.72	10.58	9.73	10.25	8.78	8.18	9.87	1
贵州	4.02	3.41	3.12	3.57	3.13	4.67	4.30	3.61	4.13	10
云南	7.92	7.55	7.93	6.99	7.44	7.69	7.83	7.60	8.36	2
陕西	2.45	2.27	3.29	1.98	2.03	2.08	1.94	1.58	1.87	18
甘肃	1.35	1.12	1.54	1.31	1.41	1.22	1.06	0.96	1.06	24
青海	3.72	2.57	3.27	3.12	2.57	3.13	2.35	2.16	2.70	15
宁夏	0.11	0.10	0.12	0.11	0.12	0.12	0.11	0.11	0.09	29
新疆	3.59	4.00	4.28	3.47	3.86	3.18	3.70	3.78	3.85	12

附表 C　1996～2016 年中国省级综合指数结果

项目	1996年	1997年	1998年	1999年	2000年	2001年	2002年	2003年	2004年	2005年	2006年	2007年	2008年
北京	16.24	14.75	27.64	25.12	25.94	24.65	22.45	20.86	20.78	19.05	18.64	18.06	16.88
天津	11.31	13.22	28.88	21.47	24.93	16.32	15.74	18.58	19.09	22.00	21.85	21.44	21.42
河北	72.63	70.11	144.12	134.56	123.08	121.97	120.15	121.84	149.56	149.35	144.28	158.12	155.76
山西	39.75	40.28	101.84	89.69	78.72	77.65	81.20	91.69	96.68	101.97	102.82	106.92	111.98
内蒙古	34.05	38.80	48.21	43.17	43.82	45.79	44.27	53.65	57.51	71.63	74.83	81.52	80.01
辽宁	73.54	71.14	119.32	117.27	114.93	111.31	103.44	98.71	95.30	117.49	125.50	129.89	129.94

续表

项目	1996年	1997年	1998年	1999年	2000年	2001年	2002年	2003年	2004年	2005年	2006年	2007年	2008年
吉林	39.29	37.73	57.31	57.97	61.00	54.73	49.05	50.81	50.58	58.06	60.02	58.70	57.35
黑龙江	43.77	44.79	74.96	73.65	70.30	71.62	70.04	69.74	68.85	72.31	72.99	73.14	71.93
上海	23.69	20.40	47.81	44.99	42.61	41.91	43.92	45.22	40.61	42.92	42.40	41.94	40.03
江苏	74.90	66.44	111.96	99.73	96.91	116.85	107.30	112.28	121.94	138.35	136.91	132.53	129.96
浙江	36.47	40.70	90.94	78.75	80.07	74.90	74.81	76.87	75.37	78.81	78.77	78.44	76.88
安徽	49.79	47.17	74.78	70.55	67.37	66.46	65.25	67.71	70.09	72.84	75.88	79.25	84.49
福建	26.65	21.79	44.04	45.64	45.91	53.58	48.08	52.78	53.89	58.39	58.30	61.13	63.03
江西	34.12	28.48	58.24	57.20	62.76	61.27	62.95	69.95	75.33	76.70	77.72	81.96	80.90
山东	164.58	156.76	203.83	161.44	152.64	147.16	144.14	143.26	135.61	143.38	147.65	145.08	145.62
河南	88.92	88.17	125.55	134.93	120.43	117.30	116.73	113.35	114.84	124.89	126.80	127.64	125.47
湖北	54.64	50.35	93.45	95.76	96.99	93.57	91.68	89.43	88.05	89.81	93.47	91.78	91.45
湖南	51.11	43.22	88.60	87.13	89.59	94.06	93.09	106.34	109.21	113.34	112.47	117.09	114.09
广东	47.39	45.80	116.96	108.49	114.17	123.92	112.87	120.34	113.70	125.44	120.12	124.47	120.89
广西	59.11	59.89	97.14	91.93	119.80	96.91	98.89	112.84	116.03	124.69	124.36	124.05	118.54
海南	6.05	4.75	10.74	10.27	10.26	8.56	8.51	8.80	11.24	11.46	11.91	12.40	13.17
重庆	51.26	20.61	36.50	44.54	40.51	39.04	39.36	40.14	40.41	41.28	40.26	40.15	40.36
四川	60.91	57.26	116.37	94.02	123.02	123.24	120.20	120.12	114.92	108.24	114.07	113.62	109.85
贵州	25.65	24.51	58.72	50.82	45.17	42.32	42.73	47.42	48.82	50.27	52.95	53.35	51.75

续表

项目	1996年	1997年	1998年	1999年	2000年	2001年	2002年	2003年	2004年	2005年	2006年	2007年	2008年
云南	35.26	36.35	56.33	56.59	43.97	43.90	44.72	45.21	45.55	49.96	54.79	57.41	60.26
陕西	23.59	24.09	54.15	53.89	52.73	52.08	52.24	52.58	57.07	60.28	61.09	62.59	63.39
甘肃	16.15	16.45	27.57	25.95	25.85	22.78	25.42	30.00	29.89	32.93	33.13	35.11	35.74
青海	2.51	2.64	6.96	6.08	5.97	5.90	5.69	6.11	7.49	10.83	11.76	13.20	13.98
宁夏	7.25	10.12	14.32	15.07	23.32	23.92	16.74	17.32	12.79	20.51	20.21	20.86	20.57
新疆	16.90	23.24	32.92	30.79	27.72	27.95	28.88	32.72	35.99	37.47	39.62	42.80	44.39

项目	2009年	2010年	2011年	2012年	2013年	2014年	2015年	2016年	均值	排名
北京	17.03	16.94	17.54	17.20	16.27	22.40	24.17	16.70	19.97	2
天津	21.73	22.94	21.56	21.51	20.41	30.87	35.54	25.06	21.71	3
河北	159.41	190.64	232.31	231.75	223.57	302.81	300.24	217.63	167.80	29
山西	104.45	115.41	146.87	151.21	154.75	172.62	192.01	159.60	110.39	23
内蒙古	84.27	102.32	123.40	126.91	110.23	176.83	211.22	141.68	85.43	18
辽宁	132.49	130.58	160.40	155.21	149.36	237.09	262.92	142.10	132.28	28
吉林	58.19	58.78	56.91	52.98	50.92	99.69	106.95	49.61	58.41	11
黑龙江	71.79	71.99	77.74	77.80	72.30	176.62	176.31	76.36	79.95	17
上海	37.13	35.94	34.20	32.78	31.75	35.11	37.98	32.22	37.88	7
江苏	127.80	130.05	133.43	135.91	135.48	164.27	191.45	165.21	125.22	26
浙江	74.69	73.68	85.42	81.65	80.75	94.88	104.81	82.72	77.16	15

续表

项目	2009年	2010年	2011年	2012年	2013年	2014年	2015年	2016年	均值	排名
安徽	86.18	88.05	108.23	109.40	108.82	143.17	157.88	120.66	86.38	19
福建	66.61	69.46	64.94	76.60	78.87	85.08	91.24	67.30	58.73	12
江西	82.33	82.21	97.69	93.58	96.45	114.24	120.28	111.43	77.42	16
山东	145.81	150.40	162.92	156.93	152.37	275.50	305.85	197.52	168.50	30
河南	127.29	125.84	138.81	138.93	140.79	208.16	223.88	137.60	131.73	27
湖北	92.64	96.41	103.71	103.68	102.40	144.42	147.10	101.87	95.84	20
湖南	113.07	109.69	109.65	104.67	104.48	150.41	157.97	97.19	103.17	22
广东	117.36	116.69	151.19	146.05	139.57	186.23	194.76	136.14	122.98	25
广西	119.36	117.72	86.61	87.28	84.65	104.33	106.97	83.28	101.64	21
海南	13.96	13.37	13.77	13.86	14.12	29.51	24.63	13.57	12.62	1
重庆	41.04	41.01	46.10	44.75	43.76	54.02	60.27	44.44	42.37	8
四川	107.47	116.67	118.31	118.02	119.38	163.00	167.95	123.24	114.76	24
贵州	56.86	58.22	61.67	62.13	63.01	66.83	72.23	68.79	52.58	10
云南	62.77	64.74	109.49	106.57	106.03	107.80	108.63	93.79	66.20	14
陕西	59.02	63.22	68.83	68.82	69.28	91.98	102.57	69.34	60.14	13
甘肃	35.61	38.70	57.53	57.91	55.06	69.31	73.72	50.18	37.86	6
青海	13.99	16.71	51.06	52.29	53.13	55.21	65.88	61.73	22.34	4
宁夏	20.53	24.95	29.54	27.62	28.47	38.95	43.68	35.05	22.47	5
新疆	47.36	50.79	58.36	69.02	74.54	103.66	113.59	79.39	48.48	9

附录二：TFP 推导公式

（1）式（15.35）行业 TFP 推导

$$\begin{aligned}
TFP_s &= \frac{Y_s}{K_s^{\alpha_s} E_s^{\beta_s} L_s^{1-\alpha_s-\beta_s}} \\
&= \left(\frac{\sigma-1}{\sigma}\frac{\alpha_s}{R}\theta_S PY \sum_{i=1}^{M_s}\frac{P_{si}Y_{si}}{P_S Y_S}\frac{1-\tau_{Y_{Si}}}{1+\tau_{K_{Si}}}\right)^{\alpha_s}\left(\frac{\beta_s}{R}\right)^{\beta_s}\left(\frac{\beta_s}{Q}\right)^{\beta_s}\left(\sum_{i=1}^{M_s}\frac{P_{si}Y_{si}}{P_S Y_S}\frac{1-\tau_{Y_{Si}}}{1+\tau_{K_{Si}}}\right)^{\alpha_s}\left[\frac{\sigma-1}{\sigma}\frac{1-\alpha_s-\beta_s}{W}\theta_S PY \sum_{i=1}^{M_s}\frac{P_{si}Y_{si}}{P_S Y_S}(1-\tau_{Y_{Si}})\right]^{1-\alpha_s-\beta_s} \\
&= \frac{\sigma-1}{\sigma}\theta_S PY\left(\frac{\alpha_s}{R}\right)^{\alpha_s}\left(\frac{\beta_s}{Q}\right)^{\beta_s}\left(\sum_{i=1}^{M_s}\frac{P_{si}Y_{si}}{P_S Y_S}\frac{1-\tau_{Y_{Si}}}{1+\tau_{K_{Si}}}\right)^{\alpha_s}\left[\sum_{i=1}^{M_s}\frac{P_{si}Y_{si}}{P_S Y_S}\frac{1-\tau_{Y_{Si}}}{1+\tau_{E_{Si}}}\right]^{\beta_s}\left[\sum_{i=1}^{M_s}\frac{P_{si}Y_{si}}{P_S Y_S}(1-\tau_{Y_{Si}})\right]^{1-\alpha_s-\beta_s} \\
&= \frac{\sigma-1}{\sigma}\theta_S PY\left(\frac{\alpha_s}{R}\right)^{\alpha_s}\left(\frac{\beta_s}{Q}\right)^{\beta_s}\left(\sum_{i=1}^{M_s} P_{si}^{1-\sigma}\right)^{\frac{1}{\sigma-1}}\left(\sum_{i=1}^{M_s}\frac{P_{si}Y_{si}}{P_S Y_S}\frac{1-\tau_{Y_{Si}}}{1+\tau_{K_{Si}}}\right)^{\alpha_s}\left[\sum_{i=1}^{M_s}\frac{P_{si}Y_{si}}{P_S Y_S}\frac{1-\tau_{Y_{Si}}}{1+\tau_{E_{Si}}}\right]^{\beta_s}\left[\sum_{i=1}^{M_s}\frac{P_{si}Y_{si}}{P_S Y_S}(1-\tau_{Y_{Si}})\right]^{1-\alpha_s-\beta_s} \\
&= \frac{A_{si}P_{si}\left(\sum_{i=1}^{M_s} P_{si}^{1-\sigma}\right)^{\frac{1}{\sigma-1}}}{1-\tau_{Y_{Si}}}\left(\sum_{i=1}^{M_s}\frac{P_{si}Y_{si}}{P_S Y_S}\frac{1-\tau_{Y_{Si}}}{1+\tau_{K_{Si}}}\right)^{\alpha_s}\left[\sum_{i=1}^{M_s}\frac{P_{si}Y_{si}}{P_S Y_S}\frac{1-\tau_{Y_{Si}}}{1+\tau_{E_{Si}}}\right]^{\beta_s}\left[\sum_{i=1}^{M_s}\frac{P_{si}Y_{si}}{P_S Y_S}(1-\tau_{Y_{Si}})\right]^{1-\alpha_s-\beta_s}
\end{aligned}$$

$$\begin{aligned}
&= \left(\sum_{i=1}^{M_s} P_{si}^{1-\sigma}\right)^{\frac{1}{\sigma-1}} \left\{\left[\frac{A_{si}P_{si}}{(1+\tau_{KSi})^{\alpha_s}(1+\tau_{ESi})^{\beta_s}}\right] \left(\frac{1-\tau_{YSi}}{1-\tau_{YSi}}\right)^{\alpha_s} \left[\sum_{i=1}^{M_s} \frac{P_{si}Y_{si}}{P_S Y_S} \frac{1-\tau_{YSi}}{1+\tau_{ESi}}\right]^{\beta_s} \left[\sum_{i=1}^{M_s} \frac{P_{si}Y_{si}}{P_S Y_S}(1-\tau_{YSi})\right]^{1-\alpha_S-\beta_S}\right\}^{\frac{1}{\sigma-1}} \\
&= \left\{\sum_{i=1}^{M_s} \frac{A_{si}}{(1+\tau_{KSi})^{\alpha_s}(1+\tau_{ESi})^{\beta_s}} \left(\frac{1-\tau_{YSi}}{1-\tau_{YSi}}\right)^{\alpha_s} \left[\sum_{i=1}^{M_s}\frac{P_{si}Y_{si}}{P_S Y_S}\frac{1-\tau_{YSi}}{1+\tau_{ESi}}\right]^{\beta_s} \left[\sum_{i=1}^{M_s}\frac{P_{si}Y_{si}}{P_S Y_S}(1-\tau_{YSi})\right]^{1-\alpha_s-\beta_s}\right\}^{\frac{\sigma-1}{\sigma-1}} \\
&= \left\{\sum_{i=1}^{M_s}\frac{A_{si}}{(1+\tau_{KSi})^{\alpha_s}(1+\tau_{ESi})^{\beta_s}(1-\tau_{YSi})}\left[\sum_{i=1}^{M_s}\frac{P_{si}Y_{si}}{P_S Y_S}\frac{1-\tau_{YSi}}{1+\tau_{ESi}}\right]^{\beta_s}\left[\sum_{i=1}^{M_s}\frac{P_{si}Y_{si}}{P_S Y_S}(1-\tau_{YSi})\right]^{\alpha_s+\beta_s-1}\right\}^{\frac{1}{\sigma-1}} \\
&= \left\{\sum_{i=1}^{M_s}A_{si}\left[\sum_{i=1}^{M_s}\frac{P_{si}Y_{si}}{P_S Y_S}\frac{1-\tau_{YSi}}{1+\tau_{KSi}}\right]^{-\alpha_s}\left[\sum_{i=1}^{M_s}\frac{P_{si}Y_{si}}{P_S Y_S}\frac{1-\tau_{YSi}}{1+\tau_{ESi}}\right]^{-\beta_s}\left[\sum_{i=1}^{M_s}\frac{P_{si}Y_{si}}{P_S Y_S}(1-\tau_{YSi})\right]^{\alpha_s+\beta_s-1}\right\}^{\frac{1}{\sigma-1}} \\
&= \left\{\sum_{i=1}^{M_s}A_{si}\overline{\text{TFPR}_{si}}\left(\frac{R}{\alpha_s}\right)^{-\alpha_s}\left(\frac{1}{\beta_s}\right)^{-\beta_s}\left[1-\alpha_s-\beta_s\right]^{-\beta_s}\left[\sum_{i=1}^{M_s}\frac{P_{si}Y_{si}}{P_S Y_S}\frac{1-\tau_{YSi}}{1+\tau_{ESi}}\right]^{-\beta_s}\left[(1-\alpha_s-\beta_s)\sum_{i=1}^{M_s}\frac{P_{si}Y_{si}}{P_S Y_S}(1-\tau_{YSi})\right]^{\alpha_s+\beta_s-1}\right\}^{\frac{1}{\sigma-1}}
\end{aligned}$$

至此，令

$$\overline{\text{TFPR}_s}=\left(\frac{\alpha_s}{R}\sum_{i=1}^{M_s}\frac{P_{si}Y_{si}}{P_S Y_S}\frac{1-\tau_{YSi}}{1+\tau_{KSi}}\right)^{-\alpha_s}\left[\beta_s\sum_{i=1}^{M_s}\frac{P_{si}Y_{si}}{P_S Y_S}\frac{1-\tau_{YSi}}{1+\tau_{ESi}}\right]^{-\beta_s}\left[(1-\alpha_s-\beta_s)\sum_{i=1}^{M_s}\frac{P_{si}Y_{si}}{P_S Y_S}(1-\tau_{YSi})\right]^{\alpha_s+\beta_s-1}$$

从而得到下式：

$$\text{TFP}_s = \left[\sum_{i=1}^{M_s}\left(A_{si}\frac{\text{TFPR}_s}{\text{TFPR}_{si}}\right)^{\sigma-1}\right]^{\frac{1}{\sigma-1}}$$

证毕。

(2) 式 (15.38) 行业 TFP 分解的推导：闭式解

依据企业资本、能源、劳动分别用 Y_s 表示的表达式 (15.16) ~ 式 (15.18)，对上述三式加总后可分别得到行业 K_s、E_s、L_s 的表达式，然后，将行业 K_s、E_s、L_s 代入行业 TFP_s 的定义式，结合企业产出用 Y_s 表示的表达式式 (15.19) 代入行业 CES 生产函数式 (15.4) 的化简结果，可得到行业 TFP_s 的下述表达式：

$$\text{TFP}_s = \left[\sum_{i=1}^{M_s}\left(\frac{A_{si}(1-\tau_{Y_{si}})}{(1+\tau_{K_{si}})^{\alpha_s}(1+\tau_{E_{si}})^{\beta_s}}\right)^{\frac{\sigma}{\sigma-1}}\right]^{\frac{\sigma-1}{\sigma}}$$

$$\left[\sum_{i=1}^{M_s}\frac{A_{si}^{\sigma-1}(1-\tau_{Y_{si}})^\sigma}{(1+\tau_{K_{si}})^{\alpha_s(\sigma-1)}(1+\tau_{E_{si}})^{\beta_s(\sigma-1)}}\right]^{1-\alpha_s-\beta_s}$$

然后，对上式两边都去对数，根据中心极限定理，当 M_s 趋于无穷大时，上式可展开后得到下式：

$$\log \text{TFP}_s = \frac{\sigma}{\sigma-1}\log\left[\sum_{i=1}^{M_s}\left(\frac{A_{si}(1-\tau_{Y_{si}})}{(1+\tau_{K_{si}})^{\alpha_s}(1+\tau_{E_{si}})^{\beta_s}}\right)^{\sigma-1}\right] - \alpha_s \log \int \frac{A_{si}^{\sigma-1}(1-\tau_{Y_{si}})^\sigma}{(1+\tau_{K_{si}})^{1+\alpha_s(\sigma-1)}(1+\tau_{E_{si}})^{\beta_s(\sigma-1)}}$$

$$-\beta_s \log \int \frac{A_{si}^{\sigma-1}(1-\tau_{Y_{si}})^\sigma}{(1+\tau_{K_{si}})^{\alpha_s(\sigma-1)}(1+\tau_{E_{si}})^{1+\beta_s(\sigma-1)}} - (1-\alpha_s-\beta_s)\log\int\frac{A_{si}^{\sigma-1}(1-\tau_{Y_{si}})^\sigma}{(1+\tau_{K_{si}})^{\alpha_s(\sigma-1)}(1+\tau_{E_{si}})^{\beta_s(\sigma-1)}}$$

当 A_{si}、$1-\tau_{Y_{si}}$、$1+\tau_{K_{si}}$、$1+\tau_{E_{si}}$ 服从联合正态分布时，可分别对上述等式右边四个项目不含系数的项分别展开如下式：

$$\log\int\left(\left(\frac{A_{si}(1-\tau_{Y_{si}})}{(1+\tau_{K_{si}})^{\alpha_s}(1+\tau_{E_{si}})^{\beta_s}}\right)^{\sigma-1}\right)$$

$$=(\sigma-1)E[\log A_{si}]+(\sigma-1)E[\log(1-\tau_{Y_{si}})]+\frac{(\sigma-1)^2}{2}\text{var}[\log A_{si}]+\frac{(\sigma-1)^2}{2}\text{var}[\log(1-\tau_{Y_{si}})]$$

$$-\alpha_s(\sigma-1)E[\log(1+\tau_{K_{si}})]+\frac{\alpha_s^2(\sigma-1)^2}{2}\text{var}[\log(1+\tau_{K_{si}})]-\beta_s(\sigma-1)E[\log(1+\tau_{E_{si}})]$$

$$+ \frac{\beta_s^2(\sigma-1)^2}{2}\mathrm{var}[\log(1+\tau_{ESi})]] + (\sigma-1)^2\mathrm{cov}[\log A_{si},\ \log(1-\tau_{YSi})] - \alpha_s(\sigma-1)^2\mathrm{cov}[\log A_{si},\ \log(1+\tau_{KSi})]$$

$$-\beta_s^2(\sigma-1)^2\mathrm{cov}[\log A_{si},\ \log(1+\tau_{ESi})] - \alpha_s(\sigma-1)^2\mathrm{cov}[\log(1-\tau_{YSi}),\ \log(1+\tau_{KSi})]$$

$$-\beta_s^2(\sigma-1)^2\mathrm{cov}[\log(1-\tau_{YSi}),\ \log(1+\tau_{ESi})] + \alpha_s\beta_s\mathrm{cov}[\log((1+\tau_{KSi})),\ \log(1+\tau_{ESi})]$$

$$\log\int \frac{A_{si}^{\sigma-1}(1-\tau_{YSi})^\sigma}{(1+\tau_{KSi})^{1+\alpha_s(\sigma-1)}(1+\tau_{ESi})^{\beta_s(\sigma-1)}}$$

$$=(\sigma-1)\mathrm{E}[\log A_{si}] + \sigma\mathrm{E}[\log(1-\tau_{YSi})] - \beta_s(\sigma-1)\mathrm{E}[\log(1+\tau_{ESi})]$$

$$-[1+\alpha_s(\sigma-1)]\mathrm{E}[\log(1+\tau_{KSi})] + \frac{[1+\alpha_s(\sigma-1)]^2}{2}\mathrm{var}[\log(1+\tau_{KSi})] - (\sigma-1)[1+\alpha_s(\sigma-1)]\mathrm{cov}[\log A_{si},\ \log(1+\tau_{KSi})]$$

$$+\frac{\beta_s^2(\sigma-1)^2}{2}\mathrm{var}[\log A_{si}] + \sigma(\sigma-1)\mathrm{cov}[\log A_{si},\ \log(1+\tau_{ESi})] - \sigma[1+\alpha_s(\sigma-1)]\mathrm{cov}[\log(1-\tau_{YSi}),\ \log(1+\tau_{KSi})]$$

$$-\beta_s^2(\sigma-1)^2\mathrm{cov}[\log A_{si},\ \log(1-\tau_{YSi})] + (\sigma-1)\beta_s[1+\alpha_s(\sigma-1)]\mathrm{cov}[\log((1+\tau_{KSi})),\ \log(1+\tau_{ESi})]$$

$$-\sigma\beta_s(\sigma-1)\mathrm{cov}[\log(1-\tau_{YSi}),\ \log(1+\tau_{ESi})] + \frac{\sigma^2}{2}\mathrm{var}[\log(1-\tau_{YSi})]$$

$$\log\int\frac{A_{si}^{\sigma-1}(1-\tau_{YSi})^\sigma}{(1+\tau_{KSi})^{\alpha_s(\sigma-1)}(1+\tau_{ESi})^{1+\beta_s(\sigma-1)}}$$

$$=(\sigma-1)\mathrm{E}[\log A_{si}] + \sigma\mathrm{E}[\log(1-\tau_{YSi})] - [1+\beta_s(\sigma-1)]\mathrm{E}[\log(1+\tau_{ESi})]$$

$$-\alpha_s(\sigma-1)\mathrm{E}[\log(1+\tau_{KSi})] + \frac{[\alpha_s(\sigma-1)]^2}{2}\mathrm{var}[\log(1+\tau_{KSi})] - [1+\beta_s(\sigma-1)]^2\mathrm{var}[\log(1-\tau_{YSi})] - \alpha_s(\sigma-1)^2\mathrm{cov}[\log A_{si},\ \log(1-\tau_{YSi})]$$

$$+\frac{[1+\beta_s(\sigma-1)]^2}{2}\mathrm{var}[\log A_{si}] + \sigma(\sigma-1)\mathrm{cov}[\log A_{si},\ \log(1+\tau_{ESi})] + \sigma(\sigma-1)^2\mathrm{cov}[\log A_{si},\ \log(1+\tau_{KSi})]$$

$$-(\sigma-1)[1+\beta_s(\sigma-1)]\mathrm{cov}[\log A_{si},\ \log(1+\tau_{ESi})] - \sigma\alpha_s(\sigma-1)\mathrm{cov}[\log(1-\tau_{YSi}),\ \log(1+\tau_{KSi})]$$

435

附　录

$$-\sigma[1+\beta_s(\sigma-1)]\mathrm{cov}[\log(1-\tau_{Y_{Si}}),\ \log(1+\tau_{E_{Si}})]+\alpha_s(\sigma-1)[1+\beta_s(\sigma-1)]\mathrm{cov}[\log((1+\tau_{K_{Si}})),\ \log(1+\tau_{E_{Si}})]$$

$$\log\int\frac{A_{si}^{\sigma-1}(1-\tau_{Y_{Si}})^{\sigma}}{(1+\tau_{K_{Si}})^{\alpha_s(\sigma-1)}(1+\tau_{E_{Si}})^{\beta_s(\sigma-1)}}$$

$$=(\sigma-1)\mathrm{E}[\log A_{si}]+\frac{(\sigma-1)^2}{2}\mathrm{var}[\log A_{si}]+\sigma\mathrm{E}[\log(1-\tau_{Y_{Si}})]+\frac{\sigma^2}{2}\mathrm{var}[\log(1-\tau_{Y_{Si}})]$$

$$-\alpha_s(\sigma-1)\mathrm{E}[\log(1+\tau_{K_{Si}})]+\frac{[\alpha_s(\sigma-1)]^2}{2}\mathrm{var}[\log(1+\tau_{K_{Si}})]-\beta_s(\sigma-1)\mathrm{E}[\log(1+\tau_{E_{Si}})]$$

$$+\frac{[\beta_s(\sigma-1)]^2}{2}\mathrm{var}[\log(1+\tau_{E_{Si}})]+\sigma(\sigma-1)\mathrm{cov}[\log A_{si},\ \log(1-\tau_{Y_{Si}})]-\sigma\alpha_s(\sigma-1)\mathrm{cov}[\log A_{si},\ \log(1+\tau_{K_{Si}})]$$

$$-[\beta_s(\sigma-1)]^2\mathrm{cov}[\log A_{si},\ \log(1-\tau_{Y_{Si}})]+\alpha_s\beta_s(\sigma-1)^2\mathrm{cov}[\log((1+\tau_{K_{Si}})),\ \log(1+\tau_{E_{Si}})]$$

$$-\sigma\beta_s(\sigma-1)\mathrm{cov}[\log(1-\tau_{Y_{Si}}),\ \log(1+\tau_{E_{Si}})]$$

将上述展开式代入行业对数最优总量TFP对数的展开式,化简后,可得到下式:

$$\log\mathrm{TFP}_s=\mathrm{E}[\log A_{si}]+\frac{\sigma-1}{2}\mathrm{var}[\log A_{si}]+\frac{\sigma}{2}\mathrm{var}[\log(1+\tau_{K_{Si}})]$$

$$-\frac{\alpha_s+\alpha_s^2(\sigma-1)}{2}\mathrm{var}[\log(1+\tau_{K_{Si}})]-\frac{\beta_s+\beta_s^2(\sigma-1)}{2}\mathrm{var}[\log(1+\tau_{E_{Si}})]+\sigma\alpha_s(\sigma-1)\mathrm{cov}[\log(1-\tau_{Y_{Si}}),\ \log(1+\tau_{K_{Si}})]$$

$$-\sigma\beta_s\mathrm{cov}[\log(1-\tau_{Y_{Si}}),\ \log(1+\tau_{E_{Si}})]-\alpha_s\beta_s(\sigma-1)\mathrm{cov}[\log(1+\tau_{E_{Si}})]$$

上式右边第一项和第二项为行业最优总量TFP对数的展开式,然后,结合TFPR方差的展开式,对上式右边的第四、第五、第六、第七项变形后,可得到下式:

$$\log\mathrm{TFP}_s=\log\overline{A}_s-\frac{\sigma}{2}\mathrm{var}(\log\mathrm{TFPR}_{si})-\frac{\alpha(1-\alpha)}{2}\mathrm{var}[\log(1+\tau_{k_{si}})]-\frac{\beta(1-\beta)}{2}\mathrm{var}[\log(1+\tau_{E_{si}})]$$

$$+\alpha_s\beta_s\mathrm{cov}[\log((1+\tau_{K_{si}})),\ \log(1+\tau_{E_{si}})]$$

当资本扭曲和能源扭曲不相关时,则可得到下式,即文中的式 (15.38) 证毕。

$$\log \text{TFP}_s = \log \overline{A}_s - \frac{\sigma}{2}\text{var}(\log \text{TFPR}_{si}) - \frac{\alpha(1-\alpha)}{2}\text{var}[\log(1+\tau_{ksi})] - \frac{\beta(1-\beta)}{2}\text{var}[\log(1+\tau_{Esi})]$$

(3) 式 (16-4) 企业 TFP 表达式推导

由文中式 (15.6)，得到厂商面临的需求函数，经过变形后得到下式：

$$Y_{si} = Y_s\left(\frac{P_{si}}{P_s}\right)^{-\sigma} = P_s^\sigma Y_s P_{si}^{-\sigma}$$

$$Y_{si}^{\frac{1}{1-\sigma}} = P_{si}^{\frac{\sigma}{1-\sigma}} Y_{si}^{\frac{1}{1-\sigma}} P_{si}^{\frac{-\sigma}{\sigma-1}} = P_s^{\frac{\sigma}{1-\sigma}} Y_s^{\frac{1}{1-\sigma}} (P_{si} Y_{si})^{\frac{\sigma}{\sigma-1}}$$

$$Y_{si} = \frac{(P_s Y_s)^{\frac{-1}{\sigma-1}}}{P_s}(P_{si} Y_{si})^{\frac{\sigma}{\sigma-1}}, \text{ 得到下式，证毕。}$$

然后将 $Y_{si} = A_{si}K_{si}^{\alpha_s}E_{si}^{\beta_s}L_{si}^{1-\alpha_s-\beta_s}$ 代入上式后，

$$A_{si} = \frac{Q^{\beta_S}W^{1-\alpha_s-\beta_S}(P_sY_s)^{\frac{-1}{\sigma-1}}}{P_s} \frac{(P_{si}Y_{si})^{\frac{\sigma}{\sigma-1}}}{K_{si}^{\alpha_S}(QE_{si})^{\beta_S}(WL_{si})^{1-\alpha_S-\beta_S}}, \text{ 令 } \varphi_s = \frac{Q^{\beta_S}W^{1-\alpha_s-\beta_S}(P_sY_s)^{\frac{-1}{\sigma-1}}}{P_s}$$

参考文献

[1] 北京师范大学科学发展观与经济可持续发展研究基地:《西南财经大学绿色经济与经济可持续发展研究基地,国家统计局中国经济景气监测中心.2013中国绿色发展指数报告——区域比较》,北京师范大学出版社2013年版。

[2] 庇古著,金镝译:《福利经济学》,华夏出版社2007年版。

[3] 陈训波:《资源配置、全要素生产率与农业经济增长愿景》,载于《改革》2012年第8期。

[4] 陈艳莹、王二龙:《要素市场扭曲、双重抑制与中国生产性服务业全要素生产率:基于中介效应模型的实证研究》,载于《南开经济研究》2013年第5期。

[5] 陈永伟、胡伟民:《价格扭曲、要素错配和效率影响:理论和应用》,载于《经济学季刊》2011年第4期。

[6] 曹东、赵学涛、杨威杉:《中国绿色经济发展和机制政策创新研究》,载于《中国人口·资源与环境》2012年第5期。

[7] 曹东坡、王树华:《要素错配与中国服务业产出影响》,载于《财经论丛》2014年第10期。

[8] 钞小静、任保平:《中国的经济转型与经济增长质量:基于TFP贡献的考察》,载于《当代经济科学》2008年第4期。

[9] 钞小静、惠康:《中国经济增长质量的测度》,载于《数量经济技术经济研究》2009年第6期。

[10] 程丽雯、徐晔、陶长琪:《要素误置给中国农业带来多大损失?——基于超越对数生产函数的随机前沿模型》,载于《管理学刊》2016年第1期。

[11] 蔡昉、王德文:《中国经济增长可持续性与劳动贡献》,载于《经济研究》1999年第10期。

[12] 蔡芸、杨冠琼:《经济增长、全要素生产率与GDP核算误差》,载于《经济与管理研究》2010年第7期。

[13] 蔡晓陈：《中国二元经济结构变动与全要素生产率周期性——基于原核算与对偶核算 TFP 差异的分析》，载于《管理世界》2012 年第 6 期。

[14] 蔡昉：《中国经济增长如何转向全要素生产率驱动型》，载于《中国社会科学》2013 年第 1 期。

[15] 大卫·李嘉图著，周洁译：《人口论》，华夏出版社 2013 年版。

[16] 杜尔哥著，南开大学经济系经济学说史教研组译：《关于财富的形成和分配的考察》，商务印书馆 1978 年版。

[17] 邓英淘、罗小朋：《论总量分析和总量政策在我国经济理论与实践中的局限性——兼析我国经济运行中的某些基本特征》，载于《经济研究》1987 年第 6 期。

[18] 董直庆、刘迪钥、宋伟：《劳动力错配诱发全要素生产率影响了吗？——来自中国产业层面的经验证据》，载于《上海财经大学学报》2014 年第 5 期。

[19] 盖庆恩、朱喜、程名望等：《要素市场扭曲、垄断势力与全要素生产率》，载于《经济研究》2015 年第 5 期。

[20] 冯涛、王庆华、刘伟：《要素误置与服务业效率损失研究》，载于《山西财经大学学报》2016 年第 2 期。

[21] 范子英、张军：《财政分权与中国经济增长的效率——基于非期望产出模型的分析》，载于《管理世界》2009 年第 7 期。

[22] 范庆泉、周县华、张同斌：《动态环境税外部性、污染累积路径与长期经济增长——兼论环境税的开征时点选择问题》，载于《经济研究》2016 年第 8 期。

[23] 龚敏、李文溥：《中国经济波动的总供给与总需求冲击作用分析》，载于《经济研究》2007 年第 11 期。

[24] 龚关、胡关亮：《中国制造业资源配置效率与全要素生产率》，载于《经济研究》2013 年第 4 期。

[25] 龚刚：《论新常态下的供给侧改革》，载于《南开学报（哲学社会科学版）》2016 年第 2 期。

[26] 郭月梅、蒋勇、武海燕：《新供给经济学视角下扩大消费需求的财税政策探讨》，载于《税务研究》2015 年第 9 期。

[27] 高红贵：《中国绿色经济发展中的诸方博弈研究》，载于《中国人口·资源与环境》2012 年第 4 期。

[28] 高惺惟：《供给侧结构性改革突破须先"去杠杆"》，载于《理论视野》2016 年第 1 期。

[29] 高长武：《推进供给侧结构性改革需要厘清的四个认识问题》，载于《红旗文稿》2016 年第 4 期。

[30] 韩国珍、李国璋：《要素错配与中国工业增长》，载于《经济问题》2015 年第 1 期。

[31] 韩剑、郑秋玲：《政府干预如何导致地区资源错配——基于行业内和行业间错配的分解》，载于《中国工业经济》2014 年第 11 期。

[32] 胡培兆：《淡出扩张性政策强化供给管理》，载于《经济学家》2004 年第 1 期。

[33] 胡鞍钢、鄢一龙、杨竺松：《打造中国经济升级版：背景、内涵与途径》，载于《国家行政学院学报》2013 年第 4 期。

[34] 胡鞍钢：《中国：绿色发展与绿色 GDP（1970–2001 年）》，载于《中国科学基金》2005 年第 2 期。

[35] 黄菁：《环境污染、人力资本与内生经济增长：一个简单的模型》，载于《南方经济》2009 年第 4 期。

[36] 黄菁、陈霜华：《环境污染治理与经济增长：模型与中国的经验研究》，载于《南开经济研究》2011 年第 1 期。

[37] 黄羿、杨蕾、王小兴等：《城市绿色发展评价指标体系研究——以广州市为例》，载于《科技管理研究》2012 年第 17 期。

[38] 黄茂兴、林寿富：《污染损害、环境管理与经济可持续增长——基于五部门内生经济增长模型的分析》，载于《经济研究》2013 年第 12 期。

[39] 何正霞、许士春：《考虑污染控制、技术进步和人力资本积累下的经济可持续增长》，载于《数学的实践与认识》2011 年第 18 期。

[40] 郝君富、李心愉：《供给管理政策的微观运行机制研究——基于税收政策的一个理论模型》，载于《求索》2014 年第 4 期。

[41] 贺铿：《应加强对宏观经济的供给管理》，载于《经济研究参考》2013 年第 55 期。

[42] 贺俊、刘亮亮、唐述毅：《环境污染、财政分权与中国经济增长》，载于《东北大学学报（社会科学版）》2016 年第 1 期。

[43] 华夏新供给经济学研究院中国新供给经济学人论坛：《以增加有效供给的"聪明投资"促进稳增长、促改革、优结构、护生态、惠民生的建议》，载于《经济研究参考》2015 年第 4 期。

[44] 简泽、段永瑞：《企业异质性、竞争与全要素生产率的收敛》，载于《管理世界》2012 年第 8 期。

[45] 贾康、江旭东：《积极运用财政政策加强供给管理——论财政政策促

进供求关系中长期均衡和国民经济跨世纪发展的思路》,载于《财政研究》1999年第3期。

[46] 贾康:《宏观调控需要理性的供给管理》,载于《经营管理者》2008年第7期。

[47] 贾康:《中国特色的宏观调控:必须注重理性的"供给管理"》,载于《当代财经》2010年第1期。

[48] 贾康:《供给侧改革的重点是提高全要素生产率》,载于《第一财经日报》2016年第2期。

[49] 贾康、苏京春:《"五维一体化"供给理论与新供给经济学包容性边界》,载于《财经问题研究》2014年第11期。

[50] 贾康、徐林、李万寿等:《以新供给经济学理论创新促进可持续发展——在改革中加快实现"中国梦"进程的政策建议》,载于《经济研究参考》2014年第1期。

[51] 贾康:《供给侧结构性改革五题》,载于《新重庆》2016年第2期。

[52] 贾康:《正确认识供给侧结构性改革》,载于《党政研究》2016年第4期。

[53] 贾湖、于秀丽:《基于MCDM的非货币化绿色GDP核算体系和六省市算例》,载于《干旱区资源与环境》2013年第8期。

[54] 靳来群、林金忠、丁诗诗:《行政垄断对所有制差异所致资源错配的影响》,载于《中国工业经济》2015年第4期。

[55] 蒋为、张龙鹏:《补贴差异化的资源误置效应——基于生产率分布视角》,载于《中国工业经济》2015年第2期。

[56] 金海年:《新供给经济增长理论:中国改革开放经济表现的解读与展望》,载于《财政研究》2014年第11期。

[57] 匡远凤、彭代彦:《中国环境生产效率与环境全要素生产率分析》,载于《经济研究》2012年第7期。

[58] 卡尔·马克思著,郭大力、王亚南译:《资本论·政治经济学批判》,上海三联书店2014年版。

[59] 孔祥智:《农业供给侧结构性改革的基本内涵与政策建议》,载于《改革》2016年第2期。

[60] 来切尔·卡尔逊著,吕瑞兰、李长生译:《寂静的春天》,上海译文出版社2014年版。

[61] 卢建:《加强供给管理的研究》,载于《经济研究》1987年第8期。

[62] 林毅夫、苏剑:《论我国经济增长方式的转换》,载于《管理世界》

2007 年第 11 期。

［63］林卫斌、苏剑：《供给侧改革的性质及其实现方式》，载于《价格理论与实践》2016 年第 1 期。

［64］李义平：《需求管理与供给管理——宏观经济管理的两种模式及其理论基础》，载于《中国工业经济》1999 年第 12 期。

［65］李仕兵、赵定涛：《环境污染约束条件下经济可持续发展内生增长模型》，载于《预测》2008 年第 1 期。

［66］李钟生：《人口经济学》，清华大学出版社 2006 年版。

［67］李静、彭飞、毛德凤：《资源错配与中国工业企业全要素生产率》，载于《财贸研究》2012 年第 5 期。

［68］李正图：《中国发展绿色经济新探索的总体思路》，载于《中国人口·资源与环境》2013 年第 4 期。

［69］李娟：《国家竞争力视角下中国绿色发展研究》，载于《当代世界与社会主义》2012 年第 1 期。

［70］李斌、彭星、欧阳铭珂：《环境规则、绿色全要素生产率与中国工业发展方式转变——基于 36 个工业行业数据的实证研究》，载于《中国工业经济》2013 年第 4 期。

［71］李扬：《中国经济发展新阶段的金融改革》，载于《经济学动态》2013 年第 6 期。

［72］李扬、张平、张晓晶等：《当前和未来五年中国宏观经济形势及对策分析》，载于《财贸经济》2013 年第 1 期。

［73］李燕凌：《中国农村公共产品供给新趋势——基于新供给经济学的视角》，载于《河北学刊》2015 年第 3 期。

［74］李博：《"供给侧改革"对我国体育产业发展的启示——基于新供给经济学视角》，载于《武汉体育学院学报》2016 年第 2 期。

［75］刘茂松：《论省级经济调控模式》，载于《南京社会科学》2001 年第 7 期。

［76］刘亚建：《我国经济增长效率分析》，载于《思想战线》2002 年第 4 期。

［77］刘西明：《绿色经济测度指标及发展对策》，载于《宏观经济管理》2013 年第 2 期。

［78］刘慧、樊杰、Guillaume G：《中国碳排放态势与绿色经济展望》，载于《中国人口·资源与环境》2011 年第 S1 期。

［79］刘伟、李绍荣：《所有制变化与经济增长和要素效率提升》，载于《经济研究》2001 年第 1 期。

[80] 刘伟、苏剑:《供给管理与我国现阶段的宏观调控》,载于《经济研究》2007年第2期。

[81] 刘伟、蔡志洲:《我国宏观经济调控新特征的考察》,载于《经济科学》2010年第2期。

[82] 刘伟、苏剑:《"新常态"下的中国宏观调控》,载于《经济科学》2014年第4期。

[83] 刘伟、蔡志洲:《经济增长新常态与供给侧结构性改革》,载于《求是学刊》2016年第1期。

[84] 刘志成:《刘易斯转折期的通胀及其治理——日本、韩国和中国台湾的经验及启示》,载于《经济学家》2014年第5期。

[85] 刘高飞、李冠艺:《企业财务约束与要素投入扭曲——一种资源错配的微观机制》,载于《投资研究》2016年第2期。

[86] 刘向耘:《供给侧改革需要解决的问题》,载于《中国金融》2016年第1期。

[87] 罗淳:《从老龄化到高龄化:基于人口学视角的一项探索性研究》,中国社会科学出版社2001年版。

[88] 梁昭:《国家经济持续增长的主要因素分析》,载于《世界经济》2000年第7期。

[89] 郎志正:《大质量概念》,载于《工程质量》2005年第3期。

[90] 鲁晓东、连玉君:《中国工业企业全要素生产率估计:1999—2007》,载于《经济学(季刊)》2012年第2期。

[91] 梅多斯等著,李涛、王智勇译:《增长的极限》,机械工业出版社2006年版。

[92] 毛其淋:《二重经济开放与中国经济增长质量的演进》,载于《经济科学》2012年第2期。

[93] 穆光宗:《有关人口老龄化若干问题的辨析》,载于《人口学刊》1997年第1期。

[94] 马凌霄:《后危机时代经济复苏的供给面反思》,载于《宏观经济研究》2011年第5期。

[95] 麦迪森·A著,伍晓鹰、许宪春、叶燕斐等译:《世界经济千年史》,北京大学出版社2003年版。

[96] 马尔萨斯著,郭大力译:《人口论》,北京大学出版社2008年版。

[97] 欧阳志云、赵娟娟、桂振华等:《中国城市的绿色发展评价》,载于《中国人口·资源与环境》2009年第5期。

[98] 彭水军、包群：《环境污染、内生增长与经济可持续发展》，载于《数量经济技术经济研究》2006 年第 9 期。

[99] 戚自科：《美国 20 世纪 80 年代供给管理政策实践研究——暨我国当前宏观调控转向思考》，载于《北京工商大学学报（社会科学版）》2009 年第 2 期。

[100] 任保平：《经济增长质量：理论阐释、基本命题与伦理原则》，载于《学术月刊》2012 年第 2 期。

[101] 任保平、张文亮：《以供给管理与需求管理相结合来加快经济发展方式转变》，载于《经济纵横》2013 年第 2 期。

[102] 任保平：《经济增长质量：经济增长理论框架的扩展》，载于《经济学动态》2013 年第 11 期。

[103] 任保平、韩璐：《中国经济增长新红利空间的创造：机制、源泉与路径选择》，载于《当代经济研究》2014 年第 3 期。

[104] 滕泰：《新供给主义宣言》，和讯网，2012（11）. http：//opinion. hexun. com/2012 - 11 - 09/147772907. html。

[105] 滕泰、冯磊：《从供给侧着手重启经济改革》，载于《经济观察报》2013 年 5 月 27 日。

[106] 滕泰：《更新供给结构、放松供给约束、解除供给抑制——新供给主义经济学的理论创新》，载于《世界经济研究》2013 年第 12 期。

[107] 苏立宁、李放：《"全球绿色新政"与我国"绿色经济"政策改革》，载于《科技进步与对策》2011 年第 8 期。

[108] 苏剑：《供给管理政策及其在调节短期经济波动中的应用》，载于《经济学动态》2008 年第 6 期。

[109] 苏剑：《宏观经济学（中国版）》，北京大学出版社 2012 年版。

[110] 苏剑、叶溪尹、房誉：《2012 年中国宏观经济形势和政策》，载于《经济学动态》2012 年第 2 期。

[111] 师博：《红利变化背景下经济发展方式转变从需求管理向供给管理的转型》，载于《西北大学学报（哲学社会科学版）》2012 年第 4 期。

[112] 邵平：《商业银行的供给侧改革》，载于《中国金融》2016 年第 2 期。

[113] 邵宜航、步晓宁、张天华：《资源配置扭曲与中国工业全要素生产率——基于工业企业数据库再测算》，载于《中国工业经济》2013 年第 12 期。

[114] 盛宝忠：《对"大质量"的探析》，载于《上海质量》2008 年第 10 期。

[115] 石敏俊、刘艳艳：《城市绿色发展：国际比较与问题透视》，载于《城市发展研究》2013 年第 5 期。

[116] 石华军、楚尔鸣：《中国经济增长：需求与供给双侧发力》，载于

《财经科学》2016年第2期。

[117] 宋佳、曾宪萍：《英美治理"滞胀"的政策解析及对我国的启示》，载于《经济体制改革》2012年第1期。

[118] 世界银行：《1992年世界银行发展报告》，中国财政经济出版社1992年版。

[119] 威廉·福格特：《生存之路》，商务印书馆1981年版。

[120] 王小鲁：《中国经济增长的可持续性与制度变革》，载于《经济研究》2000年第7期。

[121] 王海建：《资源约束、环境污染与内生经济增长》，载于《复旦学报（社会科学版）》2000年第1期。

[122] 王文：《资源误配与中国工业全要素生产率研究》，西安交通大学2013年。

[123] 王林辉、袁礼：《资本错配会诱发全要素生产率影响吗》，载于《统计研究》2014年第8期。

[124] 王芃、武英涛：《能源产业市场扭曲与全要素生产率》，载于《经济研究》2014年第6期。

[125] 王清扬、李勇：《技术进步和要素增长对经济增长的作用——兼评索洛的"余值法"》，载于《中国社会科学》1992年第2期。

[126] 王伟光、陈锡文、李扬等：《"十二五"时期我国经济社会发展改革问题笔谈》，载于《经济研究》2010年第12期。

[127] 王金南、於方、曹东：《中国绿色国民经济核算研究报告2004》，载于《中国人口·资源与环境》2006年第6期。

[128] 王永瑜、郭立平：《绿色GDP核算理论与方法研究》，载于《统计研究》2010年第11期。

[129] 王珂、秦成逊：《西部地区实现绿色发展的路径探析》，载于《经济问题探索》2013年第1期。

[130] 王展祥、杨扬、魏琳：《中国经济持续中高速稳健增长的供给侧结构动力探析》，载于《求索》2016年第1期。

[131] 王佳宁、罗重谱、胡新华：《重庆经济持续快速发展探因、理论阐释及其基本判断》，载于《改革》2016年第2期。

[132] 吴易风：《马克思的经济增长理论模型》，载于《经济研究》2007年第9期。

[133] 肖宏伟：《2013～2020年能源需求预测及对策建议》，载于《宏观经济管理》2014年第1期。

[134] 肖林、钱智：《新供给经济学实践：上海供给侧结构性改革思路和举措》，载于《科学发展》2016 年第 4 期。

[135] 向书坚、郑瑞坤：《中国绿色经济发展指数研究》，载于《统计研究》2013 年第 3 期。

[136] 许士春、何正霞、魏晓平：《资源消耗、污染控制下经济可持续最优增长路径》，载于《管理科学学报》2010 年第 1 期。

[137] 苑广睿：《论供给管理型财政政策》，载于《财政研究》2002 年第 5 期。

[138] 徐诺金：《新供给经济学的来龙去脉》，载于《征信》2016 年第 4 期。

[139] 袁晓玲、张江洋、赵志华：《能源、资本与产出三重扭曲对中国制造业全要素生产率的影响》，载于《陕西师范大学学报（哲学社会科学版）》2016 年第 1 期。

[140] 袁晓玲、景行军、张江洋：《资源错配与中国能源行业全要素生产率》，载于《湖南大学学报（社会科学版）》2016 年第 3 期。

[141] 袁志刚：《构建新供给经济学的理论基石——评肖林新著《新供给经济学：供给侧结构性改革与持续增长》》，载于《科学发展》2016 年第 5 期。

[142] 袁红英、张念明：《供给侧改革导向下我国财税政策调控的着力点及体系构建》，载于《东岳论丛》2016 年第 3 期。

[143] 易纲、樊纲、李岩：《关于中国经济增长与全要素生产率的理论思考》，载于《经济研究》2003 年第 8 期。

[144] 姚毓春、袁礼、董直庆：《劳动力与资本错配效应：来自十九个行业的经验证据》，载于《经济学动态》2014 年第 6 期。

[145] 杨沐、黄一义：《需求管理应与供给管理相结合——兼谈必须尽快研究和制订产业政策》，载于《经济研究》1986 年第 3 期。

[146] 杨文举：《基于 DEA 的绿色经济增长核算：以中国地区工业为例》，载于《数量经济技术经济研究》2011 年第 1 期。

[147] 杨万平、袁晓玲：《能源持续利用、污染治理下的经济可持续增长模型》，载于《西安交通大学学报（社会科学版）》2011 年第 5 期。

[148] 杨汝岱：《中国制造业企业全要素生产率研究》，载于《经济研究》2015 年第 2 期。

[149] 俞海：《中国"十二五"绿色发展路线图》，载于《环境保护》2011 年第 1 期。

[150] 余泳泽：《改革开放以来中国经济增长动力转换的时空特征》，载于《数量经济技术经济研究》2015 年第 2 期。

[151] 亚当·斯密著,孙善春、李春长译:《国民财富的性质和原因(国富论)》,中国华侨出版社 2010 年版。

[152] 张学良、孙海鸣:《探寻长三角地区经济增长的真正源泉:资本积累、效率改善抑或 TFP 贡献》,载于《中国工业经济》2009 年第 5 期。

[153] 张晋生:《论需求管理政策向供给管理政策的转换》,载于《经济体制改革》1999 年第 3 期。

[154] 张庆君:《要素市场扭曲、跨企业资源错配与中国工业企业生产率》,载于《产业经济研究》2015 年第 4 期。

[155] 张佩:《中国工业部门的行业间资源错配研究》,载于《投资研究》2013 年第 6 期。

[156] 张长征、李怀祖:《中国教育公平与经济增长质量关系实证研究:1978—2004》,载于《经济理论与经济管理》2005 年第 12 期。

[157] 张虹、黄民生、胡晓辉:《基于能值分析的福建省绿色 GDP 核算》,载于《地理学报》2010 年第 11 期。

[158] 张平、刘霞辉等:《后危机时代的中国宏观调控》,载于《经济研究》2010 年第 11 期。

[159] 张健华、王鹏:《中国全要素生产率:基于分省份资本折旧率的再估计》,载于《管理世界》2012 年第 10 期。

[160] 张丽君、秦耀辰、张金萍等:《基于 EMA – MFA 核算的县域绿色 GDP 及空间分异——以河南省为例》,载于《自然资源学报》2013 年第 3 期。

[161] 张晓晶:《化解产能过剩更要注重供给管理》,载于《求是》2014 年第 1 期。

[162] 张杰、翟福昕:《多重目标下宏观调控思路调整与政策匹配》,载于《改革》2014 年第 9 期。

[163] 张旭、郭菊娥、郝凯冰:《高等教育"供给侧"综合改革推动创新创业发展》,载于《西安交通大学学报(社会科学版)》2016 年第 1 期。

[164] 张慧君:《发挥创新驱动在供给侧改革中的战略引领作用》,载于《理论视野》2016 年第 1 期。

[165] 张宗勇:《煤炭行业供给侧改革探究》,载于《煤炭经济研究》2016 年第 4 期。

[166] 朱绍文、陈实:《总供给与总需求分析对我国经济适用吗?——兼论宏观经济政策的社会基础与前提》,载于《经济研究》1988 年第 4 期。

[167] 朱喜、史清华、盖庆恩:《要素配置扭曲与农业全要素生产率》,载于《经济研究》2011 年第 5 期。

[168] 朱婧、孙新章、刘学敏等：《中国绿色经济战略研究》，载于《中国人口·资源与环境》2012 年第 4 期。

[169] 朱惠莉：《消费发展新阶段需要加强供给管理》，载于《中国经济问题》2014 年第 1 期。

[170] 钟禾：《加强和改善应对通胀的供给管理》，载于《数量经济技术经济研究》2011 年第 8 期。

[171] 邹静娴、申广军：《中国服务业资源错配研究——来自第二次全国经济普查的证据》，载于《经济学动态》2015 年第 10 期。

[172] 郑玉欲：《全要素生产率的再认识——用 TFP 分析经济增长质量存在的若干局限》，载于《数量经济技术经济研究》2007 年第 9 期。

[173] 赵彦云、林寅、陈昊：《发达国家建立绿色经济发展测度体系的经验及借鉴》，载于《经济纵横》2011 年第 1 期。

[174] 章上峰、顾文涛：《超越对数生产函数的半参数变系数估计模型》，载于《统计与信息论坛》2011 年第 8 期。

[175] 中国新供给经济学研究小组（贾康等 7 人）：《中国式"新供给经济学"》，财经网，2012，（12）. http：//magazine. caijing. com. cn/2012 - 12 - 16/112366960. html。

[176] 周黎安、赵鹰妍、李力雄：《资源错配与政治周期》，载于《金融研究》2013 年第 3 期。

[177] 周志太、程恩富：《新常态下中国经济驱动转换：供求辩证关系研究》，载于《当代经济研究》2016 年第 3 期。

[178] Ahmed N.. Linking Prawn and Shrimp Farming towards a Green Economy in Bangladesh: Confronting Climate Change [J]. *Ocean & Coastal Management*, 2013, 75 (0): 33 - 42.

[179] Aghion P., Howitt P.. A Model of Growth through Creative Destruction [J]. *Econometrica*, 1992, 60 (2): 323 - 351.

[180] Arrow K.. The Economic Implication of Learning by Doing [J]. *Review of Economics studies*, 1962, 29 (2): 73 - 155.

[181] Aghion P., Howitt P.. *Endogenous Growth Theory* [M]. MIT Press, Cambridge, MA, 1998.

[182] Albert Bollard, Pete Klenow, Gunjan Sharma. India's Mysterious Manufacturing Miracle [J]. *Review of Economic Dynamics*, 2013, 16 (1): 59 - 85.

[183] Andreoni J., Levinson A.. The Simple Analytics of the Environmental Kuznetscurve [J]. *Journal of Public Economics*, 2001, 80 (5): 269 - 286.

[184] Antweiler W., Copeland B. R.. Is Free Trade Good for the Environment [J]. *American Economic Review*, 2001, 91 (4): 877 – 908.

[185] Aoki S.. A Simple Accounting Framework for the Effect of Resource Misallocation on Aggregate Productivity [J]. *Journal of the Japanese and International Economies*, 2012, 26 (4): 473 – 494.

[186] Aslannidis N., Xepapadeas A.. Smooth Transition Pollution-income Paths [J]. *Ecological Economics*, 2006, 57 (2): 182 – 198.

[187] Atkinson S. E., Halvorsen R.. Parametric Efficiency Tests, Economies of Scale, and Input Demand in US Electric Power Generation [J]. *International Economic Review*, 1984: 647 – 662.

[188] Auci S., Becchetti L.. The Instability of the Adjusted and Unadjusted Environmental Kuznets Curves [J]. *Ecological Economics*, 2006, 60 (1): 282 – 298.

[189] Banister J., Bloom D. E., Rosenberg L.. Population Aging and Economic Growth in China [J]. *Journal of Machematical Sciences*, 2010, 93 (5): 711 – 718.

[190] Blengini G. A., Busto M., Fantoni M., et al. Eco-efficient Waste Glass Recycling: Integrated Waste Management and Green Product Development through LCA [J]. *Waste Manag*, 2012, 32 (5): 1000 – 1008.

[191] Banker R. D., Charnes A., Cooper W. W.. Some Models for Estimating Technical and Scale Inefficiencies in Data Envelopment Analysis [J]. *Manage Science*, 1984, 30 (9): 1078 – 1093.

[192] Banerjee A. V., Moll B.. Why Does Misallocation Persist? [J]. *American Economic Journal: Macroeconomics*, 2010: 189 – 206.

[193] Barro R. J.. Government Spending in a Simple Model of Endogenous Growth [J]. *Journal of Political Economy*, 1990, 98 (1): 103 – 125.

[194] Beltrat A.. *Growth with Natural and Environment Resource* [C]. Fondazione ENI Enrico Mattei Working Paper, 1995: 28 – 45.

[195] Bloom N., Van Reenen J.. Measuring and Explaining Management Practices across Firms and Countries [J]. *Quarterly Journal of Economics*, 2007, 122 (4): 1351 – 1408.

[196] Bloom N., Eifert B., Mahajan A., et al. *Does Management Matter? Evidence from India* [R]. National Bureau of Economic Research, 2011.

[197] Becker G., Murphy K., Tamura R.. Economic Growth, Human Capital and Population Growth [J]. *Journal of Political Economy*, 1990, 98 (5): 12 – 137.

[198] Becker R. A.. Intergenerational Equity: the Capital-environment Trade-off

[J]. *Journal of Environmental Economics and Management*, 1982, 9 (2): 165 – 185.

[199] Bovenberg A. L. , Smulders S. A. . Environmental Quality and Pollution-augmenting Technological Change in a Two-sector Endogenous Growth Model [J]. *Journal of Public Economics*, 1995, 57 (3): 369 – 391.

[200] Bovenberg A. L. , Smulders S. A. . Transitional Impacts of Environmental Policy in an Endogenous Growth Model [J]. *International Economic Review*, 1996, 37 (4): 861 – 893.

[201] Brock W. A. , Taylor M. S. . *The Green Solow Model* [R]. Working Paper Series 10557, National Bureau of Economic Research, 2004.

[202] Bruyn S. M. . Explaining the Environmental Kuznets Curve: Structural Change and International Agreements in Reducing Surlphur Emission [J]. *Environment and Development Economics*, 1997, 32 (2): 173 – 182.

[203] Burak R. . Uras. Corporate Financial Structure, Misallocation and Total Factor Productivity [J]. *Journal of Banking and Finance*, 2014, (39): 177 – 191.

[204] Cass D. . Optimum Growth in an Aggregative Model of Capital Accumulation [J]. *Review of Economic Studies*, 1965, 32 (2): 233 – 240.

[205] Chang V. , Tovar B. . Efficiency and Productivity Changes for Peruvian and Chilean Ports Terminals: A Parametric Distance Functions Approach [J]. *Transport Policy*, 2014, (31): 83 – 94.

[206] Charnes A. , Cooper W. W. , Rhodes E. . Measuring the Efficiency of Decision Making Units [J]. *European Journal of Operational Research*, 1978, 2 (6): 429 – 444.

[207] Chichilnisky G. . North-south Trade and Global Environment [J]. *American Economic Review*, 1994, 84 (4): 851 – 874.

[208] Caselli F. . Accounting for Income Differences across Countries [J]. *Handbook of Economic Growth*, 2005: 679 – 741.

[209] Comin, Diego, Hobijn, Bart. An Exploration of Technology Diffusion [J]. *The American Economic Review*, 2010, 100 (5): 2031 – 2059.

[210] Davies A. R. . Cleantech Clusters: Transformational Assemblages for a Just, Green Economy or Just Business as Usual? [J]. *Global Environmental Change*, 2013, 23 (5): 1285 – 1295.

[211] Dalgaard C. J. , Strulik H. . The Genesis of the Golden Age: Accounting for the Rise in Health and Leisure [J]. *University of Copenhagen Discussion Pape*, 2012: 12 – 10.

［212］Dinopoulos E., Thompson P.. Schumpeterian Growth without Scale Effects [J]. *Journal of Economic Growth*, 1998, 3 (4): 313 – 335.

［213］D'Arge R. C., Kogiku K. C.. Economic Growth and the Environment [J]. *Review of Economic Studies*, 1973, 40 (1): 61 – 77.

［214］Domar E. D.. *An Essay in Dynamic Theory* [M]. NewYork: Oxford University Press, 1957.

［215］Dinda S., Coondoo D.. Income and Emission: A Panel Data-based Cointegration Analysis [J]. *Ecological Economics*, 2006, 57 (2): 167 – 181.

［216］Diego Restuccia, Richard Rogerson. Misallocation and Productivity [J]. *Review of Economic Dynamics*, 2013 (16): 1 – 10.

［217］Farrell M. J.. The Measurement of Productive Efficiency [J]. *Journal of the Royal Statistical Society*, Series A (General), 1957, 120 (3): 253 – 290.

［218］Fethi M. D., Pasiouras F.. Assessing Bank Efficiency and Performance with Operational Research and Artificial Intelligence Techniques: A Survey [J]. *European Journal of Operational Research*, 2010, 204 (2): 189 – 198.

［219］Forster B. A.. Optimal Capital Accumulation in a Polluted Environment [J]. *Southern Economic Journal*, 1973, 39 (4): 544 – 547.

［220］Gallo E., Setti A. F., Magalhaes D. P., et al. Health and the Green Economy: Challenges for Sustainable Development and the Eradication of Poverty [J]. *Cien Saude Colet*, 2012, 17 (6): 1457 – 1468.

［221］Grossman G., Helpman E.. Quarlity Ladders in the Theory of Growth [J]. *Review of Economy Studies*, 1991, 58 (5): 43 – 61.

［222］Gregg M. T.. Technical Efficiency Estimates of Cherokee Agriculture: A Pre-and Post-removal Analysis [J]. *The Journal of Socio – Economics*, 2009, 38 (5): 826 – 833.

［223］Gruver G. W.. Optimal Investment in Pollution Control Capital in a Neoclassical Growth Context [J]. *Journal of Environmental Economics and Management*, 1976, 3 (3): 165 – 177.

［224］Goulder L., Mathai K.. *Optimal CO_2 Abatement in the Presence of Induced Technological Change* [C]. Working Paper 6694, NBER, Cambridge, USA, 1998: 225 – 249.

［225］Gouvea R., Kassicieh S., Montoya M. J. R.. Using the Quadruple Helix to Design Strategies for the Green Economy [J]. *Technological Forecasting and Social Change*, 2013, 80 (2): 221 – 230.

［226］Gradus R., Smulders S.. The Trade-off between Environmental Care and Long-term Growth-pollution in Three Prototype Growth Models［J］. *Journal of Economics*, 1993, 58 (1): 25 – 51.

［227］Grimaud A., Rouge L.. Non-renewable Resources and Growth with Vertical Innovations: Optimum, Equilibrium and Economic Policies［J］. *Journal of Environmental Economics and Management*, 2003, 45 (2S): 433 – 453.

［228］Grossman G. M., Krueger A. B.. *Environmental Impacts of the North American Free Trade Agreement*［R］. Working Paper Series 3914, National Bureau of Economic Research, 1991.

［229］Grossman G., et al. Economic Growth and the Environment［J］. *Quarterly Journal of Economic*, 1995, 110 (2): 353 – 377.

［230］Harper S., Leeson G.. Introducing the Journal of Population Ageing［J］. *Journal of Population Ageing*, 2008, 1 (1): 1 – 5.

［231］Harrod. An Essay in Dynamic Theory［J］. *The Economic Journal*, 1939, 49 (1): 14 – 33.

［232］Hettige H., Mani M., Wheeler D.. Industrial Pollution in Economic Development: the Environmental Kuznets Curve Revisited［J］. *Journal of Development Economics*, 2000, 62 (2): 445 – 476.

［233］Hilton F. G., Levinson A. M.. Factoring the Environmental Kuznets Curve: Evidence from Automotive Lead Emission［J］. *Journal of Public Economics and Management*, 1998, 35 (2): 126 – 141.

［234］Hung V., Chang P., Blackburn K.. Endogenous Growth, Environment and R&D［C］. In C. Carraro (ed.), Trade Innovation and Environment, 1993.

［235］Huerta T. R., Thompson M. A., Ford E. W., et al. Electronic Health Record Implementation and Hospitals' total Factor Productivity［J］. *Decision Support Systems*, 2013, 55 (2): 450 – 458.

［236］Hall R. E., Jones C. I.. Why Do Some Countries Produce So Much More Output Per Worker Than Others?［J］. *The Quarterly Journal of Economics*, 1999, (1): 83 – 116.

［237］Hsieh C., Klenow P. J.. Misallocation and Manufacturing TFP in China and India［J］. *Quarterly Journal of Economics*, 2009, 124 (4): 1403 – 1448.

［238］Hsueh S. L.. A Fuzzy Logic Enhanced Environmental Protection Education Model for Policies Decision Support in Green Community Development［J］. *Scientific World Journal*, 3, 2013: 250 – 374.

[239] Jones L., Manuelli R.. A Convex Model of Equilibrium Growth: Theory and Policy Implications [J]. *Journal of Political Economy*, 1990, 98 (1): 1008 – 1038.

[240] Jones L. E., Manuelli R. E.. Endogenous Policy Choice: the Case of Pollution and Growth [J]. *Review of Economic Dynamics*, 2001, 4 (2): 245 – 517.

[241] John A., Pecchenino R.. An Overlapping Generations Model of Growth and Environment [J]. *The Economic Journal*, 1994: 1393 – 1410.

[242] Kaoru H., Miho T.. *Misallocation and Establishment Dynamics* [R]. 2015.

[243] Kelley A. C.. The Economic Consequences of Population Change in the Third World [J]. *Journal of Economic Literatre*, 1988, 26 (4): 685 – 728.

[244] Keeler E., Spence M., Zeckhauser R.. The Optimal Control of Pollution [J]. *Journal of Economic Theory*, 1971, 4 (1): 19 – 34.

[245] Krugman P.. The Myth of Asia's Miracle. Foreign Affairs, 1994, 73 (6): 62 – 78.

[246] Klenow P., Rodriguez – Clare A.. *The Neoclassical Revival in Growth Economics: Has it Gone too Far?* [M]. NBER Macroeconomics Annual 1997, Volume 12, MIT Press, 1997, 73 – 114.

[247] Kuijs L.. China through 2020: A Macroeconomic Scenario [Z]. The World Bank Working Parper, 2009.

[248] Koopmans T. C.. *On the Concept of Optimal Economic Growth in the Econometric Approach to Development Planning* [M]. Amstedam, north Holland, 1965.

[249] Kuznets S.. Economic Growth and Income Equality [J]. *American Economic Review*, 1955, 45 (1): 1 – 28.

[250] Ligthard J. E., Vander P. F.. Pollution, the Cost of Public Funds and Endogenous Growth [J]. *Economic Letters*, 1994, 45 (3): 339 – 349.

[251] Li – Qun L., Chun – Xia L., Yun – Guang G.. Green and Sustainable City will Become the Development Objective of China's Low Carbon City in future [J]. *Environ Health Sci Eng*, 2014, 12 (1): 34.

[252] Li X., Pan J., Liu X., et al. Green Development and Resource Support [M]//Li X., Pan J.. China Green Development Index Report 2011. Springer Berlin Heidelberg, 2013: 189 – 210.

[253] Lin B., Du K.. Technology Gap and China's Regional Energy Efficiency: A Parametric Metafrontier Approach [J]. *Energy Economics*, 2013, (40): 529 – 536.

［254］Loren Brandt, Trevor Tombe, Xiaodong Zhu. Factor Market Distortions Across Time, Space and Sectors in China [J]. *Review of Economic Dynamics*, 2013, 16 (1): 39 – 58.

［255］Lopez R.. The Environment as a Factor of Production: the Effects of Economic Growth and Trade Liberalization [J]. *Journal of Environmental Economics and Management*, 1994, 27 (2): 163 – 184.

［256］Lucas R. E.. On the Mechanics of Economic Development [J]. *Journal of Monetaty Economy*, 1988, 22 (2): 3 – 42.

［257］Maddison D.. Environmental Kuznets Curve: a Spatial Econometric Approach [J]. *Environment and Development Economics*, 2006, 11 (2): 218 – 230.

［258］Machiba T.. Eco-innovation for Enabling Resource Efficiency and Green Growth: Development of an Analytical Framework and Preliminary Analysis of Industry and Policy Practices [J]. *International Economics and Economic Policy*, 2010, 7 (2 – 3): 357 – 370.

［259］Markandya A., González – Eguino M., Escapa M.. From Shadow to Green: Linking Environmental Fiscal Reforms and the Informal Economy [J]. *Energy Economics*, 2013, 40, Supplement (1): S108 – S118.

［260］Martínez Z. I., Bengochea M. A.. Pooled Mean Group Estimation of an Environmental Kuznets Curves for CO_2 [J]. *Economics Letters*, 2004, 82 (1): 121 – 126.

［261］Magee S. P.. Currency Contracts, Pass-through, and Devaluation [J]. *Brookings Papers on Economic Activity*, 1973: 303 – 325.

［262］Navarra A., Tubiana L., Jaeger C.. Green Growth in the Mediterranean [M]//Navarra A., Tubiana L.. Regional Assessment of Climate Change in the Mediterranean. Springer Netherlands, 2013: 387 – 395.

［263］Nordhaus W.. *Modeling Induced Innovation in Climate Change Policy* [C]. Paper Forthe Workshop Induced Technological Change and the Environment, IIASA, Laxenburge, 1999: 355 – 367.

［264］Nelson, Richard R., Phelps Edmund S.. Investment in Humans, Technological Diffusion, and Economic Growth [J]. *The American Economic Review*, 1966: 69 – 75.

［265］Nicolas Ziebarth. Are China and India Backwards? Evidence from the 19th Century U. S. Census of Manufactures [J]. *Review of Economic Dynamics*, 2013, 16 (1): 86 – 99.

[266] Oh D., Phillips F., Ko S.. Eco-Industrial Park (EIP) Initiatives Toward Green Growth: Lessons from Korean Experience [M]//Oh D, Phillips F. Technopolis. Springer London, 2014: 357-369.

[267] Parente S., Prescott E. C.. Monopoly Rights: A Barrier to Riches [J]. *American Economic Review*, 1999, 89: 1216-1233.

[268] Parente S., Prescott E. C.. Barriers to Riches. MIT Press, Cambridge, MA, 2000.

[269] Parente, Stephen L., Prescott, Edward C.. Barriers to Technology Adoption and Development [J]. *Journal of Political Economy*, 1994: 298-321.

[270] Piacentini M.. Rationale and Policies for the Green Growth of Cities and Regional Economies [J]. *International Economics and Economic Policy*, 2012, 9 (2): 129-146.

[271] Panayotou T.. *Empirical Tests and Policy Analysis of Environmental Degradation at Different Stages of Economic Development* [R]. Technology and Employment Programme Working Paper WP238, International Labour Organization (IPO), 1993.

[272] Perman R., Stern D. I.. Evidence from Panel Unit Root and Cointegration that the Environmental Kuznets Curve Does not Exist [J]. *Australian Journal of Agriculture and Resourse Economic*, 2003, 47 (3): 325-347.

[273] Puppim De Oliveira J. A., Doll C. N. H., Balaban O., et al. Green Economy and Governance in Cities: Assessing Good Governance in Key Urban Economic Processes [J]. *Journal of Cleaner Production*, 2013, (58): 138-152.

[274] Ramsey F. P.. A Mathematical Theory of Saving [J]. *Economic Journal*, 1928, 38 (4): 43-559.

[275] Rebelo S.. Long-run Policey Analysis and Long-run Growth [J]. *Journal of Political Economy*, 1991, 99 (3): 500-521.

[276] Rolf F., Grossko P. F. S., Norris M., et al. Produetivity Growth, Technieal Progress, and Emcieney Change in Industrialised Countrie [J]. *Ameriean Economics Review*, 1994, 84 (1): 66-83.

[277] Romer P.. Increasing Returns and Long-run Growth [J]. *Journal of Political Economy*, 1986, 94 (1): 1002-1037.

[278] Romer P.. Endogenous Technological Change [J]. *Journal of Political Economy*, 1990, 98 (5): 71-102.

[279] Robert Inklaar, Addisu A.. Lashitew and Marcel P. Timmer. *The Role of Resource Misallocation in Cross-country Differences in Manufacturing Productivity* [R].

Groningen Growth and Development Centre, University of Groningen, 2014.

[280] Schmitz J.. What Determines Productivity? Lessons from the Dramatic Recovery of the U. S. and Canadian Iron are Industries Following their Early 1980s crisis [J]. *Journal of Political Economy*, 2005, 113 (3): 582 – 625.

[281] Scholz C., Ziemes G.. *Exhaustible Resources, Monopolistic Competition and Endogenous Growth* [C]. Mineo: University of Kiel, 1996.

[282] Sheng Y., Song L.. Re-estimation of Firms' Total Factor Productivity in China's Iron and Steel Industry [J]. *China Economic Review*, 2013, (24): 177 – 188.

[283] Selden T., Song D.. Environmental Quality and Development: is There a Kuznets Curve for Air Pollution Emissions [J]. *Journal of Environmental Economics and Management*, 1994, 27 (2): 147 – 162.

[284] Stokey N. L.. Are There Limits to Growth? [J]. *International Economic Review*, 1998, 39 (1): 1 – 31.

[285] Solow R. M.. Technical Change and the Aggregate Production Function [J]. *The Review of Economics and Statistics*, 1957, 39 (3): 312 – 320.

[286] Solow R. M.. A Contribution to the Theory of Economic Growth [J]. *Quarterly Journal of Economics*, 1956, 70 (1): 65 – 94.

[287] Swan T.. Economic Growth an Capital Accumulation [J]. *Economic Record*, 1956, 32 (3): 334 – 361.

[288] Simar L., Vanhems A., Wilson P. W.. Statistical Inference for DEA Estimators of Directional Distances [J]. *European Journal of Operational Research*, 2012, 220 (3): 853 – 864.

[289] Stern D. I.. Expaining Changes in Global Sulfur Emissions: an Econometric Decomposition Approach [J]. *Ecological Economics*, 2002, 42 (1): 201 – 220.

[290] Selden T. M., Forrest A. S., Lockhart J. E.. Analyzing Reductions in US Air Pollution Emission: 1970 to 1990 [J]. *Land Economics*, 1999, 75 (2): 1 – 21.

[291] Tsai M., Chuang L., Chao S., et al. The Effects Assessment of Firm Environmental Strategy and Customer Environmental Conscious on Green Product Development [J]. *Environmental Monitoring and Assessment*, 2012, 184 (7): 4435 – 4447.

[292] Udry, C.. Misallocation, Growth and Financial Market Imperfections. Manuscript, Yale University, 2012.

[293] Uzawa H.. Optimum Technical Change in an Aggregative Model of Economic Growth [J]. *International Economic Review*, 1965, 26 (6): 18 – 31.

[294] Viguier L.. Emissions of SO_2, NO_x, and CO_2 in Transition Economies: Emission Inventories and Divisia Index Analysis [J]. *The Energy Journal*, 1999, 20 (2): 59-88.

[295] Young, A.. Gold into Base Metals: Productivity Growth in the People's Republic of China During the Reform Period [J]. *Journal of Political Economy*, 2003, 111 (6): 1220-1261.

后 记

本书作为2015年教育部哲学社会科学研究重大课题攻关项目《新常态下中国经济运行机制的变革与中国宏观调控模式重构研究》最终成果,全书在由首席专家袁晓玲任组长,薄宏、刘儒、张倩肖、杨万平四位教授为副组长的写作委员会带领下,实行分工合作,形成最终由袁晓玲教授担任总编著,杨万平教授、贺斌博士任副总编著的研究成果。总论部分由袁晓玲、杨万平、贺斌完成。在第一部分对中国经济运行现状分析中,由薄宏教授负责、贺斌博士协助,其中第二章由赵锴、李冬、余静负责撰写;第三章由杨万平、刘甜、俞瑞麒负责撰写;第四章由李政大、耿晗钰、赵冰钰负责撰写;第五章由贺斌、李彩娟、唐尧负责撰写。第二部分由张倩肖教授负责,杨万平教授、张江洋副教授、贺斌博士协助完成新常态下中国经济运行机制变革的动力研究中,第六章由杨万平、赵金凯、杜行负责撰写;第七章由袁晓玲、李浩、邱勃负责撰写;第八章由姚芳、班澜、王书蓓、负责撰写;第九章由张江洋、卢晓璐、白津卉负责撰写;第十章由班澜、张江洋、赵志华负责撰写;第十一章由赵锴、康丽、吴琪负责撰写。第三部分由刘儒教授任组长,在张江洋、赵锴协助下,围绕新常态下运行机制变革与资源错配的展开研究,其中,第十二章由张江洋、李朝鹏、李政大负责撰写;第十三章由张江洋、范玉仙、姚芳负责撰写;第十四章由赵锴、王军、吴忠涛负责撰写;第十五章由张跃胜、赵志华、赵锴负责撰写。第四部分由杨万平教授负责,在李政大、范玉仙、赵锴协助下实证测算中国资源错配的现状,其中,第十六章由张江洋、李思蕊、郭嘉悦负责撰写;第十七章由范玉仙、郝继宏、邓锐负责撰写;第十八章由李政大、张振亚、范玉仙负责撰写。第五部分以袁晓玲教授为组长,在杨万平、贺斌、赵锴的协助下,围绕新常态下中国宏观调控模式重构研究展开,其中,第十九章由杨万平、苏嘉怡、阳刘容负责撰写;第二十章由赵锴、任璠、李文槟负责撰写;第二十一章由贺斌、王书蓓和姚进才负责撰写。此外,初稿最终由贺斌、班澜和张江洋进行统稿。在著书过程中,我们需要收集和查阅大量的文献,处理和计算大量的数据。工作完成过程中难免存在错误和疏漏,欢迎各位读者批评指正。

  经过研究团队所有成员的不懈努力终于撰写完毕,即将付梓出版。在此,我们诚挚感谢教育部社会科学司的资金支持和相关评审专家的修改建议,西安交通大学所提供的科研平台、资金支持和学术资源,相关调研企业及数据提供单位的通力合作,以及为出版该著作付出努力的经济科学出版社的所有工作人员。中国经济进入新常态发展阶段,如何依据宏观经济运行的变化主动调整宏观调整模式,适应新常态,引领新常态,是一个十分重要的理论和实证问题。中国经济发展进入新阶段,如何实现中国经济高质量发展涉及多学科交叉融合,现有研究均处于不断摸索和完善的阶段。本书的内容存在很多不足之处,期待着社会各界人士提出宝贵意见。在今后的研究工作中,本人及团队仍将继续聚焦这一领域,不断深化研究内容,发挥好专业性智库作用。

袁晓玲

教育部哲学社会科学研究重大课题攻关项目成果出版列表

序号	书　名	首席专家
1	《马克思主义基础理论若干重大问题研究》	陈先达
2	《马克思主义理论学科体系建构与建设研究》	张雷声
3	《马克思主义整体性研究》	逄锦聚
4	《改革开放以来马克思主义在中国的发展》	顾钰民
5	《新时期　新探索　新征程——当代资本主义国家共产党的理论与实践研究》	聂运麟
6	《坚持马克思主义在意识形态领域指导地位研究》	陈先达
7	《当代资本主义新变化的批判性解读》	唐正东
8	《当代中国人精神生活研究》	童世骏
9	《弘扬与培育民族精神研究》	杨叔子
10	《当代科学哲学的发展趋势》	郭贵春
11	《服务型政府建设规律研究》	朱光磊
12	《地方政府改革与深化行政管理体制改革研究》	沈荣华
13	《面向知识表示与推理的自然语言逻辑》	鞠实儿
14	《当代宗教冲突与对话研究》	张志刚
15	《马克思主义文艺理论中国化研究》	朱立元
16	《历史题材文学创作重大问题研究》	童庆炳
17	《现代中西高校公共艺术教育比较研究》	曾繁仁
18	《西方文论中国化与中国文论建设》	王一川
19	《中华民族音乐文化的国际传播与推广》	王耀华
20	《楚地出土戰國簡册［十四種］》	陈　伟
21	《近代中国的知识与制度转型》	桑　兵
22	《中国抗战在世界反法西斯战争中的历史地位》	胡德坤
23	《近代以来日本对华认识及其行动选择研究》	杨栋梁
24	《京津冀都市圈的崛起与中国经济发展》	周立群
25	《金融市场全球化下的中国监管体系研究》	曹凤岐
26	《中国市场经济发展研究》	刘　伟
27	《全球经济调整中的中国经济增长与宏观调控体系研究》	黄　达
28	《中国特大都市圈与世界制造业中心研究》	李廉水

序号	书 名	首席专家
29	《中国产业竞争力研究》	赵彦云
30	《东北老工业基地资源型城市发展可持续产业问题研究》	宋冬林
31	《转型时期消费需求升级与产业发展研究》	臧旭恒
32	《中国金融国际化中的风险防范与金融安全研究》	刘锡良
33	《全球新型金融危机与中国的外汇储备战略》	陈雨露
34	《全球金融危机与新常态下的中国产业发展》	段文斌
35	《中国民营经济制度创新与发展》	李维安
36	《中国现代服务经济理论与发展战略研究》	陈 宪
37	《中国转型期的社会风险及公共危机管理研究》	丁烈云
38	《人文社会科学研究成果评价体系研究》	刘大椿
39	《中国工业化、城镇化进程中的农村土地问题研究》	曲福田
40	《中国农村社区建设研究》	项继权
41	《东北老工业基地改造与振兴研究》	程 伟
42	《全面建设小康社会进程中的我国就业发展战略研究》	曾湘泉
43	《自主创新战略与国际竞争力研究》	吴贵生
44	《转轨经济中的反行政性垄断与促进竞争政策研究》	于良春
45	《面向公共服务的电子政务管理体系研究》	孙宝文
46	《产权理论比较与中国产权制度变革》	黄少安
47	《中国企业集团成长与重组研究》	蓝海林
48	《我国资源、环境、人口与经济承载能力研究》	邱 东
49	《"病有所医"——目标、路径与战略选择》	高建民
50	《税收对国民收入分配调控作用研究》	郭庆旺
51	《多党合作与中国共产党执政能力建设研究》	周淑真
52	《规范收入分配秩序研究》	杨灿明
53	《中国社会转型中的政府治理模式研究》	娄成武
54	《中国加入区域经济一体化研究》	黄卫平
55	《金融体制改革和货币问题研究》	王广谦
56	《人民币均衡汇率问题研究》	姜波克
57	《我国土地制度与社会经济协调发展研究》	黄祖辉
58	《南水北调工程与中部地区经济社会可持续发展研究》	杨云彦
59	《产业集聚与区域经济协调发展研究》	王 珺

序号	书　名	首席专家
60	《我国货币政策体系与传导机制研究》	刘　伟
61	《我国民法典体系问题研究》	王利明
62	《中国司法制度的基础理论问题研究》	陈光中
63	《多元化纠纷解决机制与和谐社会的构建》	范　愉
64	《中国和平发展的重大前沿国际法律问题研究》	曾令良
65	《中国法制现代化的理论与实践》	徐显明
66	《农村土地问题立法研究》	陈小君
67	《知识产权制度变革与发展研究》	吴汉东
68	《中国能源安全若干法律与政策问题研究》	黄　进
69	《城乡统筹视角下我国城乡双向商贸流通体系研究》	任保平
70	《产权强度、土地流转与农民权益保护》	罗必良
71	《我国建设用地总量控制与差别化管理政策研究》	欧名豪
72	《矿产资源有偿使用制度与生态补偿机制》	李国平
73	《巨灾风险管理制度创新研究》	卓　志
74	《国有资产法律保护机制研究》	李曙光
75	《中国与全球油气资源重点区域合作研究》	王　震
76	《可持续发展的中国新型农村社会养老保险制度研究》	邓大松
77	《农民工权益保护理论与实践研究》	刘林平
78	《大学生就业创业教育研究》	杨晓慧
79	《新能源与可再生能源法律与政策研究》	李艳芳
80	《中国海外投资的风险防范与管控体系研究》	陈菲琼
81	《生活质量的指标构建与现状评价》	周长城
82	《中国公民人文素质研究》	石亚军
83	《城市化进程中的重大社会问题及其对策研究》	李　强
84	《中国农村与农民问题前沿研究》	徐　勇
85	《西部开发中的人口流动与族际交往研究》	马　戎
86	《现代农业发展战略研究》	周应恒
87	《综合交通运输体系研究——认知与建构》	荣朝和
88	《中国独生子女问题研究》	风笑天
89	《我国粮食安全保障体系研究》	胡小平
90	《我国食品安全风险防控研究》	王　硕

序号	书名	首席专家
91	《城市新移民问题及其对策研究》	周大鸣
92	《新农村建设与城镇化推进中农村教育布局调整研究》	史宁中
93	《农村公共产品供给与农村和谐社会建设》	王国华
94	《中国大城市户籍制度改革研究》	彭希哲
95	《国家惠农政策的成效评价与完善研究》	邓大才
96	《以民主促进和谐——和谐社会构建中的基层民主政治建设研究》	徐 勇
97	《城市文化与国家治理——当代中国城市建设理论内涵与发展模式建构》	皇甫晓涛
98	《中国边疆治理研究》	周 平
99	《边疆多民族地区构建社会主义和谐社会研究》	张先亮
100	《新疆民族文化、民族心理与社会长治久安》	高静文
101	《中国大众媒介的传播效果与公信力研究》	喻国明
102	《媒介素养：理念、认知、参与》	陆 晔
103	《创新型国家的知识信息服务体系研究》	胡昌平
104	《数字信息资源规划、管理与利用研究》	马费成
105	《新闻传媒发展与建构和谐社会关系研究》	罗以澄
106	《数字传播技术与媒体产业发展研究》	黄升民
107	《互联网等新媒体对社会舆论影响与利用研究》	谢新洲
108	《网络舆论监测与安全研究》	黄永林
109	《中国文化产业发展战略论》	胡惠林
110	《20世纪中国古代文化经典在域外的传播与影响研究》	张西平
111	《国际传播的理论、现状和发展趋势研究》	吴 飞
112	《教育投入、资源配置与人力资本收益》	闵维方
113	《创新人才与教育创新研究》	林崇德
114	《中国农村教育发展指标体系研究》	袁桂林
115	《高校思想政治理论课程建设研究》	顾海良
116	《网络思想政治教育研究》	张再兴
117	《高校招生考试制度改革研究》	刘海峰
118	《基础教育改革与中国教育学理论重建研究》	叶 澜
119	《我国研究生教育结构调整问题研究》	袁本涛 王传毅
120	《公共财政框架下公共教育财政制度研究》	王善迈

序号	书　名	首席专家
121	《农民工子女问题研究》	袁振国
122	《当代大学生诚信制度建设及加强大学生思想政治工作研究》	黄蓉生
123	《从失衡走向平衡：素质教育课程评价体系研究》	钟启泉 崔允漷
124	《构建城乡一体化的教育体制机制研究》	李　玲
125	《高校思想政治理论课教育教学质量监测体系研究》	张耀灿
126	《处境不利儿童的心理发展现状与教育对策研究》	申继亮
127	《学习过程与机制研究》	莫　雷
128	《青少年心理健康素质调查研究》	沈德立
129	《灾后中小学生心理疏导研究》	林崇德
130	《民族地区教育优先发展研究》	张诗亚
131	《WTO主要成员贸易政策体系与对策研究》	张汉林
132	《中国和平发展的国际环境分析》	叶自成
133	《冷战时期美国重大外交政策案例研究》	沈志华
134	《新时期中非合作关系研究》	刘鸿武
135	《我国的地缘政治及其战略研究》	倪世雄
136	《中国海洋发展战略研究》	徐祥民
137	《深化医药卫生体制改革研究》	孟庆跃
138	《华侨华人在中国软实力建设中的作用研究》	黄　平
139	《我国地方法制建设理论与实践研究》	葛洪义
140	《城市化理论重构与城市化战略研究》	张鸿雁
141	《境外宗教渗透论》	段德智
142	《中部崛起过程中的新型工业化研究》	陈晓红
143	《农村社会保障制度研究》	赵　曼
144	《中国艺术学学科体系建设研究》	黄会林
145	《人工耳蜗术后儿童康复教育的原理与方法》	黄昭鸣
146	《我国少数民族音乐资源的保护与开发研究》	樊祖荫
147	《中国道德文化的传统理念与现代践行研究》	李建华
148	《低碳经济转型下的中国排放权交易体系》	齐绍洲
149	《中国东北亚战略与政策研究》	刘清才
150	《促进经济发展方式转变的地方财税体制改革研究》	钟晓敏
151	《中国—东盟区域经济一体化》	范祚军

序号	书名	首席专家
152	《非传统安全合作与中俄关系》	冯绍雷
153	《外资并购与我国产业安全研究》	李善民
154	《近代汉字术语的生成演变与中西日文化互动研究》	冯天瑜
155	《新时期加强社会组织建设研究》	李友梅
156	《民办学校分类管理政策研究》	周海涛
157	《我国城市住房制度改革研究》	高 波
158	《新媒体环境下的危机传播及舆论引导研究》	喻国明
159	《法治国家建设中的司法判例制度研究》	何家弘
160	《中国女性高层次人才发展规律及发展对策研究》	佟 新
161	《国际金融中心法制环境研究》	周仲飞
162	《居民收入占国民收入比重统计指标体系研究》	刘 扬
163	《中国历代边疆治理研究》	程妮娜
164	《性别视角下的中国文学与文化》	乔以钢
165	《我国公共财政风险评估及其防范对策研究》	吴俊培
166	《中国历代民歌史论》	陈书录
167	《大学生村官成长成才机制研究》	马抗美
168	《完善学校突发事件应急管理机制研究》	马怀德
169	《秦简牍整理与研究》	陈 伟
170	《出土简帛与古史再建》	李学勤
171	《民间借贷与非法集资风险防范的法律机制研究》	岳彩申
172	《新时期社会治安防控体系建设研究》	宫志刚
173	《加快发展我国生产服务业研究》	李江帆
174	《基本公共服务均等化研究》	张贤明
175	《职业教育质量评价体系研究》	周志刚
176	《中国大学校长管理专业化研究》	宣 勇
177	《"两型社会"建设标准及指标体系研究》	陈晓红
178	《中国与中亚地区国家关系研究》	潘志平
179	《保障我国海上通道安全研究》	吕 靖
180	《世界主要国家安全体制机制研究》	刘胜湘
181	《中国流动人口的城市逐梦》	杨菊华
182	《建设人口均衡型社会研究》	刘渝琳
183	《农产品流通体系建设的机制创新与政策体系研究》	夏春玉

序号	书　名	首席专家
184	《区域经济一体化中府际合作的法律问题研究》	石佑启
185	《城乡劳动力平等就业研究》	姚先国
186	《20世纪朱子学研究精华集成——从学术思想史的视角》	乐爱国
187	《拔尖创新人才成长规律与培养模式研究》	林崇德
188	《生态文明制度建设研究》	陈晓红
189	《我国城镇住房保障体系及运行机制研究》	虞晓芬
190	《中国战略性新兴产业国际化战略研究》	汪　涛
191	《证据科学论纲》	张保生
192	《要素成本上升背景下我国外贸中长期发展趋势研究》	黄建忠
193	《中国历代长城研究》	段清波
194	《当代技术哲学的发展趋势研究》	吴国林
195	《20世纪中国社会思潮研究》	高瑞泉
196	《中国社会保障制度整合与体系完善重大问题研究》	丁建定
197	《民族地区特殊类型贫困与反贫困研究》	李俊杰
198	《扩大消费需求的长效机制研究》	臧旭恒
199	《我国土地出让制度改革及收益共享机制研究》	石晓平
200	《高等学校分类体系及其设置标准研究》	史秋衡
201	《全面加强学校德育体系建设研究》	杜时忠
202	《生态环境公益诉讼机制研究》	颜运秋
203	《科学研究与高等教育深度融合的知识创新体系建设研究》	杜德斌
204	《女性高层次人才成长规律与发展对策研究》	罗瑾琏
205	《岳麓秦简与秦代法律制度研究》	陈松长
206	《民办教育分类管理政策实施跟踪与评估研究》	周海涛
207	《建立城乡统一的建设用地市场研究》	张安录
208	《迈向高质量发展的经济结构转变研究》	郭熙保
209	《中国社会福利理论与制度构建——以适度普惠社会福利制度为例》	彭华民
210	《提高教育系统廉政文化建设实效性和针对性研究》	罗国振
211	《毒品成瘾及其复吸行为——心理学的研究视角》	沈模卫
212	《英语世界的中国文学译介与研究》	曹顺庆
213	《建立公开规范的住房公积金制度研究》	王先柱

序号	书 名	首席专家
214	《现代归纳逻辑理论及其应用研究》	何向东
215	《时代变迁、技术扩散与教育变革：信息化教育的理论与实践探索》	杨 浩
216	《城镇化进程中新生代农民工职业教育与社会融合问题研究》	褚宏启 薛二勇
217	《我国先进制造业发展战略研究》	唐晓华
218	《融合与修正：跨文化交流的逻辑与认知研究》	鞠实儿
219	《中国新生代农民工收入状况与消费行为研究》	金晓彤
220	《高校少数民族应用型人才培养模式综合改革研究》	张学敏
221	《中国的立法体制研究》	陈 俊
222	《教师社会经济地位问题：现实与选择》	劳凯声
223	《中国现代职业教育质量保障体系研究》	赵志群
224	《欧洲农村城镇化进程及其借鉴意义》	刘景华
225	《国际金融危机后全球需求结构变化及其对中国的影响》	陈万灵
226	《创新法治人才培养机制》	杜承铭
227	《法治中国建设背景下警察权研究》	余凌云
228	《高校财务管理创新与财务风险防范机制研究》	徐明稚
229	《义务教育学校布局问题研究》	雷万鹏
230	《高校党员领导干部清正、党政领导班子清廉的长效机制研究》	汪 曣
231	《二十国集团与全球经济治理研究》	黄茂兴
232	《高校内部权力运行制约与监督体系研究》	张德祥
233	《职业教育办学模式改革研究》	石伟平
234	《职业教育现代学徒制理论研究与实践探索》	徐国庆
235	《全球化背景下国际秩序重构与中国国家安全战略研究》	张汉林
236	《进一步扩大服务业开放的模式和路径研究》	申明浩
237	《自然资源管理体制研究》	宋马林
238	《高考改革试点方案跟踪与评估研究》	钟秉林
239	《全面提高党的建设科学化水平》	齐卫平
240	《"绿色化"的重大意义及实现途径研究》	张俊飚
241	《利率市场化背景下的金融风险研究》	田利辉
242	《经济全球化背景下中国反垄断战略研究》	王先林

序号	书　名	首席专家
243	《中华文化的跨文化阐释与对外传播研究》	李庆本
244	《世界一流大学和一流学科评价体系与推进战略》	王战军
245	《新常态下中国经济运行机制的变革与中国宏观调控模式重构研究》	袁晓玲
……